민법학강의 Ⅳ

[채권총론]

박 종 찬 저

진 원 사

BÜRGERLICHES GESETZBUCH IV

ALLGEMEINES SCHULDRECHT

von

DR. JONG CHAN PARK

PROFESSOR

AN DER SCHOOL OF LAW

KANGWON NATIONAL UNIVERSITY

1. Auflage

JINWON SA VERLAG

SEOUL KOREA 2020

머 리 말

이 책은 저자의 민법학강의 시리즈 중 하나인 제 Ⅳ [채권총론]이다.

저자가 민법학강의 시리즈를 출간하기로 마음먹고 제일 먼저 민법학강의 Ⅱ [물권총론 · 기본물권 · 용익물권]를 집필하고 이어서 민법학강의 Ⅲ [채권담보법]을 집필하여 기존의 민법교과서들과는 다른 집필체제를 이어가고 있다. 이번의 민법학강의 Ⅳ [채권총론]를 마치게 되면 이제 앞으로 민법학강의 Ⅴ [채권각론]와 민법학강의 Ⅵ [사무관리 · 부당이득]을 남겨놓고 있다.

집필이 이렇게 더디게 진행되는 데는 나름대로 이유가 있다. 2018년부터 갑자기 대학의 도서관장을 비롯하여 외부의 많은 단체의 책임을 떠맡으면서 집필시간을 내기가 어려웠을 뿐만 아니라 집중할 수 있는 에너지가 고갈되면서 건강이 따라주지 못하였기 때문이다. 이제 곧 이러한 묶임에서 해방되면 나머지 두 권도 마무리되기를 바란다.

이 책의 집필 방향과 방식은 기존의 민법학강의 Ⅰ [민법총칙], Ⅱ [물권총론 · 기본물권 · 용익물권], Ⅲ [채권담보법], Ⅶ [불법행위법], Ⅷ [친족상속법] 등과 동일하다. 근래에 채권법총론 분야에서 민법이 개정되기도 하고 중요한 판례가 많이 나오고 있다. 이러한 점을 고려하고 채권법의 필수적인 기본이론을 철저하게 익히도록 하였으며, 중요 이론들을 정확하게 이해할 수 있도록 하였다. 나아가 중요한 판례를 각주로 달아서 독자로 하여금 시간을 절약할 수 있도록 정리를 해 두었다. 그런데 일반적으로 채권법총론에서 논해지는 「채권자대위권」과 「채권자취소권」, 그리고 「보증채무」를 저자는 민법학강의 Ⅲ [채권담보법]에서 담보제도와 연계하여 이미 상세하게 설명하였기 때문에 이 책에서는 다루지 않았다.

이 책이 나오기 까지는 많은 분들의 도움을 받았다. 그 중에 연구비를 조성하여 필자에게 강의와 연구에 집중할 수 있는 기회와 여건을 마련해 준 강원대학교에 깊은 감사를 드린다. 한편 이 책은 「2017년도 강원대학교 학술연구조성비로 연구하였음(520170271)」을 밝혀둔다. 그리고 저자는 많은 제자들의 격려와 도움을 받았다. 즉 홍별철 박사, 권혁종 박사, 유병태 강사, 박사과정의 권용덕 석사, 이영진 석사, 박미화 선생님께 고마움을 전한다. 그리고 진원사의 양진수 사장님과 양희원 과장님께서는 저자의 민법학강의 시리즈를 출간하도록 격려하여 동력을 잃지 않도록 하였다. 또한 진원사의 편집부 류재현 부장님은 저자의 다른 책에서와 마찬가지로 교정과 편집에 노고를 아끼지 않으시어 훌륭한 책이 되도록 수고를 많이 하셨다. 이 모든 분들에게 마음으로부터 감사를 전한다.

2020년 8월

저자 **박 종 찬**

참 고 문 헌

곽윤직, 채권총론, 제6판, 박영사, 2003

곽윤직, 채권총론, 신정 수정판, 박영사, 1999

김기선, 한국채권법총론, 제3 전정판, 법문사, 1987

김대정, 채권총론, 개정판, 피데스, 2007

김상용, 채권총론, 화산미디어, 2010

김용한, 채권법총론, 박영사, 1988

김주수, 채권총론, 제3판, 삼영사, 1999

김준호, 채권총칙, 법문사, 2007

김증한 저 · 김학동 증보, 채권총론, 제6판, 박영사, 1998

김형배, 채권총론, 제2판, 박영사, 1998

박종찬, 민법학강의 Ⅰ, 진원사, 2017

박종찬, 민법학강의 Ⅱ, 제2판, 진원사, 2016

박종찬, 민법학강의 Ⅲ, 진원사, 2015

박종찬, 민법학강의 Ⅶ, 진원사, 2018

박종찬, 민법학강의 Ⅷ, 진원사, 2019

송덕수, 채권법총론, 제4판, 박영사, 2018

송덕수, 채권법총론, 제5판, 박영사, 2020

오시영, 채권총칙, 학현사, 2009

윤철홍, 채권총론, 법원사, 2006

이은영, 채권총론, 제4판, 박영사, 2009

지원림, 민법강의, 제8판, 홍문사, 2010

주석민법, 채권총칙(1)-(3), 한국사법행정학회, 2000

민법주해[Ⅷ]-[XI], 박영사, 1995

8 참고문헌

Brox, Allgemeines Schuldrecht, 22. Aufl., 1995

Brox/Walker, Allgemeines Schuldrecht, 31. Aufl., 2006

Esser-Schmidt, Schuldrecht, Band I Allgemeiner Teil, 1984

Fikentscher, Schuldrecht, 8. Aufl., 1992

Fikentscher/Heinemann, Schuldrecht, 10. Aufl., 2006

Larenz, Lehrbuch des Schuldrechts, 1. Band Allgemeiner Teil, 14. Aufl., 1987

Medicus, Schuldredht I Allgemeiner Teil, 8. Aufl., 1995

Medicus/Lorenz, Schuldrecht I Allgemeiner Teil, 19. Aufl., 2011

목 차

제1장 총 설 / 1

제1절 채권법 일반 / 3

제2절 채권과 채무 / 9

제 2 장 채권의 목적 / 21

제1절 총 설 / 23

제2절 채권의 종류 / 31

제5장 채권양도와 채무인수 / 225

제1절 채권의 양도 / 227

제6장 채권의 소멸 / 269

제1절 총 설 / 271

제2절 변 제 / 272

제3절 대물변제 / 319

제4절 공 탁 / 329

제5절 상 계 / 348

第7절 면 제 / 376

第8절 혼 동(混同) / 379

제 1 장
총 설

제1절 채권법 일반

I. 채권법의 의의

1. 채권이란 특정한 법률주체(채권자)가 다른 특정한 법률주체(채무자)에 대하여 특정한 행위(Leistung)를 요구 내지 청구할 수 있는 권리이다. 채권법이란 법률주체 당사자 사이에 채권·채무관계를 규율하는 법규 전체를 이르는 것으로서 채무법(Shuldrect)라고도 한다. 채권법은 민법의 일부로서 물권법과 함께 재산법에 속하는 법이다. 물권법이 물건에 대한 권리를 규율하는 법인 반면, 채권법은 채권자의 채무자에 대한 특정한 행위를 규율하는 법이다.

2. 물권은 절대적이며 대세적인 권리인데 반하여, 채권은 특정 당사자에 대해서만 주장할 수 있는 상대적이며 대인적인 권리이다. 이렇게 특정 당사자 사이의 채권·채무관계가 발생하는 원인으로는 크게 두 가지가 있다. 그 중 하나는 법률행위에 의해서 발생하는 것과 다른 하나는 법률규정에 의해서 발생하는 것이다.

3. 채권법은 실질적으로도 형식적으로도 정의될 수 있다. 실질적으로 정의된 것을 실질적 채권법이라고 하고, 형식적으로 정의된 것을 형식적 채권법이라고 한다. 실질적 채권법이란 2인 이상의 특정인 사이에 채권·채무가 존재하는 법률관계를 규율하는 일반사법이라고 할 수 있다. 그리고 형식적 채권법이란 민법전 가운데 '제3편 채권'(제373조 내지 766조)을 말한다.

4. 형식적 채권법이 실질적 채권법의 핵심부분을 이루고 있다. 따라서 두 법은 많은 부분에서 서로 중복되거나 겹치고 있다. 그러나 형식적 채권법 가운데에는 실질적 채권법에 속하지 않는 것도 있다(제389조·제704조). 민법전의 '제3편 채권'이외의 규정 중에는 채권법적인 것도 있다(제201조 제2항·제202조·제203조·제261조). 그

이외에 특별법(주택임대차보호법, 약관의 규제에 관한 법률, 보증인 보호를 위한 특별법, 신원보증법) 등에도 채권법적인 규정이 많이 있다. 그 밖에 관습법과 판례(법원설을 취할 경우) 중에도 실질적 채권법이 있다.

5. 강학상 채권법학의 대상은 실질적 채권법이다. 그런데 형식적 채권법이 실질적 채권법의 중요부분을 차지하고 있기 때문에 이 책에서는 형식적 채권법을 중심으로 설명하고자 한다. 채권편 이외의 민법전에 있는 실질적 채권법 규정은 이 책에서는 다루지 않을 것이다.

Ⅱ. 채권법의 기능

일반적으로 채권법을 '타인의 협력(재화·노무)을 보장하는 법률'이라고 설명한다. 그러나 이는 채권법 중 계약법에만 적당한 설명이며 채권법 전반에 걸친 일반적 설명으로는 합당하지 않다. 법제사적으로 소유을 중심으로 한 물권법이 먼저 형성되고 그 후에 이 소유권의 교환을 위한 법적 규율장치로 계약을 중심으로 한 채권법이 각각 발달하게 되었다. 그런데 사회의 발전과 더불어 채권법은 물권에 이르기 위한 과정을 규율하는 법으로서 원인적 기능을 함으로써 물권법보다 채권법의 기능을 앞서서 이해하는 것이 필요하게 되었다. 물론 물권법이 채권에 이르기 위한 과정을 규율하기도 한다. 예컨대 매매를 통한 소유권의 취득은 채권을 원인으로 하여 물권을 취득하는 것이고, 임대차나 사용대차 등의 채권이 소유권이라는 물권에 기초하여 발생하는 것도 있다. 이처럼 채권과 물권, 물권과 채권은 서로 유기적 관계를 형성하고 있으며 채권법의 기능은 단순하지가 않다. 채권법의 기능을 살펴보면, 계약법에서 타인의 협력을 보장하는 기능, 불법행위에서 법적으로 보호하여야 할 이익을 보장하는 기능, 부당이득법에서 부당한 가치이동을 조절하는 기능, 채권양도법에서 채권의 재산권성을 강화하는 기능 등 다양한 기능을 가진다고 할 것이다.

우리 민법에 많은 영향을 끼친 독일민법전에서는 채권법을 먼저 규정한 뒤 그 다음에 물권법을 규정하는 편제를 취하고 있는데 반해, 우리 민법전은 물권법을 우선 규정하고 그 다음으로 채권법을 규정하는 편제를 취하고 있다.

Ⅲ. 채권법의 법원

1. 채권법의 법원(法源)에 관한 설명은 민법총칙에서의 민법의 법원에 관한 설명이 그대로 적용되는 것이 원칙적이다. 채권법의 법원으로 먼저 성문법으로서 민법 제3편 채권(제374조 내지 766조)이 가장 중요한 법원이며, 그 다음으로 관습법도 채권에 관한 것은 채권법의 법원이 된다. 한편 판례는 채권법의 법원이 아니지만 실제에 있어서는 법원과 같은 기능을 하고 있다.

2. 그 이외에 특별법 가운데 채권법의 법원이 되는 것이 많다. 상법·어음법·수표법·은행법[1)]·신원보증법·공탁법·실화책임에 관한 법률·신탁법·국가배상법·주택임대차보호법·'약관의 규제에 관한 법률'·환경정책기본법·자동차손해배상보장법·제조물책임법·신원보증법 등 민법의 부속특별법, 그리고 근로관계법으로 근로기준법·'남녀고용평등과일·가정양립지원에관한법률'·임금채권보장법·노동조합 및 노동관계조정법 등이 있다.

Ⅳ. 채권총론의 내용

1. 형식적 채권법인 민법전 '제3편 채권'은 총칙, 계약, 사무관리, 부당이득, 불법행위의 5장으로 이루어져 있다. 그 중 민법전 제3편 채권 제1장 총칙 규정(제373조 내지 제526조)은 채권의 목적·채권의 효력·수인의 채권자 및 채무자·채권의 양도·채무의 인수·채권의 소멸·지시채권·무기명채권 등 8개 절 154개 조문으로 구성되어 있다.

2. '제1절 채권의 목적'은 채권들 가운데 그 목적이 공통한 것에 관한 일반적인 규정을 하고 있다. 즉 채권자가 채무자에게 일정한 행위를 요구할 수 있는 권리가 채권이기 때문에 채권의 목적은 채무자의 일정한 행위이다.

'제2절 채권의 효력'에서는 채무불이행과 그에 대한 효과로서 강제이행과 손해배상청구권을 인정하고 있고, 채무의 내용 중에는 채권자가 협력하여야 실현될

---

1) 상법과 은행법 등의 상사특별법은 특별사법이어서 채권법의 법원이 아니라고 하는 소수설도 있다(송덕수, 채권법 총론, 제4판, 박영사, 3면).

수 있는 경우에 채권자가 이에 협력하지 않아 채무자가 채무이행을 할 수 없는 경우에는 채무자를 구제하는 방법으로 채권자지체책임을 규정하고 있다. 그리고 채무자가 채무의 이행을 소극적으로 회피하거나 적극적으로 회피하기 위하여 재산을 타인에게 처분하는 경우를 대비하여 채권자의 강제집행의 대상이 되는 채무자의 일반재산을 채무자가 타인에게 처분하지 못하도록 하기 위한 보전제도로서 채권자대위권(제404조)과 채권자취소권(제406조)을 규정하고 있다. 그런데 채권자대위권(제404조)과 채권자취소권(제406조)은 「민법학강의 Ⅲ」[채권담보법] 제2장 '책임재산의 보전'이라는 제목으로 상세히 다루고 있으므로 이 책에서는 특별히 언급하지 않기로 한다.

'제3절 다수당사자의 채권자 및 채무자'에서는 일반적으로 하나의 급부에서 채권자와 채무자가 각각 1인인 경우가 대부분이지만 다수인 경우도 있다. 즉 급부는 하나이지만 채권자나 채무자가 수인인 경우가 있다. 채권총칙에서는 이러한 경우에 분할채권관계가 원칙임을 선언하고 있다. 그러면서도 예외적으로 분할채권, 불가분채무, 연대채무, 보증채무 등 모두 네 가지의 유형에 대하여 규정하고 있다. 그런데 '보증채무'는 「민법학강의 Ⅲ」[채권담보법] 제3장 인적담보제도에서 상세히 다루고 있으므로 이 책에서는 특별히 언급하지 않기로 한다.

'제4절 채권의 양도'와 '제5절 채무의 인수'에서는 채권·채무의 주체가 변경되는 경우를 규정하고 있다.

'제6절 채권의 소멸'에서는 채권의 최종적 효과인 7가지의 채권소멸원인을 규정하고 있다. 채권의 소멸원인으로 채무자의 변제·공탁·상계·경개·면제·혼동 등에 대하여 규정하고 있다.

'제7절 지시채권'과 '제8절 무기명채권'에 관하여 규정하고 있다. 민법에서 다루어지는 채권은 일반적으로 지명채권인 경우가 대부분이다. 왜냐하면 채권은 특정 채권자와 특정 채무자 사이의 신뢰관계를 전제로 하여 성립하는 재산권이어서 채권자와 채무자가 특정되어 있는 경우가 보통이기 때문이다. 그런데 지시채권과 무기명채권은 불특정다수인 사이에서 전전유통되는 것을 전제로 한 증권채권의 특징을 가지고 있어 통상의 지명채권의 성립이나 양도방법과는 달리 별도로 독립하여 규정하고 있다. 그런데 실제 일반 상거래에서는 상법·어음법·수표법 등 특별법이 상거래와 관련하여 빈번하게 발생하는 대부분의 지시채권·무기명채권을 규율하고 있기 때문에 민법이 적용되는 경우는 많지 않은 실정이다.

이상에서 설명한 채권법 '제1장 총칙'에 관한 논의를 강학상 채권총론 또는 채권법 총론이라고 한다.

3. 채권편 제2장 내지 제5장은 4가지의 가장 중요한 채권발생원인인 계약·사무관리·부당이득·불법행위에 관하여 규정하고 있다. 채권편 '제2장 계약'은 총 16절로 이루어져 있다. 그 가운데 제1절은 다시 총칙(계약총칙), 제2절 내지 제15절은 증여·매매 등 15가지의 전형계약을 규정하고 있다.[2] 채권편 제2장 내지 제5장에 관한 논의를 강학상 채권각론 또는 채권법각론이라고 한다. 그리고 채권편 계약의 장 제1절에 관한 논의를 계약총론이라고 하고, 제2절 내지 제15절에 규정된 개별적인 전형계약에 관한 논의를 계약각론이라고 한다. 그런데 내용의 측면만 생각한다면 채권법은 모두 한 권의 책으로 엮으면 좋을 것이다. 그러나 본 '민법학강의'시리즈에서는 채권편 제2장 내지 제5장을 3부분으로 나누어 집필하기로 한다. 즉 제2장을 '민법학강의 V'[채권각론], 제3장·제4장을 '민법학강의 Ⅵ'[사무관리·부당이득], 제5장을 '민법학강의 Ⅶ'[불법행위법]으로 나누어 엮으려고 한다.

Ⅴ. 채권법의 특질

1. 임의법규성

채권법은 같은 재산법인 물권법과 달리 임의법규적인 성질을 갖는다. 물권법은 대세적이며 배타성을 가지고 모든 사람에게 획일적으로 적용함으로써 제3자 보호를 위하여 그 대부분의 규정을 강행규정으로 하고 있다. 반면에 채권법은 특정인 사이의 법률관계를 규율하고 배타성이 없는 상대적인 권리이어서 특정인 서로의 사적 자치를 보다 중요시 하여 임의법규로 하더라도 제3자에게 피해를 주는 경우가 드물다.

물론 채권법에도 강행규정이 있다. 특히 법정 채권발행원인인 사무관리·부당이득·불법행위에 관한 법은 대체로 강행규정이다. 그리고 직접 제3자에게 영향을 미치는 경우, 즉 채권양도·채무인수·증권적 채권(지시채권·무기명채권)에 관한 규

---

2) 2015.2.3. 민법 개정 시에 제9절의 2(여행계약)가 신설되었다.

정 등은 대부분 강행규정이다. 나아가 계약법 중에서도 경제적 약자를 보호하기 위한 규정 또는 특별법에서 강행규정을 두고 있다[3].

2. 국제적 보편성

물권법이나 가족법은 각 나라·각 민족·각 지방에 따라 독특한 관습과 전통의 영향을 받는다. 그에 비하여 채권법은 거래법으로서 나라 사이에 무역이 빈번한 현대사회에서는 국제적·보편적 성질을 가지고 있다. 특히 계약법 가운데 매매법에서 더욱 그렇다. 유엔이 제정한 국제통일매매법협약(The United Nations Convention on Contract for the International Sale of Goods: CISG)은 50여 나라가 가입하여 국제거래에서 국제무역의 원칙으로 작용하고 있다. 그렇지만 채권법에서도 지역적 관행에 더욱 그 근거를 두고 있는 부동산의 이용이나 소비신용의 경우에는 보편성과는 거리가 있다.

3. 신의칙의 원칙

민법의 최고 원리로서 신의칙과 권리남용금지의 원칙이 있는데, 신의칙(제2조 제1항)은 채권법에서 더욱 현저하게 강한 작용을 하고 있다. 특히 채권의 행사, 채무의 이행, 계약의 해석, 계약의 해지와 해제, 사무관리의 적법성, 부당이득의 부당성, 손해배상책임의 범위 등을 판단하는 기준 등에서 신의칙이 크게 작용한다. 이렇게 채권법에서 신의칙이 특별히 강조되는 이유는 채권은 앞으로 상대방의 이행을 청구할 수 있는 권리이므로 채권의 당사자 사이에서는 신의가 가장 중요하기 때문이다. 반면에 물권법에서는 권리남용금지의 원칙(제2조 제2항)이 강조되고 있다.

4. 로마법적 영향

채권법은 로마법적 영향을 강하게 받고 있다. 원래 우리 민법의 채권편이 로마법을 계수한 독일과 프랑스 채권법을 모법으로 하여 제정되었기 때문이다. 반면에 물권법은 로마법적 요소와 게르만법적 요소가 뒤섞여 있다.

---

3) 제607조, 제608조, 제652조 등 임대차와 소비대차의 규정에 두고 있다.

제2절 채권과 채무

Ⅰ. 채권 일반

1. 채권의 의의

채권이란 특정인(채권자)이 다른 특정인(채무자)에 대하여 특정한 행위(급부·이행행위)를 청구 내지 요구할 수 있는 권리이다.

(1) 채무자의 특정 행위(급부·이행행위)를 목적으로 하는 권리

채권의 목적은 채무자의 일정한 행위(급부·이행행위)이다. 여기서 채무자의 '일정한 행위'를 일반적으로 강학상 급부라고 한다. 민법에서는 급부라는 용어를 사용하지 않고 급여, 행위, 이행 등 다양한 용어를 사용하고 있다. 급부는 작위(적극적인 행위)일 수도 있고, 부작위(소극적인 행위)일 수도 있다. 이렇게 채권의 목적은 채무자의 행위이기 때문에 그 목적이 실현되려면 채무자의 협력이 반드시 있어야 한다.

(2) 특정인에 대한 상대권

채권은 특정의 법률주체(채권자)가 다른 특정의 법률주체(채무자)에 대하여 가지는 권리이다. 채권은 절대권인 물권과 달리 특정인에 대한 상대권으로서의 성질을 가지고 있다. 이러한 상대권으로서의 성질상 채권은 배타성이 없다. 그러나 상대권이자 재산권으로서의 채권을 양도함에는 어느 정도 제한이 존재한다.

(3) 급부(이행행위)청구권을 내용으로 하는 권리

채권은 채무자의 급부(이행행위)를 요구(청구)할 수 있는 권리이다. 이 점에서 채권은 채무자에게 그 채무를 이행할 것을 요구 내지 청구할 수 있는 간접적인 형태로 나타난다. 반면 물권은 특정의 물건을 직접 지배하여 만족을 얻는 모습으로 나타난다. 여기에서 「요구(청구)할 수 있다」 라는 것은 요구(청구)하는 것이 위법하지 않다는 것이며, 요구(청구)에 응하여 채무자가 급부(이행행위)를 하는 경우 이를 수령 및 보유할 수 있다는 것을 의미한다.

2. 채권과 청구권

(1) 일반적으로 채권과 청구권이 동일한 개념으로 이해되기도 한다. 그러나 채권과 청구권은 동일한 권리가 아니다(통설). 왜냐하면 동일한 점도 있기는 하지만 다른 점도 있기 때문이다.

(2) 채권과 청구권은 그 발생 근거부터 다르다. 즉 채권은 권리의 내용상의 분류에서 발생한 것이고, 청구권은 효력상의 분류에서 발생한 것이다. 민법총칙에서 권리(사권)를 분류할 때 그 내용이 되는 생활이익을 표준으로 하여 분류하여 재산권·인격권·가족권(신분권)·사원권으로 나뉘고 있다. 그중에서 재산권의 대표적인 것으로 물권과 채권이 있다. 한편 권리를 행사하는 경우에 어떤 효력(작용)이 발생하는가에 따라 지배권·청구권·형성권·항변권으로 나뉘고 있다. 이 경우의 분류에서 청구권이 나타난다. 이렇게 청구권은 물권이나 채권과 같은 가장 기초적인 권리와 달리 그 기초적인 권리의 효력으로서 발생하는 것으로 그 발생 근거부터가 다르다.

(3) 청구권은 채권을 원인으로 하여 발생하는 경우가 대부분이다. 그러나 그 이외의 권리인 물권, 친족권, 상속권, 지식재산권, 공법상의 권리 등에서 발생하는 경우도 있다. 물권적 청구권, 상속회복청구권, 유아인도청구권, 부양청구권, 부부의 동거청구권, 재판청구권, 투표청구권 등이 그 예이다. 여기의 청구권들은 채권과 관계가 없다. 채권에서 발생하는 청구권을 채권적 청구권, 물권에서 발생하는 청구권을 물권적 청구권, 가족법에서 발생하는 청구권을 가족법적 청구권이라고 하며 각각 그 요건과 효력 등이 다르다.

(4) 채권이 발생하면 청구권은 언제나 존재하여 이행을 청구하는 효력(청구력)을 가진다. 그러나 청구력이 채권의 효력 전부를 이루고 있는 것은 아니다. 즉 채권과 청구권은 완전히 일치하는 동일한 개념이 아니다. 왜냐하면 채권에는 청구력 이외에도 채무자가 채권자의 청구에 따라 이행을 하게 되면 그 이행한 것(급부)

을 수령하고 보유할 수 있는 효력(급부의 수령·보유력)도 있고, 그 이외에도 많은 권능(채권자대위권·채권자취소권·항변권·해제권·訴求力·집행력 등)이 포함되어 있다. 채권이 발생하면 일반적으로 청구권이 존재하지만 이행기가 도래하지 않은 채권의 경우에는 채권은 존재하여도 이행기까지는 청구권을 행사할 수 없게 된다.

3. 채권과 채권관계

(1) 채권관계의 의의

1) 우리 민법전에는 채권관계(Schuldverhältnis)라는 용어를 사용하지 않고 있다. 그러나 채권에 관한 법률관계 속에는 채권자와 채무자 사이에 존재하는 모든 법률문제를 채권만을 가지고 해결하기에는 충분하지 않다. 따라서 채권에 관한 법률관계에는 채권만으로 해결할 수 없는 의무도 있기 때문에 채권관계의 개념을 살펴볼 필요가 있다.

2) 채권관계란 2인 이상의 특정인 사이에 채권·채무가 존재하는 모든 법률관계를 총칭하는 말이다.

① 이러한 의미에서 물건 기타의 객체에 대한 지배관계인 물권관계는 물권자가 특정 객체를 재배하는 것을 모든 일반인이 인정해야 하는 반면, 채권관계는 채권자와 채무자라는 특정인 사이의 법률관계로서 급부의 실현을 강제할 수 있는 일종의 특별구속관계를 형성한다. 특별구속관계는 혼인관계나 공무원관계도 특별구속관계에 해당한다. 채권관계에서는 특정한 행위를 청구하고 또 청구를 당하는 것이어서 그 구속의 정도가 혼인관계나 공무원관계에서보다 강하지 않다.

② 채권관계는 채권·채무의 단순한 결합관계가 아닌 여러 개의 권리(항변권·해지권·해제권)·의무(통지의무·배려의무)가 혼재하고 있는데, 특히 채권관계라고 부르는 이유는 단지 채권을 중심으로 권리관계를 파악하기 때문이다. 민법은 채권총칙에서는 채권관계에 대한 공통분모인 채권을 중심으로 일반규정을 두고, 채권각칙에서는 개별적으로 채권관계를 규율하는 개별규정을 두고 있다.

③ 이처럼 채권관계는 특별구속관계를 형성하게 되고, 채권관계 속에는 채권의 소멸이 있기까지 구체적인 경우의 사정에 따라서 그 내용(권리·의무)이 유동적이며 양 당사자가 달성하고자 하는 목적을 향하여 신의칙에 따른 상호간 유기적인 관계를 형성한다.

(2) 채권관계와 호의관계(好意關係)

1) 채권관계와 구별하여야 할 법적 개념으로 호의관계가 있다. 호의관계라 함은 급부자에게 법적인 의무가 없음에도 불구하고 호의로 급부를 무상으로 제공하는 생활관계이다. 예컨대 출퇴근길에 자동차에 동료직원을 태워주는 경우(호의동승), 친구가족을 초대하여 식사를 무상으로 대접하거나 하는 경우가 그 예이다.

2) 채권관계와 호의관계는 그 법적 효과가 전혀 다르다. 호의관계는 그 급부를 이행하지 않았다고 하더라도 상대방에게 채무불이행을 이유로 급부청구권이 발생하지 않고 손해배상청구를 하지도 못한다.

3) 채권관계와 호의관계를 어떻게 구별할 것인가? 우리 학계의 통설은 '이해상황 또는 기타의 사정을 고려하여 순수한 호의만이 존재하는가 또는 표시된 내용에 대하여 법적 구속의사가 인정될 수 있는가에 따라서 판단해야 할 것'이라고 한다.[4] 이에 대하여 만약 당사자의 실제의 의사 유무로 채권관계와 호의관계를 구별해야 한단다면 옳지 않다고 하면서 양자의 구별은 당사자의 실제의 의사에 의해서가 아니고, 구체적인 경우의 모든 사정에 비추어 합리적으로 판단해 볼 때 당사자에게 법적으로 구속당할 의사가 있었다고 보아야 하는지에 의하여 결정하여야 한다고 한다. 그 결과 법적으로 구속당할 의사가 있었다고 보았어야 한다면 채권관계(법률관계)로 되고, 그러한 의사가 없었다고 보았어야 한다면 호의관계(비법률관계)로 된다고 한다.[5]

4) 호의관계의 경우에는 법적인 급부의무는 발생하지 않지만 경우에 따라서는 '기타의 행위의무'(신의칙상의 부수의무)만은 있을 수 있다고 한다. 호의행위자의 의무의 문제는 순수한(단순한) 호의관계의 경우에는 급부의무(주된·종된 급부의무)뿐만 아니라 '기타의 행위의무'도 존재하지 않아 상대방은 급부를 청구할 수 없음은 물론이고, 호의행위에 의하여 손해가 발생하였다고 하더라도 계약법이 아닌 불법행위법에 의하여 손해가 배상될 수 있을 뿐이다. 그리고 '기타의 행위의무'가 존재하는 경우에는 신의칙에 의하여 계약에 유사한 신뢰관계가 성립한다고 하여 호의행위자는 본래의 급부의무는 없지만 '기타의 의무행위'를 부담함으로써 이러한 경우에는 불법행위법이 아니고 계약법이 유추적용되어야 한다고 본다.[6]

4) 김상용, 27면; 김형배, 40면, 정기웅, 19면.
5) 송덕수, 15-16면.

4. 채권의 사회적 작용

(1) 물권취득의 원인

근대사회로 진입하면서 '신분에서 계약으로', 즉 계약사회에 들어와 채권은 물권을 취득하기 위한 수단으로서 기능하였다. 즉 특정 물건에 대한 매매계약을 체결하여 채권채무관계가 성립하면 그 이행을 통해 매매목적물에 대한 소유권을 취득하는 모습으로 채권이 물권성립 내지 물권취득의 원인으로 기능하고 있다. 즉 채권은 재화의 이동을 매개하는 동적기능의 일익을 담당하고 있다.

(2) 채권기능의 모습

현대사회에서 채권의 사회적 작용으로서 다양한 모습으로 그 기능을 하고 있다.[7)]

1) 물권의 채권화 물권 특히 소유권은 소유자가 그 물건을 직접 사용하지 않고 타인에게 이를 이용하게 함으로써 그 대가를 받는 형태를 취하며, 그 법률적 수단으로 채권관계(예, 임대차)를 이용한다. 이를 '물권의 채권화'라 한다.

2) 채권의 물권화 채권은 채권자가 채무자에게만 주장할 수 있는 상대권이지만, 채권에도 제3자에 대한 대항력을 인정하여 불특정 다수인에게 우선권을 주장하며 대항할 수 있도록 하고 있다(예, 소액임차보증금채권), 이를 '채권의 물권화'라 한다.

3) 채권의 동산화 채권의 유통을 보장하기 위하여 증권적 채권의 제도가 마련되어 사실상 동산과 같이 취급되게 되었다. 이를 '채권의 동산화'라 한다.

4) 채권의 우월화 은행 등은 기업에 대한 대출채권과 그 채권의 담보제도를 통하여 기업을 사실상 지배하는 현상이 나타나고 있다. 이를 '채권의 우월화'라 한다.

---

6) 송덕수, 16면 참조.
7) 김형배, 16면 이하 참조.

Ⅱ. 채 무

1. 의 의

채무란 채무자가 채권자에게 일정한 행위(급부)를 해야 할 의무를 말한다. 채무와 채권은 서로 긴밀한 의존적 관계를 맺고 있다. 채무에 대한 우리 민법학의 통설은 독일 민법학의 영향으로 채무에는 주된 의무인 급부의무(Leistungspflicht)와 이를 제대로 이행하기 위해 요청되는 부수적 주의의무(Nebenpflicht)가 있다고 한다.

2. 급부의무

채무의 주된 의무인 급부의무는 다시 제1차적 급부의무와 제2차적 급부의무로 나눌 수 있다.

(1) 제1차적 급부의무

제1차적 급부의무란 주된 급부의무와 종된 급부의무를 포함하여 법률행위가 예정하는 본래적 급부의무를 의미한다. 제1차적 급부의무는 다시 주된 급부의무와 종된 급부의무로 나누어진다. 예컨대 고급승용차에 대한 매매계약이 체결된 경우에 매도인은 그 승용차의 소유권 및 점유를 이전해 줄 의무(주된 급부의무)가 있고, 또한 그 승용차를 매수인이 제대로 사용할 수 있도록 매수인에게 승용차의 작동법을 설명해주고 나아가 설명서·보증서 등을 교부해 줄 의무(부주적 의무)가 있다.

이렇게 주된 급부의무와 종된 급부의무를 구별하는 이유는 다음과 같다. 즉 주된 급부의무는 쌍무계약의 경우에 서로 대가적 의존관계가 있으므로 동시이행관계가 있고(제536조·제537조) 그 불이행이 있을 때에는 손해배상청구권뿐만 아니라 계약해제권이 발행할 수 있다. 반면에 종된 급부의무는 그 불이행이 있으면 그 이행청구와 손해배상청구권만 발생할 뿐 계약해제권은 발생하지 않는다는 점에서 그 구별실익이 있기 때문이다.

(2) 제2차적 급부의무

제2차적 급부의무란 채무불이행에 따른 손해배상의무와 같이 제1차적 급부의무에 장애가 발생한 경우에 제1차적 급부의무를 대신하거나 병존하여 발생하는 급부의무를 의미한다.

제2차적 급부의무는 손해배상의 경우가 가장 많고, 그 이외에 계속적 채권관계(예, 임대차 등)가 소멸한 경우에 발생하는 청산의무나 계약해제의 경우 발생하는 원상회복의무 등도 포함하는 개념이다.

(3) 제1차적 급부의무와 제2차적 급부의무를 구별하는 이유는 제1차적 급부의무는 이행기가 도래하면 즉시 그 이행을 청구할 수 있고, 제2차적 급부의무는 채무자의 귀책사유 등으로 인한 제1차적 급부의무에 장애가 발생한 경우에 비로소 이행을 청구할 수 있기 때문이다.

3. 부수적 주의의무

(1) 부수적 주의의무란 채권채무관계에서 채무자가 본래의 급부의무 이외에 채무의 이행과정에서 법령이나 신의칙에 기하여 부담하게 되는 여러 가지 급부의무 이외에 더 필요한 행위의무(weitere Verhaltenspflicht)를 의미한다. 어떠한 것이 이에 해당하지는 지는 급부의무에 따라 개별적으로 판단할 수밖에 없다. 채권의 목적인 급부의 이행을 촉진하는 성실의무, 배려의무, 고지의무 등과 같이 적극적 의무로 나타날 수도 있고, 채권자의 신체적·재산적 손해의 방지를 목적으로 하는 소극적 의무로 나타날 수도 있다. 예컨대 호텔의 숙박계약에서 손님의 안전을 배려할 의무, 자동차 정비 중 다른 곳에서 오일이 새는 것을 발견한 때 이를 고지할 의무, 매도인이 물건의 사용법을 설명할 의무 등이 보통 이에 해당할 수 있다.

(2) 부수적 주의의무의 특성은 이를 위반한 결과로서 손해가 발생한 때에는 채무불이행으로 인한 손해배상청구는 인정되지만 직접적인 강제이행이 허용되지 않는다는 것이다. 다만 부수의무 자체가 어느 정도 고유한 목적을 가지는 때에는 그것만의 이행청구도 가능할 수 있다. 예컨대 위임에서 수임인의 보고의무(제683조)가 그러하다.[8)]

---

8) 윤형렬, "채권법상 부수의무의 체계적 지위", 민사법학 제13호·제14호, 한국민사법학회, 1996, 165면; 김형배, 채권법총론, 박영사, 1998, 35면; **대판 1987. 9. 8. 87다카655** "가. 매매목적물에 관하여 매도인이 다른 사람과 사이에 소송이 계속 중이고 그 소송에서 매도인이 패소하게 되면 매수인이 그 매매의 목적을 달성할 수 없게 되어 있어서 매도인이 그 패소판결

(3) 제1차적 급부의무가 없는 때에도 부수적 주의의무를 인정하는 경우가 있다. 예컨대 계약체결상의 과실책임이나 제3자 보호이론의 경우에 체1차적 급부의무가 없는데도 부수적 주의의무 위반으로 인한 손해배상책임을 지는 경우가 있을 수 있다.

4. 보호의무

(1) 채무불이행책임설

1) 보호의무(Schutzpflicht)란 채권채무관계에서 급부의무를 중심으로 결합된 채권자와 채무자는 서로 일정한 결합관계를 가지게 되고, 이로 인하여 상대방의 신체와 재산에 대하여 영향을 줄 수 있는 가능성을 갖기 때문에 채권자와 채무자는 서로 상대방의 생명·신체·소유권 기타 재산의 이익을 침해하지 않도록 배려하고 보호하여야 하는 의무를 말한다. 예컨대 근로계약의 경우 사용자는 피용자가 근로현장에서 재해를 입지 않도록 기계설비나 작업장의 환경을 충분히 적정한 수준으로 유지해야 할 의무를 보호의무라고 한다.[9]

2) 통설은 채무의 범주에 급부의무 및 부수적 주의의무 이외에 보호의무도 포함시키는 채무불이행설을 취하고 있다.[10]

이 확정되는 경우의 계약금반환채무를 담보하기 위하여 매수인에게 일정한 담보를 제공하기로 약정하였다면 위 담보제공의 특약을 단지 매수인에게 위 담보제공이 있을 때까지 계약금 지급을 거절할 수 있는 권능을 부여한 것에 지나지 않는 것이라고 하거나 계약상 부수적인 의무를 규정한 것에 불과한 것이라고 단정할 수는 없지만 매도인이 위 소송에서 승소로 확정된 경우에는 위 계약상의 담보제공의무는 소멸하게 되는 것이므로 매수인은 설사 매도인이 그때까지 위 계약상의 담보제공을 하지 않고 있었다 하더라도 이를 이유로 위 매매계약의 해제를 주장할 수 없다고 할 것이다. 나. 매매목적물에 관하여 매도인의 다른 채권자가 강제경매를 신청하여 그 절차가 진행 중에 있다는 사유만으로는 아직 매도인이 그 목적물의 소유권을 취득할 수 없는 때에 해당한다고 할 수 없으므로 매수인은 이를 이유로 계약을 해제하거나 위약금의 청구를 할 수 없다고 할 것이고 그와 같은 법리는 매매목적물에 관하여 강제경매가 진행 중인데 대한 책임이 누구에게 있느냐에 따라 달라지는 것이 아니다." 참조.

9) 김형배, 41면 이하 참조.

10) 김상용, 채권법총론, 법문사, 2003, 27면; 오시영, 채권총칙, 학현사, 2009, 19면.

(2) 불법행위책임설[11]

1) 보호의무를 채무의 범주에 포함시키 것은 부당하고 통상적인 불법행위책임으로써 해결하는 것이 타당하다고 하며 불법행위책임설을 주장한다. 즉 보호의무 위반으로 인해 손해가 발생한 경우 채무불이행으로 인한 손해배상책임을 물을 것이 아니라 불법행위의 성립여부를 따져서 불법행위의 요건을 갖춘 경우에는 불법행위로 인한 손해배상책임을 물으면 되고, 그렇지 않은 경우에는 책임을 물을 수 없다고 한다.

2) 불법행위책임설은 다음과 같은 이유를 들어 보호의무를 채무의 범주에 포함시키는 것을 부당하다고 한다. ① 보호의무의 개념은 독일민법학에서 형성된 것으로서 독일민법은 우리 민법과 달리 불법행위가 성립하는 경우를 개별적으로 정하고 있어(독일민법 제823조·제826조), 불법행위책임을 묻기가 곤란한 법규상의 흠결을 보충하기 위하여 의도적으로 채무불이행책임을 확대하여 왔고, 이를 위해 채무의 외연을 넓혀 보호의무를 이에 포함시킨 것으로서 그 발생배경이 우리와 다르다고 한다. ② 보호의무의 내용은 채무자의 급부의무와는 너무도 거리가 먼, 오히려 불법행위로써 보호될 법익에 속하는 것이어서, 이를 채무의 범주에 포함시키게 되면 채무자가 부담하는 의무의 정도가 지나치게 확대되고 나아가 불법행위책임과의 경계가 모호해진다고 한다. ③ 통설이 드는 고용계약상의 보호의무라는 것은 고용계약의 특질상 노무자의 인적 노무제공에 의해 실현된다는 점에서 사용자의 안전배려의무가 인정되기는 하지만 이것은 보호의무가 아니라 고용계약에 따른 부수적 주의의무로 보는 것이 타당하다고 한다.

(3) 학설의 검토

1) 보호의무에 대하여 채무불이행책임설과 불법행위책임설은 채권채무관계에서 채권자와 채무자 중 누구를 더 보호할 것인가에 대한 가치관의 차이라고 보는 견해도 있다.[12] 이 견해에 따르면 채무불이행책임설을 취하게 되면 채무불이행책임의 범위가 넓어져 채권자가 더욱 강하게 보호받을 수 있는 장점이 있는 반면,

---

11) 김준호, "채권법상 보호의무론의 전개", 월간고시, 1990.6., 97면 이하; 김증한·김학동, 채권총론, 박영사, 1998, 24면 이하.

12) 오시영, 19면.

불법행위책임설을 취하게 되면 보호의무 위반의 경우 불법행위가 성립하지 않는 경우도 있을 수 있기 때문에 그 경우에 채무자의 책임 범위가 그만큼 축소되어 채무자가 더욱 보호받을 수 있게 된다고 한다.

2) 사견으로는 보호의무의 개념의 논의의 발단을 어디에서 찾을 것인가 하는 문제라고 본다. 즉 보호의무의 개념은 원래 독일민법학에서 형성되었고 이를 우리 민법에 적용하는 것을 검토하면서 학설의 대립이 발생한 것으로 생각된다. 우리 민법이 불법행위가 성립하는 경우를 포괄적으로 규정하고 있는(제750조) 반면, 독일민법은 우리 민법과 달리 불법행위가 성립하는 경우를 개별적으로 규정하고 있다(독일민법 제823조·제826조). 그리하여 독일에서는 불법행위책임으로 묻기가 곤란한 법규상의 흠결을 해결하기 위해서 그동안 학설로 채무불이행책임을 확대하고 이를 위해 채무의 외연을 넓혀 보호의무를 이에 포함시켜 왔다. 마침내 2002년에 민법을 개정함으로써 보호의무와 관련하여 모든 유형의 채무불이행을 포함하는 기본개념으로 채권채무관계로부터 발생하는 의무(Pflicht)를 설정하고, 채무자의 책임 있는 사유에 의한 그 위반이 있는 경우에는 손해배상책임이 발생하는 것으로 규정하고(독일민법 제280조 제1항), 이 의무(채무)에는 제1차적 급부의무 외에 타인의 법익을 배려할 '보호의무(Schutzpflicht)'도 포함하는 규정을 신설하여(독일민법 제241조 제2항) 보호의무의 위반을 채무불이행이 되는 것으로 입법하여 해결하였다.

우리 민법은 독일민법과 달리 불법행위가 성립하는 경우를 포괄적으로 규정하고 있어 불법행위를책임을 묻기가 곤란한 법규정의 흠결을 별도로 찾을 필요가 없이 보호의무 위반의 경우에도 그대로 불법행위책임으로 해결하는 것이 더욱 합리적일 것이다. 즉 통설이 드는 고용계약상의 보호의무라는 것은 고용계약의 특성상 노무자의 인적 노무제공에 의해 실현된다는 점에서 사용자의 안전배려의무가 인정되는 것은 당연하다. 그러나 이것은 보호의무가 아니라 고용계약에 따른 부수적 주의의무로 보는 것이 좋을 것이다. 따라서 불법행위책임설의 견해가 타당하다고 본다.

5. 채무와 책무

(1) 채무와 구별되는 개념으로 '책무'(간접의무)가 있다. 책무라 함은 일정한 사

항을 준수하지 않는 경우에 소극적으로 일정한 불이익을 받지만, 이를 적극적으로 청구·소구·강제하거나, 그 위반에 따른 손해배상청구를 할 수 없는 것을 말한다. 이를 간접의무라고도 한다.

(2) 그 예를 민법 제528조 제2항에서 볼 수 있다. 즉 승낙기간을 정한 계약의 청약에 대해 승낙의 통지를 하였고 그것이 보통 그 기간 내에 도달할 수 있는 발송이었음에도 어떤 사정으로 승낙기간 후에 도달한 경우에는, 승낙의 통지를 발송한 자(승낙자)는 계약이 성립된 것으로 믿고 계약의 이행을 위한 준비를 할 것이기 때문에, 민법은 그러한 신뢰를 보호하기 위해 청약자가 지체 없이 상대방(승낙자)에게 연착의 통지를 하도록 하고, 이를 위반한 때에는 승낙의 통지가 연착되지 아니한 것으로 보아 계약이 성립한 것으로 보고 있다(제528조 제3항). 이처럼 청약자가 연착을 통지하지 않은 때에는 계약이 성립한 것으로 되는 불이익을 받지만, 상대방(승낙자)이 청약자에게 연착의 통지를 해 줄 것을 청구하거나 그 위반 시 손해배상을 청구할 수는 없는 점에서 채무와 다르다. 이러한 청약자의 연착통지의무가 책무에 해당된다. 민법에서 그 이외의 책무로서 하자고지의무(제559조 제1항·제612조)도 책무(간접의무)에 해당된다.

제 2 장
채권의 목적

제1절 총 설

I. 채권의 목적의 의의

1. 우리 민법전은 채권의 목적에 대한 통일적이며 일관된 용어를 사용하지 않고 있다. 민법전의 제3편에서 채권의 목적으로 사용되는 용어로는 이행(제375조·제385조·제539조)·행위(제380조·제385조 제1항)·급여(제466조·제746조)·변제(제742조·제743조)·지급(제276조·제377조) 등 각기 다른 형태로 표현하고 있다.[13)]

2. 채권이란 특정한 법률주체(채권자)가 다른 법률주체(채무자)에게 일정한 행위를 청구 내지 요구할 수 있는 권리이므로 채권의 목적은 「채무자의 일정한 행위」라고 해야 한다. 이 책에서는 채권의 목적을 「급부(給付·Leistung)」라는 용어를 사용하기로 한다.

3. 채권의 목적과 채권의 목적물은 각각 다른 개념이다. 채권의 목적은 채무자의 급부(일정한 이행행위)이지만 채권의 목적물은 그 급부의 객체이기 때문이다. 예컨대 TV매매계약을 체결한 경우 채권의 목적은 매도인의 TV에 대한 소유권을 이전하는 행위이며, 매수인이 그 대금을 지급하는 행위이다. 반면에 채권의 목적물은 매도인이 매수인에게 인도하는 매매의 객체인 TV이며, 매수인이 매도인에게 지급하는 금전이다. 우리 민법은 이 둘을 구별하여 사용하고 있다(제373조 내지 제376조·제399조). 그러나 채권의 목적과 목적물을 엄격하게 구별하여 사용하지 않는 경우가 있다(제375조 제1항·제399조).

---

13) 독일민법에서는 'Leistung'이라고 하고, 일본민법은 '급부'라고 한다. 우리나라의 학자들은 대부분 일본의 영향을 받아 「급부」라는 용어를 사용하고 있다. 그러나 일부 학자는 '급여', '이행', 또는 '이행행위'라는 용어가 바람직하다는 견해(송덕수, 48-49면 참조)도 있다. 약관의 규제에 관한 법률 제10조는 '급부'라는 용어를 사용하고 있다.

Ⅱ. 채권의 목적의 요건

1. 서 설

물권은 물권의 종류와 내용이 물권법정주의에 의하여 강행법규로 제한되어 있다. 반면 채권은 사적차치의 원칙에 의하여 채권자와 채무자의 자유로운 의사에 의하여 채권의 목적(급부)을 결정할 수 있기 때문에 그 종류나 내용이 엄격하게 제한되지는 않는다. 그러나 채권의 목적(급부)이 무제한적으로 자유가 보장되는 것은 아니고 법률행위의 목적에 관한 일반적 유효요건을 갖추어야 한다. 채권의 목적이 법률행위의 목적의 일반적 유효요건(확정성·실현가능성·적법성·사회적 타당성)을 갖추지 못하면 법률행위의 목적도 그 요건을 갖추지 못하기 때문이다. 그러나 법률의 규정에 의하여 성립하는 법정채권인 사무관리·부당이득·불법행위의 경우에는 그 규정에서 정한 요건이 충족되면 발생하기 때문에 어떠한 유효요건을 별도로 필요하지 않는다. 그 외에 채권의 목적이 금전으로 평가할 수 있는 것이어야 하는가는 민법이 제373조에서 명문규정을 두어 금전적 가치가 없더라도 약정채권의 목적이 될 수 있음을 천명하고 있다.

2. 확 정 성

채권의 목적인 급부는 확정되어 있거나 이행기까지 확정할 수 있어야 한다. 급부가 이행기까지 확정될 수 없으면 채권은 성립하지 않고 그 채권을 발생시키는 법률행위도 무효이다. 급부의 확정은 법률행위(계약)에 의하여 발생하는 채권에 관해서만 문제가 된다. 따라서 법률행위에 의하여 발생하는 채권에서 급부의 확정은 사적 자치의 원칙상 당사자가 행하는 것은 당연하다. 다만 민법은 급부를 확정짓는 일반적 규정은 없으나 특수한 개별적인 채권에 관해서만 보충규정을 두고 있다. 즉 종류채권의 특정(제375조), 금전채권에 대한 특정(제376조), 외화채권에 대한 특정(제377조), 선택채권에 대한 특정(제380조), 손해배상채권에 대한 특정(제393조·제394조·제763조) 등에 대한 보충규정 있다. 따라서 급부의 확정은 먼저 법률행위 해석의 방법으로 정해져야 하고, 그 해석으로 결정할 수 없는 경우에는 보충규정으로 정해야 할 것이다.

3. 실현가능성

(1) 급부는 실현가능하여야 한다. 급부의 가능·불능 여부는 사회의 거래관념 내지 통념에 의하여 객관적으로 판단하여야 한다(통설). 사회통념상 불능이기만 하면 주관적 불능(채무자에게만 불능)인가 객관적 불능(일반인 모두에게 불능)인가는 구분할 필요가 없다(통설).

(2) 급부의 실현가능성에 대한 판단시기는 채권이 성립한 때를 기준으로 한다(통설). 따라서 채권성립시를 기준으로 하여 그때 이미 실현불능이 확정적인 경우에만 계약이 무효이고 채권이 성립하지 않는다. 채권의 성립 당시에는 급부의 실현이 불가능하였더라도 이행기에 가능하게 되는 경우에는 불능이라고 할 수 없다. 즉 실현가능성은 이행기에도 이행이 불가능한 경우(확정적 불능)만을 말한다.[14)]

(3) 채권이 성립할 당시에 실현이 가능하였다면 그 후에 불능으로 되었다고 하더라도(후발적 불능) 채권의 성립에는 지장이 없으며 계약도 유효하다. 그 때에는 다른 효과가 생길 뿐이다. 즉 그 불능의 원인이 채무자의 과실에 의한 것이냐의 여부에 따라서 채무는 손해배상책임으로 변하거나 또는 소멸하게 된다. 그로 인해 채무가 소멸하는 경우에도 그 채무가 쌍무계약에 의해 성립하였다면 상대방의 귀책 여부에 따라 상대방의 채무(반대급부)는 함께 소멸할 때도 있고 소멸하지 않을 때도 있다(제537조·제538조).

4. 적 법 성

채권의 목적(급부)은 적법한 것이어야 한다. 즉 강행법규위반의 법률행위는 무

---

14) 대판 1989. 11. 28. 89다카11777 "가. 이 사건 건축하도급계약당시 그 건축공사에 대한 건설부장관의 사업계획 승인, 원도급인의 하도급에 대한 승인, 건축부지의 확보 등이 갖추어져 있지 않았다 하더라도 그 계약의 목적이 된 토지상에 아파트건축공사를 하는 것이 법률상 금지 내지 제한되어 있었다는 특단의 사정이 없는 이상 계약 후 이를 보완할 수 있는 것이므로 그와 같은 사유만으로써는 위 하도급계약이 계약당시 그 계약목적이 실현 불가능한 것이어서 무효라고 할 수 없다. 나. 원고가 변론기일에서 진술한 청구취지정정신청서에 의하여 지연손해금 청구일부를 확장하였음에도 불구하고 원심이 이에 대하여 아무런 판단을 하지 않았더라도 이는 이른바 재판의 탈루에 해당하는 것으로서 그 부분소송은 아직 원심에 계속 중이라고 할 것이므로 적법한 상고대상이 되지 아니한다."

효이어서 채권의 목적 또한 강행법규에 위반하지 않아야 한다. 예컨대 법률상 양도나 소지가 금지된 물건(마약 등)의 인도를 목적으로 하는 채권은 성립하지 않으며 그와 같은 약속을 한 계약은 무효이고, 범죄행위의 실행을 목적으로 하는 경우에도 채권은 성립하지 않으며 그 계약도 무효이다. 또한 민법에서 인정하지 않는 내용의 물권을 창설하려는 채권계약도 무효이다.

5. 사회적 타당성

급부는 사회적 타당성이 있어야 한다. 즉 선량한 풍속 기타 사회질서에 위반되지 않는 것이어야 한다. 예컨대 첩계약, 성매매, 인신매매 등을 하는 것을 약속하는 경우에는 그 급부의 내용이 사회질서에 반하므로 채권은 성립하지 않으며 그 계약은 무효이다.

6. 금전적(재산적) 가치

(1) 제373조에서 "금전으로 가액을 산정할 수 없는 것이라도 채권의 목적으로 할 수 있다."라고 하고 있다. 이 규정에서 '금전으로 가액을 산정할 수 없다'라는 의미를 금전적 가치의 판단기준은 무엇인가에 대하여 통설은 일반적·객관적으로나 채권자에게 주관적으로나 금전적 가치를 필요로 하지 않는 것으로 보고 있다.[15] 여기서 통설은 제373조의 의미는 소극적으로 금전적 가치가 없는 급부에 대해서도 채무로서의 법률적 구속을 발생하게 할 수 있다는 의미일 뿐 적극적으로 금전으로 가액을 산정할 수 없는 것 모두를 채무로 하여 법적 구속을 받게 하겠다는 의미는 아니라는 점이다.

(2) 금전으로 가액을 산정할 수 없는 급부(예, 불교신자나 천주교 신자가 사자의 명복을 빌어줄 것을 약속하면서 신부나 스님으로 하여금 사자의 명복을 빌어주도록 하는 것) 일지라도 이를 목적으로 하는 채권관계가 성립할 수 있다. 이렇게 금전으로 가액을 산정할 수 없는 급부는 종교규범 또는 도덕규범으로 규율되는 것이 보통이지

15) 곽윤직, 22면; 김용한, 37면; 김주수, 45면; 오시영, 28면; 장경학, 32면. 그러나 급부가 채권자에게 금전적 가치가 전혀 없는 경우는 없을 것이어서 제373조에서의 '금전으로 가액을 산정할 수 없다'는 것은 「객관적으로 가액을 산정할 수 없는 것」도 채권의 목적이 될 수 있다는 의미로 새겨야 한다는 견해도 있다(송덕수, 53면).

만, 법적 규율을 받는 채권의 목적이 될 수도 있다.

(3) 따라서 금전으로 가액을 산정할 수 없는 급부의 약속이 채권관계로서 법률적 구속을 받는 것인가 하는 것은 구체적인 경우에 당사자의 의사 기타 사정을 고려하여 개별적으로 판단하여야 할 문제이다.

(4) 금전으로 가액을 산정할 수 없는 급부를 목적으로 하는 채권의 경우에도 그 급부를 불이행하게 되면, 채권자는 급부의 실현을 소구할 수 있고, 강제이행을 청구할 수 있으며(제389조), 불이행으로 인한 금전적 및 정신적 손해배상의 청구(제390조)도 할 수 있다.

(5) 이와 같이 금전으로 그 가액을 산정할 수 없는 급부를 목적으로 하는 채권도 재산권이라고 해야 한다. 왜냐하면 그 급부를 불이행하게 되면 금전채권으로 전환되기 때문이다.

Ⅲ. 급부의 종류

1. 작위급부·부작위급부

(1) 급부의 내용이 작위이냐 부작위이냐에 의한 구별이다. 작위급부란 채무자가 적극적으로 일정한 행위(Tun)를 하여야 하는 것을 내용으로 하는 급부를 말하고, 부작위급부란 일정한 행위를 하지 아니할 부작위(Unterlassen; Unterlassung)를 하여야 하는 것을 내용으로 하는 급부를 말한다.

(2) 일반적으로 급부는 작위가 대부분이지만 우리 민법은 간접적으로 부작위도 채권의 목적이 될 수 있음을 규율하고 있다(제389조 제3항).

(3) 작위급부에는 다시 '주는 급부'와 '하는 급부'가 있고, 부작위급부에도 '단순부작위(Unterlassung; 예, 건물을 신축하지 않겠다)'와 '인용부작위(Duldung; 예, 채권자가 일정한 행위를 하는 것을 채무자가 방해하지 않고 수인하겠다; 제624조·제615조·제654조)가 있다.

(4) 이와 같은 작위급부와 부작위급부의 구별실익은 현실적 이행의 강제방법(제389조)의 차이에 있다.

2. 주는 급부·하는 급부

(1) 작위급부는 급무의 내용에 따라 다시 물건의 인도를 목적으로 하는 '주는 급부'와 물건의 인도 이외의 급부(하는 급부)를 내용으로 하는 '하는 급부'로 나누어진다.

(2) 양자의 구별실익은 '주는 급부'는 물건의 인도라는 결과를 중시하고, '하는 급부'는 채무자의 행위를 중시한다는 점이다. 그리고 강제이행의 방법에 차이가 있다. 즉 하는 급부는 대부분 대체성이 없어 채무자에 의해서만 급부가 이루어져야 하며, 그 급부가 이루어지지 않을 경우 강제이행의 방법도 주는 급부와 달리 직접강제를 할 수 없고(제389조), 장기간 계속되는 경우가 많기 때문에 채권자와의 대인적 신뢰관계 또는 인격관계가 강하게 요청되어 신의칙 내지 사정변경의 원칙이 강하게 작용한다는 점이다.

3. 특정물급부·불특정물급부

(1) '주는 급부'는 다시 목적물이 특정되어 있는지의 여부에 의해 특정물급부와 불특정물급부로 나누어진다. 특정물급부는 그 특정된 목적물을 인도해야 하며, 불특정물급부는 인도하여야 할 물건이 종류로만 정해져 그 물건의 일정량을 인도하여야 하는 종류물급부이다.

(2) 특정물급부는 특정한 물건을 인도하여야 할 급부로서, 이에는 다시 매도인의 급부와 같이 일회의 인도로만 채권의 목적이 실현되는 경우가 있고, 임대인의 경우와 같이 특정의 물건을 인도하여 사용·수익하게 하는 경우가 있다.

(3) 특정물급부와 불특정물급부의 구별의 실익은 이행을 위하여 특정을 요하는지 여부(제374조·제375조), 이행의 방법(제462조), 이행의 장소(제467조) 및 쌍무계약에서 위험부담의 적용 여부(제537조) 등에서 차이가 있다.

4. 가분급부·불가분급부

(1) 급부의 본질 또는 가치를 손상하지 않고 급부를 분할하여 실현할 수 있느냐 여부에 의해 '가분급부'와 '불가분급부'로 나누어 진다. 이 양자는 '하는 급부'에

서나 '주는 급부'에서도 중요한 의미를 갖는다.

(2) 급부의 가분·불가분 여부는 그 급부의 성질이나 법률의 규정 또는 당사자의 의사표시에 의해 정해진다(제409조). 불가분급부는 성질상 분할 할 수 없는 절대적 불가분급부와 성질상으로는 가분이지만 당사자의 의사에 의하여 불가분으로 한 상대적 불가분급부가 있다.

(3) 가분급부와 불가분급부의 구별실익은 채권자 또는 채무자가 다수 있는 경우에 크다고 할 것이다(제408조·제409조). 불가분채무는 특히 채무자가 다수인 경우에는 실질적으로 채권의 담보제도로서의 기능을 수행한다.

5. 일시적 급부·계속적 급부·회기적 급부

(1) 급부가 실현되는 모습에 의한 구별로서 급부가 계속적·반복적으로 행하여지는지의 여부에 의해 '일시적 급부', '계속적 급부' 및 '회기적 급부'로 나누어진다. 예컨대 매매처럼 물건의 인도나 매매대금의 지급과 같이 1회의 작위 또는 부작위 급부로써 종결되는 경우가 일시적 급부이고, 고용계약이나 임대차계약 및 전기·수도·가스의 공급과 같이 장기간 계속하여 급부가 제공되는 경우가 계속적 급부이다. 그리고 이 양자를 결합한 형태(예, 매일 신문·우유를 배달하는 것처럼 일정한 시간적 간격을 두고 급부가 반복되는 형태)의 급부가 회귀적 급부이다. 회귀적 급부를 목적으로 하는 채무는 기본채무가 있고, 이를 기초로 하여 일정기간마다 발생하는 지분채무의 내용으로서의 지분급부가 반복적으로 행해진다. 각개의 지분급부는 독립급부이다. 계속적 급부와 회귀적 급부를 목적으로 하는 채권관계는 계속적 채권관계로서 당사자간의 신뢰가 중요한 의미를 가지며, 신의칙·사정변경의 원칙이 강하게 작용한다.

(2) 이 양자의 구별실익은 이행지체, 이행불능, 동시이행의 항변, 계약의 해제와 해지 등 채무불이행으로 인한 계약파기시 나타나게 된다. 일시적 급부의 경우에는 소급효가 있는 해제에 의하게 되고(제548조), 계속적 급부·회기적 급부의 경우에는 장래에 향해 그 효력이 생기는 해지에 의하게 된다(제549조).

6. 결과채무·수단채무

(1) 결과채무란 급부의 내용이 일정한 결과를 실현하는 데 있는 채무를 말하고, 수단채무란 일정한 결과의 실현 그 자체를 급부의 내용으로 하는 것이 아니라 채무자가 결과의 실현을 위하여 최선을 다하는 것을 급부의 내용으로 하는 채무를 말한다.[16]

(2) 양자의 구별실익은 결과채무는 유형적인 급부의 결과가 필요한 데 반하여, 수단채무는 유형적인 급부의 결가가 필요하지 않기 때문에 채무자의 귀책사유의 존부를 판단함에 있어 채무자의 행위 태양의 평가가 필요하다는 점에 있다고 한다.[17]

---

16) 수단채무의 예로는 의사와 환자 사이의 진료계약과 같이 일정한 결과(질변의 완치)의 실현 그 자체를 급부의 내용으로 하는 것이 아니라, 채무자가 결과의 실현을 위하여 최선을 다하는 것을 급부의 내용으로 하는 채무를 들 수 있다. 김욱곤, "수단채무와 결과채무" 민법판례해설 Ⅲ, 경세원, 1995, 1면 이하 참조; 대판 1993. 7. 27. 92다15031 "의사가 환자에게 부담하는 진료채무는 질병의 치료와 같은 결과를 반드시 달성해야 할 결과채무가 아니라 환자의 치유를 위하여 선량한 관리자의 주의의무를 가지고 현재의 의학 수준에 비추어 필요하고 적절한 진료조치를 다해야 할 채무 즉 수단채무라고 보아야 할 것이므로, 위와 같은 주의의무를 다하였는데도 그 진료 결과 질병이 치료되지 아니하였다면 치료비를 청구할 수 있으나, 의사가 위와 같은 선량한 관리자의 주의의무를 다하지 아니한 탓으로 오히려 환자의 신체기능이 회복불가능하게 손상되었고, 또 위 손상 이후에는 그 후유증세의 치유 또는 더 이상의 악화를 방지하는 정도의 치료만이 계속되어 온 것뿐이라면 의사의 치료행위는 진료채무의 본지에 따른 것이 되지 못하거나 손해전보의 일환으로 행하여진 것에 불과하여 병원측으로서는 환자에 대하여 그 수술비 내지 치료비의 지급을 청구할 수 없다."; 대판 2015. 10. 15. 2015다21295 "의사가 환자에 대하여 부담하는 진료채무는 환자의 치유라는 결과를 반드시 달성해야 하는 결과채무가 아니라, 치유를 위하여 선량한 관리자의 주의를 다하여 현재의 의학수준에 비추어 필요하고도 적절한 진료를 할 채무 즉 수단채무이므로, 진료의 결과가 만족스럽지 못하다고 하여 바로 진료채무의 불이행으로 추정할 수는 없다. 그리고 의료행위의 결과 후유장해가 발생한 경우, 그 후유장해가 당시 의료수준에서 최선의 조치를 다하더라도 당해 의료행위 과정의 합병증으로 나타날 수 있는 것이거나 또는 그 합병증으로 인하여 2차적으로 발생할 수 있는 것이라면, 의료행위의 내용이나 시술 과정, 합병증의 발생 부위와 정도, 당시의 의료수준과 담당 의료진의 숙련도 등을 종합하여 볼 때 그 증상이 일반적으로 인정되는 합병증의 범위를 벗어났다고 볼 수 있는 사정이 없는 한, 그 후유장해가 발생하였다는 사실만으로 의료행위 과정에 과실이 있었다고 추정할 수 없다."

17) 김대정, 24면.

제2절 채권의 종류

Ⅰ. 특정물채권

1. 의 의

특정물채권(Stückschuld)이란 특정물의 인도를 목적으로 하는 채권이다(제374조). 여기서 특정물의 인도란 원래는 특정물의 점유를 이전하는 것을 의미하지만 특정물의 점유를 이전하는 경우(예, 임대차, 임치 등)뿐만 아니라 점유와 함께 소유권을 이전하는 경우(예, 매매·증여 등)도 포함한다.

특정물채권에서 특정물이란 급부의 목적물이 특정되어 있어 당사자의 의사에 의하여 동종의 다른 목적물로 대체하지 못하게 한 물건으로서 다른 목적물과 대체가 가능한 불특정물과 구별된다. 따라서 구체적 거래에서 당사자가 특정한 물건을 인도하는 것을 급부의 내용으로 하면 물건의 대체성 여부와는 관계없이(즉 당사자의 주관적인 의사에 의하여) 특정물채권이 성립한다. 따라서 불대체물(토지·건물 등)이 특정물채권이 되는 것이 일반적이지만, 당사자가 대체물인 급부의 객체를 특정하여 특정물채권을 성립시킬 수도 있다. 즉 특정물채권은 채권성립 당시부터 특정물의 인도를 목적으로 하여 성립할 수도 있고, 종류채권이나 선택채권이 후에 목적물이 특정됨으로써 성립할 수도 있다.[18)]

특정물채권은 법률행위(증여·매매·교환·사용대차·임대차·임치 등)에 의하여 발생할 수도 있고, 법률규정(사무관리·부당이득 등)에 의하여 발생할 수도 있다.

---

18) 대판 1973. 10. 31. 73다208 "어느 특정 건물을 철거하였을 때 여기서 생긴 자료를 미리 예정한 다음 이를 매도하는 계약을 맺었을 경우 매도인이 약정기일이 지나도 그 의무를 이행하지 아니한다면 매수인은 비록 그 건물이 철거되지 아니한 상태에 있다 하더라도 철거되었을 때 생길 자재를 특정한 다음 그 자재의 인도를 구할 수 있다." 참조.

2. 특정물채권의 법률효과

(1) 채무자의 선관주의의무

1) 선관주의의무의 의의

제374조(특정물인도채무자의 선관의무)는 "특정물의 인도가 채권의 목적인 때에는 채무자는 그 물건을 인도하기까지 선량한 관리자의 주의로 보존하여야 한다."고 하여 특정물인도채무자에게 "선량한 관리자의 주의의무"(선관주의의무)를 부여하고 있다. 그런데 이 규정은 임의규정이며 일반적·원칙적 규정이므로 당사자 사이에 다른 특약이 있거나 법률에 특별한 규정이 있는 경우에는 적용되지 않는다. 즉 무상수치인(제695조), 친권자(제922조), 상속인(제1022조·제1044조)의 경우에는 각각 "자기 재산과 동일한 주의"(제695조), "자기의 재산에 관한 행위와 동일한 주의(제922조)", "고유자산에 대한 것과 동일한 주의"(제695조) 등 채무자의 구체적·주관적 능력에 따른 주의의무만을 요구하는 데 그치고 있다.

"선관주의의무"라 함은 채무자의 직업적·사회적 지위에 속하는 평균인에게 일반적으로 요구되는 정도의 주의의무를 말한다. 이렇게 평균적·추상적 채무자가 마땅히 기울여야 할 일반적이며 객관적 주의의무를 기준으로 하여 판단하기 때문에 개별적이며 주관적인 주의의무를 기준으로 판단할 것은 아니다. 그러므로 선관주의의무를 위반하게 되면 채무자에게 추상적 과실이 있는 것으로 된다.

2) 선관주의의무의 내용

특정물채권의 채무자는 선량한 관리자의 주의로 그 물건을 보존하여야 한다(제374조). 여기서 보존이라 함은 자연적 또는 인위적인 멸실·훼손으로부터 목적물을 보호하여 그 경제적 가치를 유지하는 것을 말한다. 목적물의 보존의무는 채무자에게 있으므로 목적물의 보존에 필요한 비용은 특약이 없는 한 원칙적으로 채무자가 부담하여야 한다. 그러나 채권자가 수령지체로 인하여 목적물의 보존비용이 증가한 경우에는 그 증가액은 채권자의 부담으로 한다(제403조).[19]

---

19) 대판 1981. 5. 26. 80다211 "특정물의 매매에 있어서 매수인의 대금지급 채무가 이행지체에 빠졌다 하더라도 그 목적물이 매수인에게 인도될 때 까지는 매도인은 그 목적물에서 생기는 과실을 수취할 수 있는 한편 그 목적물의 관리·보존의 비용도 자기가 부담하여야 하는 것이고, 그 반면 매수인은 매매대금의 이자를 지급할 필요가 없는 것이므로 매도인은 매수인의 대금지급의무 이행의 지체를 이유로하여 그 목적물의 인도가 이루어지기 이전의

3) 선관주의의무의 존속기간

제374조는 "특정물을 인도하기까지" 특정물채무자가 선관주의로 목적물을 보존하여야 하는 기간으로 규정하고 있다. 여기서 존속시기(특정물을 인도하기까지)와 관련하여 채무자가 목적물을 실제로 인도할 때까지라고 해석하는 것이 통설과 판례[20]의 입장이다. 다만, 이행기 이후에는 이행을 하지 않거나 못하는 것이 이행지체·수령지체에 해당하지 않는 예외적인 경우만 그러한 의무가 존재한다. 즉 이행지체나 수령지체의 경우에는 채무자의 책임이 가중되거나 경감된다. 이행지체의 경우에는 채무자는 자기에게 과실이 없이 발생한 손해에 대하여도 배상책임을 지며(제392조), 채권자가 수령을 지체한 때에는 채무자는 고의 또는 중대한 과실이 없으면 불이행으로 인한 책임을 지지 않는다(제401조). 예컨대 불가항력으로 이행지체에 빠지거나 채무자에게 이행지체를 정당화시켜줄 수 있는 사유(유치권, 동시이행항변권)가 없는 경우가 그에 해당한다.

4) 선관주의의무 위반 효과

채무자가 특정물을 보존하면서 선관주의로 특정물을 보존한 경우에는 비록 특정물이 멸실·훼손되었더라도 채무자는 그 상태대로 인도할 의무만을 부담하고 그로 인한 책임을 지지 않는다. 왜냐하면 채무자는 선관주의 보존의무를 모두 이행하였고, 또한 인도의무에 관하여도 선관주의를 다하여 유책사유(과실)가 없어서 채무불이행으로 되지 않기 때문이다. 이에 반하여 채무자가 특정물을 보존함에 있어서 선관주의를 다하지 못하여 그 특정물이 멸실·훼손된 경우에는 채무자는 다른 물건으로 급부할 의무는 없으나, 손해배상책임을 지거나(제390조), 대금감액·대금반환 등의 하자담보책임(제580조)을 지게 된다.

기간 동안의 목적물의 관리보존의 비용의 상환이나 매매대금의 이자 상당액의 손해배상청구를 할 수 없다 할 것인바, 기록에 의하면 매매목적물인 이 사건 부동산이 매수인인 원고에게 인도되지 아니하고 있음이 명백하므로 매도인인 피고가 원고의 대금지급 의무 이행의 지체로 인하여 그 주장과 같은 손해를 입었다 하더라도 원고에게 그 배상청구를 할 수 없는 것이므로 원심이 위 손해배상청구권을 반대 채권으로 하는 피고의 동시이행항변을 배척한 것은 정당하고 논지는 이유없다."; 대판 2004. 4. 23. 2004다8210; 대판 1995. 6. 30. 95다14190 참조.

20) 대판 1981. 5. 26. 80다211 등.

5) 선관주의의무의 증명책임

채무자의 선관주의의무 위반은 채권자가 증명할 필요는 없고 책임을 면하려면 채무자가 자신이 선관주의의무를 다하였음을 증명해야 한다는 것이 통설과 판례[21]의 입장이다.

(2) 특정물의 현상인도의무

제462조는 "특정물의 인도가 채권의 목적인 때에는 채무자는 이행기의 현상대로 그 물건을 인도하여야 한다."고 규정하고 있다. 채무자는 채권성립 당시의 목적물의 현상 그대로 인도하면 족하다. 즉 채권성립 당시의 목적물의 현상과 이행기(인도할 때)의 현상 사이에 변화가 있다고 하더라고 그것이 채무자의 과실에 의한 것이 아니면 이행기(인도할 때)의 현상 그대로 인도할 수 있다는 의미이다. 제374조의 선관주의의무를 제462조의 전제로 하고 보존하였으나 목적물이 멸실한 경우에는 채무자는 인도의무를 면하게 되고, 훼손된 때에는 인도할 때의 현상대로 인도하면 충분하다.[22] 다만 목적물의 훼손에 대한 손해배상책임은 지게 된다.

(3) 인도장소

특정물의 인도는 채권성립 당시에 그 물건이 있던 장소에서 하여야 한다(제467조 제1항). 다만 채무의 성질 또는 당사자의 의사표시로 변제장소를 정하지 아니한 때에 한하여 그렇다는 것이다. 채무의 변제장소는 채권자의 현주소 또는 현영업

---

21) 대법원 1991. 10. 25. 선고 91다22605 판결 "임대차 종료 후 임차인의 임차목적물 명도의무와 임대인의 연체차임 기타 명도시까지 발생한 손해배상금 등을 공제하고 남은 임대보증금반환 채무와는 동시이행의 관계에 있는 것이어서 임차인은 이를 지급받을 때까지 동시이행의 항변권에 기하여 목적물을 유치하면서 명도를 거절할 권리가 있는 것이나, 임차인은 임차목적물을 명도할 때까지는 선량한 관리자의 주의로 이를 보존할 의무가 있어, 이러한 주의의무를 위반하여 임대목적물이 멸실, 훼손된 경우에는 그에 대한 손해를 배상할 채무가 발생하며, 임대목적물이 멸실, 훼손된 경우 임차인이 그 책임을 면하려면 그 임차건물의 보존에 관하여 선량한 관리자의 주의의무를 다하였음을 입증하여야 할 것이다."

22) 곽윤직, 27면; 김상용, 39면; 김학동, 29면; 정기웅, 36면; 이에 반하여 한 유력한 설은, 제462조는 특정물채무자의 현상인도의무를 선관주의의무의 이행 여부로부터 완전히 분리하여 목적물인도의무에 관하여서만 규정한 것으로 보아야 하고, 선관주의의무를 다하지 못한 경우에도 목적물은 현상대로 인도하여야 하고 또 그것으로 충분한 것으로 새겨야 한다고 주장한다. 물론 선관주의의무를 다하지 못한 경우에 손해배상책임을 지는 것은 별도로 한다고 한다(송덕수, 63면).

소에서 하는 것이 원칙이다(제467조 제2항). 이를 "지참채무의 원칙"이라고 한다.

(4) 천연과실의 귀속

천연과실의 귀속문제는 과실수취권의 문제이지 특정물채권의 문제는 아니다. 민법 제102조 제2항에서 천연과실의 수취권자를 원물로부터 과실이 분리할 때에 이를 수취할 권리자에게 속한다고 포괄적으로 규정하고 있어서 구체적으로 과실수취권이 누구에게 있는가는 개별적·구체적으로 살펴볼 수밖에 없다. 따라서 각 특정물채무자에 대하여 과실수취권이 인정되는지를 살펴보아야 한다. 통설은 원칙적으로 이행기 이전에 과실이 분리된 경우에는 여전히 원물의 소유권을 가지고 있는 채무자에게 과실수취권이 있고, 이행기 이후에 과실이 분리된 경우에는 채권자에게 과실수취권이 있다고 한다. 다만, 매매(및 기타의 유상계약)의 경우에는 예외가 규정되어 있다(제587조·제567조).

Ⅱ. 종류채권

1. 의 의

(1) 종류채권(Gattungsschuld)이라 함은 일정한 종류에 속하는 물건의 일정량을 인도할 것을 목적으로 하는 채권을 말한다. 예컨대 삼성 노트북 Ⅵ 100 개, 2020년산 철원쌀 일반미 100가마 등과 같이 인도하여야 할 물건의 종류와 수량은 정해져 있으나, 그 종류에 속하는 물건 중에서 구체적으로 어느 것을 인도할 것인지가 아직 특정되어 있지 아니한 채권을 말한다. 이러한 종류채권을 불특정채권이라고도 한다.

이와 같은 종류채권은 대량생산·대량소비가 이루어지는 현대사회의 상품거래에서 중요한 의미를 가진다. 종류채권은 통상적인 매매·증여·교환·소비대차·소비임치 등을 원인으로 하여 발생한다.

(2) 종류채권의 목적물은 물건의 개성이 중시되지 않기 때문에 일반적으로 대체물이 종류채권의 목적물이다. 그러나 불대체물도 종류채권의 목적물로 할 수 있다. 대체물과 불특정물은 동일한 개념이 아니기 때문이다. 예컨대 불대체물인 승용차(2020년산 특정 회사의) 20대, 아파트(특정 기업의 브랜드) 30동 등도 그 개성이

아니라 공통성이나 수량에 중점을 두는 경우에는 그 물건은 불대체물이지만 종류채권의 목적으로 할 수 있다. 반대로 대체물이라도 종류채권의 목적물이 아니라 특정물채권의 목적물이 될 수 있는 경우도 있다. 예컨대 현재 매장에 있는 특정 브랜드의 명품 가방 전부를 급부할 것을 내용으로 하는 채권의 경우에는 목적물의 객관적 성질은 대체물이지만 구체적 거래에서는 특정물이다.

(3) 이와 같이 종류채권의 목적물로 될 수 있는지의 여부는 물건의 객관적 성질에 의하여 결정되는 것이 아니라 당사자가 구체적인 거래의 목적물로 특정하였는지의 여부에 의하여 결정된다. 물건의 특정성과 대체성은 전혀 다른 개념이다. 특정물은 당사자의 주관적 의사를 기준으로 하여 구체적인 거래에서 당사자가 일정한 물건의 개성을 중시하여 특정물로 결정하면 특정물이 된다. 반면 대체물은 물건의 객관적 성질·거래의 일반적 관념을 중심으로 하여 동일한 종류의 물건으로 대체될 수 있는 대체성 여부에 의하여 결정된다.[23)]

(4) 한정된 범위의 종류물 중에서 일정량의 물건의 급부를 목적으로 하는 채권을 제한종류채권(beschränkte Gattungsschuld; Vorratsschuld) 혹은 한정종류채권, 재고채권(在庫債權)이라고도 한다. 예컨대 쌀 100가마가 보관되어 있는 특정창고 내의 쌀 10가마를 급부하기로 한 경우,[24)] 보유주식 중 일정량을 담보로 제공하기로 한 경우[25)]에 한정종류채권이 발생한다. 제한종류채권이 보통의 일반종류채권과 다른

---

23) 대법원 1962. 12. 16. 선고 67다1525 판결 "수임인이 위임사무를 처리함에 있어 받은 물건으로 위임인에게 인도할 목적물은 그것이 대체물이더라도 당사자간에 있어서는 특정된 물건과 같은 것으로 보아야 할 것이다. 원고와 피고 사이에 비료수입 대행계약을 체결하고 피고가 원고를 위하여 비료수입업무를 대행하여 피고 명의로 수입한 비료를 원고에게 인도치 못하였음은 원피고 사이에 다툼이 없는 이 사건에 있어서 원심이 그 대행계약이 대리권을 수반하지 않는 위임관계였던 관계로 피고 명의로 본건 비료를 수입하였다 하더라도, 수임자인 피고는 그 사무처리의 효과인 비료에 관한 권리를 위임자인 원고에게 이전할 의무가 있다 할 것이므로 대행수입된 비료는 목적물의 종류만을 정한 매매의 경우와는 달리 비록 그것이 대체물이라 하더라도 원고에 대한 이행의 목적물로 특정되었다 할 것이라고 판시하였음은 정당하고 상고 논지는 원고가 어떤 종류의 비료 일정량만을 받을 채권있는 자로서 이는 특정되지 아니한 종류채권이라 함을 전제로 하는 것으로 채용할 수 없다."

24) 대법원 1956. 3. 31. 선고 4288민상232 판결 "특정창고에 있는 백미의 일부는 제한종류채권이다."

25) 대법원 1994. 8. 26. 선고 93다20191 판결 "보유주식 일정량을 담보로 제공하기로 한 담보제공약정은 특정한 "주권"에 대한 담보약정이 아니라 기명의 "주식"에 관한 담보약정이고 다만 그 담보약정의 이행으로서 약정한 기명주식을 표창하는 주권을 인도할 의무가 있는 것인데, 주식은 등가성이 있고 상법 등의 규정에 따른 소각, 변환, 병합 등 변화가능성이 있으며

점은, 예컨대 특정 창고의 쌀이 화재로 전부 멸실된 경우 채무자는 다른 창고의 쌀로 인도해주어야 할 급부의무가 없어 채무는 소멸한다는 것이다. 물론 채무불이행으로 인한 손해배상책임은 별론으로 한다.

(5) 주의해야 할 점은 일정 범위의 불대체물 가운데에서 일정수량을 급부하기로 하는 채권이 종류채권인지 선택채권인지 구별하기가 쉽지 않다는 것이다. 예컨대 특정된 100평의 토지 중에서 30평을 인도하는 경우,[26] 또는 이 외양간 안에 있는 3마리의 황소 중 1마리의 황소를 인도하기로 하는 경우에 이를 종류채권으로 보아야 할지, 아니면 선택채권으로 보아야 할지를 결정하기가 쉽지 않다. 이러한 경우에는 당사자의 의사가 결정적인 요인이 될 것이다. 즉 당사자의 의사가 그 일정범위 및 물건의 개성에 중점을 두고 있으면 선택채권으로 보아야 하고, 그렇지 않으면 제한종류채권이라고 보아야 할 것이다.

2. 종류채권의 법률관계

(1) 종류채무의 조달의무

종류채권에서는 채무자가 준비한 모든 급부목적물이 그의 귀책사유 없이 멸실되었다 하더라도 급부의무를 면하지 못한다. 이를 종류채무자의 조달의무라고 한다. 즉 급부의 목적물의 특정이 있기 전에는 채무자는 같은 종류에 속하는 다른 물건을 다시 마련하여 급부하여야 한다. 그러므로 조달채무인 종류채무에서는 급부의 위험은 채무자가 부담한다. 그리고 종류채무에서는 이행불능은 원칙적으로 존재하지 않으며, 급부위험은 같은 종류의 물건이 거래계에 존재하면 그의 조달

담보약정에 이르게 된 경위 등에 비추어 볼 때, 담보약정 후 주권의 이행제공 전에 갖고 있던 주식에 대한 처분이나 새로운 주식의 취득이 있더라도 약정된 수의 기명주식을 표창하는 주권만 인도하면 되고 인도할 주권의 특정은 쌍방 어느 쪽에서도 할 수 있는 것으로서 담보약정에 기한 채권은 일종의 제한종류채권이다."

26) 대법원 2011. 6. 30. 선고 2010다16090 판결 "토지소유자가 1필 또는 수필의 토지 중 일정 면적의 소유권을 상대방에게 양도하기로 하는 계약을 체결한 경우,상대방이 토지소유자에 대하여 구체적으로 어떠한 내용의 권리를 가지는지는 원칙적으로 당해 계약의 해석문제로 귀착되는 것이지만, 위치와 형상이 중요시되는 토지의 특성 등을 감안하여 볼 때 특별한 사정이 없는 한 위치가 특정된 일정 면적의 토지 소유권을 양도받을 수 있는 권리를 가지는 것으로 보아야 하고, 따라서 위와 같은 계약에서 양도받을 토지 위치가 확정되지 아니하였다면 상대방이 토지소유자에게 가지는 채권은 민법 제380조에서 정한 선택채권에 해당하는 것으로 보아야 한다."

이 사회통념상 불능(모든 종류물의 생산이 중단, 수입금지 등)으로 인정되지 않는 한 항상 채무자가 부담한다.

(2) 목적물의 품질

1) 품질결정의 표준

종류채권에서 급부하여야 할 종류의 목적물의 품질이 균일하지 않고 차등이 있는 경우에 채무자는 어떠한 품질의 물건을 급부하여야 할 것인지가 문제이다. 이에 관하여는 제375조 제1항에서 "채권의 목적을 종류로만 지정한 경우에 법률행위의 성질이나 당사자의 의사에 의하여 품질을 정할 수 없는 때에는 채무자는 중등품질의 물건으로 이행하여야 한다."고 규정함으로써 다음의 세 가지 표준을 제시하고 있다.

① 법률행위의 성질

소비대차(제598조)·소비임치(제702조)에서 차주와 수치인이 반환하여야 할 물건은 차용물 및 임치물과 동일한 품질이어야 한다.

② 당사자의 의사

채권관계에서는 당사자의 사적 자치가 보장되기 때문에 당사자의 의사에 의하여 종류물의 품질을 결정할 수 있다. 여기서 말하는 당사자의 의사에는 당사자의 사실적 의사는 물론 민법 제106조의 사실인 관습에 의하여 인정되는 규범적 의사도 포함된다고 본다.[27]

③ 중 등 품

법률행위의 성질이나 당사자의 의사에 의하여 품질을 결정하지 않은 경우에는 중등품질의 물건으로 이행하도록 규정하고 있다(제375조 제1항). 그런데 여기서 중등품질의 물건으로 보는 기준이 무엇인가는 거래상의 일반관행 및 사회통념에 의

27) 대법원 1969. 12. 30. 선고 69도1874 판결 "석탄과 같은 물건은 일일이 그 전부에 대하여 중량을 측정하여 인도하는 것이 아니고 당사자 사이에 합의된 입방미터당의 중량율에 따라 일정한 부피의 물건을 인도함이 일반관례로서, 인도의무자는 그 합의된 내용에 따른 부티만 인도하면 족하고, 설혹 실제 중량이 부족하더라도 그 이상의 물건을 인도할 의무가 없다 할 것이므로 채무자가 합의된 바에 따라 납품한 이상 거기에 기망행위가 있다고 할 수 없다."

하여 객관적으로 판단하여야 할 것이다.

2) 품질미달의 물건이 인도된 경우의 법률관계

중등품질을 인도하여야 하는데 품질이 미달된 하등품의 물건을 인도하면 이는 채무의 내용에 좇은 이행이 아니어서 채무불이행이 된다. 다만 매매의 경우에는 제581조에서 종류물매도인의 하자담보책임에 관한 규정에 따라서 동조가 우선 적용된다고 하겠다. 왜냐하면 품질미달의 물건은 항상 하자 있는 물건이라고 보아야 하기 때문이다. 따라서 종류매매의 경우 품질미달의 물건이 인도된 경우에는 매수인은 매도인의 귀책사유의 여부와 관계없이 물건의 수령을 거절하고 하자 없는 물건의 인도를 청구할 수 있으며, 인도된 품질미달의 물건을 수령한 후에는 대금감액을 실질적인 내용으로 하는 손해배상을 청구하거나 또는 매매계약을 해제하고 대금 및 계약비용의 반환을 청구할 수 있다(제581조). 만일 매도인(채무자)에게 귀책사유가 있는 때에는 채무자의 채무불이행을 이유로 이행이익 또는 확대손해의 배상을 청구할 수 있다.

3. 목적물의 특정

종류채권은 인도하여야 할 목적물의 종류와 수량만 정해져 있으므로 종류채권이 실제로 이행되려면 그 종류에 속하는 물건 가운데 일정한 물건이 채권의 목적물로서 구체적으로 확정되어야 한다. 즉 종류채권이 특정물채권으로 전환되어야 한다. 이를 종류채권의 특정(Konkretisierung) 또는 집중(Konzentration)이라고 한다.

종류채권의 특정의 방법으로는 우선 사적자치의 원칙에 의하여 당사자 간의 계약에 의하여 특정할 수 있다. 그리고 제3자에게 지정권을 주고 그 제3자가 지정함으로 특정할 수도 있다. 당사자 사이에 특정방법에 대한 합의가 없는 때에는 민법의 규정이 보충적으로 적용된다. 즉 "채무자가 이행에 필요한 행위를 완료하거나, 채권자의 동의를 얻어 이행할 물건을 지정한 때"(제375조 제2항)에 특정이 이루어지는 것으로 규정하고 있다.

(1) 채무자가 이행에 필요한 행위를 완료한 때

이행에 필요한 행위를 완료한 때라 함은 채무자가 민법 제460조 이하의 「변제의 제공」을 한 때를 말한다(통설). 변제의 제공에는 현실제공과 구두제공이 있다.

그리고 변제제공의 시기는 변제의 장소와 관련하여 채무의 성질에 따라 달라질 수 있다. 따라서 지참채무, 추심채무, 송부채무에 따라 다르기 때문에 구체적으로 다르다. 이하 이에 대하여 각각 살펴보기로 한다.

1) 지참채무의 경우 지참채무(Bringschuld)라 함은 채무자가 급부의 목적물을 채권자의 주소에 가지고 가서 이행하여야 하는 채무이다. 우리 민법은 변제의 장소에 관하여 다른 약정이 없으면, 특정물채무 이외의 채무는 지참채무를 원칙으로 하고 있다(제467조 제2항). 따라서 종류채무 지참채무가 원칙이다. 지참채무의 변제의 제공은 현실제공을 원칙으로 한다(제460조 본문). 따라서 채무자가 채권자의 주소에서 채무의 내용에 따른 현실의 제공을 한 때에 채무의 이행에 필요한 행위를 완료한 것이 되어 그 때에 비로소 특정이 있는 것으로 된다. 채무자가 급부의 목적물을 발송하는 것만으로는 특정이 이루어지지 않으며, 채권자의 주소지에 도달하여야 비로소 특정이 된다. 그러므로 채무자가 인도할 목적물을 자신이 분리해 놓았을 뿐이거나 우편·택배 등의 운송기관에 위탁하여 발송한 상태에서 채권자에게 도달하기 전에 그 물건이 불가항력으로 멸실하였다면 변제의 현실제공이 완료되지 않아서 채무불이행이 되고 채무자의 급부의무는 소멸되지 않는다. 즉 이 경우에는 채무자가 운송 중의 위험을 부담하여야 하므로 채무자는 조달의무에 의해 다시 다른 종류물로 특정하여 변제하여야 한다.

지참채무의 경우에도 채권자가 미리 변제받기를 거절한 경우에는 구두의 제공, 즉 변제준비의 완료를 통지하고 그 수령을 최고함으로써 특정이 생긴다(제460조).

2) 추심채무의 경우 추심채무(Holschuld)라 함은 채권자가 채무자의 주소지에 가서 목적물을 추심하여 변제를 받아야 하는 채무이다. 그러므로 채무자는 채권자가 목적물을 수령하여 추심할 수 있도록 목적물을 분리하여 채권자가 추심하러 오는 즉시 인도할 수 있는 상태로 특정한 뒤 이를 채권자에게 구두 통지하여 그 수령을 최고하면 수령의 통지가 채무자에게 도달한 때 특정된다(제460조 단서).

3) 송부채무의 경우 송부채무(Schickschuld)라 함은 당사자의 합의 또는 거래계의 관행에 의하여 채권자의 주소지 또는 제3의 장소에 목적물을 송부하기로 하는 채무이다. 송부채무의 경우 채무자는 지참채무나 추심채무에 준하여 종류채권의 목적물을 분리해서 목적지에 발송하면 발송한 때에 특정된다. 송부채무의

경우에도 채권자가 목적물의 수령을 거절하면 구두의 제공만으로 특정이 된다고 하여야 한다. 제3의 장소가 본래의 이행장소인 경우에는 지참채무와 마찬가지로 채무자가 제3의 장소에서 현실의 제공을 하여야 특정이 있게 된다. 그러나 제3의 장소가 본래의 이행장소는 아니지만, 채권자의 요청에 의해서 채무자가 호의로 제3의 장소로 송부하는 경우에는 목적물을 분리하여 제3의 장소로 발송함으로써 특정이 이루어진다.

(2) 채무자가 채권자의 동의를 얻어 이행할 물건을 지정한 때

여기서 채권자의 동의란 채무자에게 특정할 수 있는 지정권을 주겠다 뜻의 동의를 의미한다(통설). 이 경우에는 채무자가 지정권을 행사하여 이행할 물건을 지정한 때(종류물을 지정·분리한 때)에 특정의 효과가 생긴다(제375조 제2항 후문).[28] 이때의 지정권은 일종의 형성권으로 본다.

(3) 강제집행의 경우

민사집행법 제257조는 집행관은 이를 채무자로부터 빼앗아 채권자에게 인도하여야 한다고 하여, 채무자가 대체물의 일정한 수량을 인도하여야 하는 동산인도채무의 강제집행방법에 대하여 집행관이 채무자 소유의 종류물 중에서 특정한 물건을 빼앗은 때에 목적물이 특정되어 특정물채권이 되도록 하고 있다.

4. 특정의 효과

(1) 종류채권의 목적물이 특정되면, 그때로부터 그 종류채권은 특정물채권으로 전환된다(제375조 제2항). 즉 종류채권은 목적물이 특정되면 그 동일성을 유지한 채 특정물채권으로 전환되며, 채무자는 그 특정물을 인도시까지 선량한 관리자의 주의로 보존하여야 한다. 특정된 물건의 수령을 채권자가 지체하게 되면 채권자 지체로 되어 채무자의 보관상의 주의의무가 경감된다(제401조).

---

28) 대법원 2007. 12. 13. 선고 2005다52214 판결 "제한종류채권에 관하여 당사자가 합의하여 급부 목적물을 특정하거나 특정방법 또는 지정권자를 정하는 경우에는 그에 따라야 하고, 그러한 약정이 없는 경우에는 민법 제375조 제2항에 따라 채무자가 이행에 필요한 행위를 완료하거나 채권자의 동의를 얻어 이행할 물건을 지정한 때에 그 물건을 채권의 목적물로 하는 것이다." 참조.

(2) 급부의 위험의 이전문제

종류채권의 목적물이 특정도면 그 특정된 물건이 채권의 목적물로 된다(제375조 제2항). 그 결과 급무의 위험은 채무자로부터 채권자로 이전한다. 따라서 특정된 목적물이 멸실된 경우 채무자의 귀책사유로 멸실되었다고 하더라도 채무자는 다른 종류물 중에서 다시 특정하여 이행하여야 할 의무를 지지 않기 때문에 채무자의 급부의무는 이행불능으로 소멸하는 대신 채무불이행책임을 지게 된다(제390조). 채무자의 귀책사유 없이 멸실된 경우에는 채무자(매도인)는 특정물인도의무를 면하지만 쌍무계약의 경우 위험부담의 문제(제537조·제538조)가 발생하게 되어 채권자(매수인)의 반대급부의무(대금지급채무)도 함께 소멸하게 되는 것이 원칙이다. 특정된 물건이 훼손된 경우에도 다른 물건을 인도할 필요가 없으며, 특정물채권에 관한 규정과 이론에 의하여 손해배상은 별론으로 하고 그 훼손된 물건을 급부하면 된다.

(3) 대가의 위험문제

종류채권이 매매 기타 쌍무계약으로부터 발생한 경우에는 급부의 위험 이외에 대가의 위험도 문제가 된다. 그러나 대가의 위험은 급부의 위험과 달리 특정에 의하여 영향을 받지 않는다. 즉 제537조에 의하여 대가의 위험은 채무자가 지는 것이 원칙이다. 다만 특정과 동시에 채권자가 수령지체에 빠지는 경우(특히 지참채무에서)에 특정된 목적물이 불가항력으로 멸실된 때에는 대체로 수령지체 상태에서의 멸실이 일반적이므로 채무자는 급부의무를 면하면서 상대방의 이행은 청구할 수 있다. 즉 채권자가 위험을 부담한다(제538조 제1항 후문). 따라서 종류채권의 목적물이 특정되었더라도 아직 수령지체의 요건을 갖추지 못하면 대가의 위험은 특정 전과 마찬가지로 채무자가 부담한다.

(4) 특정 후 급부변경권 인정 여부 문제

종류채권에서 목적물을 특정하면 특정물채권으로 변하게 되는데 이 경우 채무자가 그 특정물 대신 다른 종류물로 변경하여 인도하고 싶어 할 경우 이를 인정할 것인가의 여부이다. 이를 특정의 구속성 내지 변경권의 문제라고 한다. 생각건대 종류물의 특정은 채무를 이행하기 위한 수단에 불과하고 채권자는 원칙적으로 분리된 물건 자체에 어떤 이익도 가지지 않으며, 제375조 제2항은 모든 행위를 완료한 채무자만을 보호하기 위한 취지의 규정으로 보기 때문에 채무자가 스스로 그 보호이익을 포기하고 다른 종류물로 특정하는 것을 금지할 필요가 없다고 본다. 다만 채권자가 물건의 선택에 관여하였거나 채권자가 특정된 물건 자체에 이익을 가지는 때에는 채무자가 특정에 구속되어야 할 것이다.

Ⅲ. 금전채권

1. 의 의

(1) 금전채권이라 함은 일정액의 금전의 급부(인도)를 목적으로 하는 채권이다. 금전채권은 금전 자체가 가지는 개성보다 그것이 가지는 일정한 가치가 중시되는 것이 특징이다. 따라서 어떤 물건이나 그 밖의 급부에 대한 대가의 지급 또는 그것들에 대한 보상이나 배상은 대부분 금전으로 행해지고, 그것은 금전채권의 발생과 이행을 통하게 된다. 이로써 현대의 자유경제체제 하에서 금전채권의 중요성을 알 수 있다.

(2) 금전채권도 일종의 종류채권이어서 특약이 없는 한 채무자는 그 선택에 따라 각종의 통화로 변제할 수 있다(제376조). 금전채권은 종류채권이면서 가치가 중요하기 때문에 목적물의 특정이란 있을 수 없으며, 또 금전이 전부 멸실되는 경우도 있을 수 없기 때문에 이행불능이 생기는 일도 없다.

(3) 금전채권을 발생시키는 원인으로는 증여·매매·이자부 소비대차·임대차·고용·도급·임치 등의 법률행위, 그리고 사무관리·부당이득·불법행위·부양청구권 등과 같은 법률의 규정 등이 있다. 나아가 채무불이행으로 인한 손해배상채권도 원칙적으로 금전채권이다(제394조·제763조).

2. 금전채권의 종류

(1) 금액채권

1) 금액채권이라 함은 일정금액의 금전의 인도(지급)를 목적으로 하는 채권이다. 보통 금전채권이라고 하면 금액채권을 말한다. 금액채권에서 금전 자체는 의미가 없고 그것이 표시하는 금액 즉 화폐가치에 중점이 두어져 있다.

2) 금액채권은 다른 특약이 없는 한, 채무자의 선택에 따라 각종 통화로 변제할 수 있는데 여기서 통화란 국가가 법률로써 강제통용력을 인정한 금전을 말하며, 현재 우리나라의 통화에는 한국은행이 발행한 한국은행권(紙幣)과 주화(鑄貨)의 두 종류가 있다(한국은행법 제47조·제48조·제53조). 따라서 금전이 강제통용력을 잃지 않는 한 그 종류는 묻지 않으며, 금전이 부존재하는 경우는 있을 수 없으므로 위험책임의 문제도 생기지 않는다. 금액채권은 가분물, 가분채권의 전형이다.

(2) 금종채권

1) 의 의

금종채권이라 함은 일정한 종류의 통화로 일정량을 지급(급부)하기로 하는 금전채권을 의미한다. 예컨대 2018년도에 발행한 5만원권 지폐로 1억원을 지급하기로 특약을 하는 금전채권이다. 금종채권의 경우 채무자는 정하여진 종류의 통화로만 변제하여야 한다. 그런데 그 종류의 통화가 변제기에 강제통용력을 잃으면 채무자가 급부의무를 면하게 되는지가 문제이다. 이에 대하여 민법은 그러한 때에는 강제통용력이 있는 다른 통화로 변제하도록 하고 있다(제376조).

2) 절대적 금종채권

그러나 이 규정은 임의규정이라는 게 통설이다. 따라서 당사자는 일정한 종류의 통화를 강제통용력의 상실여부와 관계없이 절대적으로 그 종류로 급부하도록 특약을 할 수 있다. 그 결과 금종채권은 절대적 금종채권과 상대적 금종채권으로 분류된다. 절대적 금종채권은 절대적으로 일정한 종류의 금전으로 급부하여야 하는 채권이다. 이 경우에는 그 종류의 금전으로만 지급하여야 한다. 따라서 이 경우에는 그 특정 금전이 강제 통용력을 잃더라도 그 종류에 속하는 금전을 인도하여야 한다. 이 경우에는 금전을 하나의 종류물로 다루는 것으로서 금전채권이 아니고 종류채권에 지나지 않으며 종류채권에 관한 규정이 적용된다.

(3) 특정금전채권

특정금전채권이라 함은 '특정한 금전'의 급부를 목적으로 하는 채권이다. 금전의 가치보다는 금전 그 자체의 존재 및 급부에 의미가 있는 금전채권이다. 예컨대 조선시대의 상평통보, 88올림픽 기념주화 등과 같이 특정한 금전을 급부하기로 하는 경우가 이에 해당한다. 특정금전채권은 특정물채권에 해당하여 특정물채권에 관한 규정이 적용된다.

(4) 외화채권(외국금전채권)

1) 외화채권은 외국의 금전(예; 유로화(EUR), 미화(USD) 등)의 급부를 목적으로 하는 채권이며 이는 외국금전채권이라고도 한다. 외화채권도 국내 금전채권처럼 외국금액채권·외국금종채권(상대적 외국금종채권)·절대적 외국금종채권·특정 외국금전채권으로 나누어 진다. 이 가운데 절대적 외국금종채권은 종류채권이고 특정 외국금전채권은 특정물채권에 해당한다.

2) 외화채권은 당사자 사이에 특약이 없으면 채무자는 당해 외국의 각종 통화로 변제할 수 있다(제377조 제1항). 그리고 이때 채무자는 외국의 통화로 지급하는 대신에 "지급할 때에 있어서의 이행지의 환금시가"에 의하여 우리나라의 통화로 변제할 수도 있다(제378조). 환산시기에 관하여 판례는 현실이행시라고 한다.[29] 마

29) 대법원 1991. 3. 12. 선고 90다2147 전원합의체 전원 "채권액이 외국통화로 지정된 금전채권인 외화채권을 채무자가 우리나라 통화로 변제함에 있어서는 민법 제378조가 그 환산시기에 관하여 외화채권에 관한 같은법 제376조, 제377조 제2항의 "변제기"라는 표현과는 다르게 "지급할 때"라고 규정한 취지에서 새겨 볼 때 그 환산시기는 이행기가 아니라 현실로 이행하는 때 즉 현실이행시의 외국환시세에 의하여 환산한 우리나라 통화로 변제하여야 한다고 풀이함이 상당하므로 채권자가 위와 같은 외화채권을 대용급부의 권리를 행사하여 우리나라 통화로 환산하여 청구하는 경우에도 법원이 채무자에게 그 이행을 명함에 있어서는 채무자가 현실로 이행할 때에 가장 가까운 사실심 변론종결 당시의 외국환 시세를 우리나라 통화로 환산하는 기준시로 삼아야 한다. (소수의견) 우리 민법은 제378조에서 외국통화의 채무자에게 우리나라 통화로 변제할 수 있는 이른바 대용권을 인정하면서도 채권자에게는 그에 관한 아무런 규정을 두고 있지 아니하므로 채무자에게만 임의채권으로서의 대용권을 인정하고 있는 우리나라 민법 체계에서는 채권자는 특별한 사정이 없는 한 본래의 급부목적인 외국통화의 지급만을 청구할 수밖에 없으며, 가사 이 사건에서와 같이 원심에서 원고가 청구한 대로 우리나라 화폐의 지급을 명하는 판결이 선고되고 이에 대한 피고의 상고가 없어 우리나라 통화에 의한 청구를 용인할 수 밖에 없다 하더라도 민법 제378조가 정한 그 환산시기는 재판상의 청구와 재판 외의 청구를 가릴 것 없이 현실지급시로 보아야 하되 이는 같은 법조에 의하여 채무자가 대용권을 행사하는 경우에 그렇다는 것에 그치므로 이사건에 있어서와 같이 원고가 그 급부의 목적인 외국통화의 지급을 구하지 아니하고 우리나라 통화에 의한 지급을 구하는 경우에는 민법 제378조에 의할 것이 아니라 "청구할 때"를 환산 시기로 잡는 것이 옳다."; 대법원 2016. 6. 23. 선고 2015다55397 판결 "채권액이 외국통화로 지정된 금전채권인 외화채권을 채권자가 대용급부의 권리를 행사하여 우리나라 통화로 환산하여 청구하는 경우 법원이 채무자에게 이행을 명할 때에는 채무자가 현실로 이행할 때에 가장 가까운 사실심 변론종결 당시의 외국환시세를 우리나라 통화로 환산하는 기준시로 삼아야 한다."; 대법원 2019. 6. 13. 선고 2018다258562

찬가지로 우리나라 통화를 외화채권에 변제충당할 때에도 특별한 사정이 없는 한 현실로 변제충당할 당시의 외국환시세에 의하여 환산하여야 한다.[30] 그리고 외화채권의 경우 채권자도 우리나라의 통화로 청구할 수 있다고 해석함이 제378조에 비추어 타당하다.[31]

외국금종채권의 경우 그 종류의 통화가 변제기에 강제통용력을 잃은 때에는 채무자는 그 나라의 다른 통화로 변제하여야 한다(제377조 제2항). 그리고 이 경우에도 채무자는 지급할 때의 이행지의 환금시가에 의하여 우리나라의 통화로 변제할 수 있다(제378조).

3. 금전채권의 특칙

(1) 채무불이행의 특칙

1) 금전채권에는 이행지체만이 발생하고 이행불능은 발생할 여지가 없다. 이에 우리 민법은 금전채권의 이행지체(채무불이행)에 대하여 특칙을 두고 있다(제397조).

2) 보통의 채권에서는 손해가 발생하면 이에 대한 증명책임이 손해배상을 주장하는 채권자에게 있다(제390조). 그러나 금전채권에서는 손해의 증명을 요하지 않는다(제397조 제2항 전단). 그러므로 금전채권의 불이행은 채권자에게 당연히 일정한 손해가 발생하는 것으로 인정된다. 즉 채권자는 손해의 발생 및 손해의 증명 없이도 손해배상을 청구할 수 있다. 그러나 채권자가 지연이자 상당의 손해가 발생하였다는 취지는 주장하여야 한다.[32]

판결 "채권액이 외국통화로 지정된 금전채권인 외화채권을 채권자가 대용급부의 권리를 행사하여 우리나라 통화로 환산하여 청구하는 경우 법원이 채무자에게 이행을 명할 때는 채무자가 현실로 이행할 때에 가장 가까운 사실심 변론종결 당시의 외국환시세를 우리나라 통화로 환산하는 기준시로 삼아야 한다."

30) 대법원 2000. 6. 9. 선고 99다56512 판결 "채권액이 외국통화로 정해진 금전채권인 외화채권을 채무자가 우리 나라 통화로 변제하는 경우에 그 환산시기는 이행기가 아니라 현실로 이행하는 때, 즉 현실이행시의 외국환시세에 의하여 환산한 우리 나라 통화로 변제하여야 하고, 우리 나라 통화를 외화채권에 변제충당할 때도 특별한 사정이 없는 한 현실로 변제충당할 당시의 외국환시세에 의하여 환산하여야 한다."

31) 대법원 1991. 3. 12. 선고 90다2147 전원합의체 판결; 송덕수, 78면 참조.

32) 대법원 2000. 2. 11. 선고 99다49644 판결 "[1] 채무불이행으로 인한 손해배상 예정액의 청구와 채무불이행으로 인한 손해배상액의 청구는 그 청구원인을 달리 하는 별개의 청구이

3) 금전채무자는 이행지체에 빠진 것에 관하여 과실 없음을 항변하지 못한다(제397조 제2항). 즉 일종의 무과실책임을 지도록 하고 있다. 그런데 불가항력(전쟁·천재지변·태풍·홍수 등)으로 이행지체에 빠진 경우에도 손해배상책임을 부담하는지가 문제이다. 이에 대하여 통설은 채무자가 불가항력으로 인해 이행지체한 경우에도 손해를 배상하여야 한다고 하는 반면,[33] 소수견해는 의용민법에서 '불가항력으로써 항변할 수 없다'(제419조 제2항)고 하였던 것을 현행민법이 '과실없음을 항변하지 못한다.'고 한 점을 고려할 때 책임을 부정하여야 한다고 한다.[34]

생각건대 독일 민법이나 프랑스 민법 등 선진 외국입법례 중에는 불가항력에 의한 면책을 인정하고 있고, 현대사회에서의 금전채권이 거의 전자거래 및 전자문서로써 이루어지고 있어 전산시스템의 마비 등 불가항력의 개념이 현행민법 제정 당시의 환경과 현저히 다른 점 등을 고려한다면 책임을 부정하는 것이 바람직하다.

4) 금전채무의 불이행이 있게 되면 그 손해배상액은 법정이율에 의해 정해진다(제397조 제1항 본문). 그러나 법령의 제한에 위반하지 않는 약정이율이 있으면 그 이율에 의한다(제397조 제1항 단서). 즉 실제 손해액이 얼마인지를 불문하고 법정이율 또는 약정이율에 의해 산정된 금액을 손해액으로 한다. 다만 당사자가 실지 발생한 손해를 배상하기로 하는 특약을 맺었거나 손해배상액을 예정한 경우(제398조)에는 그에 따르고,[35] 수임인의 금전소비에 대한 책임(제685조), 조합원의 금전출

므로 손해배상 예정액의 청구 가운데 채무불이행으로 인한 손해배상액의 청구가 포함되어 있다고 볼 수 없고, 채무불이행으로 인한 손해배상액의 청구에 있어서 손해의 발생 사실과 그 손해를 금전적으로 평가한 배상액에 관하여는 손해배상을 구하는 채권자가 주장·입증하여야 하는 것이므로, 채권자가 손해배상책임의 발생 원인 사실에 관하여는 주장·입증을 하였더라도 손해의 발생 사실에 관한 주장·입증을 하지 아니하였다면 변론주의의 원칙상 법원은 당사자가 주장하지 아니한 손해의 발생 사실을 기초로 하여 손해액을 산정할 수는 없다. [2] 금전채무 불이행에 관한 특칙을 규정한 민법 제397조는 그 이행지체가 있으면 지연이자 부분만큼의 손해가 있는 것으로 의제하려는 데에 그 취지가 있는 것이므로 지연이자를 청구하는 채권자는 그 만큼의 손해가 있었다는 것을 증명할 필요가 없는 것이나, 그렇다고 하더라도 채권자가 금전채무의 불이행을 원인으로 손해배상을 구할 때에 지연이자 상당의 손해가 발생하였다는 취지의 주장은 하여야 하는 것이지 주장조차 하지 아니하여 그 손해를 청구하고 있다고 볼 수 없는 경우까지 지연이자 부분만큼의 손해를 인용해 줄 수는 없는 것이다."

33) 김대정, 64면; 김상용, 50면; 김용한, 60면; 김준호 31면; 오시영, 64면.

34) 곽윤직, 35면; 김주수, 66면; 김학동, 41면; 김형배, 70면; 송덕수, 80면.

35) 대법원 1977. 3. 8. 선고 75다80 판결 "기록에 의하여 보면 원심이 거친 증거취사의 과정에

자지체책임(제705조), 후견인의 피후견인에 대한 이행지체에 대한 이자의 부가와 금전소비에 대한 책임(제958조) 등과 같이 법률에 특별규정이 있는 경우에도 그에 따른다.

5) 변제기까지는 약정이자가 있으면 그 약정이자를, 약정이자의 정함이 없으면 무이자가 된다. 그리고 변제기 이후에는 약정이자가 있으면 약정이자 그대로 지급하여야 하고, 약정이자의 정함이 없으면 법정이자를 연체이자 또는 지연배상금으로 지급하여야 한다.

6) 한편 손해배상율이 아니고 변제기까지의 이율에 관해서만 당사자가 약정하고 있는 경우에는 그것이 법정이율보다 낮은 때에도 그에 의하여 약정이율에 의하여 지연손해배상액을 산정하여야 하는지가 문제이다. 제397조 제1항은 임의규정이므로 당사자가 금전채무의 손해배상률을 약정하고 있으면 이 규정은 적용되지 않는다. 이는 약정이율이 법정이율보다 낮은 때에도 마찬가지이다. 그러나 손해배상률이 아니고 변제기까지의 이율에 관하여만 약정하고 있는 경우 그에 의하여 약정이율에 의하여 지연손해배상액을 산정하는 것이 아니라 법정이율이 적용된다는 것이 판례의 태도이다.[36] 즉 변제기까지의 이율을 법정이율보다 낮게 정

소론 4점과 같은 논리법칙과 경험법칙을 위배했다거나 소론 1점과 같은 석명권 불행사로 인한 심리미진의 위법이 있다고 할 수 없고 또 채무불이행이 있을 때에 채권자가 반드시 담보권 실행을 먼저 하여야 할 의무를 부담하는 것이 아니라는 원심의 판단에 잘못 있다 할 수 없으니 소론 2점과 같은 변제충당 채권자지체 신의성실의 원칙 등에 관한 법리를 오해한 위법이 있다 할 수 없고, 또한 금전을 목적으로 하는 채무불이행에 관하여 손해배상액을 예정할 수 있으며 그 배상액이 부당하다고 인정되는 경우에는 상당한 액까지 이를 감액할 수 있는 것이므로(당원 1964. 6. 9. 선고 63다1212 판결 참조) 이와 같은 취지에서 원심이 위 판시와 같이 감액조치 하였음은 상당하고 거기에 소론 3점과 같은 법리오해 있다 할 수 없으니 논지는 모두 이유없다."

36) 대법원 2009. 12. 24. 선고 2009다85342 판결 "민법 제397조 제1항은 본문에서 금전채무불이행의 손해배상액을 법정이율에 의할 것을 규정하고 그 단서에서 "그러나 법령의 제한에 위반하지 아니한 약정이율이 있으면 그 이율에 의한다"고 정한다. 이 단서규정은 약정이율이 법정이율 이상인 경우에만 적용되고, 약정이율이 법정이율보다 낮은 경우에는 그 본문으로 돌아가 법정이율에 의하여 지연손해금을 정할 것이다. 우선 금전채무에 관하여 아예 이자약정이 없어서 이자청구를 전혀 할 수 없는 경우에도 채무자의 이행지체로 인한 지연손해금은 법정이율에 의하여 청구할 수 있으므로, 이자를 조금이라도 청구할 수 있었던 경우에는 더욱이나 법정이율에 의한 지연손해금을 청구할 수 있다고 하여야 한다."; 대법원 2017. 9. 26. 선고 2017다22407 판결 "민법 제397조 제1항은 본문에서 금전채무불이행의 손해배상액을 법정이율에 의하도록 하고, 단서에서 '그러나 법령의 제한에 위반하지 아니한 약정이율이 있으면 그 이율에 의한다.'고 정하고 있다. 민법 제397조 제1항 단서에서 약정이율이

하고 있다고 하여 변제기 후의 이율도 그대로 낮게 인정할 수 없다는 것이다.

7) 외화채권의 경우

제397조는 외화채권에도 적용된다. 선물환계약에 기한 채권을 금전채권이라고 하면서 그 당사자들은 제397조 제2항에 의하여 계약불이행에 대하여 과실 없음을 들어 항변할 수 없다는 것이 대법원의 입장이다.[37)]

(2) 사정변경의 원칙 적용 여부 및 지급유예

1) 사정변경의 원칙에 의한 금전채권의 증액 및 감액평가

오늘날 금전은 그 가치가 대단히 유동적이다. 국제정세나 기타 경제사정의 급격한 변동으로 금전의 가치가 폭락하거나 폭등하는 경우에는 금전채권의 금액을 그대로 유지한다면 일방당사자에게 가혹할 수 있다. 이러한 경우 사정변경의 원칙을 적용하여 적정한 환가율을 적용할 수 있는지가 문제될 수 있다. 판례는 부정하고 있다.[38)] 이처럼 금전채권은 화폐가치의 변동에 따른 구매력의 변화에도 불구하고 명목액만을 지급해야 하는 명목액채권이다.

생각건대 화폐가치의 변동에 따른 구매력의 지나친 변화에도 불구하고 명목액

있으면 이에 따르도록 한 것은 약정이율이 법정이율보다 높은 경우에 법정이율에 의한 지연손해금만으로 충분하다고 하면 채무자가 이행지체로 오히려 이익을 얻게 되는 불합리가 발생하므로, 이를 고려해서 약정이율에 의한 지연손해금을 인정한 것이다. 당사자 일방이 금전소비대차가 있음을 주장하면서 약정이율에 따른 이자의 지급을 구하는 경우, 특별한 사정이 없는 한 대여금채권의 변제기 이후의 기간에 대해서는 약정이율에 따른 지연손해금을 구하는 것으로 보아야 하고, 여기에는 약정이율이 인정되지 않는다고 하더라도 법정이율에 의한 지연손해금을 구하는 취지가 포함되어 있다고 볼 수 있다. 이는 채무자가 금전소비대차계약 공정증서의 집행력을 배제하기 위하여 제기한 청구이의의 소에서 채권자가 금전대여와 함께 약정이율에 따른 지연손해금을 주장한 경우에도 마찬가지이다."

37) 대법원 2003. 4. 8. 선고 2001다38593 판결 "선물환계약이란 장래의 일정기일 또는 기간 내에 일정금액, 일정종류의 외환을 일정환율로써 교부할 것을 약정하는 계약으로서 그에 기한 채권은 금전채권이므로 그 당사자들은 민법 제397조 제2항에 의하여 계약불이행에 대하여 과실 없음을 들어 항변할 수 없다."

38) 대법원 1963. 9. 12. 선고 63다452 판결 "매매계약을 맺은 때와 그 잔대금을 지급할 때와의 사이에 장구한 시일이 지나서 그 동안에 화폐가치의 변동이 극심하였던 탓으로 매수인이 애초에 계약할 당시의 금액표시대로 잔대금을 제공한다면 그 동안에 앙등한 매매목적물의 가격에 비하여 그것이 현저하게 균형을 잃은 이행이 되는 경우라 할지라도 민법상 매도인으로 하여금 사정변경의 원리를 내세워서 그 매매계약을 해제할 수 있는 권리는 생기지 않는다."; 대법원 1955. 9. 22. 선고 4286민상161 판결; 대법원 1955. 4. 14. 선고 4286민상231 판결 참조.

만을 지급해야 한다는 것을 고집하게 되면 극심한 불공평을 초래할 수도 있어 손해배상예정액의 감액(제398조 제2항)과 같은 규정을 융통성 있게 적용하는 것을 고려할 수 있어야 할 것이다.

2) 지급유예 조치

경제공황이나 통화개혁과 같은 특별한 사정이 있는 경우에는 일정 기간 동안 지급유예(Moratorium)조치가 내려지는 경우가 있을 수 있다. 우리나라에서는 1962년에 화폐개혁 당시 일시적으로 지급유예 조치가 내려졌다.[39]

4. 이자채권

(1) 의 의

1) 이자채권이란 채무자에 대하여 이자의 지급(급부)을 청구할 수 있는 채권을 말한다. 이자는 이율에 의하여 산정된다. 이율에 관하여 정하지 않은 경우에는 법정이율로 한다(제379조). 특히 약정이자의 정함이 없는 채무불이행으로 인한 손해배상채권이나 불법행위로 인한 손해배상채권 등의 지연배상금을 결정하는 데 법정이율의 효력이 발휘된다.

2) 이자채권은 원본채권의 종된 권리로서 주된 권리인 원본채권의 존재를 전제로 하는 부종성이 있다. 즉 이자채권은 성립과 존속에 있어서 원본채권에 종속성을 갖는다. 그러나 이러한 부종성은 기본적 이자채권에 관한 것이고, 지분적 이자채권은 독립성을 갖기 때문에 종속성을 갖지 않는다. 다만 원본채권이 소멸시효의 완성으로 소멸하는 경우에는 소멸시효의 기산일로의 소급효에 의하여 지분적 이자채권도 함께 소멸한다.

3) 이자채권은 그 자체로 하나의 독립된 채권이다. 따라서 원본채권과 별도로 이자채권만을 구하는 소를 제기할 수 있고, 이자채권만을 양도할 수 있으며, 이자채권만을 위한 담보제공·압류도 가능하다. 나아가 아직 변제기가 도래하지 않은 이자채권도 원본채권과 분리하여 양도할 수 있다.

---

39) 긴급통화조치법 제15조 및 제16조 참조.

(2) 이 자

1) 의 의

이자란 금전 기타 대체물 등의 원본 사용대가로서 원본액과 사용기간에 비례하여 지급되는 금전 기타의 대체물을 말한다. 이자는 원본채권의 이행기까지의 사용대가로서 지급되는 법정과실(제101조 제2항)의 일종이다.

원본채권의 존재를 전제로 하여야 하고, 또한 원본채권의 반환을 전제로 하여야 한다. 따라서 원본채권의 존재를 전제로 하지 않는 종신정기금(제725조)이나 건설이자(상법 463조), 그리고 원본채권의 반환을 전제로 하지 않는 주식배당금이나 투자금의 이윤, 이행기가 지난 후의 이행지체에 따른 지연이자(지연손해배상금), 부대체물인 토지·기계·건물 등의 사용대가인 지료·차임 등은 이자가 아니다.

이자는 금전 기타의 대체물을 소비의 방법으로 사용할 수 있는 데 대한 대가이다. 이자는 금전인 경우가 일반적이지만 금전이 아닌 대체물(쌀·콩 등)도 이자가 될 수 있다. 그리고 원본과 이자가 동종의 대체물일 필요도 없다.

이자는 수익에 관계없이 사용기간에 비례하여 지급된다. 수익에서 일정률을 배당받는 것이나 사용기간에 관계없이 지급되는 것(사례금 등)은 이자가 아니다. 일반적인 관념처럼 정기적·지속적으로 지급되는 것만이 이자라고 볼 수 없다. 전체의 사용기간에 대한 이자금액이 사전에 계산되어 원본을 교부할 때 그 원본으로부터 공제하는 선이자라는 것도 있기 때문이다.

이율은 이자의 필수불가결의 요소는 아니어서 이율로써가 아니라 확정금액으로도 할 수 있다. 예컨대 기름 100리터에 대한 이자로 월 10만원으로 정할 수 있다.

2) 이자의 종류

이자는 당연히 발생하는 것은 아니다. 민법상 이자지급의무는 없다. 이자는 이를 발생시키기로 하는 당사자 사이의 약정이 있거나, 법률의 규정(제29조 제2항·제425조 제2항·제441조·제548조 제2항·제587조·제685조·제688조 제1항·제701조·제748조 제2항·제958조 등)이 있는 경우에만 발생한다. 전자를 약정이자라고 하고, 후자를 법정이자라고 한다.

3) 이 율

앞서 본 것처럼 이율은 이자의 필수불가결의 요소는 아니다. 그러나 이자는 그것이 약정이자이든 법정이자이든 대부분 원본액에 대한 비율(이율)에 의하여 산정된다.

① **약정이율** 약정이율이란 당사자의 약정에 의해 정해지는 이율이다. 약정이율은 폭리행위가 아닌 한 당사자의 의사로 자유롭게 정할 수 있는 것이 원칙이다. 다만 특별법에 의하여 금전소비대차에 관하여는 이율이 제한되고 있다. 약정이자는 약정이율에 의하여 산정되지만 이자약정에서 이율이 정해지지 않은 경우에는 법정이율에 의한다.

② **법정이율** 법정이율이란 당사자 사이에 이자에 대한 약정이 없는 경우에 법률의 규정에 의해 성립하는 이율이다. 민법상의 법정이율은 연 5푼(제379조)이고, 상행위로 인한 채무의 법정이율은 연 6푼(상법 54조)이며, 어음법상의 법정이율도 연 6푼(어음법 48조 제1항)이다. 법정이율은 이자의 산정 외에 금전채무불이행으로 인한 손해배상(지연이자의 산정)에도 적용된다(제397조 제1항). 다만 채권자가 금전채권을 소구한 경우에는 소장 부본이 송달된 다음날부터 그 완제일까지의 지연손해금에 대한 법정이율은 연 100분의 40 이내의 범위에서 은행법에 따른 은행이 적용하는 연체금리 등 경제여건을 고려하여 대통령령으로 정하는 이율에 따르며(소송촉진 등에 관한 특례법 제3조 제1항), 그 이율은 현재는 연 100분의 15이다(소송촉진 등에 관한 특례법 제3조 제1항 본문의 법정이율에 관한 규정).[40]

---

40) 대법원 2010. 9. 30. 선고 2010다50922 판결 "금전채권자가 채무자를 상대로 채무의 이행을 청구하는 소를 제기한 후에 채무자가 자신의 채무를 이행함으로써 원래의 금전채무는 소멸하여 그 범위에서 채권자의 채무이행청구는 기각될 수밖에 없고 이제 그 채무의 이행지체로 인한 지연손해의 배상만이 남게 된 경우에 그 지연손해금 산정의 기준이 되는 법정이율에 대하여는 '소송촉진 등에 관한 특례법' 제3조상의 이율은 적용되지 아니한다. 우선 위 조항이 금전채권자의 소 제기 후에도 상당한 이유 없이 채무를 이행하지 아니하는 채무자에게 지연이자에 관하여 불이익을 가함으로써 채무불이행상태의 유지 및 소송의 불필요한 지연을 막고자 하는 것을 그 중요한 취지로 하는 점에 비추어 보면, 비록 소가 제기된 후라고 하여도 원래의 금전채무를 스스로 이행한 채무자에게 그러한 불이익을 가할 이유는 없다. 나아가 위 법규정은 위와 같이 금전채무불이행자에 대한 '처벌'을 입법 목적의 하나로 한다고 할 것인데, 규범위반자에 대한 처벌 내지 제재는 사법(私法)에서 일반적으로 추구되지 아니하는 법목적이어서 이를 보다 신중하게 해석·적용할 필요가 있다. 또한 위 법 제3조의 문언상으로도 '금전채무의 이행을 명하는 판결을 선고할 경우'에 있어서 금전채무불이행으로 인한 손해배상액 산정의 기준이 되는 법정이율에 대하여 정하고 있으므로(또한 같은 조 제2항도 '채무자에게 그 이행의무가 있음을

(3) 이자채권

1) 의 의

이자채권이란 이자의 급부(지급)를 목적으로 하는 채권이다. 그런데 이자는 금전 기타의 대체물이므로 이자채권은 일종의 종류채권이며, 이자가 금전인 경우에는 금전채권에 속한다.

2) 이자채권의 종류[41)]

① **기본적 이자채권** 기본적 이자채권은 채권자와 채무자 사이에 금전 기타 대체물에 대한 사용대가로서의 이자를 지급할 것을 약정한 채권이다. 기본적 이자채권은 그 발생·소멸·처분에서 원본채권과 운명을 같이한다. 다만 특약에 의하여 원본채권 성립 후에 이자채권을 약정하거나 소멸케 하는 것도 가능하고, 기본적 이자채권이 부수되지 않는 원본채권만의 양도도 가능하다.

② **지분적 이자채권** 지분적 이자채권이란 기본적 이자채권 약정에 의

선언하는 사실심판결이 선고'되는 것을 전제로 하여 규정한다), 지연손해금 발생의 연원이 되는 원본채무가 채무자의 이행으로 소멸하여 그에 관한 이행판결이 선고될 수 없는 이상 위 법규정은 적용될 수 없다고 해석할 것이다."; 대법원 2005. 8. 19. 선고 2003다22042 판결 "파산채권자의 배당금 지급청구권에는 다양한 종류의 파산채권 원본과 그에 대한 파산선고 전일까지의 이자 및 지연손해금을 합산한 채권이 모두 반영되어 있어, 원래 채권의 성격이 반드시 그대로 유지된다고 보기는 어렵고, 배당절차는 금전화 및 현재화를 거친 파산채권 원금 및 파산선고 이전까지의 지연손해금에 대하여 배당재원의 범위 내에서 각 채권의 비율에 따라 분배하는 절차로서, 배당률을 정하여 통지함으로써 발생한 구체적 배당금 지급채무의 이행은 파산재단을 대표한 파산관재인의 의무이지 파산자의 의무는 아니라 할 것이므로, 배당금 지급채무는 파산채무의 원래 속성이나 파산자가 상인인지 여부와는 무관하게 민사채무로 봄이 상당하고, 그 지연으로 인한 지연손해금에 적용될 법정이율도 원래 파산채무의 속성이나 약정이율 혹은 채무명의에서 정한 지연이율에 영향을 받지 아니하고 민사법정이율인 연 5%가 적용되어야 할 것이다."; 대법원 2004. 3. 26. 선고 2003다34045 판결 "상법 제54조의 상사법정이율은 상행위로 인한 채무나 이와 동일성을 가진 채무에 관하여 적용되는 것이고, 상행위가 아닌 불법행위로 인한 손해배상채무에는 적용되지 아니하므로(대법원 1985. 5. 28. 선고 84다카966 판결 참조) 원심이 이 사건 손해배상금 원금인 그 대출원금 상당액에 대하여 민사 법정이율인 연 5푼이 아닌 상사 법정이율인 연 6푼의 법정이자를 가산한 데에는 위 법리를 오해한 위법이 있고, 이는 판결에 영향을 미쳤음이 분명하다."

41) 유력한 견해로서 이자채권의 분류는 필요하지 않다고 한다. 그 이유로 ① 우리 민법이 이자채권의 구별을 알지 못한다는 점, ② 이자채권의 세분이 없이도 그것의 법률문제 설명에 지장이 없고, 오히려 나누어 설명하는 경우에 개념의 혼란을 가져올 가능성이 커진다는 점을 들고 있다(송덕수, 87면).

해 사용기간이 경과함으로써 구체적으로 발생한 이자채권을 말한다. 지분적 이자채권은 원본채권이나 기본적 이자채권과는 독립한 별개의 채권이어서 원본채권이 소멸하여도 함께 소멸하지 않으며, 기본적 이자채권과 함께 양도되지도 않는다. 따라서 원본채권과 분리하여 양도할 수 있다. 그리고 원본채권이 양도되더라도 이미 변제기에 도달한 지분적 이자채권이 당연히 함께 양도되는 것은 아니다.[42] 다만 이 경우에도 특약을 맺게 되면 원본채권과 지분적 이자채권을 함께 양도하거나 처분하는 것은 허용될 수 있다.

(4) 이자의 제한

1) 의 의

이자채권도 사적 자치의 원칙에 지배를 받는다. 이자 중에서 법정이자는 문제되지 않지만 약정이자의 경우에는 문제가 많다. 이자채권의 당사자는 원칙적으로 자유롭게 이자 내지 이율을 정할 수 있다. 그러다 보니 경제적 강자인 채권자에 의해 지나치게 금리가 고리로 됨으로써 경제적 약자인 채무자에게 가혹한 경우가 발생하게 된다. 그리하여 우리나라에서는 이자제한법을 제정하여(1962년 법971호) 약정이자를 규율하였으나, 1997년 소위 IMF(국제통화기금)사태라는 외화부족 사태에 직면하여 국제통화기금으로부터 거액의 외환을 차입하면서 그들의 요구에 의하여 이자제한법이 폐지되었다(1998.1.13. 법5507호).

우리나라가 IMF의 통제를 벗어난 후 고리대금업자의 폭리행위가 문제되어 "대부업 등의 등록 및 금융이용자 보호에 관한 법률"(이하 대부업법이라 함)이 제정되었다. 이 대부업법은 대부업자의 등록과 감독을 위한 것이지만, 그 법에는 약정이자를 제한하는 한시적인 규정도 두고 있다. 문제는 대부업법에 의한 이자제한은 대부업[43]의 등록을 한 자가 대부를 하는 경우에만 적용되는 것이어서 일반 사인 간

---

42) 대법원 1989. 3. 28. 선고 88다카12803 판결 "이자채권은 원본채권에 대하여 종속성을 갖고 있으나 이미 변제기에 도달한 이자채권은 원본채권과 분리하여 양도할 수 있고 원본채권과 별도로 변제할 수 있으며 시효로 인하여 소멸되기도 하는 등 어느 정도 독립성을 갖게 되는 것이므로, 원본채권이 양도된 경우 이미 변제기에 도달한 이자채권은 원본채권의 양도당시 그 이자채권도 양도한다는 의사표시가 없는 한 당연히 양도되지는 않는다."

43) 대부업이란 금전의 대부(어음할인·양도담보, 그 밖에 이와 비슷한 방법을 통한 금전의 교부를 포함한다)를 업으로 하거나, 대부업의 등록을 한 자나 여신금융기관으로부터 대부계약에 따른 채권을 양도받아 이를 추심하는 것을 업으로 하는 것을 말한다. 다만, 성격 등을 고려하여 대통령령으로 정하는 경우는 제외한다(대부업법 제2조 제1호).

의 대차에서는 이자가 제한되지 않는 문제가 발생하였다. 그리하여 과거의 이자제한법을 부활시켜야 한다는 주장이 제기되는 가운데 대법원은 "사회통념상 허용되는 한도를 초과하는 이율의 이자를 약정하여 지급받는 경우에는 차주는 그 이자의 반환을 청구할 수 있다."[44]고 판시한 후 새로운 이자제한법을 제정하기에 이르렀다(2007.3.29.에 공포되었으며, 공포 후 3개월이 경과한 2007.6.30.부터 시행함). 대부업법의 제정은 바람직 한 면도 있지만 여전히 아쉬움이 남아있다. 즉 대부업법이 효력을 가지고 있고 이 법이 적용되는 한도에서는 이자제한법이 적용되지 않기 때문에 현재의 법제도상 이자의 제한은 이자제한법에 의한 것과 대부업법에 의한 것으로 나누어져 있어 앞으로 이를 통합하는 하나의 법으로 제정하여야 할 것이다. 이하에서는 현행 이자제한법에 의한 제한과 대부업법에 의한 제한으로 나누어 기술하기로 한다.

---

44) 대법원 2007. 2. 15. 선고 2004다50426 전원합의체 판결 "[다수의견] 선량한 풍속 기타 사회질서에 위반하여 무효인 부분의 이자 약정을 원인으로 차주가 대주에게 임의로 이자를 지급하는 것은 통상 불법의 원인으로 인한 재산 급여라고 볼 수 있을 것이나, 불법원인급여에 있어서도 그 불법원인이 수익자에게만 있는 경우이거나 수익자의 불법성이 급여자의 그것보다 현저히 커서 급여자의 반환청구를 허용하지 않는 것이 오히려 공평과 신의칙에 반하게 되는 경우에는 급여자의 반환청구가 허용되므로, 대주가 사회통념상 허용되는 한도를 초과하는 이율의 이자를 약정하여 지급받은 것은 그의 우월한 지위를 이용하여 부당한 이득을 얻고 차주에게는 과도한 반대급부 또는 기타의 부당한 부담을 지우는 것으로서 그 불법의 원인이 수익자인 대주에게만 있거나 또는 적어도 대주의 불법성이 차주의 불법성에 비하여 현저히 크다고 할 것이어서 차주는 그 이자의 반환을 청구할 수 있다. [대법관 고현철, 김황식, 박일환, 안대희의 반대의견] 사회통념상 허용될 수 있는 한도를 초과하는 부분의 이자 약정이 일정한 요건하에 민법 제103조에 위반된 법률행위로서 무효로 평가될 수 있다 하더라도, 사회통념상 허용될 수 있는 한도란 약정 당시의 경제적·사회적 여건의 변화에 따라 유동적일 수밖에 없고 법률적인 평가나 가치판단이 개입되어야만 비로소 그 구체적인 범위를 확정할 수 있어 그 무효의 기준과 범위에 관하여 대주에게 예측가능성이 있다고 보기는 어려우며, 따라서 대주가 차주로부터 적정이율을 초과하는 이자를 지급받았다고 하더라도 대주가 명확하게 불법성을 인식했다고 평가하기는 어렵다. 적정이율을 초과하는 이자 약정이 민법 제103조에 위반되어 무효라고 보더라도 당사자 사이의 약정에 따라 이자가 지급된 이상 그 불법원인은 대주와 차주 쌍방 모두에게 있다고 볼 수밖에 없고, 일반적으로 차주가 대주보다 경제적으로 열악한 지위에 있다는 점을 감안하더라도 대주가 불법성을 명확하게 인식했다고 평가하기는 어렵다는 점에 비추어 보면, 일률적으로 대주의 불법성이 차주의 그것에 비해 현저히 크다고 단정할 수만은 없으며, 임의로 이자를 지급함으로써 이미 거래가 종료된 상황에서 다시 차주의 반환청구를 허용한다면 법적 안정성을 해칠 우려도 있으므로 결국 민법 제746조 본문에 따라 차주의 반환청구는 허용될 수 없다."

2) 현행 이자제한법에 의한 제한

① **현행 이자제한법의 적용범위** 이자제한법은 금전대차, 즉 금전의 소비대차에서 약정이자에 적용된다(동법 제2조 제1항). 따라서 ㉠ 대차관계가 아닌 금전채권(예, 매매대금이나 불법행위로 인한 손해배상채권, 매매잔대금의 이자 등)에는 적용되지 않는다.[45] ㉡ 금전 이외의 대체물의 대차에는 적용 또는 유추적용되지 않는다. ㉢ 금전의 소비대차인 한 그것이 상인 사이의 것이라고 하더라도 적용된다. ㉣ 대차원금이 10만원 미만인 경우에는 적용되지 않는다(동법 제2조 제5항). 그러나 금전의 소비대차이기만 하면 이자가 금전이 아니더라도 적용되고, 이자가 확정된 금액으로 약정된 경우에도 적용된다.[46]

이자제한법 시행 전에 성립한 대차관계에 관한 계약상의 이자율에도 동법 시행일(2007.6.30.)부터 동법에 따라 이자율이 계산된다(동법 부칙 제2항). 그러나 이자제한법은 다른 법률에 의하여 인가·허가·등록을 마친 금융업 및 대부업에는 적용되지 않는다(동법 제7조).

② **적용이율**

㉠ **최고이자율** 금전대차에 관한 이자제한법에 따른 계약상의 최고이자율은 연 40%를 초과하지 않는 범위 내에서 대통령령으로 정한다(동법 제2조 제1항). 대통령령에 의하면 현재의 최고이자율은 연 24%이다.[47] 이 최고이자율은 약정한 때의 이자율을 말한다(동법 제2조 제2항).

㉡ **간주이자** 금전의 대차와 관련하여 채권자가 받은 예금(禮金)·할인금·수수료·공제금·체당금(替當金) 그 밖의 명칭에도 불구하고 이를 이자로 본다(동

---

45) 대법원 1977. 5. 24. 선고 77다271 판결 "이자제한법이 금전대차에 관한 계약에서만 그 이자를 제한하고 있음이 법문상 명백하고 금전 이외의 대차관계에서까지 이를 유추적용할 수는 없다."; 대법원 1980. 6. 10. 선고 80다669 판결 "이자제한법은 금전의 소비대차에만 적용되는 것일 뿐 인삼의 대차에는 적용되지 아니한다.";

46) 대법원 1984. 5. 22. 선고 83다카195 판결 "백미 105가마니를 현물로 대여한 것이 아니라 백미환산대금 2,415,000원을 대여하고 그 이자도 백미 차용시의 보통의 이자지급방법을 벗어나는 현금으로 수령하였다면, 달리 대여당시의 형편과 사정에 의하여 원.피고들의 합의 아래 현물대신 당시의 그 시가에 상당하는 현금을 교부받은 것이라는 특별한 사정이 인정되지 않는 한, 원·피고 사이에 이루어진 위 소비대차는 대여미의 형식을 빌린 금전대차라고 봄이 경험칙에 부합한다." 참조.

47) 이자제한법 제2조 제1항의 최고이자율에 관한 규정은 2018.2.8.부터 시행되며, 이행 후 새로이 체결되는 계약 또는 연장되는 부분부터 적용된다.

법 제4조 제1항). 그리고 채무자가 금전대차와 관련하여 금전지급의무를 부담하기로 약정하는 경우 의무발생의 원인 및 근거법령, 의무의 내용, 거래상 일반원칙 등에 비추어 그 의무가 원래 채권자가 부담하여야 할 성질인 때에는 이를 이자로 본다(동법 제4조 제2항).

③ 제한이율 위반의 효과

㉠ 이자가 제한이율을 초과한 경우에는 그 초과부분의 이자는 무효이다(제2조 제3항).

㉡ 제한초과이자는 무효이기 때문에 약정이 있다고 하더라도 채권자는 이를 재판상 청구할 수 없다. 그리고 제한초과이자를 원금에 포함시키는 계약을 하거나 준소비대차 또는 경개계약을 하여도 그 초과부분에 관하여는 효력이 생기지 않는다.[48] 제한초과의 이자채권을 자동채권으로 하여 상계의 의사표시를 하여도 상계의 효력은 생기지 않는다.[49]

㉢ 채무자가 제한초과이자를 임의지급한 경우에도 초과지급된 이자 상당 금액은 원본에 충당되고, 원본이 소멸하고 남은 것이 있는 때에는 채무자는 그 반환을 청구할 수 있다(동법 제2초 제4항).

④ 선이자 공제문제

금전소비대차를 하면서 원본으로부터 이자를 미리 공제하고 그 잔액만을 차주에게 교부하는 경우 그 공제액을 선이자라고 한다. 이자제한법은 이러한 선이자를 공제한 경우에는 채무자가 실제 수령한 금액을 원본으로 하여 제한이율에 따라 계산한 금액을 초과하는 때에는 그 초과부분은 원본에 충당한 것으로 본다(동법 3조).

⑤ 복리의 규제문제

이자에 대하여 다시 이자를 지급하기로 하는 것을 복리약정이라고 한다. 이러한 복리약정은 제한이율을 초과하는 부분에 해당하는 금액에 대하여는 무효로 본

---

48) 대법원 1998. 10. 13. 선고 98다17046 판결 "계약상의 이자로서 이자제한법 소정의 제한이율을 초과하는 부분은 무효이고 이러한 제한초과의 이자에 대하여 준소비대차계약 또는 경개계약을 체결하더라도 그 초과 부분에 대하여는 효력이 생기지 아니한다."

49) 대법원 1963. 11. 21. 선고 63다429 판결 "이식제한령 소정 범위를 초과한 이식은 무효이므로 이를 자동채권으로 하여 상계의 의사표시를 하였다 하여도 그 효력을 발생할 수 없다."

다(동법 제5조).

3) 대부업법에 의한 제한

① **제한이율** "대부업 등의 등록 및 금융이용자 보호에 관한 법률"(시행 2019. 6. 25., 이하 대부업법이라 함)은 대부업자가 개인이나 「중소기업기본법」 제2조 제2항에 따른 소기업(小企業)에 해당하는 법인에 대부를 하는 경우 그 이자율은 연 100분의 27.9 이하의 범위에서 대통령령으로 정하는 율을 초과할 수 없다고 규정하고 있다(동법 제8조 제1항). 그리고 현재의 최고 이율은 연 100분의 24(대부업법 시행령 제5조 제2항, 개정 2017. 8. 29., 2017. 11. 7.)이며, 월 또는 일 기준으로 적용하는 경우에는 연 100분의 24를 단리로 환산한다(대부업법 시행령 제5조 제3항). 그리고 대부와 관련하여 대부업자가 받는 것은 사례금·할인금·수수료·공제금·연체이자·체당금 등 그 명칭이 무엇이든 모두 이자로 본다(대부업법 제8조 제2항 본문). 다만, 해당 거래의 체결과 변제에 관한 부대비용으로서 대통령령으로 정한 사항은 그러하지 아니하다(대부업법 제8조 제2항 단서).[50)]

② **제한위반의 효과** 대부업자가 제한을 위반하여 대부계약을 체결한 경우 제한이율을 초과하는 부분에 대한 이자계약은 무효이다(대부업법 제8조 제3항). 채무자가 그 초과부분에 대한 이자를 임의변제한 경우 우선 원본에 충당하고

50) 대법원 2014. 11. 13. 선고 2014다24785,24792,24808 판결 "구 대부업 등의 등록 및 금융이용자 보호에 관한 법률(2012. 12. 11. 법률 제11544호로 개정되기 전의 것, 이하 '구 대부업법'이라 한다) 제8조 제2항의 취지는 대부업자가 사례금·할인금·수수료·공제금·연체이자·선이자 등의 명목으로 채무자로부터 금전을 징수하여 위 법을 잠탈하기 위한 수단으로 사용되는 탈법행위를 방지하는 데 있으므로, 명목 여하를 불문하고 대부업자와 채무자 사이의 금전대차와 관련된 것으로서 금전대차의 대가로 볼 수 있는 것이라면 이자로 간주되고, 따라서 대부업자가 이를 대부금에서 미리 공제하는 것은 선이자의 공제에 해당하는바, 채무자가 직접 대부중개업자에게 중개의 대가(이하 '중개수수료'라 한다)를 지급한 경우라도 그것이 대부업자와 전혀 무관하게 지급되었다는 등의 특별한 사정이 없고 오히려 대부업자가 대부중개업자로 하여금 채무자로부터 직접 중개수수료를 지급받도록 하고 자신은 대부중개업자에게 아무런 중개수수료를 지급하지 않았다면, 이러한 중개수수료는 대부업자 자신이 지급하여야 할 것을 채무자에게 전가시킨 것으로서 대부업자와 채무자 사이의 금전대차와 관련된 대가라고 할 것이어서, 구 대부업법 제8조 제2항에서 정하는 이자에 해당하고, 대부업자가 그만큼의 선이자를 사전에 공제한 것으로 보아야 한다. 그리고 공증료는 채권자가 채무자의 채무불이행에 대비하여 강제집행을 위한 집행권원을 미리 확보해 놓는 데 드는 비용으로서 채무자가 당연히 부담해야 할 성질의 것도 아니고 담보권 설정비용으로 볼 수도 없으므로, 구 대부업법 제8조 제2항 등의 취지에 비추어 볼 때 채무자로부터 공증료를 받았다면 이 역시 구 대부업법 제8조 제2항에서 정하는 이자에 해당하고, 대부업자가 그만큼의 선이자를 사전에 공제한 것으로 보아야 한다."

그 후에 남은 것이 있으면 그 반환을 청구할 수 있다(대부업법 제8조 제4항).

③ **선이자 문제** 대부업자가 선이자를 사전에 공제하는 경우에는 그 공제액을 제외하고 채무자가 실제로 받은 금액을 원본으로 하여 대부업법 제8조 제1항에 따른 이자율을 산정한다(재부업법 제8조 제4항).[51]

④ **여신금융기관과 미등록 대부업자에 대한 규제** 대부업의 등록 또는 등록갱신을 하지 않고 사실상 대부업을 하는 자, 즉 미등록 대부업자(대부업법 제9조의 4 제1항)가 대부를 하는 경우의 이자율에 관하여는 이자제한법의 제한이율 규정(제2조 제1항)이 대부업법 제8조 제2항부터 제5항까지를 준용한다(대부업법 제11조 제1항).

⑤ **유효기간** 대부업법의 이자제한 내용의 이자의 제한규정(대부업자, 여신금융기관〈연체이자에 관한 규정은 제외〉, 미등록 대부업자 모두에 대한 것임)은 2018년 12월 31일까지만 적용된다(대부업법 부칙〈2016.3.3.〉 제2조 제1항). 따라서 이 제한규정은 이미 효력을 상실하여 대부업자의 이자율은 법적인 제한을 받지 않는다. 이자제한법은 대부업자에게는 적용되지 않기 때문이다(이자제한법 제7조).

5. 선택채권

(1) 의 의

1) 선택채권이란 채권의 목적이 선택적으로 정해져 있는 채권이다. 즉 수개의 서로 다른 급부 중 선택에 의해 결정된 어느 하나의 급부가 채권의 목적이 되는

---

51) 대법원 2014. 11. 13. 선고 2014다24785,24792,24808 판결 "선이자가 공제된 경우에 구 대부업 등의 등록 및 금융이용자 보호에 관한 법률(2012. 12. 11. 법률 제11544호로 개정되기 전의 것, 이하 '구 대부업법'이라 한다)에서 정하는 제한이자율을 초과하는지 여부는 선이자 공제액을 제외하고 채무자가 실제로 받은 금액을 기초로 하여 대부일부터 변제기까지의 기간에 대한 제한이자율에 따른 이자를 기준으로, 선이자 공제액(채무자가 변제기까지 실제 지급한 이자가 있다면 이를 포함한다)이 그것을 초과하는지에 따라 판단하여야 하고, 그와 같은 판단의 결과 초과하는 부분이 있다면 초과 부분은 구 대부업법 제8조 제4항에 따라 당사자 사이에서 약정된 선이자 공제 전의 대부원금에 충당되어 충당 후의 나머지가 채무자가 변제기에 갚아야 할 대부원금이 된다[구 대부업 등의 등록 및 금융이용자 보호에 관한 법률(2009. 1. 21. 법률 제9344호로 개정된 것)은 제8조 제5항을 신설하여 "대부업자가 선이자를 사전에 공제하는 경우에는 그 공제액을 제외하고 채무자가 실제로 받은 금액을 원본으로 하여 제1항에 따른 이자율을 산정한다."고 규정하였으나, 이는 제한이자율 초과 여부의 판단 방법에 관한 앞서 본 법리를 입법화한 것에 불과하고 변제기에 갚아야 하는 대부원금에 대하여 정한 것이 아니므로, 위와 같은 해석에 영향이 없다]."

채권이다.

2) 선택채권은 선택의 대상이 서로 다른 급부면 되고 급부의 형태는 문제가 되지 않는다. 따라서 주는 급부와 하는 급부, 작위급부와 부작위급부, 특정물급부와 불특정물급부라도 무방하다.

3) 선택채권은 복수의 채권이 아니고 하나의 채권이어서 하나의 청구권만 생긴다. 따라서 선택채권은 급부가 선택적으로 정해져 있어 채무자가 이행을 하려면 선택에 의하여 하나의 급부로 확정되어야 한다.

4) 선택채권은 법률행위(증여·매매·대차 등)나 법률규정(제135조·제203조 제2항·제310조 제1항·제626조 제2항 등)에 의하여 발생한다.

5) 선택채권이 종류채권과 다른 점은 수개의 급부가 서로 개성이 다르며 중시된다는 점, 선택되어야 할 급부의 수가 확정되어 있다는 점, 이행불능에 의한 특정이 인정된다는 점, 선택에 소급효가 있다는 점 등이다. 그런데 선택채권이 종류채권과 같은 점으로는 급부가 확정되어 있지 않다는 것이다. 유의할 점은 선택적 급부 가운데 종류물의 인도가 포함되어 있는 때에는 장차 선택채권이 종류채권으로 될 수도 있다는 것이다.

(2) 선택채권의 특정

1) 선택채권의 특정이란 선택채권에서 채무가 이행되려면 급부가 하나로 확정되어 단순채권으로 변경되는 것을 말한다. 민법에서는 선택채권의 특정방법으로 선택권의 행사와 급부불능의 두 가지를 규정하고 있다. 그러나 사적자치의 원칙상 당사자의 합의에 의하여 급부를 특정할 수 있다.

2) 선택에 의한 특정

① **선 택 권** 　선택권이란 선택채권에서 선택의 대상이 되는 수개의 급부 중 어느 한 급부를 확정하는 의사표시가 선택이고, 이 선택을 할 수 있는 법률상의 지위가 선택권이다. 이 선택권은 일종의 형성권이다. 선택의 의사표시를 한 후에는 상대방의 동의가 없으면 철회할 수 없고 선택에 조건이나 기한을 붙일 수도 없다. 선택권자가 여러 개의 급부 중에서 하나의 급부를 선정함으로써 선택채권은 급부가 특정된다.

② **선택권자** 선택권자는 법률행위(당사자의 약정)에 의해 또는 법률의 규정(제135조, 제203조 제2항, 제310조 제1항, 제626조 제2항 등)에 의해서 정해진다. 약정으로 제3자를 선택권자로 지정할 수도 있다. 그런데 선택권자를 정하는 법률규정이나 당사자의 약정이 없으면 선택권은 채무자에게 속한다(제380조).

③ **선택권의 이전** 선택권은 권리이어서 선택권자에게 선택권의 행사를 강요하지 못한다. 그러나 선택권자가 자신의 권리를 행사하지 않으면 선택채권은 이행될 수 없기 때문에 민법은 일정한 경우에 선택권이 타인에게 이전되는 것으로 하고 있다.

㉠ **당사자 중 일방이 선택권자인 경우** 이러한 경우에는 선택권 행사기간 내에 선택권을 행사하지 아니하면 상대방은 상당한 기간을 정하여 그 선택을 최고할 수 있고, 선택권자가 그 기간 내에 선택하지 아니하면 선택권은 상대방에게 이전한다(제381조 제1항). 한편 선택권 행사의 기간이 정해져 있지 아니하면 채권의 기한이 도래한 후 상당한 기간을 정하여 그 선택을 최고하여도 선택권자가 그 기간 내에 선택하지 않으면 선택권은 상대방에게 이전한다(제382조 제2항).

㉡ **제3자가 선택권자인 경우** 이 경우에는 선택권자인 제3자가 선택할 수 없게 되면 채무자에게 선택권이 이전되며(제384조 제1항), 제3자가 선택할 수 있음에도 불구하고 그 기간 내에 선택하지 아니하면 당사자들은 선택할 것을 최고할 수 있고, 그 기간 내에 선택하지 아니하면 선택권은 채무자에게 이전한다(제384조 제2항).

④ **선택권의 행사** 당사자 중 일방이 선택권자인 경우에는 선택은 상대방에 대한 의사표시로 한다(제382조 제1항). 일단 선택의 의사표시를 한 후에는 상대방의 동의가 없으면 철회하지 못한다(제382조 제2항).[52] 그러나 특별한 사정이 있으면 상대방의 동의없이도 이 의사표시를 철회하고 새로운 선택을 할 수 있다고 한다.[53] 그리고 제3자가 선택권자인 경우에는 그 선택은 채무자 및 채권자 양자에

52) 대법원 1965. 3. 16. 선고 64다1216 판결 "원고가 피고로부터 본건 임야 중에서 500평을 매수하되 그 구체적 목적물은 후일 원고의 지정선택에 의하여 특정하기로 약정한 경우에 원고가 일단 목적물을 특정한 후에는 특단의 사정이 없는 한 피고의 동의 없이는 이를 일방적으로 철회 할 수 없다."

53) 대법원 1972. 7. 11. 선고 70다877 판결 "선택권자가 선택의 의사표시를 한 뒤라도 상대방의 방해행위 등으로 선택의 목적을 달성할 수 없는 경우와 같이 특별한 사정이 있으면 상대방의 동의없이도 이 의사표시를 철회하고 새로운 선택을 할 수 있다."

대한 의사표시로 하여야 한다(제383조 제1항). 한편 이 의사표시는 채권자 및 채무자 양자의 동의가 없으면 철회하지 못한다(제383조 제2항). 제3자에 의한 선택도 소급효가 있으며(제386조), 제3자가 선택하지 않으면 채권자 또는 채무자가 상당한 기간을 정하여 선택을 최고할 수 있고, 제3자가 그 기간 내에 선택하지 않으면 선택권은 채무자에게 이전된다(제384조).

⑤ 선택의 효과

㉠ **단순채권으로 전환** 선택이 행해지면 선택채권은 하나의 급부를 목적으로 하는 단순채권으로 전환된다. 단순채권으로 전환될 경우에 그 수개의 급부의 종류 중 선택에 따라 특정물채권·종류채권·금전채권 중의 하나로 또는 '하는 급부'로 변하게 된다. 즉 단순채권으로 전환되면 반드시 특정물채권으로 변하는 것이 아니다.

㉡ **선택의 소급효** 선택은 그 채권이 발생한 때에 소급하여 효력이 생긴다(제386조 본문). 그러나 제3자의 권리를 해하지 못한다(제386조 단서). 따라서 선택권자가 여러 개의 급부 중에서 특정물 급부를 선택한 때에는 처음부터 특정물채권이 성립하였던 것이 된다. 선택의 소급효는 선택권 없는 당사자의 과실로 인하여 이행불능이 된 때에는 선택권자는 그 불능이 된 급부를 선택할 수 있는데(제385조 제2항), 이는 선택의 소급효, 즉 불능이 되기 전의 급부를 선택할 수 있다는 것을 의미한다.

선택의 소급효는 제3자의 권리를 해하지 못한다고 규정하고 있다(제386조 단서). 그러나 이 내용은 무의미한 규정이다(통설). 왜냐하면 선택에 위해서 소급효를 인정하더라도 채권성립시에 채권의 목적이 특정되는 것에 불과하여 단순히 채권을 가지고 있다는 것만으로는 제3자의 권리를 해하는 일은 없기 때문이다. 그리고 선택에 의해 물권이 성립하는 경우에도 물권이 언제나 우선하기 때문에 또한 제3자를 해할 경우가 발생하지 않고, 특히 성립요건주의를 취하는 우리 민법에서는 제3자가 해쳐지는 경우가 발생할 수 없기 때문이다.

3) 급부불능에 의한 특정

① **원시적 불능에 의한 특정** 수개의 급부 가운데 채권이 성립할 당시부터 원시적으로 불능한 것이 있는 때에는 채권은 잔존하는 급부에 관하여 존재한

다(제385조 제1항). 즉 잔존급부에 특정이 생긴다.

② **후발적 불능에 의한 특정** 선택권 없는 당사자의 과실로 급부가 후발적으로 불능(이행불능)으로 된 때에는 잔존급부에 특정되지 않는다(제385조 제2항). 즉 선택권 없는 당사자의 과실로 이행불능이 된 경우에 선택권자의 선택권이 영향을 받는 것은 부당하기 때문에 이러한 경우에는 선택권의 행사에 아무런 영향을 주지 않는 것으로 하고 있다. 따라서 채권자가 선택권자인 경우 채무자의 과실로 불능이 되었다면 채권자는 잔존급부를 선택하여 이행을 구할 수도 있고, 불능으로 된 급부를 선택하여 이행불능을 이유로 손해배상을 청구할 수도 있다. 반면에 채무자가 선택권자인 경우 채권자의 과실로 불능이 되었다면 채무자는 잔존급부를 선택하여 이행하면서 동시에 불능된 급부에 대한 손해배상을 청구할 수도 있고, 불능으로 된 급부를 선택하여 채무를 면할 수도 있다. 한편 제3자가 선택권자인 경우, 채권자의 과실로 불능이 되었다면 제3자는 불능이 된 급부를 선택하여 채무자의 채무를 면하게 할 수도 있고, 잔존급부를 선택하여 이를 이행하게 할 수도 있다. 후자의 경우 채무자는 채권자의 과실로 인하여 불능이 된 급부에 대하여 손해배상을 청구할 수 있다. 또한 제3자가 선택권자인 경우, 채무자의 과실로 불능이 되었다면 제3자는 불능이 된 급부를 선택하여 채권자로 하여금 채무자에게 채무불이행책임을 지도록 하게 할 수도 있고, 잔존한 급부를 선택하여 채무를 이행하게 할 수도 있다.

6. 임의채권

(1) 의 의

임의채권이란 채권의 목적이 하나로 확정되어 있으면서도 채권자 또는 채무자가 다른 급부로써 본래의 급부에 갈음할 수 있는 권리(代用權·補充權)를 가지고 있는 채권을 말한다. 예컨대 S사 노트북컴퓨터 XII 100대를 판매하는 계약을 체결하면서 채무자가 이행할 때 S사 노트북컴퓨터 XII 대신 VII 100대를 인도할 수 있다고 합의한 경우이다.

(2) 선택채권과의 차이

1) 급부의 단일성

임의채권은 처음부터 하나의 급부(위의 예에서 S사 노트북컴퓨터 XII 100대)만이 채권의 목적(본래의 급부)이며 그것에 갈음하는 급부(위의 예에서 S사 노트북컴퓨터 XII대신 VII 100대)는 보충적인 지위를 가지는 데 불과하다. 반면에 선택채권에서 수개의 급부는 그 중 하나가 선택될 때까지 대등하기 때문에 수개의 급부 모두가 등가성을 가지고 병존한다.

임의채권은 대용이 있기 전에는 본래의 급부만이 유일한 채권의 목적이다. 다만 본래의 급부에 대용하여 다른 급부를 할 것인가 여부는 대용급부권을 가지는 자의 임의에 달려 있는 것이기 때문에 채권자가 대용급부권을 가지고 있으면 본래 급부에 갈음하여 다른 대용급부를 원하면 채무자가 이를 거절할 수 없다는 것뿐이고, 채무자가 대용급부권을 가지고 있으면 본래 급부를 청구하는 채권자에 대하여 대용급부로 지급하겠다고 항변할 수 있을 뿐이다.

임의채권은 선택채권과 근본적으로 다르다. 즉 선택채권은 수개의 급부가 대등한 지위를 갖는 데 반하여 임의채권은 이미 확정된 하나의 채권이 존재할 뿐이고, 그 채권에 갈음하여 이행되는 다른 대용급부는 보충적(제2차적)인 것에 불과하다. 이렇게 임의채권에서 본래의 급부가 원시적 불능이면 임의채권은 성립하지 않고, 이 급부가 채무자에게 책임없는 사유로 이행불능으로 되면 채권은 소멸한다. 단 본래의 급부가 채무자의 유책사유로 이행불능으로 되면 그 급부가 손해배상급부로 변하여 존속하게 되므로, 임의채권이 소멸하지 않는다. 반면 선택채권은 여러 개의 급부 가운데 일부가 불능으로 되면 특정의 문제가 발생할 뿐이다(제385조 참조).

2) 의사표시의 문제

임의채권에서 채무자의 대용권 행사는 의사표시만으로는 충분하지 않고 현실로 대용급부를 제공하여야 유효하다고 한다(통설). 즉 채무자가 채권자에게 본래의 급부를 하겠다는 의사표시를 하여도 그것이 대용권 포기의 의미가 아닌 한 대용권은 소멸하지 않고, 대용급부를 할 의사표시를 하였다고 하더라도 현실의 급부행위가 있기까지는 임의로 본래의 급부를 할 수 있으며 채권자도 본래의 급부를 청구할 수 있다고 한다. 이에 반하여 선택채권은 선택의 의사표시만으로 특정이 생기고 또한 선택의 소급효가 있다.

3) 급부감축의 문제

임의채권에서 대용급부는 본래의 급부와 동등한 가치가 있는 것을 전제로 하므로 본래의 급부가 일부불능이나 약정 기타의 사유로 감축되면 대용급부도 같은 비율로 감축된다. 반면 선택채권에서는 하나의 급부의 감축은 다른 급부에 영향을 미치지 않는다.

(3) 임의채권의 발생원인

임의채권은 계약 등의 법률행위나 법률의 규정(제378조·제443조 후단·제602조 제2항 본문·제764조)에 의하여 발생한다.[54)]

(4) 임의채권의 효력

1) 임의채권에서 대용권자는 당사자의 합의 또는 법률의 규정에 따라서 정해진다. 그러나 당사자의 의사가 분명하지 않은 경우에는 채무자에게 대용권이 있다(통설).

---

54) 대법원 1991. 3. 12. 선고 90다2147 전원합의체 판결 "채권액이 외국통화로 지정된 금전채권인 외화채권을 채무자가 우리나라 통화로 변제함에 있어서는 민법 제378조가 그 환산시기에 관하여 외화채권에 관한 같은법 제376조, 제377조 제2항의 "변제기"라는 표현과는 다르게 "지급할 때"라고 규정한 취지에서 새겨 볼 때 그 환산시기는 이행기가 아니라 현실로 이행하는 때 즉 현실이행시의 외국환시세에 의하여 환산한 우리나라 통화로 변제하여야 한다고 풀이함이 상당하므로 채권자가 위와 같은 외화채권을 대용급부의 권리를 행사하여 우리나라 통화로 환산하여 청구하는 경우에도 법원이 채무자에게 그 이행을 명함에 있어서는 채무자가 현실로 이행할 때에 가장 가까운 사실심 변론종결 당시의 외국환 시세를 우리나라 통화로 환산하는 기준시로 삼아야 한다. (소수의견) 우리 민법은 제378조에서 외국통화의 채무자에게 우리나라 통화로 변제할 수 있는 이른바 대용권을 인정하면서도 채권자에게는 그에 관한 아무런 규정을 두고 있지 아니하므로 채무자에게만 임의채권으로서의 대용권을 인정하고 있는 우리나라 민법 체계에서는 채권자는 특별한 사정이 없는 한 본래의 급부목적인 외국통화의 지급만을 청구할 수밖에 없으며, 가사 이 사건에서와 같이 원심에서 원고가 청구한 대로 우리나라 화폐의 지급을 명하는 판결이 선고되고 이에 대한 피고의 상고가 없어 우리나라 통화에 의한 청구를 용인할 수밖에 없다 하더라도 민법 제378조가 정한 그 환산시기는 재판상의 청구와 재판외의 청구를 가릴 것 없이 현실지급시로 보아야 하되 이는 같은 법조에 의하여 채무자가 대용권을 행사하는 경우에 그렇다는 것에 그치므로 이사건에 있어서와 같이 원고가 그 급부의 목적인 외국통화의 지급을 구하지 아니하고 우리나라 통화에 의한 지급을 구하는 경우에는 민법 제378조에 의할 것이 아니라 "청구할 때"를 환산 시기로 잡는 것이 옳다." 참조.

2) 채권자가 대용급부권을 가지는 경우에 채권자는 채무자에게 대용급부의 의사표시를 함으로써 그 권리를 행사한다. 따라서 채권자가 대용급부권을 행사하기 전이라면 채무자는 원래 급부의 이행으로 채무를 면하게 된다. 그러나 채권자가 이의 수령을 거부하게 되면 채권자는 수령지체에 빠지게 된다. 그리고 채무자의 귀책사유 없이 본래의 급부가 이행불능이 되면 임의채권도 함께 소멸하기 때문에 채권자는 본래 급부를 청구할 수 없을 뿐만 아니라 대용급부권을 행사할 수도 없다.

채권자가 이미 대용급부권을 행사한 경우에는 채무자는 본래 급부의 이행을 주장할 수 없다. 그러나 채권자가 대용급부권을 행사한 이후에도 본래의 급부가 채권자의 귀책사유로 이행불능이 되면 본래 급부의무가 소멸하기 때문에 동시에 대용급부도 소멸하게 된다.

채무자가 대용급부권을 가지는 경우에 채권자는 대용급부를 청구할 수 없어서 본래 급부의 이행만을 청구할 수 있다. 채무자는 대용급부권을 행사하여 채무의 이행을 완료할 수 있다. 중요한 것은 대용급부는 현실적으로 제공되어야한다. 그렇기 때문에 채무자가 현실제공 없이 대용급부의 의사표시만을 한 경우에는 대용급부의 효력이 생기지 않는다. 따라서 채무자가 대용급부의 의사표시를 한 후 대용급부가 이행불능에 빠진다고 하더라도 여전히 현실적으로 급부의 이행이 없는 상태이기 때문에 본래의 급부가 소멸하는 것은 아니다. 그러나 채무자가 대용급부를 현실제공 하였는데도 불구하고 채권자가 수령을 지체한 상태에서 채무자의 책임 없는 사유로 대용급부의 이행불능상태가 발생하다면 채무자는 대용급부로써 본래의 급부를 다한 것으로 보아 본래의 급부의무를 면한다.

제 3 장
채권의 효력

제1절 서 설

우리 민법은 제3편(채권)에서 제1장(총칙) 제2절의 제목을 「채권의 효력」이라고 하고 제387조(이행기와 이행지체) 내지 제407조(채권자취소의 효력)에서 이를 규정하고 있다. 구체적으로 살펴보면, 채무불이행과 그 구제수단인 강제이행 및 손해배상(제387조 내지 제399조), 채권자지체(제400조 내지 제403조), 채무자의 책임재산 보전(제404조 내지 407조)이 그 내용을 이루고 있다.

채권은 채무자에 의한 자의적인 이행이 있어야 비로소 그 실현이 가능한 상대권이다. 이렇게 채권의 효력은 채권자와 채무자 사이에서 이루어지는 것이 대부분이다. 그러나 당사자 이외의 법률주체와의 사이에서도 인정되는 경우가 있다. 이 중에는 당사자 사이에서 인정되는 효력은 대내적 효력이라 하고, 제3자와의 사이에서 인정되는 효력을 대외적 효력이라고 한다(통설). 대내적 효력으로는 채권자의 채무자에 대한 효력으로 청구권과 급부보유력 및 강제력, 채무불이행에 대한 구제 등을 들 수 있고, 채무자의 채권자에 대한 효력으로 이행지체를 들 수 있다. 그리고 대외적 효력으로는 책임재산의 보전을 위한 채권자대위권과 채권자취소권을 들 수 있고 또한 제3자에 의한 채권침해에 대한 구제책을 들 수 있다.

제2절 채권의 기본적 효력

Ⅰ. 청구력·급부보유력·강제력

1. 청구력과 급부보유력

(1) 채권은 채권자가 채무자에 대하여 일정한 급부를 청구 내지 요구할 수 있는 권리이다. 그러므로 채권의 본질적 효력은 채무자에 대하여 일정한 행위를 청구할 수 있는 청구력이 있다. 여기의 청구력은 재판 외에서 청구할 수 있는 것만을 의미한다. 채권이 청구력을 행사할 수 있는 시기는 원칙적으로 채무의 변제기가 된 때이다. 그러나 채무자가 기한의 이익을 포기하거나 상실한 때(제153조 제2항·제388조)에는 예외적으로 이행기 전이라도 청구력을 갖는다.

(2) 채권에는 채무자가 임의로 급부행위를 하면 그것을 수령하여 적법하게 보유할 수 있는 효력(급부보유력)이 있다. 이처럼 채권에는 급부보유력이 있기 때문에 채권자가 채무자로부터 수령한 급부를 보유하는 것은 적법하고 부당이득이 되지 않는다.

2. 강 제 력

채권은 채무자가 임의로 청구권의 내용을 이행하지 않는 경우 법률은 원칙적으로 채권에 채무의 내용을 실현할 수 있는 힘을 부여하고 있는데(제389조, 민사소송법 제248조 이하, 민사집행법 제61조 이하) 이러한 힘을 강제력이라고 한다. 그런데 강제력이 그 효력을 온전히 발휘하기 위해서는 임의로 채무를 이행하지 않는 채무자를 상대로 소를 제기하여 이행판결 기타의 집행권원을 받아 비로소 채무자의 재산을 강제집행해야 한다. 전자를 소구력이라 하고 후자를 집행력이라고 한다. 다만 채권은 그 내용에 따라 이행의 행태가 다양하기 때문에 강제이행의 방법도 각각 다를 수밖에 없다(제389조). 그런데 채권 중에는 예외적으로 강제력이 인정되지 않는 채권으로 자연채무와 불완전채무가 있다.

Ⅱ. 강제력 없는 채권

1. 자연채무

(1) 의 의

자연채무(Naturalobligation)란 채무자가 임의로 급부하지 않는 경우에 채권자가 그 이행의 강제를 소(訴)로써 구하지 못하는 채무를 말한다. 따라서 자연채무는 소구력이 없기 때문에 당연히 강제집행력도 없다. 그런데 소구력은 있으나 강제집행을 할 수 없는 채무를 「책임 없는 채무」라고 하여 순수한 자연채무와 구별하고 있고, 자연채무와 책임 없는 채무 양자를 모두 포함하는 개념으로 불완전채무가 있다.

자연채무의 개념에서 「채무」란 법률상의 채무 내지 법률적으로 의미 있는 채무(경개·준소비대차의 근거가 될 수 있는 채무, 그에 대한 담보나 보증 등이 유효하게 성립할 수 있는 채무, 상계를 할 수 있는 채무)에 한한다고 보는 것이 다수설이다.

(2) 자연채무의 발생

1) 당사자의 합의에 의하여 발생하는 경우

사적 자치의 원칙상 당사자의 합의(법률행위)에 의하여 자연채무가 발생할 수 있다. 즉 채권의 당사자는 법률행위 당시에 그로 인한 채무의 이행과 관련하여 소를 제기하지 않겠다고 약정할 수 있고, 이미 발생해 있는 채무에 관하여 그 후에 소를 제기하지 않겠다는 약정을 할 수 있다(不提訴).[55] 또한 채권당사자는 채권을 발생시키는 계약 당시에 중재계약을 체결함으로써 자연채무가 발생할 수 있다(중재법 제8조, 제9조 제1항).

---

55) 대법원 1993. 5. 14. 선고 92다21760 판결 "[1] 특정한 권리나 법률관계에 관하여 분쟁이 있어도 제소하지 아니하기로 합의한 경우 이에 위반하여 제기한 소는 권리보호의 이익이 없다. [2] 소송을 제기한 후 협상을 하여 더 이상 소송을 제기하지 아니하기로 합의하고서도 그에 위반하여 제기한 소이므로 부적법한 소라고 한 사례." 참조.

2) 법률의 규정에 의하여 발생하는 경우

민법 제803조(약혼의 강제이행금지)는 "약혼은 강제이행을 청구하지 못한다."고 하여 자연채무로 규정하고 있다.[56)]

3) 자연채무 인정 여부가 문제되는 경우

① **소멸시효가 완성된 채무** 　소멸시효가 완성되면 채무자는 채무를 이행하지 않아도 된다. 이러한 소멸시효가 완성된 채무가 자연채무인지에 관하여 학설이 나누어져 있다. 소멸시효완성의 효과에 대하여 절대적 소멸설을 취하는 견해는 소멸시효가 완성된 채무는 자연채무가 아니라고 한다. 왜냐하면 채권의 소멸시효가 완성되면 채권은 절대적으로 소멸하여 채권이 더 이상 존재하지 않게 되어 자연채무도 존재하지 않기 때문이라고 한다. 이에 대하여 상대적 소멸설을 취하는 견해도 소멸시효가 완성된 채무는 자연채무가 아니라고 한다. 왜냐하면 소멸시효가 완성되더라도 채무자의 소멸시효 완성에 대한 원용이 있기 전까지는 채권이 소멸하지 않고 여전히 유효하게 존재하고 있기 때문이라고 한다. 따라서 어느 견해를 취하더라도 소멸시효가 완성된 채무는 자연채무가 아닌 것이다(자연채무 부정설).

② **불법원인급여** 　제746조는 "불법의 원인으로 인하여 재산을 급여하거나 노무를 제공한 때에는 그 이익의 반환을 청구하지 못한다."고 규정하고 있다. 여기서 불법원인에 기한 채무가 자연채무인지가 문제된다. 생각건대 불법원인 행위자에게 반환채권 자체가 발생하지 않기 때문에 채권의 존재를 전제로 한 자연채무가 성립할 수 없다. 따라서 불법원인에 기한 채무는 자연채무라고 할 수 없다.

③ **사무관리에서 보수청구권** 　제739조 제1항은 "관리자가 본인을 위하여 필요비 또는 유익비를 지출한 때에는 본인에 대하여 그 상환을 청구할 수 있다."고 하여 사무관리자에게 비용상환청구권을 인정하고 있지만 보수청구권은 인정하고 있지 않다. 그런데 본인이 사무관리자에게 도의상 보수를 지급하였다면 이는 비채변제(제742조·제744조)에 해당하여 그 반환을 청구하지 못한다고 하여 자

---

56) 곽윤직, 32면; 오시영, 103면. 그러나 제803조의 '강제이행'은 강제집행의 의미로 새겨야 한다고 하면서 약혼당사자의 혼인체결의무는 자연채무라고 할 수 없다고 한다. 그러나 책임 없는 채무라고 할 수도 없다고 주장하는 견해도 있다(송덕수, 27면).

연채무가 된다는 견해가 있다.[57] 그러나 이는 도의상의 의무를 법적인 의무로 넓게 인정하는 견해로 타당하지 않다. 즉 본인이 사무관리자에게 도의상 보수를 지급한 것은 자연채무가 아니라고 보아야 한다.

④ **판 례** ㉠ 채권자가 승소의 종국판결을 받은 후에 소를 취하한 경우에는 같은 소를 제기하지 못한다(민사소송법 제267조 제2항). 그러나 이 경우 소를 취하했다고 하여 채권 자체가 소멸한 것은 아니다. 왜냐하면 채권자가 승소의 종국판결을 받았기 때문이다. 따라서 그러한 채무는 자연채무라고 해야 할 것이다. ㉡ 채권이 존재하고 있는데도 채권자의 패소판결이 확정된 경우의 채무는 비록 다시 소를 제기할 수 없다고 하더라도 채권이 소멸된 것이 아니고 법적으로 의미 있는 채무가 존재하고 있다고 볼 수 있다. 또한 이 경우 임의변제나 경개를 허용할 수 있다. 따라서 이러한 경우의 채무도 자연채무라고 해야 할 것이다. ㉢ 파산절차 등에서 면책된 채무(채무자회생법 제566조·제625조 제2항·제251조)는 자연채무라고 하는 것이 판례의 입장이다.[58] 그리고 교회 성도가 장래에 교회 이전을 위한 대지구입헌금을 약정하였고 하더라도 그 헌금약정에 따라 부담하는 채무는 자연채무에 불과하여 법률적으로 그 지급을 강제할 수 없다고 한다.[59]

(3) 자연채무의 효과

1) 자연채무의 일반적 효과 채권자는 채무자에게 소(訴)로써 청구할 수 없다. 그러나 자연채무도 법률상 유효한 채무이기 때문에 채무자가 임의로 이행한 경우 그 급부는 적법한 급부로 인정되어 채권자가 이를 수령·보유할 수 있고 반환할 필요가 없으며 비채변제(제742조 참조)로서 채권자의 부당이득이 되지 않는다. 한편 채무자는 채권자의 청구에 대하여 자연채무를 주장하여 이행을 거절할 수 있는 항변권을 갖는다.

---

57) 현승종, 채권총론, 일신사, 1975, 91면.

58) 대법원 2001. 7. 24. 선고 2001다3122 판결 "약속어음 소지인이 정리채권신고를 하지 아니하여 실권된 경우, 어음금 채권은 정리회사에 대한 관계에서 자연채무 상태로 남게 되어 어음소지인을 사고신고담보금의 지급을 구할 수 있는 어음의 정당한 권리자로 볼 수 없으므로, 따로 약정이 없는 한 어음을 발행하였던 정리회사의 관리인을 상대로 은행이 사고신고담보금을 지급하는 데 동의하라고 소구할 수 없고, 또한 어음교환소규약이 정하는 요건을 갖추지 않은 한 위 사고신고담보금에 대한 지급청구권이 어음소지인에게 있음의 확인을 구할 수도 없다."

59) 서울민사지방법원 1993. 12. 9. 선고 93나8923 판결.

2) 그 밖의 효과 자연채무는 상계·경개·준소비대차의 기초로 삼을 수 있으며, 자연채무에 대한 보증 내지 물적 담보도 유효하게 성립시킬 수 있고 제3자에게 양도될 수 있다.

2. 불완전채무

(1) 채권자는 채무자가 임의로 채무를 이행하지 않는 경우 소송으로써 그 이행을 청구하고(소구력), 그 이행판결을 가지고 강제집행을 할 수 있는데(집행력), 예외적으로 소구력과 집행력이 없는 자연채무가 있고, 소구력은 있으나 집행력이 없는 책임 없는 채무가 있다. 소구력과 집행력이 없는 채무를 불완전채무라고 한다.

(2) 불완전채무는 강제력이 없기 때문에 채권으로서 불완전하지만 그 이외의 효력인 청구력과 급부보유력은 인정된다. 따라서 위에서 본 자연채무의 효과 중 상계·경개·준소비대차의 기초로 삼을 수 있으며, 자연채무에 대한 보증 내지 물적 담보도 유효하게 성립시킬 수 있다.

3. 채무와 책임

(1) 의 의

1) 채무가 존재하면 그 이행이 최종적으로 확보되기 위해서 책임이 보장되어야 한다. 이 경우의 책임은 여러 가지 의미로 해석되고 있다. 즉 일반적으로는 과실책임·위험책임·채무불이행책임·불법행위책임·사용자책임·책임 있는 사유라고 할 때의 책임과 같이 특정인이 자신이나 타인의 행위 또는 일정한 위험에 대한 결과를 피해자에게 손해배상을 하는 것으로 책임을 이해한다. 그러나 여기서 설명하는 책임은 채무에 대한 개념으로서의 책임을 의미한다. 대부분의 경우 채무와 책임의 주체가 동일하지만 경우에 따라서는 채무와 책임이 분리되는 경우도 있다.

2) 책임(Haftung)이란 '채무자의 재산이 채권자의 강제집행(攻取力)에 복종하는 상태'를 의미한다.[60] 채무는 일정한 급부를 이행해야 할 법적 당위성을 의미하는

60) 송덕수, 30면 참조; 통설은 책임을 "채무자의 재산이 채권자의 강제집행에 의한 공취 내지 공취력(Zugriffsmacht)에 복종하는 상태"라고 정의한다(곽윤직, 59면; 김상용, 83면; 김형배,

관념적 개념인 반면 책임은 채무자의 일반재산에 대해 강제집행을 함으로써 채권의 만족을 얻는 실재적인 개념이다.

(2) 채무와 책임의 관계

1) 채무가 존재하면 이에 수반하여 책임도 발생하는 것이 원칙이다. 다만 예외적으로 채무와 책임이 구별·분리되는 경우가 있다(통설).

2) 채무와 책임이 분리되는 경우는 다음과 같다.

① **책임 없는 채무** 채권채무관계를 발생시키면서 또는 기존의 채권에 대하여 당사자는 강제집행을 하지 않기로 하는 특약을 할 수 있으며, 그러한 특약은 사적자치의 원칙상 유효하다. 이러한 특약을 체결한 때에는 책임 없는 채무가 발생한다. 그런데 이러한 특약에 반하여 채권자가 강제집행을 하게 되면 채무자는 법원에 집행에 관한 이의를 신청할 수 있다(민사집행법 제16조).[61]

② **책임이 한정되는 채무** 원칙적으로 채무자는 채무의 전액을 그의 모든 재산을 가지고 책임을 지는 것이다. 이를 인적 책임(무한책임)이라고 한다. 그런데 이러한 인적 책임(무한책임)에는 당사자의 특약에 의하여 또는 법률의 규정에 의하여 예외가 인정된다. 책임이 예외적으로 한정(유한책임)되는 채무에는 채무자의 일정한 재산에 한정되는 경우와 일정한 금액의 한도로 제한되는 경우가 있다. 전자를 물적 유한책임이라 하고, 후자를 금액 유한책임이라고 한다. 물적 유한책임은 책임이 채무자의 일정한 재산에 한정되어 있어서 채권자는 그 특정재산에 대해서만 강제집행을 할 수 있다. 예컨대 상속의 한정승인(제1028조)이 있다. 금액 유한책임은 채무자의 전 재산이 책임재산이 된다는 점에서 물적 유한책임과 구별되지만, 그 책임이 일정금액으로 제한된다는 점에서 일반적 책임과도 구별된다.

126면 등).

61) 대법원 1993. 12. 10. 선고 93다42979 판결 "이른바 부집행계약은 채권자가 특정의 채권에 관한 채무명의에 기한 강제집행을 실시하지 않는다는 사법상의 계약으로서 채권자가 이에 위반하여 강제집행을 할 경우 채무자가 집행을 저지할 수 있는 사유로 내세울 수 있음에 불과하고 소송절차에서 이를 주장하여 판결의 집행력을 배제할 사유는 되지 못한다 할 것이므로 가집행의 선고를 한 원심판결에 소론이 지적하는 이유모순의 위법은 없다."; 대법원 1996. 7. 26. 선고 95다19072 판결 "부집행의 합의는 실체상의 청구의 실현에 관련하여 이루어지는 사법상의 채권계약이라고 봄이 상당하고, 이것에 위반하는 집행은 실체상 부당한 집행이라고 할 수 있으므로 민사소송법 제505조가 유추적용 내지 준용되어 청구이의의 사유가 된다."

예컨대 합자회사의 유한책임사원의 책임(상법 제279조), 주식회사의 주주의 책임(상법 제331조), 유한회사의 사원의 책임(상법 제553조), 선박소유자의 선박운행 관련 손해배상책임(상법 제769조)이 이에 속한다.

③ **채무 없는 책임** 물상보증인이나 저당부동산의 제3취득자 등은 채권자가 강제집행을 실행할 경우 소유권을 잃게 된다. 그러나 이 경우에는 채무가 전혀 존재하지 않고 책임만 있는 것이 아니다. 다만 채무의 주체와 책임의 주체가 분리되어 채무자 이외의 자가 책임만 떠맡은 것이다.

제3절 채무불이행·채권자지체

제1관 채무불이행

Ⅰ. 총 설

1. 채무불이행의 의의

채무자는 채무의 내용에 좇아 이를 신의성실의 원칙에 따라 이행하여야 한다(제390조 참조). 채무자가 채무의 내용에 좇은 이행을 하지 않는 객관적 상태를 모두 넓은 의미의 채무불이행이라고 한다. 그리고 이 넓은 의미의 채무불이행 중 특히 채무자에게 고의나 과실 및 위법한 채무불이행을 좁은 의미의 채무불이행이라고 한다. 일반적으로 채무불이행이라고 할 때에는 좁은 의미의 채무불이행을 의미하는 것으로 본다. 좁은 의미의 채무불이행이 있는 때에는 손해배상이 문제된다(제390조). 민법은 채무불이행에 관하여 제387조 이하에서 자세히 규정하고 있다.

2. 제390조의 성격

(1) 제390조는 "채무자가 채무의 내용에 좇은 이행을 하지 아니한 때에는 채권자는 손해배상을 청구할 수 있다. 그러나 채무자의 고의나 과실 없이 이행할 수 없게 된 때에는 그러하지 아니하다."고 하여 채무불이행에 대한 손해배상청구권의 발생근거를 규정하고 있다. 이렇게 제390조는 채무불이행의 일반요건을 일반적·포괄적으로 규정함으로써 다양한 형태의 채무불이행에 대한 손해배상청구권의 발생근거의 일반조항으로서의 성격을 가진다고 볼 수 있다.

(2) 제390조는 채무불이행에 관한 일반조항으로서 계약에 의한 채권은 물론이고 법률의 규정에 의해 발생하는 채권의 불이행의 경우에도 적용된다. 다만 사무관리자의 비용상환청구권(제739조), 부당이득반환청구권(제747조 제1항), 손해배상

청구권(제763조·제394조) 등은 대부분 금전지급을 그 내용으로 하기 때문에 금전채권의 적용을 받아 제397조의 특칙이 적용되므로 제390조는 주로 계약상의 채무불이행에 관해 적용된다.

3. 채무불이행의 요건 및 효과

(1) 채무불이행의 요건

채무불이행의 요건 가운데에는 모든 채무불이행에 공통하는 요건과 각각의 유형에 특유한 요건이 있다.

1) 공통적인 요건

채무불이행의 공통적인 요건으로 채무자의 주관적 요건으로서 채무자의 책임 있는 사유(유책사유)와 객관적 요건으로서 채무자의 채무불이행의 위법성이 있다. 민법은 이행불능에 관해서만 채무자의 유책사유(귀책사유)를 명문으로 규정하고 있지만(제390조 단서·제546조) 이행지체·불완전이행·불완전급부·기타의 행위의무 위반에 대하여서도 유책사유가 필요하다(통설 및 판례). 채무자의 법정대리인 또는 이행보조자의 고의·과실이 채무자의 고의·과실로 간주(의제)되기 때문에 채무자의 유책사유는 채무자의 고의·과실보다 넓은 개념이라고 보아야 한다. 채무불이행의 위법성이 채무불이행의 공통적인 요건이라고 본다(통설). 통설은 위법성의 판단은 채무자의 고의·과실과 구별되어야 하고 또 채무자의 고의·과실이 있는 경우와 위법성이 인정되는 경우가 일치할 수 없다고 한다. 그런데 채무의 이행이 없으면 일반적으로 위법성이 인정되므로, 위법성은 적극적으로 증명을 요하는 것보다는 채무불이행을 정당한 것으로 하는 특별한 사유(유치권·동시이행항변권·긴급피난·기한유예 등), 즉 소극적 요건이 존재한다는 증명을 필요로 한다. 다시 말하면 채무는 당연히 이행되어야 하는 것이어서 채무불이행이 있게 되면 보통 위법성은 추정되기 때문에 채무불이행의 요건으로서의 위법성은 각각의 채무불이행에서 구비하여야 하는 적극적인 요건이 아니고 위법성조각사유가 없으면 위법하다고 평가되는 소극적인 요건이다.[62] 이러한 의미에서 불법행위(제750조)에서와 달리

62) 대법원 2013. 12. 26. 선고 2011다85352 판결 "채무불이행으로 인한 손해배상청구에 있어서 확정된 채무의 내용에 좇은 이행을 하지 아니하였다면 그 자체가 바로 위법한 것으로 평가되는 것이고, 다만 채무불이행에 채무자의 고의나 과실이 없는 때에는 채무자는 손해배

채무불이행(제390조)에 관해서는 위법성을 명문으로 규정하고 있지 않다.[63)]

2) 개별적인 특이한 요건

채무불이행이 성립하려면 앞의 1)에서 요구하는 공통적인 요건 이외에 각각의 채무불이행에 따른 그 특유의 요건을 갖추어야 한다. 즉 이행지체가 성립하려면 이행기가 도래하여야 하고 이행이 가능함에도 불구하고 자발적인 이행이 없어야 한다. 또한 이행불능이 성립하려면 그 이행이 후발적으로 불능에 빠져야 한다. 그리고 불완전급부가 성립하려면 이행행위가 있었지만 그것에 하자가 있을 것이 필요하다. 한편 기본채무 이외의 용태의무, 즉 "기타의 행위의무"[64)]의 위반으로 되려면 그 행위의무의 위반이 있어야 한다.

(2) 채무불이행의 효과

1) 채무불이행이 있게 되면 그 효과로서 이행강제권·손해배상청구권·계약의 해제권 및 해지권이 발생한다.[65)]

상책임을 부담하지 않는다(민법 제390조 참조). 한편 채무자가 자신에게 채무가 없다고 믿었고 그렇게 믿은 데 정당한 사유가 있는 경우에는 채무불이행에 고의나 과실이 없는 때에 해당한다고 할 수 있다. 그러나 채무자가 채무의 발생원인 내지 존재에 관한 법률적인 판단을 통하여 자신의 채무가 없다고 믿고 채무의 이행을 거부한 채 소송을 통하여 이를 다투었다고 하더라도, 채무자의 그러한 법률적 판단이 잘못된 것이라면 특별한 사정이 없는 한 채무불이행에 관하여 채무자에게 고의나 과실이 없다고는 할 수 없다."; 대법원 2015. 1. 29. 선고 2013다100750 판결 "회원 가입 시에 일정한 금액을 예탁하였다가 탈퇴의 경우 예탁금을 반환받을 수 있는 이른바 예탁금제 골프회원권에 있어서, 골프장 운영에 관한 회칙에 따라 탈퇴의 경우 회원도 회원증을 반납할 의무를 부담하는 때에는 이중지급의 위험을 방지하기 위하여 공평의 관념과 신의칙상 골프장 시설업자의 회원에 대한 예탁금 반환의무와 회원의 회원증 반납의무 사이에 동시이행관계가 인정된다. 그러나 이는 민법 제536조에 정하는 쌍무계약상의 채권채무관계나 그와 유사한 대가관계가 있어서 그러는 것이 아니므로 골프장 시설업자의 예탁금 반환의무에 관하여는 탈퇴 의사표시와 반환청구를 받은 때부터 이행지체의 책임을 진다."

63) 송덕수, 신민법강의, 제10판, 961면 참조.

64) 일반적으로 모든 채권관계에는 그것을 다른 기본채무(급부의무) 이외에도 그 기본적 급부의무의 성립·이행·소멸 등의 과정에서 채권관계의 안전한 실현 내지 목적달성을 위해서 당사자가 부담하여야 하는 의무가 있는데 이를 신의칙상의 의무라고 하고 또한 기본채무 이외의 용태의무라고 부르기도 한다. 예컨대 계약당사자로서 상대방의 생명·신체나 재산적 이익을 침해하지 아니할 주의의무, 계약을 체결함에 있어 상호간 상대방의 의사결정에 중요하거나 또는 계약과 직접 관련되는 사항을 설명하거나 통지할 의무, 이행과정에서 서로 협력할 의무, 계약종료 후에 경업을 하지 않을 의무 및 비밀준수의무 등이 신의칙상 의무인 용태의무이다.

2) 채무불이행의 각 유형마다 공통적으로 발생하는 효과로서 손해배상청구권이 가장 중요하고, 그 불이행으로 된 채무가 계약에 기하여 발생한 때에는 일정한 요건 하에서 계약의 해제권·해지권이 발생한다. 그 외에 이행불능의 경우에는 대상청구권(유책사유 없는 경우 포함)이 인정되기도 한다.

Ⅱ. 채무불이행의 유형

1. 이행지체

(1) 의 의

이행지체란 채무가 이행기에 있고 또 그 이행이 가능함에도 불구하고 채무자의 책임 있는 사유(유책사유)로 위법하게 채무의 내용에 좇은 이행을 하지 않는 것을 의미한다.

(2) 이행지체의 요건

1) 이행기가 도래하였을 것

이행지체가 성립하기 위해서는 우선 채무의 이행기가 도래하여여야 한다. 즉 이행기의 확정을 필요로 한다. 이행기는 당사자의 약정이나 법률의 규정(제585조·제633조·제656조 제2항·제665조 제1항·제686조 제2항)에 의하여 정해진다. 한편 민법은 이러한 이행기에 대하여 기한의 종류를 몇 가지로 나누어 이행기를 확정하는 방법을 규정하고 있다(제387조·제388조). 이행지체에 대한 책임은 이행기가 경과한 시점(이행기)의 그 다음날부터 발생한다.

① 확정기한부 채무

㉠ 원 칙 채무의 이행기한이 확정되어 있는 경우에는 그 기한이 도래한 때로부터 지체책임이 있다(제387조 제1항). 확정기한부 채무에서는 지체책임이 발생하기 위하여 채권자가 최고할 필요는 없다. 채무자의 지체책임이 발생하

---

65) 여기의 이행강제권(강제이행)은 채권의 일반적 효력이고 채무불이행의 효과가 아니라고 하며 채무불이행에서 다룰 문제가 아니지만 민법이 채무불이행과 관련하여 규정하고 있으므로 손해배상을 다룬 이후에 이를 논하고 있다(송덕수, 신민법강의, 962면 및 1025면 이하 참조).

는 정확한 시점은 기한이 되기 시작한 때가 아니고 기한이 경과한 때(도과한 때)이다. 즉 이행기가 확정일로 정해졌다면(예, 2020년 8월 15일에 이행기로 한 채무) 그 기한의 다음날로부터 지체책임을 지고(위 예에서 2020년 8월 16일),[66] 이행기가 확정기간으로 정해졌다면(2020년 10월 말까지 이행하기로 한 채무) 그 기간이 경과한 다음 날부터 지체책임을 진다.

㉡ 예 외　　확정기한이 정해져 있더라도 이 원칙에는 예외가 있다.

ⓐ 증권적 채권(지시채권·무기명채권)의 경우에는 확정기한이 정해져 있는 때에도 그 기한이 도래한 후 소지인이 증서를 제시하여 이행을 청구한 때로부터 지체책임이 있다(제517조·제524조, 상법 제65조). 면책증서의 경우에도 같다(제526조).

ⓑ 추심채무 기타 이행을 하는 데 우선 채권자의 협력을 필요로 하는 채무의 경우에는 확정기한이 정해져 있다고 하더라도 채권자의 협력이 있어야 비로소 지체로 된다.

ⓒ 쌍무계약에서는 당사자가 각각 동시이행의 항변권을 가지고 있기 때문에(제536조) 상대방으로부터 이행의 제공을 받고서 자기의 채무를 이행하지 않는 경우에 비로소 이행지체책임을 지게 되며, 이행기에 당사자 쌍방이 모두 변제의 제공을 하지 않은 채 기일이 지난 때에는 동시이행의 항변권을 가지고 있는 한 어느 쪽도 채무불이행책임을 지지 않으며, 쌍방의 채무는 그 후부터 이행기(확정기한 포함)를 정하지 않은 채무로 변한다.[67]

② 불확정기한부 채무

채무의 이행에 관하여 불확정기한이 있는 경우에는 채무자가 기한이 도래함을 안 때로부터 지체책임이 있다(제387조 제1항 제2문). 이 경우에는 그 기한이 객관적

---

66) 대법원 1988. 11. 8. 선고 88다3253 판결 "채무이행의 확정기한이 있는 경우에는 그 기한이 도래한 다음날부터 이행지체의 책임을 지고 기한의 정함이 없는 경우에는 그 이행의 청구를 받은 다음날로부터 이행지체의 책임을 진다."

67) 대법원 2001. 7. 10. 선고 2001다3764 판결 "쌍무계약에서 쌍방의 채무가 동시이행관계에 있는 경우 일방의 채무의 이행기가 도래하더라도 상대방 채무의 이행제공이 있을 때까지는 그 채무를 이행하지 않아도 이행지체의 책임을 지지 않는 것이며, 이와 같은 효과는 이행지체의 책임이 없다고 주장하는 자가 반드시 동시이행의 항변권을 행사하여야만 발생하는 것은 아니므로, 동시이행관계에 있는 쌍무계약상 자기채무의 이행을 제공하는 경우 그 채무를 이행함에 있어 상대방의 행위를 필요로 할 때에는 언제든지 현실로 이행을 할 수 있는 준비를 완료하고 그 뜻을 상대방에게 통지하여 그 수령을 최고하여야만 상대방으로 하여금 이행지체에 빠지게 할 수 있는 것이다."

으로 도래한 때로부터 채권의 소멸시효는 진행하지만 그 기한의 도래를 주관적으로 알지 못한 채무자에게 이행지체의 책임을 묻는 것은 지나치게 가혹하기 때문에 채무자가 그 기한의 도래를 안 때로부터 치제책임을 지도록 규정한 것이다. 따라서 채권자의 최고가 있으면 채무자가 기한 도래의 사실을 알지 못하더라도 그 최고가 있는 때(즉 그 다음 날)로부터 지체책임을 진다.[68] 한편 판례는 기한의 내용이 되는 불확실한 사실이 발생한 때 또는 발생하지 않기로 확정된 때에 기한이 도래한다고 한다.[69]

③ 기한이 없는 채무

㉠ 원 칙 채무이행의 기한이 정해져 있지 않은 경우에는 채무자는 이행청구를 받은 때로부터 지체책임이 있다(제387조 제2항). 채무이행의 기한이 정해져 있지 않은 채무는 발생과 동시에 이행기에 있게 되지만, 이행지체로 되려면 채권자의 최고가 있어야 한다.[70] 이 경우에 채무자가 지체책임을 지는 것은 채권자로부터 이행청구를 받은 다음날부터이다.[71]

㉡ 예 외 ⓐ 반환시기의 약정이 없는 소비대차에서 대주는 상당한 기간을 정하여 반환을 최고하여야 하며(제603조 제2항 본문), 그 기간이 경과하여야 이행지체책임을 진다. ⓑ 불법행위로 인한 손해배상채무의 경우에는 채권자의 청구 없이도 불법행위성립과 동시에 당연히 그 당일부터 이행지체가 된다.[72] ⓒ 이

68) 대법원 1972. 8. 22. 선고 72다1066 판결 "본건 제2항의 취지는 조항의 약정이 없는 채무의 채무자는 이행의 청구를 받은 날 안으로 이행을 하면 되고 그 청구를 받은 날을 초과할 때 비로소 변제의 책임을 진다는 뜻이다."

69) 대법원 1989. 6. 27. 선고 88다카10579 판결 "당사자가 불확정한 사실이 발생한 때를 이행기한으로 정한 경우에 있어서 그 사실이 발생한 때는 물론 그 사실의 발생이 불가능하게 된 때에도 이행기한은 도래한 것으로 보아야한다."

70) 대법원 1969. 1. 28. 선고 68다2313 판결 "대여금 반환시기에 관하여 약정이 없는 소비대차에 있어서 반환의 최고는 소장의 송달로서도 이를 할 수 있다."; 최고는 소장의 송달로도 할 수 있다.

71) 대법원 2014. 4. 10. 선고 2012다29557 판결 "채무에 이행기의 정함이 없는 경우에는 채무자가 이행의 청구를 받은 다음 날부터 이행지체의 책임을 지는 것이나, 한편 지명채권이 양도된 경우 채무자에 대한 대항요건이 갖추어질 때까지 채권양수인은 채무자에게 대항할 수 없으므로, 이행기의 정함이 없는 채권을 양수한 채권양수인이 채무자를 상대로 그 이행을 구하는 소를 제기하고 소송 계속 중 채무자에 대한 채권양도통지가 이루어진 경우에는 특별한 사정이 없는 한 채무자는 채권양도통지가 도달된 다음 날부터 이행지체의 책임을 진다."

72) 대법원 1971. 6. 8. 선고 70다2401 판결 참조.

행기의 정함이 없는 채권을 양수한 채권양수인이 채무자를 상대로 그 이행을 구하는 소를 제기하고 그 소송 계속 중 채무자에 대한 채권양도통지가 이루어진 경우에는 특별한 사정이 없는 한 채무자는 그 채권양도통지가 도달한 다음 날부터 이행지체의 책임을 진다.[73] 지명채권이 양도된 경우 채무자에 대한 대항요건이 갖추어질 때까지 채권양수인이 채무자에게 대항할 수 없기 때문이다.

④ 기한의 이익을 상실한 채무

㉠ 기한은 채무자의 이익을 위한 것으로 추정된다. 그러나 일정한 사유가 있는 때에는 채무자는 기한의 이익을 잃는다. ⓐ 채무자가 담보를 손상·감소 또는 멸실하게 한 때(제388조 제1호), ⓑ 채무자가 담보제공의 의무를 이행하지 아니한 때(제388조 제2호), ⓒ 채무자가 파산선고를 받은 때(채무자회생법 제425조), ⓓ 기한이익 상실사유에 관한 제388조는 임의규정이어서 당사자의 약정으로 그 밖의 상실사유를 자유로이 추가할 수 있으며 더 완화할 수도 있다.[74]

㉡ 기한이익의 상실사유가 발생하면 채무자는 기한의 이익을 주장하지 못한다(제388조 본문). 따라서 채권자는 기한이 아직 남아 있음에도 불구하고 즉시 이행을 청구할 수도 있고, 기한의 이익 상실을 주장하지 않은 채 본래의 이행기에 청구할 수도 있다. 기한이익의 상실사유가 발생한 것만으로는 당연히 이행지체가 되는 것은 아니고 채권자가 기한이익의 상실사유가 발생한 이후에 청구하였음에도 이를 이행하지 않는 때에 비로소 이행지체 책임을 지게 된다.

2) 채무자의 이행이 가능할 것

채무의 이행이 이행기에 가능함에도 불구하고 채무자가 이를 이행하지 않아야 한다. 그리고 기행기에 이행이 불가능한 경우에는 이행지체가 아니고 이행불능이 된다. 또한 이행지체 이후에 불능으로 된 경우에도 불능으로 된 때로부터 이행불능으로 된다(이설 없음).

---

73) 대법원 2014. 4. 10. 선고 2012다29557 판결 참조.

74) 대법원 2001. 10. 12. 선고 99다56192 판결 "기한의 이익의 상실에 관한 민법 제388조는 임의규정이므로 당사자 사이에 위 규정과 다른 내용의 약정이 있는 경우에는 그 약정에 따라 기한의 이익의 상실 여부를 판단하여야 한다."

3) 이행지체에 채무자의 책임 있는 사유(유책사유·귀책사유)가 있을 것

① 채무자의 귀책사유

㉠ 이행불능의 경우에는 채무자의 고의나 과실(제390조 단서) 또는 책임 있는 사유(제546조)를 요구하는 규정을 두고 있다. 반면에 이행지체의 경우에는 이를 요구하는 명문규정을 두고 있지 않다. 그러나 우리 민법의 과실책임의 원칙상 이행지체의 경우에도 이행불능처럼 당연히 고의나 과실 등의 유책사유가 있어야 한다는 것이 통설이다. 여기서 채무자의 유책사유는 채무자의 고의·과실 외에 채무자의 법정대리인·이행보조자의 고의·과실도 채무자의 고의·과실로 보고 있다(제391조). 따라서 그 유책사유는 채무자의 고의·과실보다 넓은 개념이다.

㉡ 채무자의 고의는 자기 자신의 행위로부터 이행지체라는 위법한 결과가 발생할 것을 알면서도 감히 그 행위를 하는 것이다. 그리고 채무자의 과실은 채무자가 채무불이행의 결과를 예견하여 그러한 결과를 회피하였어야 함에도 불구하고 거래관계에서 요구되는 일반적인 주의의무를 다 하지 않음으로써 채무불이행의 결과가 발생한 경우이다.

㉢ 채무불이행으로 인한 손해배상청구에 있어서 확정된 채무의 내용에 좇은 이행을 하지 아니하였다면 그 자체가 바로 위법한 것으로 평가되는 것이고, 다만 채무불이행에 채무자의 고의나 과실이 없는 때에는 채무자는 손해배상책임을 부담하지 않는다(민법 제390조 참조). 한편 채무자가 자신에게 채무가 없다고 믿었고 그렇게 믿은 데 정당한 사유가 있는 경우에는 채무불이행에 고의나 과실이 없는 때에 해당한다고 할 수 있다. 그러나 채무자가 채무의 발생원인 내지 존재에 관한 법률적인 판단을 통하여 자신의 채무가 없다고 믿고 채무의 이행을 거부한 채 소송을 통하여 이를 다투었다고 하더라도, 채무자의 그러한 법률적 판단이 잘못된 것이라면 특별한 사정이 없는 한 채무불이행에 관하여 채무자에게 고의나 과실이 없다고는 할 수 없다.[75)]

② 법정대리인·이행보조자의 고의·과실

㉠ 서 설 "채무자의 법정대리인이 채무자를 위하여 이행하거나 채무자가 타인을 사용하여 이행하는 경우에는 법정대리인 또는 피용자의 고의나 과실

75) 대법원 2013. 12. 26. 선고 2011다85352 판결.

은 채무자의 고의나 과실로 본다."(제391조)고 하여 채무자의 법정대리인이나 이행보조자의 고의·과실이 채무자의 고의·과실로 간주된다. 따라서 채무불이행에서 채무자의 유책사유는 채무자의 고의·과실로터 법정대리인·이행보조자의 고의·과실에까지 확장하게 되고, 채무자는 그들의 행위에 대하여 책임을 지게 된다. 이처럼 채무자의 유책범위를 법정대리인이나 이행보조자에게 확장하는 이유는 타인을 사용하여 행위영역 확대를 통해 이익을 취하였다면 그로 인해 확대된 손해에 대하여도 책임을 지는 것이 공평하다는 데 있다.

㉡ **법정대리인** 채무자의 법정대리인은 법률의 규정에 의하여 채무자의 대리인이 된 자이다. 즉 친권자·후견인·법원에서 선임된 재산관리인뿐만 아니라 일상가사대리권이 인정되는 배우자(제827조)·유언집행자(제1093조)·파산관재인(채무자회생법 제355조) 등이 있다.

㉢ **이행보조자**

ⓐ **협의의 이행보조자** 협의의 이행보조자는 채무자에 의하여 그의 손·발과 같이 사용되는 사람을 말한다(제391조). 예컨대 건축공사장에서 그 공사의 수급인에 의해 사용되는 목공이나 인부, 의사의 환자 수술 시 사용되는 조수·간호사 등이 이에 속한다. 이행보조자가 이행을 보조하는 관계는 사실상의 관계로 충분하며 고용과 같은 계약관계가 있을 필요는 없다. 「손·발과 같이 사용」되는 사람을 이행보조자라고 할 때 여기의 '사용'이란 이행보조자로서 채무의 이행과정에 참여하는 데 채무자의 일정한 의사 내지 용인과 같은 의사관여가 있는 경우를 말한다. 또 이행보조자의 사용이 일시적인가 계속적인가도 문제되지 않는다. 한편 채무자와 이행보조자 사이에 종속적 관계를 필요로 하는지가 문제이다. 이에 대하여 판례는 채무자의 의사관여만으로 충분하며 지시·감독을 받는 종속적 지위에 있을 것을 요건으로 하지 않는다고 한다.[76] 그리고 이행보조자이기 위해서는 그 자의 행위에 대하여 채무자가 그 이행보조자에 대하여 선임·지휘·감독 등 간섭을 할 수 있어야 하는가의 여부이다. 예컨대 철도·우편·택배 등을 이용하는 경우에 그 직원이 이행보조자로 되는지가 문제이다. 이러한 경우에는 채무자의 간섭가능

76) 대법원 1999. 4. 13. 선고 98다51077,51084 판결 "민법 제391조에서의 이행보조자로서의 피용자라 함은 일반적으로 채무자의 의사관여 아래 그 채무의 이행행위에 속하는 활동을 하는 사람이면 족하고, 반드시 채무자의 지시 또는 감독을 받는 관계에 있어야 하는 것은 아니므로 채무자에 대하여 종속적인가 독립적인 지위에 있는가는 문제되지 않는다."

성을 필요로 하지 않기 때문에 이행보조자에 포함된다고 한다(통설).

ⓑ **이행대행자** 이행대행자는 단순히 채무자의 이행행위를 보조하는 것이 아니라 독립하여 채무의 전부 또는 일부를 채무자에 갈음하여 이행하는 자이다. 예컨대 수치인에 갈음하여 임치물을 보관하는 다른 창고업자(제3 수치인)나 임치물을 수선하거나[77] 시설을 설치하는 수급인[78]이 여기의 이행대행자에 해당한다.

이행대행자의 행위에 대하여 채무자가 책임을 지는 경우는 다음 세 가지로 나누어 설명할 수 있다. 첫째, 명문규정상(제122조)·채권자의 승낙이 있는 경우에는 이행대행자에게 귀책사유가 있는 경우에만 채무자가 책임을 진다. 둘째, 명문규정상·특약상·채무의 성질상 대행자의 사용이 허용되지 않는 경우(제120조·제657조 제2항·제682조·제701조·제1103조 제2항 등)에는 대행자를 사용하는 것 자체가 채무불이행이 되므로 대행자의 고의·과실을 불문하고 채무자의 책임이 생긴다. 셋째, 명문상 또는 특약으로 금지되지도 않고 또 허용되어 있지도 않아서 채무의 성질상 사용해도 상관없는 경우에는 제391조가 적용되어 대행자의 고의·과실이 채무자의 고의·과실로 다루어진다.

③ 이행보조자 등의 귀책사유에 대한 효과

㉠ 채무자의 법정대리인 또는 이행보조자에게 채무의 이행과 관련하여 고

---

77) 대법원 2002. 7. 12. 선고 2001다44338 판결 "[1] 민법 제391조에서의 이행보조자로서의 피용자라 함은 일반적으로 채무자의 의사관여 아래 그 채무의 이행행위에 속하는 활동을 하는 사람이면 족하고, 반드시 채무자의 지시 또는 감독을 받는 관계에 있어야 하는 것은 아니므로 채무자에 대하여 종속적인가 독립적인 지위에 있는가는 문제되지 않는다. [2] 임대인이 임차인과의 임대차계약상의 약정에 따라 제3자에게 도급을 주어 임대차목적 시설물을 수선한 경우에는 그 수급인도 임대인에 대하여 종속적인지 여부를 불문하고 이행보조자로서의 피용자라고 보아야 할 것이고, 이러한 수급인이 시설물 수선 공사 등을 하던 중 수급인의 과실로 인하여 화재가 발생한 경우에는 임대인은 민법 제391조에 따라 위 화재발생에 귀책사유가 있다 할 것이어서 임차인에 대한 채무불이행상의 손해배상책임이 있다."

78) 대법원 1999. 4. 13. 선고 98다51077 판결 "임대인이 임차인과의 임대차계약상의 약정에 따라 제3자에게 도급을 주어 임대차목적물에 시설물을 설치하던 중 원인불명의 화재가 발생하였는데, 제반 사정에 비추어 그 설치공사를 맡은 수급인이 임대차목적물의 전력용량을 초과한 전기용접기를 연결하여 계속 사용함으로써 과부하로 인한 전선의 발열로 인하여 화재가 발생한 것으로 추정함이 타당하여 공사수급인에게 화재발생에 대한 과실이 인정되는 경우, 공사수급인은 임대차계약에 따른 임대인의 이행보조자라 할 것이어서 임대인은 민법 제391조에 따라 위 화재발생에 귀책사유가 있으므로 임차인에 대한 채무불이행상의 손해배상책임이 있다."

의·과실이 있는 때에는 채무자의 고의·과실로 인정되어 채무자가 그에 따른 채무불이행책임을 진다(제391조·제390조). 이행보조자 등은 채권자에 대하여 채무불이행책임은 지지 않지만 불법행위책임을 질 수는 있다(제750조).[79] 다만 이행보조자에 대한 책임의 효과는 채무의 이행과 관련하여서만 성립한다. 따라서 채무의 이행과 관련 없는 사유로 인한 손해에 대해서는 채무자가 책임을 지지 않는다.

㉡ 이행보조자의 책임을 묻기 위해서는 채무자에게 책임능력이 있어야 함은 물론이고, 이행보조자에게도 책임능력이 있어야 한다(통설).

㉢ 채무자의 법정대리인·이행보조자는 채권관계의 직접 당사자가 아니어서 채권자에 대한 관계에서 직접 채무불이행책임을 지지 않는다. 다만 이행보조자의 행위가 그 자체로 불법행위(제750조)를 구성하는 경우에는 불법행위책임을 진다. 한편 이행보조자는 채무자에 대해서는 내부관계에 기하여 또는 일반적 구상법리에 의하여 채무자에게 손해배상을 져야 한다.

4) 위법성조각사유가 없을 것

① 위법성이란 행위의 가치가 법규범에 의하여 부정되고 허용되지 않는 것을 말한다. 따라서 채무불이행이 성립하려면 위법성이 있어야 한다. 그런데 위법성은 위법성 조각사유가 없으면 당연히 인정되는 소극적 요건이다.[80] 그리고 채무불이행에서 채무자에게 특별한 위법성조각사유가 존재하지 않는 이상 위법성은

---

79) 대법원 1994. 11. 11. 선고 94다22446 판결 "임대인인 피고 갑은 이행보조자인 피고 을이 임차물인 점포의 출입을 봉쇄하고 내부시설공사를 중단시켜 임차인인 원고로 하여금 그 사용·수익을 하지 못하게 한 행위에 대하여 임대인으로서의 채무불이행으로 인한 손해를 배상할 의무가 있고, 또한 피고 을이 원고가 임차인이라는 사정을 알면서도 위와 같은 방법으로 원고로 하여금 점포를 사용·수익하지 못하게 한 것은 원고의 임차권을 침해하는 불법행위를 이룬다고 할 것이므로 피고 을은 원고에게 불법행위로 인한 손해배상의무가 있다고 할 경우, 피고 갑의 채무불이행책임과 피고 을의 불법행위책임은 동일한 사실관계에 기한 것으로 부진정연대채무관계에 있다."

80) 대법원 2013. 12. 26. 선고 2011다85352 판결 "채무불이행으로 인한 손해배상청구에 있어서 확정된 채무의 내용에 좇은 이행을 하지 아니하였다면 그 자체가 바로 위법한 것으로 평가되는 것이고, 다만 채무불이행에 채무자의 고의나 과실이 없는 때에는 채무자는 손해배상책임을 부담하지 않는다(민법 제390조 참조). 한편 채무자가 자신에게 채무가 없다고 믿었고 그렇게 믿은 데 정당한 사유가 있는 경우에는 채무불이행에 고의나 과실이 없는 때에 해당한다고 할 수 있다. 그러나 채무자가 채무의 발생원인 내지 존재에 관한 법률적인 판단을 통하여 자신의 채무가 없다고 믿고 채무의 이행을 거부한 채 소송을 통하여 이를 다투었다고 하더라도, 채무자의 그러한 법률적 판단이 잘못된 것이라면 특별한 사정이 없는 한 채무불이행에 관하여 채무자에게 고의나 과실이 없다고는 할 수 없다."

당연히 추정되므로 채무자가 위법성조각사유를 증명하여야 책임을 면한다(통설).

② 위법성은 채무불이행책임의 소극적 요건으로서 통상의 경우에는 문제가 되지 않는다. 이행지체의 위법성을 조각시키는 사유로는 급부의 목적물에 대한 유치권행사(제320조), 동시이행의 항변권 행사(제536조) 기한유예의 항변 등이 있다.

5) 책임능력이 있을 것

이행지체에 대해 채무자에게 책임을 묻기 위해서는 채무자에게 행위의 결과를 인식할 만한 정신능력(책임능력; 제753조)이 있어야 한다. 마찬가지로 법정대리인·이행보조자에게도 책임능력이 요구된다.

6) 면책특약이 없을 것

① 당사자 사이에 채무자 또는 이행보조자의 책임을 면하는 면책특약이 없어야 한다. 민법에 특별히 금지하는 규정이 없는 한 당사자 사이에 장래 채무자 또는 이행보조자의 책임을 면하는 내용의 특약이 있었던 경우 그러한 특약은 계약자유의 원칙상 유효하다. 다만 채무자의 고의나 이에 준하는 중과실의 경우까지 책임을 지지 않는다는 면책특약은 반사회질서의 법률행위로서 무효라고 할 것이다(제103조).[81]

② '약관의 규제에 관한 법률'에 면책에 관한 특별규정(동법 제7조 제1호)을 두고 있다. 즉 사업자·이행보조자 또는 피용자의 고의 또는 중대한 과실로 인한 법률상의 책임을 배제하는 면책조항은 무효라고 규정하고 있다. 따라서 이에 저촉되는 면책특약은 무효이다.

7) 증명책임

① 채권자가 채무자의 채무불이행으로 인하여 입은 손해를 배상청구하는 경우 그 손해에 대한 증명책임은 손해배상을 주장하는 채권자에게 있다. 즉 채무자

81) 대법원 1995. 12. 12. 선고 95다11344 판결 "한국전력공사의 전기공작물에 고장이 발생하거나 발생할 우려가 있는 때 한국전력공사는 부득이 전기공급을 중지하거나 그 사용을 제한할 수 있는데 이 경우 수용가가 받은 손해에 대하여 그 배상책임을 지지 않는다는 내용의 전기공급규정은 면책약관의 성질을 가지는 것으로서, 한국전력공사의 고의, 중대한 과실로 인한 경우까지 적용된다고 보는 경우에는 약관의규제에관한법률 제7조 제1 호에 위반되어 무효라고 볼 수밖에 없다고 할 것이나, 그 외의 경우에 한하여 한국전력공사의 면책을 정한 규정이라고 해석하는 한도 내에서는 유효하다."

에 대한 채권이 있음과 채무자가 이를 이행하지 않은 사실 및 그로 인해 일정한 손해가 발생한 사실에 대하여 채권자가 이를 증명하여야 한다(제390조 본문).

② 채무자에게 유책사유가 있다는 사실의 증명은 누가 하여야 하는가? 이에 대하여 채무는 당연히 이행되어야 하는 것이므로 채무불이행에 대한 위법성은 채무불이행이 있게 되면 당연히 추정되기 때문에 채무자가 자신의 위법성조각사유(변제기 미도래·동시이행의 항변권·유치권 등)를 증명하여야 한다(제397조 제2항·제390조 단서).[82]

(3) 이행지체의 효과

1) 강제이행청구권의 행사[83]

① 이행지체가 발생하였다고 하더라도 본래의 채무가 소멸하거나 손해배상채무로 변경되지 않고 그 채무는 그대로 존속한다(제395조). 따라서 그 채무는 이행이 가능하므로 채권자는 본래의 채무의 이행을 청구할 수 있다.

② 채권자의 청구에 대해 채무자가 임의로 이행하지 않는 경우에는 채권자는 소를 제기하여 집행권원을 얻어 그 급부의 강제적 실현을 도모할 수 있다(소구력·집행력). 그 강제집행의 방법은 채무의 내용에 따라 각각 다르다(제389조).

2) 담보권의 실행

채권자가 채무자의 채무에 대하여 담보물권(저당권·질권 등)을 설정한 경우에는 채권자는 담보권을 실행하여 강제경매 등의 강제집행을 할 수 있다.

3) 당사자 사이에 손해배상액의 예정이나 위약금 또는 위약벌 등의 특약이 있는 경우에는 그 특약에 따라 효력이 발생한다(제398조).

---

82) 대법원 1987. 11. 24. 선고 87다카1575 판결 "임차인의 임차물반환채무가 이행불능이 된 경우에 임차인이 그 이행불능으로 인한 손해배상책임을 면하려면 그 이행불능이 임차인의 귀책사유로말미암은 것이 아님을 입증할 책임이 있으므로, 임차건물이 그 건물로부터 발생한 화재로 손실된 경우에 있어서 그 화재의 발생원인이 불명인 때에도 임차인이 그 책임을 면하려면 그 임차건물의 보존에 관하여 선량한관리자의 주의의무를 다하였음을 입증하여야 한다."

83) 견해에 따라서는 이 「강제이행청구권」은 이행지체 기타 채무불이행의 효과가 아니고 일반적인 채권의 효력의 문제라고 한다(송덕수, 136면 참조).

4) 손해배상청구권의 발생(제390조 본문)

① **지연배상** 채권자는 채무자의 이행지체로 인하여 입은 손해에 대해 그 배상을 청구할 수 있다(제390조). 이 경우에 채권자는 본래의 급부와 함께 통상 손해와 특별손해를 지연배상으로 청구할 수 있다(제460조).

② **전보배상** 전보배상이란 본래의 급부에 갈음하여 손해배상을 하는 것을 말한다. 이행지체의 경우에 채권자는 일정한 요건이 갖추어진 경우에는 예외적으로 전보배상을 청구할 수 있다. 즉 우리 민법은 "채무자가 채무의 이행을 지체한 경우에, 채권자가 상당한 기간을 정하여 이행을 최고하여도 그 기간 내에 이행하지 아니하거나, 지체 후의 이행이 채권자에게 이익이 없는 때에는, 채권자는 수령을 거절하고 이행에 갈음한 손해배상을 청구할 수 있다."고 규정하고 있다(제395조).

5) 책임가중

채무자가 이행을 지체한 후에는 그에게 책임 없는 사유에 의한 손해에 대해서도 책임을 지도록 하여 그 책임을 가중하고 있다(제392조 본문). 그 결과 이행지체 후에는 채무자는 과실없음을 이유로 항변하지 못하고, 또 채무자가 고의·중과실에 관하여서만 책임을 지도록 하고 있는 경우에도 지체 후에는 경과실에 대하여도 책임을 진다. 다만 채무자가 이행기에 이행하였더라도 마찬가지의 결과가 발생할 경우에는 그 급부불능에 따른 손해배상책임을 지지 않도록 하여 공평을 기하고 있다(제392조 단서).

6) 계약해제권의 발생

① 법률행위(계약)에 의하여 채권채무관계가 성립한 경우 채권자는 그 채무의 이행지체가 있으면 일정한 기간을 정하여 채무자에게 그 이행을 최고하고, 채무자가 그 기간 내에 이행하지 않으면 계약을 해제할 수 있다(제544조 본문).[84]

② 채무자가 미리 불이행의 의사를 표시하였거나 또는 정기행위의 경우에는 최고 없이 곧바로 해제할 수 있다(제544조 단서·제545조).

---

84) 대법원 1979. 9. 25. 선고 79다1135 판결 "[1] 이행지체를 이유로 계약을 해제함에 있어서 그 전제요건인 이행최고는 미리 일정기간을 명시하여 최고하여야 하는 것이 아니고, 최고한 때로부터 상당한 기간이 경과하면 해제권이 발생한다. [2] 일정한 기간을 정하여 채무이행을 최고함과 동시에 그 기간 내에 이행이 없을 때에는 계약을 해제하겠다는 의사를 표시한 경우에는 그 기간의 경과로 그 계약은 해제된 것으로 보아야 한다."

③ 채권자는 계약을 해제하면서 손해가 발생한 경우에 그 손해의 배상을 청구할 수 있다(제551조). 채권자는 해제권과 손해배상청구권을 모두 행사할 수 있다.

(4) 이행지체의 종료

1) 채권의 소멸

채권이 소멸하면 그 원인과 관계없이 당연히 이행지체도 종료한다.

2) 채권자의 지체면제

채권자가 채무자에 대하여 지체의 책임을 면제하면 이행지체도 소멸한다. 채권자가 일정기간 지체책임을 유예하는 것도 가능하며 그 기간 동안에는 이행지체의 책임이 면제된다.

3) 이행의 제공

이행지체에 빠졌던 채무자가 지연배상과 함께 채무의 내용에 좇은 이행의 제공을 하면 지체는 종료한다. 그러나 채권자가 이미 해제를 하였거나(제544조) 지체 후의 이행이 채권자에게 이익이 없어 전보배상을 청구한 때(제395조)에는 이행의 제공을 하여 지체를 소멸시킬 수 없다.

4) 지체 후의 이행불능

이행지체 후에 이행불능으로 된 경우 이행지체책임이 아닌 이행불능책임을 묻게 되므로 그 때에도 이행지체는 종료된다.

2. 이행불능

(1) 의 의

1) 이행불능이란 채권이 성립한 후에 채무자에게 책임 있는 사유로 위법하게 그 이행이 불가능하게 된 경우를 말한다.

2) 채권이 성립한 후에 이행이 불가능하게 되었어야 한다. 이 때의 불가능은 절대적·물리적 불가능이 아니고 사회통념상 내지 거래관념상의 불능을 의미한다.[85] 사회통념상 불능이라는 것은 물리적으로 이행이 불가능한 경우(물리적 불능)

85) 대법원 2016. 5. 12. 선고 2016다200729 판결 "채무의 이행불능이란 단순히 절대적·물리적으

는 물론이고 물리적으로는 가능하지만 지나치게 많은 비용과 노력이 드는 경우도 불능으로 본다. 또한 사실상 이행이 불가능한 경우뿐만 아니라 법률상 불가능한 경우도 여기의 불능에 해당된다. 그리고 채무자 이외의 자에게는 가능하더라도 채무자에게 불가능한 때(주관적 불능)에는 여기의 불능에 해당된다.

(2) 불능의 모습

1) 원시적 불능·후발적 불능

① 원시적 불능

원시적 불능이란 채무 성립 당시에 이미 급부의 이행이 불가능하게 된 경우를 말한다.

② 후발적 불능

후발적 불능이란 계약체결 당시에는 급부의 이행이 가능하였으나 그 후에 이행할 때까지의 사이에 이행불능으로 된 경우를 말한다. 이행불능으로 되려면 후발적 불능의 경우에만 성립한다. 법률행위의 효력발생을 정지조건부 법률행위 또는 시기부 법률행위로 한 경우에는 원시적 이행불능 여부는 법률행위 성립 시(계약성립시)를 기준으로 한다(통설).

로 불능인 경우가 아니라, 사회생활의 경험법칙 또는 거래상의 관념에 비추어 채권자가 채무자의 이행 실현을 기대할 수 없는 경우를 말한다. 이와 같이 사회통념상 이행불능이라고 보기 위해서는 이행의 실현을 기대할 수 없는 객관적 사정이 충분히 인정되어야 하고, 특히 계약은 어디까지나 내용대로 지켜져야 하는 것이 원칙이므로, 채권자가 굳이 채무의 본래 내용대로의 이행을 구하고 있는 경우에는 쉽사리 채무의 이행이 불능으로 되었다고 보아서는 아니 된다."; 대법원 2017. 10. 12. 선고 2016다9643 판결 "쌍무계약에서 계약체결 후에 당사자 쌍방의 귀책사유 없이 채무의 이행이 불가능하게 된 경우 채무자는 급부의무를 면함과 더불어 반대급부도 청구하지 못하므로, 쌍방 급부가 없었던 경우에는 계약관계는 소멸하고, 이미 이행한 급부는 법률상 원인 없는 급부가 되어 부당이득의 법리에 따라 반환청구할 수 있다. 한편 계약 당시에 이미 채무의 이행이 불가능했다면 특별한 사정이 없는 한 채권자가 이행을 구하는 것은 허용되지 않고, 이미 이행한 급부는 법률상 원인 없는 급부가 되어 부당이득의 법리에 따라 반환청구할 수 있으며, 나아가 민법 제535조에서 정한 계약체결상의 과실책임을 추궁하는 등으로 권리를 구제받을 수 있다. 채무의 이행이 불가능하다는 것은 절대적·물리적으로 불가능한 경우만이 아니라 사회생활상 경험칙이나 거래상의 관념에 비추어 볼 때 채권자가 채무자의 이행의 실현을 기대할 수 없는 경우도 포함한다. 이는 채무를 이행하는 행위가 법률로 금지되어 그 행위의 실현이 법률상 불가능한 경우에도 마찬가지이다."

2) 전부불능·일부불능

① 전부불능이란 급부의 전부가 불능인 경우를 말한다.

② 일부불능이란 급부가 가분인 경우에 그 일부가 불능인 경우를 말한다.

③ 이러한 구별은 법률행위의 일부무효를 원칙적으로 전부무효로 하고 예외적으로 무효부분이 없더라도 법률행위를 하였을 것으로 인정되는 경우에 한하여 나머지 부분만으로 유효하다고 규정(제137조)하고 이에 대한 법률효과를 규율하기 위함에 그 구별실익이 있다.

3) 객관적 불능·주관적 불능

① 객관적 불능

객관적 불능이란 이행불능의 상태로 인하여 그 어느 누구도 법률행위의 목적을 실현할 수 없는 경우를 말한다. 법률행위 당시에 객관적 불능의 사유가 존재하는 경우에는 그 법률행위는 무효가 된다. 이러한 객관적 불능에는 물리적·자연적 불능, 법률적 불능, 그리고 사회통념상 불능[86]이 있다.

② 주관적 불능

주관적 불능이란 채무자 이외의 자는 실현할 수 있지만 채무자는 실현할 수 없는 불능을 말한다. 법률행위 당시에 주관적 불능은 그 법률행위는 무효가 아니다. 따라서 이행기에 그 이행을 하지 못한 때에는 채무불이행책임 또는 매매에 따른 담보책임(제570조)을 질 뿐이다. 예컨대 타인 소유의 부동산을 매매한 경우이다(제569조).

4) 법률적 불능·사실적 불능

① 법률적 불능

법률적 불능이란 물리적으로 이행이 가능하더라도 법률에 의하여 이행이 금지되거나 법리적으로 이행이 불가능한 경우를 말한다.[87]

86) 대법원 2003. 1. 24. 선고 2000다22850 판결 "채무의 이행이 불능이라는 것은 단순히 절대적·물리적으로 불능인 경우가 아니라 사회생활에 있어서의 경험법칙 또는 거래상의 관념에 비추어 볼 때 채권자가 채무자의 이행의 실현을 기대할 수 없는 경우를 말한다."

87) 대법원 1962. 12. 16. 선고 67다1525 판결 "원심이 증거에 의하여 이행의 목적물로 특정된 본건 비료를 1961.9.경 피고가 매각처분하므로써 그경 이행불능에 이르렀다고 보아야 할 것이라 하고, 나아가 5.16.군사혁명 이후에는 본건과 같은 일본산 유안비료는 정부에서

② 사실적 불능

사실적 불능이란 법률적으로는 가능하지만 기타 자연적·물리적·사회통념상 불능상태에 있는 경우를 말한다. 물리적 불능은 말 그대로 물리적으로 불가능한 경우를 말한다. 예컨대 급부의 목적물이 화재로 완전히 소실되어 더이상 존재하지 않게 된 경우 등이다. 사회통념상 불능은 물리적으로나 법적으로 이행이 불가능한 것은 아니지만 사회통념상 채무자에게 그 이행을 기대할 수 없는 경우의 불능을 말한다. 예컨대 부동산의 이중매매로 인한 이행불능의 경우 등이다.

3) 이행불능의 요건

① 후발적으로 불가능하게 되었을 것

㉠ 이행불능에서의 불능은 채권의 성립 후에 이행이 불가능하게 되었어야 한다. 원시적 불능은 무효(제535조)이기 때문에 채권불성립으로 되어 계약체결상의 과실책임만이 문제될 뿐이다(통설).

㉡ 이행의 가능 여부는 이행기를 표준으로 하여 결정해야 한다. 이행지체 후에 불능으로 되면 그 때부터는 이행불능으로 된다. 후발적 불능의 경우에 정지조건부 또는 시기부 법률행위는 어느 때를 기준으로 불능으로 할 것인가에 대하

직접농업협동조합을 통하여 수입하는 즉시로 농민들인 실수요자에게만 배급하고 있고, 피고 회사와 같은 상인들에게는 그 수입을 허용치 않고 있으므로 도저히 그것을 입수할 수 없는 상태에 있는 피고로서 이행지체 후의 이러한 사정변경 아래에서는 원고에 대한 비료인도의무는 사실상 이행이 불가능하다고 보아야 할 것이라고 판단 하였음은 정당하고, 일단 실수요자인 농민이 배급받은 비료가 타에 매도처분되어 시중에 흘러나와 매매되고 있다는 암거래적인 사실만 가지고서는 정상적인 사회생활에 있어서의 경험법칙 또는 거래상의 통념에 따르는 이행의 실현은 기대할 수 없는 것으로 법률상 이행불능의 상태에 있다 할 수 밖에 없으므로 이에 반대되는 상고 논지는 독자적 견해로서 이유 없다."; 대법원 1975. 8. 29. 선고 75다765 판결 "임야지상의 입목을 매수함에 있어서 입목매수인이 벌채허가 절차에 책임을 지고 입목대금은 벌채작업완료 후 현장에서 검수한 다음 완급키로 하며 벌채계약기간 경과시는 입목 매수인은 계약상의 제반 권한을 상실한다는 약정을 한 경우에 벌채계약기간 경과로 인한 입목 매수인의 계약상 제반권한 상실의 약정은 특단의 사정이 없는 한 입목 매수인의 귀책 사유로 인하여 약정기일이 도과된 경우에 한하여 적용된다 할 것일 뿐 당사자 쌍방의 책임질 수 없는 사유로 인하여 약정기일이 도과된 경우에는 적용되지 아니하며 계약당사자 일방의 입목 인도의무가 당국의 산림정책상의 영림계획변경으로 벌채허가를 얻을 수 없게 됨으로 말미암아 입목 인도의무를 면한 당사자는 상대방으로부터 받은 계약금을 부당 이득한 것이되므로 이를 상대방에게 반환하여야 할 의무가 있다."; 대법원 1969. 6. 10. 선고 69다385 판결 "전화관서가 법원의 전화가입권 명의변경금지가처분결정에 따라 전화가입권 양도의 승인을 거절한 때에는 그 양도채무는 이행불능으로 된다."

여는 법률행위성립 시(계약성립 시)를 기준으로 한다(통설). 따라서 정지조건부 또는 시기부 법률행위는 그 법률행위 성립 후 채권의 발생전(조건의 미성취 또는 기한의 미도래)에 이행불능이 되면 원시적 불능이 아닌 후발적 불능으로 본다.

㉢ 불능에는 일부불능과 전부불능이 있다. 이들 가운데 일부불능에 대해서는 제137조의 일부무효법가 적용된다.[88]

② 채무자의 귀책사유로 불능이 되었을 것

㉠ 채무의 이행불능이 책임능력 있는 채무자의 고의·과실에 의한 위법행위로 인하여 이루어져야 한다(제390조 단서·제546조). 이에 관한 내용은 이행지체에서 자세히 설명하였다.

㉡ 채무의 이행불능은 위법하다고 추정되므로 채무자는 채무의 이행불능이 자신의 책임 있는 사유로 발생한 것이 아니라는 것을 증명하여야 한다.[89] 그러나 이행지체 후에 이행불능이 된 경우에는 채무자는 자기에게 과실이 없었음을 항변하지 못한다(제392조 단서). 다만 이행지체가 없었다고 하더라도 마찬가지로 이행불능이 되었으리라는 것을 입증한 경우에는 책임을 면한다(제392조 단서).

㉢ 채무자에게 귀책사유 없이 발생한 경우에는 채무자는 채무를 면하게 된다(제390조 단서). 그리고 이 경우 불능으로 되어 소멸한 채무가 쌍무계약에 의해서 발생한 것일 때에는 상대방의 채무도 소멸하는가의 문제가 발생한다. 즉 위험부담의 문제가 발생한다(제537조·제538조).[90]

---

88) 대법원 1995. 7. 25. 선고 95다5929 판결 "쌍무계약에 있어 당사자 일방이 부담하는 채무의 일부만이 채무자의 책임 있는 사유로 이행할 수 없게 된 때에는, 그 이행이 불가능한 부분을 제외한 나머지 부분만의 이행으로는 계약의 목적을 달성할 수 없다면 채무의 이행은 전부가 불능이라고 보아야 할 것이므로, 채권자로서는 채무자에 대하여 계약 전부를 해제하거나 또는 채무 전부의 이행에 갈음하는 전보배상을 청구할 수 있을 뿐이지 이행이 가능한 부분만의 급부를 청구할 수는 없다."; 대법원 2015. 12. 10. 선고 2013다207538 판결 "민법 제137조의 규정에 비추어 보면, 하나의 법률행위의 일부분에 무효사유가 있더라도 그 법률행위가 가분적이거나 그 목적물의 일부가 특정될 수 있다면 그 나머지 부분이라도 이를 유지하려는 당사자의 가정적 의사가 인정되는 경우, 그 일부만을 무효로 하고 나머지 부분은 유효한 것으로 유지하는 것도 가능하다."

89) 대법원 1972. 11. 28. 선고 72다982 판결 "부동산의 매도인은 그 매수인에 대한 소유권이전등기절차 이행의무의 이행불능이 자기의 귀책사유에 의한 것이 아니라는 주장과 입증을 하지 않는 한 그로 인하여 발생한 매수인의 손해를 배상할 의무가 있다."

90) 대법원 2011. 8. 25. 선고 2011다43778 판결 "[1] 계약당사자 일방이 자신이 부담하는 계약상 채무를 이행하는 데 장애가 될 수 있는 사유를 계약을 체결할 당시에 알았거나 예견할 수 있었음에도 이를 상대방에게 고지하지 아니한 경우에는, 비록 그 사유로 말미암아

4) 이행불능의 효과

① 계약해제권의 발생

㉠ 계약에 기하여 채권·채무가 발생한 경우에 채무자의 책임 있는 사유로 이행이 불능으로 된 경우에는 채권자는 최고 없이 그 계약을 해제할 수 있다(제536조). 이렇게 채권자가 계약을 해제한 경우에는 각 당사자는 원상회복의무가 있다(제548조 제1항). 계약의 해제 또는 해지는 손해배상의 청구에 영향을 미치지 아니한다(제551조).

㉡ 이행불능으로 된 채무가 쌍무계약으로부터 발생한 경우에 상대방이 자기의 채무의 이행의 제공을 할 필요도 없다.[91)]

② 손해배상청구권(전보배상)의 발생

㉠ 이행불능이 되면 이행지체와 달리 본래의 급부의무에 대한 강제이행을 구할 수 없으므로 채무자는 본래의 급부의무를 면한다. 이행불능의 요건이 갖추어진 경우에는 채권자는 손해배상을 청구할 수 있다(제390조). 이 때의 손해배상은 그 성질상 이행에 갈음하는 손해배상으로서 전보배상이라고 하여 이행지체에서의 지연배상과 구별한다.

㉡ 이행의 전부가 불능으로 되었으면 채무의 내용이 변경되어 본래의 급부를 목적으로 하는 청구권은 소멸하고 그에 갈음하여 손해배상청구권이 성립한다.

후에 채무불이행이 되는 것 자체에 대하여는 그에게 어떠한 잘못이 없다고 하더라도, 상대방이 그 장애사유를 인식하고 이에 관한 위험을 인수하여 계약을 체결하였다거나 채무불이행이 상대방의 책임있는 사유로 인한 것으로 평가되어야 하는 등의 특별한 사정이 없는 한, 그 채무가 불이행된 것에 대하여 귀책사유가 없다고 할 수 없다. 그것이 계약의 원만한 실현과 관련하여 각각의 당사자가 부담하여야 할 위험을 적절하게 분배한다는 계약법의 기본적 요구에 부합한다. [2] ○○아파트 분양공고 및 분양계약 체결 당시, 아파트 부지에 대한 문화재발굴조사과정에 유적지가 발견되어 현지 보존결정이 내려질 ○○아파트 건설사업 자체가 불가능하게 되거나 그 추진·실행에 현저한 지장을 가져올 수 있음을 충분히 알았음에도 입주자 모집공고문과 분양계약서에 이에 관한 구체적 언급을 하지 않았고, 이를 별도로 수분양자들에게 알리지도 않은 사안에서, 아파트 수분양자들이 위 장애사유에 관한 위험을 인수하였다고 볼 수 없으므로, 분양계약에 ○○아파트 공급의무 불이행에 대한 귀책사유가 지방공사에 있다고 한 사례."

91) 대법원 2003. 1. 24. 선고 2000다22850 판결 "매도인의 매매계약상의 소유권이전등기의무가 이행불능이 되어 이를 이유로 매매계약을 해제함에 있어서는 상대방의 잔대금지급의무가 매도인의 소유권이전등기의무와 동시이행관계에 있다고 하더라도 그 이행의 제공을 필요로 하는 것이 아니다."

이는 본래의 채무가 동일성을 유지한 채 손해배상채무로 변경되는 것에 불과한 것이다(내용의 변경). 그 결과 본래의 채무를 위한 담보권은 전보배상청구권의 담보를 위해서 그대로 존속한다. 그러나 채무자의 책임 없는 사유로 이행불능이 된 경우에는 채무자는 채무를 면한다. 이 경우에 그 채무가 쌍무계약상의 채무이면 상대방의 채무도 소멸하다(채무자위험부담주의; 제537조·제538조). 전보배상에서 손해배상의 산정은 이행불능사유가 발생한 당시의 목적물의 시가상당액으로 한다.92)

ⓒ 급부의 일부만이 불능인 경우에는 일부무효의 법리(제137조)가 적용되어 일부불능은 원칙적으로 전부불능처럼 다루어진다. 따라서 일부불능은 전부불능으로 되는 것이 원칙이다. 그러나 나머지 부분만으로도 채권 내지 계약의 목적을 달성할 수 있는 때에는 나머지 부분은 불능으로 되지 않는다.

ⓓ 잔존부분의 이행이 채권의 목적을 달성할 수 없거나 채권자에게 아무런

---

92) 대법원 1990. 12. 7. 선고 90다5672 판결 "토지의 소유권이전등기가 이행불능된데 대한 전보배상을 명함에 있어 이행불능 사유발생 당시의 시가를 감정하여 그 가액상당의 배상을 명한 것은 정당한 것이고, 매도인이 그것을 타에 처분한 가격이 통상가격을 넘는다고 하더라도그것을 배상액산정의 기준으로 삼을 수는 없다."; 대법원 1995. 10. 13. 선고 95다22337 판결 "채무자의 부동산에 관한 소유권이전등기 의무가 이행불능으로 된 경우, 그 손해배상액은 원칙적으로 이행불능 당시의 목적물의 시가에 의하여야 하고, 그 후 목적물의 시가가 등귀하였다고 하더라도 그로 인한 손해는 특별한 사정에 인한 것이어서 채무자가 이행불능 당시 그와 같은 특별한 사정을 알았거나 알 수 있었을 경우에 한하여 그 등귀한 가격에 의한 손해배상을 청구할 수 있다."; 대법원 1996. 6. 14. 선고 94다61359, 61366 판결 "매도인의 매매목적물에 관한 소유권이전등기 의무가 이행불능이 됨으로 말미암아 매수인이 입는 손해액은 원칙적으로 그 이행불능이 될 당시의 목적물의 시가 상당액이고, 그 이후 목적물의 가격이 등귀하였다 하여도 그로 인한 손해는 특별한 사정으로 인한 것이어서 매도인이 이행불능 당시 그와 같은 특수한 사정을 알았거나 알 수 있었을 때에 한하여 그 등귀한 가격에 의한 손해배상을 청구할 수 있다 함은 대법원의 확립된 판례이고, 이러한 법리는 이전할 토지가 환지 예정이나 환지확정 후의 특정 토지라고 하여도 다를 바가 없으며, 그 배상금의 지급이 지체되고 있다고 하여도 그 배상금에 대한 법정이자 상당의 지연손해금을 청구하는 외에 사실심 변론종결시의 시가에 의한 손해배상을 청구할 수 있게 되는 것은 아니다."; 대법원 2008. 5. 15. 선고 2007다37721 판결 "이행지체에 의한 전보배상에 있어서의 손해액 산정은 본래의 의무이행을 최고하였던 상당한 기간이 경과한 당시의 시가를 표준으로 하고, 이행불능으로 인한 전보배상액은 이행불능 당시의 시가 상당액을 표준으로 해야 할 것인바, 채무자의 이행거절로 인한 채무불이행에서의 손해액 산정은 채무자가 이행거절의 의사를 명백히 표시하여 최고 없이 계약의 해제나 손해배상을 청구할 수 있는 경우에는 이행거절 당시의 급부목적물의 시가를 표준으로 해야 할 것이고(대법원 2007. 9. 20. 선고 2005다63337 판결 등 참조), 한편 반환의무 이행거절의 목적물이 외화표시채권인 신주인수권부사채인 경우에는 그에 관한 객관적 교환가치가 적정하게 반영된 정상적인 거래의 실례가 있는 때에는 그 거래가격을 시가로 보아 그 사채의 가액을 평가하여야 할 것이다."

이익이 없거나, 또 그것을 제공하는 것이 신의칙에 반하는 때에는 채권자는 그 가능한 일부분의 수령을 거절하고 전부의 이행에 갈음하는 전보배상을 청구하거나 계약 전부를 해제할 수 있다.[93)]

5) 대상청구권

① 의 의

대상청구권(代償請求權)이란 이행불능의 결과로 채무자가 이행의 목적물의 대가로 볼 수 있는 이익을 취득한 경우에 채권자가 채무자에 대하여 그 이익을 청구할 수 있는 권리이다. 이는 채권자가 손해배상청구권과는 별도로 갖는 청구권이다. 예컨대 매매목적물인 토지가 수용됨으로써 매도인이 갖는 수용보상금청구권, 급부의 목적물을 제3자가 훼손함으로써 채무자가 그 제3자에 대하여 갖는 불법행위로 인한 손해배상청구권, 매매목적물인 건물이 화재로 소실되어 매도인이 보험회사에 대하여 갖는 화재보험청구권 등을 채권자가 채무자에 대하여 청구할 수 있는데 이 권리가 대상청구권이다.

② 인정근거

㉠ 독일민법(BGB §285·§326)과 프랑스민법(Cc §1303)에서 대상청구권을 명문으로 규정하고 있는 것과 달리 우리 민법은 그러한 규정을 두고 있지 않다. 그러나 우리 학설은 이행불능의 경우에 채권자의 대상청구권을 인정하는 것이 통설이다. 판례도 대상청구권을 인정하고 있다.[94)]

---

93) 대법원 1995. 7. 25. 선고 95다5929 판결 "쌍무계약에 있어 당사자 일방이 부담하는 채무의 일부만이 채무자의 책임 있는 사유로 이행할 수 없게 된 때에는, 그 이행이 불가능한 부분을 제외한 나머지 부분만의 이행으로는 계약의 목적을 달성할 수 없다면 채무의 이행은 전부가 불능이라고 보아야 할 것이므로, 채권자로서는 채무자에 대하여 계약 전부를 해제하거나 또는 채무 전부의 이행에 갈음하는 전보배상을 청구할 수 있을 뿐이지 이행이 가능한 부분만의 급부를 청구할 수는 없다."; 대법원 2015. 12. 10. 선고 2013다207538 판결 "민법 제137조의 규정에 비추어 보면, 하나의 법률행위의 일부분에 무효사유가 있더라도 그 법률행위가 가분적이거나 그 목적물의 일부가 특정될 수 있다면 그 나머지 부분이라도 이를 유지하려는 당사자의 가정적 의사가 인정되는 경우, 그 일부만을 무효로 하고 나머지 부분은 유효한 것으로 유지하는 것도 가능하다."

94) 대법원 1992. 5. 12. 선고 92다4581 판결 "[1] 매도인에게 매매목적토지가 수용됨으로써 그 보상금을 수령하였음을 이유로 그 금원의 지급을 구하는 청구를, 위 토지에 대한 소유권이전등기의무의 이행불능을 발생케 한 원인인 토지수용으로 인하여 위 토지의 대상인 보상금을 취득하였음을 이유로 그 보상금의 지급을 구하는 것으로서 이른바 대상청구권을 행사하는 취지라고 볼 수 있다고 한 사례. [2] 우리 민법에는 이행불능의 효과로서 채권자의

㉡ 명문규정으로 인정하고 있지 않은 우리 민법 하에서 대상청구권을 어떤 근거로 인정할 것인가? 학설은 다음과 같이 그 견해를 달리하고 있다. ⓐ 대상청구권의 인정근거는 조리에서 찾아야 한다.[95] ⓑ 우리 민법의 개별적인 규정들의 배후에 존재하는 일반적인 법원칙 내지 법의 이치를 법률에 규정되지 아니한 사항에 적용하는 법유추 또는 전체유추에 의하여 대상청구권을 인정할 수 있다.[96] ⓒ 대상청구권의 인정근거 규정은 제390조이며 제2조가 이를 수정하는 규정이다.[97] ⓓ 제342조 등에서 명문의 형태로 표현되어 있는 "경제관계상 속하지 않아야 할 자에게 귀속된 재산적 가치는 그것이 마땅히 속하여야 할 자에게 돌려져야 한다."는 우리 민법의 근저에 흐르는 사상에서 대상청구권의 근거를 찾을 수 있다.[98]

③ 대상청구권의 성립요건

㉠ 급부(이행)의무가 후발적 불능으로 되어야 한다. 대상청구권은 주는 채무가 불능으로 된 때에 한하여 인정된다. 따라서 하는 채무(고용 및 도급계약 등)에는 인정될 수 없다. 불능이 법률행위, 사실행위 그 밖의 원인에 의하였는가는 중요하지 않다.[99]

전보배상청구권과 계약해제권 외에 별도로 대상청구권을 규정하고 있지 않으나 해석상 대상청구권을 부정할 이유가 없다."; 대법원 2012. 6. 28. 선고 2010다71431 판결 "[1] 우리 민법이 이행불능의 효과로서 채권자의 전보배상청구권과 계약해제권 외에 별도로 대상청구권을 규정하고 있지 않으나 해석상 대상청구권을 부정할 이유는 없다. [2] 신용보증기금이 甲 주식회사를 상대로 제기한 사해행위취소소송에서 원물반환으로 근저당권설정등기의 말소를 구하여 승소판결이 확정되었는데, 그 후 해당 부동산이 관련 경매사건에서 담보권 실행을 위한 경매절차를 통하여 제3자에게 매각된 사안에서, 위와 같이 부동산이 담보권 실행을 위한 경매절차에 의하여 매각됨으로써 확정판결에 기한 甲 회사의 근저당권설정등기 말소등기절차의무가 이행불능된 경우, 신용보증기금은 대상청구권 행사로서 甲 회사가 말소될 근저당권설정등기에 기한 근저당권자로서 지급받은 배당금의 반환을 청구할 수 있다고 한 사례."

95) 이상경, 이시윤박사 회갑기념논문집, 254면.

96) 양창수, 민법주해(9), 290면.

97) 안법영, 김형배교수 회갑기념논문집, 251면.

98) 송덕수, 146면.

99) 대법원 2002. 2. 8. 선고 99다23901 판결 "[1] 우리 민법은 이행불능의 효과로서 채권자의 전보배상청구권과 계약해제권 외에 별도로 대상청구권을 규정하고 있지 않으나 해석상 대상청구권을 부정할 이유가 없다고 할 것인데, 매매의 일종인 경매의 목적물인 토지가 경락허가결정 이후 하천구역에 편입되게 됨으로써 소유자의 경락자에 대한 소유권이전등기의무가 이행불능이 되었다면 경락자는 소유자가 하천구역 편입으로 인하여 지급받게

㉡ 급부의무가 후발적 불능인 한 채무자에게 책임 있는 사유로 인한 것이냐의 여부는 묻지 않는다.[100] 대상청구권은 채무의 이행이 특정된 후 후발적으로 이행불능에 빠져야 한다. 따라서 종류채권의 경우에는 대상청구권이 인정되지 않는다. 그러나 종류채권도 특정된 후에는 그것이 특정물채권으로 변하게 되므로 대상청구권이 인정된다.

㉢ '이행(급부)불능을 야기한 사정'과 '채무자의 대신하는 이익의 취득' 사이에 인과관계가 있어야 한다. 즉 급부를 불능하게 하는 사정의 결과로 채무자가 채권의 목적물에 관하여 대상이익 또는 배상청구권을 취득하여야 한다.[101]

되는 손실보상금에 대한 대상청구권을 행사할 수 있다. [2] 대상청구권은 특별한 사정이 없는 한 매매 목적물의 수용 또는 국유화로 인하여 매도인의 소유권이전등기의무가 이행불능 되었을 때 매수인이 그 권리를 행사할 수 있다고 보아야 할 것이고 따라서 그 때부터 소멸시효가 진행하는 것이 원칙이라 할 것이나, 국유화가 된 사유의 특수성과 법규의 미비 등으로 그 보상금의 지급을 구할 수 있는 방법이나 절차가 없다가 상당한 기간이 지난 뒤에야 보상금청구의 방법과 절차가 마련된 경우라면, 대상청구권자로서는 그 보상금청구의 방법이 마련되기 전에는 대상청구권을 행사하는 것이 불가능하였던 것이고, 따라서 이러한 경우에는 보상금을 청구할 수 있는 방법이 마련된 시점부터 대상청구권에 대한 소멸시효가 진행하는 것으로 봄이 상당할 것인바, 이는 대상청구권자가 보상금을 청구할 길이 없는 상태에서 추상적인 대상청구권이 발생하였다는 사유만으로 소멸시효가 진행한다고 해석하는 것은 대상청구권자에게 너무 가혹하여 사회정의와 형평의 이념에 반할 뿐만 아니라 소멸시효제도의 존재이유에 부합된다고 볼 수 없기 때문이다. [3] 채무자가 수령하게 되는 보상금이나 그 청구권에 대하여 채권자가 대상청구권을 가지는 경우에도 채권자는 채무자에 대하여 그가 지급받은 보상금의 반환을 청구하거나 채무자로부터 보상청구권을 양도받아 보상금을 지급받아야 할 것이나, 어떤 사유로 채권자가 직접 자신의 명의로 대상청구의 대상이 되는 보상금을 지급받았다고 하더라도 이로써 채무자에 대한 관계에서 바로 부당이득이 되는 것은 아니라고 보아야 할 것이다."

100) 대법원 1996. 6. 25. 선고 95다6601 판결 "[1] 공공사업의 시행자가 공공용지의취득및손실보상에관한특례법에 따라 그 사업에 필요한 토지를 협의취득하는 행위는 토지수용의 경우와는 달리 사경제주체로서 하는 사법상의 법률행위에 지나지 아니하여, 토지 소유자는 그 협의매수의 제의에 반드시 응하여야 할 의무가 있는 것은 아니므로, 교환계약의 목적물인 양 토지가 이후 공공사업의 시행자에게 공공용지의취득및손실보상에관한특례법에 따라 각 협의취득되었다면, 쌍방은 그 각 토지에 관한 소유권이전등기의무의 이행불능에 대하여 각 귀책사유가 없다고 단정할 수 없다. [2] 쌍무계약의 당사자 일방이 상대방의 급부가 이행불능이 된 사정의 결과로 상대방이 취득한 대상에 대하여 급부청구권을 행사할 수 있다고 하더라도, 그 당사자 일방이 대상청구권을 행사하려면 상대방에 대하여 반대급부를 이행할 의무가 있는 바, 이 경우 당사자 일방의 반대급부도 그 전부가 이행불능이 되거나 그 일부가 이행불능이 되고 나머지 잔부의 이행만으로는 상대방의 계약목적을 달성할 수 없는 등 상대방에게 아무런 이익이 되지 않는다고 인정되는 때에는, 상대방이 당사자 일방의 대상청구를 거부하는 것이 신의칙에 반한다고 볼 만한 특별한 사정이 없는 한, 당사자 일방은 상대방에 대하여 대상청구권을 행사할 수 없다." 참조.

④ 대상청구권의 법률적 성질

대상청구권은 채권적 청구권으로서 대상청구권의 요건이 갖추어졌다고 하더라도 '대신하는 이익'이 채권자에게 직접 이전되는 것은 아니다.[102] 급부의 이행불능에 빠진 채무자는 그가 취득한 이익 모두를 채권자에게 인도하여야 하며, 그 결과 대체이익이 채권의 목적물의 통상의 가치를 넘는 경우에는 초과가치도 인도하여야 한다.[103] 채무자의 유책사유로 이행불능이 발생한 경우에는 채권자는 채무불이행으로 인한 손해배상청구권과 함께 대상청구권도 행사할 수 있다. 채권자는 두 권리를 선택적으로 행사할 수 있다. 다만 채권자가 대사청구권을 행사하여 '대상(대신하는 이익)'을 받은 때에는 손해배상액은 받은 이익의 가치만큼 감소하게 된다.

3. 불완전이행

(1) 의 의

1) 불완전이행(Schlechterfüllung)[104]이란 채무자가 이행을 하기는 하였으나 그것

101) 대법원 2003. 11. 14. 선고 2003다35482 판결 "[1] 대상청구권이 인정되기 위하여는 급부가 후발적으로 불능하게 되어야 하고, 급부를 불능하게 하는 사정의 결과로 채무자가 채권의 목적물에 관하여 '대신하는 이익'을 취득하여야 한다. [2] 급부의 후발적 이행불능의 경우 '급부를 불능하게 하는 사정'과 채무자가 취득한 '대신하는 이익' 사이에 상당인과관계가 존재한다고 할 수 없어 채무자에 대한 대상청구권의 발생을 부인한 사례."

102) 대법원 1996. 10. 29. 선고 95다56910 판결 "소유권이전등기의무의 목적 부동산이 수용되어 그 소유권이전등기의무가 이행불능이 된 경우, 등기청구권자는 등기의무자에게 대상청구권의 행사로써 등기의무자가 지급받은 수용보상금의 반환을 구하거나 또는 등기의무자가 취득한 수용보상금청구권의 양도를 구할 수 있을 뿐 그 수용보상금청구권자체가 등기청구권자에게 귀속되는 것은 아니다."

103) 대법원 2016. 10. 27. 선고 2013다7769 판결 "[1]매매의 목적물이 화재로 소실됨으로써 채무자인 매도인의 매매목적물에 대한 인도의무가 이행불능이 되었다면, 채권자인 매수인은 화재사고로 매도인이 지급받게 되는 화재보험금, 화재공제금에 대하여 대상청구권을 행사할 수 있다. [2]손해보험은 본래 보험사고로 인하여 생길 피보험자의 재산상 손해의 보상을 목적으로 하는 것으로(상법 제665조), 보험자가 보상할 손해액은 당사자 간에 다른 약정이 없는 이상 손해가 발생한 때와 곳의 가액에 의하여 산정하고(상법 제676조 제1항), 이 점은 손해공제의 경우도 마찬가지이므로, 매매의 목적물이 화재로 소실됨으로써 매도인이 지급받게 되는 화재보험금, 화재공제금에 대하여 매수인의 대상청구권이 인정되는 이상, 매수인은 특별한 사정이 없는 한 목적물에 대하여 지급되는 화재보험금, 화재공제금 전부에 대하여 대상청구권을 행사할 수 있고, 인도의무의 이행불능 당시 매수인이 지급하였거나 지급하기로 약정한 매매대금 상당액의 한도 내로 범위가 제한된다고 할 수 없다."

이 채무의 내용에 좇은 완전한 이행이 되지 못하는 경우를 모두 포괄하는 말이다. 불완전이행은 이행을 하기는 하였으나 그 이행이 완전하지 않고 더 나아가 불완전한 이행이 원인이 되어 더 큰 손해를 적극적으로 끼치기 때문에 이를 적극적 채권침해(positeve Forderungsverletzung)라고도 한다. 예컨대 지붕을 수리하도록 부탁받은 자가 지붕을 잘못 수리하여 비가 새어 집주인의 다른 재산이 침해되어 손해가 발행한 경우, 전염병에 걸린 가축을 매도하여 매수인의 다른 가축에게 전염된 경우 등이다. 이에 반하여 이행지체와 이행불능은 채무자에 의한 채권침해가 소극적으로 이루어지므로 이를 소극적 채권침해라고 한다.

우리 민법은 채무불이행의 유형으로 이행지체와 이행불능만을 예정하고 있으나 통설은 불완전이행을 독립된 채무불이행의 한 유형으로 인정하고 있다.

2) 불완전이행의 법적 근거로 학설은 견해가 나누어지고 있다. 즉 제390조가 불완전이행 내지 적극적 채권침해도 포함하고 있다고 보는 견해(실정법설; 다수설)[105]와 형식적으로는 제390조를 근거라고 할 수 있으나 실질적으로는 기본채무이외의 용태의무위반이 그 근거라도 보는 견해(용태의무위반설; 소수설)[106]이다.

3) 우리 학설과 판례는 불완전이행으로 인한 채무불이행책임을 인정하고 있다.[107] 그러나 구소송물이론에 근거하여 실체법상의 권리경합(채무불이행으로 인한 손해배상청구권(제390조)과 불법행위로 인한 손해배상청구권(제750조))을 인정하고

---

104) 불완전급부와 불완전이행을 서로 독립한 유형으로 파악하는 견해도 있다(송덕수, 150면; 107면 이하 참조); 독일에서도 불완전이행이란 표현 대신에 불완전급부(Schlechtleistung)라고도 한다(Lehrbuch des Schuldrechts, Band I: Allgemeiner Teil, 14. Aufl., Beck, 1987, S. 363ff.).

105) 김상용, 136면; 김용한, 156면; 김주수, 137면; 김형배, 221면; 송덕수, 151면; 윤철홍, 147면.

106) 곽윤직, 91면.

107) 주석민법 채권총론(1), 506면 이하(최흥섭 집필); 대법원 1994. 1. 28. 선고 93다43590 판결 "공중접객업인 숙박업을 경영하는 자가 투숙객과 체결하는 숙박계약은 숙박업자가 고객에게 숙박을 할 수 있는 객실을 제공하여 고객으로 하여금 이를 사용할 수 있도록 하고 고객으로부터 그 대가를 받는 일종의 일시사용을 위한 임대차계약으로서, 여관의 객실 및 관련시설, 공간은 오로지 숙박업자의 지배 아래 놓여 있는 것이므로 숙박업자는 통상의 임대차와 같이 단순히 여관의 객실 및 관련시설을 제공하여 고객으로 하여금 이를 사용수익하게 할 의무를 부담하는 것에서 한 걸음 더 나아가 고객에게 위험이 없는 안전하고 편안한 객실 및 관련시설을 제공함으로써 고객의 안전을 배려하여야 할 보호의무를 부담하며 이러한 의무는 숙박계약의 특수성을 고려하여 신의칙상 인정되는 부수적인 의무로서 숙박업자가 이를 위반하여 고객의 생명, 신체를 침해하여 손해를 입힌 경우 불완전이행으로 인한 채무불이행책임을 부담한다."

있어 판결의 주류는 대부분 불법행위로 인한 손해배상의 문제로 해결하는 경향을 보인다.[108)]

그런데 대법원은 1994.1.28.의 판결에서 불완전이행으로 인한 손해배상책임을 인정한 이후 그 범위를 점차 확대해 나가고 있다.[109)]

(2) 불완전이행의 요건

1) 이행행위가 있었을 것

불완전이행이 되려면 급부의무와 이행행위가 있어야 한다. 즉 급부가 행해졌으나 그 이행이 채무의 내용에 좇은 이행이라고 할 수 없는 불완전이행행위가 있어야 한다. 여기의 이행은 '주는 급부'와 '하는 급부' 모두를 포괄한다.

2) 이행에 하자(불완전)가 있을 것

① 본래의 급부와 다른 급부를 한 경우

채무자가 본래의 급부와 전혀 다른 급부를 한 경우에는 불완전이행이라기 보다 본래 급부의 이행지체로 보는 것이 타당하다.

② 채무의 일부지체 또는 일부불능의 경우

이에 대하여 민법 제574조에서 "수량을 지정한 매매의 목적물이 부족되는 경우와 매매목적물의 일부가 계약당시에 이미 멸실된 경우에 매수인이 그 부족 또는 멸실을 알지 못한 때"에 매수인에게, 첫째 그 부분의 비율로 대금감액청구권을

---

108) 오시영, 179면.

109) 대법원 2000. 11. 24. 선고 2000다38718 판결 "공중접객업인 숙박업을 경영하는 자가 투숙객과 체결하는 숙박계약은 숙박업자가 고객에게 숙박을 할 수 있는 객실을 제공하여 고객으로 하여금 이를 사용할 수 있도록 하고 고객으로부터 그 대가를 받는 일종의 일시 사용을 위한 임대차계약으로서 객실 및 관련 시설은 오로지 숙박업자의 지배 아래 놓여 있는 것이므로 숙박업자는 통상의 임대차와 같이 단순히 여관 등의 객실 및 관련 시설을 제공하여 고객으로 하여금 이를 사용·수익하게 할 의무를 부담하는 것에서 한 걸음 더 나아가 고객에게 위험이 없는 안전하고 편안한 객실 및 관련 시설을 제공함으로써 고객의 안전을 배려하여야 할 보호의무를 부담하며 이러한 의무는 숙박계약의 특수성을 고려하여 신의칙상 인정되는 부수적인 의무로서 숙박업자가 이를 위반하여 고객의 생명·신체를 침해하여 투숙객에게 손해를 입힌 경우 불완전이행으로 인한 채무불이행책임을 부담하고, 이 경우 피해자로서는 구체적 보호의무의 존재와 그 위반 사실을 주장·입증하여야 하며 숙박업자로서는 통상의 채무불이행에 있어서와 마찬가지로 그 채무불이행에 관하여 자기에게 과실이 없음을 주장·입증하지 못하는 한 그 책임을 면할 수는 없다."

인정하고, 둘째 일부이행 부분만이었으면 매수인이 이를 매수하지 아니하였을 것으로 인정될 때는 계약전부의 해제권을 인정하고, 셋째 매수인이 선의인 경우에는 대금감액청구 또는 계약해제 외에 손해배상을 청구할 수 있도록 한다(제572조). 이렇게 우리 민법은 일부지체나 일부불능의 경우에는 제574조에 의하여 해결할 수 있어 굳이 채무불이행의 문제로 다룰 것은 아니라고 본다. 다만 일부지체나 일부불능으로 이하여 확대손해가 발생한 경우에는 불완전이행의 문제로 다루어야 할 것이다.

3) 전부의 이행이 있었으나 하자가 있을 것

물건의 인도채무의 경우 물건의 인도가 있었으나 그 이행에 하자가 있는 경우에는 불완전이행이 문제될 수 있다. 불완전이행(급부)의 모습은 '주는 채무'와 '하는 채무'에 구별이 되어야 한다.

① 물건의 인도채무(주는 채무)의 경우

물건의 인도채무에서 인도된 물건에 하자가 있는 경우에 불완전이행이 문제된다.[110] 예컨대 돼지를 100마리가 인도되었으나 병이 들어 있다거나 구매한 법전의

110) 대법원 1977. 4. 12. 선고 76다3056 판결 "피고가 원고로부터 매수한 채소종자를 파종한 결과 30퍼센트만 발아되고 나머지는 발아되지 아니한 경우 채소종자와 같이 그일부가 불량한 경우 그를 양호한 것과 분류할 수 없는 상태로 상호 혼합되어 있는 물건의 거래에 있어서는 특별한 사유가 없는한 그 일부가 불량한 경우에 그로 인하여 매수인이 받게 되는 손해를 일률적으로 불량한 부분에 대한 비율에 상당한 채소종자의 가격이라 할 수 없고 그 전량이 불량성을 갖게 된다고 봄이 상당하다."; 대법원 1989. 11. 14. 선고 89다카15298 판결 "매수인이 매도인으로부터 매수한 감자종자가 잎말림병에 감염된 것이어서 이를 식재한 결과 거기에서 자란 감자가 같은 병 등에 감염되어 수확량이 예년에 비하여 현저하게 줄은 경우 매수인이 입은 손해는 감자를 식재, 경작하여 정상적으로 얻을 수 있었던 평균수입금에서 실제로 소득한 금액을 제한 나머지가 되어야 할 것이고, 매수인이 평균수입금을 기준으로 하여 손해액을 산정, 청구하고 있는 사안에서 그같은 산정방식에 따르지 않고 실제로 들인 비용에서 소득한 금액을 공제한 금액을 기준으로 하여 손해액을 산정할 것은 아니다."; 대법원 1992. 4. 28. 선고 91다29972 판결 "원고가 피고와의 위 매매계약이 해제되었음을 주장하고 있는 이 사건에 있어서 원고의 위 손해배상청구 가운데에는 계약해제로 인한 원상회복을 이유로 하는 매매대금반환청구도 포함되어 있다고 보지 못할 바 아니므로 원심이 피고에게 원상회복을 원인으로 하여 위 매매대금의 반환을 명한 것이 위법이라고는 할 수 없고, 원심이 원고의 주장과 같이 피고의 채무불이행을 원인으로한 손해배상책임을 인정하고 있는 이상 구태여 피고의 하자담보책임의 성립여부를 따져볼 필요는 없다 하겠으며 또 원심이 적극적 채권침해의 성립을 부정한 것인지의 여부는 판결결과에 아무런 영향이 없다고 할 것이어서 같은 취지의 원심판결에 계약해제와 불완전이행 및 하자담보책임의 법리를 오해한 위법이 없다."; 대법원 2003. 7. 22. 선고

페이지가 빠져있는 경우 등이 있다.

인도된 물건은 특정물일 수도 있고 불특정물일 수도 있다.

㉠ 특정물인도채무인 경우

이 경우는 이행기의 현상대로 인도하면 되기 때문에(제462조) 그 특정물에 흠이 있더라도 그대로 인도하면 되고, 하자담보책임이 성립할 뿐이다(제580조). 이때의 하자담보책임은 원칙적으로 유상계약인 쌍무계약에서만 성립하므로, 무상계약에서는 하자담보책임을 물을 수 없게 되어 불완전이행의 문제가 발생한다. 예컨대 계약성립시에 하자가 없었는데 보관도중에 채무자의 보관(제374조)이나 운송방법에 과실이 있어 하자가 발생하였다면 불완전이행으로 인한 책임을 진다. 그러나 이러한 경우에도 먼저 제374조에 의한 채무자의 선관주의책임을 물으면 되고, 다만 그로 인한 확대손해가 발생한 경우라면 불완전책임을 물을 수 있다.

특정물의 하자로 인한 손해배상과 관련하여 판례는 채무자의 귀책사유에 의한 특정물의 하자로 인하여 발생한 확대손해에 대하여 불완전이행에 대한 책임과 제580조 소정의 하자담보책임을 경합적으로 인정한다.[111]

㉡ 불특정물인도채무인 경우

불특정물인도채무의 경우 채무자가 현실로 제공한 물건이 예정된 성질을 가지고 있지 못한 경우에 불완전채무를 인정할 수 있을 것인가? 이러한 경우 우리 민법 제581조에서는 하자담보책임으로 문제를 해결하고 있는데, 여기에 관하여 불완전이행책임이 보충적인 성격이 있다는 견지에서 확대손해가 생기지 않는 때에는 하자담보책임만 인정되고 확대손해가 발생한 때에만 불완전이행이 인정된다는 견해가 있다.[112] 그러나 하자담보책임은 무과실책임이고 거기에서의 손해배상

2002다35676 판결 "매매목적물의 하자로 인한 확대손해에 대하여 매도인에게 배상책임을 지우기 위해서는 하자 없는 목적물을 인도하지 못한 의무위반 사실 외에 그러한 의무위반에 대하여 매도인에게 귀책사유가 있어야 한다."

111) 대법원 2004. 7. 22. 선고 2002다51586 판결 "토지 매도인이 성토작업을 기화로 다량의 폐기물을 은밀히 매립하고 그 위에 토사를 덮은 다음 도시계획사업을 시행하는 공공사업시행자와 사이에서 정상적인 토지임을 전제로 협의취득절차를 진행하여 이를 매도함으로써 매수자로 하여금 그 토지의 폐기물처리비용 상당의 손해를 입게 하였다면 매도인은 이른바 불완전이행으로서 채무불이행으로 인한 손해배상책임을 부담하고, 이는 하자 있는 토지의 매매로 인한 민법 제580조 소정의 하자담보책임과 경합적으로 인정된다."

112) 오시영, 187면.

범위는 신뢰이익이라는 점에 비추어볼 때 그에 관한 규정은 종국적인 것이 아니라고 한다.[113] 따라서 하자가 채무자의 유책사유로 발생한 때에는 확대손해가 없는 때에도 제390조에 의해서 불안전이행책임을 물을 수 있다고 한다.[114]

② 행위채무(하는 채무)의 경우

행위채무에서도 불완전이행의 문제가 발생할 수 있다. 여기에는 성질상 두 가지가 있다. 즉 하나는 '하는 채무'의 내용이 채무자의 급부의무의 내용으로 일정한 결과의 실현을 목적으로 하는 경우(결과채무)에 채무자가 하자 있는 결과를 발생시킨 때에 불완전이행이 발생한다. 예컨대 운송계약에서 운송업자가 화물을 목적지까지 안전하게 배달해 주기로 하였는데 운송방법이 부적당하여 화물이 손상되거나, 임치계약에서 창고업자가 임치물을 약정기간동안 안전하게 보관하여 주기로 하였는데 임치물이 손상되거나, 수급인인 지붕수리업자가 지붕을 수리하였는데 그 수리한 지붕에 하자가 있어 비가 새는 경우 등이다. 다른 하나는 일정한 결과를 실현시킬 필요가 없고 그러한 결과를 위하여 최선을 다해야 하는 경우(수단채무)에, 그 결과를 위하여 최선의 노력을 다하지 않는 때에 불완전이행이 발생한다.[115] 예컨대 의사가 수술이나 진단을 잘못하였거나 변호사가 법률자문을 잘못

---

113) 송덕수, 152면.

114) 곽윤직, 92면; 김상용, 131면.

115) 대법원 1988. 12. 13. 선고 85다카1491 판결 "의사가 환자에게 부담하는 진료채무는 질병의 치유와 같은 결과를 반드시 달성해야 할 결과채무가 아니라 환자의 치유를 위하여 선량한 관리자의 주의의무를 가지고 현재의 의학수준에 비추어 필요하고 적절한 진료조치를 다해야 할 책무 이른바 수단채무라고 보아야 하므로 진료의 결과를 가지고 바로 진료채무불이행사실을 추정할 수는 없으며 이러한 이치는 진료를 위한 검사행위에 있어서도 마찬가지다."; 대법원 1993. 7. 27. 선고 92다15031 판결 "의사가 환자에게 부담하는 진료채무는 질병의 치료와 같은 결과를 반드시 달성해야 할 결과채무가 아니라 환자의 치유를 위하여 선량한 관리자의 주의의무를 가지고 현재의 의학 수준에 비추어 필요하고 적절한 진료조치를 다해야 할 채무 즉 수단채무라고 보아야 할 것이므로, 위와 같은 주의의무를 다하였는데도 그 진료 결과 질병이 치료되지 아니하였다면 치료비를 청구할 수 있으나, 의사가 위와 같은 선량한 관리자의 주의의무를 다하지 아니한 탓으로 오히려 환자의 신체기능이 회복불가능하게 손상되었고, 또 위 손상 이후에는 그 후유증세의 치유 또는 더 이상의 악화를 방지하는 정도의 치료만이 계속되어 온 것뿐이라면 의사의 치료행위는 진료채무의 본지에 따른 것이 되지 못하거나 손해전보의 일환으로 행하여진 것에 불과하여 병원측으로서는 환자에 대하여 그 수술비 내지 치료비의 지급을 청구할 수 없다."; 대법원 2001. 11. 9. 선고 2001다52568 판결 "의사가 환자의 치유를 위하여 선량한 관리자의 주의의무를 가지고 현재의 의학수준에 비추어 필요하고 적절한 진료조치를 다한 이상 이는 진료채무의 본지에 따른 것으로 수술 결과 환자의 질병이 치료되지 아니하고 후유증이 남게 되었다

한 경우 등이다.

4) 확대손해의 발생 필요여부

불완전이행의 결과 확대손해의 발생이 필요한가의 여부가 문제이다. 물론 불완전이행의 결과로 확대손해가 발생하는 때도 있으나 확대손해의 발생은 그 요건이 아니다. 따라서 확대손해의 발생여부와 관계없이 불완전이행의 요건이 갖추어지면 불완전이행으로 된다. 하자담보책임 규정이 있어도 마찬가지이다.

5) 채무자의 유책사유에 기인할 것

불완전이행으로 되려면 하자 있는 이행이 채무자의 책임있는 사유(고의·과실)로 행해졌어야 한다.[116] 따라서 채무자가 유책사유 없음을 증명해야 한다.

6) 불완전이행이 위법할 것

불완전이행도 다른 채무불이행처럼 위법성이 추정되어 위법성조각사유가 별도로 존재하지 아니하는 한 채무불이행책임을 진다.

(3) 불완전이행의 효과

1) 완전이행이 가능한 경우

이 경우에는 채무가 소멸하지 않아 완전이행청구권이 생기되 추완청구권을 행사하여 하자 등의 보수를 요구할 수 있다. 또한 이행기가 지체되면 이행지체로

하더라도 수술에 따른 치료비를 청구할 수 있다 할 것이고, 그 후유증이 의사의 치료상의 과실로 인한 것이라고 볼 수 없는 이상 의사에게 그로 인한 손해전보의 책임이 있다고 볼 수 없으므로 후유증이 나타난 이후에 증세의 회복 내지 악화 예방을 위하여 이루어진 진료에 관한 비용도 청구할 수 있다."; 대법원 2019. 4. 3. 선고 2015다64551 판결 "의사가 선량한 관리자의 주의의무를 다하지 아니한 탓으로 오히려 환자의 신체기능이 회복불가능하게 손상되었고, 또 손상 이후에는 후유증세의 치유 또는 더 이상의 악화를 방지하는 정도의 치료만이 계속되어 온 것뿐이라면 의사의 치료행위는 진료채무의 본지에 따른 것이 되지 못하거나 손해전보의 일환으로 행하여진 것에 불과하여 병원 측으로서는 환자에 대하여 수술비와 치료비의 지급을 청구할 수 없다. 그리고 이는 손해의 발생이나 확대에 피해자 측의 귀책사유가 없는데도 공평의 원칙상 피해자의 체질적 소인이나 질병과 수술 등 치료의 위험도 등을 고려하여 의사의 손해배상책임을 제한하는 경우에도 마찬가지이다(대법원 1993. 7. 27. 선고 92다15031 판결, 대법원 2015. 11. 27. 선고 2011다28939 판결 등 참조)."

116) 대법원 2003. 7. 22. 선고 2002다35676 판결 "매매목적물의 하자로 인한 확대손해에 대하여 매도인에게 배상책임을 지우기 위해서는 하자 없는 목적물을 인도하지 못한 의무위반 사실 외에 그러한 의무위반에 대하여 매도인에게 귀책사유가 있어야 한다."

인한 지연배상청구권을 행사할 수 있을 것이다. 나아가 채권자가 상당한 기간을 정하여 이행을 최고하여도 채무자가 이행을 하지 않는 때에는 계약을 해제할 수 있다.[117)]

2) 완전이행이 불가능한 경우

완전이행이 불가능한 경우에 채권자는 채무자의 불완전이행의 결과 확대손해가 발생하였다면 그에 대한 배상과 전보배상을 청구할 수 있다(제390조; 제393조 제2항). 이 경우 불법행위요건(제750조)을 충족하는 때에는 불법행위로 인한 손해배상청구권도 경합한다.

3) 완전이행청구권·추완청구권·손해배상청구권·계약해제권의 소멸시효기간

민법은 하자담보책임의 행사기간을 매매의 경우에는 6개월(제582조), 도급의 경우에는 1년(제670조)의 제척기간으로 제한하고 있다. 이에 대하여 학설이 나뉘고 있다. 즉 불완전이행이 있는 경우 완전이행청구권·추완청구권·손해배상청구권·계약해제권은 모두 신의칙상 상당한 기간이 지나면 소멸한다는 견해[118)]가 있고, 이들 중에서 손해배상청구권만 10년의 시효에 걸린다는 견해,[119)] 불완전이행의 경우에도 하자담보책임규정이 우선하여 적용되어야 하기 때문에 단기 제척기간이 적용되는 것이 타당하다는 견해,[120)] 불완전이행의 경우에 채권자는 손해배상청구권과 계약해제권만 가지게 되고, 채권자의 그러한 권리가 이행지체·이행불능에서와 다르게 취급될 이유가 없어 단기의 소멸시효에 걸리지 않는다는 견해[121)] 등이 있다.

---

117) 대법원 1996. 11. 26. 선고 96다27148 판결 "수임인이 위임계약상의 채무를 제대로 이행하지 아니하였다 하여 위임인이 언제나 최고 없이 바로 그 채무불이행을 이유로 하여 위임계약을 해제할 수 있는 것은 아니고, 아직도 수임인이 위임계약상의 채무를 이행하는 것이 가능하다면 위임인은 수임인에 대하여 상당한 기간을 정하여 그 이행을 최고하고, 수임인이 그 기간 내에 이를 이행하지 아니할 때에 한하여 계약을 해제할 수 있다."

118) 곽윤직, 95면; 김용한, 166면; 김주수, 146면.

119) 김상용, 136면.

120) 오시영, 192면.

121) 송덕수, 154면.

4. '기타의 행위의무' 위반

(1) 의 의

채무자는 채권내용의 완전한 실현을 위해서 급부의무 이외에 신의칙에 의한 여러 행위를 부담한다.[122] 예컨대 설명의무·배려의무·정보제공의무·주의의무·비밀유지의무 등이 급부의무 이외의 '기타의 행위의무'에 속한다. 이를 위반하는 것도 불완전이행이 성립한다.

(2) 요 건

1) '기타의 행위의무'의 위반이 있을 것

이 경우의 채무불이행이 성립하려면 '기타의 행위의무'[123]의 위반이 있어야 한다. 반드시 이행행위가 있어야 하는 것은 아니고 이행행위가 없어도 '기타의 행위의무'의 위반이 있으면 된다. '기타의 행위의무'는 법률규정이나 신의칙 또는 계약에 의하여 발생한다.

2) 채무자의 유책사유가 있을 것

채무자의 책임 있는 사유가 존재하여야 한다. 이 요건도 다른 채무불이행에서와 마찬가지로 채무자가 자신에게 과실 없음을 주장·증명하여야 한다.[124]

---

122) 여기의 '신의칙에 의한 여러 행위'를 「신의칙상의 부수의무」라고 하거나 「기타의 행위의무」라고 하기도 한다.

123) '기타의 행위의무'는 그 발생원인을 불문하고 단지 손해배상청구권만에 의하여 제재를 당하는 의무(특정물채무자의 선관주의 보존의무(제374조), 채권자에게 신체적·재산적 손해를 가하지 않아야 할 의무 등)이며 계약목적의 달성을 적극적으로 촉진하는 의무(안전배려의무·설명의무 등)일 수도 있으나, 채권자의 완전성의 이익의 보호만을 목적으로 하는 것일 수도 있다고 한다(송덕수, 55면 참조).

124) 대법원 2000. 11. 24. 선고 2000다38718 판결 "공중접객업인 숙박업을 경영하는 자가 투숙객과 체결하는 숙박계약은 숙박업자가 고객에게 숙박을 할 수 있는 객실을 제공하여 고객으로 하여금 이를 사용할 수 있도록 하고 고객으로부터 그 대가를 받는 일종의 일시 사용을 위한 임대차계약으로서 객실 및 관련 시설은 오로지 숙박업자의 지배 아래 놓여 있는 것이므로 숙박업자는 통상의 임대차와 같이 단순히 여관 등의 객실 및 관련 시설을 제공하여 고객으로 하여금 이를 사용·수익하게 할 의무를 부담하는 것에서 한 걸음 더 나아가 고객에게 위험이 없는 안전하고 편안한 객실 및 관련 시설을 제공함으로써 고객의 안전을 배려하여야 할 보호의무를 부담하며 이러한 의무는 숙박계약의 특수성을 고려하여 신의칙상 인정되는 부수적인 의무로서 숙박업자가 이를 위반하여 고객의 생명·신체를 침해하여 투숙객에게 손해를 입힌 경우 불완전이행으로 인한 채무불이행책임을 부담하고, 이 경우 피해자로서는 구체적 보호의무의 존재와 그 위반 사실을 주장·입증하여

3) '기타의 행위의무'의 위반이 위법할 것

이 또한 채무불이행의 하나로 보게 되므로 채무불이행의 요건과 마찬가지로 위법성이 요구된다.

(3) '기타의 행위의무'의 위반의 효과

'기타의 행위의무'의 위반의 요건이 갖추어지면 채무불이행에서와 마찬가지로 채권자는 손해배상청구권을 행사할 수 있다. '기타의 행위의무'의 위반이 계약에 의하여 발생한 것이면 일정한 요건 하에서 계약을 해제·해지할 수 있을 것이다.

Ⅲ. 손해배상

1. 의 의

(1) 채무자의 귀책사유로 인한 채무불이행이 있으면 채권자는 채무자에 대하여 손해배상을 청구할 수 있다(제390조).

(2) 손해배상청구권의 발생원인은 법률행위에 의한 경우와 법률의 규정에 의한 경우가 있다.

(3) 채무불이행으로 인한 손해배상(제390조)의 경우에는 채권·채무관계를 전제

야 하며 숙박업자로서는 통상의 채무불이행에 있어서와 마찬가지로 그 채무불이행에 관하여 자기에게 과실이 없음을 주장·입증하지 못하는 한 그 책임을 면할 수는 없다."; 대법원 2018. 2. 13. 선고 2017다275447 판결 "甲이 전자상거래 사이트를 통해서 乙영농조합법인이 운영하는 리조트의 숙박권을 구매하였고, 위 숙박권에는 무료 승마체험이 포함되어 있었는데, 甲이 리조트에 숙박하면서 승마체험을 요청하자 乙법인의 이사가 丙에게 부탁하여 甲이 승마체험을 할 수 있게 하였고, 이에 甲이 丙의 지도하에 승마체험을 하던 중 말에서 떨어져 상해를 입은 사안에서, 숙박권 구매 계약에는 乙법인이 甲에게 숙박을 위한 리조트 객실을 제공하는 것 외에도 리조트에 머무는 동안 숙박이용자 1인에 대한 무료 승마체험서비스를 제공하는 것 역시 계약의 내용으로 되어 있고, 乙법인이 甲에게 제공하기로 한 승마체험은 甲이 말에 올라타 걷거나 달리는 동작을 체험할 수 있도록 하는 것을 말하는데, 丙이 乙법인의 부탁으로 甲에게 숙박권 구매 계약에 포함된 승마체험 서비스를 제공하기 위해서 채무의 이행행위에 속하는 승마 지도활동을 하였으므로, 채무자의 지시·감독을 받았는지 여부나 호의로 활동하였는지 여부와 관계없이 민법 제391조에서 정한 이행보조자에 해당하며, 乙법인의 이행보조자인 丙이 甲을 상대로 미리안전장비 착용 여부 등을 확인하고 안전에 관한 주의를 촉구하며 甲의 능력과 신체상태를 적절하게 확인하여 승마를 지도할 책임이 있는데도 이를 게을리한 잘못이 있으므로, 채무자인 乙법인이 민법 제391조에 따라 위 사고에 대하여 과실이 있다."

로하여 채무자가 채무의 내용에 좇은 이행을 하지 않음으로써 채권자가 입은 손해를 배상한다. 반면 불법행위로 인한 손해배상(제750조)의 경우에는 채권·채무관계를 전제로 하지 않고 위법행위로 인하여 타인에게 손해를 가한 경우에 가해자에게 그 배상책임을 묻게 된다는 점에서 양자는 차이가 있다. 그러나 채무의 이행불능으로 인한 손해배상을 하도록 하는 점과 불법행위로 인해 발생하는 손해를 배상하도록 한다는 점에서 양자가 공통점을 가지고 있다.

(4) 민법은 채무불이행으로 인한 손해배상에 대한 대부분의 규정은 불법행위로 인한 손해배상에도 준용하도록 하고 있다(제763조). 즉 손해배상의 범위(제394조)·과실상계(제396조)·손해배상자의 대위(제399조) 등에 관한 규정을 불법행위로 인한 손해배상의 경우에 준용하도록 하고 있다.

(5) 이러한 손해배상에 관하여 민법은 그 범위(제393조)·방법(제394조)·과실상계(제396조)·배상액의 예정(제398조)·배상자 대위권 행사방법(제399조) 등에 관하여 규정하고 있다.

2. 손 해

(1) 손해의 의의

1) 손해란 피해자가 일정한 원인에 의하여 법익의 침해를 받아 입은 불이익이다.

2) 우리 학설은 차액설(통설·판례)과 현실적 손해설(구체적 손해설)로 나뉘어 있다. 차액설은 위법행위가 없었다면 존재하였을 이익과 그 위법행위가 있은 후의 현재의 이익의 차이가 손해라고 한다. 현실적 손해설(구체적 손해설)은 차액설이 재산적 손해에 적합할 뿐 비재산적 손해에는 적합하지 않다고 하면서 가해자의 침해로 피해자가 현실적으로 입게된 불이익을 손해로 보아야 한다고 한다.[125)]

3) 손해는 재산적인 것도 있고 비재산적인 것도 있어 '차액설'이나 '현실적(구체적) 손해설' 중 하나만을 택하여 손해를 결정할 수 있는 것은 아니다. 현재의 다수설은 차액설이지만 현실적·구체적으로 발생한 불이익을 감안할 때 구체적 손해설

125) 김상용, 146면.

도 타당성이 없는 것은 아니다. 따라서 재산적 손해에 대해서는 차액설에 의하여 계산하되 개별적이고 구체적인 사정 등을 종합적으로 고려하여 합리적으로 결정하여야 할 것이다.[126)]

(2) 손해의 종류

1) 재산적 손해와 비재산적 손해

재산적 손해와 비재산적 손해를 분류기준에 대한 두 견해가 있다. 피해법익설은 침해되는 법익을 기준으로 하는 것으로서, 재산에 관하여 생긴 손해가 재산적 손해이고, 생명·신체·자유·명예 등의 비재산적 법익에 관하여 생긴 손해가 비재산적 손해라고 한다.[127)] 피해결과설은 침해행위의 결과로 발생하는 손해가 재산적인 것인가 비재산적인 것인가에 따라 전자를 재산적 손해, 후자를 비재산적 손해라고 한다.[128)] 판례는 피해결과설의 입장이다.[129)] 피해법익설에 따르면 생명·

---

126) 대법원 1992. 6. 23. 선고 91다33070 전원합의체 판결 "불법행위로 인한 재산상 손해는 위법한 가해행위로 인하여 발생한 재산상 불이익, 즉 그 위법행위가 없었더라면 존재하였을 재산상태와 그 위법행위가 가해진 현재의 재산상태의 차이를 말하는 것이고, 그것은 기존의 이익이 상실되는 적극적 손해의 형태와 장차 얻을 수 있을 이익을 얻지 못하는 소극적 손해의 형태로 구분된다." 참조; 대법원 1993. 7. 27. 선고 92다15031 판결 "불법행위로 인한 일실이익손해를 피해자의 노동능력상실률을 인정평가하는 방법에 의하여 산정할 경우 피해자가 후유증에도 불구하고 종전과 같은 직장에서 종전과 다름없이 수입을 얻고 있다고 하더라도 달리 특별한 사정이 없는 한 피해자가 신체적인 기능의 장애로 인하여 아무런 재산상 손해도 입지 않았다고 단정할 수는 없고, 또한 피해자가 사실심의 변론종결시까지 종전 직장으로부터 종전과 같은 보수를 지급받았다고 하더라도 그것이 사고와 상당인과관계에 있는 이익이라고는 볼 수 없어 가해자가 배상하여야 할 손해액에서 그 보수액을 공제할 것은 아니다." 이 판결은 우리 대법원이 규범적 손해를 인정하고 있는 것이라고 보는 견해도 있다(송덕수, 160면). 「규범적 손해」란 어떤 가해원인에 의하여 피해자에게 피해가 발생했지만 그것이 손해배상이 아닌 다른 방법으로 전보되어 피해자의 재산상태가 가해 전후에 차이가 없는 경우에도 손해가 존재한다고 보는 독일의 학설을 도입한 것이다(Vergl., Brox, S. 186).

127) 곽윤직, 107면; 현승종, 156면.

128) 김재정, 602면; 김상용, 147면; 김용한, 194면;

129) 대법원 1992. 6. 23. 선고 91다33070 전원합의체 판결 "불법행위로 인한 재산상 손해는 위법한 가해행위로 인하여 발생한 재산상 불이익, 즉 그 위법행위가 없었더라면 존재하였을 재산상태와 그 위법행위가 가해진 현재의 재산상태의 차이를 말하는 것이고, 그것은 기존의 이익이 상실되는 적극적 손해의 형태와 장차 얻을 수 있을 이익을 얻지 못하는 소극적 손해의 형태로 구분된다."; 대법원 1998. 9. 22. 선고 98다2631 판결 "불법행위로 인한 재산상 손해는 위법한 가해행위로 인하여 발생한 재산상 불이익, 즉 그 위법행위가 없었더라면 존재하였을 재산상태와 그 위법행위가 가해진 현재의 재산상태의 차이를

신체 등 비재산적 법익의 침해에 의하여 발생하는 치료비·일실소득 등은 순수한 재산적 손해임에도 불구하고 비재산적 손해로 분류될 수 있어 부적절하다. 따라서 피해결과설처럼 손해(불이익)를 기준으로 하여 그 중에서 재산적인 것을 재산적 손해라고 하고, 비재산적인 것을 비재산적 손해라고 함이 타당하다. 그렇게 되면 치료비나 일실소득 등은 재산적 손해로 분류할 수 있게 된다.

비재산적 손해는 일반적으로 정신적인 이익에 대한 침해로 인한 손해를 말한다. 이를 '정신적 손해'라고도 하는데 여기에는 순수한 정신적 손해(심리적 고통)만 있는 것이 아니고 실제로 느끼는 신체적 고통도 있어 정확한 표현이라고 볼 수 없다. 비재산적 손해에 대한 배상을 위자료(慰藉料)라고 한다.

2) 적극적 손해와 소극적 손해

적극적 손해란 채권자가 물건의 멸실·훼손이나 신체침해로 치료비의 지출과 같이 기존의 이익이 멸실 또는 감소됨에 따른 손해를 말하고, 소극적 손해란 채권자가 장차 얻을 수 있을 이익(逸失利益)을 얻지 못함으로써 입게 되는 손해를 말한다. 적극적 손해와 소극적 손해의 구별실익은 적극적 손해는 통상의 손해(제393조 제1항 참조)로, 소극적 손해는 특별손해(제393조 제2항 참조)로 되는 경우가 많다는 데 있다. 우리 판례도 두 손해의 구별을 인정하고 있다.[130)]

3) 직접적 손해와 간접적 손해

직접적 손해란 가해행위로 인하여 기존 이익(법익)의 멸실 또는 감소로 생긴 불이익(예, 신체침해로 인한 치료비, 멸실된 물건의 가치 등)을 말하고, 간접적 손해란 기존 이익(법익)에 대한 침해의 결과로 생기는 손해(신체침해로 인한 노동수익의 결손 등)를 말한다.[131)]

말하는 것이므로, 무효인 소유권이전등기를 유효한 등기로 믿고 그 경매절차에서 이를 경락받았다면 그를 위하여 출연한 금액 즉 경락대금과 그 이후 소유권이전등기를 하는데 들어간 등록세와 등기비용은 소유권이전등기말소등기청구의 소가 제기되었음에도 수소법원이 예고등기의 촉탁을 하지 아니한 불법행위와 상당인과관계 있는 손해로 볼 수 있다."

130) 대법원 1998. 7. 10. 선고 96다38971 판결 "불법행위로 인한 재산상 손해는 위법한 가해행위로 인하여 발생한 재산상 불이익, 즉 그 위법행위가 없었더라면 존재하였을 재산상태와 그 위법행위가 가해진 현재의 재산상태의 차이를 말하는 것이고, 그것은 기존의 이익이 상실되는 적극적 손해의 형태와 장차 얻을 수 있을 이익을 얻지 못하는 소극적 손해의 형태로 구분된다."

4) 이행이익(履行利益)과 신뢰이익(信賴利益)

① 이행이익(적극적 이익)이란 법률행위(계약)가 유효함으로 그 이행으로 얻게 될 이익을 말하고, 신뢰이익(소극적 이익)이란 법률행위가 무효이거나 취소됨으로써 채무 자체가 발생하지 않은 경우에 그 법률행위를 유효한 것으로 믿음으로써 입게 되는 손해를 말한다. 이행이익은 법률행위가 유효하지만 이행되지 않은 때에 문제가 되고, 신뢰이익은 계약이 무효로 된 경우(예, 원시적 불능·착오취소로 인하여 무효로 된 경우 등)에 문제된다.

② 민법은 제535조 제1항에서 이행이익의 배상과 신뢰이익의 배상을 규정하고 있다. 그러나 신뢰이익은 이행이익을 초과하지 못한다고 규정한다(제535조 제1항 단서).

③ 판례도 신뢰이익의 개념과 계약체결상의 과실(제535조)에 관하여 인정하고 있다.[132]

---

131) 직접적 손해와 간접적 손해의 개념은 직접적 피해자와 간접적 피해자의 개념과의 혼동을 피하기 위해서 간접적 손해를 후속손해라고 표현하는 것이 좋다는 견해도 있다(송덕수, 163면); 대법원 1995. 12. 12. 선고 95다11344 판결 "불법행위의 직접적 대상에 대한 손해가 아닌 간접적 손해는 특별한 사정으로 인한 손해로서 가해자가 그 사정을 알았거나 알 수 있었을 것이라고 인정되는 경우에만 배상책임이 있다고 할 것인바, 가해 차량이 전신주를 충격하여 전선을 절단케 함으로써 그 전선으로부터 전력을 공급받아 비닐하우스 내 전기 온풍기를 가동하던 피해자가 전력 공급의 중단으로 전기온풍기의 작동이 중지됨으로 인하여 입은 손해는 특별한 사정으로 인한 손해로서 가해자가 사고 당시에 이러한 사정을 알았거나 알 수 있었을 때에만 그 책임을 부담한다."

132) 대법원 2003. 10. 23. 선고 2001다75295 판결 "채무불이행을 이유로 계약해제와 아울러 손해배상을 청구하는 경우에 그 계약이행으로 인하여 채권자가 얻을 이익 즉 이행이익의 배상을 구하는 것이 원칙이지만, 그에 갈음하여 그 계약이 이행되리라고 믿고 채권자가 지출한 비용 즉 신뢰이익의 배상을 구할 수도 있다고 할 것이고, 그 신뢰이익 중 계약의 체결과 이행을 위하여 통상적으로 지출되는 비용은 통상의 손해로서 상대방이 알았거나 알 수 있었는지의 여부와는 관계없이 그 배상을 구할 수 있고, 이를 초과하여 지출되는 비용은 특별한 사정으로 인한 손해로서 상대방이 이를 알았거나 알 수 있었던 경우에 한하여 그 배상을 구할 수 있다."; 대법원 2017. 2. 15. 선고 2015다235766 판결 "채무불이행을 이유로 계약을 해제하거나 해지하고 손해배상을 청구하는 경우에, 채권자는 채무가 이행되었더라면 얻었을 이익을 얻지 못하는 손해를 입은 것이므로 계약의 이행으로 얻을 이익, 즉 이행이익의 배상을 구하는 것이 원칙이다. 그러나 채권자는 그 대신에 계약이 이행되리라고 믿고 지출한 비용의 배상을 채무불이행으로 인한 손해라고 볼 수 있는 한도에서 청구할 수도 있다. 이러한 지출비용의 배상은 이행이익의 증명이 곤란한 경우에 증명을 용이하게 하기 위하여 인정되는데, 이 경우에도 채권자가 입은 손해, 즉 이행이익의 범위를 초과할 수는 없다."

3. 손해배상

(1) 의 의

손해배상이란 불법한 원인으로 발생한 손해를 피해자 이외의 자가 전보(塡補)하는 것을 말한다. 배상과 구별하여야 할 개념으로 보상(補償)이 있다. 배상이 불법행위로 인한 손해의 전보인 데 반하여 보상은 적법한 원인으로 발생한 손해 또는 손실을 전보하는 것을 말한다(제216조 제2항·제218조 제1항·제219조 제2항·제220조 제1항·제226조 제2항·제228조·제230조 제1항·제261조 등).

(2) 손해배상의 방법

1) 손해배상의 방법에는 금전배상주의와 원상회복주의가 있다.

2) 금전배상주의는 손해를 금전으로 평가하여 배상하게 하는 방법으로서 손해를 금전으로 배상하므로 이행불능이 없게 되는 장점이 있다. 그러나 손해를 금전으로 평가하는 방법 등이 쉬운 일이 아니어서 손해의 범위를 두고 당사자 사이에 다툼의 여지가 있다는 단점도 아울러 가지고 있다. 원상회복주의는 손해가 발생하지 않았던 원래의 상태를 현실적으로 회복하는 손해배상방법이다. 이 방법은 가장 이상적이지만 원래의 상태로 회복시키는 것이 채무자에게 지나치게 불리하거나 불가능한 경우(예, 사망·상해 등)가 많다는 단점이 있다.

3) 민법은 금전배상주의를 원칙으로 규정하고 있다(제394조). 다만 다른 의사표시[133]가 있거나(제394조) 법률에 다른 규정이 있는 때[134]에는 예외를 인정하고 있다.[135]

133) 여기의 '다른 의사표시'란 당사자 일방의 의사표시가 아니고 양 당사자의 합의를 의미한다.

134) 제764조, 광업법 제77조, 부정경쟁방지 및 영업비밀 보호에 관한 법률 제6조, 특허법 제131조 등.

135) 대법원 1995. 9. 15. 선고 94다61120 판결 "신용장개설은행의 손해액을 신용장결제대금에 관한 구상금 채권액의 범위 내에서 운송물이 불법인도되어 멸실된 당시의 시가 상당액으로 파악하고, 그 시가를 신용장개설은행이 통지은행들에게 미 달러화로 지급한 운송물 대금 상당이라고 본다면, 미 달러화로 표시된 그 시가를 멸실 당시의 외국환시세에 의하여 우리나라 통화로 환산한 금액이 그 멸실 당시의 가액이 되는 것이고, 한편 불법행위로 인한 손해배상의 방법에 관하여 규정하고 있는 민법 제763조, 제394조 소정의 "금전"이라 함은 우리나라의 통화를 가리키는 것이어서 불법행위로 인한 시가 상당의 손해배상을 구하는 채권은 당사자가 외국통화로 지급하기로 약정하였다는 등의 특별한 사정이 없는 한 채권액이 외국통화로 지정된 외화채권이라 할 수 없으며, 미 달러화로 표시된 위

(3) 손해배상청구권

1) 발생요건

① 채무불이행으로 인한 손해배상청구권이 발생하기 위해서는 우선 손해가 현실적으로 발생하여야 한다. 또한 손해의 현실적 발생여부는 사회통념상 객관적이고 합리적으로 판단된 배상범위에 해당하여야 한다.[136] 또 이러한 것은 채권자(피해자)가 증명하여야 한다.[137] 다만, 채무불이행으로 인한 손해배상책임이 인정

시가를 우리나라 통화로 환산함에 있어서는 달리 특별한 사정이 없는 한 기준환율에 의하여 환산함이 상당하고 대고객 전신환매도율에 의하거나 대고객 전신환매입율에 의하여 환산할 것은 아니다."; 대법원 2005. 7. 28. 선고 2003다12083 판결 "채무불이행으로 인한 손해배상을 규정하고 있는 민법 제394조는 다른 의사표시가 없는 한 손해는 금전으로 배상하여야 한다고 규정하고 있는바, 위 법조 소정의 금전이라 함은 우리나라의 통화를 가리키는 것이어서 채무불이행으로 인한 손해배상을 구하는 채권은 당사자가 외국통화로 지급하기로 약정하였다는 등의 특별한 사정이 없는 한 채권액이 외국통화로 지정된 외화채권이라고 할 수 없다."

136) 대법원 1998. 4. 24. 선고 97다28568 판결 "[1] 불법행위나 채무불이행으로 인한 손해배상청구권이나 부당이득반환청구권은 비록 현실적으로 손해가 발생한 때에 성립하는 것이라고 할지라도 현실적으로 손해가 발생하였는지 여부는 사회통념에 비추어 객관적이고 합리적으로 판단하여야 한다. [2] 부동산의 매수인이 매매계약을 체결한 후 매도인으로부터 부동산을 인도받아 입주까지 마쳤고, 그 후 매수인이 별도의 약정을 통하여 매도인과 사이에 매도인이 당해 부동산을 담보로 대출받을 금액의 반환채무에 대하여 이행을 인수하기로 하고 그 이행인수금을 제외한 나머지 매매대금 중 일부를 지급한 상태에서, 매도인이 당초 대출받기로 약정한 금액을 초과한 금액을 대출받고 그 초과대출금을 변제하지도 않은 채 매수인에 대하여 매매대금의 잔금 전액에 대한 지급청구권을 행사하는 경우, 매수인으로서는 부동산에 대한 소유권이전등기청구권을 보전하기 위하여 매도인이 약정보다 초과하여 대출받은 금원까지도 변제하지 않을 수 없게 된 손해를 입었다고 할 것이고, 이와 같은 매수인의 손해는 사회통념상 현실적으로 발생한 손해라고 봄이 상당하다."

137) 대법원 2000. 2. 11. 선고 99다49644 판결 "[1] 채무불이행으로 인한 손해배상 예정액의 청구와 채무불이행으로 인한 손해배상액의 청구는 그 청구원인을 달리하는 별개의 청구이므로 손해배상 예정액의 청구 가운데 채무불이행으로 인한 손해배상액의 청구가 포함되어 있다고 볼 수 없고, 채무불이행으로 인한 손해배상액의 청구에 있어서 손해의 발생 사실과 그 손해를 금전적으로 평가한 배상액에 관하여는 손해배상을 구하는 채권자가 주장·입증하여야 하는 것이므로, 채권자가 손해배상책임의 발생원인 사실에 관하여는 주장·입증을 하였더라도 손해의 발생 사실에 관한 주장·입증을 하지 아니하였다면 변론주의의 원칙상 법원은 당사자가 주장하지 아니한 손해의 발생 사실을 기초로 하여 손해액을 산정할 수는 없다. [2] 금전채무 불이행에 관한 특칙을 규정한 민법 제397조는 그 이행지체가 있으면 지연이자 부분만큼의 손해가 있는 것으로 의제하려는 데에 그 취지가 있는 것이므로 지연이자를 청구하는 채권자는 그만큼의 손해가 있었다는 것을 증명할 필요가 없는 것이나, 그렇다고 하더라도 채권자가 금전채무의 불이행을 원인으로 손해배상을 구할 때에 지연이자 상당의 손해가 발생하였다는 취지의 주장은 하여야 하는 것이지 주장조차 하지 아니하여 그 손해를 청구하고 있다고 볼 수 없는 경우까지 지연이자 부분만큼의

된다면 손해액에 관한 증명이 불충분하다 하더라도 법원은 그 이유만으로 손해배상청구를 배척할 것이 아니라 그 손해액에 관하여 적극적으로 석명권을 행사하고 증명을 촉구하여 이를 밝혀야 한다고 한다.[138]

② 불법행위나 채무불이행으로 인한 손해배상청구권은 현실적으로 손해가 발생한 때에 성립하는 것이고, 이때 현실적으로 손해가 발행하였는지 여부는 사회통념에 비추어 객관적이고 합리적으로 판단하여야 한다.[139]

손해를 인용해 줄 수는 없는 것이다."

138) 대법원 1987. 12. 22. 선고 85다카2453 판결 "불법행위로 인하여 손해가 발생한 사실이 인정되는 경우에는 법원은 손해액에 관한 당사자의 주장과 입증이 미흡하더라도 적극적으로 석명권을 행사하여 입증을 촉구하여야 하고 경우에 따라서는 직권으로라도 손해액을 심리·판단하여야 한다."; 대법원 2011. 7. 14. 선고 2010다103451 판결 "불법행위로 인하여 손해가 발생한 사실이 인정되는 경우에는 법원은 손해액에 관한 당사자의 주장과 입증이 미흡하더라도 적극적으로 석명권을 행사하여 입증을 촉구하여야 하고, 경우에 따라서는 직권으로라도 손해액을 심리·판단하여야 한다."; 대법원 2006. 1. 27. 선고 2005다52078 판결 "원고는 이 사건 계약이 피고의 채무불이행으로 인하여 해제되었으므로 계약금이 위약금으로서 원고에게 귀속된다고 주장하여 제1심에서는 대부분 승소하였고, 또한 원심에서 피고가 계약금을 위약금으로 하기로 하는 특약이 없으므로 '원고는 스스로 자신의 손해발생 내역과 범위에 관하여 주장·입증을 하여야' 한다는 주장을 하자 원고는 이를 반박하면서 피고의 채무불이행으로 인하여 '현재 엄청난 정신적, 재산적 손해를 보고 있는 실정'이라고 주장하였음을 알 수 있으므로(원고의 2005. 6. 21.자 준비서면 참조), 소송의 경과 등에 비추어 볼 때 원고의 위 주장에는 예비적으로 이 사건 계약의 해제로 인하여 원고가 실제로 입은 손해의 배상을 구하는 취지가 포함되어 있다고 볼 여지가 있고, 또한 원심의 인정과 같이 피고가 2002. 10. 8.경 이 사건 식당을 넘겨받아 운영하였고 원고가 2002. 11. 14. 무렵에야 이를 돌려받아 영업을 재개하였다고 한다면 원고로서는 이러한 사정으로 인하여 손해를 입었다고 볼 수밖에 없을 것이므로, 원심으로서는 원고의 본소 청구에는 피고의 채무불이행으로 인하여 원고가 실제로 입은 손해의 배상을 구하는 취지도 포함되어 있는지 석명을 구하여 보고, 만약 그러하다면 그 손해액에 대한 입증이 불충분하다 하더라도 그 이유만으로 원고의 이 부분 청구를 배척할 것이 아니라 그 손해액에 관하여 적극적으로 석명권을 행사하고 입증을 촉구하여 이를 밝혀야 할 것인데도 (대법원 1992. 4. 28. 선고 91다29972 판결, 1997. 12. 26. 선고 97다42892, 42908 판결 참조), 위 손해액에 대한 입증이 없다는 이유를 들어 원고의 위 청구를 가볍게 배척하고 말았으니, 거기에는 손해액에 관한 심리미진 또는 석명권 불행사의 위법이 있다고 아니할 수가 없다."; 대법원 2008. 2. 14. 선고 2006다37892 판결; "채무불이행으로 인한 손해배상책임이 인정된다면 손해액에 관한 입증이 불충분하다 하더라도 법원은 그 이유만으로 손해배상청구를 배척할 것이 아니라 그 손해액에 관하여 적극적으로 석명권을 행사하고 입증을 촉구하여 이를 밝혀야 하는 것이다."

139) 대법원 2004. 11. 26. 선고 2003다58959 판결 "불법행위로 인한 손해배상청구권은 현실적으로 손해가 발생한 때에 성립하는 것이고, 현실적으로 손해가 발생하였는지 여부는 사회통념에 비추어 객관적이고 합리적으로 판단하여야 하는 것인바, 제3채무자가 채권에 대한 가압류가 있음을 이유로 변제공탁을 하면서 공탁원인사실에 가압류채권자의 가압류에

③ 손해배상청구권은 손해가 현실화되기 전이라도 인정된다. 그리하여 상해로 인한 치료비 지급과 관련하여 현실적으로 치료비를 지급하지 않았더라도 치료를 받아야 할 것인 때에는 치료비 상당액의 손해가 발생하였다고 한다.[140] 또한 재물의 손괴로 인한 손해는 그것이 수리가 가능하면 수리비 상당액, 수리가 불가능하면 그로 인한 가치감소액이고 그 손해는 손괴와 동시에 발생한 것이므로 수리가 가능한 경우 그 수리가 끝난 후에만 손해배상청구를 할 수 있는 것은 아니고 수리 전이라도 예상수리비에 관한 객관적이고 합리적인 평가가 있으면 그 평가액을 수리비로 청구할 수 있다.[141]

관한 기재를 누락함으로 인하여 그 후 이루어진 공탁금에 대한 배당절차에서 가압류채권자가 배당을 받지 못하였다고 하더라도, 가압류채권자로서는 채무자의 다른 재산에 대하여 강제집행을 하거나, 배당절차에서 과다배당을 받게 된 자들을 상대로 부당이득반환청구를 함으로써 채권의 만족을 얻을 수 있는 것이므로, 제3채무자의 위와 같은 잘못으로 말미암아 채권의 만족을 받는 것이 곤란해졌다는 등의 특별한 사정이 없는 한 공탁원인사실에 가압류에 관한 기재가 누락되어 가압류채권자가 배당을 받지 못하게 되었다는 사유만으로 가압류채권자에게 그 배당을 받지 못한 금액 상당의 손해가 현실적으로 발생하였다고 할 수 없고, 그러한 손해가 현실적으로 발생하였다는 점에 대하여는 피해자인 가압류채권자가 이를 증명하여야 한다."

140) 대법원 1965. 3. 23. 선고 64다1899 판결 "손해배상청구권이 현실적으로 손해가 발생한 때에 성립하는 것이라 할지라도 그 현실적 손해란 비단 손해배상청구권자가 자기 수중으로부터 치료비 등을 직접 지급함으로써 손해가 현실적으로 발생한 때뿐만 아니라 치료비지급채무를 부담하거나 또는 현실적으로 재수술을 요하는 불가피한 사정에 의하여 금전지출을 하지 아니치 못함으로 인하여 손해를 받은 경우에도 현실적으로 손해발생이 있다고 볼 것이다."

141) 대법원 1989. 6. 27. 선고 87다카1966 판결 "재물의 손괴로 인한 손해는 그것이 수리가 가능하면 수리비 상당액, 수리가 불가능하면 그로 인한 가치감소액이고 그 손해는 손괴와 동시에 발생한 것이므로 수리가 가능한 경우 그 수리가 끝난 후에만 손해배상청구를 할 수있는 것이 아니고 수리 전이라도 예상수리비에 관한 객관적이고 합리적인 평가가 있으면 그 평가액을 수리비로 청구할 수 있다."; 대법원 1998. 4. 24. 선고 97다28568 판결 "[1] 불법행위나 채무불이행으로 인한 손해배상청구권이나 부당이득반환청구권은 비록 현실적으로 손해가 발생한 때에 성립하는 것이라고 할지라도 현실적으로 손해가 발생하였는지 여부는 사회통념에 비추어 객관적이고 합리적으로 판단하여야 한다. [2] 부동산의 매수인이 매매계약을 체결한 후 매도인으로부터 부동산을 인도받아 입주까지 마쳤고, 그 후 매수인이 별도의 약정을 통하여 매도인과 사이에 매도인이 당해 부동산을 담보로 대출받을 금액의 반환채무에 대하여 이행을 인수하기로 하고 그 이행인수금을 제외한 나머지 매매대금 중 일부를 지급한 상태에서, 매도인이 당초 대출받기로 약정한 금액을 초과한 금액을 대출받고 그 초과대출금을 변제하지도 않은 채 매수인에 대하여 매매대금의 잔금 전액에 대한 지급청구권을 행사하는 경우, 매수인으로서는 부동산에 대한 소유권이전등기청구권을 보전하기 위하여 매도인이 약정보다 초과하여 대출받은 금원까지도 변제하지 않을 수 없게 된 손해를 입었다고 할 것이고, 이와 같은 매수인의

④ 범법행위를 전제로 한 수익이 손해를 본 경우에는 손해에 포함되지 않는다.[142)]

2) 손해배상청구권자

① 직접피해자와 간접피해자

어떤 하나의 행위(불법행위·채무불이행)가 여러 사람에게 사실상 피해를 주는 경우가 있다. 예컨대 택시를 타고 공연장으로 가던 아이돌 가수가 그 택시의 사고로 중상을 입어 공연이 취소됨으로써 그 가수가 손해를 입게 되었고, 그 공연기획사측 역시 공연이 취소됨으로써 관객들에게 손해를 입히게 된 경우이다. 여기에서 가수는 직접적 피해자라고 하고, 공연기획사측은 간접적 피해자라고 한다.

민법은 이에 관한 명문의 규정을 가지고 있지 않지만 원칙적으로 직접적인 피해자만이 손해배상청구권을 갖는다고 하여야 한다(통설). 다만 간접적인 피해자는 법률의 규정(제752조)이 있는 경우에만 예외적으로 손해배상청구권을 갖는다고 할 것이다. 이렇게 손해배상청구권자를 제한하는 이유는 간접피해자에게 무한정 이를 인정할 경우 그 한계를 정할 수가 없기 때문이다.[143)]

채무불이행의 경우에는 채권자가 손해배상청구권을 가진다. 단, 제3자 보호효력이 있는 계약을 인정하는 경우에는 채권자와 밀접한 관계에 있는 제3자도 계약에 기한 손해배상청구권을 가질 수 있다.[144)]

② 제3자의 손해청산

제3자의 손해청산(Drittschadensliquidation)이란 계약상의 채무자가 자신의 계약상

손해는 사회통념상 현실적으로 발생한 손해라고 봄이 상당하다."

142) 대법원 1966. 10. 18. 선고 66다1635 판결 "일반적으로 일상용어에 있어서 위안부라 함은 매춘행위를 하는 여자를 지칭하는 것이므로 법률이 금하고 있는 매춘행위를 35세까지 계속할 수 있음을 전제로 하여 위안부가 타인의 불법행위 있는 사고로 인하여 상실한 수익손해액을 산출함에 있어 이러한 범법행위를 계속하여 얻을 수 있는 수익을 기초로 할 수는 없다."

143) 대법원 1999. 7. 27. 선고 99다19384 판결 "도시재개발법에 의하여 설립된 재개발조합의 조합원이 조합의 이사 기타 조합장 등 대표기관의 직무상의 불법행위로 인하여 직접 손해를 입은 경우에는 도시재개발법 제21조, 민법 제35조에 의하여 재개발조합에 대하여 그 손해배상을 청구할 수 있으나, 재개발조합의 대표기관의 직무상 불법행위로 조합에게 과다한 채무를 부담하게 함으로써 재개발조합이 손해를 입고 결과적으로 조합원의 경제적 이익이 침해되는 손해와 같은 간접적인 손해는 민법 제35조에서 말하는 손해의 개념에 포함되지 아니하므로 이에 대하여는 위 법 조항에 의하여 손해배상을 청구할 수 없다."

144) 송덕수, 165면.

의 채권자에 대한 계약상의 의무를 위반한 결과 그 손해가 계약상의 채권자가 아닌 제3자에게 발생한 경우에 계약상의 채권자가 실제로 손해를 입은 제3자를 위하여 자신이 직접 손해배상을 받아 제3자에게 교부하거나, 제3자에게 자신의 손해배상청구권을 양도하여 제3자로 하여금 손해배상청구권을 직접 행사하도록 하여 채권자·채무자·제3자 간의 손해배상관계를 청산하도록 하는 것을 말한다. 이러한 경우에 독일에서는 제3자의 손해청산이론에 의해서 피해자인 제3자의 손해배상청구권을 인정하고 있다. 우리 민법에서도 이 이론을 받아들여 간접대리(예, 상법 제101조), '기타의 행위의무' 위반 등의 경우에는 제3자 손해의 청산을 인정하고 있다. 예컨대 매매위탁인(丙)으로부터 위탁매매 의뢰를 받은 매매수탁인(甲)이 자기의 이름으로(법률상의 귀속주체) 매매위탁인(丙)의 계산으로(경제상의 귀속주체) 매도인(乙)으로부터 물건을 매수하였는데 매도인(乙)이 물건을 매매수탁인(甲)에게 인도해주지 않으면 채무불이행이 발생한다. 이 경우에 매매위탁인(丙)은 매도인(乙)의 채무불이행으로 인해 손해를 보았음에도 불구하고 자신이 직접 매매계약의 당사자가 아니라는 이유로 손해배상을 청구할 수 없고 매매수탁인(甲)은 간접대리인에 불과하다는 이유(경제상의 손해는 경제상의 귀속주체인 병이 보았으므로 매매수탁인에게는 실질적인 손해가 없다는 의미)로 양자가 모두 손해배상을 청구할 수 없다면 부당하다. 이러한 문제점을 해결하기 위하여 독일의 학설 및 판례는 일정한 요건하에 매매수탁인(甲)은 매매위탁인(丙)이 입은 손해에 대하여 매도인(乙)에 대하여 손해배상을 청구할 수 있도록 하고 있다.[145]

3) 손해배상청구권의 법적 성질

채무불이행으로 인한 손해배상청구권은 본래의 채권과 동일성을 가진다. 따라서 채무불이행으로 인한 손해배상청구권은 본래의 채권이 확장된 것(지연배상의 경우)이거나 또는 내용이 변경된 것(전보배상의 경우)이다. 그 결과 본래의 채권의 담보는 손해배상청구권의 담보로 기능한다(제334조·제360조·제429조 참조). 그리고 본래의 채권이 시효로 소멸하면 손해배상청구권도 시효로 소멸한다.[146] 또한 본래채권이 양도되면 이미 발생하고 있는 지연배상청구권도 원칙적으로 같이 이전된

145) 김형배, 270면.

146) 보통의 채권 시효는 10년, 상사 시효는 5년이고 기타 3년 또는 1년의 단기소멸시효 등이 적용된다.

다. 판례도 같은 입장이다.[147] 다만 원래의 채권이 손해배상청구권으로 변경된 경우 그 시효기간의 기산점은 채무불이행이 생긴 때부터 진행한다고 하여야 한다.[148]

(4) 손해배상의 범위

1) 의 의

민법 제393조에서 손해배상의 범위에 관하여 규정하고 있다. 즉 제1항은 "채무불이행으로 인한 손해배상은 통상의 손해를 그 한도로 한다."로 하여 「통상손해」를 배상하도록 하고, 제2항은 "특별한 사정으로 인한 손해는 채무자가 그 사정을 알았거나 알 수 있었을 때에 한하여 배상의 책임이 있다."고 하여 예견가능성이 있는 때에만 「특별손해」를 배상하도록 함으로써 손해배상의 범위를 제한하고 있다.

채무불이행으로 인한 손해가 발생한 경우 어느 범위까지 손해를 배상할 것인지를 결정하는 것은 쉬운 일이 아니다. 그러나 제393조의 규정으로 무한대로 확장되는 손해를 일정한 범위로 한정함으로써 모든 손해를 채무자가 배상하도록 하는 불합리로부터 손해의 공평한 부담이라는 손해배상제도의 지도원리를 관철하려고 한다.

2) 손해배상범위의 결정기준

위에서 본 것처럼 손해배상의 범위를 결정하는 것이 쉬운 일이 아니다. 그리하여 손해배상의 범위를 결정하는 기준에 관하여도 학설은 크게 ① 상당인과관계설, ② 규범목적설, ③ 위험성관련설로 나누어진다.

① 상당인과관계설 상당인과관계설은 원인·결과의 관계에 놓인 무한한 사실 가운데 객관적으로 보아 어떤 전행사실(前行事實)로부터 보통 일반적으로 초래되는 후행사실(後行事實)이 발생한다고 보일 때 전행사실과 후행사실 사이에 상당인과관계가 있다고 보아 손해배상의 범위를 결정하여야 한다는 견해이다(다수설).[149] 이 설은 어떤 사정 아래에서 상당인과관계를 고려해야 하는가에 따라

147) 대법원 2010. 9. 9. 선고 2010다28031 판결; 대법원 2008. 3. 14. 선고 2006다2940 판결; 대법원 2005. 1. 14. 선고 2002다57119 판결.

148) 송덕수, 166면; 오시영, 246면.

'주관적 상당인과관계설'·'객관적 상당인과관계설'·'절충설'로 견해가 나누어진다. 우리나라의 다수설은 절충설이다.[150] 절충설은 채무불이행 당시에 보통·평균인이 알 수 있었던 사정과 채무자가 특히 알고 있었던 사정을 함께 고려의 대상으로 삼아야 한다는 것이다. 즉 제393조 제1항은 채무불이행으로 인해 일반적으로 발생하는 통상손해에 대하여 상당인과관계를 인정하여 그 전부를 채무자로 하여금 배상하도록 하고(상당인과관계의 원칙을 선언), 제2항은 일반적으로 발생하지 않는 특별한 손해, 즉 특별한 사정에 기한 손해에 대해 원칙적으로 배상책임을 부정하면서도 예외적으로 채무자가 그 사정을 알았거나 알 수 있었던 때, 즉 주관적 상당인과관계가 인정되면 특별손해라고 하여 이를 손해배상의 범위에 포함시키고 있다.

② **규범목적설** 규범목적설은 손해배상책임의 기초가 되는 규범의 보호목적과 보호범위를 고려하여 손해배상의 범위를 합리적으로 제한하여야 한다고 하는 견해이다. 그리하여 규범목적설은 구체적인 손해배상청구권의 근거가 되는 규범의 보호목적을 손해배상책임의 기초로 하여야 한다고 한다. 이 견해는 손해를 1차손해와 후속손해로 나누며, 1차손해의 귀속근거는 제390조이고, 제393조는 후속손해에 관한 규정이라고 한다. 그러나 이 견해는 채무불이행으로 인한 손해배상은 채무자가 계약체결시에 고려한 손해만이 배상범위에 속하게 되는 결과로 부당하다는 비판을 받고 있다.

③ **위험성관련설** 위험성관련설은 채무불이행으로부터 발생한 손해를 제1차 손해와 그 제1차 손해를 기점으로 하여 야기된 손해를 후속손해로 구분하여, 제1차 손해는 제390조를 근거로 채무자에게 귀속되고, 후속손해는 제1차 손해가 가지는 위험성과 후속손해 사이의 평가적 관계(위험성관련)가 있는 경우에 한하여 채무자에게 귀속된다고 한다.[151] 그리고 이러한 위험성관련은 제1차 손해와 후속손해 사이의 관계가 우연적으로 발행하였거나 제1차 손해와 후속손해 사이에 후속손해를 발생시킬 우려가 있는 채권자의 위험한 행위가 개입한 경우를 제외하고는 일반적으로 후속손해를 인정하여야 한다고 한다. 이 견해에 의하면 제390조

149) 곽윤직, 113면; 김상용, 169면; 김용한, 202면; 김주수, 174면; 김학동, 134면; 윤철홍, 191면; 이은영, 287면.
150) 곽윤직, 115면; 김상용, 180면; 김용한, 202면; 김학동, 134면; 윤철홍, 194면; 이은영, 288면.
151) 김형배, 256면.

는 제1차 손해에 관한 규정이고, 제393조는 후속손해에 관한 규정이라고 한다.

④ **판 례** 판례의 기본입장은 다수설과 마찬가지로 상당인과관계설을 취하고 있다.[152] 그런데 판례가 공무원의 직무상 의무위반에 의한 국가배상책임

---

152) 대법원 1994. 12. 27. 선고 94다36285 판결 "가. 공무원에게 부과된 직무상 의무의 내용이 단순히 공공일반의 이익을 위한 것이거나 행정기관의 내부의 질서를 규율하기 위한 것이 아니고, 전적으로 또는 부수적으로 사회구성원 개인의 안전과 이익을 보호하기 위하여 설정된 것이라면, 공무원이 그와 같은 직무상 의무를 위반함으로 인하여 피해자가 입은 손해에 대하여는 상당인과관계가 인정되는 범위 내에서 국가나 지방자치단체가 손해배상 책임을 지는 것이고, 이때 상당인과관계의 유무를 판단함에 있어서는 일반적인 결과발생의 개연성은 물론 직무상의 의무를 부과하는 행동규범의 목적, 그 수행하는 직무의 목적 내지 기능으로부터 예견가능한 행위 후의 사정 및 가해행위의 태양이나 피해의 정도 등을 종합적으로 고려하여야 한다. 나. 호적법 제11조 제1항, 제14조 제1항, 구 호적법시행령(호적법 제135조 규정에 의하여 1990.12.31.부터 호적법시행규칙으로 대체되기 전의 것) 제12조 규정 등이 호적부와 제적부의 보관에 관하여 엄격한 관리의무를 부과하고 있는 이유는, 호적부나 제적부는 사람의 신분사항을 기재한 유일한 공부로서 그 기재내용이 진실에 부합되는 것으로 추정을 받기 때문에 만약 그 호적부나 제적부가 멸실·훼손되거나 불법적으로 변조 또는 위조되는 사태가 발생하게 되면, 국민 개개인이 신분상, 재산상의 권리에 관하여 회복할 수 없는 손해를 입게 될 우려가 있기 때문에 그와 같은 사태의 발생을 예방하기 위함에 있다고 할 것이고, 따라서 호적부나 제적부의 보관과 관리를 담당하는 공무원들은 자신의 직무의 목적과 기능이 단지 행정기관 내부에서의 호적부나 제적부의 보존·관리에만 있는 것이 아니라 호적부나 제적부가 외부로 반출되어 변조 또는 위조되는 것을 사전에 예방함으로써 타인이 이를 절취하여 위조된 제적부와 교체한 후 허위의 제적등본을 발급받아 불실의 상속등기를 경료하고 이에 터잡아 근저당권을 설정하여 주고 금원을 편취하는 등의 사태의 발생을 예방하여 국민 개개인의 이익을 보호하기 위한 데 있다는 것도 충분히 알고 있을 것이므로, 자신들이 야간에 그 보관을 소홀히 하게 되면 위와 같은 손해가 발생할 수 있다는 것을 능히 예견할 수 있다고 할 것이므로, 그 공무원들의 직무상 과실과 위 근저당권자가 입은 손해 사이에는 상당인과관계가 있다고 한 사례."; 대법원 2004. 5. 14. 선고 2004다7354 판결 "[1] 일반적으로 수임인은 위임의 내용에 따라 선량한 관리자의 주의의무를 다하여야 하고, 특히 소송대리를 위임받은 변호사는 그 수임사무를 수행함에 있어 전문적인 법률지식과 경험에 기초하여 성실하게 의뢰인의 권리를 옹호할 의무가 있으며, 구체적인 위임사무의 범위는 변호사와 의뢰인 사이의 위임계약의 내용에 의하여 정하여지는 것이지만, 위임사무의 종료단계에서 패소판결이 있었던 경우에는 의뢰인으로부터 상소에 관하여 특별한 수권이 없는 때에도 그 판결을 점검하여 의뢰인에게 불이익한 계산상의 잘못이 있다면 의뢰인에게 그 판결의 내용과 상소하는 때의 승소가능성 등에 대하여 구체적으로 설명하고 조언하여야 할 의무가 있다. [2] 소송대리를 위임받은 변호사의 선관주의의무 위반으로 인하여 패소 부분에 대한 항소권이 소멸한 후 부대항소를 제기하였으나 상대방이 항소를 취하함으로써 부대항소가 효력을 잃게 되어 판결이 확정된 경우, 의뢰인이 항소를 통하여 얻을 수 있었던 금원 상당이 변호사의 선관주의의무 위반과 상당인과관계가 있는 통상손해에 해당한다는 원심의 판단을 수긍한 사례."; 대법원 2010. 11. 11. 선고 2008다52369 판결 "투자신탁의 수익증권 판매 업무를 영위하는 회사가 고객에게 수익증권의 매수를 권유하면서 그 투자에 따르는 위험을 포함하여 당해 수익증권의 특성과 주요 내용을 충분히 설명하지 아니하거나

이 문제된 사안에서 상당인과관계의 유무를 판단하면서 규범의 목적 등도 고려하고 있는 것으로 보인다.[153)]

오해를 일으킬 수 있는 부실한 표시가 기재된 상품설명서를 제공하는 등 고객에 대한 설명의무를 위반한 경우, 그 판매회사가 고객에게 배상하여야 할 손해의 범위는 그 설명의무 위반과 상당인과관계 있는 손해에 한한다."; 대법원 2012. 1. 27. 선고 2010다81315 판결 "[1] 채무불이행으로 인한 손해배상의 범위를 정할 때에는 채무불이행과 손해 사이에 자연적 또는 사실적 인과관계가 존재하는 것만으로는 부족하고 이념적 또는 법률적 인과관계, 즉 상당인과관계가 있어야 한다. 따라서 채무자의 고의 또는 과실에 의하여 자신의 권리를 침해받은 채권자가 자신의 권리 보호를 위하여 부득이하게 외국에서 소송을 제기하고 그와 관련하여 변호사 비용을 지출할 수밖에 없었다고 하더라도 채권자가 지출한 변호사 보수 전액이 곧바로 상당인과관계가 있는 손해에 해당한다고 볼 수는 없고 상당한 범위 내의 변호사 보수액만을 상당인과관계가 있는 손해로 보아야 한다. [2] 한국에 있는 갑 사찰이 중개계약 체결권한을 위임받은 을의 채무불이행으로 인하여 미국 부동산 중개업체인 병 회사에 과다한 중개수수료를 지급하였다가 이를 돌려받기 위하여 부득이하게 미국에서 병 회사 등을 상대로 소를 제기하고 그와 관련하여 변호사 보수를 지출한 사안에서, 갑 사찰이 변호사 보수를 지출한 경위와 지급내역, 소송물 가액, 위임업무의 성격과 난이도 등 구체적 사정을 고려하여 상당한 범위 내의 보수액만을 상당인과관계 있는 손해로 보아야 하는데도, 이와 달리 변호사 보수 전액이 곧바로 상당인과관계 있는 손해에 해당한다고 본 원심판결에 법리오해의 위법이 있다고 한 사례."

153) 대법원 1994. 12. 27. 선고 94다36285 판결; 대법원 2003. 4. 25. 선고 2001다59842 판결 "[1] 공무원에게 부과된 직무상 의무의 내용이 단순히 공공 일반의 이익을 위한 것이거나 행정기관 내부의 질서를 규율하기 위한 것이 아니고 전적으로 또는 부수적으로 사회구성원 개인의 안전과 이익을 보호하기 위하여 설정된 것이라면, 공무원이 그와 같은 직무상 의무를 위반함으로 인하여 피해자가 입은 손해에 대하여는 상당인과관계가 인정되는 범위 내에서 국가가 배상책임을 지는 것이고, 이 때 상당인과관계의 유무를 판단함에 있어서는 일반적인 결과발생의 개연성은 물론 직무상 의무를 부과하는 법령 기타 행동규범의 목적, 그 수행하는 직무의 목적 내지 기능으로부터 예견가능한 행위 후의 사정, 가해행위의 태양 및 피해의 정도 등을 종합적으로 고려하여야 한다. [2] 주민등록법 관계 법령이 본적지와 다른 주민등록지에서 주민의 성명 등과 같은 중요한 기본적 신분사항을 신규등록하거나 이를 사후적으로 변경할 경우에 주민등록지의 관할관청에게 본적지의 관할관청에 대한 통보의무 및 본적지의 관할관청에게 그 등록사항에 관한 확인대조의무와 상이한 사항에 관한 통보의무를 각기 부과하는 한편 그 사무처리과정에 있어서 관련 장부의 비치와 기재, 관계공무원의 날인 등과 같은 사무처리방식을 엄격하게 규율하고 있는 취지는, 사람의 신분사항을 기재한 기초적인 공부로서 그 기재 내용이 진실에 부합되는 것으로 추정을 받고 있는 호적부의 기재사항을 중심으로 주민등록의 신분사항을 일치시키고 만일 그 주민등록에 있어서의 신분사항이 불법적으로 변조 또는 위조되는 사태가 발생하게 되면 그것을 기초로 하여 발급된 허위내용의 주민등록등·초본, 인감증명서나 주민등록증이 부정사용됨으로써 국민 개개인이 신분상·재산상의 권리에 관하여 회복할 수 없는 손해를 입게 될 개연성이 높을 것이기 때문에 그와 같은 사태의 발생을 예방하기 위하여 각 관할관청에게 그러한 통보, 대조의무 등을 부과하고 그 사무처리과정에서의 책임소재를 명확하게 하고자 함에 있다고 할 것이므로 주민등록사무를 담당하는 공무원으로서는 만일 개명과 같은 사유로 주민등록상의 성명을 정정한 경우에는 위에서 본 바와

3) 통상손해와 특별손해

① **직접적 손해** 직접적 손해란 채무불이행으로 인하여 직접적으로 발생한 손해를 말한다. 예컨대 특정물채무에서 채무자의 과실로 목적물이 멸실된 때에 그 멸실된 목적물의 가치 상당액은 상당인과관계와 무관하게 직접적 손해로서 배상되어야 한다(제390조). 이러한 직접적 손해는 불법행위에도 마찬가지라고 할 것이다. 예컨대 어떤 자가 타인의 과실로 상감청자를 깨뜨린 경우처럼 가해행위를 통하여 피해자에게 직접적으로 손해를 끼친 때에 그 상감청자의 가치 상당액도 마찬가지로 상당인과관계와 무관하게 직접적 손해로 배상되어야 한다(제750조). 또한 신체침해의 경우에도 피해자의 상해 자체와 그로 인한 정신적 손해도 적접적 손해이어서 마찬가지로 된다. 판례는 이 경우의 치료비도 직접적 손해로 보아 특이체질로 인하여 치료비가 많이 든 때에도 그 모두를 배상하도록 하고 있

같은 법령의 규정에 따라 반드시 본적지의 관할관청에 대하여 그 변경사항을 통보하여 본적지의 호적관서로 하여금 그 정정사항의 진위를 재확인할 수 있도록 할 직무상의 의무가 있다고 할 것이고, 이러한 직무상 의무는 단순히 공공 일반의 이익을 위한 것이거나 행정기관 내부의 질서를 규율하기 위한 것이 아니고 전적으로 또는 부수적으로 사회구성원 개인의 안전과 이익을 보호하기 위하여 설정된 것이다. [3] 주민등록사무를 담당하는 공무원이 개명으로 인한 주민등록상 성명정정을 본적지 관할관청에 통보하지 아니한 직무상 의무위배행위와 갑과 같은 이름으로 개명허가를 받은 듯이 호적등본을 위조하여 주민등록상 성명을 위법하게 정정한 을이 갑의 부동산에 관하여 불법적으로 근저당권설정등기를 경료함으로써 갑이 입은 손해 사이에는 상당인과관계가 있다고 한 사례."; 대법원 2010. 9. 9. 선고 2008다77795 판결 "[1] 공무원이 고의 또는 과실로 그에게 부과된 직무상 의무를 위반하였을 경우라고 하더라도 국가는 그러한 직무상의 의무 위반과 피해자가 입은 손해 사이에 상당인과관계가 인정되는 범위 내에서만 배상책임을 지는 것이고, 이 경우 상당인과관계가 인정되기 위하여는 공무원에게 부과된 직무상 의무의 내용이 단순히 공공 일반의 이익을 위한 것이거나 행정기관 내부의 질서를 규율하기 위한 것이 아니고 전적으로 또는 부수적으로 사회구성원 개인의 안전과 이익을 보호하기 위하여 설정된 것이어야 한다. [2] 구 식품위생법(2005. 1. 27. 법률 제7374호로 개정되기 전의 것)은 제1조에서 "이 법은 식품으로 인한 위생상의 위해를 방지하고 식품영양의 질적 향상을 도모함으로써 국민보건의 증진에 이바지함을 목적으로 한다."고 규정하고 있고, 같은 법 제7조, 제9조, 제10조, 제16조 등에서는 식품의약품안전청장 등으로 하여금 식품 또는 식품첨가물의 제조 등의 방법과 성분, 용기와 포장의 제조 방법과 그 원재료, 표시 등에 대하여 일정한 기준 및 규격 등을 마련하도록 하고, 그와 같은 기준 및 규격 등을 준수하는지 여부를 확인할 필요가 있거나 위생상 위해가 발생할 우려나 국민보건상의 필요가 있을 경우 수입신고시 식품 등을 검사하도록 규정하고 있다. 위와 같은 구 식품위생법의 관련 규정을 종합하여 보면, 같은 법 제7조, 제9조, 제10조, 제16조는 단순히 국민 전체의 보건을 증진한다고 하는 공공 일반의 이익만을 위한 것이 아니라, 그와 함께 사회구성원 개개인의 건강상의 위해를 방지하는 등의 개별적인 안전과 이익도 도모하기 위하여 설정된 것이라고 할 수 있다."

다.[154]

직접적 손해는 제393조와 상관없이 제390조 또는 제750조에 의해 배상하여야 할 손해이다.

② **통상손해** 통상손해란 그러한 종류의 채무불이행(또는 불법행위)이 있으면 통상·일반적으로 발생하는 손해를 말한다. 여기서의 통상손해란 제390조에 근거하여 상당인과관계와 무관하게 조건관계만으로 성립하는 직접적 손해에 제393조 제1항에 근거하여 상당인과관계가 인정되는 경우의 후속손해 중 통상의 손해를 포함시킨 손해배상이라고 할 수 있다. 그리고 제393조 제2항의 특별손해란 상당인과관계가 인정되는 경우의 후속손해 중에서 특별한 손해의 범위를 정한 규정으로 이해하면 될 것이다.[155]

---

154) 대법원 2014. 7. 10. 선고 2014다16968 판결 "가해행위와 피해자 측의 요인이 경합하여 손해가 발생하거나 확대된 경우에는 피해자 측의 요인이 체질적인 소인 또는 질병의 위험도와 같이 피해자 측의 귀책사유와 무관한 것이라고 할지라도, 그 질환의 태양·정도 등에 비추어 가해자에게 손해의 전부를 배상하게 하는 것이 공평의 이념에 반하는 경우에는, 법원은 손해배상액을 정하면서 과실상계의 법리를 유추적용하여 손해의 발생 또는 확대에 기여한 피해자 측의 요인을 참작할 수 있다. 다만, 책임 제한에 관한 사실인정이나 그 비율을 정하는 것이 형평의 원칙에 비추어 현저하게 불합리하여서는 아니 된다."; 대법원 2016. 6. 23. 선고 2015다55397 판결 "의사의 의료행위에 주의의무 위반이 있어 불법행위로 인한 손해배상책임이 인정되더라도 손해가 의료행위의 과오와 피해자 측의 요인이 경합하여 손해가 발생하거나 확대된 경우에는 피해자 측의 요인이 체질적인 소인 또는 질병의 위험도와 같이 피해자 측의 귀책사유와 무관한 것이라고 할지라도, 질환의 태양·정도 등에 비추어 가해자에게 손해의 전부를 배상하게 하는 것이 공평의 이념에 반하는 경우에는, 법원은 손해배상액을 정하면서 과실상계의 법리를 유추적용하여 손해의 발생 또는 확대에 기여한 피해자 측의 요인을 참작할 수 있다. 다만 책임제한에 관한 사실인정이나 비율을 정하는 것이 형평의 원칙에 비추어 현저하게 불합리하여서는 아니 된다. 그러나 질병의 특성, 치료방법의 한계 등으로 의료행위에 수반되는 위험을 감내해야 한다고 볼 만한 사정도 없이, 의료행위와 관련하여 일반적으로 요구되는 판단능력이나 의료기술 수준 등에 비추어 의사나 간호사 등에게 요구되는 통상적인 주의의무를 소홀히 하여 피해가 발생한 경우에는 단지 치료 과정에서 손해가 발생하였다는 등의 막연한 이유만으로 손해배상책임을 제한할 것은 아니다."

155) 일부 견해는 제1차적 손해는 제390조에 의해 해결하면 충분하므로 후속손해 중 통상의 손해는 제393조 제1항에 의해, 특별한 손해는 제393조 제2항에 의하여 해결하면 된다고 하면서 제393조를 후속손해에 대한 범위를 규정한 것으로 해석하여야 한다고 한다(송덕수, 171이하); 대법원 2015. 10. 29. 선고 2011다81213 판결 "금융기관의 임직원이 여신업무에 관한 규정을 위반하여 동일인에 대한 대출한도를 초과하여 자금을 대출하면서 충분한 담보를 확보하지 아니하는 등 그 임무를 해태하여 금융기관으로 하여금 대출금을 회수하지 못하는 손해를 입게 한 경우 그 임직원은 그 대출로 인하여 금융기관이 입은 손해를 배상할 책임이 있고, 이러한 경우 금융기관이 입은 통상의 손해는 위 임직원이 위와

③ **특별손해** 특별손해란 채무불이행으로 인하여 통상적으로 발생하는 손해는 아니지만 채권자에게만 존재하는 사정에 의하여 특별히 발생하는 손해를 말한다. 민법은 제393조 제2항에서 "특별한 사정으로 인한 손해는 채무자가 그 사정을 알았거나 알 수 있었을 때에 한하여 배상의 책임이 있다."고 하여 채무자의 주관적 요소를 요건으로 하여 특별손해를 규정하고 있다. 판례는 특별한 사정의 존재에 관하여 예견가능성이 있으면 되고, 그 결과인 손해 또는 손해의 액수에 관하여는 예견가능성이 필요하지 않다고 한다.[156] 그런데 예견가능성의 판단시기의 기준을 언제로 볼 것인가가 문제이다. 채무불이행시, 즉 이행지체의 경우에는 이행기, 이행불능의 경우에는 불능시, 불완전이행의 경우에는 불완전이행을 한 때를 예견가능성의 유무를 가리는 기준시점으로 보아야 할 것이다.[157] 판례에 나타난 특별손해를 살펴본다. 이행불능 이후에 목적물의 가격이 등귀한 경우에 그 목적물의 등귀한 가액 상당액은 물가등귀라는 특별한 사정에 의한 손해이고,[158] 물건의 매수인이 자기가 산 가격보다 비싼 가격으로 전매하는 계약을 체결하였는데 목적물에 흠이 있어서 판매할 수 없게 된 경우에 얻지 못한 전매이익도 특별손해에 해당하고,[159] 매도인이 매수인으로부터 매매대금을 받지 못하여 그가 제3자

같은 규정을 준수하여 적정한 담보를 취득하고 대출하였더라면 회수할 수 있었을 미회수 대출원리금이라 할 것이며, 특별한 사정이 없는 한 이러한 통상손해의 범위에는 약정이율에 의한 대출금의 이자와 약정연체이율에 의한 지연이자가 포함된다(대법원 2012. 4. 12. 선고 2010다75945 판결, 대법원 2013. 11. 14. 선고 2013다57498 판결 참조)."; 대법원 2015. 10. 29. 선고 2012다98850 판결 "금융기관의 임직원이 동일인에 대한 대출한도를 초과하는 등 여신업무에 관한 규정을 위반하여 자금을 대출하면서 충분한 담보를 확보하지 아니하는 등 그 임무를 게을리하여 금융기관이 대출금을 회수하지 못하는 손해를 입은 경우 그 임직원은 그 대출로 인하여 금융기관이 입은 손해를 배상할 책임이 있다. 이러한 경우 금융기관이 입은 통상의 손해는 위 임직원이 위와 같은 규정을 준수하여 적정한 담보를 취득하였더라면 회수할 수 있었을 미회수 대출원리금이며, 특별한 사정이 없는 한 이러한 통상손해에는 약정이율에 의한 대출금의 이자와 약정연체이율에 의한 지연이자가 포함된다(대법원 2012. 4. 12. 선고 2010다75945 판결, 대법원 2013. 11. 14. 선고 2013다57498 판결 참조)."

156) 대법원 2002. 10. 25. 선고 2002다23598 판결 "채무불이행자 또는 불법행위자는 특별한 사정의 존재를 알았거나 알 수 있었으면 그러한 특별사정으로 인한 손해를 배상하여야 할 의무가 있는 것이고, 그러한 특별한 사정에 의하여 발생한 손해의 액수까지 알았거나 알 수 있었어야 하는 것은 아니다."

157) 같은 견해로는 김용한, 207면; 김주수, 182면; 송덕수, 신민법강의 제10판, 1005면; 장경학, 227면.

158) 대법원 1967. 11. 21. 선고 67다2158 판결; 대법원 1996. 6. 14. 선고 94다61359·61366 판결.

159) 대법원 1992. 4. 28. 선고 91다29972 판결.

로부터 매수한 부동산의 대금을 지급하지 못함으로써 계약금을 몰수당한 경우의 그 금액도 특별손해라고 본다.[160] 또한 매수인이 대금지급을 지연하였다면 매도인이 이자 상당액 이상의 수입을 올릴 것이 예상되므로 이자상당액은 특별손해로 인정된다고 하였고,[161] 토지 매도인의 소유권이전등기의무가 이행불능상태에 이른 경우, 매도인이 매수인에게 배상하여야 할 통상의 손해배상액은 그 토지의 채무불이행 당시의 교환가격이나, 만약 그 매도인이 매매 당시 매수인이 이를 매수하여 그 위에 건물을 신축할 것이라는 사정을 이미 알고 있었고 매도인의 채무불이행으로 인하여 매수인이 신축한 건물이 철거될 운명에 이르렀다면, 그 손해는 적어도 특별한 사정으로 인한 것이고, 나아가 매도인은 이러한 사정을 알고 있었으므로 위 손해를 배상할 의무가 있다고 하였다.[162] 매수인의 잔금지급을 지체하는 사이에도 계약을 해제하지 아니한 매도인이 지체된 기간 동안 입은 손해 중 그 미지급 잔금에 대한 법정이율에 따른 이자 상당의 금액은 통상손해라고 할 것이지만, 그 사이에 매매대상 토지의 개별 공시지가가 급등하여 매도인의 양도소득세 부담이 늘었다고 하더라도 그 손해는 사회일반의 통념상 매매계약에서의 잔금지급의 이행지체의 경우 통상 발생하는 것으로 생각되는 범위의 통상손해라고 할 수는 없고, 이는 특별한 사정에 의하여 발생한 손해에 해당하는 것으로 보았다.[163]

(5) 손해배상액의 산정기준

1) 의 의

채무불이행으로 인한 손해가 발생하면 손해배상은 원칙적으로 금전으로 하여야 한다(제394조). 즉 우리 민법은 손해배상은 금전배상주의를 원칙으로 하고 있다.[164] 그러므로 실제적으로 손해배상이 행해지려면 배상범위에 해당하는 손해가

160) 대법원 1991. 10. 11, 선고 91다25369 판결.
161) 대법원 1991. 1. 11. 선고 90다카16006 판결.
162) 대법원 1992. 8. 14. 선고 92다2028 판결.
163) 대법원 2006. 4. 13. 선고 2005다75897 판결.
164) 대법원 2007. 8. 23. 선고 2007다26455·26462 판결 "채무불이행으로 인한 손해배상을 규정하고 있는 민법 제394조는 다른 의사표시가 없는 한 금전으로 배상하여야 한다고 규정하고 있는바, 위 법조 소정의 금전이라 함은 우리나라의 통화를 가리키는 것이어서 채무불이행으로 인한 손해배상을 구하는 채권은 당사자가 외국통화로 지급하기로 약정하였다는 등의 특별한 사정이 없는 한 채권액이 외국통화로 지정된 외화채권이라고 할

금전으로 평가되어 확정되어야 한다. 그러나 손해배상을 평가하여 확정하는 것이 쉬운 일이 아니다. 여기서 어떤 기준으로 배상액을 금전으로 산정할 것인지가 문제이다.

2) 손해배상 산정액의 가격

① **재산적 손해의 산정** 재산적 손해의 배상액은 재산적 가치를 금전적으로 평가한 금액이다. 즉 현재의 상태와 가해적 사태가 없었더라면 있었을 가정적 상태를 비교함으로써 산정된다. 그런데 그러한 평가금액(재산적 가격)은 무엇을 기준으로 하였는가에 따라 통상가격(일반거래상 인정되는 교환가치)과 특별가치(특수한 경제적·지역적·계층적 여건의 거래에서 형성되는 교환가치), 그리고 감정가격(재산권의 주체의 감정에 따라 평가되는 가격)으로 나누어 진다. 그런데 상당인과관계론에 의한 재산적 손해는 통상가격 내지 통상교환가격을 표준으로 한다. 특별가격 및 감정가격은 그것이 생기게 된 특별한 사정에 관하여 채무자가 알았거나 또는 알 수 있었을 경우에 한하여 배상의 책임을 지게 된다. 판례는 재산적 손해가 있음은 분명한데 그 손해액의 확정이 불가능한 경우에는 그것을 위자료의 증액사유로 삼을 수 있다고 한다.165)

② **비재산적 손해** 비재산적 손해(정신적 손해)는 불법행위에서 인정하는 명문규정이 있는 경우와 달리 채무불이행의 경우에는 명문의 규정이 없다. 따라서 채무불이행의 경우 특별한 사정이 없는 한 위자료 청구권은 원칙적으로 인정하지 않는다(통설 및 판례). 그러므로 채무불이행에서의 비재산적 손해에 대한 배상액은 신체적·심리적 고통을 덜어줄 만한 수단이나 물자를 금전으로 평가할 수

수 없다 는 것이 대법원의 확립된 판례이다(대법원 1995. 9. 15. 선고 94다61120 판결, 1997. 5. 9. 선고 96다48688 판결, 2005. 7. 28. 선고 2003다12083 판결 등 참조)."

165) 대법원 2007. 6. 1. 선고 2005다5812·5829·5836 판결 "법원은 위자료액을 산정함에 있어서 피해자측과 가해자측의 제반 사정을 참작하여 그 금액을 정하여야 하므로, 피해자가 가해자로부터 당해 사고로 입은 재산상 손해에 대하여 배상을 받을 수 있는지의 여부 및 그 배상액의 다과 등과 같은 사유도 위자료액 산정의 참작 사유가 되는 것은 물론이며, 특히 재산상 손해의 발생이 인정되는데도 입증 곤란 등의 이유로 그 손해액의 확정이 불가능하여 그 배상을 받을 수 없는 경우에 이러한 사정을 위자료의 증액사유로 참작할 수 있다."; 그러나 이와 다른 입장의 판례도 있다; 대법원 2014. 1. 16. 선고 2011다108057 판결 "위자료는 불법행위에 따른 피해자의 정신적 고통을 위자하는 금액에 한정되어야 하므로 발생한 재산상 손해의 확정이 가능한 경우에 위자료의 명목 아래 재산상 손해의 전보를 꾀하는 일은 허용될 수 없고, 재산상 손해의 발생에 대한 증명이 부족한 경우에는 더욱 그러하다." 참조.

밖에 없다. 그런데 그 수단이나 방법은 피해자로 하여금 적당하다고 판단되는 액을 청구하도록 하고 법원은 피해자의 신체적·심리적 고통의 정도와 함께 피해자의 사회적 지위나 쌍방 당사자의 자산상태·가해의 동기·가해 전후의 쌍방 간의 관계 등을 종합적으로 고려하여 적당한 액을 정해야 할 것이다.

3) 손해배상액의 산정시기

① 서 설 채무불이행으로 인한 손해배상액의 때(시기)를 정하는 것이 쉽지 않다. 왜냐하면 이행지체의 경우 본래의 목적물에 갈음하는 손해의 배상이나 이행불능의 경우 전보배상을 청구하는 경우에 채무의 급부목적물의 가격이 급등하거나 하락하는 경우에는 더욱 문제가 되기 때문이다.

② 학 설

㉠ **사실심구두변론종결시설**(판결시설) 이 설은 손해배상채권 발생시에 확정되는 것은 손해뿐이고 손해금액은 사실심(항소심) 변론종결시에 법원에 현출된 증거자료에 의해 최종적으로 평가될 수밖에 없기 때문에 그 때 비로소 손해배상액이 확정된다고 보는 견해이다(통설).[166]

㉡ **손해배상책임발생시설** 이 설은 손해배상책임이 발생한 때를 기준으로 그 당시의 가격을 통상손해로 보아야 하고 그 후의 가격등귀는 특별손해의 법리에 의해 처리해야 한다는 견해이다.[167] 그러므로 책임원인발생 후에 물가의 변동으로 인한 손해는 특별한 사정으로 인한 손해로 보아 이를 알았거나 알 수 있었을 경우에 한하여 손해배상책임을 지게 된다.

③ 판 례

㉠ **이행불능으로 인한 전보배상의 경우** 원칙적으로 책임원인발생시설을 취하여 손해배상액의 산정은 손해발생의 원인인 채무불이행 또는 불법행위가 성립한 시기를 표준으로 하여 정하되, 예외적으로 책임원인발생 후에 채권자가 목적물의 등귀한 가격을 이용할 특별사정이 인정되는 경우에는 채무자가 이를 예견하거나 예견할 수 있었던 때에 한하여 그 등귀가격을 손해배상액으로 인정할

166) 김상용, 171면; 김용한, 210면; 김주수, 162면; 김학동, 149면; 김형배, 271면; 장경학, 233면; 현승종, 165면.

167) 곽윤직, 117면; 김대정, 645면; 이은영, 266면.

수 있다고 한다.[168] 또한 이 경우에 이행불능이 발생한 때를 기준으로 할 것이라고 하며,[169] 이때 배상액의 지급이 지연되면 이행불능 당시부터 배상을 받을 때까지 지연이자(법정지연이자)를 청구할 수 있으나,[170] 이행불능 후에 가격이 등귀하였다고 하여도 그 손해는 특별한 사정으로 인한 것이어서 매도인이 이행불능 당시 예견가능성이 있는 경우에만 배상을 청구할 수 있다고 한다.[171]

ⓛ **이행지체로 인한 전보배상의 경우** 이행지체에 의한 전보배상의 경우에 대하여는 본래의 채무이행을 최고한 후 상당한 기간이 경과한 당시의 시가를 표준으로 하여야 한다고 한다.[172] 나아가 사실심 변론종결시의 시가를 기준으로 하여야 한다는 입장도 있다.[173]

ⓒ **채무자의 이행거절의 경우** 채무자가 이행거절의 의사를 명백히 표시하여 최고 없이 계약의 해제나 손해배상을 청구할 수 있는 경우에는, 이행거절 당시의 급부목적물의 시가를 표준으로 해야 할 것이라고 한다.[174]

4) 손해배상액 산정의 기준장소

채무불이행에서 손해배상의 통상가격 등의 산정은 이행장소에 따라 다르다면 어느 장소를 기준으로 하여 통상가격을 산정할지 결정하는 것도 문제이다. 이러한 문제의 해결책으로 당사자 사이에 특약이 있는 경우에는 그에 의할 것이고, 법률에 특별한 규정(예, 상법 제137조)이 있는 경우에는 그에 의할 것이다. 그러나 이러한 특약이나 특별규정이 없는 때에는 채무의 이행지에서의 가격을 표준으로 하여야 한다(통설).

(6) 과실상계(過失相計)

1) 의 의

과실상계란 피해자(채권자)가 손해의 발생이나 확대에 책임 있는 고의 또는 과실이 있는 경우에 손해배상의 범위를 정하는 데 그 고의나 과실의 정도에 참작하

---

168) 대법원 1960. 10. 27. 선고 4293민상197 판결.
169) 대법원 2005. 9. 15. 선고 2005다29474 판결.
170) 대법원 1996. 6. 14. 선고 94다61359·61366 판결.
171) 대법원 1996. 6. 14. 선고 94다61359·61366 판결.
172) 대법원 2007. 9. 20. 선고 2005다63337 판결.
173) 대법원 1969. 5. 13. 선고 68다1726 판결.
174) 대법원 2007. 9. 20. 선고 2005다63337 판결.

는 제도이다. 즉 채무불이행·불법행위에서 발생한 손해에 대하여 피해자에게도 일정한 과실이 있다면 그 과실의 정도에 따라 손해배상책임 여부 또는 손해배상액을 정함에 있어 그 과실을 반드시 참작하여 배상액의 범위를 경감시켜 주는 것을 의미한다. 민법은 과실상계를 채무불이행에 관하여 규정하고(제396조), 이를 불법행위에 준용하고 있다(제763조).

2) 과실상계의 요건

과실상계가 이루어지기 위해서는 우선 채무불이행으로 인한 손해배상청구권이 발생하여야 한다. 따라서 채무불이행에 의한 손해배상청구권이 성립하기 위해서는 채무불이행·손해발생·상당인과관계 및 배상범위에 등의 요건이 갖춰져야 한다.

① 채권자의 과실이 있을 것

㉠ 채무불이행에 관하여 채권자에게 과실이 있어야 한다(제396조). 즉 채권자의 과실이 가담하거나 그 과실로 인하여 손해가 발생되었거나 확대되었어야 한다. 그러나 이는 채무불이행 또는 불법행위의 성립 자체에 과실이 있는 경우[175]뿐만 아니라, 채무불이행이 발생한 후에 손해의 발생 또는 확대에 과실이 있는 경우[176]도 포함된다. 통설과 판례[177]도 같은 입장이다.

---

175) 예컨대 채무의 이행기 전에 채권자가 채무자에게 통지를 하지 않고 이사를 하였고 채무자의 잘못 없이 채권자의 주소를 알지 못하여 지참채무의 이행이 지체되었거나, 택시기사의 과실로 인한 교통사고가 승객이 과속으로 달리도록 요구했거나 이를 제지하지 않은 경우 등이다.

176) 예컨대 상해를 입은 자가 과실이나 고의로 상처를 제때 치료하지 아니하여 상처가 악화되어 치료비가 과다하게 지출되었거나, 보행자가 무단으로 보도를 횡단하다가 교통하고를 당한 경우나, 채무자의 이행지체 후 채권자가 이사하고 이를 통지하지 않은 경우 등이다.

177) 대법원 1993. 5. 27. 선고 92다20163 판결 "민법상의 과실상계제도는 채권자가 신의칙상 요구되는 주의를 다하지 아니한 경우 공평의 원칙에 따라 손해의 발생에 관한 채권자의 그와 같은 부주의를 참작하게 하려는 것이므로 단순한 부주의라도 그로 말미암아 손해가 발생하거나 확대된 원인을 이루었다면 피해자에게 과실이 있는 것으로 보아 과실상계를 할 수 있고, 채무불이행으로 인한 손해배상책임의 범위를 정함에 있어서의 과실상계사유의 유무는 개별사례에서 문제된 계약의 체결 및 이행경위와 당사자 쌍방의 잘못을 비교하여 종합적으로 판단하여야 한다."; 대법원 2002. 12. 27. 선고 2000다47361 판결 "채무불이행으로 인한 손해배상책임의 범위를 정함에 있어서의 과실상계 사유의 유무와 정도는 개별사례에서 문제된 계약의 체결 및 이행 경위와 당사자 쌍방의 잘못을 비교하여 종합적으로 판단하여야 하며, 이 때에 과실상계 사유에 관한 사실인정이나 그 비율을 정하는 것은 그것이 형평의 원칙에 비추어 현저히 불합리한 것이 아닌 한 사실심의 전권사항이라고

ⓛ 이 경우의 '과실'의 의미에 관하여 학설은 나누어진다. ⓐ 과실상계에 있어서의 과실은 통상의 과실과 달리 해석할 필요가 없다고 한다(通常過失同一說).[178]

할 수 있다."; 대법원 2003. 7. 25. 선고 2003다22912 판결 "신의칙 또는 손해부담의 공평이라는 손해배상제도의 이념에 비추어 볼 때, 불법행위의 피해자에게는 그로 인한 손해의 확대를 방지하거나 감경하기 위하여 노력하여야 할 일반적인 의무가 있으며 피해자가 합리적인 이유 없이 손해경감조치의무를 이행하지 않을 경우에는 법원이 그 손해배상액을 정함에 있어 민법 제763조, 제396조를 유추적용하여 그 손해확대에 기여한 피해자의 의무불이행의 점을 참작할 수 있고, 한편 손해의 확대를 방지하거나 경감하는데 적절한 법적 조치가 존재하는 경우 이는 손해경감조치에 해당될 수 있고, 피해자가 그 법적 조치를 취함에 있어 감당하기 어려운 많은 비용이 소요된다든가, 그 결과가 불확실하다거나, 판단을 받기까지 현저하게 많은 시간이 필요하다는 등의 사정이 없음에도 불구하고 합리적인 이유 없이 그 법적 조치를 취하지 아니한 경우에는 그 손해확대에 기여한 피해자의 의무불이행의 점을 손해배상액을 정함에 있어 참작할 수 있다."; 대법원 2010. 3. 25. 선고 2009다95714 판결 "일반적으로 환자의 수술과 같이 신체를 침해하는 의료행위를 하는 경우에는 질병의 증상, 치료방법의 내용 및 필요성, 발생이 예상되는 위험 등에 관하여 당시의 의료수준에 비추어 상당하다고 생각되는 사항을 설명하여 당해 환자가 그 필요성이나 위험성을 충분히 비교해 보고 그 의료행위를 받을 것인지의 여부를 선택하도록 함으로써 그 의료행위에 대한 동의를 받아야 한다. 이러한 환자의 동의는 헌법 제10조에서 규정한 개인의 인격권과 행복추구권에 의하여 보호되는 자기결정권을 보장하기 위한 것으로서, 환자는 생명과 신체의 기능을 어떻게 유지할 것인지에 대하여 스스로 결정하고 의료행위를 선택할 권리를 보유한다. 그러나 신의칙 또는 손해부담의 공평이라는 손해배상제도의 이념에 비추어 볼 때, 불법행위의 피해자인 환자에게는 그로 인한 손해의 확대를 방지하거나 감경하기 위하여 노력하여야 할 일반적인 의무가 있으므로, 수술과 같이 신체를 침해하는 의료행위가 위험 또는 중대하지 않아 결과가 불확실하지 아니하고 관례적이며 상당한 결과의 호전을 기대할 수 있는 경우에, 피해자가 합리적인 이유 없이 자기결정권을 행사하여 이와 같은 의료행위를 거부함으로써 손해가 확대된 때에는 손해의 공평한 부담이라는 견지에서 그 확대된 손해 부분을 공제한 나머지 부분으로 가해자의 배상범위를 제한하거나 확대된 손해 부분은 피해자가 이를 부담하여야 한다."; 대법원 2013. 5. 24. 선고 2012다46910 판결 "환자는 생명과 신체의 기능을 어떻게 유지할 것인지에 대하여 스스로 결정하고 의료행위를 선택할 권리를 보유하지만, 신의칙 또는 손해부담의 공평이라는 손해배상제도의 이념에 비추어 볼 때 불법행위의 피해자인 환자에게는 그로 인한 손해의 확대를 방지하거나 감경하기 위하여 노력하여야 할 일반적인 의무가 있으므로, 수술과 같이 신체침해를 수반하는 의료행위가 위험하거나 중대하지 않아 결과가 불확실하지 아니하고 그 의료행위가 관례적이며 그로 인하여 상당한 호전을 기대할 수 있는 경우에는, 피해자가 합리적인 이유 없이 자기결정권을 행사하여 이와 같은 의료행위를 거부함으로써 손해가 확대되면 손해의 공평한 부담이라는 견지에서 그 확대된 손해 부분을 공제한 나머지 부분으로 가해자의 배상 범위를 제한하여야 하고(대법원 2010. 3. 25. 선고 2009다95714 판결 참조), 그러한 수술로 피해자의 후유증이 개선될 수 있는 경우에 신체 손상으로 인한 일실이익 산정의 전제가 되는 노동능력상실률은 다른 특별한 사정이 없는 한 그 수술을 시행한 후에도 여전히 남을 후유증을 기준으로 정하여야 한다(대법원 2010. 11. 25. 선고 2010다51406 판결 참조)."

178) 곽윤직,120면; 김용한, 219면; 이태재, 146면; 장경학, 242면.

이 견해는 과실에 있어서의 의무위반이라는 것은 위법한 부주의라는 뜻에 지나지 않으며, 그 위법성은 이를 법률상의 의무 위반에 한할 것은 아니고, 오히려 사회생활에 있어서의 협동정신 또는 채권관계에 있어서의 신의칙 위반도 포함하는 것으로 해석하여야 한다면서 과실상계의 과실을 보통의 과실과 다른 특이한 개념으로 파악할 필요가 없다고 한다. ⓑ 과실상계에 있어서의 과실은 통상의 과실과 달리 단순한 부주의로서 손해의 발생 또는 확대에 도움을 준 것으로 충분하기 때문에 통상의 과실보다 낮은 정도의 주의 위반이라면서 통상의 과실과 다른 의미의 과실이라고 한다(通常過失異質說).[179]

판례는 "가해자의 과실이 의무위반의 강력한 과실임에 반하여 과실상계에 있어서 과실이란 사회통념상, 신의성실의 원칙상, 공동생활상 요구되는 약한 부주의까지를 가리키는 것"[180]이라고 하여 보통의 과실과 과실상계의 과실이 서로 다르다는 입장이다.

---

179) 김상용, 178면; 김학동, 154면; 송덕수, 185면.

180) 대법원 2001. 3. 23. 선고 99다33397 판결 "불법행위에 있어서 과실상계는 공평 내지 신의칙의 견지에서 손해배상액을 정함에 있어 피해자의 과실을 참작하는 것으로서, 그 적용에 있어서는 가해자와 피해자의 고의 과실의 정도, 위법행위의 발생 및 손해의 확대에 관하여 어느 정도의 원인이 되어 있는가 등의 제반 사정을 고려하여 배상액의 범위를 정하는 것이며, 불법행위에 있어서의 가해자의 과실이 의무위반의 강력한 과실임에 반하여 과실상계에 있어서 과실이란 사회통념상, 신의성실의 원칙상, 공동생활상 요구되는 약한 부주의까지를 가리키는 것이라 할 것이다."; 대법원 2004. 7. 22. 선고 2001다58269 판결 "불법행위에 있어서 과실상계는 공평 내지 신의칙의 견지에서 손해배상액을 정함에 있어 피해자의 과실을 참작하는 것으로서, 그 적용에 있어서는 가해자와 피해자의 과실의 정도, 위법행위의 발생 및 손해의 확대에 관하여 어느 정도의 원인이 되어 있는가 등의 제반 사정을 고려하여 배상액의 범위를 정하는 것이며, 불법행위에 있어서의 가해자의 과실이 의무위반의 강력한 과실임에 반하여 과실상계에 있어서 과실이란 사회통념상, 신의성실의 원칙상, 공동생활상 요구되는 약한 부주의까지를 가리키는 것이다."; 대법원 2007. 1. 25. 선고 2004다51825 판결 "민법상 과실상계 제도는 채권자가 신의칙상 요구되는 주의를 다하지 아니한 경우 공평의 원칙에 따라 손해배상액을 산정함에 있어서 채권자의 그와 같은 부주의를 참작하게 하려는 것이므로 사회통념상, 신의성실의 원칙상 또는 공동생활상 요구되는 약한 의미의 부주의라도 그로 말미암아 손해가 발생하거나 확대된 원인을 이루었다면 채권자에게 과실이 있는 것으로 보아 과실상계를 할 수 있고, 채무불이행으로 인한 손해배상책임의 범위를 정함에 있어서의 과실상계 사유의 유무와 정도는 개별사례에서 문제된 계약의 체결 및 이행 경위와 당사자 쌍방의 잘못을 비교하여 종합적으로 판단하여야 하며, 이 때에 과실상계 사유에 관한 사실인정이나 그 비율을 정하는 것은 그것이 형평의 원칙에 비추어 현저히 불합리한 것이 아닌 한 사실심의 전권사항이라고 할 수 있다(대법원 2000. 6. 13. 선고 98다35389 판결, 2001. 3. 23. 선고 99다33397 판결 등 참조)."

ⓒ 채권자의 과실을 인정하기 위해서 채권자에게 책임능력이 있어야 하는지가 문제이다. 이에 대하여 학설은 책임능력이 필요하다는 견해,[181] 책임능력이 필요하지 않다는 견해,[182] 책임능력까지는 필요하지 않고 사리변별능력 내지 위험변별능력이 있으면 된다는 견해[183] 등으로 나누어지고 있다. 판례는 사리를 변식함에 족한 지능을 가지고 있으면 충분하고 행위의 책임을 변식함에 족한 지능을 가질 것을 요하지 않는다고 한다.[184]

ⓓ 채권자의 과실에는 채권자 자신만의 과실을 의미하는 것인지 아니면 그 외에도 채권자의 법정대리인 또는 수령보조자에게 과실이 있는 경우(제391조)에 이를 채권자의 과실로 보아 과실상계를 인정할 것인지가 문제이다. 민법은 이행보조자책임에 관한 제391조를 준용하는 명문의 규정을 두고 있지 않지만, 해석상 이 경우에도 과실상계를 인정하는 것으로 새긴다(통설). 판례도 같은 입장이다.[185]

---

181) 김용한, 219면; 김주수, 196면; 장경학, 343면.

182) 김학동, 154면.

183) 김상용, 179면; 송덕수, 186면.

184) 대법원 1968. 8. 30. 선고 68다1224 판결 "원판결은 그 이유설명에서 원고 1은 본건 사고당시 보행자로서 도로좌측으로 통행하며 왕래하는 차량의 방향에 주의를 하여야 할 것임에도 불구하고 반대 방향에서 오는 차량의 경적을 들었음에도 만연히 도로 우측으로 계속 통행하다가 본건 사고를 당하였음은 인정되나 동 원고는 1958.12.3.생으로 불과 8세의 미성년자이므로 위 행위의 책임을 변식할 지능이 없음은 우리들의 경험칙에 비추어 인정되니 동 원고에 대하여는 과실상계를 할 수없다고 판단하였다. 그러나, 원판결이 인정한 바와 같이 원고 1이 1958.12.3.생으로서 사고 당시 불과 8세의 미성년자라 하여도 특별한 사정이 없는한 책임능력은 없어도 사리를 변식할 능력있다 할 것이어서 피해자로서의 소위 과실능력을 인정할 수 있을 것임에도 불구하고 이를 부정한 원판결 판단에는 과실능력에 관한 법리를 오해한 위법이 있다할 것이며, 이점에 관한 상고논지는 이유있어, 원판결 중 원고 박기주에 대한 부분은 파기를 면치못할것이다."; 대법원 1971. 3. 23. 선고 70다2986 판결 "미성년자의 과실능력은 그에게 사리를 변식함에 족한 지능을 구유하고 있으면 족하고 책임을 변식함에 족한 지능을 구유함을 요하지 아니한다."; 그러나 6세 남짓의 어린이는 과실능력을 인정하지 않는다(대법원 1974. 12. 24. 선고 74다1882 판결 "과실상계 항변에 관한 판단에 관하여 이 사건 제1심판시를 인용하고 있는데 이 점에 관한 제1심판시에 보면 "6세 남짓한 어린이라면 독립하여 보행할 수 있고, 뻐스를 오르내리는 따위는 보호자의 부축이 없어도 능히 할 수 있다 할 것이므로 이 경우 부모가 보호 간호를 하지 않았다 하여 과실이 있는 것이라 할 수는 없는 것이고 따라서 과실상계 항변은 받아 들이지 아니한다"라고 씌어 있다. 그러나 6세 남짓한 어린이는 교통기관의 위험성에 대한 인식이나 또는 이것으로부터 자기자신을 보호하는 방법 따위에 관하여 충분한 능력이 있는 자라고는 볼 수 없다 할 것이요, 따라서 이러한 어린이의 부모로서는 이러한 교통사고에 대한 충분한 보호와 간호를 받아야 될 입장에 있다 할 것이다(당원 1968. 5. 7. 선고 67다1033 판결. 당원 1969. 11. 25. 선고 69다1603 판결 참조)."

185) 대법원 1994. 6. 28. 선고 94다2787 판결 "민법 제763조, 제396조 소정의 피해자의 과실에는,

피해자 본인의 과실만이 아니라, 사회공평의 이념상 피해자와 신분상 내지는 생활상 일체로 볼 수 있는 관계에 있는 자의 과실도 이른바 피해자측의 과실로서 포함된다고 해석하여야 할 것이고(당원 1991. 11. 12. 선고 91다30156 판결 참조), 손해배상사건에 있어서 과실상계사유에 관한 사실인정이나 그 비율을 정하는 것은 그것이 형평의 원칙에 비추어 현저히 불합리하다고 인정되지 아니하는 한 사실심의 전권사항에 속한다고 할 것이다(당원 1992. 5.22. 선고 91다37690 판결)."; 대법원 1972. 1. 31. 선고 71다2505 판결 "미성년자의 감호의무자들의 과실이 사고의 원인에 경합된 경우에는 미성년자의 손실이익의 배상청구에 관하여도 그 과실을 참작하여야 한다."; 대법원 1969. 7. 29. 선고 69다829 판결 "피해자인 원고회사의 피용인의 과실이 손해발생의 원인이 된 경우에는 피용자로부터의 손해배상청구에 있어서 피용인의 과실은 피해자 과실중에 포함된다."; 대법원 1989. 12. 12. 선고 89다카43 판결 "아버지와 동거중인 어린아들(사고당시 5년 1개월 남짓)은 그 신분과 생활관계에 있어서 아버지와 일체를 이루고 있다고 볼 것이므로 아버지가 운전중인 차에 동승하고 가다가 제3자가 운전하는 차량에 충돌당하여 상해를 입은 경우에는 특별한 사정이 없는 한 운전자인 아버지의 과실은 아들에 대하여도 피해자측의 과실로서 참작하는 것이 형평의 이념에 맞는다."; 대법원 1993. 5. 25. 선고 92다54753 판결 "가. 민법 제763조, 제396조에 의하여 불법행위로 인한 손해배상의 책임 및 그 금액을 정함에 있어 피해자의 과실을 참작하도록 한 취지는 불법행위로 인하여 발생한 손해를 가해자와 피해자 사이에 공평하게 분담시키고자 함에 있다고 할 것이므로 피해자의 과실에는 피해자 본인의 과실뿐 아니라 그와 신분상, 사회생활상 일체를 이루고 있다고 볼 수 있는 관계가 있는 자의 과실도 피해자측의 과실로서 참작되어야 하는 것이다. 나. 피해자가 남편이 운전하는 오토바이 뒷좌석에 타고 가다가 제3자가 운전하는 승용차와 충돌하여 상해를 입고 제3자에 대하여 손해배상을 청구하는 경우 손해배상액을 산정함에 있어 다른 특별한 사정이 없는 한 남편의 과실을 피해자측의 과실로서 참작할 수 있다. 다. 위 "나"항의 교통사고에 관한 피해자와 가해자 사이의 합의에 대하여 당사자의 의사는 오토바이를 운전한 남편의 과실도 참작하여 사고와 관련한 일체의 손해배상문제를 일거에 종결하고자 함에 있었다고 본 사례."; 이렇게 차량동승의 경우 운전자가 동승자와 신분상 또는 생활관계상 일체일 것을 요구하고 있지만 그렇지 않은 경우에는 피해자의 과실에 포함하지 않는 것으로 보는 것이 판례의 입장이다. 예컨대 대법원 1996. 11. 12. 선고 96다26183 판결 "[1] 불법행위로 인한 손해배상의 범위를 정함에 있어 피해자의 과실을 참작하는 이유는 불법행위로 인하여 발생한 손해를 가해자와 피해자 사이에 공평하게 분담시키고자 함에 있으므로, 그 피해자의 과실에는 피해자 본인의 과실뿐 아니라 그와 신분상 내지 생활관계상 일체(일체)를 이루는 관계에 있는 자의 과실도 피해자측의 과실로서 참작되어야 한다. [2] 가족회사에서 직장동료로 근무하고 있던 4촌형제간이지만 각 성년으로서 각자의 직업을 가진 독립된 경제주체라는 점 등에서 서로간에 신분상 내지 생활관계상 일체를 이루는 관계에 있지는 않다고 보아, 운전자인 사촌형의 과실을 동승 피해자인 사촌동생의 손해배상액을 산정함에 있어 피해자측 과실로 참작할 수 없다고 한 사례."; 대법원 1997. 11. 14. 선고 97다35344 판결 "민법 제763조, 제396조가 불법행위로 인한 손해배상의 책임 및 그 금액을 정함에 있어 피해자의 과실을 참작하도록 한 취지는 불법행위로 인한 손해를 가해자와 피해자 사이에 공평하게 분담시키고자 함에 있다 할 것이므로, 호의동승 차량의 운전자의 과실과 또 다른 차량의 운전자의 과실이 경합하여 사고가 발생하고, 그로 인하여 사망하거나 상해를 입은 동승자, 혹은 그 유족이 상대방 차량의 운행자를 상대로 손해배상을 청구하는 경우, 손해배상액을 정함에 있어 참작할 피해자의 과실에는 피해자 본인의 과실뿐 아니라 그와 신분상 내지 생활관계상 일체를 이루는 관계에 있는

② 채권자의 과실과 손해와의 사이에 인과관계가 있을 것

채무불이행으로 인한 손해에서 과실상계를 인정하기 위해서는 채무불이행으로 인해 발생한 손해에 대하여 채권자의 과실이 손해발생의 공동원인으로 작용을 하였어야 한다. 즉 채권자의 과실과 손해 사이에 상당인과관계가 있으면 과실상계를 인정할 수 있을 것이다.

3) 과실상계의 효과

① 필요적·직권참작 문제

법원은 채권자의 과실이 있는 경우 채권자(피해자)와 채무자(가해자)의 과실을 비교·교량하여 반드시 과실상계를 하여야 한다(제396조).[186] 만일 채권자의 과실을 인정하면서도 과실상계를 하지 않았다면 이는 위법한 판결로서 상고이유가 된다.[187] 과실상계 사유에 관한 사실인정이나 그 비율을 정하는 것은 그것이 형평의 원칙에 비추어 현저히 불합리하다고 인정되지 않는 한 사실심의 전권사항에 속한다.[188] 과실상계는 배상의무자의 주장이 없더라도 소송자료에 의하여 피해자의

자의 과실도 피해자측의 과실로서 포함되어야 하는 것이나(당원 1993. 5. 25. 선고 92다54753 판결 참조), 이 사건과 같이 오로지 호의동승 차량 운전자의 과실로 인한 사고로 동승자가 사망하거나 상해를 입어 동승자 혹은 그 유족들이 그 동승 차량의 운행자를 상대로 손해배상을 청구하는 경우에는 그 운전자의 과실은 오로지 동승 차량 운행자의 손해배상채무의 성립 요건에 해당할 뿐 피해자측의 과실로 참작할 성질의 것이 아니라 할 것이다. 원심판결 이유에 의하면, 원심은 위소외 1가 위 망 박현미와 결혼을 약속한 사이이고 사고 전날 동인과 함께 잠을 잤으며 사고 당일 동인을 출근시키다가 사고를 발생케 하였다는 사유만으로는 소외 1가 박현미와 신분상 내지 생활관계상 일체를 이루고 있다 할 수 없다는 이유로, 소외 1의 과실을 피해자측의 과실로서 참작하여야 한다는 피고들의 주장을 배척하였는바, 위와 같은 원심의 판단은 위에서 본 피해자측 과실의 법리가 이 사건에도 적용됨을 전제로 한 것으로서 부적절하다 할 것이나, 피고들의 위 주장을 배척한 결론에 있어 정당하다 할 것이고, 거기에 소론과 같은 법리오해의 위법이 있다 할 수 없다."

186) 대법원 1967. 12. 5. 선고 67다2367 판결 "법원은 불법행위의 원인에 피해자의 과실이 경합되었다고 인정되는 경우에는 법원은 과실상계에 관한 항변의 유무를 불문하고 그 과실을 그 불법행위로 인한 손해배상의 책임 및 손해액을 정함에 있어 이를 참작하여야 한다."

187) 대법원 1966. 7. 26. 선고 66다937 판결 "원고가 사람의 통행지점이 아닌 곳에서 사고가 발생한 점은 인정한다고 진술하고 있는바(55장), 원고가 도로교통의 질서유지를 위하여 명시된 횡단도로 아닌 지점을 횡단하려다가 본건 사고가 발생하였다면 원고에게도 과실이 있다 아니할 수 없음에도 불구하고, 원심이 위 원고의 자인 사실을 간과하고, 위에서 본 바와 같이 판단하였음은 잘못이라 아니할 수 없고, 이는 판결의 결과에 영향을 미쳤다 할 것이므로 논지는 이유 있고, 원판결 중 피고의 패소 부분은 파기를 면치 못할 것이다."

과실이 인정되면 법원은 직권으로 채권자의 과실 유무를 심리·판단하여야 한다.[189]

② 책임면제 및 감액 문제

채권자의 과실이 채무자의 과실에 비해 대단히 중대한 경우에는 채무자의 손해배상책임 자체를 전면적으로 부인할 수도 있고, 반대로 극히 경미한 경우에는 감액을 인정하지 않을 수도 있다. 이러한 경우에는 가해자측과 피해자측의 과실

188) 대법원 2007. 11. 30. 선고 2006다19603 판결 "이사나 감사가 법령 또는 정관에 위반한 행위를 하거나 그 임무를 해태함으로써 회사에 대하여 손해를 배상할 책임이 있는 경우에 그 손해배상의 범위를 정함에 있어서는, 당해 사업의 내용과 성격, 당해 이사나 감사의 임무위반의 경위 및 임무위반행위의 태양, 회사의 손해 발생 및 확대에 관여한 객관적인 사정이나 그 정도, 평소 이사나 감사의 회사에 대한 공헌도, 임무위반행위로 인한 당해 이사나 감사의 이득 유무, 회사의 조직체계의 흠결 유무나 위험관리체제의 구축 여부 등 제반 사정을 참작하여 손해분담의 공평이라는 손해배상제도의 이념에 비추어 그 손해배상액을 제한할 수 있고, 나아가 책임감경사유에 관한 사실인정이나 그 비율을 정하는 것은 그것이 형평의 원칙에 비추어 현저히 불합리하다고 인정되지 않는 한 사실심의 전권사항에 속한다."; 대법원 2018. 9. 13. 선고 2016다35802 판결 "불법행위로 영업을 중단한 자가 영업 중단에 따른 손해배상을 구하는 경우 영업을 중단하지 않았으면 얻었을 순이익과 이와 별도로 영업 중단과 상관없이 불가피하게 지출해야 하는 비용도 특별한 사정이 없는 한 손해배상의 범위에 포함될 수 있다. 위와 같은 순이익과 비용의 배상을 인정하는 것은 이중배상에 해당하지 않는다. 이러한 법리는 환경정책기본법 제44조 제1항에 따라 그 피해의 배상을 인정하는 경우에도 적용된다. 가해행위와 피해자 측의 요인이 경합하여 손해가 발생하거나 확대된 경우에는 피해자 측의 귀책사유와 무관한 것이라고 할지라도 가해자에게 손해의 전부를 배상시키는 것이 공평의 이념에 반하는 경우에는, 법원은 그 배상액을 정하면서 과실상계의 법리를 유추 적용하여 손해의 발생 또는 확대에 기여한 피해자 측의 요인을 참작할 수 있다. 불법행위로 인한 손해배상청구 사건에서 책임감경사유에 관한 사실인정이나 비율을 정하는 것은 그것이 형평의 원칙에 비추어 현저히 불합리하다고 인정되지 않는 한 사실심의 전권사항에 속한다."

189) 대법원 1996. 10. 25. 선고 96다30113 판결 "민법상의 과실상계제도는 채권자가 신의칙상 요구되는 주의를 다하지 아니한 경우 공평의 원칙에 따라 손해의 발생에 관한 채권자의 그와 같은 부주의를 참작하게 하려는 것이므로 단순한 부주의라도 그로 말미암아 손해가 발생하거나 확대된 원인을 이루었다면 피해자에게 과실이 있는 것으로 보아 과실상계를 할 수 있고, 피해자에게 과실이 인정되면 법원은 손해배상의 책임 및 그 금액을 정함에 있어서 이를 참작하여야 하며, 배상의무자가 피해자의 과실에 관하여 주장하지 않는 경우에도 소송자료에 의하여 과실이 인정되는 경우에는 이를 법원이 직권으로 심리·판단하여야 한다."; 대법원 2016. 4. 12. 선고 2013다31137 판결 "불법행위로 인한 손해의 발생 또는 확대에 관하여 피해자에게도 과실이 있는 때에는 가해자의 손해배상의 범위를 정할 때 당연히 이를 참작하여야 하고, 배상의무자가 피해자의 과실에 관하여 주장을 하지 아니한 경우에도 소송자료에 따라 과실이 인정되는 경우에는 이를 법원이 직권으로 심리·판단하여야 한다."

의 경중과 그 밖의 제반 사정을 비교·교량하여 공평의 원칙에 따라 결정해야 할 것이다.[190] 채권자의 과실이 일부 가담한 경우에는 손해배상액을 일부 감액할 수 있다. 감액의 방법은 전체 손해액 중의 일정 비율을 감축하는 방법이나, 전체 손해액 중 일정 금액을 감축하는 방법을 택할 수도 있다.[191] 그리고 법원이 과실상계의 비율을 정함에 있어서 구체적으로 내용을 설시하지 않았더라도 위법은 아니며,[192] 과실상계비율이 현저히 불합리하다고 인정되지 않는 한 사실심의 전권사항이므로 법률심인 대법원이 심리할 사항은 아니라고 한다.[193] 피해자에게 귀책사유가 없는 데도 가해행위와 피해자 측의 요인이 우연히 결합하여 손해가 발생하거나 확대되는 경우에 법원은 손해배상액을 정하면서 과실상계의 법리를 유추적용하여 그 손해의 발생 또는 확대에 기여한 피해자측의 요인을 참작할 수 있다고 한다.[194] 불법행위로 인한 손해배상 사건에서 피해자(채권자)의 과실을 들어 과실상계를 함에 있어서는 피해자의 부주의를 이용하여 고의로 불법행위를 저지른 자가 바로 그 피해자의 부주의를 이유로 자신의 책임을 감하여 달라고 주장할 수 없다고 한다.[195] 그러나 그러한 사유가 없는 불법행위자는 과실상계의 주장을 할

---

190) 대법원 1991. 4. 26. 선고 90다14539 판결 "피해자측에도 과실이 있는 경우에 불법행위로 인한 손해배상책임을 부정(면책)할 것인가 또는 배상액을 정함에 있어서만 참작할 것인가는 가해자측과 피해자측의 과실의 경중과 그밖의 제반사정을 비교교량하여 공평의 원칙에 따라 결정해야 한다."

191) 대법원 1989. 3. 14. 선고 88다카127 판결 "손해배상권을 산정함에 있어 피해자의 과실을 참작하는 경우 과실상계비율은 가해자측과 피해자측의 과실의 경중 기타 제반사정을 비교교량하여 공평의 원칙에 따라 결정하여야 하지만 가해자 과실의 내용, 쌍방 과실의 대소, 원인으로서의 강약 등을 미리 확정하여 그 비율을 정하여야 하는 것은 아니다."

192) 대법원 1989. 3. 14. 선고 88다카127 판결.

193) 대법원 1991. 2. 26. 선고 90다6460 판결 "피해자에게 손해의 발생이나 확대에 관하여 과실이 있는 경우에는 배상책임의 유무 및 그 범위를 정함에 있어 당연히 이를 참작하여야 할 것이나, 책임 감경사유 내지 과실상계사유에 관한 사실인정이나 책임감경 내지 과실상계의 비율을 정하는 것은 그것이 현저히 형평의 원칙에 비추어 불합리하다고 인정되지 않는 한 사실심의 전권에 속하는 사항이다."

194) 대법원 2000. 1. 21. 선고 98다50586 판결 "가해행위와 피해자측의 요인이 경합하여 손해가 발생하거나 확대된 경우에는 그 피해자측의 요인이 체질적인 소인 또는 질병의 위험도와 같이 피해자측의 귀책사유와 무관한 것이라고 할지라도, 그 질환의 태양·정도 등에 비추어 가해자에게 손해의 전부를 배상하게 하는 것이 공평의 이념에 반하는 경우에는, 법원은 손해배상액을 정하면서 과실상계의 법리를 유추적용하여 그 손해의 발생 또는 확대에 기여한 피해자측의 요인을 참작할 수 있다."

195) 대법원 2010. 7. 8. 선고 2010다21276 판결 "손해배상청구소송에서 피해자에게 과실이 인정되면 법원은 손해배상의 책임 및 그 금액을 정함에 있어서 이를 참작하여야 하며,

수 있다고 한다.[196)]

③ 일부청구와 과실상계

채권자(피해자)가 손해배상액 가운데 일부만을 청구한 경우에 어떤 방법으로 과실상계를 할 것인가에 대하여 학설은 나누어지고 있다. ㉠ 손해액과 청구액의 비율에 따라 감액부분을 안분하여 청구액에서 안분된 감액부분을 공제한 나머지 금액만을 인용하는 견해로 안분설(按分說)이라고 한다. 예컨대 손해배상액 전액이 100이고 과실비율이 30%라 할 때, 일부청구로 80을 청구하였다면 56을 인용하면 된다. 따라서 청구액 80 중 과실비율 30%를 공제한 56을 인정하면 되고, 다음에 별소로 20을 청구하면 그때 과실비율 30%를 공제한 14를 인정하여 전체적으로 70(56+14)를 인정하면 된다고 한다. 이 견해는 결국 청구액에 관하여 과실상계비율

배상의무자가 피해자의 과실에 관하여 주장하지 않는 경우에도 소송자료에 의하여 과실이 인정되는 경우에는 이를 법원이 직권으로 심리·판단하여야 할 것이지만, 피해자의 부주의를 이용하여 고의로 불법행위를 저지른 자가 피해자의 바로 그 부주의를 이유로 자신의 책임을 감하여 달라고 주장하는 것은 허용될 수 없다."

196) 대법원 2016. 4. 12. 선고 2013다31137 판결 "[1] 민법상 공동불법행위는 객관적으로 관련공동성이 있는 수인의 행위로 타인에게 손해를 가하면 성립하고, 행위자 상호 간에 공모는 물론 의사의 공통이나 공동의 인식을 필요로 하는 것이 아니다. 또한 공동의 행위는 불법행위 자체를 공동으로 하거나 교사·방조하는 경우는 물론 횡령행위로 인한 장물을 취득하는 등 피해의 발생에 공동으로 관련되어 있어도 인정될 수 있다. 그리고 이러한 법리는 범죄수익은닉의 규제 및 처벌 등에 관한 법률에서 정하는 특정범죄로 취득한 재산인 것을 인식하면서 은닉·보존 등에 협력하는 등으로 특정범죄로 인한 피해회복을 곤란 또는 불가능하게 함으로써 손해가 지속되도록 한 경우에도 마찬가지로 적용된다. [2] 불법행위로 인한 손해의 발생 또는 확대에 관하여 피해자에게도 과실이 있는 때에는 가해자의 손해배상의 범위를 정할 때 당연히 이를 참작하여야 하고, 배상의무자가 피해자의 과실에 관하여 주장을 하지 아니한 경우에도 소송자료에 따라 과실이 인정되는 경우에는 이를 법원이 직권으로 심리·판단하여야 한다. [3] 피해자의 부주의를 이용하여 고의로 불법행위를 저지른 자가 바로 그 피해자의 부주의를 이유로 자신의 책임을 감하여 달라고 주장하는 것은 허용될 수 없으나, 이는 그러한 사유가 있는 자에게 과실상계의 주장을 허용하는 것이 신의칙에 반하기 때문이므로, 불법행위자 중 일부에게 그러한 사유가 있다고 하여 그러한 사유가 없는 다른 불법행위자까지도 과실상계의 주장을 할 수 없다고 해석할 것은 아니다. [4] 피해자의 부주의를 이용하여 고의로 불법행위를 저지른 자가 바로 그 피해자의 부주의를 이유로 자신의 책임을 감하여 달라고 주장하는 것이 허용되지 아니하는 것은, 그와 같은 고의적 불법행위가 영득행위에 해당하는 경우 과실상계와 같은 책임의 제한을 인정하게 되면 가해자로 하여금 불법행위로 인한 이익을 최종적으로 보유하게 하여 공평의 이념이나 신의칙에 반하는 결과를 가져오기 때문이므로, 고의에 의한 불법행위의 경우에도 위와 같은 결과가 초래되지 않는 경우에는 과실상계와 공평의 원칙에 기한 책임의 제한은 얼마든지 가능하다."

을 정하게 된다. ㉡ 손해의 전액에서 과실상계의 비율에 의한 감액을 하여 잔액이 청구액보다 많으면 청구액을 인용하고 잔액이 청구액보다 적으면 잔액을 인용하는 견해로 외측설(外側說)이라고 한다. 예컨대 앞의 예에서 일부청구로 80을 청구하였다면 70을 인용하면 되고, 일부청구로 60을 청구하였다면 60을 인용하면 된다고 한다. 따라서 전체 100에서 과실비율 30%를 확정적으로 공제하면 채권자가 실제로 지급받게 될 손해배상금액은 70이 전부가 된다. 그런데 채권자가 이를 초과하여 80을 일부청구하였더라도 인정될 수 있는 총액의 한계가 70에 불과하기 때문에 70까지만 인정하면 되고, 만약 60을 일부청구하였다면 인정된 총액 70중 60을 먼저 인정하고, 나중에 별소로 10을 추가청구하면 그때 10을 인정해주면 된다고 한다.

판례[197]와 다수설[198]은 채권자에게 보다 유리한 외측설의 입장이다.

④ 과실상계와 손익상계의 우선순위

손해배상을 해야 하는 경우에 과실상계사유와 손익상계사유가 동시에 존재하는 경우에 어느 것을 먼저 할 것인지가 문제이다. 왜냐하면 손익상계를 먼저 하게 되면 채권자가 지급받을 금액이 많아져 채권자에게 보다 유리하고, 과실상계를 먼저 하게 되면 채권자가 지급받을 금액이 적어져 채무자에게 보다 유리하기 때문이다. 이러한 경우 판례는 먼저 과실상계를 먼저 한 다음에 손익상계를 하여야 한다고 한다.[199]

---

197) 대법원 2008. 12. 11. 선고 2006다5550 판결 "이사가 법령 또는 정관에 위반한 행위를 하거나 그 임무를 해태함으로써 회사에 대하여 손해를 배상할 책임이 있어 그 손해배상의 범위를 정할 때에는 손해분담의 공평이라는 손해배상제도의 이념에 비추어 그 손해배상액을 제한할 수 있고, 원고가 손해배상청구액 중 일부청구를 하고 있는 경우에 손해배상액을 제한함에 있어서는 손해의 전액에서 책임감경사유나 책임제한비율을 적용하여 산정한 손해배상액이 일부청구액을 초과하지 않을 경우에는 손해배상액을, 일부청구액을 초과할 경우에는 일부청구액을 인용하여 줄 것을 구하는 것이 당사자의 통상적인 의사라고 보아야 할 것이다(대법원 1976. 6. 22. 선고 75다819 판결 등 참조)."; 대법원 2008. 12. 24. 선고 2008다51649 판결 "일개의 손해배상청구권 중 일부가 소송상 청구되어 있는 경우에 과실상계를 함에 있어서는 손해의 전액에서 과실비율에 의한 감액을 하고 그 잔액이 청구액을 초과하지 않을 경우에는 그 잔액을 인용할 것이고 잔액이 청구액을 초과할 경우에는 청구의 전액을 인용하는 것으로 해석하여야 할 것이며, 이와 같이 풀이하는 것이 일부청구를 하는 당사자의 통상적 의사라고 할 것이고, 이러한 방식에 따라 원고의 청구를 인용한다고 하여도 처분권주의에 위배되는 것이라고 할 수는 없다(대법원 1976. 6. 22. 선고 75다819 판결 등 참조)."

198) 김상용, 191면; 송덕수, 188면; 오시영, 295면.

(7) 손익상계

1) 의 의

손익상계(이득공제)란 채무불이행 또는 불법행위로 인하여 손해를 받은 자가 동시에 같은 원인으로 이익을 얻은 때에 그의 손해배상액에서 그 이익을 공제하는 것을 말한다. 예컨대 공연기획사가 국제적으로 유명한 가수를 서울에 초청하여 잠실운동장에서 공연을 하기로 하면서 그 가수의 왕복 비행기 및 숙박비 등을 부담하기로 약정한 경우에 그 가수의 갑작스런 출연 거부로 공연이 취소된 경우 기획사에게 손해를 끼쳤다면, 기획사는 그 가수의 출연 거부로 인하여 입게 된 총손해액에서 그 가수가 한국에 오지 않음으로써 왕복비행기 및 숙박비 등을 지출하지 않은 경우에 그 비용 등의 상당액을 총손해액에서 공제하는 것이다.

민법은 손익상계의 명문규정을 두고 있지 않지만 통설과 판례[200]는 당연한 것으로 인정하고 있다.

손익상계는 통상의 상계(제492조)와 다르다. 여기의 상계는 서로 대립되는 두 개의 채권을 대등액에서 소멸시키는 것이 아니라 단지 배상액의 산정에서 채권자가 얻은 이익을 공제하는 것에 지나지 않는다. 따라서 '손익상계'라는 표현보다는 '이득(이익)공제'라고 하는 것이 더 적합하다. 그리고 손액상계에서 공제될 이익은 손해배상원인과 상당인과관계가 인정되는 것에 한정된다.[201] 또한 이러한 손익상

199) 대법원 1996. 1. 23. 선고 95다24340 판결 "[1] 불법행위로 인한 손해배상청구 사건에서 과실상계 사유에 관한 사실인정이나 그 비율을 정하는 것은 그것이 형평의 원칙에 비추어 현저히 불합리하다고 인정되지 않는 한 사실심의 전권사항에 속한다. [2] 불법행위로 인한 손해배상액을 산정함에 있어서 과실상계를 한 다음 손익상계를 하여야 하고, 산업재해보상보험법상의 급여도 마찬가지이다."; 대법원 2008. 5. 15. 선고 2007다37721 판결 "불법행위 또는 채무불이행에 관하여 채권자의 과실이 있고 채권자가 그로 인하여 이익을 받은 경우에 손해배상액을 산정함에 있어서는 과실상계를 한 다음 손익상계를 하여야 하고(대법원 1990. 5. 8. 선고 89다카29129 판결, 대법원 1996. 1. 23. 선고 95다24340 판결 등 참조), 이는 과실상계뿐만 아니라 손해부담의 공평을 기하기 위한 책임제한의 경우에도 마찬가지이다."

200) 대법원 1962. 6. 14. 선고 4294민상1359 판결; 대법원 1969. 11. 25. 선고 69다887 판결 "채무불이행과 인과관계 있는 손해는 채무이행 있으므로 인하여 얻을 수 있는 이익금에서 반대급부채무를 면한 이익을 공제한 것이라 할 것이다."

201) 대법원 2009. 12. 10. 선고 2009다54706, 54713 판결 "채무불이행이나 불법행위 등이 채권자 또는 피해자에게 손해를 생기게 하는 동시에 이익을 가져다 준 경우에는 공평의 관념상 그 이익은 당사자의 주장을 기다리지 아니하고 손해를 산정함에 있어서 공제되어야만 하는 것이고(대법원 2002. 5. 10. 선고 2000다37296, 37302 판결 참조), 이와 같이 손해배상액

계는 공평의 관념에 따라 당사자의 주장을 기다리지 않고 법원이 손해를 산정할 때 당연히 직권으로 이익을 공제해야 한다.[202]

2) 손익상계의 법적 성질

앞에서 살펴본 것처럼 손익상계는 단지 손해산정과정에서 이해관계의 단순한 정리에 지나지 않고 본래의 의미의 상계와 달리, 손해배상의 산정에서 반드시 계산되어야 하는 것에 불과하다. 따라서 손익상계는 채권자가 얻은 이익액만큼의 이익반환청구권을 채무자에게 부여하는 것이고, 손해액에서 채권자가 얻은 그 이익액을 공제한 잔액을 손해배상액으로 하는 하나의 손해배상청구권이다.

3) 공제되는 이익의 범위

손익상계의 대상이 되는 이익은 채무불이행과 상당인과관계 있는 이익에 한정된다는 것이 다수설[203]과 판례[204]의 입장이다. 따라서 손익상계의 대상이 되는 이

의 산정에 있어 손익상계가 허용되기 위해서는 손해배상책임의 원인이 되는 행위로 인하여 피해자가 새로운 이득을 얻었고, 그 이득과 손해배상책임의 원인인 행위 사이에 상당인과관계가 있어야 한다(대법원 1992. 12. 22. 선고 92다31361 판결, 대법원 2007. 11. 30. 선고 2006다19603 판결 등 참조)."

202) 대법원 2002. 5. 10. 선고 2000다37296·37302 판결 "채무불이행이나 불법행위 등이 채권자 또는 피해자에게 손해를 생기게 하는 동시에 이익을 가져다 준 경우에는 공평의 관념상 그 이익은 당사자의 주장을 기다리지 아니하고 손해를 산정함에 있어서 공제되어야만 하는 것이므로, 민법 제673조에 의하여 도급계약이 해제된 경우에도, 그 해제로 인하여 수급인이 그 일의 완성을 위하여 들이지 않게 된 자신의 노력을 타에 사용하여 소득을 얻었거나 또는 얻을 수 있었음에도 불구하고, 태만이나 과실로 인하여 얻지 못한 소득 및 일의 완성을 위하여 준비하여 둔 재료를 사용하지 아니하게 되어 타에 사용 또는 처분하여 얻을 수 있는 대가 상당액은 당연히 손해액을 산정함에 있어서 공제되어야 한다."; 대법원 2009. 12. 10. 선고 2009다54706·54713 판결 "채무불이행이나 불법행위 등이 채권자 또는 피해자에게 손해를 생기게 하는 동시에 이익을 가져다 준 경우에는 공평의 관념상 그 이익은 당사자의 주장을 기다리지 아니하고 손해를 산정함에 있어서 공제되어야만 하는 것이고(대법원 2002. 5. 10. 선고 2000다37296, 37302 판결 참조), 이와 같이 손해배상액의 산정에 있어 손익상계가 허용되기 위해서는 손해배상책임의 원인이 되는 행위로 인하여 피해자가 새로운 이득을 얻었고, 그 이득과 손해배상책임의 원인인 행위 사이에 상당인과관계가 있어야 한다(대법원 1992. 12. 22. 선고 92다31361 판결, 대법원 2007. 11. 30. 선고 2006다19603 판결 등 참조)."

203) 곽윤직, 119면; 김대정, 647면; 김상용, 183면; 김학동, 151면; 송덕수, 181면; 윤철홍, 210면; 김태균, 손익상계와 상당인과관계, 민사판례연구 38권, 박영사 2016 참조.

204) 대법원 2002. 10. 11. 선고 2002다33502 판결 "불법행위로 인한 손해배상액의 산정에 있어 손익공제를 허용하기 위하여는 손해배상책임의 원인인 불법행위로 인하여 피해자가 새로운 이득을 얻었고, 그 이득과 불법행위 사이에 상당인과관계가 있어야 한다."; 대법원

익은 통상이익에 한하는 것이 원칙이며, 특별손해는 채권자가 이를 알았거나 알 수 있었을 경우에 한하여 공제된다.[205)]

각종의 연금법 기타의 법률이 보상금 등의 급여에 관한여 특별히 규정하고 있는 경우에는, 공제에 관하여 명문규정이 있으면 그에 의하되,[206)] 명문규정이 없으면 그 규정들의 취지를 고려하여 공제 여부를 결정하면 된다. 그러나 채무불이행이나 불법행위와 상당인과관계가 없는 다른 원인(다른 계약 등)에 의하여 얻은 이익은 공제되지 않는다.[207)]

2005. 10. 28. 선고 2003다69638 판결 "손해배상액의 산정에 있어서 손익상계가 허용되기 위하여는 손해배상책임의 원인이 되는 행위로 인하여 피해자가 새로운 이득을 얻었고, 그 이득과 손해배상책임의 원인 행위 사이에 상당인과관계가 있어야 한다."; 대법원 2009. 12. 10. 선고 2009다54706·54713 판결 "채무불이행이나 불법행위 등이 채권자 또는 피해자에게 손해를 생기게 하는 동시에 이익을 가져다 준 경우에는 공평의 관념상 그 이익은 당사자의 주장을 기다리지 아니하고 손해를 산정함에 있어서 공제되어야만 하는 것이고(대법원 2002. 5. 10. 선고 2000다37296, 37302 판결 참조), 이와 같이 손해배상액의 산정에 있어 손익상계가 허용되기 위해서는 손해배상책임의 원인이 되는 행위로 인하여 피해자가 새로운 이득을 얻었고, 그 이득과 손해배상책임의 원인인 행위 사이에 상당인과관계가 있어야 한다(대법원 1992. 12. 22. 선고 92다31361 판결, 대법원 2007. 11. 30. 선고 2006다19603 판결 등 참조)."

205) 제393조의 유추해석; 대법원 1966. 5. 31. 선고 66다590 판결 "원고의 소극적 손해를 인정함에 있어, 원고의 연간수입이 금 63,000원인바, 원고의 연간 생활비가 31,500원이므로, 이를 공제한 금 31,500원이 결국 원고의 매년 얻을 수 있는 순수익이라고 판시하고 있다. 그러나, 원고가 본건 불법행위로 인하여 사망하였다면, 그 얻을 수 있는 수입에서, 그 생활비를 공제한 금액이 원고의 장차 얻을 수 있는 순수익이라고 할 것이나, 동인이 사망한 것이 아니므로, 특별한 사정이 없는 한, 본건 불법행위 이후, 취업가능 연령까지 계속하여 생활비가 소요될 것이며, 본건 부상으로 인하여, 절약이 된다고는 할 수 없을 것이므로, 생활비를 공제할 수 없음에도 불구하고, 원판결이 특별한 사정에 관한 이유설시도 없이, 막연히 이 금액을 공제한 것은, 불법행위에 있어서의 손익상계의 법리를 그릇해석한 위법이 있다."

206) 공무원연금법 제32조, 사립학교교직원연금법 제41조, 군인연금법 제19조의 3 등 참조.

207) 보험계약에 기한 이익이나 다른 계약에 기한 보수 등은 공제대상이 아니다; 대법원 1998. 11. 24. 선고 98다25061 판결 "상해보험인 해외여행보험에 의한 급부금은 이미 납입한 보험료의 대가적 성질을 가지는 것으로서 그 부상에 관하여 제3자가 불법행위 또는 채무불이행에 기한 손해배상의무를 부담하는 경우에도, 보험계약의 당사자 사이에 다른 약정이 없는 한, 상법 제729조에 의하여 보험자대위가 금지됨은 물론, 그 배상액의 산정에 있어서 손익상계로서 공제하여야 할 이익에 해당하지 아니하며, 보험자대위가 인정되는 경우에도 피보험자가 보험자로부터 손해의 일부를 전보받았다고 하여 그 나머지 손해에 대한 가해자의 피보험자에 대한 손해배상책임까지 소멸되는 것은 아니다."

(8) 손해배상액의 예정

1) 의 의

손해배상액의 예정이란 채권자와 채무자가 미리 채무의 불이행으로 인하여 발생하게 될 손해배상액을 예정해 두는 것을 내용으로 하는 채권자와 채무자의 계약이다(제398조 제1항). 이러한 배상액을 미리 정하는 이유는 채무불이행이 있게 되면 채권자가 손해배상을 청구함에 있어 그 손해의 발생과 금액을 증명하여야 하는 데 그러한 증명곤란을 미리 배제하여 채무의 이행을 확보하려는 데 있다.[208]

당사자 간에 손해배상액의 예정이 있으면 실손해의 발생 여부에 관계없이 그 예정액을 배상하면 된다. 그러나 법률규정이나 사회질서에 반하여 그 예정액이 부당히 과다한 때에는 그 예정액을 감액할 수 있으며(제398조 제2항), 이때의 감액부분에 해당하는 부분은 처음부터 무효라고 할 것이다.[209] 배상액 예정계약은 채무불이행이 발생하기 전에 체결하는 것으로 채무불이행이 발생한 후에 체결하는 것은 일종의 화해인 손해배상에 관한 합의이다.

2) 손해배상액 예정의 법적 성질

손해배상액 예정계약은 채무불이행을 정지조건으로 하는 조건부 계약이며, 기본적 채권관계인 원래의 채권관계에 종된 계약이다. 따라서 손해배상액 예정계약은 기본적 채권관계와 운명을 같이 하며, 기본채권의 담보는 당연히 손해배상액 예정계약상의 채무도 담보한다. 나아가 손해배상액 예정에 관한 규정(제398조)은 금전이 아닌 것으로 손해배상에 충당하기로 예정한 경우에도 준용된다(제398조 제5항).[210]

---

208) 대법원 1993. 4. 23. 선고 92다41719 판결 "민법 제398조에서 손해배상액의 예정에 관하여 규정한 목적은 손해의 발생사실과 손해액에 대한 입증의 곤란을 덜고 분쟁의 발생을 미리 방지하여 법률관계를 쉽게 해결할 뿐 아니라 채무자에게 심리적 경고를 함으로써 채무의 이행을 확보하려는 것이고, 한편 제2항에 규정된 손해배상예정액의 감액제도는 국가가 계약 당사자들 사이의 실질적 불평등을 제거하고 공정을 보장하기 위하여 계약의 내용에 간섭한다는 데에 그 취지가 있다."

209) 대법원 1991. 7. 9. 선고 91다11490 판결 "법원이 손해배상의 예정액이 부당하게 과다하다고 하여 감액을 한 경우 손해배상액의 예정에 관한 약정 중 감액부분에 해당하는 부분은 처음부터 무효라고 할 것이다."

210) 대법원 1999. 1. 15. 선고 98다48033 판결 "계약 당시 당사자 사이에 손해배상액을 예정하는 내용의 약정이 있는 경우에는 그것은 계약상의 채무불이행으로 인한 손해액에 관한 것이고 이를 그 계약과 관련된 불법행위상의 손해까지 예정한 것이라고는 볼 수 없다."

3) 손해배상액 예정계약의 요건

① 시간적 요건

손해배상액의 예정은 채무불이행이 발생하기 전에 체결되어야 한다. 채무불이행이 발생한 후에 손해배상액을 정하는 배상액 합의는 별도의 계약에 의한 책임 발생이므로 제398조가 적용되지 않는다.

② 법률상의 제한 요건

손해배상액의 예정이 법률로 금지되어 있지 않아야 한다.211) 그러나 그 이외의 경우에는 그것이 사회질서에 위반되지 않는 한 당사자는 임의로 손해배상액을 예정할 수 있다(제398조 제1항).

③ 손해배상예정액의 모습

손해배상액의 예정은 금전으로 하는 경우가 보통이지만, 금전 이외의 것으로도 할 수 있다(제398조 제2항).

4) 손해배상액 예정의 효과

① 효과 일반 채무불이행이 발생하게 되면 손해액의 발생과 그 금액을 증명할 필요 없이 예정된 배상액을 채무자에게 청구할 수 있다. 즉 채권자는 채무불이행의 사실만 증명하면 손해의 발생 및 그 액을 증명하지 않고서 예정배상액을 청구할 수 있다.212) 따라서 실제 발생한 손해가 손해배상액의 예정을 초과한 경우에도 채권자는 추가액을 청구할 수 없다.213) 다만 공사도급계약과 관련하여 채무불이행으로 인하여 발생한 실손해가 손해배상의 예정액보다 더 많은 손해가

211) 근로기준법 제27조; 약관규제에 관한 법률 제8조 참조.

212) 대법원 2000. 12. 8. 선고 2000다50350 판결 "[1] 채무불이행으로 인한 손해배상액의 예정이 있는 경우에는 채권자는 채무불이행 사실만 증명하면 손해의 발생 및 그 액을 증명하지 아니하고 예정배상액을 청구할 수 있다. [2] 법원이 민법 제398조 소정의 '손해배상의 예정액'을 부당히 과다하다 하여 감액하려면 채권자와 채무자의 경제적 지위, 계약의 목적과 내용, 손해배상액을 예정한 경위(동기), 채무액에 대한 예정액의 비율, 예상 손해액의 크기, 당시의 거래 관행과 경제 상태 등을 참작한 결과 손해배상 예정액의 지급이 경제적 약자의 지위에 있는 채무자에게 부당한 압박을 가하여 공정을 잃는 결과를 초래한다고 인정되는 경우라야 한다."

213) 대법원 1965. 6. 22. 선고 65다737 판결 "매매계약에 있어 위약금의 약정은 손해배상액의 예정으로 추정되는 것이고 그 약정이 있었을 때에는 실제 발생한 손해액이 예정액을 초과하더라도 그 초과액을 청구할 수 없다."

발생한 경우 그 추가액을 청구할 수 있다고 한다.[214] 채무불이행으로 인한 손해배상 예정액의 청구(제398조)와 채무불이행으로 인한 손해배상의 청구(제390조)는 그 원인을 달리 하는 별개의 청구이다. 따라서 채무불이행으로 인한 손해배상 예정액만을 청구하였을 뿐 채무불이행으로 인한 손해배상을 청구하지 않았다면 전자에 후자가 당연히 포함되어 있다고 볼 수 없다.[215]

채무불이행으로 인한 손해배상액을 예정하였다고 하더라도 이는 계약상의 채무불이행으로 인한 손해액에 대해서만 적용되기 때문에, 별도로 그 계약과 관련된 불법행위가 성립되는 경우에는 청구권 경합이 인정되어 손해배상액의 예정과 무관하게 불법행위로 인하여 발생한 손해 전부를 청구할 수 있다.[216]

② **채무자의 귀책사유 필요 여부** 손해배상액의 예정이 있는 경우에 채무불이행에 대하여 채무자의 귀책사유도 필요한가의 여부이다. 이에 관하여 학설

214) 대법원 2002. 7. 12. 선고 2000다17810 판결 "공사도급계약서 또는 그 계약내용에 편입된 약관에 수급인이 하자담보책임 기간 중 도급인으로부터 하자보수요구를 받고 이에 불응한 경우 하자보수보증금은 도급인에게 귀속한다는 조항이 있을 때 이 하자보수보증금은 특별한 사정이 없는 한 손해배상액의 예정으로 볼 것이고, 다만 하자보수보증금의 특성상 실손해가 하자보수보증금을 초과하는 경우에는 그 초과액의 손해배상을 구할 수 있다는 명시 규정이 없다고 하더라도 도급인은 수급인의 하자보수의무 불이행을 이유로 하자보수보증금의 몰취 외에 그 실손해액을 입증하여 수급인으로부터 그 초과액 상당의 손해배상을 받을 수도 있는 특수한 손해배상액의 예정으로 봄이 상당하다."

215) 대법원 2000. 2. 11. 선고 99다49644 판결 "채무불이행으로 인한 손해배상 예정액의 청구와 채무불이행으로 인한 손해배상액의 청구는 그 청구원인을 달리 하는 별개의 청구이므로 손해배상 예정액의 청구 가운데 채무불이행으로 인한 손해배상액의 청구가 포함되어 있다고 볼 수 없고, 채무불이행으로 인한 손해배상액의 청구에 있어서 손해의 발생 사실과 그 손해를 금전적으로 평가한 배상액에 관하여는 손해배상을 구하는 채권자가 주장·입증하여야 하는 것이므로, 채권자가 손해배상책임의 발생 원인 사실에 관하여는 주장·입증을 하였더라도 손해의 발생 사실에 관한 주장·입증을 하지 아니하였다면 변론주의의 원칙상 법원은 당사자가 주장하지 아니한 손해의 발생 사실을 기초로 하여 손해액을 산정할 수는 없다."

216) 대법원 1999. 1. 15. 선고 98다48033 판결 "[1] 계약 당시 당사자 사이에 손해배상액을 예정하는 내용의 약정이 있는 경우에는 그것은 계약상의 채무불이행으로 인한 손해액에 관한 것이고 이를 그 계약과 관련된 불법행위상의 손해까지 예정한 것이라고는 볼 수 없다. [2] 토지매매계약이 매수인의 잔대금지급채무의 불이행을 이유로 해제된 다음 매도인이 매수인 등을 상대로 위 토지 상의 건물철거 및 대지인도의 소를 제기하여 승소판결을 받고 그 판결이 확정되었음에도 매수인 등이 이를 이행하지 아니하여 매도인이 위 토지를 사용·수익하지 못하게 됨으로써 입은 차임 상당의 손해는 위 매매계약이 해제된 후의 별도의 불법행위를 원인으로 하는 것으로서 계약 당시 수수된 손해배상예정액으로 전보되는 것이 아니라고 한 사례."

은 본래 배상액의 예정이 모든 증빙문제를 피할 목적으로 체결되었다는 이유로 필요하지 않다는 견해(불필요설)[217]와 민법이 채무불이행에 관하여 과실책임주의를 취하므로 그것을 배제한다는 특약이 없는 한 귀책사유가 필요하다는 견해(필요설)[218]로 나누어져 있다. 판례는 채무자의 귀책사유가 필요하다는 입장이다.[219] 즉 채무자는 채권자와 사이에 채무불이행에 있어 채무자의 귀책사유를 묻지 않는다는 약정을 하지 않는 이상 자신의 귀책사유가 없음을 주장·증명함으로써 예정배상액의 지급책임을 면할 수 있다고 한다.

③ **현실적 손해의 발생 여부** 채권자에게 현실적으로 손해가 발생하여야 하는가에 대하여도 학설은 나누어져 있다. 즉 현실적인 손해의 발생 여부를 불구하고 채무불이행이 있으면 손해배상 예정액을 배상하여야 한다는 견해(불필요설)[220]와 우리 민법상 배상액의 예정은 제재적인 성질의 것으로 해석될 수 없고, 다만 이 제도의 취지상 채무자가 채권자에게 손해가 없음을 증명하여 책임을 면할 수 있다는 견해(필요설)[221]로 대립하고 있다. 판례는 불필요설의 입장이다.[222]

---

217) 곽윤직, 123면; 김상용, 189면; 윤철홍, 225면.

218) 김대정, 661면; 김학동, 158면; 김형배, 285면, 송덕수, 193면.

219) 대법원 2007. 12. 27. 선고 2006다9408 판결 "채무불이행으로 인한 손해배상액이 예정되어 있는 경우에는 채권자는 채무불이행 사실만 증명하면 손해의 발생 및 그 액을 증명하지 아니하고 예정배상액을 청구할 수 있고, 채무자는 채권자와 채무불이행에 있어 채무자의 귀책사유를 묻지 아니한다는 약정을 하지 아니한 이상 자신의 귀책사유가 없음을 주장·입증함으로써 예정배상액의 지급책임을 면할 수 있다. 그리고 채무자의 귀책사유를 묻지 아니한다는 약정의 존재 여부는 근본적으로 당사자 사이의 의사해석의 문제로서, 당사자 사이의 약정 내용과 그 약정이 이루어지게 된 동기 및 경위, 당사자가 그 약정에 의하여 달성하려고 하는 목적과 진정한 의사, 거래의 관행 등을 종합적으로 고찰하여 합리적으로 해석하여야 하지만, 당사자의 통상의 의사는 채무자의 귀책사유로 인한 채무불이행에 대해서만 손해배상액을 예정한 것으로 봄이 상당하므로, 채무자의 귀책사유를 묻지 않기로 하는 약정의 존재는 엄격하게 제한하여 인정하여야 한다."; 대법원 2010. 2. 25. 선고 2009다83797 판결 "채무불이행으로 인한 손해배상액이 예정되어 있는 경우 채권자는 채무불이행 사실만 증명하면 손해의 발생 및 그 액수를 증명하지 아니하고 예정배상액을 청구할 수 있으나, 반면 채무자는 채권자와 채무불이행에 있어 채무자의 귀책사유를 묻지 아니한다는 약정을 하지 아니한 이상 자신의 귀책사유가 없음을 주장·증명함으로써 위 예정배상액의 지급책임을 면할 수 있다."

220) 곽윤직, 123면; 김대정, 659면; 김상용, 188면; 김용한, 221면, 김주수, 200면; 송덕수, 194면.

221) 김형배, 285면.

222) 대법원 1988. 9. 27. 선고 86다카2375 판결 "당사자사이의 채무불이행에 관하여 손해배상액을 예정한 경우에 채권자는 통상의 손해뿐만 아니라 특별한 사정으로 인한 손해에 관하여도 예정된 배상액만을 청구할 수 있고 특약이 없는 한 예정액을 초과한 배상액을 청구할 수는 없다."; 대법원 1993. 4. 23. 선고 92다41719 판결 "[1] 민법 제398조에서 손해배상액의

여기서의 손해는 배상액 예정의 취지를 생각할 때 다른 특약이 없는 한 예정배상액에는 직접적 손해, 통상손해, 특별손해 모두를 포괄하는 것으로 해석하여야 한다. 따라서 채권자는 실제의 손해액이 예정액보다 크다는 것을 증명하여도 초과액을 청구할 수 없고,[223] 다만 초과액을 증명하여 청구할 수 있다는 특약이 있을 경우에는 예외로 할 것이고, 이러한 특약은 묵시적으로 행하여질 수 있다고 본다.[224]

④ 과실상계 여부 손해배상액이 예정된 경우에 과실상계를 허용할 것인지에 대하여 통설은 이를 긍정한다. 이는 감액은 과실과 관계없이 과다한 경우에 인정되어야 하고, 감액과는 별도로 과실상계를 허용하지 않으면 채무자는 자기 책임의 한도를 넘어 배상책임을 지는 것이 되기 때문이다. 그러나 판례는 예정액을 감액할 때 제반사정이 고려되기 때문에 과실상계를 할 필요가 없다고 한다.[225]

예정에 관하여 규정한 목적은 손해의 발생사실과 손해액에 대한 입증의 곤란을 덜고 분쟁의 발생을 미리 방지하여 법률관계를 쉽게 해결할 뿐 아니라 채무자에게 심리적 경고를 함으로써 채무의 이행을 확보하려는 것이고, 한편 제2항에 규정된 손해배상 예정액의 감액 제도는 국가가 계약 당사자들 사이의 실질적 불평등을 제거하고 공정을 보장하기 위하여 계약의 내용에 간섭한다는 데에 그 취지가 있다. [2] 법원이 손해배상의 예정액을 부당히 과다하다 하여 감액하려면 채권자와 채무자의 경제적 지위, 계약의 목적과 내용, 손해배상액을 예정한 경위(동기), 채무액에 대한 예정액의 비율, 예상 손해액의 크기, 당시의 거래 관행과 경제 상태 등을 참작한 결과 손해배상 예정액의 지급이 경제적 약자의 지위에 있는 채무자에게 부당한 압박을 가하여 공정을 잃는 결과를 초래한다고 인정되는 경우라야 할 것이다. [3] 계약 당시 손해배상액을 예정한 경우에는 다른 특약이 없는 한 채무불이행으로 인하여 입은 통상손해는 물론 특별손해까지도 예정액에 포함되고 채권자의 손해가 예정액을 초과한다 하더라도 초과부분을 따로 청구할 수 없다."

223) 대법원 1970. 10. 23. 선고 70다1756 판결 "매매계약당시 위약으로 인한 손해배상을 예정한 계약당사자는 그 계약을 위약함으로 인하여 다른 손해가 발생하였다 하여도 이를 청구할 수 없다."

224) 대법원 2002. 7. 12. 선고 2000다17810 판결 "공사도급계약서 또는 그 계약내용에 편입된 약관에 수급인이 하자담보책임 기간 중 도급인으로부터 하자보수요구를 받고 이에 불응한 경우 하자보수보증금은 도급인에게 귀속한다는 조항이 있을 때 이 하자보수보증금은 특별한 사정이 없는 한 손해배상액의 예정으로 볼 것이고, 다만 하자보수보증금의 특성상 실손해가 하자보수보증금을 초과하는 경우에는 그 초과액의 손해배상을 구할 수 있다는 명시 규정이 없다고 하더라도 도급인은 수급인의 하자보수의무 불이행을 이유로 하자보수보증금의 몰취 외에 그 실손해액을 입증하여 수급인으로부터 그 초과액 상당의 손해배상을 받을 수도 있는 특수한 손해배상액의 예정으로 봄이 상당하다."

225) 대법원 2002. 1. 25. 선고 99다57126 판결 "지체상금이 손해배상의 예정으로 인정되어 이를 감액함에 있어서는 채무자가 계약을 위반한 경위 등 제반사정이 참작되므로 손해배상

5) 예정액의 재량감액

① 손해배상액을 미리 예정하는 경우에 채권자의 압박에 의해 과다하게 약정되는 경우가 있다. 이렇게 손해배상예정액이 부당하게 과다한 경우에는 법원은 적당히 감액할 수 있도록 하고 있다(제398조 제2항). 그러나 반대로 예정배상액이 과소하다고 하여 법원은 이를 증액할 수 없다.[226]

② 법원이 재량으로 예정액을 감액하려면 손해배상 예정액이 부당히 과다한 경우이어여야 한다. 여기서 "부당히 과다한 경우"란 채권자와 채무자의 각 지위, 계약의 목적 및 내용, 손해배상액을 예정한 동기, 채무액에 대한 예정액의 비율, 예상 손해액의 크기, 그 당시의 거래관행 등 모든 사정을 참작하여 일반 사회관념에 비추어 그 예정액의 지급이 경제적 약자의 지위에 있는 채무자에게 부당한 압박을 가하여 공정성을 잃는 결과를 초래한다고 인정되는 경우를 뜻하는 것으로 보아야 한다.[227] 그러나 예정액 자체가 크다든지 계약체결 시부터 계약해제 시까

액의 감경에 앞서 채권자의 과실 등을 들어 따로 감경할 필요는 없다."; 대법원 2016. 6. 10. 선고 2014다200763·200770 판결 "[당사자 사이의 계약에서 채무자의 채무불이행으로 인한 손해배상액이 예정되어 있는 경우, 채무불이행으로 인한 손해의 발생 및 확대에 채권자에게도 과실이 있더라도 민법 제398조 제2항에 따라 채권자의 과실을 비롯하여 채무자가 계약을 위반한 경위 등 제반 사정을 참작하여 손해배상 예정액을 감액할 수는 있을지언정 채권자의 과실을 들어 과실상계를 할 수는 없다."

226) 곽윤직, 123면; 김학동, 160면; 송덕수, 196면.

227) 대법원 2000. 12. 8. 선고 2000다50350 판결 "[1] 채무불이행으로 인한 손해배상액의 예정이 있는 경우에는 채권자는 채무불이행 사실만 증명하면 손해의 발생 및 그 액을 증명하지 아니하고 예정배상액을 청구할 수 있다. [2] 법원이 민법 제398조 소정의 '손해배상의 예정액'을 부당히 과다하다 하여 감액하려면 채권자와 채무자의 경제적 지위, 계약의 목적과 내용, 손해배상액을 예정한 경위(동기), 채무액에 대한 예정액의 비율, 예상 손해액의 크기, 당시의 거래 관행과 경제 상태 등을 참작한 결과 손해배상 예정액의 지급이 경제적 약자의 지위에 있는 채무자에게 부당한 압박을 가하여 공정을 잃는 결과를 초래한다고 인정되는 경우라야 한다."; 대법원 2017. 5. 30. 선고 2016다275402 판결 "[1] 금전채무에 관하여 이행지체에 대비한 지연손해금 비율을 따로 약정한 경우에 이는 일종의 손해배상액의 예정으로서 민법 제398조 제2항에 의한 감액의 대상이 된다. [2] 민법 제398조 제2항은 손해배상의 예정액이 부당히 과다한 경우에는 법원이 이를 적당히 감액할 수 있다고 규정하고 있는데, 여기서 '부당히 과다한 경우'란 채권자와 채무자의 각 지위, 계약의 목적 및 내용, 손해배상액을 예정한 동기, 채무액에 대한 예정액의 비율, 예상 손해액의 크기, 그 당시의 거래관행 등 모든 사정을 참작하여 일반 사회 관념에 비추어 예정액의 지급이 경제적 약자의 지위에 있는 채무자에게 부당한 압박을 가하여 공정성을 잃는 결과를 초래한다고 인정되는 경우를 뜻하는 것으로 보아야 하고, 한편 위 규정의 적용에 따라 손해배상의 예정액이 부당하게 과다한지 및 그에 대한 적당한 감액의 범위를 판단하는 데 있어서는, 법원이 구체적으로 그 판단을 하는 때 즉, 사실심의 변론종결 당시를 기준으로

지의 시간적 간격이 짧다든지 하는 사유만으로는 "부당히 과다한 경우"라고 보기에는 부족하고,[228] 예정액이 부당하게 과다하다든지 여부는 사실심 변론종결 당시를 기준으로 하여 그 때까지 발생한 모든 사정을 종합적으로 고려하여 판단하여야 한다.[229] 손해배상의 예정액이 부당하게 과다한 사실에 대한 증명책임은 채

하여 그 사이에 발생한 위와 같은 모든 사정을 종합적으로 고려하여야 한다. 이때 감액사유에 대한 사실인정이나 그 비율을 정하는 것은 형평의 원칙에 비추어 현저히 불합리하다고 인정되지 않는 한 사실심의 전권에 속하는 사항이다."; 대법원 2017. 7. 11. 선고 2016다52265 판결 "[1] 민법 제398조 제2항은 손해배상의 예정액이 부당히 과다한 경우에는 법원이 이를 적당히 감액할 수 있다고 규정하고 있고, 금전채무의 불이행에 관하여 적용을 배제하지 않고 있다. 또한 이자제한법 제6조는 법원은 당사자가 금전을 목적으로 한 채무의 불이행에 관하여 예정한 배상액을 부당하다고 인정한 때에는 상당한 액까지 이를 감액할 수 있다고 규정하고 있다. 따라서 금전채무에 관하여 이행지체에 대비한 지연손해금 비율을 따로 약정한 경우에 이는 손해배상액의 예정으로서 감액의 대상이 된다. [2] 손해배상 예정액을 감액하기 위한 요건인 '부당성'은 채권자와 채무자의 지위, 계약의 목적과 내용, 손해배상액을 예정한 동기, 채무액에 대한 예정액의 비율, 예상 손해액의 크기, 당시의 거래관행 등 모든 사정을 참작하여 일반 사회관념에 비추어 예정액의 지급이 경제적 약자의 지위에 있는 채무자에게 부당한 압박을 가하여 공정성을 잃는 결과를 초래하는 경우에 인정된다. 특히 금전채무의 불이행에 대하여 손해배상액을 예정한 경우에는 위에서 든 고려요소 이외에 통상적인 연체금리도 고려하여야 한다. 이와 같이 손해배상의 예정액이 부당한지 여부나 그에 대한 적당한 감액의 범위를 판단하는 기준시점은 법원이 구체적으로 판단을 하는 때, 즉 사실심의 변론종결 당시이다. 이때 감액사유에 대한 사실인정이나 비율을 정하는 것은 형평의 원칙에 비추어 현저히 불합리하다고 인정되지 않는 한 사실심의 전권에 속하는 사항이다."

228) 대법원 2014. 7. 24. 선고 2014다209227 판결 "법원이 손해배상의 예정액을 부당히 과다하다고 하여 감액하려면 채권자와 채무자의 경제적 지위, 계약의 목적과 내용, 손해배상액을 예정한 경위와 동기, 채무액에 대한 예정액의 비율, 예상 손해액의 크기, 당시의 거래관행과 경제상태 등을 참작한 결과 손해배상 예정액의 지급이 경제적 약자의 지위에 있는 채무자에게 부당한 압박을 가하여 공정을 잃는 결과를 초래한다고 인정되는 경우라야 하고, 단지 예정액 자체가 크다든가 계약체결 시부터 계약해제 시까지의 시간적 간격이 짧다든가 하는 사유만으로는 부족하다."

229) 대법원 2002. 12. 24. 선고 2000다54536 판결 "[1] 지체상금을 계약 총액에서 지체상금률을 곱하여 산출하기로 정한 경우, 민법 제398조 제2항에 의하면, 손해배상액의 예정액이 부당히 과다한 경우에는 법원은 적당히 감액할 수 있다고 규정되어 있고 여기의 손해배상의 예정액이란 문언상 그 예정한 손해배상액의 총액을 의미한다고 해석되므로, 손해배상의 예정에 해당하는 지체상금의 과다 여부는 지체상금 총액을 기준으로 하여 판단하여야 한다. [2] 손해배상 예정액이 부당하게 과다한 경우에는 법원은 당사자의 주장이 없더라도 직권으로 이를 감액할 수 있으며, 여기서 '부당히 과다한 경우'라고 함은 채권자와 채무자의 각 지위, 계약의 목적 및 내용, 손해배상액을 예정한 동기, 채무액에 대한 예정액의 비율, 예상 손해액의 크기, 그 당시의 거래관행 등 모든 사정을 참작하여 일반 사회관념에 비추어 그 예정액의 지급이 경제적 약자의 지위에 있는 채무자에게 부당한 압박을 가하여 공정성을 잃는 결과를 초래한다고 인정되는 경우를 뜻하는 것으로 보아야 하고, 한편

무자에게 있다고 한다.[230]

③ 감액사유에 대한 사실인정이나 그 비율을 정하는 것은 원칙적으로 사실심의 전권에 속하는 사항이라고 한다.[231] 그리고 여러 가지 사정을 고려하더라도 부당하게 과다하다고 인정되지 않는 경우에는 이에 대하여 당사자의 주장이 없다면 법원이 직권으로 과다하지 않다는 것을 판단할 필요까지는 없다고 한다.[232] 한편 법원이 감액을 한 경우에는 배상액 예정에 관한 약정 중 감액부분에 해당하는 부분은 처음부터 무효라고 한다.[233]

④ 손해배상을 예정함에 있어 그 기본계약이 무효인 경우에 손해배상액의 예

위 규정의 적용에 따라 손해배상의 예정액이 부당하게 과다한지 및 그에 대한 적당한 감액의 범위를 판단하는 데 있어서는 법원이 구체적으로 그 판단을 하는 때 즉, 사실심의 변론종결 당시를 기준으로 하여 그 사이에 발생한 위와 같은 모든 사정을 종합적으로 고려하여야 할 것이다. [3] 지체상금이 부당하게 과다하다고 인정되지 아니하는 경우에는 이에 대하여 당사자의 주장이 없다면 법원이 직권으로 지체상금이 부당하게 과다하지 않다는 것을 판단할 필요까지는 없다."

230) 대법원 1995. 11. 10. 선고 95다33658 판결 "[1] 손해배상의 예정액이 부당히 과다한지 여부는 채권자와 채무자의 각 지위, 계약의 목적 및 내용, 손해배상액을 예정한 동기, 채무액에 대한 예정액의 비율, 예상 손해액의 크기, 그 당시의 거래관행 등 모든 사정을 참작하여 판단하여야 한다. [2] 손해배상 예정액의 과다 여부 판단에 있어 실제의 손해액을 구체적으로 심리·확정할 필요는 없고, 다만 기록상 실제의 손해액 또는 예상 손해액을 알 수 있는 경우 그 예정액과 대비하여 보면 족하다 할 것이며, 실제의 손해액이 예정액에 미치지 못한다는 점은 그 예정액이 부당히 과다하다고 주장하는 채무자가 입증할 필요가 있다."

231) 대법원 2017. 7. 11. 선고 2016다52265 판결 "손해배상 예정액을 감액하기 위한 요건인 '부당성'은 채권자와 채무자의 지위, 계약의 목적과 내용, 손해배상액을 예정한 동기, 채무액에 대한 예정액의 비율, 예상 손해액의 크기, 당시의 거래관행 등 모든 사정을 참작하여 일반 사회관념에 비추어 예정액의 지급이 경제적 약자의 지위에 있는 채무자에게 부당한 압박을 가하여 공정성을 잃는 결과를 초래하는 경우에 인정된다. 특히 금전채무의 불이행에 대하여 손해배상액을 예정한 경우에는 위에서 든 고려요소 이외에 통상적인 연체금리도 고려하여야 한다. 이와 같이 손해배상의 예정액이 부당한지 여부나 그에 대한 적당한 감액의 범위를 판단하는 기준 시점은 법원이 구체적으로 판단을 하는 때, 즉 사실심의 변론종결 당시이다. 이때 감액사유에 대한 사실인정이나 비율을 정하는 것은 형평의 원칙에 비추어 현저히 불합리하다고 인정되지 않는 한 사실심의 전권에 속하는 사항이다."

232) 대법원 2002. 12. 24. 선고 2000다54536 판결 "지체상금이 부당하게 과다하다고 인정되지 아니하는 경우에는 이에 대하여 당사자의 주장이 없다면 법원이 직권으로 지체상금이 부당하게 과다하지 않다는 것을 판단할 필요까지는 없다."

233) 대법원 2004. 12. 10. 선고 2002다73852 판결 "법원이 손해배상의 예정액이 부당히 과다하다고 하여 감액을 한 경우에는 손해배상액의 예정에 관한 약정 중 감액 부분에 해당하는 부분은 처음부터 무효라고 할 것이다."

정약정도 무효가 되는지의 여부이다. 이에 대하여 판례는 손해배상액의 예정을 보통거래약관에 의하여 한 경우에 약관규제법에 의하여 약관조항이 무효인 때에는, 그것이 유효함을 전제로 제398조 제2항을 적용하여 적당한 한도로 손해배상액을 감액하거나 과중한 손해배상의무를 부담시키는 부분을 감액한 나머지 부분만으로 그 효력을 유지시킬 수는 없다고 하여 민법보다 특별법인 약관규제법이 우선 적용되어 일부감액이 아닌 전부 무효의 법리에 의하여야 한다고 한다.[234)]

6) 이행청구 및 계약의 해제

① 손해배상액의 예정이 있다고 하더라도 채무불이행의 경우에 이행의 청구나 계약의 해제에 영향을 미치지 않는다(제398조 제3항). 왜냐하면 배상액의 예정이 이행청구 및 계약해제의 포기를 의미하는 것이 아니기 때문이다. 다만, 배상액의 예정에는 다양한 종류의 성질을 가진 것이 있다. 즉 지연배상액, 전보배상액, 계약정산 배상액 등의 성질을 가진 것이 있다. 그리고 그 이외에도 당사자 간에 약정의 내용에 따라 다른 종류의 것도 존재할 수 있고, 예정된 배상액이 어떤 성질의 것이며 그 효과가 어떠한지도 결국은 배상액을 예정한 약정의 구체적인 해석에 달려 있다.

② 이행지체를 예상하여 지연배상액이 예정되어 있는 경우에, 채권자는 예정배상액의 청구와 함께 본래 급부의 이행을 청구할 수 있다. 그러나 이 경우에 이행지체가 아닌 이행불능에 빠지게 되면 지연배상액의 예정으로는 이행불능시의 전보배상액의 기준을 삼을 수 없고 실제 발생한 전보배상액을 기준으로 손해배상을 청구해야 한다. 왜냐하면 민법은 이러한 경우에는 이행지체의 경우와 이행에 갈음한 손해배상을 별개로 규정하고 있기 때문이다(제395조). 쌍무계약에서 지연배상액이 예정된 경우에는 상대방이 채무를 이행하지 않고 있다고 하여 바로 예정액을 청구할 수 없고, 자신의 채무를 제공하여 상대방에게 청구하였음에도 불구하고 상대방이 이행을 하지 않아야 비로소 상대방의 지체책임이 발생하므로 그 때에 마침내 예정액을 청구할 수 있게 된다.[235)]

234) 대법원 2009. 8. 20. 선고 2009다20475 판결 "약관의 규제에 관한 법률에 의하여 약관조항이 무효인 경우 그것이 유효함을 전제로 민법 제398조 제2항을 적용하여 적당한 한도로 손해배상예정액을 감액하거나, 과중한 손해배상의무를 부담시키는 부분을 감액한 나머지 부분만으로 그 효력을 유지시킬 수는 없다."

235) 대법원 1998. 2. 10. 선고 96다7793 판결 "[1] 매수인들이 선이행하여야 할 중도금지급의무를

③ 예정된 배상액이 전보배상인 경우에는 그 예정액은 지연배상액에는 표준이 되지 못한다. 반면 이행불능에 빠지게 되면 채권자는 해제를 하지 않고도 곧바로 예정액을 청구할 수 있다. 이행지체 또는 이행불능을 이유로 계약을 해제하고 손해배상을 청구하는 때에는 그 때의 손해배상을 이행이익의 배상이라고 보게 되면 채권자는 예정액으로부터 해제에 의하여 면하게 된 반대급부의 액을 공제하고 나머지를 청구할 수 있다고 한다.[236)]

④ 예정된 배상액이 계약관계를 청산하기 위한 배상액인 경우에는 채무불이행이 발생하면 채권자는 계약을 해제하지 않고 바로 예정액을 청구할 수 있다.[237)]

7) 계 약 금

① 계약금이란 계약체결 시 당사자 일방이 상대방에게 교부하는 일정액의 금전 기타의 유가물이다. 제565조 제1항에서 "매매의 당사자 일방이 계약당시에 금전 기타 물건을 계약금, 보증금 등의 명목으로 상대방에게 교부한 때에는 당사자

이행하지 않은 상태에서 입주예정일이 도래하였다면, 매수인의 중도금지급의무와 매도인의 입주를 가능하게 할 의무는 동시이행관계에 있게 되어 매수인이 중도금을 지급할 때까지 매도인은 지체책임을 지지 않지만, 매수인이 중도금을 지급하면 그 때부터 지체책임을 지므로, 매도인은 입주예정일이 지나 중도금을 완납할 매수인들에게 중도금을 모두 지급받은 때부터 지체책임을 지게 된다고 보아야 한다. [2] 매수인들이 대금을 약정기일까지 납부하지 아니할 경우 그 체납액에 대하여 연체료를 가산하여 지급하기로 하는 연체료 약정은 이행지체에 대한 손해배상의 예정으로서 지체책임이 발생할 때 비로소 그 지급의무가 발생하고, 매수인이 선이행하여야 할 중도금지급의무를 이행하지 않은 상태에서 입주예정일이 도래하였다면, 매수인의 중도금지급의무와 매도인의 입주를 가능하게 할 의무는 동시이행관계에 있게 되어 그 때부터는 매도인이 매수인에게 입주를 가능하게 할 때까지 매수인들에게 중도금지급의무에 대한 지체책임이 생기지 않는다."; 대법원 2009. 1. 30. 선고 2007다10337 판결 "쌍무계약에서 쌍방의 채무가 동시이행 관계에 있는 경우 일방의 채무의 이행기가 도래하더라도 상대방 채무의 이행제공이 있을 때까지는 그 채무를 이행하지 않아도 이행지체의 책임을 지지 않으므로(대법원 1997. 8. 22. 선고 96다40851, 40868 판결, 대법원 2002. 10. 25. 선고 2002다43370 판결 등 참조), 부동산 매매계약에 있어서 매수인이 매도인에게 중도금 또는 잔금을 정해진 기한까지 이행하지 않으면 이미 지급한 중도금 또는 잔금의 전부 내지 일부를 포기한 것으로 본다는 내용의 위약금 약정을 한 경우라도 매수인이 중도금 또는 잔금의 지급을 매도인의 반대의무보다 선이행하기로 약정하는 등의 특별한 사정이 없는 이상 매수인이 중도금 또는 잔금지급의무를 다하지 않는 것 외에 매도인으로서도 소유권이전등기에 필요한 서류 등을 매수인에게 이행제공하여 매수인으로 하여금 이행지체 상태에 이르게 하여야 비로소 그 위약금 약정의 효력이 발생한다고 보아야 할 것이다."

236) 그러나 해제시의 손해배상이 신뢰이익의 배상이라고 이해하면 예정액은 반드시 표준이 된다고 할 수 없다고 한다; 송덕수, 198면 참조.

237) 곽윤직, 124면; 송덕수, 198면.

간에 다른 약정이 없는 한 당사자의 일방이 이행에 착수할 때까지 교부자는 이를 포기하고 수령자는 그 배액을 상환하여 매매계약을 해제할 수 있다."라고 하여 우리 민법은 이 계약금에 대하여 당사자 사이에 다른 약정이 없는 한 해약금, 즉 해제권을 보류하기 위하여 주고받는 것으로 추정하고 있다.

일반적으로 계약당사자들은 유상계약을 체결하면서 계약총액의 10%(1할) 정도를 계약금 명목으로 지급한다. 계약은 낙성계약이 원칙이며 계약자유의 원칙상 계약금 없이 구두로도 계약을 체결할 수 있다. 그러나 보통 거래관행상 10% 정도의 계약금을 지급하고 중도금을 지급하기 전이라면 매수인은 이미 지급한 계약금을 포기하고 계약을 해제하거나 해지할 수 있다거나, 매도인은 계약금의 배액을 배상하고 계약을 해제 또는 해지할 수 있다고 약정하는 경우가 일반적이다.

② **법적 성질 및 효과**

계약체결 시에 교부된 계약금의 법적 성질에 대한 판례를 살펴보면 다음과 같다.

㉠ 계약체결 시 교부된 계약금에 대하여 아무런 약정이 없는 경우에 그 계약금을 위약금 또는 손해배상의 예정액으로는 볼 수 없다고 한다.[238] 또한 매매계약에 있어서 계약당사자 사이에 계약금의 처리를 어떻게 할 것인지에 대하여 특약을 정하지 않았다면 당연히 위약금 또는 손해배상의 예정액으로 볼 것은 아니라고 한다.[239]

㉡ 계약금은 위약금의 특약이 있으면 손해배상액의 예정의 성질을 가지는 것으로 볼 수 있다고 한 판례도 있고,[240] 손해배상액의 예정의 성질을 가질 뿐만 아니라 해약금의 설질도 갖는 것이라고 하는 판례도 있다.[241] 그리하여 특약이 없

238) 대법원 1971. 3. 23. 선고 70다1972 판결.

239) 대법원 1981. 7. 28. 선고 80다2499 판결 "매매계약에 있어서의 계약금은 민법 제565조 제1항에 의하여 해약금의 성질을 가지고, 다만 당사자의 일방이 위약을 할 경우 그 계약금을 위약금으로 하기로 하는 특약이 있는 경우에 한하여 민법 제398조 제4항에 의하여 손해배상액의 예정으로서의 성질을 가지므로 그와 같은 특약이 없음에도 동 계약금이 손해배상액의 예정임을 전제로 하는 감액 청구는 이유가 없다."

240) 대법원 1996. 6. 14. 선고 95다11429 판결 "유상계약을 체결함에 있어서 계약금 등 금원이 수수되었다고 하더라도 이를 위약금으로 하기로 하는 특약이 있는 경우에 한하여 민법 제398조 제4항에 의하여 손해배상액의 예정으로서의 성질을 가진 것으로 볼 수 있을 뿐이고, 그와 같은 특약이 없는 경우에는 그 계약금 등을 손해배상액의 예정으로 볼 수 없다."

으면 배상액의 예정으로 인정될 수 없고 그 결과로 위약금의 특약이 없는 때에는 당사자 일방의 유책사유로 계약이 해제되더라도 계약금이 위약금으로서 상대방에게 당연히 귀속되지 않고,[242] 또 그것이 부당히 과다하다고 하여 감액할 수도 없다고 한다.[243]

ⓒ 계약 당시 당사자 사이에 약정한 위약금의 효력은 채무불이행의 경우에만 미친다고 할 것이므로, 채무불이행과 별도로 불법행위가 성립하는 경우에는 위약금과는 별도로 불법행위로 인한 손해배상 청구를 할 수 있다고 한다.[244]

ⓔ 계약금을 손해배상액의 예정이나 위약금으로 하겠다는 특약이 있다고 하더라도 계약금은 이미 교부되어 있다는 점에서 채무불이행 이후에 지급될 것으로 예상되는 배상액의 예정 내지 위약금의 약정이 있는 경우와는 약간 다르다.

---

241) 대법원 1992. 5. 12. 선고 91다2151 판결 "매매당사자 사이에 수수된 계약금에 대하여 매수인이 위약하였을 때에는 이를 무효로 하고 매도인이 위약하였을 때에는 그 배액을 상환할 뜻의 약정이 있는 경우에는 특별한 사정이 없는 한 그 계약금은 민법 제398조 제1항 소정의 손해배상액의 예정의 성질을 가질 뿐 아니라 민법 제565조 소정의 해약금의 성질도 가진 것으로 볼 것이다."

242) 대법원 1992. 11. 27. 선고 92다23209 판결 "유상계약을 체결함에 있어서 계약금이 수수된 경우 계약금은 해약금의 성질을 가지고 있어서 이를 위약금으로 하기로 하는 특약이 없는 이상 계약이 당사자 일방의 귀책사유로 인하여 해제되었다 하더라도 상대방은 계약불이행으로 입은 실제 손해만을 배상받을 수 있을 뿐 계약금이 위약금으로서 상대방에게 당연히 귀속된다고 할 수 없다."; 대법원 1996. 6. 14. 선고 95다54693 판결 "유상계약을 체결함에 있어서 계약금이 수수된 경우 계약금은 해약금의 성질을 가지고 있어서, 이를 위약금으로 하기로 하는 특약이 없는 이상 계약이 당사자 일방의 귀책사유로 인하여 해제되었다 하더라도 상대방은 계약불이행으로 입은 실제 손해만을 배상받을 수 있을 뿐 계약금이 위약금으로서 상대방에게 당연히 귀속되는 것은 아니다."

243) 대법원 1981. 7. 28. 선고 80다2499 판결 "매매계약에 있어서의 계약금은 민법 제565조 제1항에 의하여 해약금의 성질을 가지고, 다만 당사자의 일방이 위약을 할 경우 그 계약금을 위약금으로 하기로 하는 특약이 있는 경우에 한하여 민법 제398조 제4항에 의하여 손해배상액의 예정으로서의 성질을 가지므로 그와 같은 특약이 없음에도 동 계약금이 손해배상액의 예정임을 전제로 하는 감액 청구는 이유가 없다."; 대법원 1995. 2. 10. 선고 94다51109 판결 "유상계약을 체결함에 있어서 계약금 등 금원이 수수된 경우, 이를 위약금으로 하기로 하는 특약이 있는 경우에 한하여 민법 제398조 제4항에 의하여 손해배상액의 예정으로서의 성질을 가진 것으로 볼 수 있을 뿐이고, 그와 같은 특약이 없는 경우에는 손해배상액의 예정으로 볼 수 없다."

244) 대법원 1999. 1. 15. 선고 98다48033 판결 "계약 당시 당사자 사이에 손해배상액을 예정하는 내용의 약정이 있는 경우에는 그것은 계약상의 채무불이행으로 인한 손해액에 관한 것이고 이를 그 계약과 관련된 불법행위상의 손해까지 예정한 것이라고는 볼 수 없다."

8) 위 약 금

① 위약금이란 채무불이행의 경우에 채무자가 채권자에게 지급할 것을 약속한 금전이다. 금전이외의 것을 지급하기로 약정한 때에는 본래의 위약금은 아니지만 역시 위약금에 관한 규정이 준용된다(제398조 제5항). 위약금에는 위약벌(違約罰)의 성질을 가지는 것과 손해배상액의 예정의 성질을 가지는 것이 대부분이지만 민법은 손해배상액의 성질을 가지는 것으로 추정한다(제398조 제4항). 따라서 위약금이 위약벌로 인정되려면 이를 주장하여 증명해야 한다.[245]

---

245) 대법원 2000. 12. 8. 선고 2000다35771 판결 "도급계약서 및 그 계약내용에 편입된 약관에 수급인의 귀책사유로 인하여 계약이 해제된 경우에는 계약보증금이 도급인에게 귀속한다는 조항이 있을 때 이 계약보증금이 손해배상액의 예정인지 위약벌인지는 도급계약서 및 위 약관 등을 종합하여 구체적 사건에서 개별적으로 결정할 의사해석의 문제이고, 위약금은 민법 제398조 제4항에 의하여 손해배상액의 예정으로 추정되므로 위약금이 위약벌로 해석되기 위하여는 특별한 사정이 주장·입증되어야 하는바, 당사자 사이의 도급계약서에 계약보증금 외에 지체상금도 규정되어 있다는 점만을 이유로 하여 계약보증금을 위약벌로 보기는 어렵다."; 대법원 2001. 9. 28. 선고 2001다14689 판결 "도급계약서 및 그 계약내용에 편입된 약관에 수급인이 하자담보책임 기간 중 도급인으로부터 하자보수요구를 받고 이에 불응한 경우 하자보수보증금은 도급인에게 귀속한다는 조항이 있을 때 이 하자보수보증금이 손해배상액의 예정인지 위약벌인지는 도급계약서 및 위 약관 등을 종합하여 구체적 사건에서 개별적으로 결정할 의사해석의 문제이고, 위약금은 민법 제398조 제4항에 의하여 손해배상액의 예정으로 추정되므로, 위약금이 위약벌로 해석되기 위하여는 특별한 사정이 주장·입증되어야 한다."; 대법원 2016. 7. 14. 선고 2012다65973 판결 "위약금은 민법 제398조 제4항에 의하여 손해배상액의 예정으로 추정되므로, 위약금이 위약벌로 해석되기 위해서는 특별한 사정이 주장·증명되어야 하며, 계약을 체결할 당시 위약금과 관련하여 사용하고 있는 명칭이나 문구뿐만 아니라 계약 당사자의 경제적 지위, 계약 체결의 경위와 내용, 위약금 약정을 하게 된 경위와 교섭과정, 당사자가 위약금을 약정한 주된 목적, 위약금을 통해 이행을 담보하려는 의무의 성격, 채무불이행이 발생한 경우에 위약금 이외에 별도로 손해배상을 청구할 수 있는지 여부, 위약금액의 규모나 전체 채무액에 대한 위약금액의 비율, 채무불이행으로 인하여 발생할 것으로 예상되는 손해액의 크기, 당시의 거래관행 등 여러 사정을 종합적으로 고려하여 위약금의 법적 성질을 합리적으로 판단하여야 한다."; 대법원 2018. 3. 27. 선고 2017다287860 판결 "위약금은 민법 제398조 제4항에 의하여 손해배상액의 예정으로 추정되므로, 위약금이 위약벌로 해석되기 위해서는 특별한 사정이 주장·증명되어야 하며(대법원 2009. 7. 9. 선고 2009다9034 판결 등 참조), 계약을 체결할 당시 위약금과 관련하여 사용하고 있는 명칭이나 문구뿐만 아니라 계약 당사자의 경제적 지위, 계약 체결의 경위와 내용, 위약금 약정을 하게 된 경위와 그 교섭과정, 당사자가 위약금을 약정한 주된 목적, 위약금을 통해 그 이행을 담보하려는 의무의 성격, 채무불이행이 발생한 경우에 위약금 이외에 별도로 손해배상을 청구할 수 있는지 여부, 위약금액의 규모나 전체 채무액에 대한 위약금액의 비율, 채무불이행으로 인하여 발생할 것으로 예상되는 손해액의 크기, 그 당시의 거래관행 등 여러 사정을 종합적으로 고려하여 위약금의 법적 성질을 합리적으로 판단하여야 한다(대법원 2016. 7. 14. 선고 2012다65973 판결 등 참조)."

② 일반적으로 위약금은 손해배상액의 예정과 위약벌 중 하나인 경우가 대부분인데, 양자는 약간의 차이가 있다. 즉 손해배상액의 예정은 채무불이행이 발생한 경우 손해배상액을 미리 예정하여 둠으로써 실제 발생한 손해액이 얼마가 되었든지 그 예정액을 손해배상금으로 지급하면 손해배상관계가 청산된다. 반면에 위약벌은 채무의 이행을 확보·강제할 목적으로 채무불이행시 실손해의 배상과 별도로 채무불이행에 대한 일종의 제재금으로 지급하되 손해배상금은 별도로 계산하여 추가로 지급된다.

③ 위약금이 손해배상액의 예정으로 인정되는 경우에는 손해배상액의 예정에 관한 규정이 적용됨에 따라 채무불이행이 있으면 채권자는 실제의 손해액을 증명할 필요 없이 그 예정액을 청구할 수 있고, 실제 손해액이 예정액을 초과하더라도 그 초과액을 청구할 수 없다.[246)]

④ 위약금이 위약벌인 경우에는 손해배상액의 예정에 관한 규정이 적용되지 않는다. 따라서 그것이 부당하게 과다하다고 하더라도 제398조 제2항을 유추적용하여 감액할 수 없다.[247)] 그런데 판례는 "다만 의무의 강제로 얻는 채권자의 이익

---

246) 대법원 1990. 2. 13.자 89다카26250 결정 "매매당사자가 계약금으로 수수한 금액에 관하여 매수인이 위약하면 이를 무효로 하고 매도인이 위약하면 그 배액을 상환하기로 하는 뜻의 약정을 한 경우에 있어서 그 위약금의 약정은 민법 제398조 제4항이 정한 손해배상의 예정으로 추정되는 것이고 또 이와 같은 약정이 있는 경우에는 채무자에게 채무불이행이 있으면 채권자는 실제손해액을 증명할 필요없이 그 예정액을 청구할 수 있는 반면에 실제손해액이 예정액을 초과하더라도 그 초과액을 청구할 수 없다."; 대법원 1994. 10. 25. 선고 94다18140 판결 "분양신청자가 한국토지개발공사와의 사이에 택지분양에 관한 예약을 체결함에 있어서 분양신청 당일 예약금을 수수하면서 후에 추첨에 의하여 당첨이 되고도 계약체결기간 내에 분양계약을 체결하지 아니하는 경우에는 당첨을 무효화하고 분양신청예약금은 한국토지개발공사에게 귀속하기로 약정한 바 있다면, 이는 예약에 따른 채무불이행에 대한 위약금의 약정을 한 것으로 보아야 하고, 이러한 약정은 특별한 사정이 없는 한 손해배상액 예정의 성질을 지닌다."; 대법원 2016. 7. 14. 선고 2013다82944(본소), 2013다82951(반소) 판결 "당사자 사이에 채무불이행이 있으면 위약금을 지급하기로 하는 약정이 있는 경우에 위약금이 손해배상액의 예정인지 위약벌인지는 계약서 등 처분문서의 내용과 계약의 체결 경위 등을 종합하여 구체적 사건에서 개별적으로 판단할 의사해석의 문제이고, 위약금은 민법 제398조 제4항에 의하여 손해배상액의 예정으로 추정되지만, 당사자 사이의 위약금 약정이 채무불이행으로 인한 손해의 배상이나 전보를 위한 것이라고 보기 어려운 특별한 사정, 특히 하나의 계약에 채무불이행으로 인한 손해의 배상에 관하여 손해배상예정에 관한 조항이 따로 있다거나 실손해의 배상을 전제로 하는 조항이 있고 그와 별도로 위약금 조항을 두고 있어서 위약금 조항을 손해배상액의 예정으로 해석하게 되면 이중배상이 이루어지는 등의 사정이 있을 때에는 위약금은 위약벌로 보아야 한다."

247) 대법원 2005. 10. 13. 선고 2005다26277 판결 "이 사건 위약금은 위약벌의 성격을 가지는

에 비하여 약정된 벌이 과도하게 무거울 때에는 일부 또는 전부가 공서양속에 반하여 무효로 된다."고 한다.[248] 다만, 판례는 "당사자가 약정한 위약벌의 액수가 과다하다는 이유로 법원이 계약의 구체적 내용에 개입하여 약정의 전부 또는 일부를 무효로 하는 것은, 사적 자치의 원칙에 대한 중대한 제약이 될 수 있고, 스스로가 한 약정을 이행하지 않겠다며 계약의 구속력에서 이탈하고자 하는 당사자를 보호하는 결과가 될 수 있으므로, 가급적 자제하여야 한다. 이러한 견지에서, 위

것으로 봄이 상당함은 뒤에서 보는 바와 같고, 한편 위약벌의 약정은 채무의 이행을 확보하기 위하여 정해지는 것으로서 손해배상의 예정과는 그 내용이 다르므로 손해배상의 예정에 관한 민법 제398조 제2항을 유추 적용하여 그 액을 감액할 수는 없는 법리이고 다만 그 의무의 강제에 의하여 얻어지는 채권자의 이익에 비하여 약정된 벌이 과도하게 무거울 때에는 그 일부 또는 전부가 공서양속에 반하여 무효로 된다 할 것인데(대법원 1993. 3. 23. 선고 92다46905 판결 등 참조), 기록을 살펴보아도 이 사건 위약벌의 약정이 공서양속에 반하여 무효라고 평가할 만한 자료가 없으므로, 피고는 이 사건 위약금 전액을 지급하여야 할 것이다."; 대법원 2016. 1. 28. 선고 2015다239324 판결 "위약벌의 약정은 채무의 이행을 확보하기 위하여 정하는 것으로서 손해배상의 예정과 다르므로 손해배상의 예정에 관한 민법 제398조 제2항을 유추 적용하여 그 액을 감액할 수 없고, 다만 의무의 강제로 얻는 채권자의 이익에 비하여 약정된 벌이 과도하게 무거울 때에는 일부 또는 전부가 공서양속에 반하여 무효로 된다. 그런데 당사자가 약정한 위약벌의 액수가 과다하다는 이유로 법원이 계약의 구체적 내용에 개입하여 약정의 전부 또는 일부를 무효로 하는 것은, 사적 자치의 원칙에 대한 중대한 제약이 될 수 있고, 스스로가 한 약정을 이행하지 않겠다며 계약의 구속력에서 이탈하고자 하는 당사자를 보호하는 결과가 될 수 있으므로, 가급적 자제하여야 한다. 이러한 견지에서, 위약벌 약정이 공서양속에 반하는지를 판단할 때에는, 당사자 일방이 독점적 지위 내지 우월한 지위를 이용하여 체결한 것인지 등 당사자의 지위, 계약의 체결 경위와 내용, 위약벌 약정을 하게 된 동기와 경위, 계약 위반 과정 등을 고려하는 등 신중을 기하여야 하고, 단순히 위약벌 액수가 많다는 이유만으로 섣불리 무효라고 판단할 일은 아니다."; 대법원 2016. 1. 28. 선고 2015다239324 판결 참조.

248) 대법원 1993. 3. 23. 선고 92다46905 판결 "가. 위약벌의 약정은 채무의 이행을 확보하기 위하여 정해지는 것으로서 손해배상의 예정과는 그 내용이 다르므로 손해배상의 예정에 관한 민법 제398조 제2항을 유추 적용하여 그 액을 감액할 수는 없고 다만 그 의무의 강제에 의하여 얻어지는 채권자의 이익에 비하여 약정된 벌이 과도하게 무거울 때에는 그 일부 또는 전부가 공서양 속에 반하여 무효로 된다. 나. 백화점 수수료위탁판매매장계약에서 임차인이 매출신고를 누락하는 경우 판매수수료의 100배에 해당하고 매출신고누락분의 10배에 해당하는 벌칙금을 임대인에게 배상하기로 한 위약벌의 약정이 공서양속에 반하지 않는다."; 대법원 2013. 12. 26. 선고 2013다63257 판결 "위약벌의 약정은 채무의 이행을 확보하기 위하여 정해지는 것으로서 손해배상의 예정과는 그 내용이 다르므로 손해배상의 예정에 관한 민법 제398조 제2항을 유추 적용하여 그 액을 감액할 수는 없는 법리이나, 다만 그 의무의 강제에 의하여 얻어지는 채권자의 이익에 비하여 약정된 벌이 과도하게 무거울 때에는 그 일부 또는 전부가 공서양속에 반하여 무효로 된다(대법원 2010. 12. 23. 선고 2010다56654 판결 등 참조)."

약벌 약정이 공서양속에 반하는지를 판단할 때에는, 당사자 일방이 독점적 지위 내지 우월한 지위를 이용하여 체결한 것인지 등 당사자의 지위, 계약의 체결 경위와 내용, 위약벌 약정을 하게 된 동기와 경위, 계약 위반 과정 등을 고려하는 등 신중을 기하여야 하고, 단순히 위약벌 액수가 많다는 이유만으로 섣불리 무효라고 판단할 일은 아니다."라고 한다.[249)]

(9) 손해배상자의 대위

1) 의 의

손해배상자의 대위란 채권자가 채무자로부터 채무불이행으로 인한 손해배상으로 채권의 목적인 물건 또는 권리의 가액을 배상받은 경우에 채무자가 당연히 채권자의 지위를 대위하여 그 물건 또는 권리를 취득하는 것을 의미한다(제399조). 예컨대 창고업자인 수치인이 물품을 보관 중 과실로 도난당하여 그 물품의 소유권자인 임치인에게 물건의 가액을 변상하면 그 후 그 물품을 회수할 경우 그 물품에 대한 소유권을 수치인인 창고업자가 당연히 취득하게 된다.

민법은 손해배상자의 대위를 채무불이행에 관하여 규정하고(제399조), 불법행위에도 준용하고 있다(제763조). 민법이 이러하 규정을 두어 손해배상자의 대위를 인정하는 이유는, 만약 배상을 받은 채권자에게 그 물건이나 권리를 채권자에게 귀속시키게 되면, 채권자는 채무불이행을 이유로 손해배상도 받고, 물건이나 권리도 함께 취득하게 되는 결과로 이중의 이득을 보게 되어 부당하기 때문이다.

2) 성립요건

손해배상자의 대위가 인정되려면 채권자가 채권의 목적인 물건 또는 권리의 가액 전부를 손해배상으로 받았어야 한다. 따라서 단순히 지연배상을 받았거나 전보배상의 일부만을 받은 경우에는 제399조에 이한 손해배상자의 대위는 발생하지 않는다.[250)]

---

249) 대법원 2016. 1. 28. 선고 2015다239324 판결 참조.

250) 대법원 2007. 10. 12. 선고 2006다42566 판결 "민법 제399조는 "채권자가 그 채권의 목적인 물건 또는 권리의 가액 전부를 손해배상으로 받은 때에는 채무자는 그 물건 또는 권리에 관하여 당연히 채권자를 대위한다."고 규정하고 있는바, 채권의 목적인 물건 또는 권리가 가분적인 것이라는 등의 특별한 사정이 있는 경우는 별론으로 하고 그 밖의 경우에는 성질상 채무자가 채권의 목적인 물건 또는 권리의 가액의 일부를 손해배상한 것만으로는 채권자를 대위할 수 없다."; 그런데 변제에 의한 대위(제483조)와 보험자대위의 경우(상법

3) 효 과

① 손해배상자의 대위의 요건이 갖추어진 경우에는 채권의 목적인 물건 또는 권리가 법률상 당연히 배상자에게 이전한다(물권적 대위). 즉 법률상 권리이전의 효과가 발생한다. 따라서 그 물건이나 권리의 이전에 필요한 민법상의 요건인 등기나 인도 또는 채권양도의 통지 및 승낙 등은 필요하지 않다.[251)]

② 채무자의 과실과 제3자의 과실이 경합하여 이행불능으로 되어 채권자가 제3자에 대하여 손해배상청구권을 가지는 경우에도 대위가 인정된다. 예컨대 수치인이 보관중인 물건을 제3자가 훼손하여 수치인이 임치인에게 그 물건의 가액을 배상하였다면, 수치인은 임치인이 소유권에 기해 제3자에 대해 가지는 손해배상청구권을 당연히 취득하게 되고, 수치인은 가해자인 제3자에게 손해배상청구권을 직접 행사할 수 있게 된다. 이때의 손해배상청구권은 채권의 목적이 된 물건·권리에 갈음하는 것이라고 할 수 있기 때문이다.

③ 여기에서 채권의 목적인 물건의 소유자인 권리자가 보험계약에 기하여 가지는 보험금청구권의 대위를 손해배상자에게 인정할 수 있는지가 문제이다. 이러한 경우 보험금청구권은 채권의 목적이 된 물건·권리와 같은 것으로 볼 수 없기 때문에 손해배상자의 대위가 인정되지 않는다(통설). 예컨대 건물의 소유자가 그 건물에 화재보험을 가입하고 임차하였는데 임차인의 과실로 그 건물이 소실된 경우, 그 임차인은 그가 건물가액의 전부에 대한 손해배상을 하였다고 하더라도 소유자의 보험금청구권을 취득하지 못한다. 그런데 보험회사가 소유자(임대인)에게 보험금을 지급한 경우에는 그 한도 내에서 소유자(임대인)가 임차인에 대하여 가지는 손해배상청구권을 보험회사가 대위한다(보험자 대위; 상법 제682조). 그런데 주의할 점은 소유자가 언제나 보험금청구를 먼저 해야 하는 것은 아니라는 것이다. 즉 권리자(임대인인 소유자 등)는 보험자(보험회사)가 보험금을 지급하기 전까지는 자유로이 배상의무자(임차인 등)로부터 손해배상을 받을 수 있고, 그러한 경우에 보험자는 그 한도에서 면책되고 보험자대위는 일어나지 않는다.[252)] 즉 보험자대

제682조 단서)에는 일부대위가 인정되고 있다.

251) 대법원 1977. 7. 12. 선고 76다408 판결 "민법상 손해배상자의 대위의 취지는 채권자가 채권의 목적이 되는 물건 또는 권리의 가격 전부를 손해배상으로 받아 그 만족을 얻었을 때에는 그 물건 또는 권리에 관한 권리는 법률상 당연히 채무자에게 이전되는 것이고 그에 관하여 채권자나 채무자의 양도 기타 어떤 특별한 행위를 필요로 하는 것이 아니다."

252) 대법원 1981. 7. 7. 선고 80다1643 판결 "상법 제682조에 의하여 손해가 제3자의 행위로

위는 권리자가 배상의무자로부터 배상을 받기 전에 보험자가 보험금을 지급한 경우에만 일어나는 것이다.

Ⅳ. 강제이행

1. 총 설

(1) 채무자가 채무를 임의로 이행하지 않음으로써 채권자는 피해를 보게 된다. 이러한 채권자의 피해를 구제하기 위하여 민법은 강제이행(제389조)과 손해배상(제390조)을 규정하고 있다.

(2) 강제이행이란 채무자가 채무를 이행하지 아니하는 경우 채권자가 국가권력에 의하여 강제로 채권의 내용을 실현하는 것을 말한다. 채무자가 임의로 이행하는 임의이행에 대한 용어로 강제이행이라 한다. 우리 민법 제389조에서 채무불이행과 관련하여 강제이행을 규정하고 있다. 이렇게 민법에서 강제이행의 종류 및 방법 등에 규정하고 또한 민사집행법(2002년 법6627호)에서도 규율하고 있다. 이에 의하면 강제이행의 방법에는 직접강제·대체집행·간접강제가 있다.

(3) 강재이행의 절차를 간략하게 살펴보면 다음과 같다. 우선 집행권원[253)]을

인하여 생긴 경우에 보험금액을 지급한 보험자는 그 지급한 금액의 한도에서 그 제3자에 대한 보험계약자 또는 피보험자의 권리를 취득하나, 보험자가 보험금액을 지급하여 위 대위의 효과가 발생하기 전에 피보험자 등이 제3자에 대한 권리를 행사하거나 처분한 경우에는 그 부분에 대하여는 보험자가 이를 대위할 수 없다."; 대법원 1995. 9. 29. 선고 95다23521 판결 "보험자가 피보험자에게 보험금을 지급하기 전에 이미 피보험자의 제3자에 대한 손해배상 채권은 그 제3자의 변제 등으로 인하여 일부 소멸한 후 보험자가 피보험자의 나머지 손해액을 초과하는 금액을 보험금으로 지급하였다면, 피보험자의 손해는 모두 전보되었다고 할 것이므로 보험자는 피보험자의 제3자에 대한 나머지 금액에 관한 손해배상 청구권을 대위행사할 수 있다."; 대법원 2000. 11. 10. 선고 2000다29769 판결 "[2] 손해보험계약에 있어 손해가 제3자의 행위로 인하여 생긴 경우 피보험자는 보험자가 보험금을 지급하기 전까지는 자유로이 제3자로부터 손해배상을 받을 수 있고, 그 경우 보험자는 그 한도 내에서 면책된다. [3] 손해보험계약에 있어 제3자의 행위로 인하여 생긴 손해에 대하여 제3자의 손해배상에 앞서 보험자가 먼저 보험금을 지급한 때에는 그 보험금의 지급에도 불구하고 피보험자의 제3자에 대한 손해배상청구권은 소멸되지 아니하고 지급된 보험금액의 한도에서 보험자에게 이전될 뿐이며, 이러한 법리는 손해를 야기한 제3자가 타인을 위한 손해보험계약의 보험계약자인 경우에도 마찬가지이다."

253) 과거에는 '집행권원'을 '채무명의'라고 하였다.

확보하여야 한다. 집행권원이란 정당한 강제집행력이 있음을 공적으로 증명한 것을 의미한다. 이러한 집행권원으로는 확정적 종국판결이나 가집행선고 있는 종국판결, 공정증서, 화해조서, 인낙조서, 조정조서, 확정적 지급명령 등이 그것이다. 집행권원을 확보한 후에 채권자는 제1심법원에 강제집행을 위한 집행문의 부여를 신청하여 집행문을 받아 강제집행을 실시한다.[254] 마지막으로 강제집행은 집행력 있는 정본에 의하여 강제집행기관(집행관·집행법원)[255]은 채무자의 일반재산에 대하여 강제집행을 실시하게 된다. 원래 강제이행 내지 강제집행에 대하여는 민법에서 다룰 것이 아니고 민사집행법에서 다루어야 한다. 이하에서는 우리 법에서 규율하는 강제이행에 대하여 간략하게 살펴보기로 한다.

2. 강제이행의 모습

(1) 직접강제

직접강제란 물건의 인도나 금전의 지급과 같이 '주는 채무'의 경우, 국가기관이 채무자의 의사를 묻지 않고 채권의 내용을 그대로 실현하는 방법으로서, 국가기관이 채무자의 당해 물건이나 금전을 직접 강제하여 채권자에게 귀속시키는 것을 말한다(민사집행법 제257조·제258조). 직접강제는 매우 효과적이고 인격존중의 사상에도 부합하지만 '주는 채무'에 관하여서만 허용되고 '하는 채무'에서는 허용되지 않는다. 민법 제389조 제1항 본문의 '강제이행'은 직접강제를 의미한다. 그리고 직접강제가 인정되는 경우에는 대체집행이나 간접강제는 허용되지 않는다.

(2) 대체집행

대체집행이란 채무의 내용이 '하는 채무'이면서도 채무자의 일신에 전속하지 아니한 작위를 목적으로 하는 경우 채무자 이외의 자로 하여금 채무자를 대체하여 집행하도록 하고, 그 대체집행비용을 채무자에게 부담시키는 강제이행의 방법

---

254) 공정증서의 경우에는 법원이 아니고 공정증서를 공정한 공증인사무실에서 집행문을 부여한다. 그리고 집행문을 받은 판결문을 "집행력 있는 정본"이라고 한다.

255) 집행관은 물건의 인도집행 및 유체동산에 대한 집행을 담당한다(민사집행법 제257조·제258조). 집행법원은 부동산에 대한 강제집행 및 채권에 대한 강제집행을 담당한다(민사집행법 제78조). 대체집행과 간접강제는 제1심법원이 각각 이를 관할한다(민사집행법 제260조·제261조).

을 의미한다. 예컨대 건물철거채무의 경우에 철거비용을 추심하여 타인으로 하여금 철거하게 하는 경우이다. 대체집행을 하고자 하는 채권자는 채무자의 비용으로 제3자에게 이를 하도록 하겠다는 것을 법원에 청구할 수 있고(제389조 제2항 후단), 관할법원인 제1심법원은 채권자의 신청에 따라 민법의 규정에 의한 대체집행의 결정을 한다(민사집행법 제260조). 이와 같이 대체집행이 허용되는 경우에는 간접강제가 인정되지 않는다.

(3) 간접강제

간접강제란 '하는 채무' 중 부대체적 작위채무의 경우 제3자로 하여금 대신하도록 하여서는 목적을 달성할 수 없기 때문에 채무자가 채무를 이행하지 아니할 경우 일정한 제재를 가하여 채무자로 하여금 하지 않을 수 없도록(제389조 제2항 후단 참조; 민사집행법 제261조) 간접적으로 강제하는 강제이행의 방법이다.[256] 예컨대 유명한 피아니스트 등 공연채무의 경우와 같이 특수한 재능을 가진 채무자만이 이행할 수 있는 일신전속적 채무인 경우에는 제3자로 하여금 이를 대체시킬 수 없기 때문에 간접강제에 의할 수밖에 없다. 그 외에 감정·계산보고, 재산목록 작성 등의 채무도 간접강제가 허용된다. 부작위채무도 부대체적 채무이어서 그에 대한 강제집행은 간접강제만 가능하다.[257] 그러나 채무자의 인격존중이 요구되는 경우에는 강제이행 자체가 금지되기 때문에 간접강제도 허용되지 않는다.[258] 우

---

256) 대법원 2003. 10. 24. 선고 2003다36331 판결 "간접강제란 채무불이행에 대한 제재를 고지함으로써 그 제재를 면하기 위하여 채무를 이행하도록 동기를 부여하는 것을 목적으로 하는 집행방법이고, 간접강제결정은 가처분결정의 집행방법에 불과하므로, 채권자가 채무자의 의무위반행위로 인하여 간접강제결정에서 정한 배상금채권을 취득하고, 나아가 그 배상금채권의 강제집행절차에 나아갔다 하더라도, 그러한 사정만으로 피보전권리가 점포에 대한 점유권에 기한 방해배제청구권 내지는 방해예방청구권인 가처분신청에 있어서 보전의 필요성이 존재한다거나, 가처분결정이 계속 유지되어야 한다고 볼 수는 없으며, 간접강제결정 효력의 계속존속여부는 보전의 필요성 여부를 판단함에 있어 참작하여야 할 사유가 되지 아니한다."

257) 대법원 2014. 5. 29. 선고 2011다31225 판결 "부대체적 채무인 부작위채무에 대한 강제집행은 간접강제만 가능하고, 간접강제결정은 판결절차에서 먼저 집행권원이 성립한 후에 채권자의 별도의 신청에 따라 채무자에 대한 필요적 심문을 거쳐 채무를 불이행하는 때에 일정한 배상을 하도록 명하는 것이 원칙이다. 따라서 부작위채무에 관한 집행권원 성립을 위한 판결절차에서 장차 채무자가 채무를 불이행할 경우에 대비하여 간접강제를 하는 것은 부작위채무에 관한 소송절차의 변론종결 당시에서 보아 부작위채무를 명하는 집행권원이 성립하더라도 채무자가 이를 단기간 내에 위반할 개연성이 있고, 또한 판결절차에서 민사집행법 제261조에 의하여 명할 적정한 배상액을 산정할 수 있는 경우라야 한다."

리 법상 간접강제의 구체적 수단으로는 지연배상만 인정된다(민사집행법 제261조 제1항 후단).

간접강제의 집행절차는 민사집행법 제261조의 규정에 의하여 채권자가 제1심 법원에 간접강제를 신청하여 법원이 간접강제를 명하는 결정(일정금액의 금전지급·법금부과·채무자의 구금 등)을 하면 성립한다.[259] 우리 법상 간접강제의 구체적인 수단으로는 지연배상만 인정된다(민사집행법 제261조 제1항 후문).

(4) 법률행위(의사표시)를 목적으로 하는 채무의 강제이행

채무자가 법률행위(의사표시)를 목적으로 하는 채무의 경우에는 채무자의 의사표시에 갈음할 재판을 청구하여 승소판결이 나게 되면 그 승소판결의 판결주문이 채무자의 의사표시 기능을 대신한다(제389조 제2항 전단, 민사집행법 제263조).[260] 이렇게 채무자가 의사표시를 하여야 할 채무는 부대체적 작위채무이지만, 그 행위 자체보다는 그 행위의 효과만이 필요하므로 대체집행이나 간접강제를 허용하지 않고 의사표시를 명하는 판결로 채무자의 의사에 갈음하게 한다. 그런데 이러한 판결에서 주의할 점이 있다. 즉 판결이 있다고 하더라도 이는 의사표시를 한 것으로 의제될 뿐이므로 법률효과의 발생을 위해 다른 요건이 필요한 때에는 별도로 이를 갖추어야 한다는 것이다(의사표시의 도달주의 원칙). 예컨대 채권양도의 통지의사를 대신하는 판결이 났더라도 이 판결내용이 채무자에게 통지(도달)되지 않으면 채무자는 채권양도의 대항요건을 갖추지 못한 것이 되므로 그 판결이 도달되어야만 채권양도의 대항력을 갖추게 된다(제450조 제1항). 그리고 이러한 결과는 의사표

---

258) 예컨대 부부의 동거의무, 화가가 어떤 사람의 초상화를 그려주기로 한 채무, 성악가가 노래를 부르기로 한 채무 등이다. 또한 이행에 제3자의 협력을 필요로 하거나 채무자에게 특수한 설비나 기능이 필요하거나 이행에 과도한 비용을 요하는 경우처럼 채무자 본인의 의사만으로는 급부가 실현될 수 없는 채무 등을 들 수 있다.

259) 대법원 1996. 4. 12. 선고 93다40614·40621 판결 "부작위채무를 명하는 판결의 실효성 있는 집행을 보장하기 위하여는, 부작위채무에 관한 소송절차의 변론종결 당시에서 보아 채무명의가 성립하더라도 채무자가 이를 단기간 내에 위반할 개연성이 있고, 또한 그 판결절차에서 민사소송법 제693조에 의하여 명할 적정한 배상액을 산정할 수 있는 경우에는, 그 부작위채무에 관한 판결절차에서도 위 법조에 의하여 장차 채무자가 그 채무를 불이행할 경우에 일정한 배상을 할 것을 명할 수 있다."

260) 예컨대, "피고는 원고에게 2020년 5월 1일 매매를 원인으로 한 소유권이전등기절차를 이행하라.", 또는 "피고(채권양도인)는 피고가 원고(채권양수인)에게 2020년 7월 1일 (…내용의) 채권을 양도하였음을 채무자에게 통지하라."와 같은 판결주문을 취득하여 채무자의 의사표시에 대체하는 것이다.

시(법률행위)에 한하지 않고 준법률행위(의사의 통지·관념의 통지)에 관하여도 인정된다(민사집행법 제263조 제1항). 또한 이러한 「의사의 진술」은 채권자에 대하여서뿐만 아니라 제3자 또는 관청에 대하여도 할 수 있다.

(5) 부작위채무의 경우

부작위채무에서는 그 채무 자체의 강제이행은 필요하지 않다. 이러한 경우 민법은 "그 채무가 부작위를 목적으로 한 경우에 채무자가 이에 위반한 때에는 채무자의 비용으로써 그 위반한 것을 제각(除却)하고 장래에 대한 적당한 처분을 법원에 청구할 수 있다."(제389조 제3항)고 규정하고 있다. 이는 대체적인 제거의무에 대한 강제이행의 방법으로서 일종의 대체집행이다. 부작위채무를 채무자가 위반함으로써 발생하게 될 제389조 제3항에 의한 강제이행의 방법은 부작위채무의 위반형태에 따라 달라진다. 즉 부작위채무의 위반으로 일정한 외형이 형성된(유형적 결과가 발생한)경우에 국한된다. 예컨대 건축을 하지 않겠다는 약정을 위반하여 건축한 경우에 채권자는 채무자의 비용으로 그 위반한 것을 제거하고 장래에 적당한 처분을 해 줄 것을 법원에 청구하는 대체집행의 방법에 의할 것이다. 이 때에는 다른 강제이행방법은 허용되지 않는다. 반면 경업을 하지 않겠다는 약정을 위반하여 영업을 계속하는 경우에 일정한 외형적·유형적 결과는 발생하지 않았지만 부작위채무를 계속하여 위반하는 경우에는 앞에서와 같은 부대체적 방법이 허용되지 않기 때문에 채권자는 부대체적 부작위채무 위반임을 이유로 간접강제의 방법으로 법원에 강제이행을 신청하여야 한다.[261]

261) 대법원 1996. 4. 12. 선고 93다40614, 40621 판결 "부작위채무는 부대체적 채무로서 그에 대한 강제집행은 간접강제만 가능한 것이고 통상적으로는 판결절차(협의의 소송절차)에서 먼저 채무명의가 성립한 후에 채권자의 별도의 신청에 의하여 채무자에 대한 필요적 심문(민사소송법 제694조)을 거쳐 민사소송법 제693조에 따라 채무불이행시에 일정한 배상을 하도록 명하는 간접강제결정을 할 수 있는 것이라고 할 것이다. 그러나 부작위채무에 관하여 언제나 위와 같이 먼저 채무명의가 성립하여야만 그 다음 단계에서 비로소 간접강제결정을 할 수 있다고 한다면, 채무명의의 성립과 집행단계 사이의 시간적 간격이 있는 동안에 채무자가 부작위채무를 위반할 경우 손해배상이나 위반 결과의 제거 등 사후적 구제수단만으로는 채권자에게 충분한 손해전보가 되지 아니하여 실질적으로는 집행제도의 공백을 초래할 우려가 있는 것이므로, 부작위채무를 명하는 판결의 실효성 있는 집행을 보장하기 위하여는 부작위채무에 관한 소송절차의 변론종결 당시에서 보아 채무명의가 성립하더라도 채무자가 이를 단기간 내에 위반할 개연성이 있고, 또한 그 판결절차에서 민사소송법 제693조에 의하여 명할 적정한 배상액을 산정할 수 있는 경우에는 위의 부작위채무에 관한 판결절차에서도 위 법조에 의하여 장차 채무자가 그 채무를

(6) 강제이행은 손해배상청구에 영향을 미치지 않는다(제389조 제4항). 따라서 채무자에게 유책사유가 있는 경우에 채권자는 강제이행뿐만 아니라, 채무불이행으로 인하여 손해가 발생하였다면 당연히 손해배상청구권을 행사할 수 있도 있다. 왜냐하면 강제이행과 손해배상은 별개의 것이기 때문이다.

제2관 채권자지체

Ⅰ. 서 론

1. 의 의

(1) 채권자지체란 채무자가 채무내용에 좇은 이행의 제공을 하였음에도 불구하고 채권자의 급부수령 기타 이행의 완료에 필요한 협력을 필요로 하는데 채권자가 그 협력을 하지 않거나 혹은 협력을 할 수 없기 때문에 이행이 지연되고 있는 상태를 말한다(제400조).

채권은 변제의 완료에 채권자의 협력을 필요로 하는 것이 대부분이다. 일반적으로 변제의 목적물인 물건이나 금전을 채권자가 수령하여야 한다는 점을 중시하여, 채권자가 이에 협력하지 않음으로써 채무이행이 지체되고 있는 것에 대하여 채무자의 이행지체(채무자지체)에 대한 용어로서 수령지체(채권자지체)라고 한다.

(2) 채권자지체는 채무자가 채무의 내용에 좇은 완전한 실행을 하기 위해서는 채권자의 협력을 받아야 하는 경우에 성립한다. 따라서 부작위채무(경업금지채무 등)에서는 채권자의 협력이 필요 없기 때문에 채권자지체가 성립할 수 없다. 그런데 작위채무에서는 대부분 채무자의 채무이행에 채권자의 협력이 필요하기 때문에 채권자지체가 성립할 수 있다. 예컨대 의사의 진료채무의 경우에 채권자인 환

불이행할 경우에 일정한 배상을 할 것을 명할 수 있다고 함이 상당하다."; 대법원 2012. 3. 29. 선고 2009다92883 판결 "당사자 사이에 일정한 행위를 하지 않기로 하는 부작위 약정을 체결하였는데 채무자가 이러한 의무를 위반한 경우, 채권자는 채무자를 상대로 부작위의무의 이행을 소구할 수 있고, 부작위를 명하는 확정판결을 받아 이를 집행권원으로 하여 대체집행 또는 간접강제 결정을 받는 등으로 부작위의무 위반 상태를 중지시키거나 위반 결과를 제거할 수 있다."

자가 채무자인 의사로부터 진료를 받을 수 있도록 협력해야 할 의무가 있으며, 고용이나 근로계약에서 고용자가 피용자로부터 노동력 제공을 받을 수 있도록 피용자에게 일정한 지시를 내리거나 사업장에 배치하는 등의 사전협력의무를 먼저 이행하여야 하고, 채권자가 원자재를 채무자에게 공급하기로 하고 채무자가 이를 가공하기로 하였다면 채권자가 먼저 원자재를 채무자에게 공급할 협력의무가 있으며, 채무자가 급부 목적물을 지급할 경우 채권자는 이를 수령할 수 있도록 협력할 의무가 있는데, 이러한 협력의무를 이행하지 않음으로써 채무자의 이행이 지체되었다면 오히려 채권자지체책임을 물어 채권자에게 그 불이익을 지도록 하는 것이 옳다는 것이다. 따라서 민법은 채권자지체 규정을 두어 일정한 요건을 갖추게 되면 채권자에게 책임을 지우고 있다(제401조 내지 제403조).

2. 법적 성질

(1) 학 설

채권자지체의 법적 성질에 관하여 학설은 다음과 같이 나누어져 있다.

1) 채무불이행책임설

채권채무관계에서 채권자와 채무자는 공동목적의 완성에 상호 협력할 유기적 관계에 있다. 따라서 채권자에게는 채무자의 이행에 협력해야 할 협력의무 내지 수령의무가 있음을 당연한 것으로 하여 채권자지체는 채권자가 그러한 협력의무 내지 수령의무를 위반함으로써 성립하는 일종의 채무불이행책임이라고 보는 견해이다.[262)]

2) 법정책임설

채권자는 권리를 가질 뿐이어서 특별한 사정이 없는 한 협력의무를 가지지 않지만, 채무자가 변제의 제공을 하였음에도 채권자가 협력을 하지 않음으로써 변제의 이행이 달성되지 않았다면 그 협력지연에 따른 불이익을 채권자가 부담하는 것이 이익형평의 원칙에 부합하기 때문에 법률이 특별히 인정한 책임으로 보는 견해이다.[263)] 이 설에 의하면 객관적으로 채권자의 협력이 없으면 법률의 규정에

262) 곽윤직, 97면; 김대정 565면; 김용한, 170면; 오시영, 201면; 윤철홍, 162면.
263) 김학동, 174면; 송덕수, 208면; 이은영, 402면; 지원림, 965면; 김학동, 175면에서 "법정책임설

의해 당연히 채권자지체가 성립하기 때문에 채권자의 귀책사유가 필요치 않으며, 그 책임의 범위도 민법에 규정되어 있는 책임(제401조 내지 제403조·제538조 제1항 제2문)만을 질 뿐, 일반적인 채무불이행책임에서 발생하는 손해배상청구나 계약해제권을 행사할 수 없다고 한다.[264)]

3) 절 충 설

채권자는 원칙적으로 법적 의무로서의 일반적 수령의무를 인정하지 않지만, 매매·도급·임치 등의 계약에서는 채권자인 매수인·도급인·임치인 등에게 신의칙에 기한 부수의무인 채권자의 수취의무가있으므로 그 수취의무를 위반한 경우 채무불이행으로 보아야 한다는 견해이다.[265)] 따라서 이 설은 기본적으로 법정책임설의 입장이지만 예외적으로 매매·도급·임치 등의 계약에서 채무불이행설을 취하여 채권자지체가 있게 되면 계약의 해제 및 손해배상을 청구할 수 있다고 본다.

4) 사 견

채권자지체의 법적 성질에 대한 위의 학설 사이의 차이는 제401조 내지 제403조의 책임만을 인정할 것인가, 아니면 그 이외에도 채무불이행의 일반적 효과로 보아 채무자에게 계약해제권이나 손해배상청구권까지 인정할 것인가의 여부가 관건이다. 채권채무관계(Schuldverhältnisse)라는 것은 채권과 채무의 상호의존관계를 가진다고 보아 양 당사자는 상호 간의 목적한 바가 달성되어 채권채무관계가 모두 종료될 때가지 상호 유기적 협력관계 내지 신의칙에 구속된다고 보는 것이 타당하다. 그리고 어느 설을 취하든 그 효과면에서는 큰 차이가 없다. 따라서 채무불이행설을 취하는 것이 무난할 것이다.

(2) 판 례

"채권자는 채무자의 채무이행의 제공을 수령하여야 할 의무가 있고 만약 채권

을 취하면서 채권자는 법적인 수령의무를지지 않지만 채권자가 수령을 하지 않을 때에는 일정한 불이익을 받게 되는 점에서 채권자는 수령할 간접의무(책무)를 진다."고 한다.

264) 김상용, 223면은 법정책임설을 취하면서도 채권자에게 귀책사유가 있는 경우에는 채무자에게 계약해제권과 손해배상청구권을 인정하고, 귀책사유가 없는 경우에는 민법이 명시적으로 규정하는 효과만 인정한다고 한다.

265) 김형배, 304면; 독일 민법 규정 중 매매(제433조 제2항), 도급(제640조 제1항)에 각각 수취의무를 규정함으로써 양 규정에 한하여 부수의무 내지 신의칙을 근거로 한 수취의무설의 입장을 취하고 있다.

자가 위 의무에 위배하여 그 수령을 지체한 경우에는 그 이후에 있어서의 불가항력에 대한 이행불능에 대하여도 채권자에게 책임이 있다고 해석함이 신의성실의 원칙상 타당하다."[266] 고 하여 구 민법을 적용한 판례에서 채무불이행설을 인정하고 있다.

Ⅱ. 채권자지체의 요건

1. 채권의 성질상 이행에 채권자의 협력을 필요로 해야 함

채무자의 이행으로만 이행이 완료되고 채권자의 협력을 필요로 하지 않는 채무(부작위채무 등)가 아닌 채무의 이행에 채권자의 협력이 요구되는 채무이어야 한다.

2. 채무의 내용에 좇은 이행의 제공이 있어야 함

채무자가 이행(변제)의 제공을 하지 않거나 이행의 제공이 채무의 내용에 좇은 것이 아니어서 채권자가 수령을 거절할 정당한 이유가 있는 경우에는 채권자지체는 성립하지 않는다. 따라서 채무자는 채무의 내용에 따라 이행의 제공, 즉 제460조에 의한 이행(변제)의 제공이 이루어져야 할 것이므로 원칙적으로 현실제공이 되어야 한다. 그렇다면 단지 구두로 제공하더라도 채권자지체에 빠지는 경우가 있는가? 현실제공이 원칙이라면 예외적으로 채권자가 미리 변제받기를 거절하거나 채무의 이행에 채권자의 행위를 요하는 경우에는 구두의 제공으로 하더라도 상관없고, 채권자의 변제받지 않을 의사가 확고한 경우(채권자의 영구적 불수령)에는 구두의 제공조차 필요하지 않다고 한다.[267]

---

266) 대법원 1958. 5. 8. 선고 4290민상372 판결; 현행민법이 시행된 이후 현행민법이 적용된 이후 채권자지체를 물어 채무불이행설을 판단한 판례는 아직 찾아볼 수 없다.

267) 대법원 2004. 3. 12. 선고 2001다79013 판결 "민법 제400조 소정의 채권자지체가 성립하기 위해서는 민법 제460조 소정의 채무자의 변제 제공이 있어야 하고, 변제 제공은 원칙적으로 현실 제공으로 하여야 하며 다만 채권자가 미리 변제받기를 거절하거나 채무의 이행에 채권자의 행위를 요하는 경우에는 구두의 제공으로 하더라도 무방하고, 채권자가 변제를 받지 아니할 의사가 확고한 경우(이른바, 채권자의 영구적 불수령)에는 구두의 제공을 한다는 것조차 무의미하므로 그러한 경우에는 구두의 제공조차 필요 없다고 할 것이지만, 그러한 구두의 제공조차 필요 없는 경우라고 하더라도, 이는 그로써 채무자가 채무불이행 책임을 면한다는 것에 불과하고, 민법 제538조 제1항 제2문 소정의 '채권자의 수령지체

3. 채권자의 수령불능 또는 수령거절이 있어야 함

(1) 채권자지체는 채무의 이행은 가능하나 채권자의 수령이 불능하거나 수령을 거절한 경우에 성립한다(제400조). 채무자의 이행불능이 원인이 되어 수령불능의 상태가 초래된 경우에는 수령불능이 아니다. 따라서 수령불능은 채무자가 이행을 할 수 있는 상태(이행가능)를 전제로 하며, 채무자가 이행할 수 없기 때문(이행불능)에 수령할 수 없는 것은 채권자지체에 포함되지 않는다. 즉 이행불능과 수령불능은 양립할 수 없다. 그리고 채권자의 수령거절 또는 수령불능의 이유는 묻지 않는다.

(2) 그런데 문제는 어느 경우에 수령불능 또는 수령거절에 해당하는지, 아니면 이행불능에 해당하는지의 구별이 매우 어렵다는 것이다. 예컨대 의사의 의료계약과 관련하여 환자의 요청에 의하여 의사가 왕진을 갔으나 의사가 도착하기 직전에 이미 사망한 경우 이를 이행불능으로 볼 것인지 아니면 수령불능으로 볼 것인지가 문제이다.

(3) 이러한 경우의 구별표준에 관하여 급부를 불가능하게 한 장애가 채권자 또는 채무자 가운데 어느 쪽의 영향 범위 내에서 생겼느냐를 표준으로 하여, 그것이 채무자 쪽에 있으면 이행불능, 채권자 쪽에 있으면 수령불능이 된다고 하는 견해[268]와 급부장애의 위험을 누가 부담하는 것이 공평한 것인가의 관점에서 해결하여야 한다는 견해[269]가 있다. 예컨대 고용계약의 경우 채무자(노동자)의 질병이나 교통기관의 파업 등으로 인하여 노무급부의무를 제공할 수 없게 된 경우는 채무자인 노동자의 책임 있는 이행불능으로 되고, 채권자(사업자)가 원자재나 전기 등을 공급하지 못하거나, 사업장의 소실이 있거나, 기계의 고장 등으로 채무자(노동자)가 노무제공을 할 수 없는 경우에는 수령불능으로 된다.

(4) 그러나 앞의 예에서 의사가 환자측으로부터 왕진 청약을 받고 현장에 도착하였으나 환자가 이미 사망한 경우에는 채권자(환자)의 영역 범위 내에서 생긴 종

중에 당사자 쌍방의 책임 없는 사유로 이행할 수 없게 된 때'에 해당하기 위해서는 현실 제공이나 구두 제공이 필요하다(다만, 그 제공의 정도는 그 시기와 구체적인 상황에 따라 신의성실의 원칙에 어긋나지 않게 합리적으로 정하여야 한다)."

268) 곽윤직, 98면; 김용한, 173면; 송덕수, 209면.

269) 김상용, 214면; 김형배, 306면 이하.

국적 급부불능상태에 빠지게 된다. 이때에는 채권자지체는 종료하게 되고, 그 이후의 법률관계인 위험부담(제537조·에538조)의 법리가 적용된다. 따라서 진료를 청구한 채권자인 환자에게 귀책사유가 있으면 제538조 제1항 전단이 적용되어 채무자인 의사는 왕진료를 청구할 수 있으나, 환자측에 귀책사유가 없는 경우에는 제537조가 적용되어 왕진료를 청구할 수 없게 된다.

(5) 이행기가 채무의 이행에 중요한 의미를 갖는 정기행위의 경우에는 절대적 정기행위와 상대적 정기행위가 있는 바, 정해진 중요한 행사에 사용할 물품을 제공하는 것과 같은 절대적 정기행위에서는 그 정한 이행기가 중요하기 때문에 그 이행기에 이행하지 않으면 급부불능으로 보아 채권자의 귀책사유의 유무에 따라 위험부담에 관한 규정(제537조·제538조)이 적용되고, 상대적 정기행위의 지체는 채권자지체에 관한 규정(제400조 이하)이 적용된다.

4. 채권자의 귀책사유

채권자지체의 성립요건으로서 채권자의 귀책사유 및 위법성이 필요한지에 대하여 학설에 따라 달리 해석하고 있다. 즉 채무불이행책임설의 견해는 채권자지체가 성립하려면 채권자의 수령불능 또는 수령거절이 채권자의 귀책사유로 인하여 발생하였어야 하고, 또 채권자의 수령불능 또는 수령거절이 위법해야 한다고 주장한다.[270] 반면 법정책임설에서는 채권자지체를 법정책임으로 보아 채권자지체의 요건으로 채권자의 귀책사유와 위법성이 필요하지도 않고, 그 효과로서 손해배상청구권이나 계약해제권도 인정되지 않는다는 입장이다.[271]

5. 채권자지체에 대한 증명책임

채권자지체의 법적 성질에 대하여 채무불이행설을 취하는 입장에서는 채권자지체를 주장하는 채무자가 채권자의 채권자지체를 증명하여야 한다. 따라서 채무자는 자신의 이행제공 및 채권자의 지체 또는 불수령 사실에 대한 증명을 부담한

270) 곽윤직, 98면 참조; 그런데 김대정, 576면은 채무불이행책임설을 취하면서도 채권자의 귀책사유가 요구되지 않는 무과실책임이라고 한다. Vgl.: 송덕수, 209면 및 오시영, 206면에서 증명책임을 채권자? 채무자? 누가 지느냐를 달리 보고 있어 더 연구하여야 할 것이다.
271) 김상용, 236면; 김증한·김학동, 175면; 송덕수, 208면.

다. 그리고 법정책임설을 취하는 입장에서는 채권자의 귀책사유와 위법성은 채권자지체의 요건이 아니라고 한다. 사견으로는 앞에서 설명한 바와 같이, 채권자지체책임은 채무불이행으로 보아야 하며, 따라서 채권자지체를 주장하는 채무자가 채권자의 채권자지체를 증명해야 하고 그 위법성도 채권자지체의 요건이 된다.

Ⅲ. 채권자지체의 효과

1. 채무자의 주의의무의 경감

채권자지체의 경우 채무자에게 고의 또는 중대한 과실이 있는 때에만 채무자가 책임을 지고 경과실이 있는 때에는 면책되는 것으로 하고 있다(제401조).[272]

2. 이자지급의무의 면제

채무자는 변제의 제공을 함으로써 채권자지체가 된 후에는 채권이 이자 있

272) 대법원 1983. 11. 8. 선고 83다카1476 판결 "[1] 수치인이 적법하게 임치계약을 해지하고 임치인에게 임치물의 회수를 최고 하였음에도 불구하고 임치인의 수령지체로 반환하지 못하고 있는 사이에 임치물이 멸실 또는 훼손된 경우에는 수치인에게 고의 또는 중대한 과실이 없는 한 채무불이행으로 인한 손해배상책임이 없다. [2] 수치인이 임치인에게 보관 중인 건고추를 속히 처분하지 않으면 벌레가 먹어 못쓰게 되니 빨리 처분하든지 인도받아 가라고 요구하였다면 이는 임치계약을 해지하고 임치물의 회수를 최고한 의사표시라고 볼 여지가 있고 이에 대하여 임치인이 시세가 싸다는 등 이유로 그 회수를 거절하였다면 이때로부터 수령지체에 빠진 것이라고 하겠다."; 대법원 1993. 3. 26. 선고 91다14116 판결 "수급인이 도급인에게 공사금을 지급하고 기성부분을 인도받아 가라고 최고하였다면 수급인은 이로써 자기 의무의 이행 제공을 하였다고 볼 수 있는데 도급인이 아무런 이유 없이 수령을 거절하던 중 쌍방이 책임질 수 없는 제3자의 행위로 기성부분이 철거되었다면 도급인의 수급인에 대한 공사대금지급채무는 여전히 남아 있다."; [참고] 《제401조와 제461조의 관계》: 제461조(변제제공의 효과) "변제의 제공은 그때로부터 채무불이행의 책임을 면한다."라고 하여 변제의 제공이 있으면 채무자에게 중과실이 있어도 채무를 면하게 된다. 반면에 제401조(채권자지체와 채무자의 책임) "채권자지체 중에는 채무자는 고의 또는 중대한 과실이 없으면 불이행으로 인한 모든 책임이 없다."라고 하여 채권자지체 중이라도 중과실이 있으면 책임을 지는 것으로 하고 있다. 이 두 조항은 일응 서로 모순되는 것으로 보인다. 이에 대하여 제401조는 채권자지체가 발행한 후 급부목적물이 멸실·훼손된 경우, 좀 더 범위를 넓혀서 말한다면 「일부 또는 전부의 이행불능」이 발생한 경우에 채무자에게 어떠한 사유가 있어야 그에게 책임을 부담시킬 수 있는가에 관한 것이라고 하고, 제461조는 변제의 제공이 있는 때부터는 채무자가 「이행지체」에 빠지지 않는다는 의미라고 한다. 따라서 불완전이행에는 제401조도, 제461조도 적용되지 않는다고 한다(양창수, 민법연구(1), 365면 이하 참조).

는 것일지라도 이자를 지급할 의무가 없어 채권자의 책임을 가중시키고 있다(제402조).

3. 증가비용의 채권자부담

채권자지체로 인하여 채무자가 채무의 목적물을 계속 보관하거나 변제의 비용이 증가된 때에는 그 증가액에 대한 책임을 채권자가 지도록 한다(제403조). 채권자지체 중에 물건의 운임이 인상된 경우의 그 인상분, 도급계약에서 재료비나 인건비가 인상된 경우의 그 인상분, 채권자에 대한 최고·통지 등에 든 비용은 변제비용이 증가된 경우에 해당한다.[273] 또한 채권의 목적물을 채무자가 창고업자 등 제3자에게 보관시키고 있는 경우에 채권자지체로 인하여 창고사용료나 그 밖의 임치비용이 증가한 경우에는 보관비용이 증가된 경우이다.

4. 쌍무계약에서 위험이전

쌍무계약에서는 채권자지체 중 채권자의 책임 있는 사유로 이행할 수 없게 되거나 당사자 쌍방의 책임 없는 사유로 이행불능이 되어 채무자가 이행할 수 없게 된 경우에는 채무자는 자신의 이행채무는 면제받으면서 채권자에 대하여는 그 이행을 청구할 수 있도록 함으로써 위험부담을 채권자에게 이전시키고 있다(제538조).[274] 이는 쌍무계약에서 당사자 일방의 채무가 채권자지체가 아닌 때에 쌍방의

---

273) 이은영, 민법주해(9) 739면 참조.

274) 대법원 1993. 3. 26. 선고 91다14116 판결 "수급인이 도급인에게 공사금을 지급하고 기성부분을 인도받아 가라고 최고하였다면 수급인은 이로써 자기 의무의 이행 제공을 하였다고 볼 수 있는데 도급인이 아무런 이유 없이 수령을 거절하던 중 쌍방이 책임질 수 없는 제3자의 행위로 기성부분이 철거되었다면 도급인의 수급인에 대한 공사대금지급채무는 여전히 남아 있다."; 대법원 2004. 3. 12. 선고 2001다79013 판결 "[1] 민법 제538조 제1항 소정의 '채권자의 책임 있는 사유'라고 함은 채권자의 어떤 작위나 부작위가 채무자의 이행의 실현을 방해하고 그 작위나 부작위는 채권자가 이를 피할 수 있었다는 점에서 신의칙상 비난받을 수 있는 경우를 의미한다. [2] 민법 제400조 소정의 채권자지체가 성립하기 위해서는 민법 제460조 소정의 채무자의 변제 제공이 있어야 하고, 변제 제공은 원칙적으로 현실 제공으로 하여야 하며 다만 채권자가 미리 변제받기를 거절하거나 채무의 이행에 채권자의 행위를 요하는 경우에는 구두의 제공으로 하더라도 무방하고, 채권자가 변제를 받지 아니할 의사가 확고한 경우(이른바, 채권자의 영구적 불수령)에는 구두의 제공을 한다는 것조차 무의미하므로 그러한 경우에는 구두의 제공조차 필요 없다고 할 것이지만, 그러한 구두의 제공조차 필요 없는 경우라고 하더라도, 이는 그로써 채무자가 채무불이행책임을 면한다는 것에 불과하고, 민법 제538조 제1항 제2문 소정의 '채권자의

책임 없는 사유로 이행할 수 없게 된 때에 채무자가 위험을 부담하는 것(제537조) 과의 차이점이라 하겠다.

5. 손해배상청구권과 계약해제권의 행사 여부

채권자지체의 법적 성질을 어떻게 보느냐에 따라 달라질 수 있다. 즉 채권자지체의 법적 성질을 채무불이행이라고 보는 견해에 의하면 채무자는 채무불이행의 효과로서 당연히 손해배상청구권(제390조·제393조)과 계약해제권(제545조)을 행사할 수 있다. 그러나 채권자지체의 법적 성질을 법정책임이라고 보는 견해에 의하면 채권자지체의 경우에는 채권자지체의 효과로 규정되어 있는 제401조 내지 제403조의 법정책임만 있을 뿐 채무불이행에서 인정하는 손해배상청구권이나 계약해제권은 인정되지 않는다.

V. 채권자지체의 종료

1. 채권의 소멸

채권자지체 중에 채무의 면제·변제의 수령·공탁·채무자의 상계 등으로 채권이 소멸하면 채권자지체도 소멸한다.

2. 채권자지체의 면제

채무자가 채권자지체에 대하여 채권자의 책임을 면제한 경우에는 채권자지체는 종료한다. 이 지체의 면제는 채무의 면제(제506조)와 마찬가지로 채무자가 일방적 의사표시로 할 수 있다.[275)]

수령지체 중에 당사자 쌍방의 책임 없는 사유로 이행할 수 없게 된 때'에 해당하기 위해서는 현실 제공이나 구두 제공이 필요하다(다만, 그 제공의 정도는 그 시기와 구체적인 상황에 따라 신의성실의 원칙에 어긋나지 않게 합리적으로 정하여야 한다)."; 대법원 2014. 4. 30. 선고 2010다11323 판결 "부동산에 관한 소유권이전등기의무를 부담하는 채무자가 이행의 제공으로 채권자가 수령지체에 빠진 후 부동산을 제3자에 양도함으로써 위 등기의무의 이행이 불능하게 된 경우, 채무자가 이행불능에 따른 손해배상채무를 부담하는지 여부(원칙적 적극)"; 대법원 2014. 11. 27. 선고 2013다94701 판결 참조.

275) 곽윤직, 99면.

3. 채권자지체 후의 이행불능

채권자지체 중에 채무자의 귀책사유[276]로 이행이 불능으로 되면 그때부터는 채무자의 이행불능이 문제되므로 채권자지체는 종료한다.

4. 수령의 통지

채권자가 수령에 필요한 준비를 하고 또한 지체 중의 모든 효과를 승인하여 수령하겠다는 통지를 한 때에도 채권자지체는 종료한다.[277]

276) 어떤 문헌에는 채무자에게 귀책사유(고의·중과실)가 있는지는 묻지 않는다고한다(송덕수, 212면; 이은영, 413면).

277) 어떤 문헌에는 '수령의 통지' 대신 '수령의 의사표시'라고 하기도 한다. 그러나 이는 의사의 통지라고 보아야 한다. 또한 '통지를 한 때에 채권자지체가 종료'하는 것이 아니라 '이행할 수 있는 상당한 기간이 경과한 후에 종료한다'고 하거나(김학동, 179면), '이행에 필요한 협력준비를 마친 다음 이행의 최고를 한 경우에도 채권자지체는 종료한다.'고 한다(오시영, 210면 이하).

제 4 장
다수당사자의 채권자 및 채무자

제1절 총 설

Ⅰ. 의 의

1. 일반적으로 채권채무관계는 하나의 급부에 관하여 한 사람의 채권자와 한 사람의 채무자가 있게 된다. 그런데 하나의 급부에 대하여 채권자 또는 채무자가 여럿 있는 경우가 있다. 이와 같이 하나의 급부에 관하여 채권자 또는 채무자가 여럿 있는 경우를 「다수당사자 사이의 채권관계」[278]라고 한다. 우리 민법은 이러한 다수당사자의 채권관계를 제3편 제1장 제3절에서 "수인(數人)의 채권자 및 채무자"라는 제목 하에 이에 관하여 규율하고 있다(제408조 이하).

2. 우리 민법은 다수당사자의 채권관계를 규정하면서 하나의 급부에 대하여 여러 명의 채권자 또는 채무자가 있는 경우에 채권자 또는 채무자의 수만큼 채권 또는 채무가 있는 것으로 하고 있다. 즉 우리 민법에서의 다수당사자의 채권관계는 동일한 채권 또는 채무에 관하여 귀속주체가 복수인 경우가 아니고, 동일한 내용의 급부를 목적으로 하는 당사자(채권자 또는 채무자)의 수만큼 다수의 채권·채무가 존재하는 경우를 의미한다. 민법은 분할채권관계·불가분채권관계·연대채무·보증채무의 네 가지를 규정하고 있다.

Ⅱ. 다수당사자의 채권관계의 종류 및 기능

1. 앞에서 언급한 것처럼 민법이 규정하고 있는 다수당사자의 채권관계의 종류로는 분할채권관계(분할채권·분할채무)·불가분채권관계(불가분채권·불가분채무)·연대채무·보증채무가 있다. 그리고 연대채권과 부진정연대채무의 개념을 학설로 인정함으로써 민법에서 규정하고 있지 않은 종류도 여기에 포함시켜 이하에서 살펴

278) 구민법 제3편 제1장 제3절은 그 제목을 '다수당사자의 채권'이라고 하였다.

보기로 한다.

2. 다수당사자의 채권관계는 채무자 또는 채권자가 다수가 됨에 따라 채권의 만족을 쉽게 하는 기능을 한다. 오늘날 이 제도는 채권담보의 기능을 수행하는 인적 담보제도의 측면에서 그 의의가 있다. 특히 특약에 의한 불가분채무·연대채무·보증채무는 각 채무자가 채무의 전부에 대하여 책임을 지도록 하고 있다. 즉 채무자 중 하나가 전부를 변제하면 나머지 채무자도 채무가 소멸하지만, 채권자로서는 채권이 일부라도 남아 있으면 모든 채무자에 대하여 그 이행을 청구할 수 있다. 이렇게 채무자 전체의 일반재산 모두가 채권에 대한 담보기능을 하기 때문에 채무자가 한 사람인 경우에 비하여 채권자는 유리한 지위에 놓이게 됨으로써 채권자로서는 더욱 확대된 인적 담보를 가지게 된다. 이에 대하여는 민법학 강의 Ⅲ(채권담보법)에서 자세히 설명하였다.

Ⅲ. 다수당사자의 채권관계의 중요내용

다수당사자의 채권관계에서 주로 살펴보아야 할 것은 효력이다. 이에는 대내적 효력과 대외적 효력이 있다.

1. 대내적 효력

대내적 효력이란 다수의 채권자들 또는 채무자들 사이의 내부관계이다. 즉 복수의 채권자 중 한 사람의 채권자가 변제를 수령하였다면 다른 채권자들과 이를 어떻게 분할할 것인가 하는 문제와(분급관계), 복수의 채무자 중 어느 한 채무자가 전부 또는 자신의 지분 몫보다 더 많은 채무를 출연(出捐)한 경우에 다른 채무자들에게 어떻게 분담시켜 구상권을 행사하여 상환받을 것인지에 대한 문제(구상관계)이다.

2. 대외적 효력

대외적 효력이란 채권자가 다수인 경우에 각 채권자가 채권 전부를 이행청구할 수 있는가 아니면 균등한 비율만을 청구할 수 있는가, 반대로 채무자가 다수인 경우에 채무자 각자는 채무 전부를 변제하여야 하는가 아니면 균등한 비율로 변제하면 되는가 하는 문제에 대한 법률효과를 말한다. 즉 복수의 주체와 상대방 사이에 이행청구나 변제가 어떤 효력이 있는지를 의미한다.

3. 채권자 또는 채무자 1인에 대하여 생긴 사유의 효력

채권자 또는 채무자가 다수인 경우, 채권자 1인에게 생긴 사유가 다른 채권자에게 어떻게 그 효력이 미치며, 채무자 1인에게 생긴 사유가 다른 채무자에게 그 효력이 어떻게 미치는지와 그 범위를 어떻게 정할 것인지의 문제이다. 이는 채권의 담보력과 연관된다.

Ⅳ. 채권·채무의 공동적 귀속

1. 서 설

민법의 채권편에서 규정하는 다수당사자의 채권채무관계(제408조 이하)에서는 하나의 급부에 대하여 채권자 또는 채무자의 수만큼 채권·채무가 존재하는 것으로 하고 있다. 그런데 이론상 하나의 채권·채무가 다수인에게 귀속할 수도 있다. 이는 제278조에서 소유권 이외의 재산권에 대하여 준공동소유를 인정하면서, 물건에 대한 공동소유관계(공유·합유·총유)에 관한 규정을 준용하되 다른 법률에 특별한 규정이 있는 때에는 그에 의하도록 규정하고 있기 때문에 법적으로도 가능한 것이다. 민법이 물권편에서 물건의 소유권과 관련하여 공동소유를 규정(제262조 이하)하고 있는 것처럼, 소유권 이외의 재산권인 채권에 대하여도 준공유·준합유·준총유가 인정된다.

2. 채권·채무의 공유적 귀속

하나의 채권에 대하여 준공유가 가능함은 물론이다. 그런데 이 경우에 다수당사자의 채권관계에 관한 규정(제408조 내지 제410조)은 준공동소유(제278조)의 특별규정에 해당한다(통설). 따라서 다수당사자의 채권관계는 공유에 관한 규정(제202조 내지 제270조)보다 채권관계에 관한 규정(제408조 내지 제410조)이 우선하여 적용된다(법조경합설·통설). 단, 당사자 사이의 특약으로 공유적 귀속을 발생하게 할 수 있다. 이러한 경우에는 준공유자 전원이 공동으로만 채권을 행사하고 채무를 이행한다.

3. 채권·채무의 합유적 귀속

법률의 규정이나 계약에 의하여 수인이 조합체로서 채권자가 되거나 채무자가 되면 채권·채무의 준합유가 성립한다(제271조 제1항 참조). 조합재산에 채권·채무가 포함되기 때문이다.

채권의 준합유의 경우 채권은 합유자(조합원) 전원에게 공동으로 귀속하고, 분할이 허용되지 않는다(제273조). 그리고 채권의 추심 기타의 처분은 준합유자 전원이 공동으로만 할 수 있고(제272조), 추심한 것은 당연히 합유재산이 된다. 또한 각 준합유자(조합원)는 채권 위에 지분을 가지지만 그 지분은 준합유자 전원의 동의가 없는 한 처분하지 못한다.(제273조 제1항 참조).[279] 그리고 각 준합유자는 채권의 분할도 청구하지 못한다(제273조 제2항 참조). 채무자가 준합유자의 한 사람에게 채무의 전부 또는 일부를 이행하여도 채무는 소멸하지 않으며, 준합유자 전원에게 전부의 이행을 한 때에만 소멸한다. 조합체가 해산하거나 채권이 양도되면 준합유는 소멸한다.

채무의 준합유의 경우에 각 채무자는 급부의 전부를 이행하여야 하나, 모든 채무자가 공동으로 할 필요는 없다. 그러나 채권자는 채무자 전원에게 공동으로 청구해야만 그 채무의 책임재산인 합유재산에 대하여 집행할 수 있다. 채권자가 임의로 채무자를 선택하여 청구할 수 없다. 준합유채무자는 합유채무에 대하여 합유재산(조합재산)으로 책임을 질뿐만 아니라 각자의 고유재산으로도 책임을 져야 한다. 그리고 이 두 책임은 어느 하나가 우선하지 않고 병존적 이라고 본다.

4. 채권·채무의 총유적 귀속

법인 아닌 사단의 사원이 집합체로서 채권을 가지거나 채무를 부담하는 것이

---

279) 대법원 1990. 2. 27. 선고 88다카11534 판결 "2인이 동업하는 조합의 조합원 1인이 다른 조합원의 동업없이 한 조합채권양도행위는 무효이다."; 대법원 1992. 10. 9. 선고 92다28075 판결 "조합이 해산된 경우에도 청산절차를 거쳐 조합재산을 조합원에게 분배하지 아니하는 한 조합재산은 계속하여 조합원의 합유이고 청산이 종료할 때까지 조합은 존속하는바, 일부 조합원이 다른 조합원들의 동의를 얻지 아니한 채 조합재산인 채권을 타인에게 양도한 행위는 무효라고 할 것이다."

채권·채무의 준총유이다(제275조 제1항 참조). 권리능력 없는 사단에게 준총유가 인정된다는 것이다.

채권의 준총유의 경우에 채권의 추심 기타의 처분권은 법인 아닌 사단(권리능력 없는 사단)에게 귀속하고 그 추심한 것 역시 법인 아닌 사단에 귀속(총유재산)한다. 따라서 각 사원(준총유자 개인)은 그 채권에 관하여 개인으로서는 직접적으로 아무런 권리를 가지지 못한다.

채무의 준총유의 경우에 채무는 마찬가지로 법인 아닌 사단(권리능력 없는 사단)에 속하고, 그 사단이 총유재산을 가지고 변제의 책임을 진다. 그런데 준합유와는 달리, 법인 아닌 사단의 구성원인 각 준총유자가 채무를 부담하거나 자신의 고유재산으로 책임을 지지 않는다.

제2절 분할채권관계

Ⅰ. 서 설

1. 의 의

(1) 분할채권관계란 하나의 가분급부에 관하여 채권자나 채무자가 여럿 있는 경우에 그 채권이나 채무가 각 채권자 또는 채무자에게 일정한 비율로 분할된 채권을 가지거나 분할된 채무를 지는 다수당사자의 채권관계이다. 민법은 이 분할채권관계를 다수당사자의 채권관계의 원칙으로 천명하고 있다(제408조; 통설 및 판례).[280] 분할채권관계는 각 당사자가 자기의 분할비율에 한하여 대외적으로 책임

280) 대법원 1992. 10. 27. 선고 90다13628 판결 "우리 민법상 다수당사자의 채권관계는 원칙적으로 분할채권관계이고 채권의 성질상 또는 당사자의 약정에 기하여 특히 불가분으로 하는 경우에 한하여 불가분채권관계로 되는 것이라 할 것인데 피고들과 원고의 이 사건 대여금채권관계는 성질상 불가분채권이라고는 할 수 없으며 기록을 자세히 살펴보아도 피고 강신권이 피고 조석보를 대리하여 피고 조석보의 채권을 수령할 권한은 있는 것으로 인정할 수 있을지언정 이를 불가분채권관계로 약정하였다고 볼 자료는 없다."; 대법원 1983. 6. 14. 선고 82누175 판결 "상속인이 2인 이상인 경우에 그 중의 한사람이 피상속인의 재산을 실질적으로 단독상속하였다 하더라도 그 상속인에게 승계되는 피상속인의 국세등에 관한 납부의무는 민법의 규정에 의한 자기의 상속분에 따라 안분계산한 금액범위에 한정되는 것이다."; 대법원 1985. 4. 23. 선고 84다카2159 판결 "금전소비대차에 있어 수인의 채무자가 각기 일정한 돈을 빌리는 경우에 특별한 의사표시가 없으면 이 채무는 분할채무라 할 것이고 이와 같은 특별한 의사표시가 있거나 채권의 목적이 그 성질상 불가분인 경우에 한하여 불가분채권이 성립되는 것이며 이와 같은 법리는 수인의 채무자가 채무전부를 각자 이행할 의무가 있는 경우에도 또한 같다고 할 것이므로 수인의 골재운송업자들이 그 운임합계액으로 소외회사로부터 약속어음 1매를 발행받아 그 어음을 각자 받을 몫의 금액으로 나눈 수매의 어음으로 할인받은 것이라면 위 소비대차관계는 그 성질상 불가분채무 또는 연대채무라고 볼 수 없어 당사자간에 특별한 의사표시가 없는 한 채무자 각자가 각각 자기 몫으로 받은 어음액면금액 상당의 채무변제 책임만 지는 분할채무라고 함이 상당하다."; 대법원 1987. 5. 26. 선고 85다카1146 판결 "수인의 채권자가 채무자에게 별개로 금전을 차용하여 주고서 2필지의 토지에 대하여 공동으로 담보목적의 소유권이전등기를 경료받았다가 담보권을 실행함에 있어 합의에 의한 공유물분할 방법으로 각 채권자들의 대여금 비율에 따라 각 단독소유로 소유권이전등기를 마친 다음 각각 따로 자기

을 질뿐이다. 이러한 점에서 불가분채무·연대채무·보증채무가 하나의 급부에 대하여 채무자 각자가 전부에 대한 지급의무를 지는 것과 차이가 있다. 분할채권은 채권자와 채무자로서 장·단점을 각각 가지게 된다. 즉 채권자로서는 자신의 채권을 비율에 따라 독립적·개별적으로 채무자로부터 변제받을 수 있어 불가분채권에서처럼 전부를 변제받은 후에 이를 내부적으로 분배해야 하는 번거로움을 미리 피할 수 있는 장점을 갖는다. 반면에 채무자로서는 채권자별로 채권의 비율에 따라서 분할하여 변제해야 하는 불편이 따른다는 단점을 갖는다. 한편 분할채무 채권자와 채무자로서 장·단점을 각각 가지게 된다. 즉 채무자로서는 자신의 몫만을 변제하면 전부에 대한 책임으로부터 벗어난다는 장점을 가지게 된다. 반면에 분할채무의 채권자로서는 인적 담보의 강화를 기대할 수 없고, 채무자별로 개별적으로 채권행사를 해야 한다는 번거로운 단점을 가지게 된다.

(2) 분할채권관계는 채권자가 수인인 분할채권과 채무자가 수인인 분할채무 두 종류가 있다. 앞에서 살펴본 것처럼 민법은 원칙적으로 채권자 또는 채무자가 수인인 경우에 특별한 의사표시가 없으면 분할채권과 분할채무가 성립한다고 하고 있다(제408조). 그리고 당사자 사이에 특약이 없는 한 그 비율은 균등하다.

몫의 담보부동산을 처분하였다면, 공전소비대차에 있어서 수인의 채권자가 각기 일정한 돈을 빌려주는 경우에 특별한 의사표시가 없으면 이 채권은 분할채권인 점에 비추어 그 정산금을 채무자에게 반환함에 있어서는 위 각 채권자들이 공동으로 담보목적의 소유권 이전등기를 경료받은 사유를 가지고 연대에 관한 특별한 의사표시로 풀이 할 수 없을 뿐만 아니라 그와 같은 사유가 연대채무를 발생시키는 법률상 요인이 된다고도 볼 수 없다."; 대법원 1993. 2. 12. 선고 92다42941 판결 "변호사에게 공동당사자로서 소송대리를 위임한 소송사건의 결과에 따라 경제적 이익을 불가분적으로 향유하게 되거나 패소할 경우 소송 상대방에 대하여 부진정연대관계의 채무를 부담하게 된다 하더라도, 이러한 사정만으로 곧바로 공동당사자들의 변호사에 대한 소송대리위임에 따른 보수금지급채무가 연대 또는 불가분채무에 해당하는 것으로 단정할 수 없다."; 대법원 2002. 9. 27. 선고 2002다15917 판결 "공동불법행위자는 채권자에 대한 관계에서는 부진정연대책임을 지되, 공동불법행위자들 내부관계에서는 일정한 부담 부분이 있고, 이 부담 부분은 공동불법행위자의 과실의 정도에 따라 정하여지는 것으로서 공동불법행위자 중 1인이 자기의 부담 부분 이상을 변제하여 공동의 면책을 얻게 하였을 때에는 다른 공동불법행위자에게 그 부담 부분의 비율에 따라 구상권을 행사할 수 있고, 공동불법행위자 중 1인에 대하여 구상의무를 부담하는 다른 공동불법행위자가 수인인 경우에는 특별한 사정이 없는 이상 그들의 구상권자에 대한 채무는 이를 부진정연대채무로 보아야 할 근거는 없으며, 오히려 다수 당사자 사이의 분할채무의 원칙이 적용되어 각자의 부담 부분에 따른 분할채무로 봄이 상당하다."

(3) 분할채권관계에서 채권 또는 채무는 채권자 또는 채무자의 인원수에 따라 분할된다. 이 경우 채권자 및 채무자는 각각 자신의 몫에 대한 독립된 채권·채무를 가지게 되고, 분할 후에는 각각 독립된 채권·채무로서 채권법의 일반원칙에 따라 취급된다.[281)]

Ⅱ. 분할채권관계의 성립

1. 성립요건

(1) 단일급부 및 가분성의 존재

분할채권관계가 성립하기 위해서는 여럿이 한 개의 단일한 급부를 목적으로 하는 채권관계에 있어야 한다. 또한 급부에 가분성이 존재하여야 한다. 여기서 급부의 가분성이란 급부의 성질상 급부의 본질을 훼손하지 않고서도 수개의 급부로 나눌 수 있는 것을 말한다.[282)]

(2) 다수당사자의 존재

분할채권의 경우 수인의 채권자가 존재하여야 한다.[283)] 그리고 수인의 채무자

---

281) 대법원 1993. 8. 14. 선고 91다41316 판결 "채권자나 채무자가 여러 사람인 경우에 특별한 의사표시가 없으면 각 채권자 또는 각 채무자는 균등한 비율로 권리가 있고 의무를 부담한다고 할 것이므로, 피고를 포함한 4인의 매도인이 원고를 포함한 4인의 매수인에게 임야를 매도하기로 하는 계약을 체결한 경우 매매계약의 무효를 원인으로 부당이득으로서 계약금의 반환을 구하는 채권은 특별한 사정이 없으면 불가분채권채무관계가 될 수 없으므로 매도인 중의 1인에 불과한 피고가 매수인 중의 1인에 불과한 원고에게 위 계약금 전액을 반환할 의무가 있다고 할 수 없다."

282) 대법원 1981. 2. 24. 선고 79다14 판결 "토지의 매도인은 2인의 공동매수인에게 특별한 사정이 없는 한 각 1/2씩의 지분권에 관하여 각 소유권이전등기절차를 이행할 의무가 있는 것인바 잔대금 지급을 지체하고 있던 위 공동매수인 중의 1인이 잔대금 전액을 지급하였다고 하더라도 그러한 사정만으로는 동인에게 다른 공동매수인의 지분부분에 관해서까지 소유권이전등기 소요서류를 교부할 수 있는 특별한 사정이 있다고 할 수 없다."; 대법원 1970. 4. 14. 선고 70다171 판결 "공유물에 끼친 불법행위를 이유로 하는 손해배상청구권은 특별한 사유가 없는 한 각 공유자가 지분에 대응하는 비율의 한도 내에서만 이를 행사할 수 있다."; 대법원 1979. 1. 30. 선고 78다2088 판결 "토지공유자는 특별한 사정이 없는 한 그 지분에 대응하는 비율의 범위 내에서만 그 차임상당의 부당이득금반환의 청구권을 행사할 수 있다."

283) 대법원 1981. 2. 24. 선고 79다14 판결; 대법원 1993. 8. 14. 선고 91다41316 판결 참조.

가 있는 경우 민법은 원칙적으로 급부는 수인의 채무자 사이에서 균등하게 분할된다고 한다.[284] 수인이 채권을 공동으로 상속한 경우에 상속한 채권이 가분채권이면 그 채권은 공동상속인 사이에서 분할되어 공동상속인은 상속분의 비율로 분할채권을 취득하게 된다(통설). 주목할 판례로 채무자에 대한 복수의 채권자의 채권을 담보하기 위해 매매예약을 맺고 가등기를 한 경우, 그 매매예약완결권은 형성권이고 그 행사는 처분행위라는 점에서 이때는 준공유의 법리에 좇아 복수채권자 전원에 의해 행사되어야 한다고 한다.[285]

(3) 특별한 다른 의사의 부존재

수인의 채권자 또는 채무자 사이에 분할채권관계로 하지 않겠다는 특별한 의사표시가 없어야 한다. 판례는 "민법상 다수당사자의 채권관계는 원칙적으로 분할채권관계이고 채권의 성질상 또는 당사자의 약정에 기하여 특히 불가분으로 하는 경우에 한하여 불가분채권관계로 된다."[286]고 하여 원칙적으로 분할채권관계를 인정하고 묵시적 연대채무의 의사표시 추정을 인정하지 않고 있다.[287]

2. 분할채권관계성립의 제한

제408조의 분할채권관계의 원칙에 대하여 민법은 예외를 인정함으로써 분할채권관계의 성립에 제한을 두고 있다. 즉 법인과 이사 등이 공동불법행위책임을 지도록 한다(제35조 제2항). 수인이 공동으로 사용대차한 경우에는 그 수인이 연대하여 그 물건에 대한 반환의무를 진다(제616조). 사용대차에 대한 제616조의 규정을 임대차에도 준용한다(제654조). 공동불법행위의 경우에는 공동불법행위자들이

---

284) 대법원 1985. 4. 23. 선고 84다카2159 판결; 대법원 1993. 8. 14. 선고 91다41316 판결 참조.

285) 대법원 1984. 6. 12. 선고 83다카2282 판결 "1인 채무자에 대한 복수채권자의 채권을 담보하기 위하여 그 복수채권자와 채무자가 채무자 소유의 부동산에 관하여 복수채권자를 공동권리자로 하는 매매예약을 체결하고 그에 따른 소유권이전등기청구권보전의 가등기를 한 경우 복수채권자는 매매예약 완결권을 준공유하는 관계에 있다."

286) 대법원 1992. 10. 27. 선고 90다13628 판결.

287) 그러나 일부 견해는 분할채무의 원칙을 고수하게 되면 채권의 담보력을 약화시키게 되기 때문에 수인이 공동으로 물건을 구입하거나 금전을 차용하는 것처럼 공동계약의 경우에는 채무자로 되는 자 전원의 자력이 고려되었다고 보아 분할채권관계가 아니라 묵시적으로 연대채무의 약정이 있는 것으로 본다고 한다(곽윤직, 154면; 김상용, 275면).

연대하여 그 손해를 배상할 책임을 지도록 한다(제760조). 부부의 일방이 일상가사로 인해 부담한 채무에 대해서는 부부가 연대책임을 지도록 하고 있다(제832조). 그리고 상법에서는 수인의 상행위로 인한 채무는 연대책임을 원칙으로 한다고 규정하고 있다(상법 제57조 제1항).

Ⅲ. 분할채권관계의 효력

1. 대내적 효력

(1) 제408조는 분할채권관계의 대외적 효력만을 규정하고 있다. 즉 분할채권자·분할채무자와 그의 상대방과의 관계만을 규정한 것이며, 분할채권자·분할채무자 상호간의 내부관계는 규정하고 있지 않다. 그러나 내부적으로도 당사자 사이에 특별한 약정이 있으면 그 약정에 의하되 약정이 없는 한 내부적으로도 그 비율은 균등한 것으로 본다. 그에 비하여 내부적으로는 특약에 의하여 그 비율이 다르지만 외부적으로는 공시가 되지 않아 대외적으로 균등하게 채권을 행사하거나 의무를 이행한 경우, 내부적으로 상호간의 이해관계를 어떻게 조정할 것인가? 이 경우 비율을 넘어서 변제를 수령한 채권자는 다른 채권자의 권리를 부당하게 취한 것이므로 자기비율을 초과하는 부분에 대해서는 다른 채권자에게 나누어주어야 할 것이고, 채무자의 경우에는 다른 채무자의 부담비율을 대신 이행한 것이므로 구상권을 행사하여 다른 채무자로부터 그것의 상환을 요구할 수 있다고 본다(통설).

(2) 한편 법률의 규정이나 특약에 의하여 대외적인 비율과 대내적인 비율이 동일하게 정해진 경우에는 각 채권자들이나 각 채무자들 사이에 분급관계나 구상관계는 발생하지 않는다. 그리고 채권자 또는 채무자가 여럿인 경우, 채권자 1인에게 특별한 사유(예, 시효·이행지체·이행불능·경개·면제·혼동 등)가 생겼다고 하더라도 분할채권관계에서 각 채권과 각 채무는 독립된 것이어서 한사람의 채권자 또는 채무자에 대하여 생긴 사유는 다른 채권자나 채무자에게 영향을 미치지 않는다.

2. 대외적 효력

(1) 분할채권관계에서 각 채권자 또는 각 채무자는 균등한 비율로 분할된 채권을 가지고 채무를 부담한다(제408조). 즉 형식적으로는 하나의 채권·채무이지만, 실질적으로는 채권자 또는 채무자의 수만큼 채권·채무가 존재하는 것이다. 그러므로 각 채권자는 자기 지분 이외의 부분에 대해 이행을 청구하지 못하며, 채무자도 자기 부담부분 이외의 부분에 대하여 이행할 필요가 없다.

(2) 따라서 각 채권자는 자신의 채권액 이상의 것을 변제받은 경우에는 부당이득이 되므로 채무자에게 반환하여야 하며, 하나의 채무자가 분할액을 넘어서 변제한 경우에는 변제에 이해관계 없는 타인의 변제로 된다(제469조).

(3) 한 사람의 채권자 또는 채무자에 관하여 생긴 사유(예, 시효·이행지체·경개·면제·혼동 등)는 다른 채권자나 채무자에게 영향을 미치지 않는다. 다만, 계약의 해제·해지의 경우에는 해제·해지의 불가분성(전원이 전원에 대하여 행함) 때문에 모든 당사자에게 효력이 생긴다(제547조 참조).

(4) 분할되는 채권이나 채무의 비율은 당사자의 특별한 의사표시에 의하여 달리 정할 수 있다. 그러나 그러한 특약이 없으면 균등한 비율로 분할된 채권을 가지고 채무를 부담하는 것으로 본다(제408조). 여기의 '특별한 의사표시'는 불가분채권관계·연대채무 등을 발생시키는 의사표시뿐만 아니라 채권·채무의 분할에 관한 의사표시도 포함한다. 그리고 여기의 의사표시는 상대방 당사자와의 계약(약정)을 의미한다. 즉 일방 당사자들 사이의 내부적 특약은 상대방에게는 효력이 없다.[288]

---

288) 대법원 1981. 2. 24. 선고 79다14 판결 "토지의 매도인은 2인의 공동매수인에게 특별한 사정이 없는 한 각 1/2씩의 지분권에 관하여 각 소유권이전등기절차를 이행할 의무가 있는 것인 바 잔대금 지급을 지체하고 있던 위 공동매수인중의 1인이 잔대금 전액을 지급하였다고 하더라도 그러한 사정만으로는 동인에게 다른 공동매수인의 지분부분에 관해서까지 소유권이전등기 소요서류를 교부할 수 있는 특별한 사정이 있다고 할 수 없다."; 대법원 2010. 11. 11. 선고 2010다43597 판결 "부동산을 공동매수한 채권자가 채무자에 대한 소유권이전등기청구권을 피보전채권으로 하여 제3채무자를 상대로 채무자의 제3채무자에 대한 소유권이전등기청구권을 대위행사하는 소송을 제기한 사안에서, 위 채권자는 공동매수인 중 1인에 불과하므로 그의 매수지분 범위 내에서만 채무자의 제3채무자에 대한 소유권이전등기청구권을 대위행사할 수 있고, 그 지분을 초과하는 부분에 관하여는 채무자를 대위할 보전의 필요성이 없다."

제3절 불가분채권관계

Ⅰ. 서 설

1. 불가분채권관계의 의의

(1) 불가분채권관계란 불가분의 급부를 목적으로 하는 다수당사자의 채권관계이다. 이에는 채권자가 다수인 불가분채권과 채무자가 다수인 불가분채무가 있다.

(2) 불가분채권관계의 특징은 급부가 불가분이라는 점이다. 급부가 불가분인 경우는 급부의 성질상 불가분인 때도 있고, 성질상으로는 가분이지만 당사자의 의사표시로 불가분으로 되는 것이 있다(제409조 참조). 특히 의사표시로 불가분으로 되는 불가분급부는 연대채무와 그 본질에서 차이가 없다. 다만 절대적 효력이 인정되는 범위에서 차이가 있을 뿐이다. 이처럼 의사표시상의 불가분급부를 인정하는 것은 분할채권관계에서 오는 담보가치의 하락을 막고 채권의 효력을 확실히 할 수 있기 때문이다.

(3) 불가분급부가 가분급부로 변경되면 불가분채권관계도 분할채권관계로 변한다. 예컨대 A·B가 건물 한 개를 매입하여 불가분채권을 취득하였는데, 이행되기 전에 그 건물이 소실되어 손해배상채권으로 변화되면 가분급부인 금전채권으로 변하게 되므로, 이 때 각 채권자는 자기비율부분만 이행을 청구할 권리가 있고 각 채무자는 자기채무부분만을 이행할 의무를 진다(제412조).

Ⅱ. 불가분채권관계의 성립

1. 급부의 불가분

(1) 성질상 급부불가분

성질상 급부불가분이란 급부의 성질상 본질 또는 가치를 훼손하지 않고서는 여러 개의 급부로 분할하여 이행할 수 없는 것을 말한다. 성질상의 급부불가분을 판단하는 기준은 물리적 성질에 의하여서만 판단할 것이 아니라 급부의 고유한 성질, 당사자의 의사, 일반적인 거래관념 등을 종합적으로 검토하여 결정하여야 한다(통설).[289] 특정물인도채무는 그 성질상 불가분급부에 속한다. 예컨대 자동차 한 대의 인도의무나 말(馬) 한 마리의 인도의무 등이다. 그러나 지분이전으로 충분한 부동산에 대한 소유권이전급부의무는 분할채권으로 본다는 것이 판례의 입장이다.[290] 하는 채무(채무자 전원이 협력하여 급부의 전부를 이행하는 채무, 예컨대 여러 명의 출연진이 함께 협력하여 영화를 촬영하는 경우 등)는 분할하여 이행할 수 없으므로 성질상 불가분급부에 해당한다. 다수설과 판례는 다수의 채무자가 가분급부관계에 있더라도 이익의 대가를 불가분으로 향수하거나 불가분급부의 대가로서 취급하는 것이 타당한 경우에는 성질상 불가분채무로 파악하고 있다.[291]

---

289) 대법원 1974. 6. 25. 선고 74다262·263 판결 "등기부상 소유명의자를 달리하는 수필지의 토지에 대한 매매계약이 형식상 계약서만은 별도로 작성하였어도 토지매매가 매수목적상 불가분의 상호연관관계가 있어 계약의 이행 및 해제는 전체에 대해서만 가능하고 그 중 일부토지에 대하여는 분리하여 해제할 수 없도록 매매당사자 사이에 특약이 있다고 볼 수 있는 경우에 그 중 어느 필지에 대한 매매계약이 전부 이행된 후에 잔여토지에 대하여 매도인이 계약이행착수전임을 이유로 계약금의 배액을 공탁하여 해제권을 행사할 수 없다."

290) 대법원 1981. 2. 24. 선고 79다14 판결; 대법원 1979. 2. 27. 선고 78다2281 판결 "타에 매도된 부동산의 공동상속인중 자기 이외의 상속인들의 상속지분을 매수하여 자기 앞으로 그 매수지분에 관한 이전등기를 마친 자는, 원래의 자기 고유상속지분이 아닌 매수지분에 관하여는 의무승계의 특약이 존재등 특단의 사정이 없는 한 당연히 다른 상속인들의 원래의 부동산 매수인에 대한 의무를 승계한다고 볼 수 없다."

291) 대법원 1998. 12. 8. 선고 98다43137 판결 "건물의 공유자가 공동으로 건물을 임대하고 보증금을 수령한 경우, 특별한 사정이 없는 한 그 임대는 각자 공유지분을 임대한 것이 아니고 임대목적물을 다수의 당사자로서 공동으로 임대한 것이고 그 보증금 반환채무는 성질상 불가분채무에 해당된다고 보아야 할 것이다."; 대법원 1989. 1. 17. 선고 87다카8 판결 "은행에 공동명의로 예금을 하고 은행에 대하여 그 권리를 함께 행사하기 위하여 양인이 통장과 도장을 나누어 갖는 경우에 위 공동명의의 예금채권자들은 공동으로

(2) 의사표시에 의한 불가분급부

성질상으로는 가분이지만 당사자의 명시적·묵시적 의사표시에 의하여 불가분으로 되는 때도 있다(제409조 참조). 성질상 가분인 급부를 불가분급부로 하는 이유는 다음과 같다. 즉 불가분급부로 하는 것이 채권자 입장에서는 이행청구나 채무의 변제 등에서 유리하고, 또한 불가분채무의 경우에는 채권자가 채무자 각각에 대하여 전부급부를 청구할 수 있게 함으로써 채권이 채무자 모두의 자력에 의하여 담보되기 때문에 채권의 효력을 강화할 수 있는 장점이 있기 때문이다.[292] 불가분채무는 채무자 1인에게 생긴 사유가운데 절대적 효력이 인정되는 것이 연대채무에 있어서보다 적기 때문에 채권의 효력은 연대채무보다 더 강하다.

2. 분할채권과계로의 전환

불가분채권관계는 각 채권자 또는 채무자의 수만큼 복수의 채권·채무가 존재하지만, 불가분채권·불가분채무가 가분채권·가분채무로 변경된 때에는 그것들은 분할채권·분할채무로 전환된다. 즉 불가분채권이 분할채권으로 변경되거나 불가분채무가 분할채무로 변경된 때에는, 각 채권자는 자기 부분만의 이행을 청구할 권리가 있고, 각 채무자는 자기 부담부분만을 이행할 의무가 있게 된다.

이행의 청구나 변제의 수령을 하고 채무자의 이행도 예금채권자전원에 대하여 하여야 하며 채권의 양도 등 처분행위도 예금주들이 공동으로만 하여야 한다."; 대법원 1980. 7. 22. 선고 80다649 판결 "공유자가 공유물에 대한 관계에서 법률상 원인없이 이득을 하고 그로 인하여 제3자에게 손해를 입게 한 경우에 그 이득을 상환하는 의무는 불가분적 채무라고 보아야 한다."; 대법원 1997. 5. 16. 선고 97다7356 판결 "국토이용관리법상 토지거래허가지역 내에 있는 토지에 관한 매매계약을 체결함에 있어서 매도인들이 매매계약 당시 특약사항으로 분묘의 이장과 같은 여러 가지 불가분채무를 부담하였을 뿐만 아니라 매도인들 상호간에 밀접한 신분관계를 가지고 있어 계약 이행에 관하여 전원의 의사나 능력이 일체로서 고려되었다고 할 것이므로 매매계약이 확정적으로 무효로 되면서 발생한 매도인들의 매수인들에 대한 부당이득반환채무도 성질상 불가분채무라고 본 사례."

292) 대법원 2007. 1. 11. 선고 2006다50055 판결 "근저당권은 채권담보를 위한 것이므로 원칙적으로 채권자와 근저당권자는 동일인이 되어야 하고, 다만 제3자를 근저당권 명의인으로 하는 근저당권을 설정하는 경우 그 점에 관하여 채권자와 채무자 및 제3자 사이에 합의가 있고, 채권양도, 제3자를 위한 계약, 불가분적 채권관계의 형성 등 방법으로 채권이 그 제3자에게 실질적으로 귀속되었다고 볼 수 있는 특별한 사정이 있는 경우에 한하여 제3자 명의의 근저당권설정등기도 유효하다."

Ⅲ. 불가분채권관계의 효력

1. 불가분채권의 효력

(1) 대외적 효력

1) 불가분채권관계는 그 주체의 수만큼 채권 또는 채무가 존재하기 때문에 불가분채권자의 각 채권자는 모든 채권자를 위해 자기에게 급부 전부의 이행을 청구할 수 있고, 그리고 채무자는 모든 채권자를 위해 각 채권자에게 급부 전부를 이행할 수 있다(제409조 후단).

2) 불가분채권은 급부가 불가분이기 때문에 채권의 행사와 채무의 이행은 수월하다. 그러나 변제를 수령한 채권자가 다른 채권자에게 그 이익을 나누지 않으면 채권자 상호간에 분쟁이 발생할 위험이 있다.

(2) 대내적 효력

민법은 분할채권관계와 달리 불가분채권에 대해서는 채권자들 상호간의 내부관계에 대해서는 따로 규정을 두고 있지 않다. 그러나 채권자 각자의 비율은 특별한 약정이 없는 한 균등한 것으로 추정하여야 한다. 따라서 채권 전부의 변제를 받은 채권자는 다른 채권자에게 내부관계의 비율에 따라 급부받은 것을 분급하여야 한다.

(3) 1인의 채권자·채무자에게 생긴 사유의 효력

1) 절대적 효력이 인정되는 경우

불가분채권의 각 채권자는 모든 채권자를 위하여 이행을 청구할 수 있고, 불가분채무는 각 채무자가 모든 채권자를 위하여 각 채권자에게 이행할 수 있다(제409조 후문). 채권자 1인의 청구는 다른 채권자에게도 효력이 미친다. 따라서 채권자 1인의 청구가 있으면 다른 채권자를 위해서도 이행지체·시효중단의 효력이 생기고, 채권자 1인에 대한 이행이 다른 채권자에게도 효력이 있으므로, 이행에 의한 채권의 소멸이나 수령지체의 효과도 모든 채권자에 대하여 생긴다(제410조 제1항 참조).

2) 상대적 효력이 인정되는 경우

앞의 절대적 효력은 청구 및 이행에 의한 효과이다. 청구와 이행 이외의 다른 사유가 채권자 1인에게 생긴 경우 다른 채권자에게는 그 효력이 미치지 않는다(제410조 제1항 후문). 즉 상대적 효력만 있다. 다만, "불가분채권자 중의 1인과 채무자 간에 경개나 면제가 있는 경우에 채무 전부의 이행을 받은 다른 채권자는 그 1인이 권리를 잃지 아니하였으면 그에게 분급할 이익을 채무자에게 상환하여야 한다."(제410조 제2항)고 하여 전부급부를 받은 채권자가 경개나 면제를 한 채권자에게 분급하고, 분급받은 그 채권자가 그것을 다시 자신이 경개나 면제해 준 채무자에게 부당이득으로 반환하는 상환의 순환을 피하고 법률관계를 단순하게 처리하기 위한 것이다. 그리고 이러한 결과는 경개나 면제뿐만 아니라 대물변제·상계·시효의 완성·혼동의 경우에도 상대적 효력이 있을 뿐이다(통설).

2. 불가분채무의 효력

(1) 대외적 효력

민법은 불가분채무에 관하여는 제411조에서 "수인이 불가분채무를 부담한 경우에는 제413조 내지 제415조, 제422조, 제424조 내지 제427조 및 전조의 규정을 준용한다."고 하여 제410조와 연대채무에 관한 여러 규정을 준용하고 있다.

채권자는 모든 불가분채무자에 대하여 동시에 또는 순차로 채무의 전부의 이행을 청구할 수 있고(제414조), 채무자 1인이 그 전부를 이행한 때에는 다른 채무자도 채무를 면한다(제413조). 연대채무의 경우 채권자가 채무의 일부의 이행을 청구할 수 있다고 규정하고 있지만(제414조), 불가분채무에서는 성질상 일부이행이 허용되지 않기 때문에 일부청구 내지 분할청구는 허용되지 않는다.[293)]

(2) 대내적 효력

불가분채무자 서로 간의 관계는 연대채무에 관한 규정(제424조 내지 제427조)이 준용된다(제411조). 따라서 자신의 비율 부분을 넘어서 전부 변제를 한 채무자는

293) 대법원 1991. 7. 12. 선고 90다8343 판결 "수필의 토지와 지상건물의 매매가 불가분의 상호연관관계가 있는 경우에는 계약의 이행 및 해제는 전체에 대해서만 가능하고 그 중 일부에 대하여 분리하여 이행 또는 해제할 수는 없다."

다른 채무자의 부담부분에 대하여 구상할 수 있다. 불가분채무자들의 부담부분의 비율은 특별한 사정이 없는 한 균등한 것으로 추정한다(제411조·제424조).

(3) 1인의 채무자에게 생긴 사유의 효력

채무자 1인의 변제(대물변제·공탁도 마찬가지다)·변제의 제공 및 그 효과인 수령지체는 다른 채무자에 대하여도 효력이 있는 것으로 하고 있다(절대적 효력)(제411조·제422조 참조). 그런데 1인의 채무자에게 생긴 사유(즉, 채권자의 이행청구 및 그에 의한 이행지체·시효중단)의 효력에 대하여는 오히려 불가분채권에 관한 제410조를 준용하도록 하고 연대채무에 관한 규정(제416조 내지 제421조, 제423조)은 준용되지 아니함으로써 상대적 효력이 발생한다. 따라서 채권자가 채무자 중 1인과의 사이에 경개·면제가 있는 경우에도 다른 채무자는 전부의 이행을 하여야 한다. 그러나 채권자는 면제를 받았거나 경개를 한 채무자가 부담하였을 부분의 가액이익을 전부를 변제한 채무자에게 상환하여야 한다(제411조·제410조 제2항). 혼동의 경우에도 마찬가지 결과가 인정된다.

제4절 연대채무

Ⅰ. 연대채무의 의의 및 성질

1. 의 의

(1) 연대채무란 하나의 동일한 내용의 급부에 관하여 여럿인 채무자가 각자 전부의 급부의무를 지고, 그 가운데 1인의 채무자가 전부의 급부를 하면 모든 채무자의 채무가 소멸하는 다수당사자의 채권관계를 말한다(제413조). 연대채무에서 급부는 하나이지만 채무자의 수만큼 독립된 채무가 다수 존재한다는 점에서 경제적·실질적으로는 책임재산의 범위가 채무자들 모두의 일반재산으로 확장되고, 그 결과 채무자들 모두의 일반재산에 의한 채권담보(인적 담보)의 기능을 한다. 실제 거래에서는 인적 담보로 보증채무가 전형적인 기능을 담당한다. 그러나 채무자들 사이에 주종관계가 없는 연대채무가 보증채무보다 더 실질적이며 강하다고 할 수 있다.

(2) 연대채무와 구별해야 할 개념으로 부진정연대채무가 있다. 연대채무는 주관적 공동관계가 있기 때문에 1인의 채무자에게 생긴 사유가 다른 채무자에게 그 효력이 미치는 경우가 많고(제416조 내지 제422조), 또 채무자 사이에도 구상권의 행사가 가능하다. 반면 부진정연대채무는 채무자 각자가 전부의 급부의무를 부담하지만 채무자 사이에 주관적 공동관계가 없다. 따라서 부진정연대채무는 연대채무와 달리 절대적 효력과 구상관계가 발생하지 않는다.

2. 성 질

(1) 채무의 독립성

1) 연대채무는 하나의 급부를 목적으로 한다. 그러나 대외적으로는 채무자 수

만큼의 복수의 독립한 채무이다. 즉 그 채무는 각자 대등하여 그 채무자들 사이에는 주종관계가 없다.

2) 그 결과 연대채무의 이러한 독립성은 첫째, 연대채무를 발생시키는 어느 연대채무자에 대한 법률행위의 무효나 취소의 원인은 다른 연대채무자의 채무에는 영향을 미치지 않는다(제415조). 둘째, 각 채무자의 채무는 그 모습(예, 조건·기한·이자·변제기·이행지 등)을 각각 달리 할 수 있다. 셋째, 채무자 1인에 관해서만 보증채무를 성립시킬 수 있고(제447조), 또한 채무자 1인에 대한 채권만을 분리하여 양도할 수도 있다.

(2) 주관적 공동관계의 필요

1) 연대채무에서는 각 채무자의 채무는 1개의 급부를 달성하기 위한 것이기 때문에 채무자들 중 1인 또는 여럿에 의하여 1개의 전부급부가 있으면 모든 채무자의 채무는 소멸한다.

2) 이렇게 채무자 1인에 관하여 생긴 사유는 일정한 범위에서 다른 채무자에게도 영향을 미치고(제416조 내지 제422조), 채무자가 출재(출연)를 하여 공동면책을 가져온 경우에는 다른 채무자에게 구상권을 행사할 수 있다(제424조 내지 제427조). 이러한 효과가 발생하는 이유는 연대채무자들 사이에 서로 간에 결합관계로 맺어져 있기 때문이다. 그런데 그 결합관계의 내용에 대하여 학자들 사이에 견해가 나누어지고 있다. 첫째, 주관적 공동관계설은 연대채무자 서로 간에는 하나의 급부를 각자 전부 이행하기로 하는 주관적 공동관계(합의)가 있어야 한다는 견해이다.[294] 이 견해에 따르면 1인의 채무자에게 생긴 사항은 일정한 범위에서 다른 채무자에게도 그 효력이 있으며(제416조 내지 제422조), 또 채무자 서로 간에는 각자의 부담부분이 있어서 자신의 출재(出捐)로 공동의 면책을 가져온 경우에는 다른 채무자에게 구상권을 행사할 수 있게 된다(제424조 내지 제427조). 둘째, 상호보증관계설은 연대채무자는 자기의 부담부분에 대하여는 주채무자의 지위에 있고, 다른 채무자의 부담부분에 대하여는 보증인의 지위에 있다고 하는 견해이다.[295] 이 견해는 주관적 공동관계설이 채무자 서로 간에의 주관적 공동관계라는 추상적 관계

294) 곽윤직, 162면; 김학동, 228면; 송덕수, 296면.
295) 김형배, 454면; 윤철홍, 298면; 이은영, 506면.

만 가지고 연대채무의 광범위한 절대적 효력을 설명하기에는 부족하다는 비판의 대안으로 제시된 견해이다.

Ⅱ. 연대채무의 성립

1. 법률행위에 의한 성립

(1) 연대채무를 성립시키는 법률행위는 일반적으로 계약이지만 유언과 같은 단독행위도 있을 수 있다. 계약으로 연대채무를 성립시키는 경우에도 그 계약은 반드시 동시에 체결할 필요는 없다. 그러나 먼저 성립한 채무가 존재하고 나중에 연대채무자가 되고자 하는 경우에는 채무자들 사이에 연대에 관한 사전 또는 사후의 '연대의 합의'는 필요하다. 이러한 연대의 합의가 있어야 절대적 효력이 넓게 인정될 수 있다.

(2) 연대채무는 명시적으로 성립하는 것이 보통이지만, 묵시적으로도 성립할 수 있다(통설). 다만 어느 경우에 묵시적으로 연대채무의 성립에 관한 의사표시가 있었다고 볼 것이냐는 최종적으로 구체적인 법률행위의 해석을 통하여 해결할 수밖에 없을 것이다. 왜냐하면 민법이 가분급부의 경우에 원칙적으로 분할채권관계(제408조)를 채택하고 있어 묵시적 의사표시의 추정에 의한 연대채무의 성립을 추정한다면 채무자에게 불리한 경우가 생길 수 있기 때문이다. 판례는 묵시적 연대채무의 성립에 소극적이다.[296] 그러나 당사자의 약정이 없는 경우에도 예외적으로 불가분채무 또는 연대채무의 성립을 인정한 판례도 있다.[297]

---

296) 대법원 1992. 10. 27. 선고 90다13628 "민법상 다수당사자의 채권관계는 원칙적으로 분할채권관계이고 채권의 성질상 또는 당사자의 약정에 기하여 특히 불가분으로 하는 경우에 한하여 불가분채권관계로 되는 것이다."

297) 대법원 1997. 5. 16. 선고 97다7356 판결 "[1] 매매계약이 체결될 당시 명의수탁자가 그 자리에 참석하였을 뿐만 아니라 직접 매매계약서를 작성하면서 매매계약서의 매도인란에 본인의 이름과 함께 주민등록번호 및 전화번호를 기입하였고, 또 매매목적물인 토지 중 1/2 지분에 관하여 수탁자 명의의 공유등기가 경료되어 있어 직접 소유권이전등기절차를 이행할 수 있는 지위에 있었다면, 비록 매도인이 단순히 명의수탁자에 지나지 아니하고 매매계약서상의 이름 옆에 날인하지 아니하였다고 하더라도 이로써 매매 의사를 철회하였다는 등의 특별한 사정이 없는 한, 명의수탁자를 매매계약에 있어서 공동매도인의 1인으로 해석함이 쌍방 당사자가 계약을 통하여 달성하고자 하는 경제적 사회적 목적 및 거래관념에 합당할 뿐더러 매매계약서에 나타난 당사자의 합리적 의사에도 부합한다. [2] 국토이용

(3) 연대채무는 하나의 계약에 의하여 성립하거나 별도의 계약에 의하여 성립하거나를 막론하고 언제나 별개·독립의 채무이다. 따라서 그 성립여부도 독립적으로 판단하여야 한다. 즉 각 연대채무자별로 연대채무의 성립 여부에 대한 무효 및 취소 여부가 판단되어야 하기 때문에 연대채무가 법률행위에 의하여 성립하는 경우에 그 법률행위가 채무자 1인에게 무효 또는 취소의 원인이 있는 것일지라도 다른 채무자의 채무의 성립에는 영향이 없다(제415조).

2. 법률의 규정에 의한 성립

연대채무가 법률의 규정에 의하여 성립하는 경우도 있다.

(1) 민법의 규정에 의한 연대채무의 성립

1) 법인이 목적범위 외의 행위로 인하여 타인에게 손해를 가한 경우에 그 사항의 의결에 찬성하거나 그 의결을 집행한 사원·이사 기타 대표자의 연대책임을 묻고 있다(제35조 제2항).

2) 임무를 해태한 이사의 연대책임을 묻고 있다(제65조).

3) 사용대차(제616조) 또는 임대차(제654조)에서 발생하는 공동차주 또는 공동임차인의 연대채무를 묻고 있다.

4) 공동불법행위자의 연대책임을 묻고 있다(제760조).

5) 일상가사로 인한 채무에 대한 부부의 연대책임을 묻고 있다(제832조).

이렇게 민법에서 연대채무를 규정하고 있지만 진정한 연대채무가 성립하기 위해서는 채무자 사이에 주관적 공동관계가 있어야 한다는 점을 고려한다면 앞의 5개 규정 중 3)의 경우를 제외한 1), 2), 4) 규정에서의 연대채무는 진정한 연대채무가 아니고 그 실질에 있어서 부진정연대채무라고 보아야 한다. 그리고 5)의 규

관리법상 토지거래허가지역 내에 있는 토지에 관한 매매계약을 체결함에 있어서 매도인들이 매매계약 당시 특약사항으로 분묘의 이장과 같은 여러 가지 불가분채무를 부담하였을 뿐만 아니라 매도인들 상호간에 밀접한 신분관계를 가지고 있어 계약이행에 관하여 전원의 의사나 능력이 일체로서 고려되었다고 할 것이므로 매매계약이 확정적으로 무효로 되면서 발생한 매도인들의 매수인들에 대한 부당이득반환채무도 성질상 불가분채무라고 본 사례."

정은 부부공동체라는 신분관계의 특수성에 입각한 것으로서 연대채무에 관한 제413조 이하의 규정이 그대로 적용되기에는 적절하지 않은 면이 있다.

(2) 상법 기타 특별법에 의한 연대채무의 성립

1) 상법에서도 연대채무를 규정하고 있다. 즉 성명·상호의 사용허락으로 인한 연대채무(제81조), 순차운송인의 연대채무(제138조), 합명회사 사원의 연대채무(제212조), 주식회사 발기인의 연대채무(제321조), 주식회사 발기인·임원의 연대채무(제323조), 주식공동인수인의 연대채무(제333조), 이사가 고의 또는 과실로 법령 또는 정관에 위반한 행위를 하거나 그 임무를 게을리한 경우에는 그 이사는 회사에 대하여 연대하여 손해를 배상할 책임(제399조) 등이 있다.

2) 그 이외에도 특별법에서 연대채무가 법률규정에 의하여 성립하는 경우가 있다. 즉 수인의 광업권자 또는 조광권자의 광해배상책임(광업법 제91조), 중소기업협동조합 감사의 임무해태로 인한 손해배상책임(중소기업협동조합법 제51조), 농업협동조합임원이 그 직무를 수행함에 있어서 법령 또는 정관을 위반한 행위를 하거나 고의 또는 중대한 과실로 제3자에게 손해를 끼친 경우 및 임원이 허위의 결산보고·등기 또는 공고를 하여 지역농협 또는 제3자에게 손해를 끼친 경우의 손해배상책임(농업협동조합법 제53조 제2항) 등이 있다.

Ⅲ. 연대채무의 효력

1. 연대채무의 대외적 효력(채권자의 이행청구 및 채무자의 이행)

(1) 연대채무는 대외적으로 독립된 수개의 채무이다(제414조). 따라서 채권자는 연대채무자 가운데 임의의 1인에 대하여 채무의 전부 또는 일부의 이행을 청구할 수 있고, 또한 모든 채무자에 대하여 동시에 또는 순차로 전부나 일부의 이행을 청구할 수 있다. 따라서 여러 명의 연대채무자를 상대로 각자 이행의 소를 제기하여도 이는 중복소송이 아니다(민사소송법 제259조). 물론 채무자 전원을 상대로 공동소송을 제기할 수 있다(통상의 공동소송이다). 이러한 이행의 청구는 재판 외에서뿐만 아니라 재판상으로도 할 수 있고, 다른 채무자에 대하여 승소 또는 패소의 판결을 받은 후에도 가능하다.

(2) 채권자가 연대채무자 중 어느 채무자로부터 전부의 급부를 받은 때에는 다른 채무자의 채무도 함께 소멸한다. 그러나 채권자가 일부의 변제를 받은 때에는 나머지 금액만을 청구(또는 소구(訴求))할 수 있다.

(3) 연대채무는 인적 담보제도로서의 기능도 한다. 특히 채무자가 파산한 경우에 더욱 그렇다. 즉 연대채무자 전원 또는 일부가 파산선고를 받은 때에는, 채권자는 파산선고시에 가진 채권의 전액에 관하여 각 파산재단의 배당에 참가할 수 있다(채무자회생법 제428조). 그리고 파산선고 후에 어느 파산절차에서 일부의 배당변제를 받거나 다른 채무자로부터 일부변제를 받더라도 다른 파산재단에 대한 배당참가액을 줄일 필요가 없다.[298] 그러나 어떤 연대채무자의 파산절차에서 채권자가 배당변제를 받았거나 파산 외에서 일부변제를 받은 후에 다른 연대채무자가 파산한 경우에는, 나머지 금액만을 가지고 파산재단에 참가할 수 있다. 왜냐하면 변제(배당)에는 절대적 효력이 인정되기 때문이다.

2. 연대채무자 1인에게 생긴 사유의 효력

(1) 상대적 효력의 원칙

연대채무에서 각 연대채무자의 채무는 별개·독립된 채무이기 때문에 채무자 중의 1인에게 생긴 사유로 다른 연대채무자가 영향을 받지 않는다. 즉 제416조 내지 제422조에서의 7가지의 사유에 대하여만 절대적 효력을 인정하고 그 외에 다른 사항은 상대적 효력을 인정한다(제423조). 예컨대 이행청구에 의하지 않는 시효중단,[299] 시효이익의 포기, 시효의 정지, 채무자의 과실과 채무불이행, 확정판결

---

298) 대법원 2003. 2. 26. 선고 2001다62114 판결 "파산법 제19조는 '수인의 채무자가 각각 전부의 채무를 이행하여야 할 경우에 그 채무자의 전원 또는 수인이나 1인이 파산선고를 받은 때에는 채권자는 파산선고시에 가진 채권의 전액에 관하여 각 파산재단에 대하여 파산채권자로서 그 권리를 행사할 수 있다.'고 규정하고, 제20조는 '보증인이 파산선고를 받은 때에는 채권자는 파산선고시에 가진 채권의 전액에 관하여 파산채권자로서 그 권리를 행사할 수 있다.'고 규정하고 있으므로, 파산선고 후에 파산채권자가 다른 채무자로부터 일부 변제를 받거나 다른 채무자에 대한 회사정리절차 내지 파산절차에 참가하여 변제 또는 배당을 받았다 하더라도 그에 의하여 채권자가 채권 전액에 대하여 만족을 얻은 것이 아닌 한 파산채권액에 감소를 가져오는 것은 아니므로, 채권자는 여전히 파산선고시의 채권 전액으로써 계속하여 파산절차에 참가할 수 있다."

299) 대법원 2001. 8. 21. 선고 2001다22840 판결 "채권자의 신청에 의한 경매개시결정에 따라 연대채무자 1인의 소유 부동산이 압류된 경우, 이로써 위 채무자에 대한 채권의 소멸시효는

등이 있다. 그리고 연재채무자에 대한 채권이 양도된 경우, 모든 연대채무자에 대한 채권이 양도된 것으로 보는 것이 당사자의 의사에 부합한다. 그러나 특정한 연대채무자에 대한 채권만을 독립하여 양도할 수도 있기 때문에 연대채무자 중 특정인에 대한 채권만을 양도할 수도 있다. 이러한 경우에는 채권을 양도받은 자는 그 특정 연대채무자에 대해서만 채무 전부의 급부를 청구할 수 있다. 또한 채권양도에 따른 대항요건은 각 연대채무자별로 개별적으로 판단하여야 하는 상대적 효력이 있을 뿐이다. 제423조는 임의규정이기 때문에 당사자의 특약으로 일정한 사유에 절대적 효력을 인정할 수 있다.

(2) 절대적 효력이 인정되는 경우

1) 연대채무는 여럿의 채무자가 독립된 채무를 부담하면서도 하나의 급부를 전부 이행할 것을 공동으로 책임지는 점에서 불가분채무와 같다. 그러나 불가분채무와 달리 어느 연대채무자에게 생긴 사유가 다른 연대채무자에게도 효력이 인정되는 경우에 이를 절대적 사유라고 한다. 민법은 제416조 내지 제422조에서 7가지의 사유에 대하여 절대적 효력을 인정하고 있다.

2) 절대적 효력이 있는 사유

① 변제·대물변제·공탁 이에 관하여는 모두 채권자에게 만족을 준다는 점에서 당연히 절대적 효력이 인정된다.[300]

② 이행의 청구 어느 연대채무자에 대한 이행청구는 다른 연대채무자

중단되지만, 압류에 의한 시효중단의 효력은 다른 연대채무자에게 미치지 아니하므로, 경매개시결정에 의한 시효중단의 효력을 다른 연대채무자에 대하여 주장할 수 없다."

300) 대법원 2013. 3. 14. 선고 2012다85281 판결 "연대채무자 또는 연대보증인 중 1인이 채무의 일부를 변제한 경우에 당사자 사이에 특별한 합의가 없는 한 그 변제된 금액은 민법 제479조의 법정충당 순서에 따라 비용, 이자, 원본의 순서로 충당되어야 하므로 지연손해금 채무가 원본채무보다 먼저 충당된다. 한편 여러 명의 연대채무자 또는 연대보증인에 대하여 따로따로 소송이 제기되는 등으로 그 판결에 의하여 확정된 채무원본이나 지연손해금의 금액과 이율 등이 서로 달라지게 되어 원금이나 지연손해금에 채무자들이 공동으로 부담하는 부분과 공동으로 부담하지 않는 부분이 생긴 경우에 어느 채무자가 채무 일부를 변제한 때에는 그 변제자가 부담하는 채무 중 공동으로 부담하지 않는 부분의 채무 변제에 우선 충당되고 그 다음 공동 부담 부분의 채무 변제에 충당된다. 그리고 채권의 목적을 달성시키는 변제와 같은 사유는 연대채무자 또는 연대보증채무자 전원에 대하여 절대적 효력을 가지므로 어느 채무자의 변제 등으로 다른 채무자와 공동으로 부담하는 부분의 채무가 소멸되면 그 채무소멸의 효과는 다른 채무자 전원에 대하여 미친다."

에게도 효력이 있다(제416조). 따라서 채권자가 연대채무자 1인에게 이행청구를 하면 다른 연대채무자에게도 이행청구를 한 것과 같은 효과가 발생한다.[301] 그 결과 다른 연대채무자에 대하여 소멸시효 중단의 효력을 주장할 수 있으며(제168조 제1항), 이행지체의 책임을 물을 수 있다(제387조 제2항). 다만 연대채무의 내용이 다를 수 있기 때문에 아직 이행기가 도래하지 아니한 연대채무자에 대하여는 다른 연대채무자에 대한 이행청구의 효력이 미치지 아니한다. 또한 확정기한부 채무의 경우에는 이행기의 경과로 당연히 이행지체가 되므로(제387조 제1항) 청구를 전제로 하는 효과는 문제가 되지 않는다.

③ **채권자지체** 연대채무자 중 한 사람이 이행의 제공을 하였으나 채권자가 이를 수령하지 않으면 모든 채무자에 대하여 수령지체(채권자지체)의 효력이 있다(제422조). 즉 어느 연재채무자가 이행의 제공을 하는 경우 그것을 수령하면 변제가 되어 절대적 효력이 생기므로 그것을 수령하지 않는 효과에도 절대적 효력이 인정되어야 한다.

④ **경 개** 어느 연대채무자와 채권자 사이에 채무의 경개[302]가 있는 때에는 채권은 모든 연대채무자의 이익을 위하여 소멸한다(제417조). 예컨대 세 명의 연대채무자가 특정 채권자와 5천만 원의 금전소비대차에 대한 관계가 있는 경우에, 그 중 한 명의 채무자가 5천만 원의 채무를 특정건물의 소유권이전채무로 변경하는 경개계약을 체결하면, 다른 2명도 연대채무를 면하게 된다. 따라서 채권자는 다시는 다른 2명의 연대채무자에 대하여 5천만 원의 금전소비대차의 이행을 청구할 수 없게 된다. 그리고 자신의 특정건물의 소유권이전채무로 변제를 한 채무자는 다른 2명에게 그들의 부담부분에 따라 구상을 할 수 있다(제425조).

---

301) 대법원 2001. 8. 21. 선고 2001다22840 판결 "[1] 채권자의 신청에 의한 경매개시결정에 따라 연대채무자 1인의 소유 부동산이 압류된 경우, 이로써 위 채무자에 대한 채권의 소멸시효는 중단되지만, 압류에 의한 시효중단의 효력은 다른 연대채무자에게 미치지 아니하므로, 경매개시결정에 의한 시효중단의 효력을 다른 연대채무자에 대하여 주장할 수 없다. [2] 채권자가 연대채무자 1인의 소유 부동산에 대하여 경매신청을 한 경우, 이는 최고로서의 효력을 가지고 있고, 연대채무자에 대한 이행청구는 다른 연대채무자에게도 효력이 있으므로, 채권자가 6월 내에 다른 연대채무자를 상대로 재판상 청구를 하였다면 그 다른 연대채무자에 대한 채권의 소멸시효가 중단되지만, 이로 인하여 중단된 시효는 위 경매절차가 종료된 때가 아니라 재판이 확정된 때로부터 새로 진행된다."

302) 채무의 중요한 부분을 변경함으로써 신채무를 성립시키는 동시에 구 채무를 소멸하게 하는 계약이다.

⑤ **상 계** 연대채무자 중 한 사람이 채권자에 대하여 채권을 가지고 있는 경우에, 그 채무자가 상계를 한 때에는, 채권은 모든 연대채무자의 이익을 위하여 소멸한다(제418조 제1항). 상계는 자동채권 소멸의 대가로 수동채권의 소멸을 가져오는 것이기 때문에 실질적으로 변제와 동일한 효력을 가진다.[303] 이 경우에 연대채무자 간의 구상관계의 편의를 고려하여 채권이 있는 연대채무자가 상계하지 않는 때에는 그 연대채무자의 부담부분에 한하여 다른 연대채무자가 상계권을 행사할 수 있다(제418조 제2항).[304]

⑥ **면 제** 어느 연대채무자에 대한 채무면제[305]는 그 채무자의 부담부분에 한하여 다른 연대채무자의 이익을 위하여 효력이 있다(제419조). 채권자가 연

---

303) 대법원 1997. 4. 22. 선고 96다56443 판결 "중첩적 채무인수인이 채권자에 대한 손해배상채권을 자동채권으로 하여 채권자의 자신에 대한 그 채권에 대하여 대등액에서 상계의 의사표시를 하였다면, 연대채무자 1인이 한 상계의 절대적 효력을 규정하고 있는 민법 제418조 제1항의 규정에 의하여, 다른 연대채무자인 원채무자의 채권자에 대한 채무도 상계에 의하여 소멸되었다고 보아야 한다."; 대법원 1999. 11. 26. 선고 99다34499 판결 "상법 제724조 제2항의 규정에 의하여 인정되는 피해자의 보험자에 대한 손해배상채권과 피해자의 피보험자에 대한 손해배상채권은 별개 독립의 것으로서 병존한다고 하더라도, 위 각 채권은 피해자에 대한 손해배상이라는 단일한 목적을 위하여 존재하는 것으로서 객관적으로 밀접한 관련공동성이 있으므로 그 중 하나의 채권이 만족되는 경우에는 특별한 사정이 없는 한 다른 채권도 그 목적을 달성하여 소멸한다고 보아야 할 것인바, 보험자가 자신의 피해자에 대한 반대채권을 스스로 행사하여 상계를 한 경우에는 상계한 금액의 범위 내에서 피해자에 대한 변제가 이루어진 것과 같은 경제적 효과가 달성되어 피해자를 만족시키게 되므로 그 상계로 인한 손해배상채권 소멸의 효력은 피보험자에게도 미친다."; 대법원 1996. 12. 10. 선고 95다24364 판결 "부진정연대채무자 상호간에 있어서 채권의 목적을 달성시키는 변제와 같은 사유는 채무자 전원에 대하여 절대적 효력을 발생하나, 그 밖의 사유는 상대적 효력을 발생하는 데에 그치는 것으로서 연대채무에 관한 민법 제418조 제1항은 부진정연대채무에는 적용되지 않으므로, 부진정연대채무자 중의 1인이 채권자에 대한 반대채권으로 채무를 대등액에서 상계하더라도 그 상계로 인한 채무소멸의 효력은 다른 부진정연대채무자에게 미치지 않는다."

304) 대법원 1994. 5. 27. 선고 93다21521 판결 "부진정연대채무에 있어서 부진정연대채무자 1인이 한 상계가 다른 부진정연대채무자에 대한 관계에 있어서도 공동면책의 효력 내지 절대적 효력이 있는 것인지는 별론으로 하더라도, 부진정연대채무자 사이에는 고유의 의미에 있어서의 부담부분이 존재하지 아니하므로 위와 같은 고유의 의미의 부담부분의 존재를 전제로 하는 민법 제418조 제2항은 부진정연대채무에는 적용되지 아니하는 것으로 봄이 상당하고, 따라서 부진정연대채무에 있어서는 한 부진정연대채무자가 채권자에 대하여 상계할 채권을 가지고 있음에도 상계를 하지 않고 있다 하더라도 다른 부진정연대채무자가 그 채권을 가지고 상계를 할 수는 없는 것으로 보아야 한다."; 대법원 1997. 4. 22. 선고 96다56443 판결 참조.

305) 채권을 무상으로 소멸시키는 채권자의 일방적 의사표시이다.

대채무자들 중 어느 특정 연대채무자에게 그가 내부적으로 부담하고 있는 채무 전부를 면제해 준 경우에 그 연대채무자는 채무를 면하게 되고, 채권자는 면제받은 연대채무자의 할당된 몫을 제외한 나머지 부분에 대하여 다른 연대채무자에게 이행을 청구할 수 있다. 다만 제419조의 효력이 인정되기 위해서는 채권자가 그 연대채무자 사이의 부담부분을 알고서 한 경우에만 적용된다고 본다.[306)]

제419조는 연대채무자 사이의 구상관계를 간편하게 하기 위하여 인정되는 것이기는 하지만 연대채무자 사이에 분별의 이익을 인정하는 것으로서 채권의 담보력을 약화시키는 면도 있다. 한편 판례는 채권자가 의사표시로 그 적용을 배제하여 어느 한 연대채무자게 대하여서만 채무면제를 할 수 있다고 한다.[307)] 주의하여야 할 것은 '연대채무의 면제'(제419조)와 '연대의 면제'(제427조 제2항)는 서로 다른 개념이다. 즉 '연대채무의 면제는 채무의 일부 또는 전부를 면제시켜 줌으로써 면제받은 채무자에 대하여는 더 이상 그 면제 부분에 대한 이행청구를 하지 못하고, 다른 연대채무자에 대해서는 그 면제받은 연대채무자의 부담부분을 제외한 나머

---

306) 그러나 채권자가 채무를 면제받은 채무자의 부담부분을 알지 못하였더라도 제419조의 적용에는 지장이 없다는 견해도 있다(김대정, 716면).

307) 대법원 1992. 9. 25. 선고 91다37553 판결 "가. 제1심판결에 대하여 피고만이 항소를 제기하고 원고는 항소를 제기하지 아니하였음에도 원심이 피고에 대하여 제1심이 지급을 명한 금원보다 많은 금원의 지급을 명한 조치는 불이익변경금지의 원칙에 위배된 것이라고 하면서 그 차액부분은 원고의 나머지 청구를 기각한다는 제1심판결 주문에 포함되어 있다고 보아 그 부분에 대한 파기만을 선언하여 원심판결의 주문을 정리한 사례. 나. 연대보증인이라고 할지라도 주채무자에 대하여는 보증인에 불과하므로 연대채무에 관한 면제의 절대적 효력을 규정한 민법 제419조의 규정은 주채무자와 보증인 사이에는 적용되지 아니하는 것이니, 채권자가 연대보증인에 대하여 그 채무의 일부 또는 전부를 면제하였다 하더라도 그 면제의 효력은 주채무자에 대하여 미치지 아니한다. 다. 수인의 연대보증인이 있는 경우, 연대보증인들 사이에 연대관계의 특약이 있는 경우가 아니면 채권자가 연대보증인의 1인에 대하여 채무의 전부 또는 일부를 면제하더라도 다른 연대보증인에 대하여는 그 효력이 미치지 아니한다 할 것이다. 라. 민법 제419조의 규정은 임의규정이라고 할 것이므로 채권자가 의사표시 등으로 위 규정의 적용을 배제하여 어느 한 연대채무자에 대하여서만 채무면제를 할 수 있다. 마. 수탁보증인의 사전구상권과 사후구상권은 그 종국적 목적과 사회적 효용을 같이하는 공통성을 가지고 있으나, 사후구상권은 보증인이 채무자에 갈음하여 변제 등 자신의 출연으로 채무를 소멸시켰다고 하는 사실에 의하여 발생하는 것이고 이에 대하여 사전구상권은 그 외의 민법 제442조 제1항 소정의 사유나 약정으로 정한 일정한 사실에 의하여 발생하는 등 그 발생원인을 달리하고 그 법적 성질도 달리하는 별개의 독립된 권리라고 할 것이므로, 그 소멸시효는 각각 별도로 진행되는 것이고, 따라서 사후구상권의 소멸시효는 사전구상권이 발생되었는지 여부와는 관계없이 사후구상권 그 자체가 발생되어 이를 행사할 수 있는 때로부터 진행된다."

지 잔액부분에 대해서는 여전히 이행을 청구하겠다는 의사표시이다. 반면에 '연대의 면제'는 연대채무의 연대관계를 면제하여 줌으로써 각 연대채무자별로 부담부분에 대하여 분할하여 이행청구를 하겠다는 것으로서 연대를 면제받은 연대채무자는 자기의 부담부분을 초과한 부분에 대해서는 채무면제를 받게 된다.[308]

⑦ 혼 동 어느 연대채무자와 채권자 사이에 혼동[309]이 있는 때에는 그 채무자의 부담부분에 한하여 다른 연재채무자도 의무를 면한다(제420조). 이것 또한 경개나 면제의 경우처럼 구상관계를 간략하게 해결하기 위한 것이며, 당사자의 특약으로 제420조를 배제할 수 있다.

⑧ 소멸시효의 완성 어느 연대채무자에 대하여 소멸시효가 완성한 때[310]에는 그 부담부분에 한하여 다른 연대채무자도 의무를 면한다(제421조).[311] 이렇게 소멸시효의 완성으로 인한 절대적 효력을 인정하는 이유는 연대채무자 사이의 법률관계를 간략하게 해결하기 위함이다. 이러한 민법의 규정(제421조)에 대하여 채권자가 변제자력이 있는 채무자로부터 변제를 받을 생각으로 변제자력이 없는 채무자에 대한 시효중단을 게을리 하고 있던 중, 변제자력이 없는 채무자에

308) 대법원 1993. 5. 27. 선고 93다6560 판결 "충돌사고로 승객이 피해를 입은 경우 가해자들이 피해자에 대하여 부담하는 각 손해배상책임은 서로 부진정연대채무관계에 있다고 볼 것이고, 이러한 부진정연대채무자 상호간에 있어서 채권의 목적을 달성시키는 변제와 같은 사유는 채무자 전원에 대하여 절대적 효력을 발생하지만 그 밖의 사유는 상대적 효력을 발생하는 데에 그치는 것이므로 피해자가 채무자 중의 1인에 대하여 손해배상에 관한 권리를 포기하거나 채무를 면제하는 의사표시를 하였다 하더라도 다른 채무자에 대하여 그 효력이 미친다고 볼 수는 없다 할 것이고, 이러한 법리는 채무자들 사이의 내부관계에 있어 1인이 피해자로부터 합의에 의하여 손해배상채무의 일부를 면제받고도 사후에 면제받은 채무액을 자신의 출재로 변제한 다른 채무자에 대하여 다시 그 부담부분에 따라 구상의무를 부담하게 된다 하여 달리 볼 것은 아니다."

309) 채권·채무가 동일인에게 귀속하는 것이다.

310) 각 연대채무는 이행기 등의 모습에서 다른 수 있고, 이행청구 이외의 중단사유는 상대적 효력만 있기 때문에, 어느 하나의 채무만에 관하여 시효가 완성할 수도 있다.

311) 대법원 2001. 8. 21. 선고 2001다22840 판결 "[1] 채권자의 신청에 의한 경매개시결정에 따라 연대채무자 1인의 소유 부동산이 압류된 경우, 이로써 위 채무자에 대한 채권의 소멸시효는 중단되지만, 압류에 의한 시효중단의 효력은 다른 연대채무자에게 미치지 아니하므로, 경매개시결정에 의한 시효중단의 효력을 다른 연대채무자에 대하여 주장할 수 없다. [2] 채권자가 연대채무자 1인의 소유 부동산에 대하여 경매신청을 한 경우, 이는 최고로서의 효력을 가지고 있고, 연대채무자에 대한 이행청구는 다른 연대채무자에게도 효력이 있으므로, 채권자가 6월 내에 다른 연대채무자를 상대로 재판상 청구를 하였다면 그 다른 연대채무자에 대한 채권의 소멸시효가 중단되지만, 이로 인하여 중단된 시효는 위 경매절차가 종료된 때가 아니라 재판이 확정된 때로부터 새로 진행된다."

대하여 소멸시효가 완성함으로써 그 부담부분에 한한 것이지만 변제자력이 있는 다른 연재채무자의 채무가 소멸하게 되므로 채권자에게 불측의 손해를 줄 수 있다거나,[312] 만약 소멸시효가 완성한 연대채무자만이 내부적으로 전부 부담하고 있었다면 다른 연대채무자에 대하여 시효중단의 사유가 있더라도 채권은 완전히 소멸하게 되어 채권자에게 가혹한 결과를 가져올 수 있다는 비판적 견해가 있다.[313] 판례는 부진정연대채무의 소멸시효 완성에 대하여 소멸시효의 절대적 효력에 관한 제421조가 적용되지 않는다고 한다.[314]

⑨ **계약의 해제·해지** 계약의 당사자 일방 또는 쌍방이 수인인 경우에는 계약의 해지나 해제는 그 전원으로부터 또는 전원에 대하여 하여야 하고(제547조 제1항), 또 해지나 해제의 권리가 당사자 1인에 대하여 소멸한 때에는 다른 당사자에 대하여도 소멸한다(제547조 제2항). 따라서 연대채무의 경우 해지나 해제는 절대적 효력이 있는 것과 마찬가지이다.

3. 연대채무의 대내적 효력(구상관계)

(1) 구 상 권

1) 어느 연대채무자가 변제 기타 자기의 출재로 공동면책이 된 때에는 다른 연대채무자의 부담부분에 대하여 구상권을 행사할 수 있다(제425조 제1항). 원래 연대채무에서 각 채무자의 채무는 채권자에 대한 관계에서는 자신이 채무의 전부를 변제해야 한다. 그러나 일반적으로 연대채무에서 내부적으로 각 채무자는 자신이 출재해야 할 비율(부담부분)이 정해져 있다. 그렇기 때문에 연대채무자 중 특정 연대채무자가 자신이 부담해야 할 비율을 초과하여 변제한다면 사실상 다른 연대채무자의 채무를 변제하는 것이 되므로 자신의 부담부분을 초과하여 변제한 연대채

---

312) 곽윤직, 제168면; 김증한·김학동, 233면.

313) 김증한·김학동, 233면; 현승종, 242면.

314) 대법원 1997. 12. 23. 선고 97다42830 판결 "공동불법행위자의 다른 공동불법행위자에 대한 구상권은 피해자의 다른 공동불법행위자에 대한 손해배상채권과는 그 발생 원인 및 성질을 달리하는 별개의 권리이고, 연대채무에 있어서 소멸시효의 절대적 효력에 관한 민법 제421조의 규정은 공동불법행위자 상호간의 부진정연대채무에 대하여는 그 적용이 없으므로, 공동불법행위자 중 1인의 손해배상채무가 시효로 소멸한 후에 다른 공동불법행위자 1인이 피해자에게 자기의 부담 부분을 넘는 손해를 배상하였을 경우에도, 그 공동불법행위자는 다른 공동불법행위자에게 구상권을 행사할 수 있다."

무자는 다른 연대채무자에 대하여 상환청구권을 행사할 수 있도록 한 것이다.

2) 이러한 상환권청구를 할 수 있는 책임 근거에 관한 학설은 다투어지고 있다. 즉 채무자의 내부관계에서 각자가 그 부담부분에 대하여 출재를 분담한다고 하는 주관적 공동관계에 근거가 있다는 견해(주관적 공동관계설)[315]와, 연대채무자는 각자의 부담부분에 대하여 주채무자의 지위에 있지만 다른 연대채무자의 부담부분에 대하여는 상호보증인의 지위에 있기 때문에 다른 연대보증인의 부담부분을 변제하였다면 보증인으로서의 구상권이 인정된다는 견해(상호보증관계설)[316]가 있다. 앞에서 살펴본 바와 같이 주관적 공동관계설이 타당한 것으로 여겨진다.

(2) 부담부분

1) 제425조 제1항에서의 '연대채무자의 부담부분'이라 함은 연대채무자들 사이에 내부관계에서 출재를 분담하는 분수적 비율[317]이다. 연대채무에서 구상권의 문제는 이 부담부분을 전제로 한다. 연대채무자 사이의 부담부분은 당사자 사이의 특약으로 이를 정할 수 있으나, 그 정함이 없는 때에는 연대채무자의 부담부분은 균등한 것으로 추정한다(제424조). 따라서 특약이 있는 경우에는 연대채무자 중의 1인이 전부를 부담할 수도 있고, 전혀 부담하지 않을 수도 있다. 그리고 추정규정은 특별한 사정이 전혀 없는 경우에만 적용되는 것으로 본다(통설).

2) 따라서 특별한 사정(각 연대채무자가 받는 이익에 차이가 있는 경우 등)이 있는 경우에는 그에 의하여 비율이 정해진다고 한다(통설). 판례도 같은 입장이다.[318] 연대채무자 사이에 부담부분이 균등할 때에는 채권자에 대해서도 효력이 있다. 그러나 부담부분이 균등하지 않은 경우에는 채권자가 이를 알았거나 알 수 있었

---

315) 곽윤직, 169면; 김상용, 308면; 김학동, 234면.

316) 김용한, 317면; 김형배, 470면; 이은영, 531면.

317) 연대채무자의 부담부분은 그 연대채무자가 부담하여야 할 금액을 의미하는 것이 아니라 채무액에 대한 연대채무자 상호간의 일정한 빙ㄹ이라고 보아야 하므로 공동면책을 위한 출재가 있으면 연대채무자 사이에는 그 부담부분의 비율로 부담하는 것이 공평하다고 본다(곽윤직, 172면; 김대정, 725면; 김형배, 473면)..

318) 대법원 2014. 8. 20. 선고 2012다97420, 97437 판결 "연대채무자가 변제 기타 자기의 출재로 공동면책을 얻은 때에는 다른 연대채무자의 부담부분에 대하여 구상권을 행사할 수 있고 이때 부담부분은 균등한 것으로 추정되나 연대채무자 사이에 부담부분에 관한 특약이 있거나 특약이 없더라도 채무의 부담과 관련하여 각 채무자의 수익비율이 다르다면 특약 또는 비율에 따라 부담분이 결정된다."

을 경우에도 효력이 있다(통설).

(3) 구상권의 성립요건

1) 공동면책이 있을 것

구상권이 성립하려면 연대채무자 중 어느 채무자가 모든 채무자를 위하여 채무의 일부 또는 전부를 소멸하게 하거나 감소하게 하는 공동의 면책이 있어야 한다(제425조 제1항). 보증채무에서 수탁보증인은 일정한 경우에 사전구상권을 행사할 수 있으나(제442조), 연대채무에서는 공동면책이 선행되어야만 구상권을 행사할 수 있다.

2) 자기의 출재가 있을 것

구상권이 성립하려면 공동면책 이외에 연대채무자 중 특정 채무자가 자기의 출재(출연)를 했어야 한다(제425조 제1항). 여기서 '출재'란 기존에 있는 자기의 재산을 적극적으로 지출하는 것이며, 소극적으로 새로운 채무를 부담하는 것도 포함한다(통설). 따라서 변재·대물변제·공탁·상계·경개·혼동의 경우에는 구상권이 성립한다. 그러나 출재가 수반되지 않은 채무의 면제·시효완성의 경우에는 부담부분의 범위에서 절대적 효력이 인정되더라도 구상권은 생기지 않는다.

3) 구상권의 성립과 부담부분의 관계

구상권이 성립하려면 자기의 부담부분을 초과하여 공동면책을 받아야 하는지가 문제이다. 이와 관련하여 견해가 나누어진다. 즉 ① 부담부분이란 각 채무자가 부담하여야 할 채무액이라기보다 일정한 비율이라고 하여야 하며, 공동면책이 있으면 되고 그 범위가 출재자의 부담부분을 초과하여야 할 필요는 없다는 견해(초과출재 불요설),[319] ② 자기의 부담부분(채무액)을 초과하여 출재했을 때에 비로소 구상권이 발생한다는 견해(초과출재 필요설),[320] ③ 채무가 확정액인 경우에는 초과출재 필요설이 타당하지만, 부진정연대채무와 같이 채무가 확정액이 아닌 경우에는 초과출재 불요설이 타당하다는 견해[321]가 있다. 판례는 초과출재 불요설의 입장인 것으로 보인다.[322] 생각건대 연대채무자의 '부담부분'은 연대채무자가 부담

---

319) 곽윤직, 171면; 김대정, 725면; 김형배, 473면.
320) 김상용, 293면; 김현태, 197면.
321) 이은영, 532면.

하여야 할 연대채무자 사이의 일정한 비율로서 공동면책이 된 출재가 있으면 연대채무자 사이에서는 그 부담부분의 비율로 분담하는 것이 채무자들 사이의 공평을 기할 수 있을 것이다.

(4) 구상권의 범위

1) 출 재 액

구상권의 범위와 관련하여 앞에서 살펴본 구상권의 성립과 부담부분의 관계에 관한 '초과출재 불요설'과 '초과출재 필요설' 중 어느 설을 취하느냐에 따라서 구상권의 범위가 달라질 수 있다. 즉 초과출재 불요설에 의하면 출재액 전액이 모두 구상권의 범위에 포함되고, 초과출재 필요설에 의하면 출재액에서 그 채무액을 공제하게 된다. 출재액과 공동면책액이 차이가 있는 때에는 항상 더 적은 것이 구상권의 범위에 포함된다.[323] 다시 설명하면 출재액이 공동면책액보다 더 많은 때에는 공동면책액만을 구상할 수 있고,[324] 출재액이 공동면책액보다 더 적은 때

322) 대법원 2013. 11. 14. 선고 2013다46023 판결 "연대보증인들 사이의 내부관계에서는 연대보증인 각자가 자신의 분담금액을 한도로 일부 보증을 한 것과 같이 볼 수 있어서 그 분담금액 범위 내의 출재에 관한 구상관계는 주채무자만을 상대로 해결할 것을 예정하고 있는 반면, 연대채무자들 사이에서는 연대채무자 각자가 행한 모든 출재에 관하여 다른 연대채무자의 공동부담을 기대하는 것이 보통이다. 그리하여 민법은 연대보증인 중의 한 사람이 공동면책을 이유로 다른 연대보증인에게 구상권을 행사하려면 '자기의 부담부분을 넘은' 변제를 하였을 것을 그 요건으로 규정하였으나(제448조 제2항), 연대채무자 중의 한 사람이 공동면책을 이유로 다른 연대채무자에게 구상권을 행사하는 데 있어서는 그러한 제한 없이 '부담부분'에 대하여 구상권을 행사할 수 있는 것으로 규정하고 있다(제425조 제1항). 따라서 연대채무자 사이의 구상권행사에 있어서 '부담부분'이란 연대채무자가 그 내부관계에서 출재를 분담하기로 한 비율을 말한다고 봄이 타당하다. 그 결과 변제 기타 자기의 출재로 일부 공동면책되게 한 연대채무자는 역시 변제 기타 자기의 출재로 일부 공동면책되게 한 다른 연대채무자를 상대로 하여서도 자신의 공동면책액 중 다른 연대채무자의 분담비율에 해당하는 금액이 다른 연대채무자의 공동면책액 중 자신의 분담비율에 해당하는 금액을 초과한다면 그 범위에서 여전히 구상권을 행사할 수 있다고 보아야 한다."

323) 대법원 1992. 6. 23. 선고 91다33070 전원합의체 판결 "피용자와 제3자가 공동불법행위로 피해자에게 손해를 가하여 그 손해배상채무를 부담하는 경우에 피용자와 제3자는 공동불법행위자로서 서로 부진정연대관계에 있고, 한편 사용자의 손해배상책임은 피용자의 배상책임에 대한 대체적 책임이어서 사용자도 제3자와 부진정연대관계에 있다고 보아야 할 것이므로, 사용자가 피용자와 제3자의 책임비율에 의하여 정해진 피용자의 부담부분을 초과하여 피해자에게 손해를 배상한 경우에는 사용자는 제3자에 대하여도 구상권을 행사할 수 있으며, 그 구상의 범위는 제3자의 부담부분에 국한된다고 보는 것이 타당하다."

324) 대법원 1978. 11. 14. 선고 78다1423 판결 "어느 연대채무자가 변제를 하여 다른 연대채무자들

에는 출재액만을 구상할 수 있다. 예컨대 1000만 원의 연대채무에 대하여 어느 연대채무자가 1500만 원 상당의 자동차로 대물변제를 하였다면, 그 연대채무자는 공동면책액인 1000만 원에 관하여 구상할 수 있고, 800만 원 상당의 자동차로 대물변제하였다면 800만 원에 관하여 구상할 수 있을 뿐이다.

2) 면책된 날 이후의 법정이자

앞에서의 구상액에는 변제 기타의 공동면책이 있었던 날 이후의 법정이자를 더해야 한다. 그리고 여기의 법정이자에는 면책된 당일의 법정이자도 포함되는 것으로 해석한다.[325)]

3) 필 요 비

변제 기타 공동면책을 위하여 피할 수 없었던 비용(운반비·포장비 등)도 더해진다. 그리고 이 필요비에 대하여도 면책일 이후의 법정이자가 가산되어야 한다.

4) 기타의 손해

공동면책을 위해서 피할 수 없었던 손해(예, 채권자로부터 소송이나 강제집행을 당한 경우의 소송비용·집행비용, 변제를 위하여 자기의 재산을 환가하거나 재산에 담보를 설정한 비용 등)도 구상액에 가산한다(제425조 제2항).

(5) 구상권의 제한

1) 민법은 연대채무에서 구상권이 제한되는 경우를 규정하고 있다. 즉 제426조 제1항은 "어느 연대채무자가 다른 연대채무자에게 통지하지 아니하고 변제 기타 자기의 출재로 공동면책이 된 경우에, 다른 연대채무자가 채권자에게 대항할 수 있는 사유가 있었을 때에는 그 부담부분에 한하여 이 사유로 면책행위를 한 연대채무자에게 대항할 수 있고, 그 대항사유가 상계인 때에는 상계로 소멸할 채권은 그 연대채무자에게 이전된다."고 하고, 동조 제2항은 "어느 연대채무자가 변제 기타 자기의 출재로 공동면책되었음을 다른 연대채무자에게 통지하지 아니한 경우에 다른 연대채무자가 선의로 채권자에게 변제 기타 유상의 면책행위를 한 때에

이 공동면책된 경우에 변제자가 피해금액을 초과한 비용을 더 지출하였다 하더라도 다른 연대채무자들은 피해자가 입은 피해액을 기준으로 각자 공동면책을 받은 범위내에서만 각 책임비율에 따른 구상책임을 부담한다."

325) 곽윤직, 172면.

는 그 연대채무자는 자기의 면책행위의 유효를 주장할 수 있다."고 한다. 이렇게 제426조는 면책행위를 한 연대채무자는 면책행위를 하고자 하는 경우에는 사전·사후에 통지를 하지 않을 경우에 구상권의 제한이 있음을 규정하고 있다. 이하에서 상술한다.

2) 사전통지를 하지 않은 경우(제426조 제1항)

제426조 제1항은 연대채무자 중 어느 한 채무자가 사전통지를 하지 않고 변제를 한 후에 다른 연대채무자에게 구상권을 행사하는 것을 제한하는 규정이다. 즉 사전통지 없이 변제를 한 연대채무자가 구상권을 행사하는 경우 다른 연대채무자가 채권자에게 대항할 수 있는 동시이행의 항변권·변제기의 미도래·원인행위의 무효 또는 취소·제한능력의 항변 등의 항변사유가 있었는데도 통지를 받지 못하여 실효될 염려가 있기 때문에, 사전에 통지하도록 하여 일방적으로 항변권을 잃게 되는 불이익을 받지 않도록 한 것이다. 따라서 사전통지를 받지 못한 연대채무자는 자기의 부담부분의 한도에서 그 사유로써 구상권자에게 대항할 수 있게 된다.

상계의 경우에는 이미 상계가 행하여진 후에는 변제 등의 경우와 마찬가지로 절대적 효력사유가 되어 변제 등의 경우와 마찬가지의 결과가 되지만, 상계할 수 있는 요건만 구비되어 있고 아직 상계를 하지 않은 경우에는 제426조 제1항의 대항사유에 해당한다. 이 조항은 이 점을 명백히 하고 있다. 즉 어느 연대채무자가 다른 연대채무자에게 사전통지를 하지 않고 변제를 하여 다른 연대채무자가 가지고 있는 상계권을 행사할 수 없도록 하였다면 면책행위를 한 연대채무자는 그 다른 연대채무자에게 대하여 구상권을 행사하지 못하는 대신 그 다른 연대채무자에 대한 상계권을 이전받아 채권자에게 그 권리를 추심할 수 있도록 하고 있다.

제426조 제1항이 적용되려면 어느 연대채무자가 '변제 기타의 출재로' 공동면책이 되었어야 한다. 따라서 출재가 없이 공동면책이 된 경우(채무면제를 받거나 소멸시효가 완성된 경우)에는 제425조에 의한 구상권이 없으므로 제426조 제1항의 효과는 주장할 수 없다.

3) 사후통지를 하지 않은 경우(제426조 제2항)

제426조 제2항에 의하면 어느 연대채무자가 변제 기타 자기의 출재로 공동면

책이 된 경우에는, 그 사실을 사후에 다른 연대채무자에게 통지하여야 한다. 여기의 공동면책행위에는 변제·대물변제·경개·공탁·상계 등이 있다. 그에 반하여 출재가 없는 면제·소멸시효의 완성은 이에 포함되지 않는다.

결국 제426조에 의하면 출재를 하여 공동면책을 하고자 하는 어느 연대채무자는 출재의 사전 및 사후에 통지를 해야 하는 것이 된다. 이렇게 출재로 공동면책하고자 하는 연대채무자는 통지를 하지 않은 경우에는 구상권의 행사에 제한을 받게 되어 일종의 간접의무를 진다고 할 수 있다. 그런데 여기에서 다음과 같은 의문을 제기할 수 있다. 즉 어느 연대채무자가 제1면책으로 인한 공동면책 후 그 통지를 하지 않고 있는 상태에서 또 다른 어느 연재채무자가 사전에 통지를 하고 선의의 제2면책을 하였을 경우에는 어떻게 해석하여야 할 것인지가 문제이다. 첫째, 제2면책행위가 채권자 및 모든 연대채무자에 대한 관계에서 유효하다고 할 것인지(절대적 유효설)[326] 둘째, 사후통지를 하지 않은 과실이 있는 제1면책채무자와 선의의 제2면책채무자가 사이에서만 유효하고 할 것인지(상대적 유효설)의 견해로 나누어지고 있다. 통설은 상대적 유효설을 취하고 있다.[327] 통설에 의하면 채권자 또는 다른 연대채무자에 대한 관계에서는 제1면책행위가 여전히 유효하고, 제2면책행위는 제1면책행위자와의 관계에서만 상대적으로 유효하다고 하면서, 그 이유로 제426조의 취지가 구상관계를 공평하게 하려는 것이므로 선의의 제2면책채무자에 대한 상대적 보호로 충분하다고 한다. 그리고 제2면책행위자가 악의인 경우에는 제2면책행위자는 자기의 면책행위의 유효를 주장할 수 없다. 그 경우에 그는 악의(공동면책이 있었음을 안 경우)이기 때문에 제426조 제2항의 효과를 주장하지 못한다. 따라서 제1면책행위자는 그 악의의 제2면책행위자에게 구상할 수 있어 구상권의 제한문제는 발생하지 않게 된다.

한편 어느 연대채무자가 사전통지를 게을리하고, 다른 연대채무자가 사후통지를 게을리한 채 이중변제한 경우 어떻게 할 것인지에 대하여는 우리 민법에 명문의 규정이 없다. 이 경우에 통설은 제426조가 적용되지 않고 일반원칙에 따라 제1출재행위만이 유효한 것으로 본다.[328]

---

326) 김상용, 295면

327) 곽윤직, 173면; 김대정, 729면; 송덕수, 310면; 윤철홍, 307면; 현승종, 249면.

328) 곽윤직, 173면; 김대정, 733면; 김형배, 477면; 윤철홍, 308면. 이은영, 534면.

(6) 상환무자력자가 있는 경우 구상권자의 보호문제(구상권의 확장문제)

1) 양적 확장(무자력자의 부담부분의 분담)

연대채무자 중에 상환할 자력이 없는 자가 있는 경우에 그 채무자의 부담부분을 구상권자 및 다른 자력이 있는 채무자가 그 부담부분에 비례하여 분담하도록 한다(제427조 제1항 본문). 상환할 자력이 없는 자라고 하는 것은 지급불능·지급정지 등의 파산원인이 있거나 강제집행 기타 상환채무의 변제자력이 없음이 확정된 자를 말한다고 하겠다. 제427조 제1항은 상환할 자력이 없는 자(상환불능자·무자력자)만을 규정하고 있으나 그 이외의 사유(구상의무자의 상속인이 한정승인을 하였거나 구상의무자가 행방불명이 된 경우 등)로 상환무자력자로 된 경우에도 해당한다 할 것이다. 예컨대 갑·을·병·정이 '무'에 대하여 1,200만 원의 연대채무를 부담하면서 그 부담부문이 균등하다면, 갑이 1,200만 원을 변제한 후 을·병·정에 대하여 300만 원씩의 구상을 하였는데, '정'이 무자력이라면 '정'의 부담부분 300만 원은 갑·을·병이 100만 원씩 부담하게 된다. 그러나 구상권자에게 과실이 있는 때(구상권자가 구상시기를 지체하여 '정'이 무자력자가 된 경우)에는 다른 연대채무자에게 분담을 청구하지 못한다(제427조 제1항 단서).

2) 인적 확장(연대의 면제와 무자력자의 부담부분)

제427조 제2항에서 "전항의 경우에 상환할 자력이 없는 채무자의 부담부분을 분담할 다른 채무자가 채권자로부터 연대의 면제를 받은 때에는 그 채무자의 분담할 부분은 채권자의 부담으로 한다."라고 하고 있다. 이는 상환불능 채무자의 부담부분을 분담할 다른 채무자가 채권자로부터 '연대의 면제'를 받은 경우에 그 '연대의 면제'를 받은 채무자는 대내·외 관계에서 자신의 부담부분 이상으로 부담하지 않아도 된다는 의미로 해석된다. '연대의 면제'란 연대하여 이행하는 의무만을 면제하는 것이고, 이와 달리 '연대채무의 면제'는 채무의 전부면제인 것이다. 그리하여 연대의 면제는 전부급부청구권을 포기하고 채무자의 채무액을 부담부분만에 한정시키는 것이다. 이 '연대의 면제'는 일종의 채무면제로서 채권자의 단독행위로 할 수 있고 모든 채무자에 대하여 연대를 면제하는 '절대적 연대면제'와 연대채무자 1인 또는 수인에 대하여만 연대를 면제하는 '상대적 연대면제'가 있다. 절대적 연대면제의 경우에는 연대채무가 분할채무로 되어 구상관계는 발생하지 않게 된다. 반면 상대적 연대면제의 경우에는 면제를 받은 채무자만이 그의

부담부분만을 목적으로 하는 분할채무를 부담하고, 나머지의 채무자는 전부급부의무를 그대로 지게 되어 구상관계는 존속하게 된다.

그런데 제427조 제2항은 상대적 연대면제의 경우에 한하여 적용된다고 본다. 즉 채권자가 특정한 연대채무자에 대하여만 연대를 면제한 경우(상대적 연대면제), 연대를 면제받은 그 연대채무자만이 분할채무관계로 전환되어 자신의 내부 부담부분만을 독립적 채무로 하여 채권자에게 책임을 지고 다른 채무자들은 여전히 전액의 채무에 대하여 연대채무를 부담한다.

위의 (1)의 예에서 '정'의 부담부분을 분담하여야 할 채무자 중의 하나인 '병'이 채권자 '무'로부터 연대면제를 받고 있었다면, '병'이 부담하여야 할 100만 원은 채권자 '무'가 부담하게 된다. 그러나 연대를 면제하는 채권자는 단순히 그 채무자에 대하여 급부 전부의 청구를 하지 않고 부담부분만을 청구하겠다는 일방적 의사표시를 한 것뿐이고, 상환무자력자가 있는 경우에 그의 분담부분까지도 부담하려는 의사가 있었던 것은 아니라는 점 때문에 연대채무자의 내부부담부분을 강제로 떠맡기는 것은 채권자의 연대면제의사에 반한다는 비판을 받고 있다.[329]

(7) 구상권자의 대위권

연대채무자는 원래 각자 전부의 급부의무를 부담하지만, 채무자 서로간의 내부관계에서는 부담부분 이상의 변제는 타인의 채무의 변제가 된다. 따라서 연대채무자는 다른 연대채무자의 채무를 '변제할 정당한 이익이 있는 자'이기 때문에 변제에 의하여 당연히 채권자를 대위하여(제481조) 구상권의 범위에서 채권자의 권리인 채권 및 담보권 등을 행사할 수 있다(제482조).

Ⅳ. 부진정연대채무

1. 의 의

민법에는 연대채무을 규정하고 있으나 부진정연대채무는 규정하고 있지 않다. 그런데 통설[330]과 판례[331]는 부진정연대채무를 인정하고 있다. 통설에 의하면

329) 곽윤직, 175면; 김학동, 240면.

330) 곽윤직, 176면; 김대정, 738면; 김현태, 203면; 현승종, 254면.

331) 대법원 2007. 6. 14. 선고 2005다32999 판결 "[1] 민법 제760조 제3항은 교사자나 방조자는

공동행위자로 본다고 규정하여 교사자나 방조자에게 공동불법행위자로서 책임을 부담시키고 있는바, 방조라 함은 불법행위를 용이하게 하는 직접, 간접의 모든 행위를 가리키는 것으로서 작위에 의한 경우뿐만 아니라 작위의무 있는 자가 그것을 방지하여야 할 여러 조치를 취하지 아니하는 부작위로 인하여 불법행위자의 실행행위를 용이하게 하는 경우도 포함하고, 이러한 불법행위의 방조는 형법과 달리 손해의 전보를 목적으로 하여 과실을 원칙적으로 고의와 동일시하는 민법의 해석으로서는 과실에 의한 방조도 가능하며, 이 경우의 과실의 내용은 불법행위에 도움을 주지 말아야 할 주의의무가 있음을 전제로 하여 이 의무에 위반하는 것을 말하고, 방조자에게 공동불법행위자로서의 책임을 지우기 위해서는 방조행위와 피방조자의 불법행위 사이에 상당인과관계가 있어야 한다. [2] 공동불법행위로 인한 손해배상책임의 범위는 피해자에 대한 관계에서 가해자들 전원의 행위를 전체적으로 함께 평가하여 정하여야 하고, 그 손해배상액에 대하여는 가해자 각자가 그 금액의 전부에 대한 책임을 부담하는 것이며, 가해자의 1인이 다른 가해자에 비하여 불법행위에 가공한 정도가 경미하다고 하더라도 피해자에 대한 관계에서 그 가해자의 책임 범위를 위와 같이 정하여진 손해배상액의 일부로 제한하여 인정할 수는 없다. [3] 공동불법행위의 경우 법원이 피해자의 과실을 들어 과실상계를 함에 있어서는 피해자의 공동불법행위자 각인에 대한 과실비율이 서로 다르더라도 피해자의 과실을 공동불법행위자 각인에 대한 과실로 개별적으로 평가할 것이 아니고 그들 전원에 대한 과실로 전체적으로 평가하여야 한다. [4] 피해자의 부주의를 이용하여 고의로 불법행위를 저지른 자가 바로 그 피해자의 부주의를 이유로 자신의 책임을 감하여 달라고 주장하는 것은 허용될 수 없으나, 이는 그러한 사유가 있는 자에게 과실상계의 주장을 허용하는 것이 신의칙에 반하기 때문이므로, 불법행위자 중의 일부에게 그러한 사유가 있다고 하여 그러한 사유가 없는 다른 불법행위자까지도 과실상계의 주장을 할 수 없다고 해석할 것은 아니다."; 대법원 2009. 3. 26. 선고 2006다47677 판결 "[1] 부진정연대채무 관계는 서로 별개의 원인으로 발생한 독립된 채무라 하더라도 동일한 경제적 목적을 가지고 있고 서로 중첩되는 부분에 관하여 일방의 채무가 변제 등으로 소멸할 경우 타방의 채무도 소멸하는 관계에 있으면 성립할 수 있고, 반드시 양 채무의 발생원인, 채무의 액수 등이 서로 동일할 것을 요한다고 할 수는 없다. 그리고 부진정연대채무의 관계에 있는 채무자들을 공동피고로 하여 이행의 소가 제기된 경우 그 공동피고에 대한 각 청구가 서로 법률상 양립할 수 없는 것이 아니므로 그 소송을 민사소송법 제70조 제1항 소정의 예비적·선택적 공동소송이라고 할 수 없다. [2] 민사소송법 제70조 제1항 본문이 규정하는 '공동소송인 가운데 일부에 대한 청구'를 반드시 '공동소송인 가운데 일부에 대한 모든 청구'라고 해석할 근거는 없으므로, 주위적 피고에 대한 주위적·예비적 청구 중 주위적 청구 부분이 인용되지 아니할 경우 그와 법률상 양립할 수 없는 관계에 있는 예비적 피고에 대한 청구를 인용하여 달라는 취지로 결합하여 소를 제기하는 것도 가능하고, 이 경우 주위적 피고에 대한 예비적 청구와 예비적 피고에 대한 청구가 서로 법률상 양립할 수 있는 관계에 있으면 양 청구를 병합하여 통상의 공동소송으로 보아 심리·판단할 수 있다. [3] 주식회사의 대표이사가 이사회의 결의를 거쳐야 할 대외적 거래행위에 관하여 이를 거치지 아니한 경우라도, 이와 같은 이사회결의 사항은 회사의 내부적 의사결정에 불과하므로 그 거래 상대방이 그와 같은 이사회결의가 없었음을 알았거나 알 수 있었을 경우가 아니라면 그 거래행위는 유효하고, 이 때 거래 상대방이 이사회결의가 없음을 알았거나 알 수 있었던 사정은 이를 주장하는 회사가 주장·증명하여야 할 사항에 속하므로, 특별한 사정이 없는 한 거래 상대방으로서는 회사의 대표자가 거래에 필요한 회사의 내부절차는 마쳤을 것으로 신뢰하였다고 보는 것이 일반 경험칙에 부합하는 해석이다. [4] 乙 주식회사가

丙 증권회사의 주선으로 丁 은행과 보유 주식을 매각하기 위한 환매조건부 주식매매계약을 체결하고, 乙, 丙 회사와 동일 기업집단 내 계열회사인 甲 주식회사가 乙 회사를 위하여 丁 은행과 주식매수청구권 부여계약을 체결하고 乙, 丙 회사로부터 손실보상각서를 교부받은 사안에서, 위 손실보상약정에 관하여 乙 회사의 이사회의 명시적인 승인결의가 없었더라도 甲 회사가 이를 확인하는 등의 조치를 취할 의무는 없으므로 위 약정은 乙 회사에 대한 관계에서 그 효력을 부정할 수 없지만, 위 주식매매계약이나 주식매수청구권 부여계약의 당사자가 아니라 계약의 체결을 주선하거나 중개해 준 역할을 한 丙 회사에 대한 관계에 있어서는 甲 회사가 위 손실보상약정에 관하여 丙 회사의 이사회결의가 존재하였는지 여부에 관하여 확인하는 등의 조치를 취할 것이 요구되고 이러한 조치를 취하지 아니한 이상 위 약정은 丙 회사에 대한 관계에서 효력이 없다고 본 사례. [5] 주식회사의 대표이사가 이사회결의의 절차를 거치지 아니하고 타인의 채무에 대하여 보증 기타 이와 유사한 약정(이하 '보증'이라고 한다)을 한 경우 채권자가 이사회결의가 없음을 알지 못한 데 대하여 과실이 있는 경우에는 그 보증은 무효이지만, 이 경우 그 대표이사가 상법이 정한 이사회결의의 절차를 거치지 아니하여 채권자와의 보증계약이 효력을 갖지 못하게 한 것은 업무의 집행자로서의 주의의무를 다하지 못한 과실행위이고, 그 대표이사가 위와 같이 이사회결의의 절차를 거치지 아니하여 그 보증계약이 무효임에도 불구하고 그 보증이 유효한 것으로 오신한 채권자로 하여금 그 거래를 계속하게 하여 손해를 입게 한 경우에는, 이는 주식회사의 대표이사가 그 업무집행으로 인하여 타인에게 손해를 가한 때에 해당하므로 당해 주식회사는 상법 제389조 제3항에 의하여 준용되는 상법 제210조에 의하여 그 대표이사와 연대하여 손해를 배상할 책임이 있다. 위와 같은 경우 이사회결의의 부존재를 이유로 주식회사에 대한 보증계약의 효력을 부정하면서 회사의 손해배상책임을 인정한다고 하여 상법 제393조 제1항의 규정 취지를 몰각하였다고 볼 수는 없다. 또한, 불법행위의 피해자가 제3자에 대하여 채권을 가지게 되어 그의 변제를 받는다면 손해가 생기지 않게 되는 경우에도 피해자는 불법행위자에 대하여 손해배상청구권을 행사할 수 있으므로, 위의 경우에 채권자가 채무자로부터 변제를 받을 경우 손해를 회복할 수 있게 된다 하더라도 그러한 사정만으로 보증계약을 한 주식회사 및 그 대표이사에 대하여 보증의 무효로 인한 손해배상을 청구하지 못하는 것은 아니다. [6] 구 증권거래법(1997. 12. 13. 법률 제5423호로 개정되기 전의 것) 제54조는, 증권관리위원회는 대통령령이 정하는 바에 의하여 필요한 경우 과도한 투기거래의 방지와 공익 또는 투자자의 보호를 위하여 증권회사에 대하여 필요한 명령을 할 수 있도록 규정하고 있고, 같은 법 시행령(1997. 11. 29. 대통령령 제15513호로 개정되기 전의 것) 제37조 제1호, 제3호 등은 증권관리위원회가 필요한 명령을 할 수 있는 사항 중의 하나로 '증권회사의 자산운용에 관한 사항', '증권회사의 경영 및 업무개선에 관한 사항' 등을 규정하고 있으며, 같은 법 시행령 제37조에 따른 구 증권회사의 재무건전성준칙(증권관리위원회가 1997. 2. 28. 제정하여 1997. 4. 1.부터 시행한 것) 제25조 제3항은 임원에 대한 연간 보수범위 내의 금전 대여를 제외하고는 특수관계인에게 금전을 대여하거나 신용공여하지 못하도록 규정하고 있는바, 이러한 규정들을 둔 취지는 원래 영리법인인 증권회사의 업무는 그 회사의 자율에 맡기는 것이 원칙이겠지만 증권회사가 갖는 공공성 때문에 일정한 경우 금전 대여나 신용공여 행위를 제한함으로써 증권회사의 건전한 경영 등을 도모하고자 함에 있으므로, 이 규정에 위반하여 금전 대여나 신용공여 행위가 이루어졌다고 하더라도 그 사법상의 효력에는 영향이 없다. [7] 배임행위의 실행행위자와 거래하는 상대방으로서는 기본적으로 그 실행행위자와는 별개의 이해관계를 가지고 반대편에서 독자적으로 거래에 임하는 것이므로, 거래 상대방이 배임행위를 유인·교사하거나 배임행위의 전 과정에 관여하는 등 배임행위

부진정연대채무란 수인의 채무자가 동일한 내용의 급부에 관하여 각자 독립하여 전부의 급부를 하여야 할 채무를 부담하지만 그 가운데 1인 또는 수인이 급부를 하면 모든 채무자의 채무가 소멸한다는 점에서 연대채무와 같으나, 채무자 사이에 공동목적에 의한 주관적 관련성이 없는 다수당사자의 채무로서 민법의 연대채무가 아닌 것이라고 한다.

부진정연대채무는 어느 채무자가 전부급부를 이행하면 채무 전부가 소멸하는 점에서 연대채무와 같다. 그러나 채무자 사이에 주관적인 공동관계가 없으며, 채무를 내부적으로 분담하는 부담부분이 없어 어느 채무자가 채무 전부를 이행하였다고 하더라도 다른 채무자에 대해 원칙적으로 구상권을 행사할 수 없다.

에 적극 가담하는 경우에는 그 실행행위자와 체결한 계약이 반사회적 법률행위에 해당하여 무효로 될 수 있다. 그렇지만 관여의 정도가 거기에까지 이르지 아니하고 법질서 전체적인 관점에서 볼 때 거래 상대방이 반대편에서 독자적으로 거래에 따르는 위험을 피하고 합리적인 이익을 보호하기 위하여 필요한 조치를 요구하는 등 그 계약의 동기, 목적 및 의도, 그 계약의 내용 및 요구된 조치의 필요성 내지 관련성, 거래 상대방과 배임행위의 실행행위자와 관계 등을 종합할 때 사회적 상당성을 갖추고 있다고 평가할 수 있는 경우에는, 비록 거래 상대방이 그 계약의 체결에 임하는 실행행위자의 행위가 배임행위에 해당할 수 있음을 알거나 알 수 있었다 하더라도 그러한 사정만으로 그 계약을 반사회적 법률행위에 해당한다고 보아 무효라고 할 수는 없다.[8] 거주자와 비거주자 사이의 보증 또는 이와 유사한 계약에 따른 채권의 발생 등에 관한 거래행위에 대하여 재정경제원장관의 허가를 받도록 규정한 구 외국환관리법(1997. 12. 13. 법률 제5453호로 개정되기 전의 것) 제21조 제1항 제9호, 제2항, 같은 법 시행령(1997. 11. 29. 대통령령 제15516호로 개정되기 전의 것) 제30조 제2항 제1호, 제3항 제2호의 규정이나, 비거주자의 거주자로부터의 증권 또는 이에 관한 권리의 취득행위에 대하여 재정경제원장관의 허가를 받도록 규정한 같은 법 제21조 제3항, 제1항 제3호, 같은 법 시행령 제30조 제5항 제2호의 규정은, 원래 자유로이 할 수 있었어야 할 대외거래를 국민경제의 발전을 도모하기 위하여 과도적으로 제한하는 규정들로서 위 제한규정들에 저촉되는 행위라 할지라도 그 행위의 사법상의 효력에는 아무런 영향이 없다. 이 경우 채권의 지급에 관한 재정경제원장관의 허가는 집행의 조건이 되는 데 지나지 않으므로 법원으로서는 채권금액의 지급을 명하는 판결을 함에 있어서 이를 고려함이 없이 무조건의 지급을 명하여야 하고, 거래당사자는 재정경제원장관의 허가 유무와 관계없이 당연히 그 거래에 따라 발생한 채무를 이행할 의무가 있으며, 그에 따른 채무이행을 이유로 제3자를 상대로 구상권 내지 비용상환청구권을 행사하거나 손해배상청구권을 행사함에 있어서도 재정경제원장관의 허가가 없었다는 사정은 아무런 장애사유가 되지 아니한다."; 대법원 2006. 1. 27. 선고 2005다19378 판결; 대법원 1994. 11. 11. 선고 94다22446 판결; 대법원 2012. 9. 27. 선고 2011다76747 판결; 대법원 2010. 5. 27. 선고 2009다85861 판결; 대법원 2000. 3. 14. 선고 99다67376 판결; 대법원 2015. 2. 26. 선고 2012다89320 판결; 대법원 2006. 9. 8. 선고 2004다55230 판결; 대법원 2008. 1. 18. 선고 2005다65579 판결 등 참조.

2. 효 력

(1) 대외적 효력

1) 채권자의 이행청구와 채무자의 이행

부진정연대채무에서의 채권자의 지위는 연대채무에서의 채권자의 권리와 같다. 즉 채무자 가운데 임의의 1인에 대하여 채무의 전부 또는 일부의 이행을 청구할 수 있고, 또한 모든 채무자에 대하여 동시에 또는 순차로 전부나 일부의 이행을 청구할 수 있다는 것이 통설과 판례[332]의 입장이다. 따라서 연대채무의 대외적 효력에 관한 제414조가 유추적용된다.

2) 절대적 효력이 인정되는 경우(채무자 1인에 관하여 생긴 사유의 효력)

연대채무와 마찬가지로 채권을 만족시키는 사유인 변제·대물변제·공탁·상계[333] 등에 의하여 채권의 만족을 얻는 경우에는 절대적 효력이 있다. 그리고 일부변제·일부배당이 연대채무에서처럼 절대적 효력을 가지는가에 관하여 절대적 효력설[334]과 상대적 효력설[335]이 대립되고 있다. 그러나 일부변제나 일부배당의

---

332) 대법원 1972. 11. 29. 선고 72다939 판결.

333) 통설(곽윤직, 177면; 김대정, 743면; 김상용, 319면; 송덕수, 316면 등) 및 판례는 과거와 달리 최근에는 상계에 절대적 효력을 인정하고 있다; 대법원 2010. 9. 16. 선고 2008다97218 전원합의체 판결 "[다수의견] 부진정연대채무자 중 1인이 자신의 채권자에 대한 반대채권으로 상계를 한 경우에도 채권은 변제, 대물변제, 또는 공탁이 행하여진 경우와 동일하게 현실적으로 만족을 얻어 그 목적을 달성하는 것이므로, 그 상계로 인한 채무소멸의 효력은 소멸한 채무 전액에 관하여 다른 부진정연대채무자에 대하여도 미친다고 보아야 한다. 이는 부진정연대채무자 중 1인이 채권자와 상계계약을 체결한 경우에도 마찬가지이다. 나아가 이러한 법리는 채권자가 상계 내지 상계계약이 이루어질 당시 다른 부진정연대채무자의 존재를 알았는지 여부에 의하여 좌우되지 아니한다. [대법관 이홍훈, 대법관 전수안의 반대의견] 연대채무의 경우에는 민법 제418조 제1항에서 채무자 1인이 상계를 함으로써 다른 연대채무자의 채무도 상계한 금액만큼 소멸한다는 이른바 절대적 효력의 취지를 규정하고 있으나, 부진정연대채무의 경우에는 그러한 명문의 규정이 없으므로 이에 관하여는 합리적인 해석에 의하여 해결할 수밖에 없다. 공동불법행위 등의 경우에 연대채무와 구별되는 부진정연대채무가 인정되는 취지와 사용자 책임, 공작물의 점유자 등의 특수한 책임을 인정하고 특히 고의의 불법행위 채권을 수동채권으로 하는 상계를 금지하는 민법의 태도로부터 알 수 있는 바는, 민법은 채권자의 이중의 채권만족의 위험을 감수하면서까지도 불법행위 피해자로 하여금 현실적으로 채권의 만족을 얻게 하여 피해를 실질적으로 회복할 수 있도록 배려하고 있다는 것이다. 이상과 같은 여러 사정을 모두 고려하여 보면, 부진정연대채무자 중 1인의 상계에는 절대적 효력을 인정하지 아니함이 타당하고, 나아가 부진정연대채무자 중 1인이 채권자와 상계계약을 한 경우에도 상계와 달리 볼 것이 아니다."

경우에도 그 범위에서는 채권의 공동목적이 달성되므로 절대적 효력설이 타당하다. 판례도 공동불법행위의 경우에 일부변제에 의한 공동면책을 인정한다.[336] 앞에서의 사유 이외의 것은 모두 상대적 효력만 갖는다. 즉 이행청구,[337] 채무의 승인 등의 소멸시효 중단사유,[338] 채무면제,[339] 채권자의 청구권 포기,[340] 소멸시효의 완성,[341] 소멸시효 이익의 포기[342]는 다른 채무자에게 영향이 없다.

---

334) 김상용, 301면; 송덕수, 316면; 이은영, 515면.

335) 곽윤직, 177면; 김형배, 484면.

336) 대법원 1976. 7. 13. 선고 74다746 판결 "부진정연대채무라고 할 공동불법행위로 인한 손해배상채무에 있어서는 그 변제에 관해서 채무자 상호간에 통지의무관계를 인정할 수 없고 변제로 인한 공동면책이 있는 경우에 있어서는 채무자 상호간에 어떤 대내적인 특별관계에서 또는 형평의 관점에서 손해를 분담하는 관계가 있는데 불과하므로 진정연대채무에 있어서 변제에 관하여 채무자 상호간에 통지의무를 인정하고 있는 민법 제426조의 규정을 유추적용할 수는 없다."

337) 대법원 2017. 5. 30. 선고 2016다34687 판결 "부진정연대채무에서는 채무자 1인에 대한 이행청구 또는 채무자 1인이 행한 채무의 승인 등 소멸시효의 중단사유나 시효이익의 포기가 다른 채무자에게 효력을 미치지 않는다. 따라서 채권자가 분할 또는 분할합병이 이루어진 후에 분할회사를 상대로 분할 또는 분할합병 전의 분할회사 채무에 관한 소를 제기하여 분할회사에 대한 관계에서 시효가 중단되거나 확정판결을 받아 소멸시효 기간이 연장된다고 하더라도 그와 같은 소멸시효 중단이나 연장의 효과는 다른 채무자인 분할 또는 분할합병으로 인하여 설립되는 회사 또는 존속하는 회사에 효력이 미치지 않는다."

338) 대법원 2011. 4. 14. 선고 2010다91886 판결 "[1] 상법 제24조에 의한 명의대여자와 명의차용자의 책임은 동일한 경제적 목적을 가진 채무로서 서로 중첩되는 부분에 관하여 일방의 채무가 변제 등으로 소멸하면 타방의 채무도 소멸하는 이른바 부진정연대의 관계에 있다. 이와 같은 부진정연대채무에 서는 채무자 1인에 대한 이행청구 또는 채무자 1인이 행한 채무의 승인 등 소멸시효의 중단사유나 시효이익의 포기가 다른 채무자에게 효력을 미치지 아니한다. [2] 명의대여자를 영업주로 오인하여 명의차용자와 거래한 채권자가 물품대금채권에 관하여 상법 제24조에 의한 명의대여자 책임을 묻자 명의대여자가 그 채권이 3년의 단기소멸시효기간 경과로 소멸하였다고 항변한 사안에서, 부진정연대채무자의 1인에 불과한 명의차용자가 한 채무 승인 또는 시효이익 포기의 효력은 다른 부진정연대채무자인 명의대여자에게 미치지 않음에도, 명의차용자가 시효기간 경과 전 채권 일부를 대물변제하고 잔액을 정산하여 변제를 약속한 사실이 있으므로 이는 채무 승인 또는 시효이익 포기에 해당한다는 이유로 위 항변을 배척한 원심판단을 파기한 사례."

339) 대법원 1989. 5. 9. 선고 88다카16959 판결 "피용자의 사무집행에 관한 불법행위로 인한 피해자가 피용자 자신으로부터의 배상에 의하여 일부 또는 전부의 현실적 만족을 얻었을 때에는 그 범위내에서 사용자의 배상책임도 소멸하나 현실적 만족 이외의 채무면제나 합의의 효력 등은 그 피해자가 나아가 다른 손해배상의무자(사용자)에 대하여는 더 이상의 손해배상청구를 하지 아니할 명시적 또는 묵시적 의사표시를 하는 등의 다른 특별한 사정이 없는 한 사용자에 대하여는 그 효력이 미칠 수 없다."

340) 대법원 1981. 6. 23. 선고 80다1796 판결 "부진정연대채무에 있어서 채권자가 어느 채무자에 대하여 그의 부담부분이거나 또는 이를 초과하는 전채권액을 포기하는 의사표시를 하였다고 해도 다른 채무자들에게는 상대적 효력밖에 없다."

(2) 대내적 효력(부진정연대채무자 사이의 효력)

부진정연대채무자 사이에는 주관적 공동관계가 없기 때문에 부담부분도 있을 수 없다. 따라서 구상관계가 당연히 발생하지 않는 것이 원칙이다. 다만 법률의 규정에 의해서 일정한 부담부분이 있으면 그에 기하여 구상관계가 생길 수 있다(제756조 제3항 참조). 그리고 어느 채무자만이 최후의 책임자인 때에는 다른 자가 구상권을 행사하는 것과 같은 결과가 생길 수 있는데 이는 공평의 원칙에 의해 최종적인 책임을 져야 할 자로 하여금 책임을 지도록 하고자 함에 있다.

판례는 부진정연대채무에 관한 규정의 적용에 대하여 반드시 연대채무자에 관한 민법의 규정을 적용해야 하는 것은 아니라고 하였고,[343] 구상요건으로서의 통지에 관한 민법 제426조도 유추적용될 수 없다고 하였다.[344] 다만 공동불법행위의

---

341) 대법원 1997. 12. 23. 선고 97다42830 판결 "공동불법행위자의 다른 공동불법행위자에 대한 구상권은 피해자의 다른 공동불법행위자에 대한 손해배상채권과는 그 발생 원인 및 성질을 달리하는 별개의 권리이고, 연대채무에 있어서 소멸시효의 절대적 효력에 관한 민법 제421조의 규정은 공동불법행위자 상호간의 부진정연대채무에 대하여는 그 적용이 없으므로, 공동불법행위자 중 1인의 손해배상채무가 시효로 소멸한 후에 다른 공동불법행위자 1인이 피해자에게 자기의 부담 부분을 넘는 손해를 배상하였을 경우에도, 그 공동불법행위자는 다른 공동불법행위자에게 구상권을 행사할 수 있다."

342) 대법원 2017. 5. 30. 선고 2016다34687 판결 "부진정연대채무에서는 채무자 1인에 대한 이행청구 또는 채무자 1인이 행한 채무의 승인 등 소멸시효의 중단사유나 시효이익의 포기가 다른 채무자에게 효력을 미치지 않는다. 따라서 채권자가 분할 또는 분할합병이 이루어진 후에 분할회사를 상대로 분할 또는 분할합병 전의 분할회사 채무에 관한 소를 제기하여 분할회사에 대한 관계에서 시효가 중단되거나 확정판결을 받아 소멸시효 기간이 연장된다고 하더라도 그와 같은 소멸시효 중단이나 연장의 효과는 다른 채무자인 분할 또는 분할합병으로 인하여 설립되는 회사 또는 존속하는 회사에 효력이 미치지 않는다."

343) 대법원 1975. 12. 23. 선고 75다1193 판결 "피용자의 사무집행중의 불법행위로 인한 사용자의 민법 756조의 규정에 의한 배상책임임과 피용자 자신의 민법 750조의 규정에 의한 불법행위 책임은 전혀 별개의 것이고 다만 피해자가 어느편으로 부터 배상에 의하여 일부 또는 전부의 만족을 얻었을 때에는 그 범위내에서 타방의 배상책임이 소멸한다 할 것이고 이러한 피용자의 업무집행중의 불법행위 책임과 사용자 배상책임이 강학상 부진정연대채무의 부류에 속한다 하더라도 성질상 사용자의 피용자에 대한 구상관계는 반드시 민법의 연대채무에 관한 규정에 따라야 하는 것은 아니고 사용자와 피용자간의 법률관계에 따라서 해결하여야 하고 이에 관한 다툼은 특약이 없는 한 법률행위 해석에 관한 문제에 속한다."

344) 대법원 1998. 6. 26. 선고 98다5777 판결 "민법 제426조가 연대채무에 있어서의 변제에 관하여 채무자 상호간에 통지의무를 인정하고 있는 취지는, 연대채무에 있어서는 채무자들 상호간에 공동목적을 위한 주관적인 연관관계가 있고 이와 같은 주관적인 연관관계의 발생 근거가 된 대내적 관계에 터잡아 채무자 상호간에 출연분담에 관한 관련관계가 있게 되므로, 구상관계에 있어서도 상호 밀접한 주관적인 관련관계를 인정하고 변제에 관하여 상호 통지의무를 인정함으로써 과실 없는 변제자를 보다 보호하려는 데 있으므로,

경우에만 구상을 인정하고 있다.[345] 그러나 부진정연대채무의 경우에도 구상을 인정하는 판례의 입장도 있다.[346]

V. 연대채권

1. 의 의

연대채권이란 수인의 채권자가 동일한 내용의 급부에 관하여 각각 독립하여 전부 또는 일부의 급부를 청구하는 권리를 가지고, 그 중 1인이 전부급부를 수령하면 모든 채권이 소멸하는 다수당사자의 채권을 말한다. 연대채무에 대응하는 개념으로 연대채권에 관하여 민법은 아무런 규정을 두고 있지 않지만 통설은 계약자유의 원칙상 연대채권의 개념도 인정하고 있다.

이와 같이 출연분담에 관한 주관적인 밀접한 연관관계가 없고 단지 채권만족이라는 목적만을 공통으로 하고 있는 부진정 연대채무에 있어서는 그 변제에 관하여 채무자 상호간에 통지의무 관계를 인정할 수 없고, 변제로 인한 공동면책이 있는 경우에 있어서는 채무자 상호간에 어떤 대내적인 특별관계에서 또는 형평의 관점에서 손해를 분담하는 관계가 있게 되는데 불과하다고 할 것이므로, 부진정 연대채무에 해당하는 공동불법행위로 인한 손해배상채무에 있어서도 채무자 상호간에 구상요건으로서의 통지에 관한 민법의 위 규정을 유추 적용할 수는 없다."

345) 대법원 1989. 9. 26. 선고 88다카27232 판결 "공동불법행위자는 채권자에 대한 관계에 있어서는 연대책임(부진정연대채무)이 있으나 그 공동불법행위자의 내부관계에 있어서는 일정한 부담부분이 있고 이 부담부분은 공동불법행위자의 과실의 정도에 따라 정하여 지는 것이며 공동불법행위자 중의 한 사람이 자기의 부담부분 이상을 변제하여 공동의 면책을 얻게 하였을 때에는 다른 공동불법행위자에게 그 부담부분의 비율에 따라 구상권을 행사할 수 있다."

346) 대법원 2006. 1. 27. 선고 2005다19378 판결 "[1] 이른바 부진정연대채무의 관계에 있는 복수의 책임주체 내부관계에 있어서는 형평의 원칙상 일정한 부담 부분이 있을 수 있으며, 그 부담 부분은 각자의 고의 및 과실의 정도에 따라 정하여지는 것으로서 부진정연대채무자 중 1인이 자기의 부담 부분 이상을 변제하여 공동의 면책을 얻게 하였을 때에는 다른 부진정연대채무자에게 그 부담 부분의 비율에 따라 구상권을 행사할 수 있다. [2] 부진정연대채무자 상호간에 있어서 채권의 목적을 달성시키는 변제와 같은 사유는 채무자 전원에 대하여 절대적 효력을 발생하지만 그 밖의 사유는 상대적 효력을 발생하는 데에 그치는 것이므로 피해자가 채무자 중의 1인에 대하여 손해배상에 관한 권리를 포기하거나 채무를 면제하는 의사표시를 하였다 하더라도 다른 채무자에 대하여 그 효력이 미친다고 볼 수는 없다 할 것이고, 이러한 법리는 채무자들 사이의 내부관계에 있어 1인이 피해자로부터 합의에 의하여 손해배상채무의 일부를 면제받고도 사후에 면제받은 채무액을 자신의 출재로 변제한 다른 채무자에 대하여 다시 그 부담 부분에 따라 구상의무를 부담하게 된다 하여 달리 볼 것은 아니다."

2. 연대채권의 성립 및 효과

법률의 규정에 의하여 성립하는 경우는 없고, 다만 당사자의 계약에 의하여 성립하므로 그 내용이나 효력도 당사자의 계약에 의하여 정하여지며, 그 밖에 연대채무 규정이 유추적용된다고 하겠다.

따라서 각 채권자의 권리는 독립성을 가지며, 채권자의 한 사람에 관하여 생긴 사유 중 채권을 만족케 하는 것은 절대적 효력이 있으며, 기타의 사유에 관하여서도 일정한 범위 내에서 절대적 효력을 인정하여야 할 것이다. 어느 연대채권자가 채무자로부터 급부를 수령하면 다른 연대채권자에게 분담비율에 따라 분배해야 한다. 분담비율은 그에 관하여 특약이 있으면 그에 의하고, 내부적으로 각 채권자가 분담하는 부담부분이 있으면 그 부담부분의 비율에 따르며, 부담부분도 정해져 있지 않으면 균분으로 한다.

제 5 장
채권양도와 채무인수

제1절 채권의 양도

제1관 서 설

I. 채권양도의 의의

채권양도란 구 채권자(양도인)와 신 채권자(양수인) 사이의 계약으로 채권의 동일성을 유지하면서[347] 채권이 양도인인 채권자로부터 상대방인 양수인에게 이전하는 것을 말한다.[348]

채권의 이전은 여러 원인에 의하여 발생하는데 가장 대표적인 것이 당사자의 채권양도 계약에 의하여 발생하지만 그 이외에 유언(제1060조)과 같은 단독행위에 의해 발생하기도 한다. 일반적으로 채권양도라 하면 계약에 의한 특정 채권의 이전을 말한다.

채권의 이전은 손해배상의 대위(제399조)·변제자대위(제481조)·상속(제1005조)[349]·유언(제1060조)과 같이 법률의 규정에 의해 발생할 수도 있고, 압류 및 전부명령과 같이 법원의 강제집행에 의해 발생할 수도 있다(민사집행법 제229조). 그리고 이자채권·보증채권처럼 주된 채권의 이전에 수반한 종된 채권의 이전에 의해 발생할 수도 있다. 그런데 이러한 법률의 규정에 의하여 채권이 이전되는 경우는 채권양

---

347) 이 점에서 채권자 변경에 의한 경개와 다르다.

348) 대법원 2002. 4. 26. 선고 2001다59033 판결 "채권양도는 구 채권자인 양도인과 신 채권자인 양수인 사이에 채권을 그 동일성을 유지하면서 전자로부터 후자에게로 이전시킬 것을 목적으로 하는 계약을 말한다 할 것이고, 채권양도에 의하여 채권은 그 동일성을 잃지 않고 양도인으로부터 양수인에게 이전된다 할 것이며, 가압류된 채권도 이를 양도하는데 아무런 제한이 없다 할 것이나, 다만 가압류된 채권을 양수받은 양수인은 그러한 가압류에 의하여 권리가 제한된 상태의 채권을 양수받는다고 보아야 할 것이고, 이는 채권을 양도받았으나 확정일자 있는 양도통지나 승낙에 의한 대항요건을 갖추지 아니하는 사이에 양도된 채권이 가압류된 경우에도 동일하다."

349) 이 경우 피상속인의 모든 채권이 포괄적으로 이전된다.

도라고 하지 않는다.

채권양도가 이루어지면 채권은 그 동일성을 유지하면서 양수인에게 이전한다. 따라서 그 채권에 종속된 권리(위약금채권·보증채권·변제기가 되지 않은 이자채권)도 양수인에게 이전한다. 그리고 그 채권에 부종하는 각종의 항변권(동시이이행의 항변권·기한유예의 항변권·유치권의 항변권)도 그대로 이전된다. 저당권에 의해 담보된 채권을 양도하는 경우에는 저당권 이전에 대한 부기등기가 함께 이루어져야 한다(제186조). 또한 유치권과 질권에 의해 담보된 채권을 양도하는 경우에는 채권의 양도 이외에 유치권과 질권의 요건인 목적물의 점유도 함께 이전된다.

Ⅱ. 채권양도의 법적 성질

1. 준물권행위(처분행위)

채권양도는 양도인과 양수인 사이의 채권 이전을 내용으로 하는 계약으로서 채권의 귀속주체가 변경되는 것이다. 그런데 채권양도에서도 물권변동에서와 마찬가지로 채권양도의 효력이 발생하기 위해서는 당사자 사이에 채권계약만 있으면 되는 것이 아니라 그 원인행위인 채권계약(채권의 매매·교환·증여 등) 이외에도 이행행위 내지 처분행위의 성질을 갖는 준물권행위가 필요하다.[350] 따라서 채권

350) 대법원 2011. 3. 24. 선고 2010다100711 판결 "지명채권(이하 단지 '채권'이라고만 한다)의 양도라 함은 채권의 귀속주체가 법률행위에 의하여 변경되는 것, 즉 법률행위에 의한 이전을 의미한다. 여기서 '법률행위'란 유언 외에는 통상 채권이 양도인에게서 양수인으로 이전하는 것 자체를 내용으로 하는 그들 사이의 합의(이하 '채권양도계약'이라고 한다)를 가리키고, 이는 이른바 준물권행위 또는 처분행위로서의 성질을 가진다. 그와 달리 채권양도의 의무를 발생시키는 것을 내용으로 하는 계약(이하 '양도의무계약'이라고 한다)은 채권행위 또는 의무부담행위의 일종으로서, 이는 구체적으로는 채권의 매매(민법 제579조 참조)나 증여, 채권을 대물변제로 제공하기로 하는 약정, 담보를 위하여 채권을 양도하기로 하는 합의(즉 채권양도담보계약), 채권의 추심을 위임하는 계약(지명채권이 아닌 증권적 채권에 관하여서이기는 하나, 어음법 제18조, 수표법 제23조는 어음상 또는 수표상 권리가 추심을 위하여 양도되는 방식으로서의 추심위임배서에 대하여 정한다), 신탁(다만 신탁법 제7조 참조) 등 다양한 형태를 가질 수 있다. 비록 채권양도계약과 양도의무계약은 실제의 거래에서는 한꺼번에 일체로 행하여지는 경우가 적지 않으나, 그 법적 파악에 있어서는 역시 구별되어야 하는 별개의 독립한 행위이다. 그리하여 채권양도계약에 대하여는 그 원인이 되는 개별적 채권계약의 효과에 관한 민법상의 임의규정은 다른 특별한 사정이 없는 한 적용되지 아니한다."; 대법원 2016. 7. 14. 선고 2015다46119 판결 "지명채권의 양도란 채권의 귀속주체가 법률행위에 의하여 변경되는 것으로서 이른바 준물권행위 내지 처분행위의 성질을 가지므로, 그것이 유효하기 위하여는 양도인이 채권을 처분할

양도가 효력을 가지려면 양도인이 채권을 처분할 수 있는 권한을 가져야 하며, 처분권한이 없는 자가 지명채권을 양도한 경우에는 특별한 사정이 없는 한 양수인은 채권을 취득하지 못한다. 결국 채권양도는 채권계약을 함으로써 효력이 발생하는 것이 아니고, 그 이행행위인 준물권행위의 효력으로 발생하는 것이다. 그러므로 채권의 이전을 내용으로 하는 채권양도계약의 법적 성질은 처분행위인 준물권행위라고 본다. 지명채권의 양도란 채권의 귀속주체가 법률행위에 의하여 변경되는 것으로서 이른바 준물권행위 내지 처분행위의 성질을 가지므로, 그것이 유효하기 위하여는 양도인이 채권을 처분할 수 있는 권한을 가지고 있어야 한다. 처분권한 없는 자가 지명채권을 양도한 경우 특별한 사정이 없는 한 채권양도로서 효력을 가질 수 없으므로 양수인은 채권을 취득하지 못한다.[351]

2. 채권양도계약의 요식성 여부

지명채권의 양도의 경우에는 양 당사자, 즉 채권자와 양수인 사이의 합의만으로 그 효력이 발생한다. 단 통지 또는 승낙 등의 요건을 갖추지 못하면 채무자·제3자에게 대항하지 못할 뿐이다(제450조). 이렇게 채권양도의 합의 자체에 특별한 방식을 요구하지 않기 때문에 낙성·불요식의 계약이다(통설).

그런데 증권적 채권의 양도는 당사자의 양도의 합의 이외에도, 지시채권의 경우에는 증권에 대한 배서·교부(제508조), 무기명채권과 지명소지인출급채권의 경우에는 증권의 교부(제523조·제525조)를 요한다.

여기서 증권적 채권의 경우에는 양도의 합의 이외에 증서의 배서·교부(제508조) 또는 증서의 교부(제523조)가 있어야 양도의 효력이 생기는 점을 고려하여 증권적 채권의 양도를 요식행위라고 할 것인지에 대한 학설이 나누어지고 있다. 요식행위라고 보는 견해는 증권적 채권의 양도의 합의 자체가 증서의 배서·교부 또는 증서의 교부에 의하여 이루어진다고 주장한다.[352] 불요식행위라고 보는 견해는

수 있는 권한을 가지고 있어야 한다.처분권한 없는 자가 지명채권을 양도한 경우 특별한 사정이 없는 한 채권양도로서 효력을 가질 수 없으므로 양수인은 채권을 취득하지 못한다."

351) 대법원 2016. 7. 14. 선고 2015다46119 판결 "지명채권의 양도란 채권의 귀속주체가 법률행위에 의하여 변경되는 것으로서 이른바 준물권행위 내지 처분행위의 성질을 가지므로, 그것이 유효하기 위하여는 양도인이 채권을 처분할 수 있는 권한을 가지고 있어야 한다. 처분권한 없는 자가 지명채권을 양도한 경우 특별한 사정이 없는 한 채권양도로서 효력을 가질 수 없으므로 양수인은 채권을 취득하지 못한다."

증서의 배서·교부 또는 증서의 교부는 양도의 합의 자체는 아니며 법률에 의하여 특별히 요구되는 양도의 합의 이외에 또 하나의 양도의 요건이라고 주장한다.[353] 생각건대 증권적 채권은 불특정다수인 사이에서 전전유통되는 증권의 본질에 비추어볼 때 요식행위라고 보는 것이 타당하다.

3. 채권양도의 독자성·무인성

앞에서 살펴본 바와 같이 채권양도는 채권의 이전 자체를 목적으로 하는 일종의 준물권계약이다. 따라서 채권이전의 채무를 발생시키는 원인행위인 채권계약(매매·증여 등)과는 별개의 것이라고 할 수 있다.[354] 그런데 채권양도가 그 원인행위인 채권의 매매나 증여로 이루어지는 경우 그 채권의 매매계약 또는 증여계약과 채권양도계약 그 자체가 비록 하나의 행위 내에 포함되었더라도 이를 별개의 행위로 인정할 것인지 여부가 문제된다. 이는 물권행위의 독자성·무인성 인정여부와 마찬가지 문제이다. 학설은 채권양도의 독자성을 지명채권·증권적 채권의 구별 없이 모두 독자성과 무인성을 인정하는 견해[355]와 지명채권과 증권적 채권을 구별하여 지명채권은 인정할 필요가 없으나[356] 증권적 채권은 인정되는 것이 타당하다는 견해[357]로 나누어져 있다.

---

352) 김대정, 857면; 김상용, 365면; 송덕수, 360면; 오시영, 562면; 윤철홍, 371면.
353) 곽윤직, 282면(신정수정판).
354) 대법원 2011. 3. 24. 선고 2010다100711 판결.
355) 김기선, 272면.
356) 대법원 2011. 3. 24. 선고 2010다100711 판결 "비록 채권양도계약과 양도의무계약은 실제의 거래에서는 한꺼번에 일체로 행하여지는 경우가 적지 않으나, 그 법적 파악에 있어서는 역시 구별되어야 하는 별개의 독립한 행위이다. 그리하여 채권양도계약에 대하여는 그 원인이 되는 개별적 채권계약의 효과에 관한 민법상의 임의규정은 다른 특별한 사정이 없는 한 적용되지 아니한다고 할 것이다. 한편 종전의 채권자가 채권의 추심 기타 행사를 위임하여 채권을 양도하였으나 양도의 '원인'이 되는 그 위임이 해지 등으로 효력이 소멸한 경우에 이로써 채권은 양도인에게 복귀하게 되고, 나아가 양수인은 그 양도의무계약의 해지로 인하여 양도인에 대하여 부담하는 원상회복의무(이는 계약의 효력불발생에서의 원상회복의무 일반과 마찬가지로 부당이득반환의무의 성질을 가진다)의 한 내용으로 채무자에게 이를 통지할 의무를 부담한다고 봄이 상당하다(대법원 1993. 8. 27. 선고 93다17379 판결 등 참조)."
357) 곽윤직, 207면; 김상용, 385면; 김형배, 562면; 송덕수, 361면. 윤철홍, 372면.

제2관 지명채권의 양도

Ⅰ. 지명채권의 양도성

1. 지명채권 양도의 의의

(1) 지명채권이란 채권자가 특정되어 있는 채권이며, 일반적으로 채권이라고 하면 지명채권을 말한다. 증권적 채권과의 비교개념으로 부르는 명칭이다. 지명채권은 증권적 채권과 달리 채권자와 채무자가 특정되어 있기 때문에 채권관계를 맺은 양 당사자의 신뢰관계가 중요한 의미를 가질 뿐만 아니라 불특정 다수인에게 전전유통되는 것을 전제로 하지 않는다. 따라서 지명채권은 채권의 성립·존속·행사·양도에 증서(證券)의 작성·교부 등이 필요하지 않다.

(2) 지명채권은 재산권으로서 원칙적으로 양도성을 인정한다(제449조). 물론 채권을 양도하기 위해서는 양도의 대상인 채권이 존재하여야 하고 또한 특정할 수 있어야 한다.[358] 종류채권이나 선택채권도 특정할 수 있기 때문에 그 양도가 가능하고, 조건부·기한부 채권, 장래채권도 양도할 수 있다.[359] 채권이 분할될 수 있는

---

358) 대법원 1998. 5. 29. 선고 96다51110 판결 "채권양도에 있어서 양도채권이 사회통념상 다른 채권과 구별하여 그 동일성을 인식할 수 있을 정도로 되어 있다면 그 채권은 특정된 것으로 보아야 하고 양도채권의 종류나 금액 등이 구체적으로 적시되어 있어야 하는 것은 아니다."

359) 대법원 2010. 4. 8. 선고 2009다96069 판결 "장래의 채권도 양도 당시 기본적 채권관계가 어느 정도 확정되어 있어 그 권리의 특정이 가능하고 가까운 장래에 발생할 것임이 상당 정도 기대되는 경우에는 이를 양도할 수 있는 것이다(대법원 1996. 7. 30. 선고 95다7932 판결, 대법원 1997. 7. 25. 선고 95다21624 판결 등 참조)."; 대법원 2002. 4. 26. 선고 2001다59033 판결 "[1] 채권양도는 구 채권자인 양도인과 신 채권자인 양수인 사이에 채권을 그 동일성을 유지하면서 전자로부터 후자에게로 이전시킬 것을 목적으로 하는 계약을 말한다 할 것이고, 채권양도에 의하여 채권은 그 동일성을 잃지 않고 양도인으로부터 양수인에게 이전된다 할 것이며, 가압류된 채권도 이를 양도하는데 아무런 제한이 없다 할 것이나, 다만 가압류된 채권을 양수받은 양수인은 그러한 가압류에 의하여 권리가 제한된 상태의 채권을 양수받는다고 보아야 할 것이고, 이는 채권을 양도받았으나 확정일자 있는 양도통지나 승낙에 의한 대항요건을 갖추지 아니하는 사이에 양도된 채권이 가압류된 경우에도 동일하다. [2] 일반적으로 채권에 대한 가압류가 있더라도 이는 채무자가 제3채무자로부터 현실로 급부를 추심하는 것만을 금지하는 것일 뿐 채무자는 제3채무자를 상대로 그 이행을 구하는 소송을 제기할 수 있고 법원은 가압류가 되어 있음을 이유로 이를 배척할 수는 없는 것이 원칙이다. 왜냐하면 채무자로서는 제3채무자에 대한 그의 채권이 가압류되어 있다 하더라도 채무명의를 취득할 필요가 있고 또는 시효를 중단할

것이면 일부양도도 가능하다. 다만 채권의 성질이 양도를 허용하지 않는 경우(일신적속적 성격을 갖는 채권 등)에는 양도성이 부정된다. 그리고 당사자의 의사표시에 의한 양도금지를 인정하면서도 이를 위반하여 양도한 경우에 선의의 제3자에게는 대항하지 못하도록 하고 있다(제449조 제2항).

2. 지명채권 양도의 제한

(1) 채권의 성질에 의한 제한

채권의 성질이 양도를 허용하지 않는 때에는 양도할 수 없다(제449조 제1항 단서). 채권의 성질이 양도를 허용하지 아니하는 경우로는 채권자가 변경되면 그 동일성을 잃게 되거나 또는 채권의 목적을 이루지 못하게 되는 경우를 말한다. 이러한 채권으로는 채권자가 변경되면 급부의 내용이 전혀 달라지는 채권(특정인의 초상을 그리게 하는 채권·특정인을 특정한 장소까지 운송해 주기로 하는 채권·부작위채권 등), 채권자가 변경되면 권리의 행사가 크게 달라지는 채권(사용대차에서의 사용차주의 채권·임대차에서의 임차권·고용계약에서의 사용자의 채권·위임계약에서의 위임인의 채권 등), 특정의 채권자와의 사이에 결제되어야 하는 채권(당자대월계약상의 채권·상호계산(상법 제72조 이하)에 계입(計入)된 채권), 채권 사이에 주·종 관계가 있는 경우의 종된 채권(보증채권)[360] 나아가 전세금반환청구권은 전세권이 존재하는 상태에서는

필요도 있는 경우도 있을 것이며 또한 소송 계속 중에 가압류가 행하여진 경우에 이를 이유로 청구가 배척된다면 장차 가압류가 취소된 후 다시 소를 제기하여야 하는 불편함이 있는데 반하여 제3채무자로서는 이행을 명하는 판결이 있더라도 집행단계에서 이를 저지하면 될 것이기 때문이다. [3] 채권가압류의 처분금지의 효력은 본안소송에서 가압류채권자가 승소하여 채무명의를 얻는 등으로 피보전권리의 존재가 확정되는 것을 조건으로 하여 발생하는 것이므로 채권가압류결정의 채권자가 본안소송에서 승소하는 등으로 채무명의를 취득하는 경우에는 가압류에 의하여 권리가 제한된 상태의 채권을 양수받는 양수인에 대한 채권양도는 무효가 된다."

360) 이 경우에는 주된 채권과 분리하여 단독으로 양도할 수 없다; 대법원 2002. 9. 10. 선고 2002다21509 판결 "[1] 보증채무는 주채무에 대한 부종성 또는 수반성이 있어서 주채무자에 대한 채권이 이전되면 당사자 사이에 별도의 특약이 없는 한 보증인에 대한 채권도 함께 이전하고, 이 경우 채권양도의 대항요건도 주채권의 이전에 관하여 구비하면 족하고, 별도로 보증채권에 관하여 대항요건을 갖출 필요는 없다. [2] 주채권과 보증인에 대한 채권의 귀속주체를 달리하는 것은, 주채무자의 항변권으로 채권자에게 대항할 수 있는 보증인의 권리가 침해되는 등 보증채무의 부종성에 반하고, 주채권을 가지지 않는 자에게 보증채권만을 인정할 실익도 없기 때문에 주채권과 분리하여 보증채권만을 양도하기로 하는 약정은 그 효력이 없다."

전세권과 분리하여 양도할 수 없다.[361] 매매로 인한 소유권이전등기 청구권은 그 권리의 성질상 양도가 제한된다.[362] 한편 임금채권은 근로기준법상 직접 근로자에게 지급하도록 규정하고 있고(동법 제42조), 이를 위반하면 사용주를 처벌하도록 하고 있다(동법 제112조). 이와 관련하여 판례는 "근로자의 임금채권의 양도를 금지하는 법률의 규정이 없으므로 이를 양도할 수 있다 할 것이나, 사용자는 직접 근로자에게 임금을 지급하지 않으면 안 되므로, 그 결과 비록 양수인이라고 할지라도 스스로 사용자에 대하여 임금의 지급을 청구할 수는 없다." 결국 이 판결에 따르면 임금채권을 양수한 양수인은 근로자로부터 양도받은 임금채권을 직접 사용자에게 청구할 수 없기 때문에 실질적으로는 채권양도금지의 효과가 발생한다고 하겠다.[363]

---

361) 대법원 2002. 8. 23. 선고 2001다69122 판결 "전세권은 전세금을 지급하고 타인의 부동산을 그 용도에 따라 사용·수익하는 권리로서 전세금의 지급이 없으면 전세권은 성립하지 아니하는 등으로 전세금은 전세권과 분리될 수 없는 요소일 뿐 아니라, 전세권에 있어서는 그 설정행위에서 금지하지 아니하는 한 전세권자는 전세권 자체를 처분하여 전세금으로 지출한 자본을 회수할 수 있도록 되어 있으므로 전세권이 존속하는 동안은 전세권을 존속시키기로 하면서 전세금반환채권만을 전세권과 분리하여 확정적으로 양도하는 것은 허용되지 않는 것이며, 다만 전세권 존속 중에는 장래에 그 전세권이 소멸하는 경우에 전세금 반환채권이 발생하는 것을 조건으로 그 장래의 조건부 채권을 양도할 수 있을 뿐이라 할 것이다."

362) 대법원 2005. 3. 10. 선고 2004다67653·67660 판결 "부동산의 매매로 인한 소유권이전등기청구권은 물권의 이전을 목적으로 하는 매매의 효과로서 매도인이 부담하는 재산권이전의무의 한 내용을 이루는 것이고, 매도인이 물권행위의 성립요건을 갖추도록 의무를 부담하는 경우에 발생하는 채권적 청구권으로 그 이행과정에 신뢰관계가 따르므로, 소유권이전등기청구권을 매수인으로부터 양도받은 양수인은 매도인이 그 양도에 대하여 동의하지 않고 있다면 매도인에 대하여 채권양도를 원인으로 하여 소유권이전등기절차의 이행을 청구할 수 없고, 따라서 매매로 인한 소유권이전등기청구권은 특별한 사정이 없는 이상 그 권리의 성질상 양도가 제한되고 그 양도에 채무자의 승낙이나 동의를 요한다고 할 것이므로 통상의 채권양도와 달리 양도인의 채무자에 대한 통지만으로는 채무자에 대한 대항력이 생기지 않으며 반드시 채무자의 동의나 승낙을 받아야 대항력이 생긴다."

363) 대법원 1988. 12. 13. 선고 87다카2803 전원합의체 판결 "가. 근로자의 임금채권은 그 양도를 금지하는 법률의 규정이 없으므로 이를 양도할 수 있다. 나. (다수의견) 근로기준법 제36조 제1항에서 임금직접지급의 원칙을 규정하는 한편 동법 제109조에서 그에 위반하는 자는 처벌을 하도록 하는 규정을 두어 그 이행을 강제하고 있는 취지가 임금이 확실하게 근로자 본인의 수중에 들어가게 하여 그의 자유로운 처분에 맡기고 나아가 근로자의 생활을 보호하고자 하는데 있는 점에 비추어 보면 근로자가 그 임금채권을 양도한 경우라 할지라도 그 임금의 지급에 관하여는 같은 원칙이 적용되어 사용자는 직접 근로자에게 임금을 지급하지 아니하면 안되는 것이고 그 결과 비록 양수인이라고 할지라도 스스로 사용자에 대하여 임금의 지급을 청구할 수는 없다. (소수의견) 근로자의 임금채권이

(2) 당사자의 의사표시에 의한 제한

1) 원 칙

채권은 당사자가 반대의 의사표시를 한 경우에는 양도하지 못한다(제449조 제2항 본문).[364] 여기의 '의사표시'는 계약에 의해 발생한 채권은 당사자의 합의로, 유언의 유언자의 일방적 의사표시로 채권의 양도를 금지할 수 있다. 그리고 이 의사표시는 채권의 성립시에 할 수도 있고, 그 후에 하여도 된다.

2) 대 항 력

당사자의 의사표시에 의한 채권양도의 금지나 제한은 선의의 제3자에게 대항하지 못한다(제449조 제2항). 제449조 제2항 단서에서 '선의의 제3자'라고만 규정하고 있어 양도인으로부터 직접 양수받은 자가 악의이더라도 그 자로부터 다시 양도받은 전득양수인이 선의이면 여기의 '선의의 제3자'에 포함된다고 한다(통설). 판례도 동일한 입장이다.[365] 그리고 선의의 양수인을 보호하고자 하는 위 조항의 입법 취지에 비추어 볼 때, 이러한 선의의 양수인으로부터 다시 채권을 양수한 전득자는 그 선의·악의를 불문하고 채권을 유효하게 취득한다.[366] 그런데 문제는

자유롭게 양도할 수 있는 성질의 것이라면 그 임금채권의 양도에 의하여 임금채권의 채권자는 바로 근로자로부터 제3자로 변경되고 이때 그 임금채권은 사용자와 근로자와의 관계를 떠나서 사용자와 그 양수인과의 관계로 옮겨지게 됨으로써 양수인은 사용자에게 직접 그 지급을 구할 수 있다."

364) 대법원 2003. 12. 12. 선고 2003다44370 판결 "은행거래에서 발생하는 채권인 예금채권에 관한 법률관계는 일반거래약관에 의하여 규율되어 은행은 일반거래약관인 예금거래기본약관에 각종의 예금채권에 대하여 그 양도를 제한하는 내용의 규정을 둠으로써 예금채권의 양도를 제한하고 있는 사실은 적어도 은행거래의 경험이 있는 자에 대하여는 널리 알려진 사항에 속한다 할 것이므로, 은행거래의 경험이 있는 자가 예금채권을 양수한 경우 특별한 사정이 없는 한 예금채권에 대하여 양도제한의 특약이 있음을 알았다고 할 것이고, 그렇지 않다 하더라도 알지 못한 데에 중대한 과실이 있다고 보아야 한다."

365) 대법원 2015. 4. 9. 선고 2012다118020 판결 "당사자의 의사표시에 의한 채권양도금지 특약은 제3자가 악의인 경우는 물론 제3자가 채권양도금지 특약을 알지 못한 데에 중대한 과실이 있는 경우에도 채권양도금지특약으로써 대항할 수 있고, 제3자의 악의 내지 중과실은 채권양도금지 특약으로 양수인에게 대항하려는 자가 이를 주장·증명하여야 한다. 그리고 민법 제449조 제2항 단서는 채권양도금지 특약으로써 대항할 수 없는 자를 '선의의 제3자'라고만 규정하고 있어 채권자로부터 직접 양수한 자만을 가리키는 것으로 해석할 이유는 없으므로, 악의의 양수인으로부터 다시 선의로 양수한 전득자도 위 조항에서의 선의의 제3자에 해당한다. 또한 선의의 양수인을 보호하고자 하는 위 조항의 입법 취지에 비추어 볼 때, 이러한 선의의 양수인으로부터 다시 채권을 양수한 전득자는 선의·악의를 불문하고 채권을 유효하게 취득한다."

제3자가 선의이면 충분한지 아니면 선의와 무과실까지 요구되는 것인지가 문제이다. 이에 대하여 학설은 나누어져 있다. ① 거래안전의 일반원칙상 선의·무과실이 모두 요구된다는 견해,[367] ② 선의이기만 하면 되고 무과실은 요구되지 않는다는 견해,[368] ③ 채권의 양도성은 법이 인정한 대원칙이므로 양수인의 보호에 그의 무과실을 요구하는 것은 타당하지 않으나, 중대한 과실은 악의와 동일하게 다루어도 무방할 것이라는 견해[369]가 있다. 판례는 ③ 설과 같은 입장으로 보인다.[370] 생각건대 일반적으로 채권은 대외적 공시방법이 없다. 따라서 채권양수인인 제3자가 채권자와 채무자 사이에 양도금지의 특약이 있다는 사실을 알기가 거의 불가능하다. 다만 양도금지의 사실을 알지 못한 데에 중대한 과실이 있는 때에 한하여 대항할 수 없다고 보는 것이 타당할 것이다. 따라서 ③설과 판례의 입장에 동의한다.

양도금지의 의사표시의 존재 및 제3자의 악의에 대한 증명책임은 채권양도를 부정하는 자(예, 채무자)가 부담한다.[371] 양도금지의 특약이 있는 채권이라도 채권자의 선의·악의를 불문하고 압류할 수 있다(통설). 판례도 같은 입장이다.[372]

(3) 법률의 규정에 의한 제한

법률이 본래의 채권자에게 직접 변제하게 할 필요가 있는 채권에 대해서는 채권의 양도를 금지하고 있다. 법률이 채권의 양도를 금지하는 것으로는 약혼해제

---

366) 대법원 2015. 4. 9. 선고 2012다118020 판결 참조.

367) 곽윤직, 213면; 김용한, 438면.

368) 이은영, 613면.

369) 김대정, 863면; 김상용, 393면; 김형배, 640면; 윤철홍, 380면.

370) 대법원 2003. 1. 24. 선고 2000다5336 판결 "채무자는 제3자가 채권자로부터 채권을 양수한 경우 채권양도금지 특약의 존재를 알고 있는 양수인이나 그 특약의 존재를 알지 못함에 중대한 과실이 있는 양수인에게 그 특약으로써 대항할 수 있고, 여기서 말하는 중과실이란 통상인에게 요구되는 정도의 상당한 주의를 하지 않더라도 약간의 주의를 한다면 손쉽게 그 특약의 존재를 알 수 있음에도 불구하고 그러한 주의조차 기울이지 아니하여 특약의 존재를 알지 못한 것을 말하며, 제3자의 악의 내지 중과실은 채권양도 금지의 특약으로 양수인에게 대항하려는 자가 이를 주장·입증하여야 한다."

371) 대법원 1999. 12. 28. 선고 99다8834 판결, 대법원 2000. 12. 22. 선고 2000다55904 판결, 대법원 2009. 10. 29. 선고 2009다47685 판결 등 참조

372) 대법원 1976. 10. 29. 선고 76다1623 판결 "당사자 사이에 양도금지의 특약이 있는 채권이라도 압류 및 전부명령에 의하여 이전할 수 있고, 양도금지의 특약이 있는 사실에 관하여 압류채권자가 선의인가 악의인가는 전부명령의 효력에 영향을 미치지 못한다."; 대법원 2003. 12. 11. 선고 2001다3771 판결.

로 인한 위자료청구권(제806조 제3항), 이혼으로 인한 위자료청구권(제843조), 파양으로 인한 위자료청구권(제908조), 부양청구권(제979조), 각종 연금청구권(공무원연금법 제32조·사립학교교직원연금법 제40조·국민연금법 제58조·군인연금법 제7조·기초연금법 제21조·장애인연금법 제19조), 재해보상청구권(근로기준법 제86조), 국가배상청구권(국가배상법 제4조) 등이 있다.

법률에 의하여 양도가 금지된 채권은 압류할 수 없다. 그러한 채권에 대한 전부명령은 무효이다. 그러나 압류금지채권(민사집행법 제246조)은 채권자의 의사에 의하지 않는 처분을 금지하는 것일 뿐이기 때문에 특별한 사정이 없는 한 자유로운 양도까지 금지하는 것은 아니다(통설). 판례도 같은 입장이다.[373)]

Ⅱ. 지명채권양도의 대항요건

1. 서 설

(1) 대항요건주의

원래 채권채무관계는 양 당사자(채권자 및 채무자)간의 신용에 입각한 관계이다. 또한 지명채권은 채권자와 채무자가 특정(지명)되어 있어 채무자로서는 채권자가 누구인지가 중요한 의미를 갖는다. 따라서 양도의 당사자가 아닌 채무자와 그 지명채권에 대하여 일정한 권리관계가 있는 제3자로서도 채권자가 교체됨에 따라 채권양도의 사실을 알지 못하여 예측하지 못한 손해를 입을 수도 있다. 이러한 점을 고려하여 민법은 채무자와 기타의 제3자를 보호하기 위하여 일정한 요건을 갖추지 못하면 채권양도를 가지고 이들에게 대항하지 못하도록 규정하고 있다(제450조).

민법 제450조 제1항은 "지명채권의 양도는 양도인이 채무자에게 통지하거나 채무자가 승낙하지 아니하면 채무자 기타 제3자에게 대항하지 못한다."고 하고 있

---

373) 대법원 2015. 5. 14. 선고 2014다12072 판결 "채권에 대한 압류의 처분금지의 효력은 절대적인 것이 아니고, 이에 저촉되는 채무자의 처분행위가 있어도 압류의 효력이 미치는 범위에서 압류채권자에게 대항할 수 없는 상대적 효력을 가지는 데 그치므로, 압류 후에 피압류채권이 제3자에게 양도된 경우 채권양도는 압류채무자의 다른 채권자 등에 대한 관계에서는 유효하다. 그리고 채권양도 행위가 사해행위로 인정되어 취소 판결이 확정된 경우에도 취소의 효과는 사해행위 이전에 이미 채권을 압류한 다른 채권자에게는 미치지 아니한다."

고, 제2항은 "전항의 통지나 승낙은 확정일자 있는 증서에 의하지 아니하면 채무자 이외의 제3자에게 대항하지 못한다."고 함으로써 채권양도관계를 대외적으로 공시하려고 한다. 이렇게 우리 민법은 대항요건주의를 취하고 있다. 채무자에 대한 대항요건으로는 단순하게 통지 또는 채무자의 승낙을 요구하여 이중변제의 위험으로부터 채무자를 보호하면서, 제3자에 대한 대항요건으로는 확정일자 있는 증서에 의한 통지 또는 승낙을 요구하여 그 요건을 강화함으로써 이중의 대항요건을 취하고 있다. 즉 채무자에 대한 대항요건과 기타의 제3자에 대한 대항요건으로 나누어지고 있다. 전자는 양수인이 채무자에 대하여 채권을 주장하기 위한 요건인데 반하여, 후자는 '채권의 양수인'과 '그 양수인의 지위와 양립할 수 없는 법률상의 지위를 취득한 자(예, 채권의 2중양수인, 질권자, 압류채권자 등)와의 사이에서 우선순위를 결정하는 기준이 된다.

2. 채무자에 대한 대항요건

(1) 의 의

지명채권의 양도로 양수인이 유효한 급부를 수령하기 위해서는 양도인이 채무자에게 채권양도사실을 통지하거나 채무자가 양도인이나 양수인에게 채권양도사실을 승낙하여야 한다(제450조 제1항). 즉 채무자에 대한 대항요건은 '채무자에 대한 양도인의 통지' 또는 '채무자의 승낙' 중 하나만 있으면 된다. 채무자에 대한 대항요건은 특별한 방식을 필요로 하지 않는다. 채권양도 사실에 대한 통지·승낙이 있었음은 양수인에게 증명책임이 있다.[374] 채권양도사실에 대하여 통지·승낙이 없으면 양수인은 채무자에게 대항할 수 없기 때문에 양수인은 채무자에게 채권의 지급을 청구할 수 없다. 통지는 채권양도의 사실이 있었음을 알리는 행위이며, 그 법적 성질은 관념의 통지이다.[375] 따라서 이에는 의사표시(제107조 이하), 도

374) 대법원 1990. 11. 27. 선고 90다카27662 판결 "채권양수인으로서는 양도인이 채무자에게 채권양도통지를 하거나 채무자가 이를 승낙하여야 채무자에게 채권양수를 주장(대항)할 수 있는 것이며, 그 입증은 양수인이 사실심에서 하여야 할 책임이 있다."

375) 대법원 1994. 12. 27. 선고 94다19242 판결 "채권양도의 통지는 양도인이 채무자에 대하여 당해 채권을 양수인에게 양도하였다는 사실을 알리는 관념의 통지이고, 법률행위의 대리에 관한 규정은 관념의 통지에도 유추적용된다고 할 것이어서 채권양도의 통지도 양도인이 직접 하지 아니하고 사자를 통하여 하거나 나아가서 대리인으로 하여금 하게 하여도 무방하다고 할 것이고, 또한 그와 같은 경우에 양수인이 양도인의 사자 또는 대리인으로서

달주의(제111조), 대리(제114조 이하)등에 관한 규정이 유추적용된다.

(2) 채무자에 대한 양도인의 통지

1) 통지의 당사자

채권양도의 통지는 양도인이 채무자에게 하여야 한다. 양수인이 한 통지는 대항력이 없다. 그러나 반드시 양도인이 직접 할 필요는 없다. 즉 통지의 대리권을 수여받아 양수인이 대리행위로서 통지하거나 사자로서 통지하는 것은 무방하다.[376] 채권양도의 시기는 양도행위와 동시에 할 필요는 없으며, 양도 후에 하는 통지라도 무방하다. 그러나 대항력은 그 때부터 생기며 소급효가 없다. 그러나 양

채권양도통지를 하였다 하여 민법 제450조의 규정에 어긋난다고 볼 수도 없고, 달리 이를 금지할 근거도 없다."; 대법원 2010. 4. 15. 선고 2010다57 판결 "민사소송법상의 송달은 당사자나 그 밖의 소송관계인에게 소송상 서류의 내용을 알 기회를 주기 위하여 법정의 방식에 좇아 행하여지는 통지행위로서, 송달장소와 송달을 받을 사람 등에 관하여 구체적으로 법이 정하는 바에 따라 행하여지지 아니하면 부적법하여 송달로서의 효력이 발생하지 아니한다. 한편 채권양도의 통지는 채무자에게 도달됨으로써 효력이 발생하는 것이고, 여기서 도달이라 함은 사회통념상 상대방이 통지의 내용을 알 수 있는 객관적 상태에 놓여졌다고 인정되는 상태를 가리킨다. 이와 같이 도달은 보다 탄력적인 개념으로서 송달장소나 수송달자 등의 면에서 위에서 본 송달에서와 같은 엄격함은 요구되지 아니하며, 이에 송달장소 등에 관한 민사소송법의 규정을 유추적용할 것이 아니다. 따라서 채권양도의 통지는 민사소송법상의 송달에 관한 규정에서 송달장소로 정하는 채무자의 주소·거소·영업소 또는 사무소 등에 해당하지 아니하는 장소에서라도 채무자가 사회통념상 그 통지의 내용을 알 수 있는 객관적 상태에 놓여졌다고 인정됨으로써 족하다."

376) 대법원 2004. 2. 13. 선고 2003다43490 판결 "[1] 민법 제450조에 의한 채권양도통지는 양도인이 직접하지 아니하고 사자를 통하여 하거나 대리인으로 하여금 하게 하여도 무방하고, 채권의 양수인도 양도인으로부터 채권양도통지 권한을 위임받아 대리인으로서 그 통지를 할 수 있다. [2] 채권양도통지 권한을 위임받은 양수인이 양도인을 대리하여 채권양도통지를 함에 있어서는 민법 제114조 제1항의 규정에 따라 양도인 본인과 대리인을 표시하여야 하는 것이므로, 양수인이 서면으로 채권양도통지를 함에 있어 대리관계의 현명을 하지 아니한 채 양수인 명의로 된 채권양도통지서를 채무자에게 발송하여 도달되었다 하더라도 이는 효력이 없다고 할 것이다. [3] 대리에 있어 본인을 위한 것임을 표시하는 이른바 현명은 반드시 명시적으로만 할 필요는 없고 묵시적으로도 할 수 있는 것이고, 채권양도통지를 함에 있어 현명을 하지 아니한 경우라도 채권양도통지를 둘러싼 여러 사정에 비추어 양수인이 대리인으로서 통지한 것임을 상대방이 알았거나 알 수 있었을 때에는 민법 제115조 단서의 규정에 의하여 유효하다. [4] 채권양도통지서 자체에 양수받은 채권의 내용이 기재되어 있고, 채권양도양수계약서가 위 통지서에 첨부되어 있으며, 채무자로서는 양수인에게 채권양도통지 권한이 위임되었는지 여부를 용이하게 알 수 있었다는 사정 등을 종합하여 무현명에 의한 채권양도통지를 민법 제115조 단서에 의해 유효하다고 본 사례."

도하기 전에 하는 사전의 통지는 채무자로 하여금 양도의 시기를 확정할 수 없는 불안한 상태에 빠지게 하므로 효력이 없다.[377] 그러나 이는 채무자를 보호하기 위하여 요구되는 것이므로 사전통지가 있더라도 채무자에게 법적으로 아무런 불안정한 상황이 발생하지 않는 경우에까지 그 효력을 부인할 것은 아니라고 하면서 채권양도인의 확정일자부 채권양도통지와 채무자의 확정일자부 채권양도승낙이 모두 있은 후에 채권양도계약이 체결된 사안에서, 실제로 채권양도계약이 체결된 날 위 채권양도의 제3자에 대한 대항력이 발생한다고 본 원심을 정당하다고 하는 판례가 있다.[378]

2) 통지의 철회 가능성 여부

① **통지를 하였으나 아직 양도하지 않았거나 양도가 무효인 경우** 이 경우에는 채권양도의 통지는 양수인의 동의가 없으면 철회하지 못한다(제452조 제2항). 이때의 양수인은 진정한 양수인이라기보다는 표현양수인에 불과하지만, 일단 양도의 통지가 행해진 이후에는 양수인의 동의가 있어야만 철회할 수 있다.

② **채권양도가 유효하게 이루어진 경우** 이 경우에는 유효한 채권양도와 통지가 이루어졌기 때문에 통지의 철회는 허용되지 않는다(통설). 판례도 같은 입장이다.[379]

(3) 채무자의 승낙

1) 승낙의 당사자 승낙의 주체는 채무자이다. 여기서 채무자의 승낙이란 채무자가 채권양도의 사실을 인식하고 있음을 표시하는 행위로서, 그 법적 성질

---

377) 대법원 2000. 4. 11. 선고 2000다2627 판결 "[1] 민법 제450조 제1항 소정의 채권양도의 통지는 양도인이 채무자에 대하여 당해 채권을 양수인에게 양도하였다는 사실을 통지하는 이른바 관념의 통지로서, 채권양도가 있기 전에 미리 하는 사전 통지는 채무자로 하여금 양도의 시기를 확정할 수 없는 불안한 상태에 있게 하는 결과가 되어 원칙적으로 허용될 수 없다. [2] 채권의 양도를 제3자에게 대항하기 위하여는 통지행위 또는 승낙행위 자체를 확정일자 있는 증서로 하여야 하는 것인데 여기서 확정일자란 증서에 대하여 그 작성한 일자에 관한 완전한 증거가 될 수 있는 것으로 법률상 인정되는 일자를 말하며 당사자가 나중에 변경하는 것이 불가능한 확정된 일자를 가리킨다."

378) 대법원 2010. 2. 11. 선고 2009다90740 판결 참조.

379) 대법원 1993. 7. 13. 선고 92다4178 판결 "채권양도인이 양수인에게 전대차계약상의 차임채권 중 일부를 양도하고 전차인인 채무자에게 위 양도사실을 통지한 후에 채무자에게 위 채권양도통지를 취소한다는 통지를 하였더라도 양수인이 양도인의 위 채권양도통지철회에 동의하였다고 볼 증거가 없다면 위 채권양도통지철회는 효력이 없다."

은 채권자의 통지와 마찬가지로 관념의 통지이다. 그리고 승낙의 상대방은 양도인 또는 양수인 어느 쪽에 대하여 승낙하더라도 상관없다.[380] 승낙은 채권양도 후에 하는 것이 일반적이지만 채권양도가 있기 전(사전승낙)에도 할 수 있다. 양수인이 특정되어 있지 않아도 마찬가지이다. 나아가 채권양도를 승낙하면서 조건을 붙여서 할 수 있다는 것이 판례의 입장이다.[381]

2) 승낙의 효력 승낙의 효력에 관하여 민법은 이의를 보류하지 않고 행한 승낙에 대한 것만 규정하고 있다. 따라서 채무자의 승낙에는 이의를 보류한 승낙과 이의를 보류하지 않은 승낙으로 나누어야 한다.

① 이의를 보류한 승낙 여기서 '이의를 보류한 승낙'이란 채무자가 양도인에 대하여 주장할 수 있는 항변을 유보하고, 즉 양수인에게도 채권자에 대한 항변을 그대로 주장하겠다는 조건을 붙여서 하는 승낙으로서 그 효력은 양도인이 통지를 한 경우와 같다.

② 이의를 보류하지 않은 승낙 여기서 '이의를 보류하지 않고 행한 승낙'이란 채권의 항변사유(예, 채권의 불성립·채권의 소멸 등)를 보류하고 있음을 밝히지 않고 단순히 승낙한 것을 말한다. 이러한 경우에는 양도인에게 대항할 수 있는 사유로써 양수인에게 대항하지 못한다(제451조 제1항 본문). 이에 대하여 제451조 제1항 본문이 공신력을 인정한 것으로 채무자가 양도인에 대하여 가지고 있는 항변사유를 밝히지 않고 단순승낙함으로써 양수인이 그 채권에 아무런 항변사유가 없는 것으로 신뢰하도록 하였다면 그 신뢰는 보호받아야 하기 때문에 채무자는 양도인에 대한 항변사유로써 양수인에게 대항하지 못하도록 한다는 것이다.[382]

---

380) 대법원 1986. 2. 25. 선고 85다카1529 판결 "민법 제450조 소정의 채무자의 승낙은 채권양도의 사실을 채무자가 승인하는 뜻으로서 동조가 규정하는 채권양도의 대항요건을 구비하기 위하여서는 채무자가 양도의 사실을 양도인 또는 양수인에 대하여 승인함을 요한다."

381) 대법원 1989. 7. 11. 선고 88다카20866 판결 "지명채권의 양도를 승락함에 있어서는 이의를 보류하고 할 수 있음은 물론이고 양도금지의 특약이 있는 채권양도를 승락함에 있어 조건을 붙여서 할 수도 있으며 승락의 성격이 관념의 통지라고 하여 조건을 붙일 수 없는 것은 아니다."

382) 대법원 2013. 6. 28. 선고 2011다83110 판결 "민법 제451조 제1항 전문은 "채무자가 이의를 보류하지 아니하고 전조의 승낙한 때에는 양도인에게 대항할 수 있는 사유로써 양수인에게 대항하지 못한다."고 규정하고 있는데, 이는 채무자의 승낙이라는 사실에 공신력을 주어 양수인을 보호하고 거래의 안전을 꾀하기 위한 규정이다. 여기서 '승낙'이라 함은 채무자가 채권양도 사실에 관한 인식을 표명하는 것으로서 이른바 관념의 통지에 해당하고, 대리인에 의하여도 위와 같은 승낙을 할 수 있다.“

제451조 제1항 본문은 양수인의 신뢰보호를 위한 규정이므로 양수인이 악의 또는 중과실인 때에는 보호할 필요가 없다는 것이 판례의 입장이다.[383)]

3. 채무자 이외의 제3자에 대한 대항요건

(1) 의 의

채권양도의 제3자와의 법률관계를 명확히 하기 위하여 제450조 제1항은 '지명채권의 양도는 양도인이 채[illegible]자에게 통지하거나 채무자가 승낙하지 아니하면 제3자에게 대항하지 못한다.'고 규[illegible]하면서, 제2항에서 '전항의 통지나 승낙은 확정일자 있는 증서에 의하지 아니하[illegible] 채무자 이외의 제3자에게 대항하지 못한다.'고 제3자에 대한 요건을 강화하고 있[illegible]. 즉, 단순한 통지·승낙만으로 대항할 수 있게 하면 제3자의 지위가 불안할 수 있[illegible] 때문에 제3자에게 대항하기 위해서는 통지 또는 승낙을 확정일자 있는 증서로[illegible] 하도록 규정하고 있다. 예컨대 채권의 양도인·양수인·채무자가 통모하여 통지[illegible] 또는 승낙일을 소급함으로써 제3자의 권리를 침해할 우려를 통지 또는 승낙을 확정일자 있는 증서로써 하도록 하여 제3자를 보호할 수 있다.[384)]

---

383) 대법원 1999. 8. 2[illegible]고 99다1803[illegible] 판결 "채권양도에 있어서 채무자가 양도인에게 이의를 보류하지 아니하고 [illegible]낙을 하였다[illegible] 사정이 없거나 또는 이의를 보류하지 아니하고 승낙을 하였더라도 양수인이 [illegible]의 또는 [illegible]과실의 경우에 해당하는 한, 채무자의 승낙 당시까지 양도인에 대하여 생긴 [illegible]유로[illegible] 양수인에게 대항할 수 있다고 할 것인데, 승낙 당시 이미 상계를 할 수 있[illegible]이 있었던 경우에는 아직 상계적상에 있지 아니하였다 하더라도 그 후에 상계적[illegible] 생기면 채무자는 양수인에 대하여 상계로 대항할 수 있다."

384) 대법원 2011. 7. 14. 선고 [illegible]09다49469 판결 "지명채권의 양수인과 양립할 수 없는 지위에 있는 제3자가 존재하는 [illegible]에, 만일 제3자가 그러한 지위를 취득하기 전에 채권양수인이 민법 제450조 제2항에 [illegible]한 '확정일자 있는 증서에 의한 통지나 승낙'이라는 대항요건 모두를 먼저 구비하[illegible] 채권양수인은 채권양도를 제3자에게 대항할 수 있는데, 여기서 '확정일자 있는 증서[illegible]한 통지나 승낙'은 통지나 승낙행위 자체를 확정일자 있는 증서로 하여야 한다는 것을 [illegible]미한다. 민법이 이처럼 '확정일자 있는 증서에 의한' 통지나 승낙을 갖추도록 하고 있[illegible]취지는 채권의 양도인, 양수인 및 채무자가 통모하여 통지일 또는 승낙일을 소급함[illegible]써 제3자의 권리를 침해하는 것을 방지하기 위한 것이다. 한편 '확정일자'는 민법 부칙(19[illegible] 2. 22.) 제3조 등 법령에 의하여 확정일자로 인정되는 일자를 말하는 것이고, 위 부칙 제[illegible]조 제4항은 '공정증서에 기입한 일자 또는 공무소에서 사문서에 어느 사항을 증명하고 [illegible]한 일자'를 확정일자로 한다고 규정하고 있다."

(2) 내 용

1) 제 3 자

제450조에서의 '제3자'는 그 채권에 관하여 양수인의 지위와 양립할 수 없는 법률상의 지위를 취득한 자만이 여기의 제3자에 해당된다.[385] 예컨대 채권을 압류 또는 가압류한 양도인의 채권자·채권의 이중양수인·채권의 질권자·채권의 양도인이 파산한 경우의 파산채권자 등이 이에 해당한다. 그러나 채권양도에 의하여 간접적으로 영향을 받을 수 있는 채무자의 채권자 등은 제3자에 해당하지 않는다. 그러한 자에 대해서는 대항요건이 없더라도 대항할 수 있다.[386]

2) 확정일자 있는 증서에 의한 통지·승낙

여기서 확정일자란 증서의 작성일자가 완전한 증거에 의해 법률상 인정되는 공적인 일자를 의미한다. 따라서 그 통지 또는 승낙은 공적인 일자에 의해 인정됨으로써 진실성이 보장되어 당사자가 후에 변경하는 것이 불가능한 확정된 일자를 가리킨다.[387]

---

385) 대법원 1983. 2. 22. 선고 81다134, 135, 136 판결 "지명채권양도에 있어서 확정일자있는 증서에 의한 통지나 승낙은 제3자에 대한 대항요건에 불과하고 채권양도의 유효요건은 아니며, 여기서 채무자 이외의 제3자라 함은 당해 채권에 관하여 양수인의 지위와 양립할 수 없는 법률상 지위를 취득한 자를 말하는 것이므로 당해 채권을 양수한 양수인에게까지 확정일자있는 증서에 의한 통지나 승낙이 대항요건으로 필요한 것은 아니라고 할 것이다."

386) 대법원 2005. 6. 23. 선고 2004다29279 판결 "[1] 피담보채권을 저당권과 함께 양수한 자는 저당권이전의 부기등기를 마치고 저당권실행의 요건을 갖추고 있는 한 채권양도의 대항요건을 갖추고 있지 아니하더라도 경매신청을 할 수 있으며, 채무자는 경매절차의 이해관계인으로서 채권양도의 대항요건을 갖추지 못하였다는 사유를 들어 경매개시결정에 대한 이의나 즉시항고절차에서 다툴 수 있고, 이 경우는 신청채권자가 대항요건을 갖추었다는 사실을 증명하여야 할 것이나, 이러한 절차를 통하여 채권 및 근저당권의 양수인의 신청에 의하여 개시된 경매절차가 실효되지 아니한 이상 그 경매절차는 적법한 것이고, 또한 그 경매신청인은 양수채권의 변제를 받을 수도 있다. [2] 채권양도의 대항요건의 흠결의 경우 채권을 주장할 수 없는 채무자 이외의 제3자는 양도된 채권 자체에 관하여 양수인의 지위와 양립할 수 없는 법률상 지위를 취득한 자에 한하므로, 선순위의 근저당권부채권을 양수한 채권자보다 후순위의 근저당권자는 채권양도의 대항요건을 갖추지 아니한 경우 대항할 수 없는 제3자에 포함되지 않는다."

387) 대법원 2010. 5. 13. 선고 2010다8310 판결 "지명채권의 양도는 이를 채무자에게 통지하거나 채무자의 승낙이 없으면 채무자 기타 제3자에 대항하지 못하고, 이 통지와 승낙은 확정일자 있는 증서에 의하지 아니하면 채무자 이외의 제3자에게 대항할 수 없다(민법 제450조). 여기서 '확정일자'란 증서에 대하여 그 작성한 일자에 관한 완전한 증거가 될 수 있는 것으로 법률상 인정되는 일자를 말하며 당사자가 나중에 변경하는 것이 불가능한 확정된

확정일자에는 공증인 또는 법원서기의 확정일자인이 있는 사문서상의 그 일자·공정증서에 기입한 일자·공무소에서 사문서에 어느 사항을 증명하고 기입한 일자(민법 부칙 제3조)·내용증명에 찍혀 있는 우체국의 소인 등이 있다. 판례가 인정하는 확정일자로는 공증인가 합동법률사무소의 확정일자 인증을 받은 경우,[388] 한국토지공사가 작성한 권리의무 승계계약서에 기입한 일자는 확정일자로 볼 수 있다고 하고, 확정일자가 기재된 판결서 즉 확정판결도 확정일자 있는 증서에 해당한다고 한다.[389]

여기서 '확정일자 있는 증서에 의한 통지·승낙'은 통지행위나 승낙행위 자체를 확정일자 있는 증서로 해야 한다는 의미이지 통지나 승낙이 있었음을 확정일자 있는 증서로 해야 할 필요는 없다.[390]

일자를 가리키고, '확정일자 있는 증서'란 위와 같은 일자가 있는 증서로서 민법 부칙(1958. 2. 22.) 제3조에 정한 증서를 말하며, 지명채권의 양도통지가 확정일자 없는 증서에 의하여 이루어짐으로써 제3자에 대한 대항력을 갖추지 못하였으나 그 후 그 증서에 확정일자를 얻은 경우에는 그 일자 이후에는 제3자에 대한 대항력을 취득한다."

388) 대법원 1986. 12. 9. 선고 86다카858 판결 "채권자가 채권양도통지서에 공증인가 합동법률사무소의 확정일자 인증을 받아 그 자리에서 채무자에게 교부하였다면 하나의 행위로서 확정일자 인증과 채권양도 통지가 이루어진 것으로 보아 확정일자 있는 증서에 의한 채권양도의 통지가 있었다고 해석함이 타당하다."

389) 대법원 1999. 3. 26. 선고 97다30622 판결 "확정일자에 의하지 아니한 채권양도가 있은 후 채권양수인이 채무자를 상대로 제기한 양수금 청구소송에서 승소의 확정판결을 받으면, 이로써 채권의 양도인, 양수인 및 채무자가 통모하여 통지일 또는 승낙일을 소급하여 제3자의 권리를 침해하는 것이 불가능하게 되므로, 이 경우 그 확정일자가 기재된 판결서, 즉 확정판결은 민법 제450조 제2항, 부칙(1958. 2. 22. 법률 제471호) 제3조 제4항의 확정일자 있는 증서에 해당한다."

390) 대법원 2011. 7. 14. 선고 2009다49469 판결 "지명채권의 양수인과 양립할 수 없는 지위에 있는 제3자가 존재하는 경우에, 만일 제3자가 그러한 지위를 취득하기 전에 채권양수인이 민법 제450조 제2항에서 정한 '확정일자 있는 증서에 의한 통지나 승낙'이라는 대항요건 모두를 먼저 구비하였다면 채권양수인은 채권양도를 제3자에게 대항할 수 있는데, 여기서 '확정일자 있는 증서에 의한 통지나 승낙'은 통지나 승낙행위 자체를 확정일자 있는 증서로 하여야 한다는 것을 의미한다. 민법이 이처럼 '확정일자 있는 증서에 의한' 통지나 승낙을 갖추도록 하고 있는 취지는 채권의 양도인, 양수인 및 채무자가 통모하여 통지일 또는 승낙일을 소급함으로써 제3자의 권리를 침해하는 것을 방지하기 위한 것이다. 한편 '확정일자'는 민법 부칙(1958. 2. 22.) 제3조 등 법령에 의하여 확정일자로 인정되는 일자를 말하는 것이고, 위 부칙 제3조 제4항은 '공정증서에 기입한 일자 또는 공무소에서 사문서에 어느 사항을 증명하고 기입한 일자'를 확정일자로 한다고 규정하고 있다."; 대법원 2010. 5. 13. 선고 2010다8310 판결 "지명채권의 양도는 이를 채무자에게 통지하거나 채무자의 승낙이 없으면 채무자 기타 제3자에 대항하지 못하고, 이 통지와 승낙은 확정일자 있는 증서에 의하지 아니하면 채무자 이외의 제3자에게 대항할 수 없다(민법 제450조). 여기서

3) '대항하지 못한다.'의 의미

여기서 '대항하지 못한다.'는 동일한 채권에 대하여 양립할 수 없는 법률상의 지위를 취득한 자 상호간에 채권을 양수받았다고 하며 그 우선권을 주장할 수 없다는 의미이다. 예컨대 제3자가 2중양수인이라면 이 대항요건에 의하여 양수인과 2중양수인 중에 누가 채권에 대한 우선권을 취득하게 되는지가 결정된다. 즉 채권이 2중으로 양도된 경우, 제1양도에 관하여는 단순한 통지·승낙이 있었고 제2양도에 관하여는 확정일자 있는 증서에 의한 통지·승낙이 있었다면 제1양수인은 제2양수인에 대하여 자기의 채권을 주장할 수 없게 되고, 이때에는 제2양수인이 유일한 채권자로 된다.[391] 따라서 채무자는 제2양수인에 대하여만 변제의무를 지게 된다.[392] 그리고 2중양도의 경우에 제1양도·제2양도 모두에 관하여 단순 통지나 승낙만이 있었던 경우에는 먼저 통지·승낙이 있는 양수인이 우선한다.[393] 한편 2중양도에서 제1양도·제2양도 모두에 관하여 확정일자 있는 통지나 승낙이 있었던 경우에는 채권양도에 대한 채무자의 인식시, 즉 양도통지가 도달한 일시 또는 승낙의 일시의 선후에 의할 것이라는 것이 판례의 입장이다.[394]

'확정일자'란 증서에 대하여 그 작성한 일자에 관한 완전한 증거가 될 수 있는 것으로 법률상 인정되는 일자를 말하며 당사자가 나중에 변경하는 것이 불가능한 확정된 일자를 가리키고, '확정일자 있는 증서'란 위와 같은 일자가 있는 증서로서 민법 부칙(1958. 2. 22.) 제3조에 정한 증서를 말하며, 지명채권의 양도통지가 확정일자 없는 증서에 의하여 이루어짐으로써 제3자에 대한 대항력을 갖추지 못하였으나 그 후 그 증서에 확정일자를 얻은 경우에는 그 일자 이후에는 제3자에 대한 대항력을 취득한다."; 대법원 2006. 9. 14. 선고 2005다45537 판결 "양도통지가 확정일자 없는 증서에 의하여 이루어짐으로써 제3자에 대한 대항력을 갖추지 못하였더라도 확정일자 없는 증서에 의한 양도통지나 승낙 후에 그 증서에 확정일자를 얻은 경우 그 일자 이후에는 제3자에 대한 대항력을 취득하는 것인바, 확정일자 제도의 취지에 비추어 볼 때 원본이 아닌 사본에 확정일자를 갖추었다 하더라도 대항력의 판단에 있어서는 아무런 차이가 없다." 참조.

391) 대법원 2013. 6. 28. 선고 2011다83110 판결 "채권이 이중으로 양도된 경우 양수인 상호간의 우열은 확정일자 있는 양도통지가 채무자에게 도달한 일시 또는 확정일자 있는 승낙의 일시의 선후에 의하여 결정하여야 하고, 확정일자 있는 증서에 의하지 아니한 통지나 승낙이 있는 채권양도의 양수인은 확정일자 있는 증서에 의한 통지나 승낙이 있는 채권양도의 양수인에게 대항할 수 없다."

392) 대법원 1972. 1. 31. 선고 71다2697 판결 "이중의 채권양도가 있는 경우에 확정일자 있는 증서에 의한 통지를 한 채권양수인만이 채권양수에 의한 적법한 채권자가 된다 할 것이고 채무자는 위의 채권자에게만 채무변제의 의무가 있으며 그 결과 확정일자 있는 증서에 의하지 아니한 채무자의 승낙 있는 채권양도에 있어서의 채권양수인에 대하여는 채무변제의 의무가 없게 되는 것이다."

393) 대법원 1971. 12. 28. 선고 71다2048 판결 참조.

제3관 증권적 채권의 양도

Ⅰ. 증권적 채권의 의의

증권적 채권은 채권의 성립·존속·양도·행사 등이 그 채권에 표창(表彰)되어 있는 증권(증서)에 의하여 행해지는 채권을 말한다. 이 증권(증서)은 일종의 유가증권이다.

증권적 채권에는 채권자를 정하는 방법에 따라 기명채권·지시채권·무기명채권·지명소지인출급채권 등 네 가지가 있다. 민법은 이 중에서 기명채권에 대하여는 규정하고 있지 않다. 기명채권은 실제로 거의 유통되지 않고 있으며, 증권상에 지정되어 있는 채권자에게 변제하여야 하는 채권으로서 유통성이 거의 없기 때문이다.

증권적 채권은 원래 불특정 다수인에게 양도되어 전전유통되는 것을 그 생명으로 하기 때문에 유통증권이라고 하고, 따라서 거래의 안전이 가장 중요한 내용을 이루고 있다.

증권적 채권은 상법·어음법·수표법의 우선적용을 받기 때문에 민법이 적용되는 경우는 거의 없다. 따라서 민법의 지시채권에 관한 규정은 실제적으로 그 존재의의를 찾아보기 어렵다.

---

394) 대법원 1994. 4. 26. 선고 93다24223 전원합의체 판결 "채권이 이중으로 양도된 경우의 양수인 상호간의 우열은 통지 또는 승낙에 붙여진 확정일자의 선후에 의하여 결정할 것이 아니라, 채권양도에 대한 채무자의 인식, 즉 확정일자 있는 양도통지가 채무자에게 도달한 일시 또는 확정일자 있는 승낙의 일시의 선후에 의하여 결정하여야 할 것이고, 이러한 법리는 채권양수인과 동일 채권에 대하여 가압류명령을 집행한 자 사이의 우열을 결정하는 경우에 있어서도 마찬가지이므로, 확정일자 있는 채권양도 통지와 가압류결정 정본의 제3채무자(채권양도의 경우는 채무자)에 대한 도달의 선후에 의하여 그 우열을 결정하여야 한다."; 대법원 2013. 6. 28. 선고 2011다83110 판결 "채권이 이중으로 양도된 경우 양수인 상호 간의 우열은 확정일자 있는 양도통지가 채무자에게 도달한 일시 또는 확정일자 있는 승낙의 일시의 선후에 의하여 결정하여야 하고, 확정일자 있는 증서에 의하지 아니한 통지나 승낙이 있는 채권양도의 양수인은 확정일자 있는 증서에 의한 통지나 승낙이 있는 채권양도의 양수인에게 대항할 수 없다."

Ⅱ. 지시채권의 양도

1. 의 의

지시채권이란 특정인 또는 그가 지시하는 자에게 변제하여야 하는 증권적 채권을 말한다. 이에는 어음(어음법 제11조·제77조)·수표(수표법 제14조)·화물상환증(상법 제130조)·창고증권(상법 제157조)·선하증권(상법 제861조) 등이 있으며, 이들은 상법·어음법·수표법이 규정하는 전형적인 유가증권으로서 배서금지의 기재가 없는 한 법률상 당연히 지시채권이다.

2. 지시채권의 양도방법

지시채권은 그 증서에 배서하여 양수인에게 교부하는 방식으로 양도가 이루어진다(제508조). 증서의 배서·교부는 지시채권 양도의 대항요건이 아니고 성립요건 내지 효력발생요건이다. 여기서 배서란 채권양도의 의사표시를 증서에 기재하는 것이며, 교부란 증서의 점유를 이전하는 것을 말한다.

3. 배 서

(1) 배서의 방식

1) 배서의 원칙

배서는 증서의 이면에 하는 것이 보통이지만 반드시 그렇게 해야 하는 것은 아니다. 즉 보충지에 뜻을 기재하고 배서인이 서명 또는 기명날인함으로써 이루어질 수도 있다(제510조 제1항).

2) 배서의 모습

① **기명식 배서** 이는 배서의 원칙적인 모습으로 피배서인의 명칭을 기재하는 방식의 배서로서 정식배서 또는 완전배서라고 한다.

② **약식배서** 이는 배서에 피배서인의 명칭을 기재하지 않은 채 하는 백지식 배서이다(제510조 제2항). 이와 같은 약식배서를 받아 증권을 소지한 자는, 자기나 타인의 명칭을 피배서인으로 기재할 수도 있고, 약식으로 또는 타인을 피배서인으로 표시하여 다시 증서에 배서할 수도 있으며, 피배서인을 기재하지 않

고 배서 없이 증서를 제3자에게 교부하여 양도할 수도 있다(제511조).[395]

③ **환 배 서** 이는 지시채권의 바로 전의 채무자(발생인·배서인·보증인 등)에 대하여 다시 배서하는 방식이다(제509조 제1항). 채무자가 지시채권을 환배서에 의하여 양수하더라도 채권은 혼동으로 소멸하지 않으며(제507조 참조), 그 채무자는 다시 배서하여 이를 양도할 수 있다(제509조 제2항).

④ **소지인출급배서** 이는 무기명식배서 또는 약식배서로서 증권의 소지인에게 지급할 뜻을 기재한 배서를 말한다. 이러한 배서는 약식배서와 같은 효력이 있다(제512조).

3) 배서의 효력

① **권리 이전적 효력** 배서와 교부를 함으로써 증서상의 권리가 이전되는 효력이 발생한다. 즉 지시채권은 증서에 배서하여 이를 양수인에게 교부함으로써 양수인에게 권리가 이전된다(제508조).

② **자격 수여적 효력** 배서의 연속으로 피배서인으로 되어 있는 자가 증서를 소지하고 있으면 채권자로서의 자격이 인정되는 것이다. 이를 자격수여적 효력이라고 한다(제513조 제1항 제1문). 최후의 배서가 약식인 때에는 증서의 점유자를 적법한 소지인으로 본다(제513조 제1항 제2문). 그리고 약식배서 다음에 다른 배서가 있으면 그 배서인은 약식배서로 증서를 취득한 것으로 본다(제513조 제2항). 나아가 말소된 배서는 배서의 연속에 관하여는 그 기재가 없는 것으로 본다(제513조 제3항).

③ **담보적 효력** 어음법(제15조·제17조)·수표법(제18조)과는 달리 배서에 담보적 효력은 인정되지 않는다.

395) 대법원 2006. 12. 7. 선고 2004다35397 판결 "수취인이 백지인 백지어음으로 발행된 기업어음(CP) 또는 백지식배서에 의하여 취득한 기업어음을 매입한 종합금융회사가 이를 고객에게 매도하면서 실물에 갈음하여 그 기업어음의 내용 및 보관의 취지를 기재한 보관통장을 교부하는 경우, 수취인이 백지인 백지어음 또는 백지식배서에 의하여 취득한 어음은 배서에 의하지 않고 어음의 교부만으로 양도할 수 있고, 또한 유가증권의 교부에도 동산의 경우에 인정되는 간이인도, 점유개정, 목적물반환청구권의 양도 등의 관념화된 방법이 인정된다는 점에 비추어, 고객은 점유개정의 방법으로 위 기업어음을 교부받은 것이 되어 어음상의 권리를 취득한다."

4. 양수인의 보호

증권적 채권의 특징은 전전유통성이 확보되어 거래의 안전이 중요하다는 점이다. 따라서 양수인을 보호하고 그 유통성을 확보하기 위하여 민법은 다음의 두 제도를 규정하고 있다.

(1) 선의취득

증서의 소지인이 그 증서를 무권리자로부터 취득한 경우에도 그 소지인이 양도인에게 권리가 없음을 몰랐고(선의) 또 알지 못한 데 중대한 과실이 없으면 그 증서상의 권리를 취득한다(제514조). 소지인의 선의·무중과실은 소지인이 증명할 필요가 없으며, 선의취득을 인정하지 않는 자가 악의 또는 중과실을 주장·증명하여야 한다(제514조 단서 참조).

(2) 인적 항변의 제한

지시채권의 채무자는 소지인의 전자에 대한 인적 관계의 항변으로 소지인에게 대항하지 못한다(제515조 본문). 따라서 인적 항변은 그 배서인에게만 대항할 수 있다. 그러나 소지인이 그 채무자를 해함을 알고 지시채권을 취득한 때에는 채무자는 인적 항변으로도 소지인에게 대항할 수 있다(제515조 단서).

5. 채무자의 보호

증권적 채권은 전전유통되기 때문에 채무자는 증권의 배서 또는 교부당시에는 누가 최종적인 소지인(채권자)이 될지에 대해서 알지 못한다. 따라서 지시채권의 채무자는 배서의 연속 여부를 조사할 의무가 있으며, 배서인의 서명 또는 날인의 진위나 소지인 진위를 조사할 권리는 있으나 의무는 없다(제518조 본문). 따라서 채무자가 그 진위를 조사하지 않은 채 진정한 권리자가 아닌 자에게 변제를 하더라도 유효하다. 다만 채무자가 변제하는 때에 소지인이 권리자 아님을 알았거나 중대한 과실로 알지 못한 때에는 그 변제는 무효이다(제518조 단서).

6. 증권의 멸실·상실

지시채권의 증권이 멸실하거나 소지인의 분실 또는 도난 등으로 점유를 이탈

한 경우에는 최종 소지인은 공시최고의 절차에 의하여 제권판결을 받아 그 증권을 무효로 할 수 있다(제521조). 법원은 공시최고의 신청이 있는 때에는 채무자로 하여금 채무의 목적물을 공탁하게 할 수 있고, 소지인이 상당한 담보를 제공하면 변제하게 할 수 있다(제522조).

Ⅲ. 무기명채권의 양도

무기명채권이란 채권자가 특정되어 있지 않아 증권(증서)의 정당한 소지인에게 변제하면 책임을 면하는 증권적 채권이다. 이에는 무기명사채·무기명식 수표 등의 상법·수표법상의 유가증권, 상품권·철도승차권·극장의 입장권·양도성예금증서[396] 등이 있다.

무기명채권의 양도는 배서를 요하지 않기 때문에 양수인에게 그 증서를 교부함으로써 양도의 효력이 생긴다(제523조). 그리고 무기명채권의 법적 성질은 지시채권과 다를 바 없어 배서를 제외한 지시채권의 양도에 관한 규정(제514조 내지 제522조)은 무기명채권에도 그대로 준용된다(제524조).

Ⅳ. 지명소지인출급채권의 양도

지명소지인출급채권은 증권에 특정한 채권자를 지명하는 한편 그 증서의 소지인에 대하여도 변제할 수 있다는 뜻을 기재한 증권을 말한다. 이는 결국 증권의 소지인이 권리를 행사하게 되기 때문에 무기명채권과 같은 효력을 가진다(제525조).

Ⅴ. 면책증서

면책증서(면책증권)란 채무자가 증서의 소지인에게 선의로 변제를 하면 소지인

396) 대법원 2000. 3. 10. 선고 98다29735 판결 "양도성예금증서는 시중은행이 발행한 무기명 할인식으로 발행되는 유가증권으로서 그 권리의 이전 및 행사에 증서의 소지를 요하므로, 양도성예금증서가 실제로 발행된 바 없다면 고객이 이를 매입한다는 명목으로 은행 직원에게 그 자금을 제공한 것만으로는 고객과 은행 간에 양도성예금증서에 관한 매매계약은 성립할 수 없다."

이 정당한 권리자가 아닌 경우에도 면책되는 효력이 인정되는 증서를 말한다. 채무자로서는 권리자가 누가인지 구별하기 쉽지 않은 경우에 면책증서를 발행함으로써 선의의 변제를 보호받게 된다. 예컨대 호텔의 휴대품예치증, 철도고객에 대한 수화물상환증, 음식점의 휴대물 보관증 등이 있다. 면책증서가 발행된 경우에도 그 채권의 속성은 지명채권이기 때문에 배서·교부를 통해 권리를 양도할 수 없다. 따라서 지명채권양도의 방법에 의하여 양도하여야 한다. 면책증서는 유가증권이 아니기 때문에 증서가 발행된 경우에도 보통의 지명채권에 불과하다. 그러나 면책증서는 성질상 채권의 증명이 증서에 의존하는 정도가 강하기 때문에 증서의 소지인에게 변제하면 채무자는 면책된다. 따라서 민법은 지시채권에 관한 일부규정(제516조·제517조·제520조·제526조)을 면책증서에서 준용하고 있다.

제2절 채무의 인수

Ⅰ. 채무인수 총설

1. 의 의

채무인수란 채무의 동일성을 유지하면서 채무가 종전의 채무자로부터 제3자, 즉 인수인에게 이전시키는 계약이다(제453조 제1항). 이 경우에는 채권자의 승낙이 필요하다(제454조). 이러한 채무인수가 있으면 종전의 채무자는 채무를 면하고 인수인이 새롭게 채무자가 된다. 이를 면책적 채무인수라고 한다.

채무의 이전은 법률의 규정에 의하여 이루어지는 경우도 있으나(예, 상속(제1005조)·포괄유증(제1078조)·합병(상법 제235조)·임대목적물의 취득자의 임대인지위 승계(제621조) 등) 대부분 계약에 의한 경우가 많다. 채무인수는 채무의 동일성이 유지된다는 점에서 채무자의 변경으로 인해 종전의 채무가 소멸하는 경개(제501조)와 다르다.

2. 채무인수의 법적 성질

(1) 낙성·불요식계약

채무인수는 채권자와 채무인수인 사이에서 구두·서면에 의하여 이루어지는 낙성·불요식계약이다.

(2) 처분행위

우선 채권자와 인수인 사이의 계약으로 성립하는 경우에는 그 성립시에 효력이 생기다(제453조 제1항 본문). 그리고 채무자와 인수인 사이의 계약으로 성립하는 경우에는 채권자의 승낙을 조건으로 하여 그 성립시에 효력이 생긴다(제454조 제1항·제457조 본문). 이렇게 채무인수가 성립하면 그 자체로써 채무가 인수인에게 이전되기 때문에 이행의 문제가 남지 않기 때문에 채무인수는 처분행위로 본다. 즉 채무인수가 성립하면 종전의 채무자는 채무자의 지위에서 벗어나게 되고, 채무의 동일성이 유지되면서 인수인이 채무자가 되어 채권자의 입장에서는 종전의 채무자에 대한 채권을 처분하는 것이 되기 때문에 채무인수는 채권양도와 마찬가지로 처분행위에 속한다.

Ⅱ. 채무인수의 요건

1. 인수될 채무에 대한 요건

(1) 유효한 채무가 존재하여야 함

채무인수가 성립하려면 먼저 인수대상인 채무가 유효하게 성립·존속하고 있어야 한다. 조건부·기한부 채무도 이미 성립된 채무로서 인수의 대상이 될 수 있고, 자연채무이거나 책임없는 채무, 장래의 채무라도 무관하다.

(2) 채무가 이전가능 하여야 함

채무인수가 성립하려면 채무가 이전할 수 있는 것이어야 한다. 채무의 성질에 따라서는 제3자에 의한 변제가 허용되기도 하고(제469조), 주는 급부처럼 결과의 실현에 목적이 있는 채무의 경우에는 제3자에 의한 급부가 있어도 동일한 결과를 가져오는 경우에, 제3자가 채무자의 채무를 인수하여 변제하는 것도 가능하다고 한다(제453조 제1항·제454조 제1항).

그러나 채무 가운데는 그 성질상 이전할 수 없는 것이 있다(제453조 제1항 단서). 즉 채무자가 변경되면 급부의 내용이 전혀 달라지는 채무(예, 유명배우의 영화출연채무·유명화가의 초상화를 그려줄 채무 등), 특정의 채무자와의 사이에서 결제되어야 할 채무(예, 상호계산에 계입된 채무) 등이 있다.

그리고 민법상 명문의 규정은 없지만 당사자의 의사표시에 의해 채무인수를 제한할 수 있다고 하는 것이 해석상 가능하다(통설). 다만 그 특약은 선의의 제3자에게 대항하지 못한다고 할 것이다(제449조 제2항 단서 참조).

2. 인수계약의 당사자

(1) 채권자와 인수인이 당사자로 되는 경우

1) 채무인수는 채권자와 제3자(인수인) 사이의 계약으로 성립하는 것이 기본적인 모습이다(제453조 제1항). 이 경우에는 채무자는 채무를 면하게 되어 이익을 얻기 때문에 채권자와 인수인 사이의 채무인수계약에 대하여 채무자의 동의를 받을 필요는 없다. 다만, 이해관계 없는 제3자는 채무자의 의사에 반하여 채무를 인수하지 못한다(제453조 제2항). 여기서 채무자의 의사에 반하는지 여부는 인수당시를 기준으로 하여 결정하여야 한다. 채무자의 의사에 반한다는 사실의 증명책임은 이를 주장하는 자가 부담한다는 것이 통설이며 판례의 입장이다.[397)]

2) 채무자와 아무런 이해관계 없는 제3자가 채무인수를 하게 되면 나중에 구상권문제로 인하여 채무자가 채권자에 대한 관계보다 더 불리하게 되는 경우가 있을 수 있기 때문에 제453조 제2항은 “이해관계 없는 제3자는 채무자의 의사에 반하여 채무를 인수하지 못한다.”고 제한하고 있다.

(2) 채무자와 인수인이 당사자로 되는 경우

1) 채무인수는 채무자와 인수인(제3자) 사이의 인수계약으로도 성립할 수 있다. 그러나 채무자가 변경되면 채무변제의 여부에 큰 변화가 생기게 되어 채권의 이행 여부가 달라지게 되므로 채권자에게 불이익이 생기지 않도록 하기 위하여 그의 승낙이 있어야 효력이 생기도록 하고 있다(제454조 제1항). 여기서 채권자의 승낙은 채무인수계약의 효력발생요건으로 본다.[398)]

---

397) 대법원 1966. 2. 22. 선고 65다2512 판결.

398) 대법원 1998. 11. 24. 선고 98다33765 판결 “채무인수의 효력이 생기기 위하여 채권자의 승낙을 요하는 것은 면책적 채무인수의 경우에 한하고, 채무인수가 면책적인가 중첩적인가 하는 것은 채무인수계약에 나타난 당사자 의사의 해석에 관한 문제이다.”; 대법원 2013. 9. 13. 선고 2011다56033 판결 “[1] 채무자와 인수인의 합의에 의한 중첩적 채무인수는 일종의 제3자를 위한 계약이라고 할 것이므로, 채권자는 인수인에 대하여 채무이행을 청구하거나 기타 채권자로서의 권리를 행사하는 방법으로 수익의 의사표시를 함으로써 인수인에 대하여 직접 청구할 권리를 갖게 된다. 이러한 점에서 채무자에 대한 채권을 상실시키는 효과가 있는 면책적 채무인수의 경우 채권자의 승낙을 계약의 효력발생요건으로 보아야 하는 것과는 달리, 채무자와 인수인의 합의에 의한 중첩적 채무인수의 경우 채권자의 수익의 의사표시는 그 계약의 성립요건이나 효력발생요건이 아니라 채권자가 인수인에 대하여 채권을 취득하기 위한 요건이다. [2] 채무자와 인수인의 합의에 의한

그리고 채권자가 승낙을 거절한 때에는 위 계약은 채무인수로서 효력이 발생하지 않으나 이행인수로서의 효력은 생긴다고 할 것이다.[399]

2) 채권자의 승낙 또는 거절은 채무자나 인수인 가운데 누구에게 하여도 상관없다(제454조 제2항). 승낙은 명시적·묵시적으로 할 수 있다.[400] 그리고 채권자가 채무인수인에게 지급을 청구한 것은 묵시적인 승낙으로 본다.[401] 한편 부동산의 매수인이 매매목적물에 관한 임대차보증금 반환채무 등을 인수하는 한편 그 채무액을 매매대금에서 공제하기로 약정한 경우에서 만약 임대보증금반환채권의 회

중첩적 채무인수의 경우 채권자가 수익을 받지 않겠다는 의사표시를 하였다면 채권자는 인수인에 대하여 채권을 취득하지 못하고, 특별한 사정이 없는 한 사후에 이를 번복하고 다시 수익의 의사표시를 할 수는 없다고 할 것이지만, 인수인이 채권자에게 중첩적 채무인수라는 취지를 알리지 아니한 채 채무인수에 대한 승낙 여부만을 최고하여 채권자가 인수인으로부터 최고받은 채무인수가 채무자에 대한 채권을 상실하게 하는 면책적 채무인 것으로 잘못 알고 면책적 채무인수를 승낙하지 아니한다는 취지의 의사표시를 한 경우에는, 이는 중첩적 채무인수에 대하여 수익 거절의 의사표시를 한 것이라고 볼 수 없으므로, 채권자는 그 후 중첩적 채무인수 계약이 유효하게 존속하고 있는 한 수익의 의사표시를 하여 인수인에 대한 채권을 취득할 수 있다."

399) 대법원 2012. 5. 24. 선고 2009다88303 판결 "민법 제454조는 제3자가 채무자와 계약으로 채무를 인수하여 채무자의 채무를 면하게 하는 면책적 채무인수의 경우에 채권자 승낙이 있어야 채권자에 대하여 효력이 생긴다고 규정하고 있으므로, 채권자의 승낙이 없는 경우에는 채무자와 인수인 사이에서 면책적 채무인수 약정을 하더라도 이행인수 등으로서 효력밖에 갖지 못하며 채무자는 채무를 면하지 못한다. 그리고 계약당사자로서 지위 승계를 목적으로 하는 계약인수는 계약으로부터 발생하는 채권·채무 이전 외에 계약관계로부터 생기는 해제권 등 포괄적 권리의무의 양도를 포함하는 것으로서, 계약인수가 적법하게 이루어지면 양도인은 계약관계에서 탈퇴하게 되고, 계약인수 후에는 양도인의 면책을 유보하였다는 등 특별한 사정이 없는 한 잔류당사자와 양도인 사이에는 계약관계가 존재하지 않게 되며 그에 따른 채권채무관계도 소멸하지만, 이러한 계약인수는 양도인과 양수인 및 잔류당사자의 합의에 의한 삼면계약으로 이루어지는 것이 통상적이며 관계당사자 3인 중 2인의 합의가 선행된 경우에는 나머지 당사자가 이를 동의 내지 승낙하여야 그 효력이 생긴다."

400) 대법원 2015. 5. 29. 선고 2012다84370 판결 "임대차보증금 반환채무의 면책적 인수에 대한 임차인의 승낙은 반드시 명시적 의사표시에 의하여야 하는 것은 아니고 묵시적 의사표시에 의하여서도 가능하다. 그러나 임차인이 채무자인 임대인을 면책시키는 것은 그의 채권을 처분하는 행위이므로, 만약 임대차보증금 반환채권의 회수가능성 등이 의문시되는 상황이라면 임차인의 어떠한 행위를 임대차보증금 반환채무의 면책적 인수에 대한 묵시적 승낙의 의사표시에 해당한다고 쉽게 단정하여서는 아니 된다."

401) 대법원 1989. 11. 14. 선고 88다카29962 판결 "채무자와 인수인 사이의 계약에 의한 채무인수에 대하여 채권자는 명시적인 방법뿐만 아니라 묵시적인 방법으로도 승낙을 할 수 있는 것인데, 채권자가 직접 채무인수인에 대하여 인수채무금의 지급을 청구하였다면 그 지급청구로써 묵시적으로 채무인수를 승낙한 것으로 보아야 한다."

수가능성 등이 의문시되는 상황이라면 임차인의 어떠한 행위를 임대차보증금 반환채무의 면책적 인수에 대한 묵시적 승낙의 의사표시에 해당한다고 쉽게 단정해서는 안 된다고 하는 것이 판례의 입장이다.[402)]

3) 채무인수계약을 체결한 채무자와 제3자(인수인)는 채권자의 승낙 여부에 채무인수계약의 효력이 달려 있기 때문에 제455조 제1항에 의해 상당한 기간을 정하여 승낙 여부의 확답을 채권자에게 최고할 수 있으며, 채권자가 그 기간 내에 확답을 발송하지 아니하면 거절한 것으로 본다(제455조 제2항).

4) 채무자와 제3자(인수인) 사이의 계약에 의한 채무인수는 채권자의 승낙이 있기 전에는 그 효력이 발생하지 않기 때문에 채권자의 승낙이 있을 때까지 당사자는 이를 철회하거나 변경할 수 있다(제456조). 그러나 판례는 "채무자와 제3자와 채무인수계약을 채권자가 승낙한 바 있다면 그 뒤 채무인수인이 위 채무인수계약을 적법하게 취소하려면 채권자의 승낙이 있다든가 채권자가 위 인도계약을 승낙할 때에 채무인수인의 취소권유보를 승낙하였다든가의 특수한 사정이 있어야 한다."[403)]고 한다.

Ⅲ. 채무인수의 효과

1. 동일한 채무의 이전

(1) 채무인수가 있게 되면 채무는 그 동일성을 유지하면서 채무자로부터 인수인에게 이전되므로 채권자는 인수인에 대하여 채권을 행사할 수 있다. 채무의 동일성이 유지되기 때문에 채무뿐만 아니라 그 채무에 종속되는 채무도 함께 이전

402) 대법원 2015. 5. 29. 선고 2012다84370 판결 "[1] 부동산의 매수인이 매매목적물에 관한 임대차보증금 반환채무 등을 인수하는 한편 그 채무액을 매매대금에서 공제하기로 약정한 경우, 그 인수는 특별한 사정이 없는 이상 매도인을 면책시키는 면책적 채무인수가 아니라 이행인수로 보아야 하고, 면책적 채무인수로 보기 위해서는 이에 대한 채권자 즉 임차인의 승낙이 있어야 한다. [2] 임대차보증금 반환채무의 면책적 인수에 대한 임차인의 승낙은 반드시 명시적 의사표시에 의하여야 하는 것은 아니고 묵시적 의사표시에 의하여서도 가능하다. 그러나 임차인이 채무자인 임대인을 면책시키는 것은 그의 채권을 처분하는 행위이므로, 만약 임대차보증금 반환채권의 회수가능성 등이 의문시되는 상황이라면 임차인의 어떠한 행위를 임대차보증금 반환채무의 면책적 인수에 대한 묵시적 승낙의 의사표시에 해당한다고 쉽게 단정하여서는 아니 된다."

403) 대법원 1962. 5. 17. 선고 62다161 판결.

된다(예, 변제기가 도래하지 않은 기본적 이자채무·손해배상액의 예정 등과 같은 위약금채무 등). 그리고 인수되는 채무가 연대채무·불가분채무인 경우에는 그 성질이 그대로 이전된다. 또한 채무인수가 있게 되면 새로운 채무자가 된 인수인이 채무를 승인한 것이 되어 채무의 소멸시효가 중단된다.

(2) 채무가 이전되는 시기는 채무인수가 준물권행위로서 효력을 발생하는 때이다. 즉 채무인수계약이 효력을 발생하는 때에 채무가 인수인에게 이전된다. 채무자와 인수인 사이의 채무인수계약으로 인한 채무인수의 경우에는 채권자의 승낙으로 채무인수의 효력이 생기나, 승낙의 효력은 다른 의사표시가 없으면 채무자·인수인 사이의 채무인수계약 당시로 소급한다(제454조 제1항). 즉 소급효가 인정된다. 그러나 이 승낙의 소급효는 제3자의 권리를 해하지 못한다(제457조 단서).

2. 항변권의 이전

(1) 채무인수인은 채무인수로 인하여 종전의 채무자보다 더 불리해지면 안 된다. 따라서 인수인은 종전 채무자가 항변할 수 있는 사유로 채권자에게 대항할 수 있다(제458조). 그 결과 인수인은 채무의 성립·존속 또는 이행을 저지 또는 배척하는 모든 사유를 주장할 수 있다.

(2) 채무의 발생원인이 되는 계약의 취소권·해제권 및 상계권은 이전하지 않는다. 이러한 권리는 계약당사자만이 가지는 권리이므로 인수인은 계약당사자의 지위를 승계하는 계약인수를 한 것이 아니라 특정 채무만을 승계한 것이기 때문에 위와 같은 권리를 행사할 수 없다. 다만 종전 채무자가 이를 행사한 경우에 한하여 인수인은 채무불성립 또는 채무소멸의 항변권을 주장할 수 있다.

(3) 또한 인수인은 종전 채무자가 가지고 있는 채권자에 대한 반대채권으로 인수한 채무를 상계하지 못한다. 반대채권은 종전 채무자의 권리에 속하는 것으로 타인의 채권을 처분하는 것이 되기 때문이다.

(4) 채무인수에서 인수인과 채무자 사이의 원인관계로부터 발생한 항변사유는 채권자가 채무인수를 승낙한 이후에는 채권자에게 대항하지 못한다. 즉 항변의 절단이 이루어진다고 본다.[404)]

3. 종된 채무와 담보의 존속여부

(1) 채무인수가 있게 되면 위약금채무, 변제기가 되지 않은 이자채무 등의 종된 채무는 함께 이전된다.

(2) 전 채무자의 채무에 부종하는 담보 중 법정담보권(유치권·법정질권·법정저당권 등)은 채무인수에 영향을 받지 않는다. 그에 반하여 약정담보는 담보제공자가 채무자인가 제3자인가에 따라 달라진다. 먼저 채무자가 설정한 담보(이는 언제나 물적담보이다)에 관하여는 민법상 명문의 규정은 없다. 그러나 채권자·인수인 사이의 채무인수의 경우에는 소멸하고, 채무자·인수인 사이의 채무인수의 경우에는 제459조 단서를 유추하여 존속한다고 보아야 한다(통설).

그리고 제3자가 제공한 담보는 그것이 보증이든 물상보증이든 채무인수로 인하여 모두 소멸하는 것이 원칙이다(제459조 본문).[405)]

Ⅳ. 채무인수와 유사한 제도

1. 병존적 채무인수

(1) 의 의

1) 병존적 채무인수란 채권자와 채무자 사이의 종래의 채권채무관계를 그대로 유지하면서 제3자가 새로운 채무자로 가입하여 종래의 채무자와 함께 동일한 내용의 채무를 부담하는 계약을 말한다. 이를 중첩적 채무인수라고도 한다.

병존적 채무인수는 면책적 채무인수와 달리 종래의 채무자가 채무를 면하지 않고 인수인이 그와 별도로 같은 내용의 채무를 부담하게 되어 두 채무가 병존하

---

404) 대법원 1966. 11. 29. 선고 66다1861 판결 "채무인수계약은 구 채무자의 채무의 동일성을 유지하면서 신 채무자가 이를 부담하는 것이므로 특별한 의사표시가 없으면 채무인수자의 구 채무자에 대한 항변사유로서는 채권자에게 대항할 수는 없다고 해석된다."

405) 대법원 2005. 10. 28. 선고 2005다28273 판결 "회사정리절차에서 제3자가 주채무를 면책적으로 인수하는 내용의 정리계획이 인가·확정되었다고 하더라도, 그 채무인수 자체에 의하여 채권에 대한 실질적인 만족을 얻은 것으로는 볼 수 없는 것이므로, 회사정리법 제240조 제2항에 따라 보증인의 책임 범위에는 아무런 영향이 없다고 할 것이고, 한편 면책적 채무인수에 있어 보증책임의 소멸을 규정하고 있는 민법 제459조는 이 경우 그 적용이 배제된다."

게 된다. 이렇게 병존적 채무인수는 종래의 채무자가 여전히 채무자로 남아 있으면서 새로운 인수인이 추가되어 채무자로 가입하는 형태로서 엄격한 의미에서는 채무인수가 아니며, 기능면에서 보증채무나 연대채무와 같이 담보로서의 기능을 담당한다. 실제 거래계에서는 면책적 채무인수보다 병존적 채무인가 더 많이 이용된다고 한다.

2) 채무인수가 면책적 채무인수인지 병존적 채무인수인지는 계약의 해석에 의하여 해결될 문제이다.[406] 그러나 불분명한 경우에는 병존적 채무인수로 해석해야 한다고 한다. 왜냐하면 면책적 채무인수의 경우에는 주채무자가 채무를 면하게 되는 만큼 그것의 인정은 신중해야 하기 때문이다(통설). 판례도 같은 입장이다.[407] 금전소비대차계약으로 인한 채무에 관하여 제3자가 채무자를 위하여 어음이나 수표를 발행하는 것은 특별한 사정이 없는 한 동일한 채무를 중첩적으로 인수한 것으로 봄이 타당하다는 것이 판례의 입장이다.[408]

---

406) 대법원 1998. 11. 24. 선고 98다33765 판결 "채무인수의 효력이 생기기 위하여 채권자의 승낙을 요하는 것은 면책적 채무인수의 경우에 한하고, 채무인수가 면책적인가 중첩적인가 하는 것은 채무인수계약에 나타난 당사자 의사의 해석에 관한 문제이다."

407) 대법원 2002. 9. 24. 선고 2002다36228 판결 "채무인수가 면책적인가 중첩적인가 하는 것은 채무인수계약에 나타난 당사자 의사의 해석에 관한 문제이고, 채무인수에 있어서 면책적 인수인지, 중첩적 인수인지가 분명하지 아니한 때에는 이를 중첩적으로 인수한 것으로 볼 것이다."; 대법원 2013. 9. 13. 선고 2011다56033 판결 "[1] 채무자와 인수인의 합의에 의한 중첩적 채무인수는 일종의 제3자를 위한 계약이라고 할 것이므로, 채권자는 인수인에 대하여 채무이행을 청구하거나 기타 채권자로서의 권리를 행사하는 방법으로 수익의 의사표시를 함으로써 인수인에 대하여 직접 청구할 권리를 갖게 된다. 이러한 점에서 채무자에 대한 채권을 상실시키는 효과가 있는 면책적 채무인수의 경우 채권자의 승낙을 계약의 효력발생요건으로 보아야 하는 것과는 달리, 채무자와 인수인의 합의에 의한 중첩적 채무인수의 경우 채권자의 수익의 의사표시는 그 계약의 성립요건이나 효력발생요건이 아니라 채권자가 인수인에 대하여 채권을 취득하기 위한 요건이다. [2] 채무자와 인수인의 합의에 의한 중첩적 채무인수의 경우 채권자가 수익을 받지 않겠다는 의사표시를 하였다면 채권자는 인수인에 대하여 채권을 취득하지 못하고, 특별한 사정이 없는 한 사후에 이를 번복하고 다시 수익의 의사표시를 할 수는 없다고 할 것이지만, 인수인이 채권자에게 중첩적 채무인수라는 취지를 알리지 아니한 채 채무인수에 대한 승낙 여부만을 최고하여 채권자가 인수인으로부터 최고받은 채무인수가 채무자에 대한 채권을 상실하게 하는 면책적 채무인 것으로 잘못 알고 면책적 채무인수를 승낙하지 아니한다는 취지의 의사표시를 한 경우에는, 이는 중첩적 채무인수에 대하여 수익 거절의 의사표시를 한 것이라고 볼 수 없으므로, 채권자는 그 후 중첩적 채무인수 계약이 유효하게 존속하고 있는 한 수익의 의사표시를 하여 인수인에 대한 채권을 취득할 수 있다."

408) 대법원 1989. 9. 12. 선고 88다카13806 판결 "금전소비대차계약으로 인한 채무에 관하여 제3자가 채무자를 위하여 약속어음을 발행하는 것은 특별한 사정이 없는 한 동일한 채무를

(2) 병존적 채무인수의 요건

1) 병존적 채무인수의 대상이 될 수 있는 채무는 인수인(제3자)에 의해서도 이행될 수 있는 성질의 것이어야 한다. 따라서 전속적·불대체적 급부를 목적으로 하는 채무는 인수될 수 없다.

2) 병존적 인수계약의 당사자로서는 첫째, 채권자·채무자·인수인 등 세 사람의 3면계약으로 할 수 있다. 둘째, 채권자와 인수인 사이의 계약으로 할 수 있다. 그런데 면책적 채무인수는 이해관계 없는 제3자가 채무자의 의사에 반하여 채무인수를 할 수 없지만(제453조 제2항), 병존적 채무인수는 사실상 인적 담보의 기능을 수행하기 때문에 보증채무의 경우(제444조 제2항)에 준하여 채무자의 의사에 반하여서도 할 수 있다(통설). 판례도 같은 입장이다.[409] 셋째, 채무자와 인수인 사이의 계약에 의해서도 할 수 있다. 이 경우의 병존적 채무인수계약은 채권자로 하여금 직접 인수인에 대하여 채권을 취득하게 하는 것으로서 일종의 제3자를 위한 계약에 해당한다(통설). 판례도 같은 입장이다.[410] 따라서 채무자와 인수인 사이에

중첩적으로 인수한 것으로 봄이 타당하다."; 대법원 1998. 3. 13. 선고 97다52493 판결 "[1] 금전소비대차계약으로 인한 채무에 관하여 제3자가 채무자를 위하여 어음이나 수표를 발행하는 것은 특별한 사정이 없는 한 동일한 채무를 중첩적으로 인수한 것으로 봄이 타당하다. [2] 제3자가 대여금 채무를 지급하기 위하여 발행한 당좌수표를 채권자가 교부받았다거나 그 당좌수표를 채권자에게 발행한 이후 제3자가 매월 이자를 채권자에게 지급하여 왔다는 사정 등만으로는 제3자가 대여금 채무를 면책적으로 인수하였다거나 채권자가 채무자와 제3자 사이의 면책적 채무인수의 약정을 묵시적으로 승낙한 것으로 볼 수는 없다고 한 사례."

409) 대법원 1988. 11. 22. 선고 87다카1836 판결 "중첩적 채무인수는 채권자와 채무인수인과의 합의가 있는 이상 채무자의 의사에 반하여서도 이루어질 수 있다."

410) 대법원 2013. 9. 13. 선고 2011다56033 판결 "[1] 채무자와 인수인의 합의에 의한 중첩적 채무인수는 일종의 제3자를 위한 계약이라고 할 것이므로, 채권자는 인수인에 대하여 채무이행을 청구하거나 기타 채권자로서의 권리를 행사하는 방법으로 수익의 의사표시를 함으로써 인수인에 대하여 직접 청구할 권리를 갖게 된다. 이러한 점에서 채무자에 대한 채권을 상실시키는 효과가 있는 면책적 채무인수의 경우 채권자의 승낙을 계약의 효력발생 요건으로 보아야 하는 것과는 달리, 채무자와 인수인의 합의에 의한 중첩적 채무인수의 경우 채권자의 수익의 의사표시는 그 계약의 성립요건이나 효력발생요건이 아니라 채권자가 인수인에 대하여 채권을 취득하기 위한 요건이다. [2] 채무자와 인수인의 합의에 의한 중첩적 채무인수의 경우 채권자가 수익을 받지 않겠다는 의사표시를 하였다면 채권자는 인수인에 대하여 채권을 취득하지 못하고, 특별한 사정이 없는 한 사후에 이를 번복하고 다시 수익의 의사표시를 할 수는 없다고 할 것이지만, 인수인이 채권자에게 중첩적 채무인수라는 취지를 알리지 아니한 채 채무인수에 대한 승낙 여부만을 최고하여 채권자가 인수인으로부터 최고받은 채무인수가 채무자에 대한 채권을 상실하게 하는 면책적 채무인

채권자에게 채권을 취득시키는 합의가 행해져야 하고, 또 채권자의 수익의 의사표시가 있어야 한다(제539조 제2항). 주의할 것은 인수인이 채권자가 아닌 채무자에 대해서만 그가 인수한 채무를 변제할 의무만을 부담하기로 하는 경우에는 채권자가 직접 인수인에 대한 채권을 취득하는 것이 아니기 때문에 병존적 채무인수가 아니고 이행인수가 존재한다는 점이다.[411)]

것으로 잘못 알고 면책적 채무인수를 승낙하지 아니한다는 취지의 의사표시를 한 경우에는, 이는 중첩적 채무인수에 대하여 수익 거절의 의사표시를 한 것이라고 볼 수 없으므로, 채권자는 그 후 중첩적 채무인수 계약이 유효하게 존속하고 있는 한 수익의 의사표시를 하여 인수인에 대한 채권을 취득할 수 있다."

411) 대법원 1997. 10. 24. 선고 97다28698 판결 "[1] 제3자를 위한 계약이라 함은 통상의 계약이 그 효력을 당사자 사이에서만 발생시킬 의사로 체결되는 것과는 달리 계약 당사자가 자기들 명의로 체결한 계약에 의하여 제3자로 하여금 직접 계약 당사자의 일방에 대하여 권리를 취득하게 하는 것을 목적으로 하는 계약인바, 어떤 계약이 제3자를 위한 계약에 해당하는지 여부는 당사자의 의사가 그 계약에 의하여 제3자에게 직접 권리를 취득하게 하려는 것인지에 관한 의사해석의 문제로서 이는 계약 체결의 목적, 계약에 있어서의 당사자의 행위의 성질, 계약으로 인하여 당사자 사이 또는 당사자와 제3자 사이에 생기는 이해득실, 거래 관행, 제3자를 위한 계약제도가 갖는 사회적 기능 등 제반 사정을 종합하여 계약 당사자의 합리적 의사를 해석함으로써 판별할 수 있다. [2] 채무자와 인수인의 계약으로 체결되는 병존적 채무인수는 채권자로 하여금 인수인에 대하여 새로운 권리를 취득하게 하는 것으로 제3자를 위한 계약의 하나로 볼 수 있고, 이와 비교하여 이행인수는 채무자와 인수인 사이의 계약으로 인수인이 변제 등에 의하여 채무를 소멸케 하여 채무자의 책임을 면하게 할 것을 약정하는 것으로 인수인이 채무자에 대한 관계에서 채무자를 면책케 하는 채무를 부담하게 될 뿐 채권자로 하여금 직접 인수인에 대한 채권을 취득케 하는 것이 아니므로 결국 제3자를 위한 계약과 이행인수의 판별 기준은 계약 당사자에게 제3자 또는 채권자가 계약 당사자 일방 또는 인수인에 대하여 직접 채권을 취득케 할 의사가 있는지 여부에 달려 있다 할 것이고, 구체적으로는 계약 체결의 동기, 경위 및 목적, 계약에 있어서의 당사자의 지위, 당사자 사이 및 당사자와 제3자 사이의 이해관계, 거래 관행 등을 종합적으로 고려하여 그 의사를 해석하여야 한다."; 대법원 2018. 7. 12. 선고 2018다204992 판결 "계약은 일반적으로 그 효력을 당사자 사이에서만 발생시킬 의사로 체결되지만, 제3자를 위한 계약은 당사자가 자기들 명의로 체결한 계약으로 제3자로 하여금 직접 계약당사자의 일방에 대하여 권리를 취득하게 하는 것을 목적으로 하는 계약이다. 따라서 어떤 계약이 제3자를 위한 계약에 해당하는지는 당사자의 의사가 그 계약으로 제3자에게 직접 권리를 취득하게 하려는 것인지에 관한 의사해석의 문제로서, 계약 체결의 목적, 당사자가 한 행위의 성질, 계약으로 당사자 사이 또는 당사자와 제3자 사이에 생기는 이해득실, 거래 관행, 제3자를 위한 계약제도가 갖는 사회적 기능 등을 종합하여 계약당사자의 의사를 합리적으로 해석함으로써 판별할 수 있다."

(3) 병존적 채무인수의 효과

1) 종전 채무의 존속

병존적 채무인수가 있게 되면 기존의 채무는 소멸하지 않고 그대로 있게 되고 담보도 그대로 존속하게 된다. 따라서 종전의 채무자는 여전히 채무자로 채무를 변제할 책임을 지며, 인수인도 종전의 채무자와 마찬가지로 동일한 내용의 채무를 진다. 두 채무 중 어느 하나가 변제되면 두 채무는 모두 소멸하게 된다. 한편 인수인은 종전 채무자와 동일한 채무를 부담하므로 채무자가 채권자에 대하여 가지는 항변사유로써 채권자에게 대항할 수 있다.

2) 채무자와 인수인의 관계

병존적 채무인수에서 채무자와 인수인 사이의 관계는 인수인이 채무인수를 하는 방식에 따라서 살펴보아야 할 것이다. 즉 ① 채권자·채무자·인수인 사이의 3면계약으로 이루어지는가, ② 채무자와 인수인 사이의 계약으로 이루어진 후 채권자가 승낙한 경우로 이루어지는가, ③ 채권자와 인수인 사이의 계약으로 이루어지는가이다. 여기에서 ①과 ②의 경우에는 채무자와 인수인 사이의 주관적 공동관계(공동으로 채무를 변제하겠다는 의사의 합치)가 있는 것으로 보아 연대채무관계에 있다고 보아야 할 것이다. 그리고 인수인이 채무자의 부탁을 받지 아니하여 주관적 공동관계가 없는 경우에는 부진정연대관계에 있는 것으로 본다.[412] 한편 보험자의 채무인수는 피보험자의 부탁(보험계약·공제계약)에 따라 이루어지는 것이므로 보험자의 손해배상채무와 피보험자의 손해배상채무는 연대채무관계에 있다고 한다.[413]

---

412) 대법원 2009. 8. 20. 선고 2009다32409 판결 "중첩적 채무인수에서 인수인이 채무자의 부탁 없이 채권자와의 계약으로 채무를 인수하는 것은 매우 드문 일이므로 채무자와 인수인은 원칙적으로 주관적 공동관계가 있는 연대채무관계에 있고, 인수인이 채무자의 부탁을 받지 아니하여 주관적 공동관계가 없는 경우에는 부진정연대관계에 있는 것으로 보아야 한다."; 대법원 2014. 8. 20. 선고 2012다97420, 97437 판결 "중첩적 채무인수에서 인수인이 채무자의 부탁 없이 채권자와의 계약으로 채무를 인수하는 것은 매우 드문 일이므로 채무자와 인수인은 원칙적으로 주관적 공동관계가 있는 연대채무관계에 있고, 인수인이 채무자의 부탁을 받지 아니하여 주관적 공동관계가 없는 경우에는 부진정연대관계에 있는 것으로 보아야 한다."; 대법원 2014. 8. 26. 선고 2013다49428, 49435 판결 참조.

413) 대법원 2010. 10. 28. 선고 2010다53754 판결 "상법 제724조 제2항에 의하여 피해자에게 인정되는 직접청구권의 법적 성질은 보험자가 피보험자의 피해자에 대한 손해배상채무를 중첩적으로 인수한 결과 피해자가 보험자에 대하여 가지게 된 손해배상청구권이고, 중첩적

2. 이행인수

(1) 의 의

이행인수란 인수인이 채무자에 대하여 채무자의 채무를 이행할 것을 약정하는 채무자와 인수인 사이의 계약이다. 따라서 인수인이 채무자에 대하여 채무자의 채무를 이행할 의무를 지지만 채권자에 대해서는 지지 않는다.[414] 인수인이 대외적 관계에서는 채권자에게 이행의무를 직접 지지 않기 때문에, 채권자는 이행인수인에게 이행의 청구를 하지 못한다. 이에 반하여 인수인은 채무자에 대해서만 책임을 질 뿐, 채권자에게 직접 책임을 지지 않기 때문에 이행인수인이 채권자에게 변제하게 되면 이는 제3자의 변제가 된다(제469조).

(2) 이행인수의 요건

인행인수계약의 당사자는 채무자와 인수인이다. 그리고 이행인수계약의 대상이 되는 채무는 성질상 제3자에 의한 변제가 가능한 대체성이 있어야 한다.

(3) 이행인수의 효과

1) 채무자는 인수인에 대하여 채권자에게 변제할 것을 청구할 수 있고, 인수인은 채무자에 대해 채무자를 대신하여 채권자에게 이를 이행할 의무를 부담하게 된다. 그러나 인수인은 채권자에 대하여는 직접적으로 아무런 채무를 지지 않기 때문에 채권자는 인수인에게 채무의 이행을 청구할 수 없다.

2) 채무자는 이행인수인이 채권자에 대한 채무를 이행하지 않을 경우, 채무불이행을 이유로 이행인수계약을 해제할 수 있다.

채무인수에서 인수인이 채무자의 부탁으로 인수한 경우 채무자와 인수인은 주관적 공동관계가 있는 연대채무관계에 있는바, 보험자의 채무인수는 피보험자의 부탁(보험계약이나 공제계약)에 따라 이루어지는 것이므로 보험자의 손해배상채무와 피보험자의 손해배상채무는 연대채무관계에 있다."

414) 대법원 2016. 10. 27. 선고 2015다239744 판결 "이행인수는 채무자와 인수인 사이의 계약에 따라 인수인이 채권자에 대한 채무를 변제하기로 약정하는 것을 말한다. 이 경우 인수인은 채무자의 채무를 변제하는 등으로 면책시킬 의무를 부담하지만 채권자에 대한 관계에서 직접 이행의무를 부담하게 되는 것은 아니다. 한편 소멸시효 중단사유인 채무의 승인은 시효이익을 받을 당사자나 대리인만 할 수 있으므로 이행인수인이 채권자에 대하여 채무자의 채무를 승인하더라도 다른 특별한 사정이 없는 한 시효중단 사유가 되는 채무승인의 효력은 발생하지 않는다."

(4) 판례에 나타난 구체적 사례

1) 이행인수의 예

① "부동산의 매수인이 매매목적물에 관한 근저당권의 피담보채무를 인수하는 한편, 그 채무액을 매매대금에서 공제하기로 약정한 경우, 다른 특별한 약정이 없는 이상 이는 매도인을 면책시키는 채무인수가 아니라 이행인수로 보아야 하고, 매수인이 위 채무를 현실적으로 변제할 의무를 부담한다고 해석할 수 없으며, 특별한 사정이 없는 한 매수인은 매매대금에서 그 채무액을 공제한 나머지를 지급함으로써 잔금지급의무를 다하였다고 할 것이다."[415]

② "부동산의 매수인이 매매목적물에 관한 채무를 인수하는 한편 그 채무액을 매매대금에서 공제하기로 약정한 경우, 그 인수는 특별한 사정이 없는 한 매도인을 면책시키는 채무인수가 아니라 이행인수로 보아야 하고, 매수인은 매매계약시 인수한 채무를 현실적으로 변제할 의무를 부담하는 것은 아니며, 특별한 사정이 없는 한 매수인이 매매대금에서 그 채무액을 공제한 나머지를 지급함으로써 잔금지급의 의무를 다하였다 할 것이므로, 설사 매수인이 위 채무를 현실적으로 변제하지 아니하였다 하더라도 그와 같은 사정만으로는 매도인은 매매계약을 해제할 수 없는 것이지만, 매수인이 인수채무를 이행하지 아니함으로써 매매대금의 일부를 지급하지 아니한 것과 동일하다고 평가할 수 있는 특별한 사유가 있을 때에는 계약해제권이 발생한다. 그리고 위와 같은 '특별한 사정'이 있는지의 여부는, 매매계약의 당사자들이 그러한 내용의 매매계약에 이르게 된 경위, 매수인의 인수채무 불이행으로 인하여 매도인이 입게 되는 구체적인 불이익의 내용과 그 정도 등 제반 사정을 종합적으로 고려하여 '매매대금의 일부를 지급하지 아니한 것과 동일하다고 평가할 수 있는 경우'에 해당하는지 여부를 판단하여야 한다."[416]

③ "부동산의 매수인이 매매목적물에 관한 임대차보증금 반환채무 등을 인수하는 한편 그 채무액을 매매대금에서 공제하기로 약정한 경우, 그 인수는 특별한 사정이 없는 이상 매도인을 면책시키는 면책적 채무인수가 아니라 이행인수로 보아야 하고, 면책적 채무인수로 보기 위해서는 이에 대한 채권자 즉 임차인의 승낙이 있어야 한다(대법원 1995. 8. 11. 선고 94다58599 판결, 대법원 1997. 6. 24. 선고 97다

---

415) 대법원 2004. 7. 9. 선고 2004다13083 판결.
416) 대법원 2007. 9. 21. 선고 2006다69479, 69486 판결.

1273 판결, 대법원 2001. 4. 27. 선고 2000다69026 판결, 대법원 2006. 9. 22. 선고 2006다135 판결 참조). 이 경우 임차인의 승낙은 반드시 명시적 의사표시에 의하여야 하는 것은 아니고 묵시적 의사표시에 의하여서도 가능하다고 할 것이나, 주택의 임차인이 제3자에 대한 대항력을 갖추기 전에 임차주택의 소유권이 양도되어 당연히 양수인이 임대차보증금 반환채무를 면책적으로 인수한 것으로 볼 수 없는 경우 주택임차인의 어떠한 행위를 임대차보증금 반환채무의 면책적 인수에 대한 묵시적 승낙의 의사표시에 해당한다고 볼 것인지 여부는 그 행위 당시 임대차보증금의 객관적 회수가능성 등 제반 사정을 고려하여 신중하게 판단하여야 한다."[417)]

④ "부동산의 매수인이 매매목적물에 관한 임대차보증금 반환채무 등을 인수하는 한편 그 채무액을 매매대금에서 공제하기로 약정한 경우, 그 인수는 특별한 사정이 없는 이상 매도인을 면책시키는 면책적 채무인수가 아니라 이행인수로 보아야 하고, 면책적 채무인수로 보기 위해서는 이에 대한 채권자 즉 임차인의 승낙이 있어야 한다."[418)]

⑤ "부동산의 매수인이 매매목적물에 관한 근저당권의 피담보채무, 가압류채무, 임대차보증금 반환채무를 인수하는 한편 그 채무액을 매매대금에서 공제하기로 약정한 경우, 다른 특별한 사정이 없는 이상, 이는 매도인을 면책시키는 채무인수가 아니라 이행인수로 보아야 하고, 매수인이 그 채무를 현실적으로 변제할 의무를 부담한다고도 해석할 수 없으며, 특별한 사정이 없는 한 매수인이 매매대금에서 그 채무액을 공제한 나머지를 지급함으로써 잔금지급의무를 다한 것으로 보아야 하고, 또한 이 약정의 내용은 매도인과 매수인과의 계약으로 매수인이 매도인의 채무를 변제하기로 하는 것으로서 매수인은 제3자의 지위에서 매도인에 대하여만 그의 채무를 변제할 의무를 부담함에 그치며, 한편 이와 같이 부동산매매계약과 함께 이행인수계약이 이루어진 경우 매수인이 인수한 채무는 매매대금지급채무에 갈음한 것으로서 매도인이 매수인의 인수채무불이행으로 말미암아 또는 임의로 인수채무를 대신 변제하였다면 그로 인한 손해배상채무 또는 구상채무는 인수채무의 변형으로서 매매대금 지급채무에 갈음한 것의 변형으로 보아야 한다."[419)]

---

417) 대법원 2008. 9. 11. 선고 2008다39663 판결.
418) 대법원 2015. 5. 29. 선고 2012다84370 판결.
419) 대법원 2002. 5. 10. 선고 2000다18578 판결.

⑥ "부동산 매수인이 매매목적물에 설정된 근저당권의 피담보채무에 관하여 그 이행을 인수한 경우, 채권자에 대한 관계에서는 매도인이 여전히 채무를 부담한다고 하더라도, 매도인과 매수인 사이에서는 매수인에게 위 피담보채무를 변제할 책임이 있으므로, 매수인이 그 변제를 게을리하여 근저당권이 실행됨으로써 매도인이 매매목적물에 관한 소유권을 상실하였다면, 특별한 사정이 없는 한, 이는 매수인에게 책임 있는 사유로 인하여 소유권이전등기의무가 이행불능으로 된 경우에 해당하고, 거기에 매도인의 과실이 있다고 할 수는 없다."[420]

2) 병존적 채무인수의 예

① "임대아파트 매수인이 매도인과 체결한 약정에 따라 매도인으로부터 '임대아파트 각 세대에 대한 임대차보증금 반환채무'와 '은행에 대한 대출금 채무'를 인수하는 대신 매매대금에서 그 금액을 공제한 나머지 금원만을 매도인에게 지급한 뒤 임대아파트 각 세대의 소유권을 이전받아 매도인의 임대사업자 지위를 승계한 사안에서, 매수인이 위 대출금 채무를 인수한 것은 이행인수가 아닌 병존적 채무인수라고 본 사례"[421]

② "부동산을 매매하면서 매도인과 매수인 사이에 중도금 및 잔금은 매도인의 채권자에게 직접 지급하기로 약정한 경우, 그 약정은 매도인의 채권자로 하여금 매수인에 대하여 그 중도금 및 잔금에 대한 직접청구권을 행사할 권리를 취득케 하는 제3자를 위한 계약에 해당하고 동시에 매수인이 매도인의 그 제3자에 대한 채무를 인수하는 병존적 채무인수에도 해당한다고 본 사례."[422]

3) 병존적 채무인수와 이행인수의 구별기준

"[1] 제3자를 위한 계약이라 함은 통상의 계약이 그 효력을 당사자 사이에서만 발생시킬 의사로 체결되는 것과는 달리 계약 당사자가 자기들 명의로 체결한 계약에 의하여 제3자로 하여금 직접 계약 당사자의 일방에 대하여 권리를 취득하게 하는 것을 목적으로 하는 계약인바, 어떤 계약이 제3자를 위한 계약에 해당하는지 여부는 당사자의 의사가 그 계약에 의하여 제3자에게 직접 권리를 취득하게 하려는 것인지에 관한 의사해석의 문제로서 이는 계약 체결의 목적, 계약에 있어서의

420) 대법원 2008. 8. 21. 선고 2007다8464, 8471 판결.
421) 대법원 2010. 5. 13. 선고 2009다105222 판결.
422) 대법원 1997. 10. 24. 선고 97다28698 판결.

당사자의 행위의 성질, 계약으로 인하여 당사자 사이 또는 당사자와 제3자 사이에 생기는 이해득실, 거래 관행, 제3자를 위한 계약제도가 갖는 사회적 기능 등 제반 사정을 종합하여 계약 당사자의 합리적 의사를 해석함으로써 판별할 수 있다.

[2] 채무자와 인수인의 계약으로 체결되는 병존적 채무인수는 채권자로 하여금 인수인에 대하여 새로운 권리를 취득하게 하는 것으로 제3자를 위한 계약의 하나로 볼 수 있고, 이와 비교하여 이행인수는 채무자와 인수인 사이의 계약으로 인수인이 변제 등에 의하여 채무를 소멸케 하여 채무자의 책임을 면하게 할 것을 약정하는 것으로 인수인이 채무자에 대한 관계에서 채무자를 면책케 하는 채무를 부담하게 될 뿐 채권자로 하여금 직접 인수인에 대한 채권을 취득케 하는 것이 아니므로 결국 제3자를 위한 계약과 이행인수의 판별 기준은 계약 당사자에게 제3자 또는 채권자가 계약 당사자 일방 또는 인수인에 대하여 직접 채권을 취득케 할 의사가 있는지 여부에 달려 있다 할 것이고, 구체적으로는 계약 체결의 동기, 경위 및 목적, 계약에 있어서의 당사자의 지위, 당사자 사이 및 당사자와 제3자 사이의 이해관계, 거래 관행 등을 종합적으로 고려하여 그 의사를 해석하여야 한다.

[3] 부동산을 매매하면서 매도인과 매수인 사이에 중도금 및 잔금은 매도인의 채권자에게 직접 지급하기로 약정한 경우, 그 약정은 매도인의 채권자로 하여금 매수인에 대하여 그 중도금 및 잔금에 대한 직접청구권을 행사할 권리를 취득케 하는 제3자를 위한 계약에 해당하고 동시에 매수인이 매도인의 그 제3자에 대한 채무를 인수하는 병존적 채무인수에도 해당한다고 본 사례."[423]

3. 계약인수

(1) 의 의

계약인수란 인수인이 계약당사자의 지위를 그대로 인수받아 계약당사자의 지위에 서게 되는 것을 말한다. 이러한 계약인수가 있으면 종래 계약당사자 일방이 가지고 있던 권리·의무가 모두 그대로 승계인에게 이전된다. 예컨대 임대차계약에서 임대인이나 임차인의 지위를 인수하는 것이 있다. 이러한 계약인수는 계약당사자로서의 지위를 포괄적으로 승계하는 것으로 계약관계에서 발생하는 일체의 지위를 이전받게 된다.

423) 대법원 1997. 10. 24. 선고 97다28698 판결.

주택임대차보호법은 임차주택의 양수인은 임대인의 지위를 승계한 것으로 본다고 규정하고(동법 제3조 제2항), 상가건물임대차보호법도 마찬가지로 임차상가의 양수인은 임대인의 지위를 승계한다고 규정하고 있다(동법 제3조 제2항).

(2) 당 사 자

계약인수는 원래의 계약당사자와 양수인 사이의 3면계약으로 성립할 수 있다. 그러나 인적 요소가 문제되지 않는 계약의 경우에는 양도인·양수인의 합의와 남은 당사자의 동의 또는 승낙에 의하여서도 할 수 있다.[424]

(3) 계약인수의 효과

1) 계약인수가 성립하면 양도인은 계약관계에서 당사자로서의 지위에서 탈퇴하게 되고 인수인이 계약당사자로서의 지위를 그대로 승계한다.

2) 계약인수가 성립하면 그 계약에서 이미 발생한 채권·채무뿐만 아니라 장래에 발생할 채권·채무도 이전되며, 계약상의 취소권·해제권도 이전한다.[425]

---

424) 대법원 2007. 9. 6. 선고 2007다31990 판결 "계약 당사자로서의 지위 승계를 목적으로 하는 계약인수는 계약상 지위에 관한 양도인과 양수인 사이의 합의와 나머지 당사자가 이를 동의 내지 승낙하는 방법으로도 할 수 있으며, 나머지 당사자가 동의 내지 승낙을 함에 있어 양도인의 면책을 유보하였다는 등의 특별한 사정이 없는 한 양도인은 계약관계에서 탈퇴하고, 따라서 나머지 당사자와 양도인 사이에는 계약관계가 존재하지 아니하게 되어 그에 따른 채권채무관계도 소멸한다."; 대법원 2015. 5. 14. 선고 2012다41359 판결 "채권의 압류는 제3채무자에 대하여 채무자에게 지급 금지를 명하는 것이므로 채무자는 채권을 소멸 또는 감소시키는 등의 행위를 할 수 없고 그와 같은 행위로 채권자에게 대항할 수 없는 것이지만, 채권의 발생원인인 법률관계에 대한 채무자의 처분까지도 구속하는 효력은 없다. 그런데 계약 당사자로서의 지위 승계를 목적으로 하는 계약인수의 경우에는 양도인이 계약관계에서 탈퇴하는 까닭에 양도인과 상대방 당사자 사이의 계약관계가 소멸하지만, 양도인이 계약관계에 기하여 가지던 권리의무가 동일성을 유지한 채 양수인에게 그대로 승계된다. 따라서 양도인의 제3채무자에 대한 채권이 압류된 후 채권의 발생원인인 계약의 당사자 지위를 이전하는 계약인수가 이루어진 경우 양수인은 압류에 의하여 권리가 제한된 상태의 채권을 이전받게 되므로, 제3채무자는 계약인수에 의하여 그와 양도인 사이의 계약관계가 소멸하였음을 내세워 압류채권자에 대항할 수 없다."

425) 대법원 2011. 6. 23. 선고 2007다63089, 63096 전원합의체 판결 "계약당사자 중 일방이 상대방 및 제3자와 3면 계약을 체결하거나 상대방의 승낙을 얻어 계약상 당사자로서의 지위를 포괄적으로 제3자에게 이전하는 경우 이를 양수한 제3자는 양도인의 계약상 지위를 승계함으로써 종래 계약에서 이미 발생한 채권·채무도 모두 이전받게 된다."; 대법원 2007. 9. 6. 선고 2007다31990 판결 "계약 당사자로서의 지위 승계를 목적으로 하는 계약인수는 계약상 지위에 관한 양도인과 양수인 사이의 합의와 나머지 당사자가

3) 계약상의 지위를 전제로 한 권리관계만이 이전될 뿐 불법행위에 기한 손해배상청구권은 별도의 채권양도절차 없이 제3자에게 당연히 이전되는 것은 아니다.[426]

4. 계약가입

계약가입이란 병존적 채무인수가 인정되는 것처럼 종래의 계약당사자가 여전히 당사자로서의 지위를 유지한 채 제3자가 새로운 당사자로 추가되는 것을 말한다. 우리 민법은 민법상 이에 관한 규정은 두고 있지 않지만 계약자유의 원칙상 유효하다(통설). 판례도 같은 입장이다.[427] 이 경우 계약가입자는 계약당사자의 일방이 부담하는 채무에 대하여 종래의 계약당사자와 연대채무관계에 있게 된다. 그리고 계약당사자의 일방이 취득한 채권에 대하여 가입계약의 내용에 따라 종래의 계약당사자와 분할채권·연대채권 또는 채권의 준합유관계에 놓이게 된다.

이를 동의 내지 승낙하는 방법으로도 할 수 있으며, 나머지 당사자가 동의 내지 승낙을 함에 있어 양도인의 면책을 유보하였다는 등의 특별한 사정이 없는 한 양도인은 계약관계에서 탈퇴하고, 따라서 나머지 당사자와 양도인 사이에는 계약관계가 존재하지 아니하게 되어 그에 따른 채권채무관계도 소멸한다."

426) 대법원 2015. 7. 23. 선고 2012다15336, 15343, 15350, 15367, 15374, 15381, 15398, 15404 판결 "구 표시·광고의 공정화에 관한 법률(2011. 9. 15. 법률 제11050호로 개정되기 전의 것, 이하 '표시광고법'이라 한다)상 허위·과장광고로 인한 손해배상청구권은 불법행위에 기한 손해배상청구권의 성격을 가지는데, 계약상 지위의 양도에 의하여 계약당사자로서의 지위가 제3자에게 이전되는 경우 계약상 지위를 전제로 한 권리관계만이 이전될 뿐 불법행위에 기한 손해배상청구권은 별도의 채권양도절차 없이 제3자에게 당연히 이전되는 것이 아니므로, 표시광고법상 허위·과장광고로 인한 손해배상청구권을 가지고 있던 아파트 수분양자가 수분양자의 지위를 제3자에게 양도하였다는 사정만으로 양수인이 당연히 위 손해배상청구권을 행사할 수 있다고 볼 수는 없고, 다만 허위·과장광고를 그대로 믿고 허위·과장광고로 높아진 가격에 수분양자 지위를 양수하는 등으로 양수인이 수분양자 지위를 양도받으면서 허위·과장광고로 인한 손해를 입었다는 등의 특별한 사정이 있는 경우에만 양수인이 손해배상청구권을 행사할 수 있다."

427) 대법원 1996. 9. 24. 선고 96다25548 판결 "이른바 계약상 지위의 양도·양수, 계약인수 또는 계약가입 등은 민법상 명문의 규정이 없다고 하더라도 그 같은 계약이 인정되어야 할 것임은 계약 자유, 사법자치의 원칙에 비추어 당연한 귀결이나, 그 태양에 따라서 요건과 그 효과가 각기 다를 수 있어 이는 구체적 약관의 내용에 따라 해석하여야 한다."

제 6 장
채권의 소멸

제1절 총 설

Ⅰ. 채권소멸의 의의 및 원인

채권의 소멸이란 채권이 객관적으로 존재하지 않게 되는 것을 말한다. 채무자가 급부를 이행하여 채권의 내용을 실현하게 되면 채권은 목적을 달성하여 소멸하게 되는데 이를 변제라고 한다. 채권이 소멸하게 되는 경우는 변제 이외에도 대물변제·공탁·상계 등이 있고, 채권의 목적이 달성되지 않는 경우에도 채권이 소멸하는 경우가 있는데, 여기에는 경개·면제·혼동 등이 있다. 민법은 제3편 제1장 제6절에서 채권의 소멸원인으로 변제·대물변제·공탁·상계·경개·면제·혼동 등 일곱 가지에 대하여 그 요건과 효과를 규정하고 있다. 그 이외에도 채권은 채무자에게 책임 없는 이행불능, 목적의 소멸, 소멸시효의 완성, 채권의 존속기간의 만료 등에 의해서도 소멸한다. 이하에서는 민법 제3편 제1장 제6절에 규정되어 있는 7가지의 채권소멸원인에 대하여 살펴보기로 한다.

제2절 변 제

Ⅰ. 변제의 의의

변제란 채무자 또는 제3자가 채무의 내용인 급부를 실현하는 것을 말한다. 채무자의 이행이라는 측면에서는 채무의 이행이 되고, 채권의 소멸이라는 측면에서는 변제가 된다. 즉 변제는 채무의 이행과 그 실질에서는 같은 내용이다.

변제는 급부행위(이행행위)와 구별된다. 즉 급부행위가 선행되어야 변제가 이루어지게 되고, 급부행위가 있는 경우에도 급부의 결과가 실현되지 않는 경우도 있다. 즉 채권자가 수령을 거부하는 경우처럼 급부행위가 있더라도 급부의 결과가 실현되지 않을 수도 있기 때문에 변제와 급부행위는 반드시 같은 개념은 아니다. 적어도 개념상 이행행위는 변제의 수단에 지나지 않는다. 이행행위는 사실행위일 수도 있고(예, 노무의 제공·금전의 지급 등) 법률행위일 수도 있다(예, 제3자에의 매매). 이렇게 변제로 인정되기 위해서는 급부행위의 결과가 실현되어야 한다. 민법은 변제를 제공한 경우(제460조·제461조)에 채권자가 수령을 지체하여 채권의 소멸이 이루어지지 않는 경우에 대하여 채권자지체책임(제400조 내지 제403조)을 채권자에게 묻고 있다. 변제로 인정되기 위해서는 채무자가 임의로 이행을 하여야 한다(제469조).

Ⅱ. 변제의 법적 성질

변제의 법적 성질에 관하여는 독일 보통법시대부터 논란이 있어왔고 그 논의의 핵심은 변제에 변제의사 및 변제수령의사가 필요한가였다. 그러면서 학설은 법률행위설·준법률행위설·절충설로 다투어지고 있었지만 오늘날에는 변제가 법률행위가 아니라는 데는 일치된 것으로 보인다. 다만 오늘날의 학설은 구체적인 모습에서 약간의 차이를 보이고 있다. 즉 ① 준법률행위설의 견해는 변제는 법률행위가 아니고 준법률행위라고 본다.[428] ② 사실행위설의 견해는 급부행위와 변제를 별개의 개념으로 구별하여 변제가 채무소멸원인이 되는 것은 급부행위와 관계없이 채무의 내용에 좇은 급부가 있을 때에 채권의 목적달성이라는 객관적 사실이 성립하여 채권이 소멸하는 것이기 때문에 사실행위라고 보는 것이 타당하다고 본다.[429] ③ 목적적 급부실현설의 견해는 변제를 위해서 변제의사는 필요하지 않지만 사실적 급부실현만으로는 부족하며, 급부자가 자신의 급부를 채무와 연결시키려는 사실상의 의사는 필요하다고 본다. 즉 변제는 객관적 요건인 사실적 급부실현과 급부의 목적을 결정짓는 주관적 요건인 급부목적지정행위의 두 가지 요건으로 이루어져 있다는 것이다.[430]

생각건대, 변제는 이행행위(급부행위)에 의한 급부의 실현이다. 그런데 변제를 위해서는 변제의사는 필요 없지만 사실적 급부실현만으로는 부족하다. 그러므로 급부자가 자신의 급부를 채무의 변제를 목적으로 한다는 변제의사(자연적 의사)는 필요하다. 결국 위의 ③설이 타당하다고 본다.

Ⅲ. 변제의 당사자

1. 변 제 자

(1) 채 무 자

채무자는 변제하여야 할 의무를 부담할 뿐만 아니라 변제권한도 가지고 있다. 따라서 원칙적으로 채무자가 변제자가 된다. 그러나 급부의 성질이 채무자 이외의 자에 의하여서도 이행행위(급부행위)를 할 수 있는 것이면 채무자는 이행대행자 또는 이행보조자에 의하여서도 변제를 할 수 있다.[431] 그것이 법률행위인 때에는

428) 곽윤직, 239면; 김용한, 493면; 김주수, 427면.
429) 김형배, 646면 참조.
430) 김상용, 415면; 송덕수, 407면.
431) 대법원 2001. 6. 15. 선고 99다13515 판결 "채무의 변제는 원칙적으로 채무자뿐만 아니라 제3자도 할 수 있고, 채무의 성질상 반드시 변제자 본인의 행위에 의해서만 가능한 것이 아닌 이상 제3자를 이행보조자 내지 이행대행자로 사용하여 대위변제할 수도 있다."; 대법원 2009. 8. 20. 선고 2007다7959 판결 "선박구매조건부 나용선계약의 해지로 용선자 갑이 선박소유자 을에게 부담하는 규정손실금 채무와 그 채무를 보증한 병이 을과의 청산합의를 통해 자신의 보증채무를 소멸시키는 대신 자회사 정으로 하여금 부담하도록 한 채무는 부진정연대채무 관계에 있으므로, 병에 대한 갑의 구상채무를 보증한 무가

대리인이 행할 수도 있다. 한편 부재자재산관리인이나 유언집행자 등도 채무자를 대신하여 변제를 할 수 있다.

(2) 제 3 자

1) 원 칙

급부가 실현되면 채권은 만족을 얻어 소멸하기 때문에 채무의 성질이나 당자자의 의사표시로 다른 특약을 하지 않은 이상 채무자 이외의 제3자에 의한 변제가 가능하다(제469조 제1항 본문). 제3자의 변제는 제3자가 채무자의 채무를 '자기의 이름으로', 그러나 '타인(채무자)의 채무로서' 변제한 것이어야 한다.[432] 제3자의 변제가 있으면 채무자의 변제가 있는 때와 마찬가지로 채권은 소멸한다. 이 경우 변제한 제3자는 일정한 경우에는 채권자의 권리를 대위하고, 채권은 변제자와 채무자 사이에 존속하게 된다.

제3자는 변제는 물론이고 대물변제·공탁도 할 수 있다고 한다(통설). 제3자가 채권자에 대하여 가지고 있는 채권으로 채권자가 채무자에 대하여 가지고 있는 채권을 상계할 수 없다. 왜냐하면 채권자의 채권과 제3자의 채권은 상계적상에 있지 않고, 상계는 채권담보적 기능도 하는 제도이기 때문이다.

이행대행자를 통해 정의 채무를 변제함으로써 갑의 규정손실금 채무도 소멸시킨 경우 무는 갑에게 그의 부담 부분을 한도로 직접 구상권을 행사할 수 있다고 한 사례"

432) 대법원 2010. 2. 11. 선고 2009다71558 판결 "민법 제469조에 정한 바에 따라 채무의 변제는 제3자도 할 수 있는 것인바, 제3자가 타인의 채무를 변제하여 그 채무를 소멸시키기 위하여는 제3자가 타인의 채무를 변제한다는 의사를 가지고 있었음을 요건으로 하고 이러한 의사는 타인의 채무변제임을 나타내는 변제지정을 통하여 표시되어야 할 것이지만, 채권자가 변제를 수령하면서 제3자가 타인의 채무를 변제하는 것이라는 사실을 인식하였다면 타인의 채무변제라는 지정이 있었다고 볼 수 있다."; 대법원 2012. 7. 16. 자 2009마461 결정 "선박대리점이 선박소유자 등을 대리하여 선박의 항해에 필요한 계약을 체결하는 것은 통상 상법 제87조 소정의 대리상의 지위에서 하는 것이다. 그러나 선박대리점은 선박소유자 등의 상업사용인이 아니라 독자적으로 영리를 추구하는 독립한 상인으로서 자신의 명의로 영업을 영위하는 것으로서, 선박대리점이 선박소유자 등과 사이에 그러한 계약으로부터 발생한 채무를 선박소유자 등을 대신하여 자신의 재산을 출연하여 변제하기로 한 경우 그 법적 성질은 특별한 사정이 없는 한 이행인수약정으로 보아야 한다. 그리고 선박대리점이 이러한 이행인수약정에 따라 자신의 재산을 출연하여 한 변제는 선박소유자 등의 대리인으로서 한다는 점을 밝히는 등 본인의 변제라고 평가되어야 할 만한 사정이 없는 한 민법 제469조에서 정하는 '제3자의 변제'에 해당한다고 봄이 상당하다."

2) 예 외

제469조 제1항 단서와 제2항에서 제3자의 변제를 금지하고 있다. 즉 제469조 제1항 단서는 "채무의 성질 또는 당사자의 의사표시로 제3자의 변제를 허용하지 아니하는 때에는 그러하지 아니하다."고 하고, 제2항은 "이해관계 없는 제3자는 채무자의 의사에 반하여 변제하지 못한다."고 하여 제3자의 변제를 금지하고 있다.

① **채무의 성질에 의한 제한**(제469조 제1항 단서) 채무의 성질상 제3자의 변제가 허용되지 않는 경우(예, 일신전속적 채무)에는 제3자의 변제가 허용되지 않는다. 일신전속적 채무 중 절대적 일신전속적 채무(예, 유명배우의 영화출연 등)는 제3자의 변제가 언제나 금지되지만, 상대적 일신전속적 채무(예, 수임인의 급부(제682조)·노무자의 급부(제657조 제2항))는 채권자의 동의가 있으면 제3자의 변제가 허용된다.

② **당사자의 의사표시에 의한 제한**(제469조 제1항 단서) 당사자의 의사표시로 제3자의 변제를 허용하지 않는 때에는 제3자가 변제할 수 없다. 계약에 의해 성립한 채권은 계약으로, 단독행위에 의해 성립한 채권은 단독행위로 제3자의 변제를 금지할 수 있다.[433)]

③ **이해관계 없는 제3자의 변제의 제한**(제469조 제2항) 이해관계 없는 제3자는 채무자의 의사에 반하여 변제하지 못한다. 여기서의 '이해관계'는 법률상 이해관계를 가리킨다.[434)] 또한 '채무자의 반대의사'는 명시적·적극적으로 표시될 필

433) 서울고등법원 2012. 5. 3. 선고 2011나40726 판결 "제3자의 변제로 채무가 소멸한 경우 채무의 소멸로 변제할 정당한 이익이 있는 자가 변제를 하지 않아도 되는 이익을 얻었다면 제3자의 변제는 변제할 정당한 이익이 있는 자에게 불리하지 아니하고 또한 그 의사에 반하지 아니한 것으로 인정되므로, 제3자는 변제할 정당한 이익이 있는 자를 상대로 사무관리에 따른 필요비 상환청구권을 행사할 수 있다. 한편 채무자의 위임을 받아 채무를 변제한 자는 채무자를 상대로 위임에 의한 비용상환을 청구할 수 있을 뿐 변제할 정당한 이익이 있는 자를 상대로 사무관리에 의한 비용상환을 청구할 수 없으나, 채무자나 변제할 정당한 이익이 있는 자 모두의 위임 없이 채무를 변제한 자는 채무자나 변제할 정당한 이익이 있는 자 중 1인을 상대로 사무관리에 의한 비용상환을 청구할 수 있다."; 대법원 1961. 11. 9. 선고 4293민상729 판결 참조.

434) 대법원 2009. 5. 28. 자 2008마109 결정 "민법 제469조 제2항은 이해관계 없는 제3자는 채무자의 의사에 반하여 변제하지 못한다고 규정하고, 민법 제481조는 변제할 정당한 이익이 있는 자는 변제로 당연히 채권자를 대위한다고 규정하고 있는바, 위 조항에서 말하는 '이해관계' 내지 '변제할 정당한 이익'이 있는 자는 변제를 하지 않으면 채권자로부터 집행을 받게 되거나 또는 채무자에 대한 자기의 권리를 잃게 되는 지위에 있기 때문에 변제함으로써 당연히 대위의 보호를 받아야 할 법률상 이익을 가지는 자를 말하고, 단지

요는 없지만 변제할 당시에 객관적인 여러 사정을 감안하여 명확하게 인식될 수 있어야 한다.[435] 이에 대한 증명책임은 채무자의 의사에 반한다고 주장하는 자에게 있다. 그러나 법률상 변제에 이해관계 있는 제3자(예, 연대채무자·보증인·물상보증인·저당부동산의 제3취득자 등)는 채무자의 의사에 반하여 변제할 수 있고, 변제로 채무자에 대하여 구상권을 행사할 수 있다.[436]

3) 제3자 변제의 효과

① 제3자의 변제가 유효하게 이행되면 채권자의 채무자에 대한 채권은 소멸한다. 제3자가 제공한 변제를 채권자가 수령하지 않으면 채권자지체가 성립한다.

② 제3자가 채무자를 대위하여 변제함으로써 그 변제로 인하여 제3자가 채무자에게 구상권을 가지는 경우에는 채권자의 채무자에 대한 채권과 담보권은 제3자인 변제자에게 이전된다(제482조 제1항).

③ 제3자가 채무자의 부탁으로 변제한 때에는 위임사무처리비용의 상환청구권(제688조)이 성립하고, 채무자의 부탁 없이 변제한 때에는 사무관리에 따른 비용상환청구권(제739조)이 발생한다. 다만 증여의 의사로 변제한 때에는 구상관계가 발생하지 않는다.

2. 변제수령자

변제수령자는 유효하게 변제를 수령할 권능이 있는 자이다. 원칙적으로 채권자 및 그 대리인 또는 수령보조자가 변제수령권자가 될 수 있다. 그러나 채권자라고 하더라도 변제수령권한이 없는 경우가 있고, 채권자 이외의 자에게 수령권한이 있는 경우도 있다.

사실상의 이해관계를 가진 자는 제외된다."

435) 대법원 1988. 10. 24. 선고 87다카1644 판결 "이해관계 없는 제3자의 대위변제가 채무자의 의사에 반하는지의 여부를 가림에 있어서 채무자의 의사는 제3자가 변제할 당시의 객관적인 제반사정에 비추어 명확하게 인식될 수 있는 것이어야 하며 함부로 채무자의 반대의사를 추정함으로써 제3자의 변제효과를 무효화시키는 일은 피하여야 한다."

436) 대법원 1995. 3. 24. 선고 94다44620 판결 "부동산의 매수인은 그 권리실현에 장애가 되는 그 부동산에 대한 담보권 등의 권리를 소멸시키기 위하여 매도인의 채무를 대신 변제할 법률상 이해관계 있는 제3자라고 볼 것이다."; 대법원 2010. 3. 25. 선고 2009다29137 판결 "이해관계 있는 제3자는 채무자의 의사에 반하여도 변제할 수 있고, 변제로 채무자에 대하여 구상권을 행사할 수 있다."

(1) 채 권 자

1) 원 칙

채권자는 원칙적으로 변제수령권능이 있다. 변제로 인하여 채권이 소멸하기 위해서는 정당한 변제수령권자에게 변제가 되어야 한다.

2) 예 외

채권자에게 예외적으로 변제수령권이 없는 경우가 있는데 이러한 경우에는 채권자라고 하더라도 변제수령권이 없다. 이러한 예로는 ① 채권자의 채무자에 대한 채권을 제3자(채권자의 채권자)가 압류 또는 가압류하거나 추심명령 및 전부명령을 받은 경우(민사집행법 제227조·제229조·제296조), ② 채권자가 채무자에 대한 채권을 타인(질권자)에게 질권설정한 경우(제349조·제352조), ③ 채권자가 파산선고를 받은 경우(채무자회생법 제382조) 등이 있다. 이러한 경우에는 채권에 대한 채권자의 처분권이 제한된다. 따라서 ①의 경우에는 압류권자, ②의 경우에는 질권자, ③의 경우에는 파산관재인만이 채권의 변제를 수령할 수 있다.

3) 채권자 이외의 변제수령자

① 수령권한이 있는 자 채권자로부터 수령권한을 위힘받은 자, 법률규정·법원의 선임에 의하여 변제수령권한이 부여된 자는 수령권한이 있다. 그 전자의 예로는 채권자의 임의대리인·부재자가 선임한 재산관리인·채권의 추심을 위임받은 수임인 등이고, 후자의 예로는 제한능력자의 법정대리인·대항요건을 갖춘 채권질권자(제353조)·파산관재인(채무자회생법 제384조)·회생절차 개시 전에 선임된 보전관리인(채무자회생법 제85조)·회생절차 개시 후에 선임된 관리인(채무자회생법 제56조 제1항)·추심명령 또는 전부명령(전부명령을 받은 자는 이미 채권자로 된다)을 받은 압류채권자(민사집행법 제29조 제2항·제3항)·법원이 선임한 부재자의 재산관리인(제25조)·채권자대위권자(제404조) 등이 있다.

② 표현수령권자

㉠ 채권의 준점유자에 대한 변제(제470조)

ⓐ 채권의 준점유자의 의의 채권의 준점유자란 채권을 사실상 행사하는 자로서(제210조 참조) 거래관념상 진정한 채권자라고 믿게 할 만한 외관을 갖춘 자이다.[437] 예컨대 예금증서 기타의 채권증서와 인장을 소지한 자·표현상속

인[438]·가압류로 인하여 채권의 추심 기타 처분행위에 제한을 받다가 가압류를 취소하는 가집행선고부 판결을 선고받아 다시 채권을 제한 없이 행사할 수 있을 듯한 외관을 가지게 된 채권자[439]·무효인 전부명령을 얻은 압류채권자[440]·제권판결

437) 대법원 2003. 7. 22. 선고 2003다24598 판결 "채권의 준점유자에 대한 변제는 변제자가 선의이며 과실이 없는 때에는 채권을 소멸시키는 효력이 있고, 여기서 채권의 준점유자라 함은 변제자의 입장에서 볼 때 일반의 거래관념상 채권을 행사할 정당한 권한을 가진 것으로 믿을 만한 외관을 가지는 자를 의미하는 것이며, 가압류로 인하여 채권의 추심 기타 처분행위에 제한을 받다가 가압류를 취소하는 가집행선고부 판결을 선고받아 다시 채권을 제한 없이 행사할 수 있을 듯한 외관을 가지게 된 채권자 또한 채권의 준점유자로 볼 수 있다."; 대법원 2004. 4. 23. 선고 2004다5389 판결 "[1] 민법 제470조에 정하여진 채권의 준점유자라 함은, 변제자의 입장에서 볼 때 일반의 거래관념상 채권을 행사할 정당한 권한을 가진 것으로 믿을 만한 외관을 가지는 사람을 말하므로 준점유자가 스스로 채권자라고 하여 채권을 행사하는 경우뿐만 아니라 채권자의 대리인이라고 하면서 채권을 행사하는 때에도 채권의 준점유자에 해당한다. [2] 예금주의 대리인이라고 주장하는 자가 예금주의 통장과 인감을 소지하고 예금반환청구를 한 경우, 은행이 예금청구서에 나타난 인영과 비밀번호를 신고된 것과 대조 확인하는 외에 주민등록증을 통하여 예금주와 청구인의 호주가 동일인이라는 점까지 확인하여 예금을 지급하였다면 이는 채권의 준점유자에 대한 변제로서 유효하다고 한 사례."; 대법원 2013. 12. 12. 선고 2013다54055 판결 "갑의 을 은행에 대한 대출금 채무에 대하여 병 주식회사가 근보증, 정 주식회사 등이 연대보증한 후 병 회사가 을 은행에 대출금 채무를 대위변제하였는데, 갑이 을 은행으로부터 '대출금이 이미 상환되었으니 정 회사와 상의하라'고 안내받고 정 회사의 요청에 따라 정 회사 명의 계좌로 대출금 상당액을 송금한 사안에서, 정 회사가 대출금의 대위변제에 따른 구상금 채권을 행사할 정당한 권한을 가진 것으로 믿을 만한 외관을 구비하였다고 보기 어렵고, 갑이 선의·무과실이라고 보기도 어려운데도, 갑의 정 회사에 대한 대출금 상당액 지급이 채권의 준점유자에 대한 변제로서 유효하다고 본 원심판결에 법리오해의 위법이 있다고 한 사례."

438) 대법원 1995. 3. 17. 선고 93다32996 판결 "가. 가해자가 교통사고로 사망한 피해자의 호적부상 상속인에게 사고로 인한 손해배상금으로 금원을 지급하고, 그와 그 나머지 손해배상채권을 포기하고 민·형사상 합의를 하였으므로, 친생자관계부존재확인의 소에 의하여 새로 피해자의 상속인으로 확정된 자들의 청구는 이유 없다는 가해자의 주장 속에는 호적부상 상속인에 대한 가해자의 변제 및 손해배상채권 포기의 합의는 표현상속인과의 합의로서 채권의 준점유자에 대한 변제의 법리에 따라 유효하여 가해자는 위 사고로 인한 손해배상책임에서 면책되어야 한다는 주장이 포함된 것으로 보아야 한다고 한 사례. 나. 가해자가 교통사고로 사망한 피해자의 호적부상 표현상속인과 손해배상채권 포기의 합의를 하고 합의금을 지급한 후 친생자관계부존재확인판결에 기하여 진정한 상속인이 등재된 경우, 호적부상 표현상속인과 합의를 하고 합의금을 지급할 당시에는 가해자로서는 망인의 진정한 상속인을 알지 못하여 호적부상 표현상속인을 진정한 상속인인 것으로 오인하였고 또 이와 같이 오인한 데는 정당한 사유가 있었다고 할 것이므로 가해자는 변제에 관한 한 선의이며 무과실이라고 할 것이고, 따라서 가해자의 변제는 준점유자에 대한 변제로서 유효하다."

439) 대법원 2003. 7. 22. 선고 2003다24598 판결 "채권의 준점유자에 대한 변제는 변제자가 선의이며 과실이 없는 때에는 채권을 소멸시키는 효력이 있고, 여기서 채권의 준점유자라

을 받은 자[441] 등이 판례가 인정한 채권의 준점유자에 해당한다. 이에 반하여 채권의 준점유자임을 부정한 판례로는 위조된 수표의 소지자,[442] 부동산 사업의 동업자,[443] 금융실명제 이후 예금명의자도 아니고 예금통장도 소지하지 않은 예금

함은 변제자의 입장에서 볼 때 일반의 거래관념상 채권을 행사할 정당한 권한을 가진 것으로 믿을 만한 외관을 가지는 자를 의미하는 것이며, 가압류로 인하여 채권의 추심 기타 처분행위에 제한을 받다가 가압류를 취소하는 가집행선고부 판결을 선고받아 다시 채권을 제한 없이 행사할 수 있을 듯한 외관을 가지게 된 채권자 또한 채권의 준점유자로 볼 수 있다."

440) 대법원 1980. 9. 30. 선고 78다1292 판결 "가. 채권압류가 경합된 경우에 그 압류채권자 중의 한 사람이 전부명령을 얻은 경우 그 전부명령은 무효이지만 제3채무자가 선의·무과실로 그 전부 채권자에게 전부금을 변제하였다면 이는 채권의 준점유자에 대한 변제로서 유효하므로 제3채무자의 채무자에 대한 채무는 소멸되고 제3채무자는 압류채권자에 대하여 2중 변제의 의무를 부담하지 아니하며 전부채권자에 대하여 전부명령의 무효를 주장하여 부당이득반환청구도 할 수 없다. 나. 이 경우에 경합압류채권자는 전부채권자에 대하여 자기가 배당받아야 할 금액범위 안에서 부당이득반환청구를 할 수 있고 제3채무자가 압류채권자에게 그 배당받아야 할 금액을 대위 변제하였다면 이는 이해관계 없는 제3자의 변제이다. 다. 이 경우에 제3채무자가 전부채권자에게 전부금을 변제함에 있어서 선의·무과실이 아니라면 제3채무자의 변제는 효력이 없는 것이고 경합압류채권자에 대하여는 불법행위가 되는 것인 바 제3채무자의 피용자가 그 손해금을 경합 압류자에게 배상하였다면 이는 이해관계 있는 제3자의 변제로서 그 변제자는 법정대위권에 의하여 제3채무자를 대위하여 전부채권자에 대하여 부당이득금의 반환을 구할 수 있다."

441) 대법원 1999. 3. 12. 선고 97다44966 판결 "[1] 제권판결을 받은 자에게 지급은행이 사고신고담보금을 지급한 후 그 제권판결이 취소되어 소급하여 효력을 상실하더라도 지급은행이 지급을 할 당시에는 제권판결을 받은 자가 채권의 준점유자에 해당한다고 할 것이므로 지급 당시에 지급은행에게 악의 또는 과실이 없으면 지급은행이 면책된다고 할 것이나, 여기서 과실이 없다고 하려면 제권판결을 받은 자가 실질적으로 무권리자라는 점을 과실 없이 알지 못하였음은 물론이고 사고신고담보금의 지급시기와 지급절차에 관한 약정의 위반도 없어야 한다. [2] 서울어음교환소규약 제76조 제1항 제3호는 "제권판결을 받아 법원의 판결문을 제출하고 1개월이 경과한 경우"에 사고신고담보금을 지급한다고 규정하고 있는바, 위 규약규정은 민사소송법 제462조 제1항과 제2항이 제권판결에 대한 불복의 소의 제기기간을 원고가 제권판결 있음을 안 날로부터 1개월로 규정하고 있는 것을 감안할 때 제권판결 제출시로부터 1개월 내의 시점에 있어서는 제권판결에 대한 불복의 소가 제기될지 여부를 거의 알 수 없고 따라서 누가 정당한 권리자인지를 종국적으로 확정하는 것이 거의 불가능하므로 적어도 제권판결 제출시로부터 1개월 내에는 사고신고담보금을 지급할 수 없게 한 취지로 해석되며, 위 규약의 적용을 받는 지급은행이 위 규약규정을 위반한 경우에는 특단의 사정이 없는 한 과실이 있다."

442) 대법원 1971. 3. 9. 선고 70다2895 판결 "다른 사람이 위조한 무효의 수표에 대한 은행의 변제가 유효로 되는 것은 특별법규, 면책 약관 또는 상관습이 있는 경우에 한하고 이 경우 채권의 준점유자에 대한 변제의 법리는 적용되지 않는다."

443) 대법원 1982. 11. 9. 선고 80다3135 판결 "소외 (갑), (을)이 원고와 부동산사업의 동업관계에 있다 하더라도 피고의 차용금채무변제에 관하여 동 소외인들이 표현수령권자로서 원고의 이 사건 채권의 준점유자라고는 볼수 없고 가사 동 소외인들이 위 채권의 준점유자라

행위자[444] 등이 있다.

채권자의 대리인이라고 칭하면서 채권을 행사하는 자가 채권의 준점유자에 포함되는가? 이에 대하여 통설은 준점유에 대하여 직접점유·간접점유의 관계의 성립을 부정할 이유가 없고, 본인이라고 속이든 대리인이라고 속이든 어느 경우나 변제자를 보호하여야 할 필요는 동일하며, 채권의 준점유자 제도는 선의의 변제를 보호하자는 데 목적이 있다는 데에 그 취지가 있다는 이유로 이러한 경우도 준점유자에 포함된다고 한다.

ⓑ **성립요건** 채권의 준점유자에 대한 변제가 유효하기 요건으로 첫째, 채권의 준점유자에 대한 변제이어야 하고 둘째, 변제자가 선의·무과실이어야 하며 셋째, 변제자가 준점유자에 대한 자신의 변제가 선의·무과실임을 증명하여야 한다. 여기서 선의라 함은 준점유자에게 변제수령권한이 없음을 알지 못하는 것만으로는 부족하며 적극적으로 수령권한이 있다고 믿었어야 한다. 그리고 무과실은 그렇게 믿은 데에 과실이 없는 것이다. 변제자의 선의·무과실은 변제시를 기준으로 판단한다.[445] 그리고 변제자의 선의·무과실은 변제의 유효를 주장하는 자

하더라도 이 사건 원·피고는 당시 임야를 매수, 전매하는 등의 사업을 공동경영하였으므로 피고는 원고에게 위 채권변제의 수령권한 위임여부를 쉽사리 알아볼 수 있었음에도 이를 알아보지 아니한 과실이 인정되는 이상 변제의 효력이 있다고 할 수 없다."

444) 대법원 2002. 6. 14. 선고 2000다38992 판결 "구 금융실명거래및비밀보장에관한긴급재정경제명령(1993. 8. 13. 대통령긴급재정경제명령 제16호, 폐지) 제3조 제1항은 "금융기관은 거래자의 실지명의에 의한 금융거래를 하여야 한다."고 규정하고 있으므로, 금융기관에 예금을 하고자 하는 자는 원칙적으로 직접 주민등록증과 인감을 지참하고 금융기관에 나가 자기 이름으로 예금을 하여야 하나, 대리인이 본인의 주민등록증과 인감을 가지고 가서 본인의 이름으로 예금하는 것이 허용된다고 하더라도, 이 경우 금융기관으로서는 자기가 주민등록증을 통하여 실명확인을 한 예금명의자를 위 재정명령 제3조에서 규정한 거래자로 보아 그와 예금계약을 체결할 의도를 가지고 있었다고 보아야 하므로, 예금명의자가 아니고 예금통장도 소지하지 않은 예금행위자에 불과한 자는 금융실명제가 시행된 후에는 극히 예외적인 특별한 사정이 인정되지 않는 한 예금채권을 준점유하는 자에 해당될 수가 없다."

445) 대법원 1998. 11. 10. 선고 98다20059 판결 "이른바 폰뱅킹(phone-banking; telebanking)에 의한 자금이체신청의 경우에는 은행의 창구직원이 직접 손으로 처리하는 경우와는 달리 그에 따른 자금이체가 기계에 의하여 순간적으로 이루어지지만, 그것이 채권의 준점유자에 대한 변제로서 은행에 대하여 요구되는 주의의무를 다하였는지 여부를 판단함에 있어서는, 자금이체시의 사정만을 고려할 것이 아니라 그 이전에 행하여진 폰뱅킹의 등록을 비롯한 제반 사정을 총체적으로 고려하여야 하며, 한편 은행이 거래상대방의 본인 여부를 확인할 필요가 있는 경우에 담당직원으로 하여금 그 상대방이 거래명의인의 주민등록증을 소지하고 있는지 여부를 확인하는 것만으로는 부족하고 그 직무수행상 필요로 하는 충분한

가 증명하여야 한다.[446]

ⓒ **준점유자에 대한 변제의 효과** 위와 같은 요건을 갖추게 되면 채권의 준점유자에 대한 변제는 유효한 변제가 된다. 이러한 변제의 효력은 확정적·절대적인 것으로서 채권은 소멸하고 채무자는 채무를 면한다(통설). 따라서 채무자(변제자)는 채권의 준점유자에 대하여 부당이득반환청구를 하지 못한다. 진정한 채권

주의를 다하여 주민등록증의 진정 여부 등을 확인함과 아울러 그에 부착된 사진과 실물을 대조하여야 할 것인바, 만일 실제로 거래행위를 한 상대방이 주민등록상의 본인과 다른 사람이었음이 사후에 밝혀졌다고 한다면, 특별한 사정이 없는 한, 은행으로서는 위와 같은 본인확인의무를 다하지 못한 과실이 있는 것으로 사실상 추정된다."

446) 대법원 1992. 2. 14. 선고 91다9244 판결 "은행이 예금청구자에게 예금 수령의 권한이 있는지 없는지를 판별하는 방편의 하나로 예금청구서에 압날한 인영과 은행에 신고하여 예금통장에 찍힌 인감을 대조 확인할 때에는 인감 대조에 숙련된 은행원으로 하여금 그 직무수행상 필요로 하는 충분한 주의를 다하여 인감을 대조하도록 하여야 할 것이고, 그러한 주의의무를 다하지 못하여 예금수령의 권한이 없는 자에게 예금을 지급하였다면 은행으로서는 그 예금 지급으로서 채권의 준점유자에 대한 변제로서의 면책을 주장할 수 없다."; 대법원 2007. 10. 25. 선고 2006다44791 판결 "[1] 절취한 예금통장에서 제1예금인출이 행해진 후 1시간 반 내에 거래지점을 바꿔가면서 행해진 제2예금인출과 제3예금인출에서도 제1예금인출과 같이 통장과 예금지급청구서에 아무런 하자가 없었고, 이미 신고된 진정한 인감이 사용되었으며, 철저한 보안이 요구되는 비밀번호까지 일치한 경우, 예금거래 기본약관의 내용과 그에 따른 금융거래의 관행에 비추어 제1예금인출에 따른 예금의 지급뿐만 아니라 제2, 제3의 예금인출에 따른 예금의 지급도 채권의 준점유자에 대한 변제로서 유효하다고 한 사례. [2] 절취한 예금통장에서 제1예금인출이 행해진 후 단시간 내에 거래지점을 바꿔가면서 행해진 제2예금인출이나 제3예금인출과 관련하여 은행 직원이 단순히 인감 대조 및 비밀번호 확인 등의 통상적인 조사 외에 당해 청구자의 신원을 확인하거나 전산 입력된 예금주의 연락처에 연결하여 예금주 본인의 의사를 확인하는 등의 방법으로 그 청구자가 정당한 예금인출권한을 가지는지 여부를 조사하여야 할 업무상 주의의무를 부담하는 것으로 보기 위해서는 그 예금의 지급을 구하는 청구자에게 정당한 변제수령권한이 없을 수 있다는 의심을 가질 만한 특별한 사정이 인정되어야 한다. 그리고 그러한 특별한 사정이 있다고 볼 것인지 여부는, 인감 대조와 비밀번호의 확인 등 통상적인 조사만으로 예금을 지급하는 금융거래의 관행이 금융기관이 대량의 사무를 원활하게 처리하기 위한 필요에서 만들어진 것이기도 하지만, 다른 한편으로는 예금인출의 편리성이라는 예금자의 이익도 고려된 것인 점, 비밀번호가 가지는 성질에 비추어 비밀번호까지 일치하는 경우에는 금융기관이 그 예금인출권한에 대하여 의심을 가지기는 어려운 것으로 보이는 점, 금융기관에게 추가적인 확인의무를 부과하는 것보다는 예금자에게 비밀번호 등의 관리를 철저히 하도록 요구하는 것이 사회 전체적인 거래비용을 줄일 수 있는 것으로 보이는 점 등을 참작하여 신중하게 판단하여야 한다."; 대법원 2004. 6. 11. 선고 2003다1601 판결 "효력규정인 강행법규에 위반되는 계약을 체결한 자가 그 약정의 효력이 부인된다는 사실을 알지 못한 탓에 그 약정에 따라 변제수령권을 갖는 것처럼 외관을 갖게 된 자에게 변제를 한 경우에는, 특별한 사정이 없는 한 그 변제자가 채권의 준점유자에게 변제수령권이 있는 것으로 오해한 것은 법률적인 검토를 제대로 하지 않은 과실에 기인한 것이라고 할 것이다."

자도 더 이상 채무자에게 채무이행이나 손해배상을 청구할 수 없다. 판례도 같은 입장이다.[447] 다만 채권소멸로 손해를 보게 되는 진정한 채권자는 채권의 준점유자에 대하여 부당이득 내지 불법행위를 원인으로 하여 반환청구 또는 손해배상청구를 할 수 있다.

ⓛ **영수증소지자에 대한 변제**(제471조)

ⓐ **의 의** 영수증이란 변제의 수령을 증명하는 문서를 말한다. "영수증을 소지한 자에 대한 변제는 그 소지자가 변제를 받을 권한이 없는 경우에도 효력이 있다. 그러나 변제자가 그 권한 없음을 알았거나 알 수 있었을 경우에는 그러하지 아니하다."(471조)고 하여, 영수증소지자를 채권자로부터 수령권한을 부여받은 자라고 믿고 변제한 자를 보호하고자 한다.

ⓑ **성립요건** 첫째, 영수증은 진정한 영수증이어야 하고 위조되지 않아야 한다. 여기서 영수증이 '진정하다'는 것은 영수증을 작성할 권한이 있는 자가 작성한 것이라는 의미이다. 한편 영수증은 진정한 것이면 충분하고, 그것을 어떻게 입수하였는지는 묻지 않는다. 따라서 소지자가 그 영수증을 절취·습득한 것이라도 상관없다. 둘째, 변제자가 선의·무과실이어야 한다. 그 증명책임은 변제가 무효임을 주장하는 자에게 있다.

ⓒ **효 과** 영수증소지자에 대한 변제의 효과는 채권의 준점유자에 대한 변제의 경우와 같다.

ⓒ **증권적 채권의 증서의 소지인에 대한 변제**

증권적 채권(지시채권·무기명채권·지명소지인출급채권 등)의 증서(증권)의 소지인에 대하여 행한 변제는, 그 소지인이 진정한 권리자가 아니더라도, 변제자가 악의이거나 그에게 중과실이 없는 한 유효하다(제514조·제518조·제524조·제525조). 이는 변제자에게 경과실이 있는 경우에도 변제의 유효성을 인정하여 변제자를 보호하는 한편 증권적 채권의 유통성을 보장하기 위한 것이다.

447) 대법원 1980. 9. 30. 선고 78다1292 판결 "채권압류가 경합된 경우에 그 압류채권자 중의 한 사람이 전부명령을 얻은 경우 그 전부명령은 무효이지만 제3채무자가 선의·무과실로 그 전부 채권자에게 전부금을 변제하였다면 이는 채권의 준점유자에 대한 변제로서 유효하므로 제3채무자의 채무자에 대한 채무는 소멸되고 제3채무자는 압류채권자에 대하여 2중 변제의 의무를 부담하지 아니하며 전부채권자에 대하여 전부명령의 무효를 주장하여 부당이득반환청구도 할 수 없다."

③ 수령권한 없는 자에 대한 변제(제472조)

채권의 준점유자(제470조) 및 영수증 소지자(제471조)와 같은 표현수령권자에 대한 것을 제외하고 변제수령권한 없는 자에 대한 변제는 무효이다. 그러나 그 변제로 인하여 채권자가 이익을 받은 경우에는 그 한도에서 변제의 효력을 인정하고 있다(제472조). 이 경우에 변제자의 선의·악의 여부를 묻지 않으며, 또한 채권자의 수익이 반드시 직접적인 것이어야 하는 것도 아니다. 그러므로 변제의 수령자가 진정한 채권자에게 채무자의 변제로 받은 급부를 전달한 경우는 물론이고, 그렇지 않더라도 무권리자의 변제수령을 채권자가 사후에 추인한 때와 같이 무권한자의 변제수령을 채권자의 이익으로 돌릴 만한 실질적 관련성이 인정되는 경우에도 인정된다.[448] 또한 변제수령자가 변제를 받은 급부를 가지고 채권자의 자신에 대한 채무의 변제에 충당하거나 제3자에 대한 채무를 대신 변제함으로써 채권자의 기존 채무를 소멸시키는 등 채권자에게 실질적인 이익이 생긴 경우도 포함된다.[449] 그러나 변제수령자가 변제로 받은 급부를 가지고 자신이나 제3자의 채권

448) 대법원 2012. 10. 25. 선고 2010다32214 판결 "민법 제472조는 불필요한 연쇄적 부당이득반환의 법률관계가 형성되는 것을 피하기 위하여 변제받을 권한 없는 자에 대한 변제의 경우에도 채권자가 이익을 받은 한도에서 효력이 있다고 규정하고 있는데, 여기에서 말하는 '채권자가 이익을 받은' 경우에는 변제의 수령자가 진정한 채권자에게 채무자의 변제로 받은 급부를 전달한 경우는 물론이고, 그렇지 않더라도 무권한자의 변제수령을 채권자가 사후에 추인한 때와 같이 무권한자의 변제수령을 채권자의 이익으로 돌릴 만한 실질적 관련성이 인정되는 경우도 포함된다."; 대법원 2016. 7. 14. 선고 2015다71856, 71863 판결 "민법 제472조는 불필요한 연쇄적 부당이득반환의 법률관계가 형성되는 것을 피하기 위하여 변제받을 권한 없는 자에 대한 변제의 경우에도 채권자가 이익을 받은 한도에서 효력이 있다고 규정하고 있는데, 여기에서 말하는 '채권자가 이익을 받은' 경우에는 변제의 수령자가 진정한 채권자에게 채무자의 변제로 받은 급부를 전달한 경우는 물론이고, 그렇지 않더라도 무권한자의 변제수령을 채권자가 사후에 추인한 때와 같이 무권한자의 변제수령을 채권자의 이익으로 돌릴 만한 실질적 관련성이 인정되는 경우도 포함된다. 그리고 무권한자의 변제수령을 채권자가 추인한 경우에 채권자는 무권한자에게 부당이득으로서 변제받은 것의 반환을 청구할 수 있다."

449) 대법원 2014. 10. 15. 선고 2013다17117 판결 "민법 제472조는 불필요한 연쇄적 부당이득반환의 법률관계가 형성되는 것을 피하기 위하여 변제받을 권한 없는 자에 대한 변제의 경우에도 그로 인하여 채권자가 이익을 받은 한도에서 효력이 있다고 규정하고 있다. 여기에서 '채권자가 이익을 받은' 경우란 변제수령자가 채권자에게 변제로 받은 급부를 전달한 경우는 물론이고, 변제수령자가 변제로 받은 급부를 가지고 채권자의 자신에 대한 채무의 변제에 충당하거나 채권자의 제3자에 대한 채무를 대신 변제함으로써 채권자의 기존 채무를 소멸시키는 등 채권자에게 실질적인 이익이 생긴 경우를 포함하나, 변제수령자가 변제로 받은 급부를 가지고 자신이나 제3자의 채권자에 대한 채무를 변제함으로써 채권자의 기존 채권을 소멸시킨 경우에는 채권자에게 실질적인 이익이 생겼다고 할 수

자에 대한 채무를 변제함으로써 채권자의 기존 채권을 소멸시킨 경우에는 채권자에게 실질적인 이익이 생겼다고 할 수 없으므로 민법 제472조에 의한 변제의 효력을 인정할 수 없다.[450)]

3. 변제의 목적물

(1) 특정물의 현상인도

제462조는 "특정물의 인도가 채권의 목적인 때에는 채무자는 이행기의 현상대로 그 물건을 인도하여야 한다."고 규정함으로써 특정물인도채무의 경우에는 현상인도의무를 원칙으로 하고 있다. 즉 이 규정은 특정물을 인도함에 있어서 채권이 성립한 이후 이행기까지의 사이에 그 물건의 현상변경이 있을 수 있다. 그러나 다른 물건으로 교체가 허용되지 않기 때문에 채무자는 채권성립당시의 상태가 아닌 이행기의 현상대로 그 물건을 인도하면 족한 것으로 규정한다. 여기의 '이행기'는 '인도할 때'로 본다. 한편 채권자는 특정물의 현상인도에 대하여 그 수령을 거절할 수 없으며, 이를 거절한 때에는 수령지체의 책임을 진다.

특정물인도채무를 지고 있는 채무자는 그 특정물을 관리함에 있어 선량한 관리자로서의 주의의무를 다하여야 한다(제374조). 따라서 제462조가 적용되는 경우에도 목적물의 변질·훼손 등의 사유가 채무자의 귀책사유에 의한 것인 때에는 채무자는 채무불이행으로 인한 손해배상책임을 따로 부담한다. 또한 특정물인도채무가 매매와 같은 쌍무·유상계약에서 발생한 것인 경우에는 위험부담(제537조·제538조)·담보책임(제580조)의 문제가 별도로 발생한다.

(2) 타인의 물건의 인도

1) "채무의 변제로 타인의 물건을 인도한 채무자는 다시 유효한 변제를 하지 아니하면 그 물건의 반환을 청구하지 못한다."(제463조)고 규정하여, 타인의 물건을 인도하는 것이 유효한 변제로 되지 않는다. 그러나 채권자를 보호하기 위하여 채무자가 다시 유효한 변제를 하지 않는 한 그 물건의 반환을 청구하지 못하도록 하고 있다. 여기서 타인의 물건은 불특정물이다.

없으므로 민법 제472조에 의한 변제의 효력을 인정할 수 없다."

450) 대법원 2014. 10. 15. 선고 2013다17117 판결 참조.

2) 채권자는 인도 받은 타인의 물건에 대한 변제자의 반환청구를 거절할 수 있다. 그런데 반환청구 거절권은 채무자에게만 해당되고 채무자가 아닌 소유자와 같은 자에게는 그 거절권을 행사할 수 없다.[451] 다만 이 경우에도 채권자가 취득시효(제245조·제246조)·선의취득(제249조) 등의 요건을 별도로 갖춘 경우에는 대항할 수 있다.

3) 채권자가 변제 받은 타인의 물건을 선의로 소비하거나 타인에게 양도한 경우에 그 변제는 유효한 변제로 된다(제465조 제1항). 그러나 이는 채무자에 대한 관계에서만 인정되는 효과이다. 따라서 채무자가 아닌 소유자는 채권자에 대하여 부당이득의 반환을 청구할 수 있고, 그 청구에 응하여 반환을 한 채권자는 채무자에 대하여 구상권을 행사할 수 있다(제465조 제2항).[452]

(3) 양도무능력자의 물건의 인도

양도할 능력이 없는 소유자(예, 제한능력자)가 채무의 변제로 물건을 인도한 경우에는 그 변제가 취소된 때에도 다시 유효한 변제를 하지 아니하면 그 물건의 반환을 청구하지 못한다(제464조)고 하여 양도능력 없는 소유자로부터 물건을 인도받은 채권자를 보호하고 있다. 그러나 이 경우에도 채권자가 변제로 받은 물건을 선의로 소비하거나 타인에게 양도한 때에는 그 변제는 유효하다(제465조 제1항).

제464조의 '변제가 취소된 때'란 제한능력자 측에서 채무의 발생원인인 채권관계는 그대로 두고 급부인 물건의 인도행위만을 취소한 때를 의미한다. 왜냐하면 제한능력자 측에서 변제만을 취소한 것이 아니고 채무를 발생하게 하는 법률행위 자체를 취소한 경우에는 채무자체가 존재하지 않게 되어 제464조가 적용될 여지가 없고 다만 비채변제(제742조)가 문제될 뿐이기 때문이다.

변제자는 다시 유효한 변제를 하지 않는 한 이미 교부된 물건의 반환을 채권자에게 청구하지 못한다. 또한 채권자가 선의로 소비하거나 타인에게 양도한 때는 유효한 변제가 되고 그 효력은 타인의 물건의 인도의 경우와 같다.

---

451) 대법원 1993. 6. 8. 선고 93다14998, 15007(병합) 판결 "채무의 변제로 타인의 물건을 인도한 채무자는 다시 유효한 변제를 하지 아니하면 그 물건의 반환을 청구하지 못한다는 민법 제463조는 채무자만이 그 물건의 반환을 청구할 수 없다는 것에 불과할 뿐 채무자가 아닌 다른 권리자까지 그 물건의 반환을 청구할 수 없다는 취지는 아니다."

452) 대법원 1993. 6. 8. 선고 93다14998, 15007(병합) 판결 참조.

4. 변제의 장소

(1) 변제장소는 원칙적으로 채무의 성질 또는 당사자의 의사표시에 의하여 결정된다(제467조 제1항). 그런데 이들 표준에 의하여 정해지지 않는 경우에는, 특별한 규정(제586조·제700조, 상법 제56조 등)이 없는 때에는, 제467조의 규정에 의하여 정해진다(제467조 제2항 본문). 채권자는 변제의 장소가 아닌 장소에서의 변제제공에 대하여는 그 수령을 거절할 수 있다.

(2) 특정물인도채무의 경우에는 당사자 사이의 별도 약정이 없으면 채권성립 당시에 그 물건이 있던 장소가 채무이행지가 된다(제467조 제1항 후문). 지점거래로 인한 채무의 이행은 원칙적으로 그 지점(영업지)을 이행장소로 본다(상법 제56조).

(3) 불특정물의 인도 또는 하는 채무 등은 채권자의 현주소에서 이행하여야 한다(제467조 제2항 본문). 즉 지참채무가 원칙이다. 다만 영업에 관한 채무는 채권자의 현영업소에서 하여야 한다(제467조 제2항 단서). 채권자의 주소 이전·채권의 양도 등으로 변제장소가 변경되어 변제비용이 증가한 때에는, 그 증가액은 채권자가 부담한다(제473조 단서).

(4) 매매목적물의 인도와 동시에 매매대금을 지급해야 할 경우에는 그 인도장소에서 이를 지급해야 한다(제586조). 그리고 증권적 채권(지시채권·무기명채권)이나 면책증서의 경우에는 추심채무의 원칙을 취하고 있다. 따라서 증서에 변제장소가 정해져 있지 않으면 채무자의 현영업소가 변제장소가 되며, 현영업소가 없는 때에는 채무자의 현주소지가 변제장소로 된다(제516조·제524조·제526조). 이렇게 변제의 제공은 변제의 장소에서 행해져야 하며, 다른 곳에서의 제공은 채무의 내용에 좇은 것이 되지 못하여 그 경우 채권자는 수령을 거절할 수 있으며 그렇게 되면 이행지체로 된다.

5. 변제의 시기

(1) 변제기의 특정

변제의 시기란 채무를 이행하여야 하는 시기(이행기·변제기)를 말한다. 변제의 시기(이행기)는 당사자의 의사표시·급부(채무)의 성질·법률의 규정(제585조·제603

조·제613조·제635조·제660조·제698조 등)에 의하여 정해진다. 이들 표준에 의하여 정할 수 없는 채권은 채권발생과 동시에 이행기에 있게 된다고 본다(통설).[453]

(2) 변제기 전의 변제

채무자는 변제기 이전에 변제를 강제당하지 않을 기한의 이익을 가진다. 기한의 이익은 채무자의 이익을 위한 것으로 추정한다(제153조 제1항). 그러나 당사자의 특별한 의사표시가 없으면 채무자는 기한의 이익을 포기하여(제153조) 변제기 전에 변제할 수 있다(제468조 본문)). 그러나 상대방의 손해는 배상하여야 한다(제468조 단서). 채무자가 변제기 전에 변제한 경우에 채무자는 그 반환을 청구하지 못한다(제743조 본문). 다만, 채무자가 변제기를 잘못 알고 미리 변제한 때에는 채권자는 이로 인하여 얻은 이익을 반환하여야 한다(제743조 단서).

변제기가 도래하면 채권자는 이행을 청구할 수 있고, 채무자는 이행의무를 부담한다. 그러나 채무자가 이행기에 이행하지 않으면 이행지체가 되고(제387조), 채권자가 수령하지 않으면 수령지체가 된다(제400조). 그리고 절대적 정기행위의 경우에는 이행은 불가능으로 되고, 상대적 정기행위는 채권자는 곧 바로 계약을 해제할 수 있다(제545조). 그리고 이행기가 되면 그 때부터 소멸시효가 진행된다(제166조).

6. 변제의 비용

변제비용이란 변제를 하는 과정에서 소요되는 비용(예, 운송비·하역비·보관료·통지비 등) 등을 말한다. 이러한 변제비용을 누가 부담할 것인가에 대하여 민법은 다른 의사표시가 없으면 채무자가 부담하는 것으로 하고 있다(채무자부담원칙; 제473조 본문). 그러나 채권자의 주소 이전 기타의 행위로 인하여 변제비용이 증가된 때에는 그 증가액은 채권자가 부담한다(제473조 단서)[454]

---

453) 대법원 2003. 8. 19. 선고 2003다24215 판결 "이미 부담하고 있는 채무의 변제에 관하여 일정한 사실이 부관으로 붙여진 경우에는 특별한 사정이 없는 한 그것은 변제기를 유예한 것으로서 그 사실이 발생한 때 또는 발생하지 아니하는 것으로 확정된 때에 기한이 도래한다."

454) 대법원 1976. 12. 14. 선고 76다957 판결 "채무자가 피담보채무를 이행하지 아니함으로써 담보권자가 담보권을 실행하였을 경우에는 상당시할 수 있는 범위 내에서 그 실행에 필요한 비용은 채무불이행으로 인하여 발생한 비용이라고 할 것이어서 당사자 간에 특약이

7. 변제의 증거

변제가 있게 되면 그 증거(효과)로서 채권·채무는 소멸한다. 그러나 변제 후에도 당사자 사이에 다툼의 가능성을 방지하기 위하여 민법은 변제자에게 영수증청구권과 채권증서반환청구권을 인정하고 있다.

(1) 영수증청구권

변제에 의하여 채권이 소멸하게 되면 변제에 대한 증명책임은 변제한 채무자에게 있다. 따라서 변제자는 변제를 수령한 자에게 영수증의 교부를 청구할 수 있다(제474조). 영수증이란 변제수령의 사실을 증명하는 문서로서 형식이 없고, 전부변제는 물론 일부변제, 대물변제의 경우에도 영수증청구권이 인정된다. 영수증의 작성·교부비용은 채권자가 부담하고, 변제와 영수증의 교부는 동시이행의 관계에 있다.

(2) 채권증서반환청구권

1) 채권의 성립을 증명하는 서면(문서; 계약서·어음·수표 등)인 채권증서가 있는 경우에 변제자가 채무전부를 변제한 때에는 채권증서의 반환을 청구할 수 있다(제475조 제1문). 채권이 변제 이외의 사유로 전부 소멸한 때에도 같다(제475조 제2문).

2) 변제 이외의 사유인 대물변제·상계·경개·면제 등의 사유로 채권 전부가 소멸한 경우에도 같다. 다만 채무 일부만을 변제한 때에는 채권증서의 반환을 청구

없는 한 채무자가 부담하여야 한다."; 대법원 1962. 2. 15. 선고 4294민상291 판결 "저당권 설정등기에 있어서 당사자 간에 특별한 약정이 없는 한 그 비용은 채무자가 부담함이 거래상 원칙이라 할 것이며 저당권 설정자인 채무자와 저당권자인 채권자와는 이해 관계가 상반 된다고 할 것이므로 저당권 설정등기절차의 위임을 받은 사법서사로서 채무자의 일방적 말만 듣고 그 저당권 설정등기 절차 서류를 채무자에게 반환 한다는 것은 특별한 사정이 없는 한 당사자의 위임을 받은 사법서사로서의 직무상 주의 의무를 다하였다고는 할 수 없다 할 것인 바, 본건에 있어서 살피건대 증인 소외 3의 증언에 의하면 본건 저당권 설정등기 절차 비용을 원고가 부담하기로 하였다는 특약을 인정할 아무 증거가 없고 다만 증인 소외 1의 증인 중 위의 비용을 원고가 부담하기로 하였다는 취지의 증언이 있으나 이는 이해관계가 정반대되는 입장에 있는 자의 증언으로서 특별한 사정이 없이는 위의 비용 부담 원칙을 번복하기에는 부족하다고 아니할 수 없을 뿐 아니라 피고로서 채권자인 원고에게 아무 연락 없이 일방적으로 채무자인 소외 1에게 원고의 권리에 관한 위의 서류를 반환하는데 있어서의 정당한 사유의 설시가 없이 원고 청구를 배척하였음은 증거 취사에 있어서의 위법과 심리를 다 하지 못 하였다는 비난을 면치 못 할 것이다."

할 수 없기 때문에 그 채권증서에 일부변제의 뜻을 기재할 것을 청구할 수 있다(제484조 제2항). 그리고 채권자 이외의 제3자가 채권증서를 점유하는 경우에는 변제자는 직접 그 제3자에 대하여 반환을 청구할 수 있다.

3) 영수증의 교부는 동시이행의 관계이지만, 채권증서의 반환과 변제는 동시이행관계에 있지 않으며 변제가 선행되어야 한다는 것이 통설이다. 판례는 통설과 같은 입장인 경우도 있고[455] 이와 다른 입장도 있다.[456]

8. 변제의 충당

(1) 의 의

변제의 충당이란 채무자가 동일한 채권자에 대하여 같은 종류를 목적으로 하는 여러 개의 채무를 부담하는 경우에 채무자가 변제의 목적으로 제공한 것이 그 채무 전부를 소멸하게 하지 못하게 될 때 그 중 어느 채무의 변제에 충당할 것인가를 결정하는 것을 말한다.

예컨대 같은 종류의 목적을 가지는 수개의 채무(예, 수개의 금전채무)를 부담하거나, 1개의 채무의 변제로서 수개의 급부(예, 수개월 분의 차임의 지급)를 하여야 하거나(제478조), 채무자가 1개 또는 수개의 채무에 관하여 원본 이외에 비용·이자를 지급하여야 할 경우(제479조)에 변제로서 제공한 급부가 그 전부를 소멸하게 할 수

455) 대법원 2005. 8. 19. 선고 2003다22042 판결 "채무자가 채무 전부를 변제한 때에는 채권자에게 채권증서의 반환을 청구할 수 있으며, 제3자가 변제를 하는 경우에는 제3자도 채권증서의 반환을 구할 수 있으나(민법 제475조 참조), 이러한 채권증서 반환청구권은 채권 전부를 변제한 경우에 인정되는 것이고, 영수증 교부의무와는 달리 변제와 동시이행관계에 있지 않고, 한편 파산법 제241조 제2항에서 "파산관재인이 배당을 한 때에는 채권표 및 채권의 증서에 배당한 금액을 기입하고 이에 기명날인하여야 한다."고 규정하고 있지만, 위 규정만으로 채권증서 자체를 배당금 지급(일부 변제)과 동시이행으로 파산관재인에게 교부하여야 할 의무가 인정되는 것은 아니다."; 대법원 2011. 11. 24. 선고 2011다74550 판결 "지불각서와 같은 채권증서는 채무자가 작성하여 채권자에게 교부하는 것이고, 채무자가 채무 전부를 변제하거나 그 밖의 사유로 채권이 소멸한 때에는 채권자에게 채권증서의 반환을 청구할 수 있고(민법 제475조 참조), 이러한 채권증서 반환청구권은 채무 전부를 변제하는 등 채권이 소멸한 경우에 인정되므로, 채권자가 채무자로부터 채권증서를 교부받은 후 이를 다시 채무자에게 반환하였다면 특별한 사정이 없는 한 그 채권은 변제 등의 사유로 소멸하였다고 추정할 수 있다."참조.

456) 대법원 1970. 10. 23. 선고 70다2042 판결 "채무의 이행확보를 위하여 약속어음이 교부되었을 경우에는 그 약속어음의 반환을 받지 않는 한 그 채무이행을 거절할 수 있다."

없을 때에 그 변제를 어느 채무에 충당할 것인가를 결정하는 것이다.

민법에서 정하는 변제충당은 변제자 또는 변제수령자의 일방적 의사표시로써 그 효과가 발생한다(제476조 제3항). 그러나 채무의 일부변제는 분할채무가 아닌 이상 채무의 내용에 좇은 변제가 아니어서 변제자가 일방적으로 채권자에게 그 수령을 강요할 수는 없다. 그러므로 변제충당이 허용되는 범위는 한 개의 채무에 대한 일부변제를 채권자가 수령을 승낙한 경우 및 여러 개의 채무 중 한 개의 채무의 변제에 충당하고 남는 변제가 이루어진 경우이다.

(2) 변제충당의 방법

1) 의 의

민법은 변제충당의 방법에 관하여 제476조 내지 제479조에서 규정하고 있다. 즉 ① 당사자의 의사표시의 합치에 의한 변제충당(계약충당 또는 합의충당), ② 당사자 사이에 별도의 합의가 없는 때에는 변제자 또는 변제수령자의 일방적 지정에 의해 충당되는 지정변제충당(제476조), ③ 그 지정마저 없는 때에는 일정한 기준에 따라 충당되는 법정변제충당에 의하도록 한다(제477조). 그 이외에 채무자가 원본 이외에 비용과 이자를 지급할 경우에는 제476조의 지정충당의 예외로 비용·이자·원본의 순서에 따라 충당하되 그 방법은 제477조에 따라 충당하도록 규정하고 있다(제479조). 그런데 이들 규정은 임의규정이라고 이해하여 당사자의 의사에 따르도록 하되, 그 의사가 없을 때에는 보충적으로 법정충당의 순서에 따르도록 한다.[457]

---

457) 대법원 2010. 3. 10. 자 2009마1942 결정 "변제충당에 관한 민법 제476조 내지 제479조의 규정은 임의규정이므로 변제자와 변제받는 자 사이에 위 규정과 다른 약정이 있다면 그 약정에 따라 변제충당의 효력이 발생하고, 위 규정과 다른 약정이 없는 경우에 변제의 제공이 그 채무 전부를 소멸하게 하지 못하는 때에는 민법 제476조의 지정변제충당에 의하여 변제충당의 효력이 발생하고 보충적으로 민법 제477조의 법정변제충당의 순서에 따라 변제충당의 효력이 발생한다(대법원 1987. 3. 24. 선고 84다카1324 판결 등 참조)."; 대법원 2015. 11. 26. 선고 2014다71712 판결 "변제충당에 관한 민법 제476조 내지 제479조는 임의규정이므로 변제자와 변제받는 자 사이에 위 규정과 다른 약정이 있다면 약정에 따라 변제충당의 효력이 발생하고, 위 규정과 다른 약정이 없는 경우에 변제의 제공이 채무 전부를 소멸하게 하지 못하는 때에는 민법 제476조의 지정변제충당에 따라 변제충당의 효력이 발생하고 보충적으로 민법 제477조의 법정변제충당의 순서에 따라 변제충당의 효력이 발생한다. 이때 민법 제477조의 법정변제충당의 순서는 채무자의 변제제공 당시를 기준으로 정하여야 한다."

변제충당의 방법에 관한 주장·증명책임은 최후의 법정충당(제477조 제4호의 안분비례에 의한 충당)과 다른 충당을 주장하는 자가 부담한다. 예컨대 그가 자신에게 유리한 변제충당의 합의가 존재한다거나, 변제충당의 지정이 있었다거나, 우선적인 법정충당 등이 있다는 등의 주장·증명을 하여야 한다.[458]

2) 계약에 의한 변제충당(합의충당·계약충당)

① 계약에 의한 변제충당은 당사자(채권자·채무자; 변제자·변제수령자)의 합의에 의하는 것으로서 사적자치의 원칙상 당연히 인정된다 할 것이다.

② 합의충당의 내용은 다음의 어느 것이라도 상관없다. 첫째, 구체적인 채무에의 충당에 관한 것일 수 있다.[459] 둘째, 충당의 방법에 관한 것일 수 있다.[460]

---

458) 대법원 1994. 2. 22. 선고 93다49338 판결 "채무자가 동일한 채권자에 대하여 같은 종류를 목적으로 한 수개의 채무를 부담한 경우에 변제의 제공에 있어서 당사자가 변제에 충당할 채무를 지정하지 아니한 때에는 민법 제477조의 규정에 따라 법정변제충당 되는 것이고 특히 민법 제477조 제4호에 의하면 법정변제충당의 순위가 동일한 경우에는 각 채무액에 안분비례하여 각 채무의 변제에 충당되는 것이므로, 위 안분비례에 의한 법정변제충당과는 달리, 그 법정변제충당에 의하여 부여되는 법률효과 이상으로 자신에게 유리한 변제충당의 지정, 당사자 사이의 변제충당의 합의가 있다거나 또는 당해 채무가 법정변제충당에 있어 우선순위에 있어서 당해 채무에 전액 변제충당 되었다고 주장하는 자는 그 사실을 주장입증할 책임을 부담한다."; 대법원 2013. 2. 15. 선고 2012다81913 판결 "채무자가 동일한 채권자에 대하여 같은 종류를 목적으로 한 수개의 채무를 부담한 경우에 변제를 제공하면서 당사자가 변제에 충당할 채무를 지정하지 아니한 때에는 민법 제477조의 규정에 따라 법정변제충당되고, 특히 민법 제477조 제4호에 의하면 법정변제충당의 순위가 동일한 경우에는 각 채무액에 안분비례하여 각 채무의 변제에 충당된다. 따라서 위 안분비례에 의한 법정변제충당과는 달리, 그 법정변제충당에 의하여 부여되는 법률효과 이상으로 자신에게 유리한 변제충당의 지정 또는 변제충당의 합의가 있다거나 당해 채무가 법정변제충당에서 우선순위에 있으므로 당해 채무에 전액 변제충당 되었다고 주장하는 자는 그 사실을 주장·증명할 책임을 부담하고, 이 경우 위 사실을 주장하는 자가 그 증명을 다하지 못하였다면 당연히 각 채무액에 안분비례하여 법정충당이 행하여지는 것이다(대법원 1994. 2. 22. 선고 93다49338 판결, 대법원 2009. 2. 12. 선고 2007다77712 판결 등 참조)."

459) 대법원 2010. 10. 28. 선고 2010다55187 판결 "다수의 채무 중 보증인에 의하여 담보되고 있는 채무와 그렇지 않은 채무가 있는 경우에, 채권자와 채무자가 충당의 합의를 함에 있어서 보증인이 있는 채무를 반드시 먼저 변제하여야 한다고 볼 근거가 없고, 계약자유의 원칙에 의하여 채권자와 채무자는 제공된 급부를 어느 채무에 어떤 방법으로 충당할 것인가를 결정할 수 있으며, 다만 그러한 충당이 보증인에게 현저히 부당하고 신의칙에 반하는 때에는 합의충당의 효력이 부정된다고 할 것이다."

460) 대법원 2004. 3. 25. 선고 2001다53349 판결 "변제충당 지정은 상대방에 대한 의사표시로서 하여야 하는 것이기는 하나, 변제충당에 관한 민법 제476조 내지 제479조의 규정은 임의규정이므로 변제자(채무자)와 변제수령자(채권자)는 약정에 의하여 위 각 규정을 배제하고 제공된 급부를 어느 채무에 어떤 방법으로 충당할 것인가를 결정할 수 있고, 이와 같이

3) 지정변제충당

① 의 의

지정변제충당이란 채무자가 동일한 채권자에 대하여 같은 종류를 목적으로 한 여러 개의 채무를 부담하는 경우에 채무의 제공이 그 채무 전부를 소멸하게 하지

채권자와 채무자 사이에 미리 변제충당에 관한 약정이 있으며, 그 약정 내용이, 변제가 채권자에 대한 모든 채무를 소멸시키기에 부족한 경우 채권자가 적당하다고 인정하는 순서와 방법에 의하여 충당하기로 한 것이라면, 채권자가 위 약정에 터잡아 스스로 적당하다고 인정하는 순서와 방법에 좇아 변제충당을 한 이상 채무자에 대한 의사표시와 관계없이 그 충당의 효력이 있고, 위와 같이 미리 변제충당에 관한 별도의 약정이 있는 경우에는 채무자가 변제를 하면서 위 약정과 달리 특정 채무의 변제에 우선적으로 충당한다고 지정하더라도 그에 대하여 채권자가 명시적 또는 묵시적으로 동의하지 않는 한 그 지정은 효력이 없어 채무자가 지정한 채무가 변제되어 소멸하는 것은 아니다."; 대법원 1999. 11. 26. 선고 98다27517 판결 "채권자와 채무자 사이에 미리 변제충당에 관한 약정이 있고, 그 약정 내용이 변제가 채권자에 대한 모든 채무를 소멸시키기에 부족한 때에는 채권자가 적당하다고 인정하는 순서와 방법에 의하여 충당하기로 한 것이라면, 변제수령권자가 위 약정에 터잡아 스스로 적당하다고 인정하는 순서와 방법에 좇아 변제충당을 한 이상 그 충당은 효력이 있는 것이므로, 위와 같이 미리 변제충당에 관한 별도의 약정이 있는 경우에는 채무자가 변제를 하면서 위 약정과 달리 특정 채무의 변제에 우선적으로 충당한다고 지정하더라도, 그에 대하여 채권자가 명시적 또는 묵시적으로 동의하지 않는 한 그 지정은 효력이 없어 채무자가 지정한 채무가 변제되어 소멸하는 것은 아니다."; 대법원 1991. 7. 23. 선고 90다18678 판결 "변제충당지정은 상대방에 대한 의사표시로써 하여야 하는 것이기는 하나, 채권자와 채무자 사이에 미리 변제충당에 관한 약정이 있고, 그 약정내용이 변제가 채권자에 대한 모든 채무를 소멸시키기에 부족한 때에는 채권자가 적당하다고 인정하는 순서와 방법에 의하여 충당하기로 한 것이라면, 변제수령권자가 위 약정에 터잡아 스스로 적당하다고 인정하는 순서와 방법에 좇아 변제충당을 한 이상 변제자에 대한 의사표시와 관계없이 그 충당의 효력이 있다."; 대법원 2015. 6. 11. 선고 2012다10386 판결 "[2] 변제충당에 관한 민법 제476조 내지 제479조의 규정은 임의규정이므로 변제자인 채무자와 변제수령자인 채권자는 약정에 의하여 이를 배제하고 제공된 급부를 어느 채무에 어떤 방법으로 충당할 것인가를 결정할 수 있고, 이는 민법 제499조에 의하여 위 규정이 준용되는 상계의 경우에도 마찬가지이다. [3] 변제충당지정은 상대방에 대한 의사표시로써 하여야 하는 것이기는 하나, 채권자와 채무자 사이에 미리 변제충당에 관한 약정이 있고, 약정내용이 변제가 채권자에 대한 모든 채무를 소멸시키기에 부족한 때에는 채권자가 적당하다고 인정하는 순서와 방법에 의하여 충당하기로 한 것이라면, 변제수령권자인 채권자가 약정에 터 잡아 스스로 적당하다고 인정하는 순서와 방법에 좇아 변제충당을 한 이상 변제자에 대한 의사표시와 관계없이 충당의 효력이 있다. 그리고 이러한 법리는 민법 제499조에 의하여 변제충당에 관한 규정이 준용되는 상계의 경우에도 마찬가지로 적용된다."; 대법원 2013. 9. 12. 선고 2012다118044, 118051 판결 "변제자(채무자)와 변제수령자(채권자)는 변제로 소멸한 채무에 관한 보증인 등 이해관계 있는 제3자의 이익을 해하지 않는 이상 이미 급부를 마친 뒤에도 기존의 충당방법을 배제하고 제공된 급부를 어느 채무에 어떤 방법으로 다시 충당할 것인가를 약정할 수 있다."

못한 때에 변제자가 특정 채무를 지정하여 그 채무를 우선하여 변제하도록 하는 것을 말하고, 만일 변제자가 이를 지정하지 않으면 채권자가 보충적으로 채권을 지정하여 변제하는 것을 말한다(제476조 제1항·제2항). 그러나 채권자의 보충적 지정변제충당은 채무자가 그 충당에 대하여 즉시 이의를 제기하면 효력이 없다(제476조 제2항).

② 요 건

㉠ 채무자가 동일한 채권자에 대하여 같은 종류를 목적으로 한 수개의 채무를 부담하고 있어야 한다.

㉡ 변제자의 변제 제공이 그 채무 전부를 소멸하게 하지 못하여야 한다.

㉢ 변제자가 이를 지정하여야 한다. 이 변제자의 지정에 변제수령자의 동의는 필요하지 않으며, 또한 수령자가 이의를 제기할 수도 없다.

㉣ 변제자의 지정이 없을 때에 채권자가 보충적으로 지정할 수 있으나 이 경우에는 채무자가 즉시 이의를 제기하지 않아야 한다(제476조 제2항·제3항, 제478조).[461]

㉤ 상대방에 대한 의사표시로써 하여야 한다.[462]

③ 지정권자

㉠ 제1차적 지정권자는 변제자(변제자 또는 제3자 변제의 경우 제3자)이다(제476

---

461) 대법원 1984. 1. 31. 선고 83다카1560 판결 "채무자가 지정충당권을 행사하였다는 주장·입증이 없는 이 사건에서 채권자인 원고의 소송대리인이 소장정정신청서에서 그 기재내용과 같이 원금과 이자를 지급받았다고 진술하였다면 채권자의 지정변제충당의 주장이 있다 할 것이므로 그 지정충당이 인정되지 않는 경우에 비로소 법정변제충당의 법리에 따라 변제충당하여야 할 것이다."

462) 대법원 2004. 3. 25. 선고 2001다53349 판결 "변제충당 지정은 상대방에 대한 의사표시로서 하여야 하는 것이기는 하나, 변제충당에 관한 민법 제476조 내지 제479조의 규정은 임의규정이므로 변제자(채무자)와 변제수령자(채권자)는 약정에 의하여 위 각 규정을 배제하고 제공된 급부를 어느 채무에 어떤 방법으로 충당할 것인가를 결정할 수 있고, 이와 같이 채권자와 채무자 사이에 미리 변제충당에 관한 약정이 있으며, 그 약정 내용이, 변제가 채권자에 대한 모든 채무를 소멸시키기에 부족한 경우 채권자가 적당하다고 인정하는 순서와 방법에 의하여 충당하기로 한 것이라면, 채권자가 위 약정에 터잡아 스스로 적당하다고 인정하는 순서와 방법에 좇아 변제충당을 한 이상 채무자에 대한 의사표시와 관계없이 그 충당의 효력이 있고, 위와 같이 미리 변제충당에 관한 별도의 약정이 있는 경우에는 채무자가 변제를 하면서 위 약정과 달리 특정 채무의 변제에 우선적으로 충당한다고 지정하더라도 그에 대하여 채권자가 명시적 또는 묵시적으로 동의하지 않는 한 그 지정은 효력이 없어 채무자가 지정한 채무가 변제되어 소멸하는 것은 아니다."

조 제1항).

㉡ 제2차적 지정권자는 제1차적 지정권자인 변제자가 지정하지 않은 때에 변제 받는 자가 보충적으로 지정권자로 될 수 있다(제476조 제2항).

④ 지정의 방법

변제충당의 지정은 상대방에 대한 일방적 의사표시로써 한다(제476조 제3항). 명시적 또는 묵시적으로도 할 수 있다. 그리고 변제수령자가 보충적으로 지정하는 경우에 늦어도 급부와 동시에 지정이 이루어져야 한다(제476조 제2항).

⑤ 지정변제충당에 대한 제한문제

민법은 제479조 제1항에서 "채무자가 1개 또는 수개의 채무의 비용 및 이자를 지급할 경우에 변제자가 그 전부를 소멸하게 하지 못한 급여를 한 때에는 비용, 이자, 원본의 순서로 변제에 충당하여야 한다."고 하고 제2항에서 "전항의 경우에 제477조(법정변제충당)의 규정을 준용한다."라고 하여 이 규정이 지정충당에 대한 제한으로서 제479조 제1항과 다르게 일방적으로 지정할 수 없다는 것이 통설 및 판례[463)]의 입장이다. 변제충당에 관한 제479조는 변제뿐만 아니라 공탁·상계 등 그 밖의 채무소멸원인에도 마찬가지로 적용된다.[464)]

463) 대법원 2002. 5. 10. 선고 2002다12871, 12888 판결 "비용, 이자, 원본에 대한 변제충당에 있어서는 민법 제479조에 그 충당 순서가 법정되어 있고 지정 변제충당에 관한 같은 법 제476조는 준용되지 않으므로 당사자 사이에 특별한 합의가 없는 한 비용, 이자, 원본의 순서로 충당하여야 할 것이고, 채무자는 물론 채권자라고 할지라도 위 법정 순서와 다르게 일방적으로 충당의 순서를 지정할 수는 없다고 할 것이지만, 당사자의 일방적인 지정에 대하여 상대방이 지체없이 이의를 제기하지 아니함으로써 묵시적인 합의가 되었다고 보여지는 경우에는 그 법정충당의 순서와는 달리 충당의 순서를 인정할 수 있는 것이다."; 대법원 2009. 6. 11. 선고 2009다12399 판결 "비용, 이자, 원본에 대한 변제충당에 있어서는 민법 제479조에 그 충당 순서가 법정되어 있고 지정 변제충당에 관한 민법 제476조는 준용되지 않으므로 원칙적으로 비용, 이자, 원본의 순서로 충당하여야 하고, 채무자는 물론 채권자라 할지라도 위 법정 순서와 다르게 일방적으로 충당의 순서를 지정할 수는 없다. 그러나 당사자 사이에 특별한 합의가 있는 경우이거나 당사자의 일방적인 지정에 대하여 상대방이 지체 없이 이의를 제기하지 아니함으로써 묵시적인 합의가 되었다고 보이는 경우에는 그 법정충당의 순서와는 달리 충당의 순서를 인정할 수 있다."

464) 대법원 2006. 10. 12. 선고 2004재다818 판결 "비용, 이자, 원본에 대한 변제충당의 순서에 관한 민법 제479조는 변제뿐만 아니라 공탁, 상계 등 그 밖의 채무소멸원인에도 적용되고, 여기에서 우선 충당되는 비용에는 채권을 실행하는 데 소요된 소송비용 또는 집행비용으로서 소송비용액확정결정 또는 집행비용액확정결정을 받은 것이 포함된다."; 대법원 2005. 8. 19. 선고 2003다22042 판결 "채무자가 이행지체에 빠진 이상, 채무자의 이행제공이

4) 법정변제충당

① 의 의

법정변제충당이란 당사자가 합의충당이나 지정충당을 하지 아니한 경우에 법률의 규정에 의해 변제충당의 효력이 발생하는 것을 말한다(제477조). 이를 법정충당이라고 한다. 채무의 원본 이외에 비용·이자가 있는 경우에 비용 상호간, 이자 상호간, 원본 상호간에도 같다(제479조 제2항).

② 요 건

당사자가 합의충당도 지정충당도 하지 아니하는 경우에 법정변제충당이 성립한다.

③ 법정충당의 순서

㉠ 이행기가 도래한 채무 법정충당에서 첫 번째로 고려하여야 할 것은 채무의 변제기 도래 여부이다. 채무 중에 이행기가 도래한 것과 도래하지 아니한 것이 있으면 이행기가 도래한 채무의 변제에 우선 충당된다(제477조 제1호).

㉡ 변제이익이 많은 채무 채무전부의 이행기가 도래하였거나 도래하지 아니한 때에는 채무자에게 변제이익이 많은 채무의 변제에 충당한다(제477조 제2호). 여기의 변제이익은 채무자를 기준으로 판단한다.[465] 판례에 의하면 채무자에게 변제이익이 많은 것이라고 하는 것은 다음과 같다. 즉 무이자 채무보다는 이자부 채무, 저이율의 채무보다는 고이율의 채무, 무담보 채무보다는 담보부 채무,[466] 변제자가 보증인으로서 부담하는 보증채무(연대보증채무 포함)보다는 변제

이행지체를 종료시키려면 완전한 이행을 제공하여야 하므로, 채무자가 원본뿐 아니라 지연이자도 지급할 의무가 있는 때에는 원본과 지연이자를 합한 전액에 대하여 이행의 제공을 하여야 할 것이고, 그에 미치지 못하는 이행제공을 하면서 이를 원본에 대한 변제로 지정하였더라도, 그 지정은 민법 제479조 제1항에 반하여 채권자에 대하여 효력이 없으므로, 채권자는 그 수령을 거절할 수 있다."

465) 대법원 1999. 8. 24. 선고 99다22281, 22298 판결 "법정변제충당을 위한 변제이익은 변제자를 기준으로 판단하여야 할 것이고, 채권자가 공동광업권 근저당권에 기한 경락대금을 그 근저당권이 담보하는 수개의 채무 중 일부변제조로 배당받아 간 경우, 그 배당금은 공동광업권자들이 합유지분 비율에 따라 출재하여 변제한 것으로 보아야 할 것이므로, 위 배당금의 법정변제충당을 위한 변제이익은 위 수개의 채무에 대하여 공동광업권자별로 따로 판단한 후, 정해진 법정변제충당의 순위에 따라 위 배당금 중 공동광업권자 각자의 합유지분 비율에 따른 금원을 각 변제충당하여야 한다."

466) 대법원 1999. 8. 24. 선고 99다22281, 22298 판결.

자 자신의 채무[467], 연대채무보다는 단순채무[468] 등이 채무자에게 변제이익이 많다고 본다. 그러나 이러한 여러 조건이 혼재되어 있는 경우에는 모든 사정을 고려하여 구체적으로 판단할 수밖에 없다.

㉢ **변제이익의 차이가 없는 경우** 변제자가 주채무자인 경우에 보증인이 있는 채무와 보증인이 없는 채무는 변제이익에 있어서 차이가 없다고 한다.[469] 그리고 변제자가 채무자인 경우에 물상보증인이 제공한 물적 담보가 있는 채무와 그러한 담보가 없는 채무 사이에도 변제이익에 있어서 차이가 없다고 본다.[470]

㉣ **이행기가 도래하거나 도래할 채무** 채무자에게 변제이익이 같으면 이행기가 먼저 도래한 채무나 먼저 도래할 채무의 변제에 충당한다(제477조 제3호). 이행 기한이 정해져 있지 않은 채무는 채무 발생과 동시에 이행기에 있게 되므로 언제나 이행기가 도래한 것으로 다루고, 그러한 채무 상호간에는 먼저 성립한 것이 충당되어야 한다.[471]

---

467) 대법원 2002. 7. 12. 선고 99다68652 판결 "특별한 사정이 없는 한 변제자가 타인의 채무에 대한 보증인으로서 부담하는 보증채무(연대보증채무도 포함)는 변제자 자신의 채무에 비하여 변제자에게 그 변제의 이익이 적다고 보아야 한다."

468) 대법원 1999. 7. 9. 선고 98다55543 판결 "특별한 사정이 없는 한, 변제자가 타인의 채무에 대한 보증인으로서 부담하는 보증채무(연대보증채무도 포함)는 변제자 자신의 채무에 비하여, 연대채무는 단순채무에 비하여, 각각 변제자에게 그 변제의 이익이 적다."

469) 대법원 1999. 8. 24. 선고 99다26481 판결 "변제자가 주채무자인 경우, 보증인이 있는 채무와 보증인이 없는 채무 사이에 변제이익의 점에서 차이가 없다고 보아야 하므로, 보증기간 중의 채무와 보증기간 종료 후의 채무 사이에서는 변제이익의 점에서 차이가 없고, 따라서 주채무자가 변제한 금원은 이행기가 먼저 도래한 채무부터 법정변제충당하여야 한다."; 대법원 2014. 4. 30. 선고 2013다8250 판결 "변제자가 주채무자인 경우 보증인이 있는 채무와 보증인이 없는 채무 사이에 전자가 후자에 비하여 변제이익이 더 많다고 볼 근거는 전혀 없으므로 양자는 변제이익의 점에서 차이가 없다고 보아야 한다. 마찬가지로 변제자가 채무자인 경우 물상보증인이 제공한 물적 담보가 있는 채무와 그러한 담보가 없는 채무 사이에도 변제이익의 점에서 차이가 없다."

470) 대법원 2014. 4. 30. 선고 2013다8250 판결 "변제자가 주채무자인 경우 보증인이 있는 채무와 보증인이 없는 채무 사이에 전자가 후자에 비하여 변제이익이 더 많다고 볼 근거는 전혀 없으므로 양자는 변제이익의 점에서 차이가 없다고 보아야 한다. 마찬가지로 변제자가 채무자인 경우 물상보증인이 제공한 물적 담보가 있는 채무와 그러한 담보가 없는 채무 사이에도 변제이익의 점에서 차이가 없다."

471) 대법원 1985. 3. 12. 선고 84다카2093 판결 "변제자가 주채무자인 경우에 보증인이 있는 채무와 보증인이 없는 채무사이에 있어서 전자가 후자에 비하여 변제이익이 더 많다고 볼 근거는 전혀 없는 것이고 양자는 변제의 이익의 점에 있어 차이가 없다고 봄이 상당하다고 할 것이며 이와 같이 변제의 이익이 같을 경우에는 변제금은 이행기가 먼저 도래한

㉤ 이행기가 동시에 도래하고 변제이익이 같은 채무 　　　이행기와 변제이익이 같은 경우에는 최종적으로 그 채무액에 비례하여 각 채무의 변제에 충당한다(제477조 제4호).

9. 변제의 제공

(1) 의 의

1) 변제의 제공이란 채무의 이행에 채권자의 협력을 필요로 하는 경우(예, 채권자의 수령을 요하는 채무, 채권자가 제공하는 재료에 가공하여야 할 채무 등)에 채무자가 변제를 위하여 그가 할 수 있는 모든 행위를 다한 후 채권자의 협력을 요구하는 것을 말한다.

채무 가운데에는 채무자의 행위만으로 실현될 수 있는 경우도 있고(예, 부작위채무·의사표시를 하여야 할 채무·대체적 작위채무 등), 채무의 이행에 채권자의 협력이 필요한 것이 있다. 이 중 후자의 경우에는 채무자가 변제하려고 하여도 채권자의 협력이 없으면 변제할 수가 없다. 이러한 경우를 대비하여 채무자로 하여금 채무불이행책임을 면하게 하는 등으로 채무자를 보호하려는 제도가 바로 '변제의 제공'이다.

2) 채무의 내용에 좇은 제공

① 변제의 제공은 채무의 내용에 좇은 것이어야 한다(제460조).

② 변제의 제공이 채무의 내용에 부합하기 위해서는 변제제공의 주체·객체·장소·일시 등이 채무의 내용에 부합하여야 한다.[472)]

채무나 먼저 도래할 채무의 변제에 충당하여야 할 것이다(민법 제477조 제3호)."

472) 대법원 1982. 12. 14. 선고 82다카1321, 1322 판결 "채무의 담보를 위하여 가등기 및 그 가등기에 기한 본등기가 경료된 경우에 채권자는 그 채무변제를 받기 전 또는 받음과 교환으로 그 담보로 된 가등기 및 그 가등기에 기한 본등기를 말소하여야 할 의무는 없다고 할 것이므로, 채권자인 원고가 선급부 또는 동시이행의 의무가 없는데도 채무의 대위변제자가 변제공탁을 함에 있어서 가등기 및 본등기의 말소를 반대급부의 내용으로 하였음은 채무의 본지에 따른 것이라 할 수 없고 원고가 이를 수령하지 않는 한 변제공탁은 채무변제의 효력이 없다 할 것이다."; 대법원 1993. 7. 27. 선고 92다42743 판결 "단체협약상 사납금의 액수는 노사간의 합의로 결정하도록 규정하고 있었다면 비록 택시요금의 인상으로 일부 사납금의 인상요인이 발생하였다고 하더라도 아직 노사간에 사납금 인상에 관한 합의가 이루어지지 아니한 이상 운전사들이 사납금 인상에 부동의하면서 승무하겠다고 한다고 하여 이를 채무의 본지에 따른 노무제공이 아니라고 할 수 없고(사후에 노사간의

3) 채권자지체

① 채무의 변제에 채권자의 협력을 필요로 하는 경우 채권자가 수령을 거부하면 이행의 제공이 있어도 채권은 소멸하지 않는다.

② 이러한 경우에는 채무자의 채무불이행책임을 면하면서 채권자에게 채무불이행에 상응하는 책임을 가중한다(제461조).

(2) 변제제공의 방법

1) 제460조에서 변제제공의 방법으로 현실의 제공과 구두의 제공을 규정하고 있다. 현실의 제공은 채무자로서 하여야 할 행위를 완료하여 채권자의 협력만 있으면 곧 급부결과를 실현할 수 있는 상태에 이른 것을 말한다. 그에 비하여 구두의 제공은 채무자가 언제든지 변제를 할 수 있는 준비를 하고 이를 채권자에게 통지하여 수령 기타의 협력을 최고하는 것이다.

2) 현실제공

① **변제제공자** 변제제공자는 채무자가 제공자가 된다. 그러나 제3자도 원칙적으로 제공을 할 수 있다.

② **변제제공의 상대방** 변제 수령자가 상대방이 된다. 따라서 채권자가 제공의 상대방이 되는 것이 원칙이다. 그러나 채권자이지만 상대방이 될 수 없는 경우도 있고, 채권자가 아닌데도 수령권한이 있는 경우도 있다. 표현수령권자도 변제가 유효하게 될 수 있는 경우에는 제공의 상대방이 된다(제470조·제471조·제514조·제518조·제524조·제525조 참조).[473)]

합의에 따라 사납금의 소급인상이 결정되면 그때 가서 정산할 수도 있는 것이다), 회사가 적법한 정직처분이나 직장폐쇄를 한 것도 아니어서 회사에는 운전사들의 노무제공에 대하여 그 수령을 거절할 정당한 사유가 없으므로 회사가 운전사들에 대하여 배차거부 및 승무의 실력저지조치 등을 취한 것은 회사에게 귀책사유가 있는 수령지체에 해당한다."

473) 대법원 1998. 7. 24. 선고 98다7698 판결 "채권자가 아닌 제3자 명의로 개설된 예금계좌에 채무자가 현금을 입금시켰다고 하더라도 예금명의자인 제3자가 당해 금전채권에 대한 변제의 제공을 받을 수 있는 지위에 있지 아니하는 한 그 입금이 채무 내용에 좇은 현실의 제공이라고 볼 수 없을 것이지만, 채권자가 금융기관으로서 채무자에게 금전채무의 이행방법으로 제3자 명의로 개설된 예금계좌에 입금할 것을 요청하였고, 그 예금계좌가 채권자의 관리 하에 있어 채권자가 즉시 인출할 수 있는 지위에 있는 경우에는, 채권자 명의로 개설된 예금계좌에 아무런 유보 없이 입금시킨 경우와 마찬가지로, 채무자가 입금한 금원이 그 예금계좌에 들어가 입금기재된 때에 그에 따른 변제의 효력이 발생한다."

③ **변제제공의 장소** 변제제공의 장소는 정해진 곳이어야 한다. 따라서 지참채무의 경우에는 채무자가 채권자의 주소지 또는 합의된 제3의 장소에 목적물을 가지고 가서 수령하도록 하여야 한다. 그리고 추심채무의 경우에는 채무자가 변제준비를 하고 수령을 최고하여야 한다. 송부채무의 경우에는 채무자가 목적물을 운송기관에 위탁(인도)하면 된다.

④ **변제제공의 시기** 변제제공은 변제기가 도래하였을 때 하는 것이 원칙이다. 단, 당사자의 특별한 의사표시가 없으면 채무자는 기한의 이익을 포기하고 변제기 전에 변제할 수 있다(제468조 본문). 따라서 채무자는 변제기 전에도 변제제공을 할 수 있다고 하여야 한다. 그러나 이때 상대방에게 손해가 있는 경우에는 그 손해는 배상하여야 한다(제468조 단서).

⑤ 채무의 내용에 좇은 현실제공여부

㉠ 금전채무의 경우

ⓐ **일부제공이 있는 경우** 채무액의 일부만을 제공한 것은 채무의 내용에 좇은 제공이 되지 않는다고 한다(통설). 판례도 같은 입장이다.[474)]

ⓑ **통화 이외의 지급수단의 경우** 채무자가 통화가 아닌 우편환·수표 등의 수단으로 제공하는 경우도 현실의 제공이 되는가의 문제이다. 우편환은 현금과 동일한 작용을 하므로 금전과 같고, 수표 중에도 신용 있는 은행이 발행·배서 또는 지급보증한 것도 금전과 같이 다루어야 한다.[475)] 그러나 보통의 수표는

---

474) 대법원 1984. 9. 11. 선고 84다카781 판결 "채무의 일부 변제제공은 채무의 본지에 따른 이행의 제공이라 할 수 없고 이행제공의 효력이 발생할 수 없는 것이어서 그 채무의 일부를 공탁했다 하더라도 변제의 효력이 발생할 수 없다."; 대법원 1996. 7. 26. 선고 96다14616 판결 "변제공탁이 유효하려면 채무 전부에 대한 변제의 제공 및 채무전액에 대한 공탁이 있음을 요하고 채무 전액이 아닌 일부에 대한 공탁은 그 부분에 관하여서도 효력이 생기지 않으나, 채권자가 공탁금을 채권의 일부에 충당한다는 유보의 의사표시를 하고 이를 수령한 때에는 그 공탁금은 채권의 일부의 변제에 충당된다."; 대법원 2019. 10. 31. 선고 2019다247651 판결 "당사자 쌍방의 채무가 동시이행관계에 있는 경우 일방 채무의 이행기가 도래하더라도 상대방 채무의 이행제공이 있을 때까지는 채무를 이행하지 않아도 이행지체의 책임을 지지 않는다. 금전채권의 채무자가 채권자에게 담보를 제공한 경우 특별한 사정이 없는 한 채권자는 채무자로부터 채무를 모두 변제받은 다음 담보를 반환하면 될 뿐 채무자의 변제의무와 채권자의 담보 반환의무가 동시이행관계에 있다고 볼 수 없다. 따라서 채권자가 채무자로부터 제공받은 담보를 반환하기 전에도 특별한 사정이 없는 한 채무자는 이행지체 책임을 진다."

475) 대법원 1960. 5. 19. 선고 4292민상784 판결 "수표로서 변제제공하는 경우에 있어서는 특별히 채권자의 주소지에 소재하는 은행의 수표만으로 한다는 특약이 있는 등 특단의

부도의 가능성이 있기 때문에 현금과 같이 볼 수 없을 것이다.

㉡ **금전 이외의 물건을 목적으로 하는 채무** 특정물채무의 경우에는 비록 목적물에 사전약속한 성질이 존재하지 않더라도 변제의 제공이 된다고 본다(통설). 다만 매수인은 하자담보책임을 물을 수는 있다(제580조 참조). 그리고 종류채무의 경우에는 제공된 물건의 종류·품질·수량에서 일치하여야 한다. 품질이 미달된 경우에는 채권자는 수령을 거절할 수 있다. 한편 종류매매의 경우에는 수령거절의 방법 외에 목적물을 수령하고 담보책임을 물을 수도 있다(제581조 참조).

㉢ **채무자의 이행행위와 동시에 채권자의 협력이 필요한 경우** 근저당권설정등기가 되어 있는 부동산을 매도한 경우 매도인은 소유권이전등기에 필요한 서류 외에 근저당권 말소에 필요한 서류도 준비하여야 하며 근저당채무가 변제되었다는 것만으로는 부족하다.[476] 그리고 등기의무자의 주소 등 표시가 변경된 경우에는 주소변경등기에 필요한 서류도 제공하여야 한다.[477] 한편 쌍무계약의 경우에는 채무자의 지체책임을 발생하게 하고 그것을 이유로 계약을 해제하려면, 채권자가 자기 채무의 현실제공을 하고 있어야 한다. 따라서 상대방(문제의 채무의 채권자)은 언제든지 현실로 이행을 할 수 있는 준비를 완료하고 그 뜻을 통지하여 수령을 최고하여야 하며, 단순히 이행의 준비태세를 갖추고 있는 것만으로는 부족하다.[478] 부동산매매계약에서 매도인의 소유권이전의무의 이행제공이

사유 없는 한 신용 있는 은행의 수표 제공은 일반거래상 현금의 제공과 동일하게 볼 것이므로 이를 채무본지에 따른 현실제공으로 해석할 것인 바 특단의 사유가 보이지 않는 본건에 있어서 소론 상주 제일은행 또는 흥업은행의 수표로서 한 변제제공은 적법한 현실제공이라고 인정할 것이므로 원판결에는 소론과 같은 위법 없고 논지는 이유 없다."

476) 대법원 1979. 11. 13. 선고 79다1562 판결 "근저당권설정등기 있는 부동산의 매매계약에 있어서는 매도인의 소유권이전등기 의무와 아울러 근저당권설정등기의 말소의무도 매수인의 대금지급의무와 동시이행관계에 있는 바 근저당권설정등기의 말소의무에 관한 이행제공은 그 근저당채무가 변제되었다는 것만으로는 부족하고 근저당권설정등기의 말소에 필요한 서류까지도 준비함이 필요하다."

477) 대법원 1987. 4. 14. 선고 86다카2605 판결 "등기의무자의 주소 등 표시가 등기 후에 변경된 경우 그에 따른 등기명의인의 표시변경등기가 이루어지지 아니하는 한 새로운 소유권이전등기를 할 수 없고, 등기명의인의 표시변경등기는 등기명의인의 신청에 의하여 이루어지는 것이므로 등기 후 주소를 변경한 부동산의 소유자가 이를 매도하면서 매수인과의 사이에 소유권이전등기절차의 이행과 상환으로 매매잔대금을 지급받기로 약정한 경우에 있어서 매도인이 잔대금 지급을 최고함에 있어 그의 주소변경등기에 필요한 서류는 제공함이 없이 소유권이전등기에 관한 서류만을 매수인에게 제공하였다면 이는 위 약정에 따른 적법한 이행의 제공이라고 할 수 없다."

478) 대법원 1992. 12. 24. 선고 92다3311 판결 "동시이행관계에 있는 쌍무계약상 자기 채무의

있었다고 하려면 언제든지 현실의 제공을 할 수 있을 정도로 등기에 필요한 서류를 모두 준비하고 그 뜻을 통지하여 수령을 최고하여야 한다.479)

이행을 제공하는 경우 채무를 이행함에 있어 상대방의 행위를 필요로 할 때에는 언제든지 현실로 이행을 할 수 있는 준비를 완료하고 그 뜻을 상대방에게 통지하여 수령을 최고하여야만 상대방으로 하여금 이행지체에 빠지게 할 수 있고 단순히 이행의 준비태세를 갖추고 있는 것만으로는 부족하다."; 대법원 2001. 7. 10. 선고 2001다3764 판결 "쌍무계약에서 쌍방의 채무가 동시이행관계에 있는 경우 일방의 채무의 이행기가 도래하더라도 상대방 채무의 이행제공이 있을 때까지는 그 채무를 이행하지 않아도 이행지체의 책임을 지지 않는 것이며, 이와 같은 효과는 이행지체의 책임이 없다고 주장하는 자가 반드시 동시이행의 항변권을 행사하여야만 발생하는 것은 아니므로, 동시이행관계에 있는 쌍무계약상 자기채무의 이행을 제공하는 경우 그 채무를 이행함에 있어 상대방의 행위를 필요로 할 때에는 언제든지 현실로 이행을 할 수 있는 준비를 완료하고 그 뜻을 상대방에게 통지하여 그 수령을 최고하여야만 상대방으로 하여금 이행지체에 빠지게 할 수 있는 것이다."

479) 대법원 1996. 7. 30. 선고 96다17738 판결 "부동산 매매계약의 경우에 매도인이 매수인을 이행지체에 빠뜨리기 위하여 소유권이전등기에 필요한 서류 등을 현실적으로 제공할 필요까지는 없으나, 최소한 위 서류 등을 준비하여 두고 그 뜻을 매수인에게 통지하여 잔금지급과 아울러 이를 수령하여 갈 것을 최고함을 요한다."; 대법원 2001. 5. 8. 선고 2001다6053, 6060, 6077 판결 "쌍무계약에 있어서 당사자의 채무에 관하여 이행의 제공을 엄격하게 요구하면 불성실한 상대당사자에게 구실을 주게 될 수도 있으므로 당사자가 하여야 할 제공의 정도는 그의 시기와 구체적인 상황에 따라 신의 성실의 원칙에 어긋나지 않게 합리적으로 정하여야 하는 것이며, 부동산매매계약에서 매도인의 소유권이전등기절차이행채무와 매수인의 매매잔대금 지급채무가 동시이행관계에 있는 한 쌍방이 이행을 제공하지 않는 상태에서는 이행지체로 되는 일이 없을 것인바, 매도인이 매수인을 이행지체로 되게 하기 위하여는 소유권이전등기에 필요한 서류 등을 현실적으로 제공하거나 그렇지 않더라도 이행장소에 그 서류 등을 준비하여 두고 매수인에게 그 뜻을 통지하고 수령하여 갈 것을 최고하면 되는 것이어서, 특별한 사정이 없으면 이행장소로 정한 법무사 사무실에 그 서류 등을 계속 보관시키면서 언제든지 잔대금과 상환으로 그 서류들을 수령할 수 있음을 통지하고 신의칙상 요구되는 상당한 시간 간격을 두고 거듭 수령을 최고하면 이행의 제공을 다한 것이 되고 그러한 상태가 계속된 기간 동안은 매수인이 이행지체로 된다 할 것이다."; 대법원 2010. 10. 14. 선고 2010다47438 판결 "갑이 을과 사이의 A 토지에 관한 매매계약을 기망을 이유로 취소함으로써 그 원상회복으로서 갑이 을에게 A 토지에 관하여 소유권이전등기의 말소등기절차를 이행할 의무가 있고, 또한 을은 갑에게 수령한 매매대금을 반환할 의무가 있는바, 갑과 을 사이의 이러한 각 의무는 동시이행의 관계에 있는 것이므로, 을은 갑으로부터 소유권이전등기의 말소등기절차를 이행받음과 동시에 위 매매대금을 반환할 의무가 있는 것이어서 갑이 을을 이행지체에 빠뜨리기 위해서는 소유권이전등기의 말소등기에 필요한 서류 등을 현실적으로 제공할 필요까지는 없으나, 최소한 위 서류 등을 준비하여 두고 그 뜻을 을에게 통지하여 매매대금의 반환과 아울러 이를 수령하여 갈 것을 최고함을 요한다고 한 사례"; 대법원 2013. 7. 11. 선고 2012다83827 판결 "쌍무계약에 있어서 당사자의 채무에 관하여 이행의 제공을 엄격하게 요구하면 불성실한 상대당사자에게 구실을 주게 될 수도 있으므로 당사자가 하여야 할 제공의 정도는 그의 시기와 구체적인 상황에 따라 신의성실의 원칙에 어긋나지

3) 구두제공

① 채권자의 사전 수령거절이 있는 경우

㉠ 채권자가 사전에 정당한 이유 없이 수령을 거절함으로써 채무자가 현실제공을 하여도 수령을 거절할 것이 예상되는 경우에는 구두제공만으로도 변제의 제공을 인정한다(제460조 단서). 그러한 경우까지 현실의 제공을 요구하는 것은 불공평하기 때문이다. 이러한 채권자의 수령거절의 의사는 채권자가 이유 없이 계약의 해제를 요구하거나 수령기일을 연기하는 경우 및 반대급부의 이행을 거절하는 경우에도 묵시적으로 미리 수령을 거절한 것으로 볼 수 있다. 그러나 내용에 적합한 제공이 아니어서 수령을 거절한 것은 여기의 수령거절이 아니다.

㉡ 구두제공의 방법은 채무자가 변제준비가 완료되었음을 채권자에게 통지하고 그 수령을 최고하면 된다.

② 채권자의 협력이 필요한 경우

㉠ 채무의 이행에 채권자의 선행적 협력행위가 요구되는 경우에는 먼저 채권자의 협력이 없으면 채무자는 급부를 실현할 수 없기 때문에 채무자의 구두제공만 있으면 된다(제460조 단서). 여기에서 '채권자의 협력'이란 수령 이외의 적극적 행위를 말한다. 예컨대 채권자로부터 원재료를 공급받아 제품을 생산하여 납품하

않게 합리적으로 정하여야 하는 것이며(대법원 1995. 12. 22. 선고 95다40397 판결 참조), 부동산매매계약에서 매도인의 소유권이전등기절차 이행채무와 매수인의 매매잔대금 지급채무가 동시이행관계에 있는 한 쌍방이 이행을 제공하지 않는 상태에서는 이행지체로 되는 일이 없을 것인바, 매도인이 매수인을 이행지체로 되게 하기 위하여는 소유권이전등기에 필요한 서류 등을 현실적으로 제공하거나 그렇지 않더라도 이행장소에 그 서류 등을 준비하여 두고 매수인에게 그 뜻을 통지하고 수령하여 갈 것을 최고하면 되는 것이어서(대법원 1993. 12. 28. 선고 93다777 판결, 대법원 1996. 7. 30. 선고 96다17738 판결 등 참조), 특별한 사정이 없으면 이행장소로 정한 법무사 사무실에 그 서류 등을 계속 보관시키면서 언제든지 잔대금과 상환으로 그 서류들을 수령할 수 있음을 통지하고 신의칙상 요구되는 상당한 시간 간격을 두고 거듭 수령을 최고하면 이행의 제공을 다한 것이 되고 그러한 상태가 계속된 기간 동안은 매수인이 이행지체로 된다 할 것이다(대법원 2001. 5. 8. 선고 2001다6053, 6060, 6077 판결 등 참조)."; 대법원 1995. 4. 28. 선고 94다16083 판결 "매수인이 잔대금 지급의무를 이행하고 소유권이전등기를 넘겨받을 의사가 없음을 미리 표시한 것으로 볼 수 있는 객관적인 명백한 사정이 있는 경우에는 당사자 일방이 자기의 채무의 이행을 제공을 하지 않더라도 상대방의 이행지체를 이유로 계약을 해제할 수 있는 것으로, 매수인이 이를 번복할 가능성이 있다고 볼 만한 다른 특별한 사정이 없는 한, 이러한 경우까지 매도인에게 매수인을 이행지체에 빠뜨리기 위하여 구두제공의 방법으로라도 자기의 반대채무를 이행제공할 것을 요구할 것은 아니라고 볼 것이다."

기로 한 경우에 채권자로부터 먼저 원재료의 공급이 선행되어야 하므로 채권자가 이를 선이행하지 않으면 채무자는 이행 자체를 할 수 없기 때문에 구두제공으로 충분하다는 것이다.

㉡ 그런데 채무자의 구두제공이후에 채권자가 그에 협력하여 원재료를 공급한 경우에는 채무자는 이를 토대로 다시 현실의 제공을 하여야 한다.

4) 구두제공도 필요 없는 경우

① 상대방(채권자)이 수령 하지 아니할 의사가 명백한 경우

채권자가 변제를 수령하지 않을 의사가 명백하고 그것이 번복될 가능성이 보이지 않는 경우에는 구두의 제공도 필요하지 않다.[480]

② 회귀적 분할채무의 채권자지체

회귀적 분할채무(예, 지료·차임·월부금·이자 등)와 같이 일정기간 동안 계속하여 분할하여 이행하여야 할 채무의 경우, 채무자가 이행기에 이행을 하였음에도 불구하고 채권자가 1회분의 수령지체에 빠져 있는 경우에 그 이후의 분할채무의 이행은 구두제공도 필요 없다(통설).

---

480) 대법원 1995. 4. 28. 선고 94다16083 판결 "당초의 매매계약을 무효로 하는 대신 갱신계약이 체결된 후에 매수인이 그 갱신계약의 효력 자체를 강력하게 부정하면서 매도인에 대하여 갱신계약의 내용에 따른 의무가 아닌 당초의 매매계약의 내용인 부동산의 전체에 관한 소유권이전의무를 이행하여 줄 것을 계속 요구하였을 뿐 계약 체결 후로 무려 3년여가 넘도록 자신의 대금지급관계에 대하여는 일체 침묵하여 온 사정에 비추어 볼 때, 매수인은 그 갱신계약에 기한 대금지급의무의 이행을 거절할 의사를 표명하였다고 봄이 상당하다고 한 사례."; 대법원 2004. 3. 12. 선고 2001다79013 판결 "민법 제400조 소정의 채권자지체가 성립하기 위해서는 민법 제460조 소정의 채무자의 변제 제공이 있어야 하고, 변제 제공은 원칙적으로 현실 제공으로 하여야 하며 다만 채권자가 미리 변제받기를 거절하거나 채무의 이행에 채권자의 행위를 요하는 경우에는 구두의 제공으로 하더라도 무방하고, 채권자가 변제를 받지 아니할 의사가 확고한 경우(이른바, 채권자의 영구적 불수령)에는 구두의 제공을 한다는 것조차 무의미하므로 그러한 경우에는 구두의 제공조차 필요 없다고 할 것이지만, 그러한 구두의 제공조차 필요 없는 경우라고 하더라도, 이는 그로써 채무자가 채무불이행책임을 면한다는 것에 불과하고, 민법 제538조 제1항 제2문 소정의 '채권자의 수령지체 중에 당사자 쌍방의 책임 없는 사유로 이행할 수 없게 된 때'에 해당하기 위해서는 현실 제공이나 구두 제공이 필요하다(다만, 그 제공의 정도는 그 시기와 구체적인 상황에 따라 신의성실의 원칙에 어긋나지 않게 합리적으로 정하여야 한다)."

(3) 변제제공의 효과

1) 채무불이행책임의 면책

채무자가 채무의 내용에 좇은 변제의 제공을 하면 채무자는 채무불이행책임을 면하게 된다(제461조). 그 결과 채무불이행을 전제로 하여 성립하는 손해배상·위약금·담보권의 실행·계약해제 등의 효력이 발생하지 않는다.

2) 채무의 존속

채무자가 변제를 제공하더라도 급부결과가 실현되지 않았다면 채무는 소멸하지 않고 그대로 존속하여 채무자는 본래의 채무를 이행할 의무를 여전히 부담한다. 이 경우 물건의 인도나 금전의 지급채무를 면하고자 하는 채무자는 물건이나 금전을 변제공탁함으로써 채무를 면한다(제487조).

3) 채권자지체의 성립

변제를 제공하였음에도 채권자가 이의 수령을 거절하는 경우에는 채권자는 채권자지체에 빠지게 되고, 채권자지체 중에는 채무자는 고의 또는 중대한 과실이 없으면 채무불이행으로 인한 책임을 지지 않는다(제401조).

4) 쌍무계약과 동시이행항변권

쌍무계약에서 당사자는 상대방이 그 채무의 이행을 제공할 때까지 자기의 채무이행을 거절할 수 있는 동시이행의 항변권을 가진다(제536조). 그러므로 당사자 일방의 변제제공이 있으면 상대방은 동시이행의 항변권을 상실한다. 그 결과 상대방은 자신이 이행의 제공을 하지 않으면 지체책임을 지게 된다.[481] 상대방의 동시이행항변권을 소멸시키기 위해서는 이행의 제공이 계속되어야 한다(통설). 판례도 같은 입장이다.[482]

---

481) 대법원 1972. 3. 28. 선고 72다163 판결 "동시이행에 있는 쌍방의 채무 중 그 일방이 채무의 본지에 따른 이행의 제공이 있고 다른 상대방의 채무의 이행이 없이 이 행기를 경과한 경우라도 당사자 일방이 과거에 한번 이행의 제공이 있었다는 사실만으로써는 반대급부에 대하여 동시이행의 항변권이 상실하지 않는다."

482) 대법원 1993. 8. 24. 선고 92다56490 판결 "쌍무계약의 당사자 일방이 먼저 한 번 현실의 제공을 하고, 상대방을 수령지체에 빠지게 하였다 하더라도 그 이행의 제공이 계속되지 않는 경우는 과거에 이행의 제공이 있었다는 사실만으로 상대방이 가지는 동시이행의 항변권이 소멸하는 것은 아니다."; 대법원 2014. 4. 30. 선고 2010다11323 판결 "동시이행관계에 있는 채무를 부담하는 쌍방 당사자 중 일방이 먼저 현실의 제공을 하고 상대방을

10. 변제에 의한 대위

(1) 의 의

변제에 의한 대위란 채무자 아닌 제3자(연대채무자·보증인 등 일반 제3자 포함)가 채무를 변제함으로써 채권자가 만족을 얻고 채무자가 채무를 면하게 됨에 따라, 변제자가 채무자(또는 공동채무자)에 대하여 취득한 구상권을 확보하게 하기 위해서, 종래 채권자가 가지고 있던 채권에 관한 권리가 구상권의 범위 안에서 변제자에게 이전하는 것이다. 이를 변제자대위 또는 대위변제라고도 한다.

(2) 법적 성질

1) 제3자 등이 채권을 변제하면 채권자와 채무자 사이에서 채권이 소멸하게 되는데 이는 상대적 관계에서만 채권이 소멸할 뿐이다. 이렇게 채권자를 대위한 자는 자기의 권리에 의하여 구상할 수 있는 범위에서 채권 및 그 담보에 관한 권리를 행사할 수 있다(제482조 제1항)고 하는데 여기의 "행사할 수 있다"는 법적 성질에 대하여 채권자의 권리가 법률상 당연히 변제자에게 이전되는 것으로 본다(권리이전설)는 것이 통설이다. 판례도 같은 입장이다.[483)]

수령지체에 빠지게 하였다고 하더라도 그 이행의 제공이 계속되지 아니하였다면 과거에 이행제공이 있었다는 사실만으로 상대방이 가지는 동시이행의 항변권이 소멸하지 아니하고(대법원 1993. 8. 24. 선고 92다56490 판결, 대법원 1995. 3. 14. 선고 94다26646 판결 등 참조), 또한 동시이행의 관계에 있는 쌍방의 채무 중 어느 한 채무가 이행불능이 됨으로 인하여 발생한 손해배상채무도 여전히 다른 채무와 동시이행의 관계에 있다고 할 것이다(대법원 2000. 2. 25. 선고 97다30066 판결 등 참조). 그리고 비록 어떠한 부동산에 관한 소유권이전등기의무에 관하여 채무자가 일단 그 이행제공을 하여 채권자가 수령지체에 빠지게 되었다고 하더라도 그 후 채무자가 목적 부동산을 제3자에게 양도하여 그 소유권이전등기의무의 이행이 불능하게 되었다면, 채무자는 다른 특별한 사정이 없는 한 민법 제401조, 제390조에 기하여 상대방에 대하여 자기 채무의 이행불능으로 인한 손해배상채무를 부담한다고 할 것이다."

483) 대법원 1993. 7. 13. 선고 92다33251 판결 "가. 수인의 보증인이 있는 경우에 어느 보증인이 자기의 부담부분을 넘은 변제를 한 때에는 다른 보증인에 대하여 구상권을 행사할 수 있고, 그 구상권의 범위 내에서 종래 채권자가 가지고 있던 채권 및 그 담보에 관한 권리는 법률상 당연히 그 변제자에게 이전되는 것이므로, 채권자가 어느 공동보증인의 재산에 대하여 가압류결정을 받은 경우에, 그 피보전권리에 관하여 채권자를 대위하는 변제자는 채권자의 승계인으로서, 가압류의 집행이 되기 전이라면 민사소송법 제708조 제1항에 따라 승계집행문을 부여받아 가압류의 집행을 할 수 있고, 가압류의 집행이 된 후에는 위와 같은 승계집행문을 부여받지 않더라도 가압류에 의 한 보전의 이익을 자신을 위하여 주장할 수 있다. 나. 위의 경우에 변제를 한 보증인은 구상권의 범위

2) 변제자대위의 요건이 갖추어지면 채권자의 채권 등이 법률상 당연히 변제자에게 이전됨에따라 계약에 의하여 채권이 이전되는 채권양도와 구별된다. 단, 임의대위의 경우에는 채권양도에 있어서와 마찬가지로 채무자와 제3자를 보호하

내에서 채권자가 다른 공동보증인에 대하여 가지고 있던 가압류의 피보전권리를 대위행사할 수 있다고 보아야 할 것이므로, 가압류가 대위변제의 경우에 이전되는 담보에 관한 권리에 해당하지 아니한다거나, 위 변제로 인하여 가압류의 피보전권리가 변제를 한 보증인에게 이전되는 결과 채권자가 그 범위 내에서 피보전권리를 상실한다는 사정 때문에 가압류채권자의 지위를 승계한 보증인이 다른 공동보증인의 사정변경에 의한 가압류취소신청을 다툴 수 없는 것은 아니다."; 대법원 1994. 5. 10. 선고 93다25417 판결 "가. 공동저당의 목적인 채무자 소유의 부동산과 물상보증인 소유의 부동산에 각각 채권자를 달리하는 후순위저당권이 설정되어 있는 경우, 물상보증인 소유의 부동산에 대하여 먼저 경매가 이루어져 그 경매대금의 교부에 의하여 1번저당권자가 변제를 받은 때에는 물상보증인은 채무자에 대하여 구상권을 취득함과 동시에, 민법 제481조, 제482조의 규정에 의한 변제자대위에 의하여 채무자 소유의 부동산에 대한 1번저당권을 취득하고, 이러한 경우 물상보증인 소유의 부동산에 대한 후순위저당권자는 물상보증인에게 이전한 1번저당권으로부터 우선하여 변제를 받을 수 있으며, 물상보증인이 수인인 경우에도 마찬가지라 할 것이므로(이 경우 물상보증인들 사이의 변제자대위의 관계는 민법 제482조 제2항 제4호, 제3호에 의하여 규율될 것이다), 자기 소유의 부동산이 먼저 경매되어 1번저당권자에게 대위변제를 한 물상보증인은 1번저당권을 대위취득하고, 그 물상보증인 소유의 부동산의 후순위저당권자는 1번저당권에 대하여 물상대위를 할 수 있다. 나. 물상보증인이 대위취득한 선순위저당권설정등기에 대하여는 말소등기가 경료될 것이 아니라 물상보증인 앞으로 대위에 의한 저당권이전의 부기등기가 경료되어야 할 성질의 것이며, 따라서 아직 경매되지 아니한 공동저당물의 소유자로서는 1번저당권자에 대한 피담보채무가 소멸하였다는 사정만으로는 말소등기를 청구할 수 없다."; 대법원 1996. 12. 6. 선고 96다35774 판결 "[1] 변제할 정당한 이익이 있는 자가 채무자를 위하여 채권의 일부를 대위변제할 경우에 대위변제자는 변제한 가액의 범위 내에서 종래의 채권자가 가지고 있던 채권 및 담보에 관한 권리를 취득하게 되고 따라서 채권자가 부동산에 대하여 저당권을 가지고 있는 경우에는 채권자는 대위변제자에게 일부 대위변제에 따른 저당권의 일부 이전의 부기등기를 해 주어야 할 의무가 있다. [2] 보증인은 피보증인의 채무를 변제할 정당한 이익이 있는 자로서 그 변제로 인하여 당연히 채권자를 대위할 법정대위권이 있는 것이므로 다른 특단의 사정이 없는 한 채권자가 고의나 과실로 담보를 상실하게 하거나 감소되게 한 때에는 보증인의 대위권을 침해한 것이 되어 보증인은 민법 제485조에 의하여 그 상실 또는 감소로 인하여 상환을 받을 수 없는 한도에서 그 면책주장을 할 수 있다.[3] 채권자가 일부 대위변제자에게 그가 대위변제한 비율을 넘어 근저당권 전부를 이전하여 준 경우, 결국 채권자는 근저당권의 피담보채무 중 일부를 대위변제한 다른 보증인이 법정대위권을 행사할 수 있는 채권의 담보를 고의로 상실되게 한 것이므로, 다른 보증인은 그의 보증채무를 이행함으로써 채권자에 대한 법정대위권자로서 근저당권을 실행하여 배당받을 수 있었던 금액의 한도에서 보증의 책임을 면한다고 한 사례. [4] 신용보증약관상 "신용보증사고 발생 후 기금의 동의 없이 보증부 대출에 관련된 물적, 인적 담보를 해지하였을 때"를 보증인 면책사유의 하나로 규정하고 있는 경우, 그 때의 담보의 해지란 담보계약의 해지뿐만 아니라 보증인이 보증채무를 이행하였더라면 취득할 수 있었던 담보를 감소, 상실시키는 모든 행위를 포함한다고 봄이 상당하다."

여야 할 필요가 있어서 채권양도의 대항요건에 관한 규정을 준용하고 있다(제480조 제2항). 그리고 변제자대위는 변제한 제3자가 채권자의 권리를 취득하여 자신의 권리로서 행사하는 반면에 채권자대위권(제404조)은 채권자가 자기의 채권을 보전하기 위해서 자기의 채무자에게 속하는 권리를 대위하여 행사한다.

3) 변제에 의한 대위의 법적성질로 권리이전설(통설·판례)을 취할 경우 대위변제자는 채무자에 대하여 구상권을 가질 뿐만 아니라 채무자가 기존에 가지고 있던 권리도 이전받게 되어 구상권의 범위 내에서 두 개의 권리를 함께 행사할 수 있다(청구권 경합).

(3) 성립요건

1) 변제 기타 출재로 채권자에게 만족을 줄 것

변제자가 자기의 출재로 채권자에게 만족을 주어 채무자의 채무를 면하게 하는 면책행위를 하였어야 한다. 채무자의 채무를 면하게 하는 사유로는 변제(제480조·제481조)는 물론이고, 대물변제, 공탁 기타 자기의 출재로 채무자가 채무를 벗어나게 한 것도 포함된다(제486조). 그러므로 공동채무자의 상계(제418조 제1항), 연대채무자 또는 연대보증인이 채권을 양수하거나 상속하여 혼동이 생긴 경우(제480조), 물상보증인 또는 저당부동산의 제3취득자가 저당권 실행으로 소유권을 잃은 경우 등에 있어서도 변제한 것과 마찬가지로 대위가 성립한다.

그리고 채무의 일부를 변제하고 채권자가 이를 수령한 때에는 그 한도에서 일부대위가 성립한다(제483조).

2) 변제자 등이 채무자에 대하여 구상권을 가질 것

변제자대위는 원래 변제자의 채무자에 대한 구상권을 확보하기 위한 제도이므로 변제자가 채무자에 대하여 구상권을 가지지 못한 경우에는 변제자대위가 성립하지 않는다.[484)]

---

484) 대법원 1994. 12. 9. 선고 94다38106 판결 "변제에 의한 대위 또는 대위변제는 제3자 또는 공동채무자의 한 사람이 채무자 또는 다른 공동채무자에 대하여 가지는 구상권의 실현을 확보하는 것을 목적으로 하는 제도이므로, 구상권이 없으면 대위는 성립하지 않는다고 할 것이고, 위와 같은 구상권 발생의 근거로는 먼저 불가분채무자, 연대채무자, 보증인, 물상보증인, 담보물의 제3취득자, 후순위 담보권자가 구상권을 가짐은 민법의 개별적 규정에 의하여 분명하고, 제3자가 채무자의 부탁으로 채무자를 위하여 변제하는

구상권을 가질 수 있는 자로는 불가분채무자(제411조)·연대채무자(제425조)·보증인(제441조)·물상보증인(제241조·제355조)·담보물의 제3취득자·후순위 담보권자 등이 있다.

제3자가 채무자를 위하여 변제한 경우에는, 채무자의 부탁에 의하여 변제한 때에는 위임사무 처리비용의 상환청구권(제688조)에 의하여, 그리고 채무자의 부탁에 의하지 않은 때에는 사정에 따라 사무관리 비용의 상환청구권(제739조)에 의하여 구상권을 취득할 수 있다.[485)]

경우에는 민법 제688조 소정의 위임사무처리비용의 상환청구권에 의하여, 제3자가 사무관리에 의하여 채무자를 위하여 변제하는 경우에는 민법 제739조 소정의 사무관리비용의 상환청구권에 의하여 구상권을 취득하는 수가 있을 수 있다."; 대법원 2010. 5. 27. 선고 2009다85861 판결 "민법 제481조, 제482조에서 규정하고 있는 변제자대위는 제3자 또는 공동채무자의 한 사람이 채무자 또는 다른 공동채무자에 대하여 가지는 구상권의 실현을 목적으로 하는 제도이다. 이때 대위에 의한 원채권 및 담보권 행사의 범위는 구상권의 범위로 한정되는데 이는 위와 같은 제도적 취지를 반영한 것이다. 따라서 어느 부진정연대채무자를 위하여 보증인이 된 자가 채무를 이행한 경우에는 다른 부진정연대채무자에 대하여도 직접 구상권을 취득하게 되고, 그와 같은 구상권을 확보하기 위하여 채권자를 대위하여 채권자의 다른 부진정연대채무자에 대한 채권 및 그 담보에 관한 권리를 구상권의 범위 내에서 행사할 수 있다."

485) 대법원 1994. 12. 9. 선고 94다38106 판결 "변제에 의한 대위 또는 대위변제는 제3자 또는 공동채무자의 한 사람이 채무자 또는 다른 공동채무자에 대하여 가지는 구상권의 실현을 확보하는 것을 목적으로 하는 제도이므로, 구상권이 없으면 대위는 성립하지 않는다고 할 것이고, 위와 같은 구상권 발생의 근거로는 먼저 불가분채무자, 연대채무자, 보증인, 물상보증인, 담보물의 제3취득자, 후순위 담보권자가 구상권을 가짐은 민법의 개별적 규정에 의하여 분명하고, 제3자가 채무자의 부탁으로 채무자를 위하여 변제하는 경우에는 민법 제688조 소정의 위임사무처리비용의 상환청구권에 의하여, 제3자가 사무관리에 의하여 채무자를 위하여 변제하는 경우에는 민법 제739조 소정의 사무관리비용의 상환청구권에 의하여 구상권을 취득하는 수가 있을 수 있다."; 대법원 2010. 5. 27. 선고 2009다85861 판결 "민법 제481조, 제482조에서 규정하고 있는 변제자대위는 제3자 또는 공동채무자의 한 사람이 채무자 또는 다른 공동채무자에 대하여 가지는 구상권의 실현을 목적으로 하는 제도이다. 이때 대위에 의한 원채권 및 담보권 행사의 범위는 구상권의 범위로 한정되는데 이는 위와 같은 제도적 취지를 반영한 것이다. 따라서 어느 부진정연대채무자를 위하여 보증인이 된 자가 채무를 이행한 경우에는 다른 부진정연대채무자에 대하여도 직접 구상권을 취득하게 되고, 그와 같은 구상권을 확보하기 위하여 채권자를 대위하여 채권자의 다른 부진정연대채무자에 대한 채권 및 그 담보에 관한 권리를 구상권의 범위 내에서 행사할 수 있다."; 대법원 2015. 11. 27. 선고 2013다41097, 41103 판결 "변제자대위에 관한 민법 제481조, 제482조에 의하면 물상보증인은 자기의 권리에 의하여 구상할 수 있는 범위에서 채권 및 담보에 관한 권리를 행사할 수 있으므로, 물상보증인이 채무를 변제하거나 저당권의 실행으로 저당물의 소유권을 잃었더라도 다른 사정에 의하여 채무자에 대하여 구상권이 없는 경우에는 채권자를 대위하여 채권자의 채권 및 담보에 관한 권리를 행사할 수 없다. 따라서 실질적인 채무자와 실질적인 물상보증인이 공동으로

3) 채권자의 승낙 또는 변제할 정당한 이익이 있을 것

① 임의대위 　임의대위란 변제할 정당한 이익이 없음에도 불구하고 채무자를 위하여 변제한 자가 변제와 동시에 채권자의 승낙을 얻어 채권자를 대위하는 것을 말한다(제480조 제1항). 이는 이해관계 없는 제3자가 채무자의 의사에 반하여 변제할 수 없게 한 것(제469조 제2항)과 균형을 맞춘 것이다.

이렇게 임의대위의 경우에는 채권자의 의사를 고려하여 채권자의 승낙이 있는 때에 한해 채권자를 대위할 수 있도록 하고 있다. 다만 여기의 승낙은 채권자의 권리가 법률상 변제자에게 이전하는 데 대한 승낙, 즉 채권 및 담보의 이전에 대하여 허락하는 것으로서 일종의 의사표시이다. 그에 비하여 채권양도의 승낙은 채권양도 사실을 인정하는 관념의 통지이다. 주의할 점은 권리의 이전은 그 의사표시에 의해서 일어나는 것이 아니라 법률의 규정에 의해서 일어나며 채권자의 승낙의 의사표시가 있어야 하며 그 승낙은 변제와 동시에 행해져야 한다(제480조 제1항). 변제할 정당한 이익이 없는 제3자의 변제라고 하더라도 채권자는 정당한 이유 없이 승낙을 거절할 수 없으며, 변제를 수령한 채권자는 승낙한 것으로 추정한다(통설).

임의대위의 경우에 채무자는 누가 자신의 채무를 대신 변제하여 채권자의 권리를 대위할지 또 그 경우 채권자의 승낙을 얻었는지를 알 수 없는 불안한 지위에 처하게 된다. 이러한 채무자를 보호하기 위하여 민법은 지명채권 양도의 대항요건에 관한 규정(제450조 내지 제452조)을 준용하도록 하고 있다(제480조 제2항). 따라서 변제자가 채무자에 대하여 임의대위권을 행사하기 위해서는 채권자가 변제자의 대위를 채무자에게 통지하거나 또는 채무자가 이를 승낙하여야 한다(제450조

담보를 제공하여 대출을 받으면서 실질적인 물상보증인이 저당권설정등기에 자신을 채무자로 등기하도록 한 경우, 실질적 물상보증인인 채무자는 채권자에 대하여 채무자로서의 책임을 지는지와 관계없이 내부관계에서는 실질적 채무자인 물상보증인이 변제를 하였더라도 그에 대하여 구상의무가 없으므로, 실질적 채무자인 물상보증인이 채권자를 대위하여 실질적 물상보증인인 채무자에 대한 담보권을 취득한다고 할 수 없다. 그리고 이러한 법리는 실질적 물상보증인인 채무자와 실질적 채무자인 물상보증인 소유의 각 부동산에 공동저당이 설정된 후에 실질적 채무자인 물상보증인 소유의 부동산에 후순위저당권이 설정되었다고 하더라도 다르지 아니하다. 이와 같이 물상보증인이 채무자에게 구상권이 없어 변제자대위에 의하여 채무자 소유의 부동산에 대한 선순위공동저당권자의 저당권을 대위취득할 수 없는 경우에는 물상보증인 소유의 부동산에 대한 후순위저당권자는 물상대위할 대상이 없으므로 채무자 소유의 부동산에 대한 선순위공동저당권자의 저당권에 대하여 물상대위를 할 수 없다."

제1항). 그리고 채무자 이외의 제3자에게 대항하기 위해서는 그 통지 또는 승낙이 확정일자 있는 증서에 의하여 행해져야 한다(제450조 제2항).[486)]

② **법정대위** 법정대위란 변제할 정당한 이익이 있는 자가 채무자를 대위하여 채권자에게 변제하면 당연히 채권자를 대위하여 채무자에게 구상권을 행사하는 것을 말한다(제481조). 여기서 '변제할 정당한 이익이 있는 자'란 변제하지 않으면 채권자로부터 강제집행을 받게 되거나 또는 채무자에 대한 자기의 권리를 잃게 되어 어쩔 수 없이 변제하여야 할 책임을 지는 자를 말한다. 그러나 사실상의 이해관계를 가지는 자는 여기에 포함되지 않는다.[487)]

법률상 변제할 정당한 이익을 가지는 구체적인 예로, 불가분채무자·연대채무자·보증인·물상보증인·담보물의 제3취득자처럼 채무자와 마찬가지로 강제집행을 당하게 될 지위에 있는 자는 물론이고, 담보물의 후순위담보권자도 채무자에 대한 자기의 권리를 잃게 될 지위에 있는 점에서 변제할 정당한 이익을 가진다. 그리고 이행인수인도 이에 속한다.[488)]

---

486) 대법원 1996. 2. 23. 선고 94다21160 판결 "임의대위에 있어서는 변제자가 제3자에게 대항하기 위하여는 확정일자 있는 증서에 의한 대위의 통지나 승낙이 필요한 것이지만, 이 경우 제3자라 함은 대위변제의 목적인 그 채권 자체에 관하여 대위변제자와 양립할 수 없는 법률상 지위에 있는 자만을 의미한다."; 대법원 2011. 4. 15. 자 2010마1447 결정 "채무자를 위하여 변제한 자는 변제와 동시에 채권자의 승낙을 얻어 채권자를 대위할 수 있는바(민법 제480조 제1항), 여기에서 채권자의 승낙은 반드시 명시적일 필요가 없고, 변제의 동기 내지 이유와 그 과정, 변제받음에 있어 채권자가 보인 태도, 변제 후의 사정 등 여러 사정을 두루 참작하여 그 승낙이 있은 것으로 추단될 수 있으면 된다. 그리고 이 경우 채권자가 그 변제 내지 대위 사실을 채무자에게 통지하거나 채무자가 승낙하지 않으면 채무자 기타 제3자에게 대항하지 못하는 것이나(민법 제480조 제2항, 제450조 제1항), 그 채무자의 승낙은 법률행위의 일반원칙에 따라 대리인이 대리할 수 있다. 또한 그 통지나 승낙은 확정일자 있는 증서에 의하지 아니하면 채무자 이외의 제3자에게 대항하지 못하는 것이지만(민법 제480조 제1항, 제450조 제2항), 그 제3자는 대위변제의 목적인 채권 그 자체에 관하여 대위변제자와 양립할 수 없는 법률상 지위에 있는 자만을 가리킨다(대법원 1996. 2. 23. 선고 94다21160 판결 등 참조)."

487) 대법원 2009. 5. 28. 자 2008마109 결정 "민법 제469조 제2항은 이해관계 없는 제3자는 채무자의 의사에 반하여 변제하지 못한다고 규정하고, 민법 제481조는 변제할 정당한 이익이 있는 자는 변제로 당연히 채권자를 대위한다고 규정하고 있는바, 위 조항에서 말하는 '이해관계' 내지 '변제할 정당한 이익'이 있는 자는 변제를 하지 않으면 채권자로부터 집행을 받게 되거나 또는 채무자에 대한 자기의 권리를 잃게 되는 지위에 있기 때문에 변제함으로써 당연히 대위의 보호를 받아야 할 법률상 이익을 가지는 자를 말하고, 단지 사실상의 이해관계를 가진 자는 제외된다."

488) 대법원 2012. 7. 16. 자 2009마461 결정 "[2] 선박대리점이 선박소유자 등을 대리하여 선박의 항해에 필요한 계약을 체결하는 것은 통상 상법 제87조 소정의 대리상의 지위에서

(4) 대위의 효과

1) 대위자와 채무자 사이의 효과

① "전 2조의 규정에 의하여 채권자를 대위한 자는 자기의 권리에 의하여 구상할 수 있는 범위에서 채권 및 그 담보에 관한 권리를 행사할 수 있다."(제482조 제1항)라고 하여 변제자가 채무자에 대한 구상권의 범위에서 채권자가 채무자에 대해 가지는 채권 및 담보에 관한 권리를 당연히 행사할 수 있도록 한다. 즉 법률상 당연히 채권자의 권리가 변제자에게 이전된다는 의미이다.

② 대위자에게 이전되는 권리는 채권자의 채권 및 그 담보에 관한 권리이다. '채권에 관한 권리'에는 이행청구권·손해배상청구권·채권자대위권·채권자취소권 등이 있고, '채권의 담보에 관한 권리'로는 인적 담보와 물적 담보가 있다. 또한 채권자와 채무자 사이에 채무의 이행을 확보하기 위한 특약이 있는 경우에 그 특약에 기하여 채권자가 가지게 되는 권리도 포함된다.[489] 따라서 채권자의 저당권은 등기 없이도 대위자에게 당연히 이전되며, 채권자가 집행권원을 가지는 때에는 대위자는 승계집행문을 부여받아 이를 행사할 수 있다(민사집행법 제31조).

③ 대위자는 그가 취득하는 권리를 구상권의 범위 내에서 얻게 된 대위권에 의한 채권자의 권리(제482조 제1항)[490]와 채무자에 대한 자기 고유의 구상권을 동시

하는 것이다. 그러나 선박대리점은 선박소유자 등의 상업사용인이 아니라 독자적으로 영리를 추구하는 독립한 상인으로서 자신의 명의로 영업을 영위하는 것으로서, 선박대리점이 선박소유자 등과 사이에 그러한 계약으로부터 발생한 채무를 선박소유자 등을 대신하여 자신의 재산을 출연하여 변제하기로 한 경우 그 법적 성질은 특별한 사정이 없는 한 이행인수약정으로 보아야 한다. 그리고 선박대리점이 이러한 이행인수약정에 따라 자신의 재산을 출연하여 한 변제는 선박소유자 등의 대리인으로서 한다는 점을 밝히는 등 본인의 변제라고 평가되어야 할 만한 사정이 없는 한 민법 제469조에서 정하는 '제3자의 변제'에 해당한다고 봄이 상당하다. [3] 민법 제481조에 의하여 법정대위를 할 수 있는 '변제할 정당한 이익이 있는 자'라고 함은 변제함으로써 당연히 대위의 보호를 받아야 할 법률상의 이익을 가지는 자를 의미한다. 그런데 이행인수인이 채무자와의 이행인수약정에 따라 채권자에게 채무를 이행하기로 약정하였음에도 불구하고 이를 이행하지 아니하는 경우에는 채무자에 대하여 채무불이행의 책임을 지게 되어 특별한 법적 불이익을 입게 될 지위에 있다고 할 것이므로, 이행인수인은 그 변제를 할 정당한 이익이 있다고 할 것이다."

489) 대법원 1997. 11. 14. 선고 95다11009 판결 "변제자대위에서 말하는 '담보에 관한 권리'에는 질권, 저당권이나 보증인에 대한 권리 등과 같이 전형적인 물적·인적 담보뿐만 아니라, 채권자와 채무자 사이에 채무의 이행을 확보하기 위한 특약이 있는 경우에 그 특약에 기하여 채권자가 가지게 되는 권리도 포함된다."

490) 대법원 1999. 10. 22. 선고 98다22451 판결 "연대보증인이 자신의 출재로 채무자를 대신하여

에 행사할 수 있다. 그런데 대위자가 가지는 구상권과 변제자대위권은 그 원본·변제기·이자·지연손해금의 유무 등에 있어서 그 내용이 다른 별개의 권리이므로 대위변제자와 채무자 사이에 구상금에 관한 지연손해금 약정이 있더라도 이 약정은 구상금을 청구하는 경우에 적용될 뿐, 변제자대위권을 행사하는 경우에는 적용될 수 없다.[491)]

2) 대위자와 채권자 사이의 효과

① 일부대위의 경우

㉠ 권리의 공동행사 　채권의 일부에 대하여 대위변제가 있는 때에는

주채무를 변제하면 채권자가 주채무자 및 다른 연대보증인에 갖고 있던 채권(원채권) 및 담보권이 연대보증인에게 법률상 당연히 이전되지만, 변제자대위는 주채무를 변제함으로써 주채무자 및 다른 연대보증인에 대하여 갖게 된 구상권의 효력을 확보하기 위한 제도인 관계상, 대위에 의한 원채권 및 담보권의 행사 범위는 구상권의 범위로 한정된다."; 대법원 2010. 5. 27. 선고 2009다85861 판결 "민법 제481조, 제482조에서 규정하고 있는 변제자대위는 제3자 또는 공동채무자의 한 사람이 채무자 또는 다른 공동채무자에 대하여 가지는 구상권의 실현을 목적으로 하는 제도이다. 이때 대위에 의한 원채권 및 담보권 행사의 범위는 구상권의 범위로 한정되는데 이는 위와 같은 제도적 취지를 반영한 것이다. 따라서 어느 부진정연대채무자를 위하여 보증인이 된 자가 채무를 이행한 경우에는 다른 부진정연대채무자에 대하여도 직접 구상권을 취득하게 되고, 그와 같은 구상권을 확보하기 위하여 채권자를 대위하여 채권자의 다른 부진정연대채무자에 대한 채권 및 그 담보에 관한 권리를 구상권의 범위 내에서 행사할 수 있다."; 대법원 2010. 12. 23. 선고 2010다52225 판결 "부진정연대채무자 중 1인을 위하여 보증인이 된 자가 피보증인을 위하여 그 채무를 변제한 경우에는 그 보증인은 피보증인이 아닌 다른 부진정연대채무자들에 대하여는 그 부담 부분에 한하여 구상권을 행사할 수 있고(대법원 1996. 2. 9. 선고 95다47176 판결, 대법원 2010. 5. 27. 선고 2009다85861 판결 등 참조), 공동불법행위자 중 1인의 손해배상채무가 시효로 소멸한 후에 다른 공동불법행위자 1인이 피해자에게 자기의 부담 부분을 넘는 손해를 배상하였을 경우에도, 그 공동불법행위자는 다른 공동불법행위자에게 구상권을 행사할 수 있다(대법원 1997. 12. 23. 선고 97다42830 판결, 대법원 2006. 1. 27. 선고 2005다19378 판결 등 참조)."

491) 대법원 2009. 2. 26. 선고 2005다32418 판결 "채무를 변제할 이익이 있는 자가 채무를 대위변제한 경우에 통상 채무자에 대하여 구상권을 가짐과 동시에 민법 제481조에 의하여 당연히 채권자를 대위하나, 위 구상권과 변제자 대위권은 그 원본, 변제기, 이자, 지연손해금의 유무 등에 있어서 그 내용이 다른 별개의 권리이므로, 대위변제자와 채무자 사이에 구상금에 관한 지연손해금 약정이 있더라도 이 약정은 구상금을 청구하는 경우에 적용될 뿐, 변제자대위권을 행사하는 경우에는 적용될 수 없다."; 대법원 2007. 4. 27. 선고 2005다64033 판결 "민법 제481조, 제482조 제1항에 의하면, 변제할 정당한 이익이 있는 자는 변제로 당연히 채권자를 대위하는 결과, 자기의 권리에 의하여 구상할 수 있는 범위에서 채권자의 채권 및 그 담보에 관한 권리를 행사할 수 있으므로, 채권자가 판결 등의 집행권원을 가지고 있는 때에는 변제자가 승계집행문을 받아 강제집행을 할 수도 있다고 할 것이다."

대위자는 그 변제한 가액에 비례하여 채권자와 함께 그 권리를 행사한다(제483조 제1항)고 하여 채권자와 일부대위자의 권리공동행사를 인정하고 있다.

㉡ 채권자와 일부대위자의 우열관계　이렇게 채권자와 일부대위자 사이에 공동으로 권리를 행사할 경우에 그 우열관계를 어떻게 설정할 것인가가 문제이다. 이에 대하여 일부대위자가 채권자의 담보권을 단독으로 행사할 수 있게 하는 것은 채권자의 지위를 약하게 하고 또 담보물권의 불가분성에도 반하기 때문에 변제자가 단독으로 담보권을 행사할 수 없고, 채권자가 담보권을 행사하는 경우에 한해 변제자도 함께 그 권리를 행사할 수 있을 뿐이고, 그 경우에도 변제에 관해서는 채권자가 대위변제자보다 우선하여 변제받을 권리가 있다고 보는 것이 통설이다.[492] 판례도 같은 입장이다.[493]

---

492) 곽윤직, 259면; 김대정, 379면; 김상용, 456면; 김학동, 368면; 송덕수, 446면; 오시영, 703면; 지원림, 957면.

493) 대법원 2004. 6. 25. 선고 2001다2426 판결 "변제할 정당한 이익이 있는 자가 채무자를 위하여 근저당권의 피담보채무의 일부를 대위변제한 경우에 대위변제자는 피담보채무의 일부대위변제를 원인으로 한 근저당권 일부이전의 부기등기의 경료 여부와 관계없이 변제한 가액의 범위 내에서 종래 채권자가 가지고 있던 채권 및 담보에 관한 권리를 법률상 당연히 취득하게 되는 것이나 이 때에도 채권자는 대위변제자에 대하여 우선변제권을 가진다고 할 것인바, 이 경우에 채권자의 우선변제권은 피담보채권액을 한도로 특별한 사정이 없는 한 자기가 보유하고 있는 잔존 채권액 전액에 미친다고 할 것이고, 이러한 법리는 채권자와 후순위권리자 사이에서도 마찬가지라 할 것이므로 근저당권의 실행으로 인한 배당절차에서도 채권자는 특별한 사정이 없는 한 자기가 보유하고 있는 잔존 채권액 및 피담보채권액의 한도에서 후순위권리자에 우선해서 배당받을 수 있다."; 대법원 2006. 2. 10. 선고 2004다2762 판결 "변제할 정당한 이익이 있는 자가 채무자를 위하여 근저당권의 피담보채무의 일부를 대위변제한 경우에는 대위변제자는 근저당권의 일부이전의 부기등기의 경료 여부에 관계없이 변제한 가액의 범위 내에서 종래 채권자가 가지고 있던 채권 및 담보에 관한 권리를 법률상 당연히 취득하게 되는 것이고, 대위할 범위에 관하여 종래 채권자가 이미 배당요구를 하였거나 배당요구 없이도 당연히 배당받을 수 있었던 경우에는 대위변제자는 따로 배당요구를 하지 않아도 배당을 받을 수 있다."; 대법원 2010. 4. 8. 선고 2009다80460 판결 "변제할 정당한 이익이 있는 자가 채무자를 위하여 채권의 일부를 대위변제할 경우에 대위변제자는 변제한 가액의 범위 내에서 종래 채권자가 가지고 있던 채권 및 담보에 관한 권리를 취득하게 되고 따라서 채권자가 부동산에 대하여 저당권을 가지고 있는 경우에는 채권자는 대위변제자에게 일부 대위변제에 따른 저당권의 일부이전의 부기등기를 경료해 주어야 할 의무가 있다 할 것이나 이 경우에도 채권자는 일부 대위변제자에 대하여 우선변제권을 가지고 있다고 할 것이고, 다만 일부 대위변제자와 채권자 사이에 변제의 순위에 관하여 따로 약정(이하 '우선회수특약'이라 한다)을 한 경우에는 그 약정에 따라 변제의 순위가 정해진다고 할 것이다(대법원 1998. 9. 8. 선고 97다53663 판결, 대법원 2005. 7. 28. 선고 2005다19958 판결 참조). 그런데 변제로 채권자를 대위하는 경우 '채권 및 그 담보에 관한 권리'가 변제자에게 이전될

뿐 계약당사자의 지위가 이전되는 것은 아니라는 점, 변제로 채권자를 대위하는 자가 구상권 범위에서 행사할 수 있는 '채권 및 그 담보에 관한 권리'에는 채권자와 채무자 사이에 채무의 이행을 확보하기 위한 특약이 있는 경우 그 특약에 기하여 채권자가 가지게 되는 권리도 포함된다고 할 것이나, 채권자와 일부 대위변제자 사이의 약정에 지나지 않는 '우선회수특약'이 '채권 및 그 담보에 관한 권리'에 포함된다고 보기는 어렵다는 점을 고려하면, 일부 대위변제자의 채무자에 대한 구상채권에 대하여 보증한 자가 자신의 보증채무를 변제함으로써 일부 대위변제자를 다시 대위하게 되었다 하더라도 그것만으로 채권자의 채무자에 대한 권리가 아니라 채권자와 일부 대위변제자 사이의 약정에 지나지 않는 '우선회수특약'에 따른 권리까지 당연히 대위하거나 이전받게 된다고 볼 수는 없다."; 대법원 2011. 6. 10. 선고 2011다9013 판결 "변제할 정당한 이익이 있는 사람이 채무자를 위하여 근저당권의 피담보채무의 일부를 대위변제한 경우에는 대위변제자는 근저당권 일부 이전의 부기등기의 경료 여부에 관계없이 변제한 가액의 범위 내에서 채권자가 가지고 있던 채권 및 담보에 관한 권리를 법률상 당연히 취득한다. 한편 수인이 시기를 달리하여 채권의 일부씩을 대위변제한 경우 그들은 각 일부 대위변제자로서 변제한 가액에 비례하여 근저당권을 준공유한다고 보아야 하나, 그 경우에도 채권자는 특별한 사정이 없는 한 채권의 일부씩을 대위변제한 일부 대위변제자들에 대하여 우선변제권을 가지고, 채권자의 우선변제권은 채권최고액을 한도로 자기가 보유하고 있는 잔존 채권액 전액에 미치므로, 결국 그 근저당권을 실행하여 배당할 때에는 채권자가 자신의 잔존 채권액을 일부 대위변제자들보다 우선하여 배당받고, 일부 대위변제자들은 채권자가 우선 배당받고 남은 한도액을 각 대위변제액에 비례하여 안분 배당받는 것이 원칙이다(대법원 2001. 1. 19. 선고 2000다37319 판결, 대법원 2006. 2. 10. 선고 2004다2762 판결 등 참조). 다만 채권자와 어느 일부 대위변제자 사이에 변제의 순위나 배당금의 충당에 관하여 따로 약정을 한 경우에는 그 약정에 따라 배당의 방법이 정해지는바(대법원 2005. 7. 28. 선고 2005다19958 판결, 대법원 2009. 2. 26. 선고 2007다15448 판결, 대법원 2010. 4. 8. 선고 2009다80460 판결 등 참조), 이 경우에 채권자와 다른 일부 대위변제자들 사이에 동일한 내용의 약정이 있는 등의 특별한 사정이 없는 한 그 약정의 효력은 약정의 당사자에게만 미치므로, 약정의 당사자가 아닌 다른 일부 대위변제자가 대위변제액에 비례하여 안분 배당받을 권리를 침해할 수는 없다. 따라서 경매법원으로서는 ① 채권자와 일부 대위변제자들 전부 사이에 변제의 순위나 배당금의 충당에 관하여 동일한 내용의 약정이 있으면 그들에게 그 약정의 내용에 따라 배당하고, ② 채권자와 어느 일부 대위변제자 사이에만 그와 같은 약정이 있는 경우에는 먼저 원칙적인 배당방법에 따라 채권자의 근저당권 채권최고액의 범위 내에서 채권자에게 그의 잔존 채권액을 우선 배당하고, 나머지 한도액을 일부 대위변제자들에게 각 대위변제액에 비례하여 안분 배당하는 방법으로 배당할 금액을 정한 다음, 약정의 당사자인 채권자와 일부 대위변제자 사이에서 그 약정 내용을 반영하여 배당액을 조정하는 방법으로 배당을 하여야 한다."; 대법원 2014. 5. 16. 선고 2013다202755 판결 "채권의 일부에 대하여 대위변제가 있는 경우에 대위자는 민법 제483조 제1항에 따라 그 변제한 가액에 비례하여 종래 채권자가 가지고 있던 채권 및 담보에 관한 권리를 취득하고, 수인이 시기를 달리하여 근저당권 피담보채무의 일부씩을 대위변제하여 피담보채무액을 모두 대위변제한 후 근저당권 일부이전의 부기등기를 각 경료한 경우에 대위변제자들은 그 변제한 가액에 비례하여 근저당권 전체를 준공유하므로, 그들이 근저당권을 실행하여 배당받는 경우에는 구상채권액 범위 내에서 대위변제가 없었다면 종전의 근저당권자가 배당받을 수 있는 금액을 각 변제채권액에 비례하여 안분 배당받아야 하고, 종전의 근저당권자와 채무자 사이에 지연손해금 약정이 있었다면

㉢ **계약의 해제·해지와 대위변제** 일부 대위변제가 행해진 후 채무불이행을 원인으로 계약이 해제되거나 해지되어 원상회복의무가 발생하게 될 경우에 채권자와 대위변제자 사이의 이해관계는 어떻게 되는지가 문제이다. 이에 대하여 채무불이행을 원인으로 하는 계약의 해지 또는 해제는 채권자만이 할 수 있고 채권자는 대위자에게 그 변제한 가액과 이자를 상환하여야 한다(제483조 제2항). 즉 변제자대위는 구상권의 확보를 위하여 채권과 담보권을 이전하는 것이지 계약당사자의 지위를 이전하는 것이 아니어서 변제자대위에 의하여 취소권·해제권·해지권 등과 같이 계약당사자의 지위에 따르는 권리는 이전되지 않는다. 이러한 법리는 일부대위변제에 관하여만 규정하고 있으나(제483조 제2항) 전부대위변제 후에 계약이 채무불이행 등을 이유로 해제된 경우에도 적용되어야 한다(통설).

㉣ **채권증서·담보물과 대위변제** 채권의 일부에 대한 대위변제가 있으면 채권자는 채권증서에 그 대위를 기입하고, 자기가 점유한 담보물의 보존에 관하여 대위자의 감독을 받아야 한다(제484조 제2항). 한편 담보물이 부동산인 경우 대위의 부기등기에 협력하여야 하고, 또 임의대위의 경우에는 대위의 통지를 할 의무가 있다.[494)]

이러한 약정에 기한 지연손해금 또한 근저당권의 피담보채권에 포함되어 종전의 근저당권자가 배당받을 수 있는 금액으로서 대위변제자들이 안분 배당받을 금액에 포함되어야 한다(대법원 2001. 1. 19. 선고 2000다37319 판결, 대법원 2011. 6. 10. 선고 2011다9013 판결 등 참조)."

494) 대법원 2002. 7. 26. 선고 2001다53929 판결 "변제할 정당한 이익이 있는 자가 채무자를 위하여 채권의 일부를 대위변제할 경우에 대위변제자는 변제한 가액의 범위 내에서 종래 채권자가 가지고 있던 채권 및 담보에 관한 권리를 법률상 당연히 취득하게 되는 것이므로, 채권자가 부동산에 대하여 근저당권을 가지고 있는 경우에는, 채권자는 대위변제자에게 일부 대위변제에 따른 저당권의 일부 이전의 부기등기를 경료해 주어야 할 의무가 있다 할 것이나, 이 경우에도 채권자는 일부 변제자에 대하여 우선변제권을 가지고 있다 할 것이고, 근저당권이라고 함은 계속적인 거래관계로부터 발생하고 소멸하는 불특정다수의 장래채권을 결산기에 계산하여 잔존하는 채무를 일정한 한도액의 범위 내에서 담보하는 저당권이어서, 거래가 종료하기까지 채권은 계속적으로 증감변동하는 것이므로, 근저당 거래관계가 계속중인 경우 즉, 근저당권의 피담보채권이 확정되기 전에 그 채권의 일부를 양도하거나 대위변제한 경우 근저당권이 양수인이나 대위변제자에게 이전할 여지는 없다 할 것이나, 그 근저당권에 의하여 담보되는 피담보채권이 확정되게 되면, 그 피담보채권액이 그 근저당권의 채권최고액을 초과하지 않는 한 그 근저당권 내지 그 실행으로 인한 경락대금에 대한 권리 중 그 피담보채권액을 담보하고 남는 부분은 저당권의 일부이전의 부기등기의 경료 여부와 관계없이 대위변제자에게 법률상 당연히 이전된다."; 대법원 2011. 1. 27. 선고 2008다13623 판결 "변제할 정당한 이익이 있는 자가 채무자를 위하여 근저당권의 피담보채무의 일부를 대위변제한 경우, 대위변제자는 변제한 가액의 범위

② 전부대위의 경우

㉠ **채권증서와 담보물의 교부** 채권 전부의 대위변제를 받은 채권자는 그 채권에 관한 증서 및 점유한 담보물을 대위자에게 교부하여야 한다(제484조 제1항)고 한다. 즉 채권 전부를 변제받은 채권자가 그 채권에 관한 증서 및 점유하고 있는 담보물을 대위변제자에게 교부하여 대위변제자가 대위권을 행사할 수 있도록 하고 있다. 따라서 담보물이 부동산인 경우에는 대위의 부기등기를 해주어야 하고 임의대위의 경우에는 대위의 통지를 할 의무를 진다.

㉡ **담보물보존의무** 채권자는 법정대위자를 위하여 담보물보존의무가 있다(제485조).

3) 법정대위자 상호간의 효과

① **보증인과 전세물·저당물의 제3취득자 사이의 효과** 보증인은 미리 전세권이나 저당권의 등기에 그 대위를 부기하지 아니하면 전세물이나 저당물에 권리를 취득한 제3자에 대하여 채권자를 대위하지 못한다(제482조 제2항 제1호). 여기서 '미리'란 보증인의 변제 후 제3취득자의 취득 전을 말한다(통설).[495]

내에서 종래 채권자가 가지고 있던 채권 및 담보에 관한 권리를 법률상 당연히 취득하게 되지만 이때에도 채권자는 대위변제자에 대하여 우선변제권을 가진다. 이러한 법리는 근로복지공단이 최우선변제권이 있는 최종 3개월분의 임금과 최종 3년분의 퇴직금 중 일부를 체당금으로 지급하고 그에 해당하는 근로자의 임금 등 채권을 대위하여 행사하는 경우에도 그대로 적용되어 최우선변제권이 있는 근로자의 나머지 임금 등 채권이 공단이 대위하는 채권에 대하여 우선변제권을 갖는다고 보아야 한다. 만일 이와 달리 근로자의 나머지 임금 등 채권과 공단이 대위하는 채권이 그 법률적 성질이 동일하다는 이유로 같은 순위로 배당받아야 한다고 해석한다면, 근로자가 공단으로부터 최우선변제권이 있는 임금 등 채권의 일부를 체당금으로 먼저 지급받은 후 배당금을 지급받는 경우에는 공단도 같은 순위로 배당받는 결과 공단이 근로자에게 지급한 체당금의 일부를 근로자로부터 다시 회수하는 셈이 되어 배당금을 먼저 지급받은 후 공단으로부터 체당금을 지급받는 경우에 비하여 근로자가 수령하는 총금액이 적게 되어 체당금의 지급시기에 따라 근로자에 대한 보호의 범위가 달라지는 불합리가 발생할 뿐만 아니라 근로자로 하여금 신속한 체당금 수령을 기피하게 하여 체당금의 지급을 통하여 근로자의 생활안정에 이바지하고자 하는 임금채권보장법의 취지를 몰각시키게 된다."

495) 대법원 1990. 11. 9. 선고 90다카10305 판결 "타인의 채무를 변제하고 채권자를 대위하는 대위자 상호간의 관계를 규정한 민법 제482조 제2항 제5호 단서에서 대위의 부기등기에 관한 제1호의 규정을 준용하도록 규정한 취지는 자기의 재산을 타인의 채무의 담보로 제공한 물상보증인이 수인일 때 그중 일부의 물상보증인이 채무의 변제로 다른 물상보증인에 대하여 채권자를 대위하게 될 경우에 미리 대위의 부기등기를 하여 두지 아니하면 채무를 변제한 뒤에 그 저당물을 취득한 제3취득자에 대하여 채권자를 대위할 수 없도록

② **제3취득자 상호간의 효과** 제3취득자 중의 1인은 각 부동산의 가액에 비례하여 다른 제3취득자 대하여 채권자를 대위한다(제483조 제2항 제3호). 수인의 제3취득자가 있는 경우에 먼저 변제한 자만이 대위할 수 있는 것으로 하면 공평하지 못하기 때문이다.

③ **물상보증인 상호간의 효과** 물상보증인이 다수인 경우에 물상보증인 상호간의 효과는 제3취득자 상호간의 효과와 같다(제482조 제2항 제4호).

④ **보증인과 물상보증인 사이의 효과** 물상보증인과 보증인은 그 인원수에 비례하여 채권자를 대위한다(제482조 제2항 제5호 본문). 만약 인적 보증인이 물상보증인을 함께 겸하는 때에는 1인으로 계산한다(통설). 판례도 같은 입장이다.[496] 그리고 물상보증인이 수인인 경우에는 보증인의 부담부분을 제외하고 그

하려는 것이라고 해석되므로 자신들 소유의 부동산을 채무자의 채무의 담보로 제공한 물상보증인들이 채무를 변제한 뒤 다른 물상보증인 소유부동산에 설정된 근저당권설정등기에 관하여 대위의 부기등기를 하여 두지 아니하고 있는 동안에 제3취득자가 위 부동산을 취득하였다면, 대위변제한 물상보증인들은 제3취득자에 대하여 채권자를 대위할 수 없다."

496) 대법원 2010. 6. 10. 선고 2007다61113, 61120 판결 "[1] 민법 제482조 제2항 제4호, 제5호가 물상보증인 상호간에는 재산의 가액에 비례하여 부담 부분을 정하도록 하면서, 보증인과 물상보증인 상호간에는 보증인의 총 재산의 가액이나 자력 여부, 물상보증인이 담보로 제공한 재산의 가액 등을 일체 고려하지 아니한 채 형식적으로 인원수에 비례하여 평등하게 대위비율을 결정하도록 규정한 것은, 인적 무한책임을 부담하는 보증인과 물적 유한책임을 부담하는 물상보증인 사이에는 보증인 상호간이나 물상보증인 상호간과 같이 상호 이해조정을 위한 합리적인 기준을 정하는 것이 곤란하고, 당사자 간의 특약이 있다는 등의 특별한 사정이 없는 한 오히려 인원수에 따라 대위비율을 정하는 것이 공평하고 법률관계를 간명하게 처리할 수 있어 합리적이며 그것이 대위자의 통상의 의사 내지 기대에 부합하기 때문이다. 이러한 규정 취지는 동일한 채무에 대하여 보증인 또는 물상보증인이 여럿 있고, 이 중에서 보증인과 물상보증인의 지위를 겸하는 자가 포함되어 있는 경우에도 동일하게 참작되어야 하므로, 위와 같은 경우 민법 제482조 제2항 제4호, 제5호 전문에 의한 대위비율은 보증인과 물상보증인의 지위를 겸하는 자도 1인으로 보아 산정함이 상당하다. [2] 민법 제482조 제2항 제5호는 동일한 채무에 대하여 인적 무한책임을 지는 보증인과 물적 유한책임을 지는 물상보증인이 여럿 있고 그 중 어느 1인이 먼저 대위변제를 하거나 경매를 통한 채무상환을 함으로써 다른 자에 대하여 채권자의 권리를 대위하게 되는 경우, 먼저 대위변제 등을 한 자가 부당하게 이익을 얻거나 대위가 계속 반복되는 것을 방지하고 대위관계를 공평하게 처리하기 위하여 대위자들 상호간의 대위의 순서와 분담비율을 규정하고 있는바, 위 규정에 의하면, 여러 보증인과 물상보증인 사이에서는 그 중 어느 1인에 의하여 주채무 전액이 상환되었을 것을 전제로 하여 그 주채무 전액에 민법 제482조 제2항 제5호에서 정한 대위비율을 곱하여 산정한 금액이 각자가 대위관계에서 분담하여야 할 부담 부분이다. 그런데 여러 보증인 또는 물상보증인 중 어느 1인이 위와 같은 방식으로 산정되는 자신의 부담 부분에 미달하는 대위변제 등을 한 경우 그 대위변제액 또는 경매에 의한 채무상환액에 위 규정에서 정한 대위비율을 곱하여

잔액에 대하여 각 재산의 가액에 비례하여 채권자를 대위한다. 이 경우에 그 재산이 부동산인 때에는 제482조 제2항 제1호의 규정을 준용한다(제482조 제2항 제5호 단서).

⑤ **연대채무자들 서로 간 또는 보증인들 서로 간** 연대채무자들 서로 간(제425조)·보증인들 서로 간(제448조)·연대채무자나 불가분채무자와 보증인 서로 간(제447조)에서는 특별규정이 구상의 범위를 정하고 있으며, 대위는 그 범위에서 일어난다.[497)]

산출된 금액만큼 곧바로 다른 자를 상대로 채권자의 권리를 대위할 수 있도록 한다면, 먼저 대위변제 등을 한 자가 부당하게 이익을 얻거나 대위자들 상호간에 대위가 계속 반복되게 되고 대위관계를 공평하게 처리할 수도 없게 되므로, 민법 제482조 제2항 제5호의 규정 취지에 반하는 결과가 생기게 된다. 따라서 보증인과 물상보증인이 여럿 있는 경우 어느 누구라도 위와 같은 방식으로 산정한 각자의 부담 부분을 넘는 대위변제 등을 하지 않으면 다른 보증인과 물상보증인을 상대로 채권자의 권리를 대위할 수 없다. [3] 여러 보증인과 물상보증인 사이에서 민법 제482조 제2항 제5호에 의하여 대위관계에서의 부담 부분을 정하는 경우, 당초 성립한 주채무가 주채무자의 변제나 채무 면제 등으로 감소하거나 이자·지연손해금이 증가하는 때에는 그 당시 현존하고 있는 보증인이나 물상보증인의 부담 부분도 원칙적으로 그에 상응하여 감소하거나 증가하게 되므로, 보증인이나 물상보증인이 대위변제 등을 할 당시에 이미 주채무자의 변제나 채무면제 등으로 주채무가 감소하거나 이자·지연손해금이 증가한 사정이 있다면, 이를 반드시 참작하여 그 대위변제 등 당시를 기준으로 하여 당해 보증인이나 물상보증인의 대위변제액 등이 그의 부담 부분을 초과하는 것인지 여부를 판단하여야 한다."

497) 대법원 1999. 10. 22. 선고 98다22451 판결 "연대보증인이 자신의 출재로 채무자를 대신하여 주채무를 변제하면 채권자가 주채무자 및 다른 연대보증인에 갖고 있던 채권(원채권) 및 담보권이 연대보증인에게 법률상 당연히 이전되지만, 변제자대위는 주채무를 변제함으로써 주채무자 및 다른 연대보증인에 대하여 갖게 된 구상권의 효력을 확보하기 위한 제도인 관계상, 대위에 의한 원채권 및 담보권의 행사 범위는 구상권의 범위로 한정된다."; 대법원 1992. 5. 12. 선고 91다3062 판결 "연대채무자가 수인이 있는 경우에 이들 모두를 위한 연대보증인은 보증채무의 이행으로 한 출연액 전부에 대하여 어느 연대채무자에게나 구상권을 가지는 것이므로, 이와 반대로 연대채무자들 중 어느 1인이 자신의 내부부담부분을 넘어 채무를 변제함으로써 채권자의 그 다른 연대채무자에 대한 원채권을 행사하는 경우에도 그 자신의 연대보증인도 겸한 다른 연대채무자의 연대보증인에 대하여는 대위할 수 없다."

제3절 대물변제

Ⅰ. 의의 및 법적성질

1. 대물변제의 의의

대물변제란 채무자가 채권자의 승낙을 얻어 본래의 급부에 갈음하여 다른 급부를 함으로써 채권을 소멸시키는 것을 말한다(제466조).[498] 따라서 대물변제가 있게 되면 변제와 같은 효력이 있어 채권은 소멸하게 된다. 그런데 대물변제는 채무자가 일방적으로 대물변제를 할 수 없고 채권자의 승낙이 있어야만 한다. 그리고 대물변제가 변제와 같은 효력을 갖기 위해서는 급부결과가 실현되어야 한다. 예컨대 금전채무 대신 부동산을 대물변제하기로 한다면 그 부동산에 대한 소유권이전등기까지 마쳐야만 비로소 대물변제가 성립된다.

2. 대물변제의 법적 성질

대물변제의 법적 성질에 관하여 학설은 다음과 같이 나누어지고 있다. ① 대물변제는 변제와 동일하게 채권자가 급부를 통해 만족을 얻어야 하기 때문에 현실적인 대물급부가 이루어져야 하는 요물계약이고, 본래의 급부를 대가로 한다는 점에서 일종의 유상계약이라는 견해,[499] ② 대물변제의 경우 채무자와 채권자 사이에 대물변제에 관한 합의가 필요하기는 하지만 그 합의는 대물급부에 의한 변제가 변제로서의 효력을 갖기 위한 하나의 요건에 지나지 않으며, 따라서 대물변제의 본질은 변제이지 계약이 아니라는 견해,[500] ③ 대물변제는 채무의 이행행위

---

498) 대물변제를 계약으로 보는 견해에 따르면 "대물변제란 본래의 급부에 갈음하여 다른 급부를 현실적으로 함으로써 채권을 소멸시키는 당사자(원칙적으로 채권자와 채무자이지만, 그에 한정하지 않는다고 한다) 사이의 계약이다."라고 한다(송덕수, 458면).

499) 곽윤직, 264면; 김학동, 373면; 송덕수, 459면, 오시영, 715면.

500) 김대정, 400면; 김상용, 467면; 김형배, 748면.

로서 변제에 준하는 효과를 가진다는 점에서 변칙적 변제방법이라는 견해[501)]가 있다. 판례는 대물변제를 요물계약이라는 입장이다.[502)]

생각건대 대물변제는 채무자가 채권자의 승낙을 얻어 본래의 급부에 갈음함으로써 채권을 소멸시키는 것이 그 본질이다. 즉 대물변제가 성립하기 위해서는 채권자의 승낙이 있어야 하므로 대물변제하겠다는 채무자의 의사표시가 일종의 청약에 해당하기 때문에 일종의 계약이라고 보아야 한다. 그리고 대물변제계약은 변제와 동일하게 채권자가 급부를 통해 만족을 얻어야 하기 때문에 현실적인 대물급부가 있어야 하는 요물계약이며 본래의 급부를 대가로 한다는 점에서 일종의 유상계약이라고 보아야 한다. 결국 ①설과 판례의 입장이 타당하다.

Ⅱ. 대물변제의 요건

1. 채권이 존재할 것

대물변제는 본래의 채무이행에 갈음하여 다른 급여를 하는 것이므로 본래의 채무가 존재하여야 한다. 그런데 원래부터 채권이 존재하지 않거나 무효·취소된 경우에는 대물변제도 무효라고 하는 것이 판례의 입장이다.[503)] 이 경우의 대물변

501) 이은영, 723면.

502) 대법원 1978. 8. 22. 선고 77다1940 판결 "본래의 금전채권의 변제에 갈음하여 매립지를 양도하기로 하는 계약만이 체결되고 그 매립지에 대한 소유권이전등기가 경제의안정과성장에관한긴급명령 소정의 기준일까지(72.8.2) 경료되지 아니한 상태라면 그 금전채권이 요물계약인 대물변제에 의하여 소멸되었다 할 수 없고 위 채권은 긴급명령 소정의 사채라고 보아야 한다."; 대법원 1987. 10. 26. 선고 86다카1755 판결 "대물변제는 본래의 채무에 갈음하여 다른 급여를 현실적으로 하는 때에 성립되는 요물계약이므로 다른 급여가 부동산의 소유권이전인 때에는 등기를 완료하여야만 대물변제가 성립되어 기존채무가 소멸되는 것이며 따라서 대물변제계약이 효력을 발생하기 전에 채무의 본지에 따른 이행으로 기존채무가 소멸되고 난 뒤에는 대물변제예약 당사자 간에 예약된 대물변제계약으로서는 부동산 소유권이전등기청구를 할 수는 없는 것이다."; 대법원 1995. 9. 15. 선고 95다13371 판결 "대물변제가 효력을 발생하려면 채무자가 본래의 이행에 갈음하여 행하는 다른 급여가 현실적이어야 하고 등기나 등록을 요하는 경우 그 등기나 등록까지 경료하여야 한다."

503) 대법원 1991. 11. 12. 선고 91다9503 판결 "채무자가 채권자의 승낙을 얻어 본래의 채무이행에 갈음하여 부동산으로 대물변제를 하였으나 본래의 채무가 존재하지 않았던 경우에는, 당사자가 특별한 의사표시를 하지 않은 한 대물변제는 무효로서 부동산의 소유권이 이전되는 효과가 발생하지 않는다."; 대법원 1993. 4. 23. 선고 92다19163 판결 "가집행선고에 기한 강제집행이 종료된 경우 그 후 가집행선고가 실효되더라도 강제집행의 효력이 여전히 유지되는 것은 그것이 집행 당시에는 유효하였던 채무명의의 집행력에 기한 강제집행의

제는 채무가 없는데 변제한 것이 되어 비채변제가 되기 때문에(제742조), 대물변제가 선의이면 그 반환을 청구할 수 있으나, 악의인 때에는 그 반환을 청구할 수 없다. 그러나 물권행위의 무인성을 인정하는 경우에는, 그 때에도 대물변제의 목적물의 소유권이전은 일어나고 변제자는 단지 부당이득의 반환을 청구할 수 있을 뿐이라고 본다. 반면 유인성을 인정하는 경우에는, 목적물의 소유권이전이 일어나지 않으며, 따라서 변제자는 소유권에 기한 물권적 청구권을 행사할 수 있다고 본다.

2. 본래의 급부와 다른 급부를 할 것

(1) 대물변제가 효력을 발생하려면 본래의 급부와 다른 급부가 행해져야 한다. 그 다른 급부의 종류나 내용에는 제한이 없고, 본래의 급부와 가치가 다르더라도 무방하다. 그러나 그 가치의 차이가 현저하게 균형을 잃은 것으로서, 채무자의 궁박·경솔·무경험을 이용하여 이루어진 폭리행위인 경우에는 민법 제104조에 의한 폭리행위가 될 수 있다.[504] 따라서 본래의 급부와 다른 것이면 동산 또는 부동산의 소유권이전이든 금전의 지급이든 상관없다. 채권의 양도, 예금증서의 교부, 어음·수표의 교부도 그것이 이행에 갈음하여 행해진 때에는 여기의 급부로 될 수 있다. 제3자에 대한 채권의 양도도 대물변제의 객체가 될 수 있으나, 이 경우에는 대항요건을 갖추어야 한다. 양도가 금지되어 있는 물건의 급부로 대물변제를 할 수는 없다.[505]

(2) 대물변제는 요물계약이므로 다른 급부를 단순히 약속하는 것만으로는 부족하며 그 다른 급부를 현실적으로 이행하여야 한다.[506] 따라서 다른 급부가 부동

결과일 뿐만 아니라 강제집행의 결과 이해관계를 맺게 되는 제3자를 보호할 필요가 있기 때문이고, 이와 같은 채무명의에 기한 강제집행이 아닌 채무자가 가집행선고에 기한 강제집행을 면하기 위하여 채권자의 승낙을 얻어 한 대물변제의 경우에는 그와 같은 필요성이 있다고 할 수 없으므로 가집행선고가 실효되고 원래의 채무가 존재하지 않음이 밝혀진 경우에까지 그 대물변제를 유효한 것으로 인정할 수는 없다."

504) 대법원 1959. 9. 24. 선고 4291민상762 판결.

505) 대법원 1965. 7. 6. 선고 65다563 판결 "특정외래품으로서 대물변제한다는 계약은 본법이 강행법규임에 비추어 법률상 그 효력을 인정할 수 없다."

506) 대법원 1993. 5. 11. 선고 92누11602 판결 "대물변제는 채무자가 채권자의 승낙을 얻어 본래의 채무의 이행에 갈음하여 다른 급여를 현실적으로 한 때에 변제와 같은 효력이 있는 것으로서 다른 급여가 부동산의 소유권을 이전하는 것일 때에는 소유권이전등기를

산 소유권의 이전인 경우에는 당사자의 의사표시 외에 등기까지도 완료하여야 대물변제가 성립한다.[507] 그러나 부동산을 대물변제하는 경우 소유권이전등기만으로 물권변동이 성립하여 대물변제가 인정되므로 점유의 이전까지는 필요하지 않다. 한편 점유를 이전받았을 뿐 소유권이전등기를 하지 않은 상태라면 대물변제가 성립하지 않는다.[508] 그리고 동산소유권이전이 대물급부인 경우에는 합의 이외에 목적물의 인도가 필요하다.

3. 본래의 채무이행에 갈음하여 다른 급부가 행해질 것

(1) 본래의 급부에 갈음한 급부일 것

본래의 급부에 갈음하여 다른 급부가 행해져야 한다. 여기서 '갈음하여'라는 의미는 변제의 수단으로서가 아니라 "본래의 채무를 소멸시키기 위하여" 행해져야 한다는 것이다. 즉 다른 급부가 본래의 채무의 변제의 수단(이행을 위하여)으로서가 아니라는 것이다.

(2) 어음이나 수표의 교부의 경우

1) 여기서 가장 문제가 되는 것은 채무자가 어음이나 수표를 변제의 수단으로서 교부하는 경우 이를 대물변제로 인정할 것인가이다. 어음·수표의 교부가 '변제를 위하여(수단으로)' 한 것이면 대물변제가 아니어서 채권은 소멸하지 않고 새로운 채무가 추가되는 결과가 된다. 그러나 그것이 '변제에 갈음하여' 한 것이면 대물변제로 되어 채권은 소멸하게 된다. 이러한 경우에는 대부분 기존채무의 소멸을 목적으로 어음·수표를 교부하기보다는 단순히 채무의 변제를 위하여(수단으로

하여야만 대물변제가 성립되어 본래의 채무가 소멸하는 것이므로 채권자의 입장에서는 소유권이전등기된 날이 부동산의 취득일이 되는 것이고, 채무자가 채권자와 대물변제하기로 약정하였던 급여의 일부만을 이행하는 경우에도 채권자가 이를 수령하면 채무의 일부에 관하여 유효한 변제를 한 것으로 보아야 한다."; 대법원 1995. 9. 15. 선고 95다13371 판결 "대물변제가 효력을 발생하려면 채무자가 본래의 이행에 갈음하여 행하는 다른 급여가 현실적이어야 하고 등기나 등록을 요하는 경우 그 등기나 등록까지 경료하여야 한다."

507) 대법원 1993. 5. 11. 선고 92누11602 판결; 대법원 1995. 9. 15. 선고 95다13371 판결.

508) 대법원 1965. 7. 20. 선고 65다1029, 1030 판결 "본래의 금전지급에 대신하여 부동산의 소유권을 이전하기로 한 후 그 부동산에 대한 인도만을 하고 아직 소유권이전등기를 하지 않은 경우에는 대물변제가 이루어 졌다고 할 수 없다."

서) 교부한 것이기 때문에 변제에 갈음할 의사가 있는 것이 아니라 단순히 변제를 위하여 행해진 것으로 추정하여야 한다. 금전취득이 확실하지 않기 때문이다(통설). 판례도 같은 입장이다.[509] 이는 채권자가 어음·수표를 제3자에게 양도하였더라도 마찬가지이다.[510]

대물변제로서 교부한 어음이나 수표가 지급되지 않고 부도처리된 경우에는 본래의 채무가 다시 부활하지 않는다(통설). 채무자가 이행의 수단으로 어음이나 수표를 교부한 경우에 채권자가 어음·수표상의 채권도 취득하게 되어 채권자는 변제를 위하여 받은 어음·수표상의 권리를 본래의 채권보다 먼저 행사하여야 한다.[511]

---

509) 어음에 관련한 판례: 대법원 1970. 6. 30. 선고 70다517 판결 "기존채무의 변제를 위하여 약속어음을 발행한 경우에 당사자 간 특별한 의사표시가 없으면 기존채무의 변제를 확보하기 위하여 또는 그 지급방법으로 이를 발행한 것으로 추정하여야 한다함이 본원의 판례(대법원 1967. 2. 21. 선고 66다2355 판결)인 바, 이는 채무액의 다과를 묻지 않는 취지이므로 소액의 상품대금에 대하여 약속어음을 발행한 이상 현금수수와 같은 효과가 있는 것으로 보아야 된다는 논지는 이유 없으며 원심이 피고는 상품대금 상당을 액면금으로 한 약속어음을 원고에게 발행하고 원고는 그 대신 피고에게 그 대금을 수령하였다는 영수증을 작성 교부하였다가 원고가 약속어음의 지급기일이 너무 멀다하면서 피고와 합의하여 원고는 약속어음을 피고에게 반환하고 피고로부터 영수증을 다시 찾아 왔다고 인정한 사실인정이 반드시 경험칙에 위배되는 것이라고는 할 수 없으므로 논지는 이유 없다."; 대법원 1982. 9. 28. 선고 82도1759 판결 "기존 채무에 관하여 약속어음을 발행한 경우에 당사자 사이에 특별한 약정이 없으면 채무의 확보 또는 그 지급방법으로 이를 발행한 것으로 추정할 것이다(당원 1967. 2. 21. 선고 66다2355 판결 참조)"; 대법원 2001. 7. 13. 선고 2000다57771 판결 "채무자가 채권자에게 기존 채무의 이행에 관하여 어음이나 수표를 교부하는 경우 당사자의 의사는 별도의 약정이 있는 때에는 그에 따르되, 약정이 없는 경우에는 구체적 사안에 따라 '지급을 위하여' 또는 '지급확보를 위하여' 교부된 것으로 추정함이 상당한바, 채무자가 채권자에게 교부한 어음이 이른바 '은행도 어음'으로서 당사자 사이에 이를 단순히 보관하는 데 그치지 아니하고 어음할인 등의 방법으로 타에 유통시킬 수도 있는 경우라면 '지급을 위하여' 교부된 것으로 추정함이 상당하고, 어음이 '지급을 위하여' 교부된 것으로 추정되는 경우에는 채권자는 어음채권과 원인채권 중 어음채권을 먼저 행사하여 그로부터 만족을 얻을 것을 당사자가 예정하였다고 할 것이어서 채권자로서는 어음채권을 우선 행사하고 그에 의하여 만족을 얻을 수 없는 때 비로소 채무자에 대하여 기존의 원인채권을 행사할 수 있는 것이므로, 채권자가 기존채무의 변제기보다 후의 일자가 만기로 된 어음을 교부받은 때에는 특별한 사정이 없는 한 기존채무의 지급을 유예하는 의사가 있었다고 보아야 할 것이다."; 수표에 관한 판례: 대법원 1976. 6. 22. 선고 75다1600 판결 "일반적으로 채무자가 기존 채무에 관하여 수표를 교부하였을 때는 그 채무의 지급을 위함이라고 추정되는 것이므로 이 사건 수표를 피고의 처 소외인과 원고와의 사이에 계약보증금의 지급을 위하여 원고에게 교부된 것으로 인정하였음은 정당하다."

510) 대법원 1960. 10. 31. 선고 4291민상390 판결.

511) 대법원 1996. 11. 8. 선고 95다25060 판결 "[1] 기존 채무의 이행에 관하여 채무자가 채권자에게

2) 채무자가 제3채무자에 대하여 가지고 있는 채권을 양도하는 것도 당사자 사이에 특별한 의사표시가 없었다면 기존채무의 변제를 위하거나 또는 담보를 위한 것으로 추정하여야 하며, 채무변제에 갈음하여 양도한 것으로 볼 것은 아니다.[512] 따라서 그 경우 채권양도만 있으면 바로 원래의 채권이 소멸한다고 볼 수

어음을 교부할 때의 당사자의 의사는 기존 원인채무의 '지급에 갈음하여', 즉 기존 원인채무를 소멸시키고 새로운 어음채무만을 존속시키려고 하는 경우와, 기존 원인채무를 존속시키면서 그에 대한 지급방법으로서 이른바 '지급을 위하여' 교부하는 경우 및 단지 기존 채무의 지급 담보의 목적으로 이루어지는 이른바 '담보를 위하여' 교부하는 경우로 나누어 볼 수 있는데, 당사자 사이에 특별한 의사표시가 없으면 어음의 교부가 있다고 하더라도 이는 기존 원인채무는 여전히 존속하고 단지 그 '지급을 위하여' 또는 그 '담보를 위하여' 교부된 것으로 추정할 것이며, 따라서 특별한 사정이 없는 한 기존의 원인채무는 소멸하지 아니하고 어음상의 채무와 병존한다고 보아야 할 것이고, 이 경우 어음상의 주채무자가 원인관계상의 채무자와 동일하지 아니한 때에는 제3자인 어음상의 주채무자에 의한 지급이 예정되고 있으므로 이는 '지급을 위하여' 교부된 것으로 추정하여야 한다. [2] 어음이 '지급을 위하여' 교부된 경우에는 채권자는 어음채권과 원인채권 중 어음채권을 먼저 행사하여 만족을 얻을 것을 당사자가 예정하였다고 할 것이므로 채권자로서는 어음채권을 우선 행사하고, 그에 의하여서는 만족을 얻을 수 없을 때 비로소 채무자에 대하여 기존의 원인채권을 행사할 수 있다고 하여야 하며, 나아가 이러한 목적으로 어음을 배서양도받은 채권자는 특별한 사정이 없는 한 채무자에 대하여 원인채권을 행사하기 위하여는 어음을 채무자에게 반환하여야 하므로, 채권자가 채무자에 대하여 자기의 원인채권을 행사하기 위한 전제로서 지급기일에 어음을 적법히 제시하여 소구권 보전절차를 취할 의무가 있다고 보는 것이 양자 사이의 형평에 맞는다."; 대법원 2010. 12. 23. 선고 2010다44019 판결 "[1] 기존 채무의 이행에 관하여 채무자가 채권자에게 어음을 교부할 때의 당사자의 의사는 기존 원인채무의 '지급에 갈음하여', 즉 기존 원인채무를 소멸시키고 새로운 어음채무만을 존속시키려고 하는 경우와, 기존 원인채무를 존속시키면서 그에 대한 지급방법으로서 이른바 '지급을 위하여' 교부하는 경우 및 단지 기존 채무의 지급 담보의 목적으로 이루어지는 이른바 '담보를 위하여' 교부하는 경우로 나누어 볼 수 있는데, 어음상의 주채무자가 원인관계상의 채무자와 동일하지 아니한 때에는 제3자인 어음상의 주채무자에 의한 지급이 예정되어 있으므로 이는 '지급을 위하여' 교부된 것으로 추정되지만, '지급에 갈음하여' 교부된 것으로 볼 만한 특별한 사정이 있는 경우에는 그러한 추정은 깨진다. [2] 식품제조 공장에 관한 매매계약에서 매수인이 매도인에게 제3자가 발행한 약속어음을 교부한 것이 매매대금의 '지급에 갈음하여' 이루어진 것이라고 볼 여지가 많음에도, 이를 매매대금의 '지급을 위하여' 이루어진 것이라고 보아 위 어음 교부로 매매대금 채무가 소멸하지 않았다고 판단한 원심판결을 파기한 사례."

512) 대법원 1991. 4. 9. 선고 91다2526 판결 "기존채무에 관하여, 채무자가 제3자에 대하여 가지고 있는 채권을 기존채무의 채권자에게 양도한 경우 그들 사이에 다른 특별한 의사표시가 없었다면 기존채무의 변제를 위하여 또는 그 담보조로 양도한 것이라고 추정하여야 한다."; 대법원 1994. 2. 8. 선고 93다50291, 50307 판결 "기존채무에 관하여 채무자가 제3채무자에 대하여 가지고 있는 채권을 기존채무의 채권자에게 양도한 경우 그들 사이에 특별한 의사표시가 없는 이상 기존채무의 변제를 위하여 또는 그 담보조로 양도한 것이라고 추정하여야 한다."; 대법원 1995. 9. 15. 선고 95다13371 판결 "가. 대물변제가 효력을

는 없고, 채권자가 양도받은 채권을 변제받은 때에 비로소 그 범위 내에서 채무자가 면책된다.[513] 채무자가 제3채무자로부터 받은 수표를 채권자에게 전달한 경우에도 특별한 사정이 없으면 그로써 채무자의 제3자에 대한 채권을 채권자에게 양도하여 채무가 소멸되었다고 할 수 없다.[514]

4. 채권자의 승낙이 있을 것

(1) 당사자의 합의 내지 계약이 있을 것

채권자와 채무자 사이에 본래의 급부에 갈음하여 다른 급부를 하기로 하는 데 대한 합의 내지 계약이 있어야 한다(제466조 참조). 채권자는 본래의 급부와 다른 급부를 수령할 의무가 없기 때문에 채무자가 본래의 급부에 갈음하여 다른 급부를 하는 것에 대해 채권자의 승낙이 있어야 한다.[515] 채권자의 승낙은 명시적 의

발생하려면 채무자가 본래의 이행에 갈음하여 행하는 다른 급여가 현실적이어야 하고 등기나 등록을 요하는 경우 그 등기나 등록까지 경료하여야 한다. 나. 채무자가 채권자에게 채무변제와 관련하여 다른 채권을 양도하는 것은 특단의 사정이 없는 한 채무변제를 위한 담보 또는 변제의 방법으로 양도되는 것으로 추정할 것이지 채무변제에 갈음한 것으로 볼 것은 아니어서, 채권양도만 있으면 바로 원래의 채권이 소멸한다고 볼 수는 없다."; 대법원 1995. 12. 22. 선고 95다16660 판결 "채무자가 채권자에게 채무변제와 관련하여 다른 채권을 양도하는 것은 특단의 사정이 없는 한 채무변제를 위한 담보 또는 변제의 방법으로 양도되는 것으로 추정할 것이지 채무변제에 갈음한 것으로 볼 것은 아니어서, 채권양도만 있으면 바로 원래의 채권이 소멸한다고 볼 수는 없는 것이고 채권자가 양도받은 채권을 변제받음으로써 그 범위 내에서 채무자가 면책되는 것이므로, 양도 채권의 변제에 관하여는 기존채무의 채무자에게 주장·입증책임이 있다."

513) 대법원 2013. 5. 9. 선고 2012다40998 판결 "[1] 채무자가 채권자에게 채무변제와 관련하여 다른 채권을 양도하는 것은 특단의 사정이 없는 한 채무변제를 위한 담보 또는 변제의 방법으로 양도되는 것으로 추정할 것이지 채무변제에 갈음한 것으로 볼 것은 아니어서, 그 경우 채권양도만 있으면 바로 원래의 채권이 소멸한다고 볼 수는 없고 채권자가 양도받은 채권을 변제받은 때에 비로소 그 범위 내에서 채무자가 면책된다. [2] 채무자가 채권자에게 채무변제에 '갈음하여' 다른 채권을 양도하기로 한 경우에는 특별한 사정이 없는 한 채권양도의 요건을 갖추어 대체급부가 이루어짐으로써 원래의 채무는 소멸하는 것이고 그 양수한 채권의 변제까지 이루어져야만 원래의 채무가 소멸한다고 할 것은 아니다. 이 경우 대체급부로서 채권을 양도한 양도인은 양도 당시 양도대상인 채권의 존재에 대해서는 담보책임을 지지만 당사자 사이에 별도의 약정이 있다는 등 특별한 사정이 없는 한 그 채무자의 변제자력까지 담보하는 것은 아니다."

514) 대법원 1963. 10. 10. 선고 63다408 판결 "채무자가 채무자의 변제에 갈음하여 제3자로부터 교부받은 제3자 발행 수표를 채권자에게 전위하였다 하여도 특별한 사정이 없으면 그로써 채무자의 제3자에 대한 채권을 채권자에게 양도하여 채무가 소멸되었다 할 수 없다."

515) 대법원 1978. 8. 22. 선고 77다1940 판결 "본래의 금전채권의 변제에 갈음하여 매립지를

사표시가 있는 경우에는 문제가 없으나, 의사가 불분명할 때에는 구체적 사정을 고려하여 합리적으로 결정하여야 한다.[516)]

(2) 대물변제는 계약이므로 당사자는 행위능력이 있어야 한다.

(3) 대물급부가 본래의 급부에 비하여 사회통념에 반하여 더 큰 경우에 그 대물변제가 채무자의 궁박·경솔·무경험을 이용한 것이라면 폭리행위로서 제104조에 의하여 무효가 된다.[517)] 반면 대물급부의 가치가 채무액보다 적더라도, 일부의 대물변제라는 취지가 표시되어 있지 않는 한 채권 전부가 소멸한다.

Ⅲ. 대물변제의 효과

1. 변제와 동일한 효력

대물변제는 변제와 동일한 효력이 있다(466조). 따라서 대물변제가 있으면 채권은 소멸하고, 그에 부수되는 담보권도 소멸한다. 대물급부의 가치가 본래의 급부보다 크거나 부족하더라도 그 과부족을 청산할 필요가 없으며 채권은 그대로

양도하기로 하는 계약만이 체결되고 그 매립지에 대한 소유권이전등기가 경제의안정과성장에관한긴급명령 소정의 기준일까지(72.8.2) 경료되지 아니한 상태라면 그 금전채권이 요물계약인 대물변제에 의하여 소멸되었다 할 수 없고 위 채권은 긴급명령 소정의 사채라고 보아야 한다."; 대법원 1987. 10. 26. 선고 86다카1755 판결 "대물변제는 본래의 채무에 갈음하여 다른 급여를 현실적으로 하는 때에 성립되는 요물계약이므로, 다른 급여가 부동산의 소유권이전인 때에는 등기를 완료하여야만 대물변제가 성립되어 기존채무가 소멸되는 것이므로 대물변제계약이 효력을 발생하기 전에 채무의 본지에 따른 이행으로 기존채무가 소멸되고 난 뒤에는 대물변제예약 당사자 간에 예약된 대물변제 계약으로서는 부동산소유권이전등기청구를 할 수 없다."

516) 대법원 1995. 9. 15. 선고 95다13371 판결 "대물변제가 효력을 발생하려면 채무자가 본래의 이행에 갈음하여 행하는 다른 급여가 현실적이어야 하고 등기나 등록을 요하는 경우 그 등기나 등록까지 경료하여야 한다."; 대법원 1993. 6. 8. 선고 92다19880 판결 "채무와 관련하여 채무자 소유의 부동산이 채권자 앞으로 소유권이전등기가 경료된 경우, 그것이 대물변제조로 이전된 것인가, 아니면 종전채무의 담보를 위하여 이전된 것인가의 문제는 소유권이전 당시의 당사자 의사해석에 관한 문제인 것이고, 이 점에 관하여 명확한 증명이 없는 경우에는(담보목적임을 주장하는 측에 그 입증책임이 있다) 소유권이전 당시의 채무액과 부동산의 가액, 채무를 지게 된 경위와 그 후의 과정(가등기의 경료관계), 소유권이전 당시의 상황, 그 이후에 있어서의 부동산의 지배 및 처분관계 등 제반 사정을 종합하여 담보목적인지 여부를 가려야 할 것이다."

517) 대법원 1958. 4. 3. 선고 4290민상648 판결; 대법원 1959. 9. 24. 선고 4291민상762 판결 참조.

소멸한다.[518] 대물변제의 예약이 체결되어 있는 한 그것은 원칙적으로 채권 전부의 대물변제에 관한 것이라고 새겨야 하므로, 채권의 일부에 대한 대물변제를 주장하는 자(채권자)가 그 사실을 주장·증명하여야 한다.[519]

2. 담보책임의 발생

대물변제를 유상계약으로 보아 대물변제로 제공한 목적물에 하자나 흠결이 있는 경우에는 당연히 하자담보책임(제580조·제581조)에 관한 규정이 적용된다. 따라서 목적물을 종류로 지정한 경우라면 계약해제, 손해배상을 청구하지 않고 흠이 없는 같은 종류의 다른 물건으로 이행을 청구할 수 있다(제581조 제2항). 판례도 같은 입장이다.[520]

---

518) 대법원 1993. 5. 11. 선고 92누11602 판결 "가. 대물변제는 채무자가 채권자의 승낙을 얻어 본래의 채무의 이행에 갈음하여 다른 급여를 현실적으로 한 때에 변제와 같은 효력이 있는 것으로서 다른 급여가 부동산의 소유권을 이전하는 것일 때에는 소유권이전등기를 하여야만 대물변제가 성립되어 본래의 채무가 소멸하는 것이므로 채권자의 입장에서는 소유권이전등기된 날이 부동산의 취득일이 되는 것이고, 채무자가 채권자와 대물변제하기로 약정하였던 급여의 일부만을 이행하는 경우에도 채권자가 이를 수령하면 채무의 일부에 관하여 유효한 변제를 한 것으로 보아야 한다. 나. 대물변제약정에 따른 급여의 일부이행으로 소유권이전등기된 토지에 관하여 취득시기를 소유권이전등기일로 보지 아니하고 대물변제 대상토지를 최종적으로 확정·정산한 날로 본 원심판결을 위법하다고 하여 파기한 사례."

519) 대법원 1987. 3. 10. 선고 86다카2055 판결 "채권자와 채무자 사이에 채권담보의 목적이 된 아파트입주권에 대하여 대물변제의 예약을 하고 그 예약완결권을 채권자에게 유보한 경우에 채권자가 그 예약완결권을 행사하여 그 입주권을 처분하였다면 특별한 사정이 없는 한 위 채권은 대물변제로 인하여 소멸하였다 할 것이고, 위 담보목적물을 채권의 일부에 대한 대물변제로 하여 그 나머지 채권을 남겨두기로 하였다면 이를 주장하고 입증할 책임은 채권자에게 있다."

520) 대법원 1987. 7. 7. 선고 86다카2943 판결 "계약의 일부이행불능으로 인하여 그 계약목적을 달성할 수 없어서 계약전부를 해제한 경우, 그 전보배상액은 이행불능이 확정된 때의 목적물의 전체시가를 표준으로 하여 결정하여야 하는 것이고(당원1981. 7. 7. 선고 80다3122; 1973. 3. 13. 선고 72다2207 각 판결 참조), 또 매도인의 하자담보 책임에 관한 규정은 그 계약의 성질이 이를 허용하지 아니하는 것이 아닌 한 다른 유상계약에도 준용되는 것이므로, 대물변제의 목적물에 하자가 있어서 계약을 해제한 이 사건의 경우에 있어서, 원고의 위 소외 2에 대한 토지인도 등 청구가 패소로 확정됨으로써 위 소외 2의 점유부분 토지에 대한 피고의 인도의무가 이행불능으로 확정된 1984.10.10 당시의 이 사건 부동산의 싯가를 표준으로 하여 그 배상액을 산정한 원심의 조치는 정당하고, 거기에 손해배상액의 산정방법과 그 시점에 관한 법리오해의 잘못이 있음을 찾아볼 수 없다. 이 점을 지적하는 논지 또한 이유 없다."

Ⅳ. 대물변제의 예약

1. 의 의

대물변제예약이란 채무자가 변제기에 채무를 이행하지 아니할 때에는 본래의 급부에 갈음하여 다른 급부를 할 것을 미리 약정하는 계약을 말한다. 사회 일반의 실거래계에서는 '대물변제'와 장차 본계약을 체결할 것을 약속하는 '예약'을 결합시킨 "대물변제 예약"이라는 제도가 널리 이용되고 있다. 대물변제의 예약은 금전소비대차의 이행수단의 담보로 이용되는 경우가 많다. 예컨대 금전소비대차를 하면서 당사자 사이에서 장차 채무불이행시에는 특정 부동산의 소유권을 이전하기로 한다는 예약을 체결하는 것이다. 그리고 그 때에는 대체로 장차 취득할 소유권 이전청구권 보전의 가등기를 한다. 이를 가등기담보라고 한다. 종래 이러한 대물변제의 예약은 제소전화해제도와 결합하여 이행기까지 원리금을 변제하지 못하면 담보로 제공된 고가의 부동산소유권을 채권자가 취함으로써 고리대금업자의 폭리행위로 많이 이용되어 사회적 문제를 야기하였다. 그리하여 이를 규제하기 위하여 "가등기 담보 등에 관한 법률"이 제정되었고, 동법은 원리금과 대물변제예약에 의한 급부물의 차액을 정산하도록 하여, 대물변제예약제도로 인해 빚어진 폭리행위를 어느 정도 규제하게 되었다.

2. 대물변제예약의 효력

대물변제예약이 되어 있는 경우 채권자는 본래의 급부의 이행을 받거나 대물변제예약상의 권리인 대물급부청구권을 행사하거나 선택하여 행사할 수 있다. 그러나 채권자의 폭리 취득을 방지하지 위하여 민법은 제607조·제608조의 특별규정을 두고 있으나 이 규정들만으로는 부족하여 마침내 "가등기담보 등에 관한 법률"을 제정·시행하고 있다.[521] 이에 대하여는 "민법학 강의 III"에서 자세히 설명하였다.

---

512) 1983년 12월 31일 법률 제3681호.

제4절 공 탁

Ⅰ. 공탁의 의의 및 법적 성질

1. 의 의

(1) 공탁이란 금전·유가증권 기타의 물건을 공탁소(은행 또는 창고업자)에 임치하는 것이다. 즉 공탁자와 법률이 정한 공탁기관과의 사이에 맺어지는 임치계약을 말한다.

(2) 공탁이 이용되는 목적은 다음과 같다. ① 변제를 위한 변제공탁(제487조 이하), ② 채권의 담보를 위한 담보공탁(제353조 제3항 참조), ③ 강제집행의 목적물을 공탁하여 그 목적물의 관리와 교부를 공탁절차에 따르게 할 목적으로 행해지는 집행공탁(민사집행법 제222조·제248조 참조), ④ 일정한 권리행사를 하는 데 필요한 목적물의 단순한 보관을 위하여 하는 보관공탁(상법 제70조), ⑤ 재판상 손해를 담보하기 위하여 하는 재판상보증공탁(민사집행법 제280조), ⑥ 변제와 아울러 집행을 위하여서도 공탁할 수 있는(혼합공탁)[522] 등 다양한 목적으로 이용되고 있다.

---

522) 대법원 2005. 5. 26. 선고 2003다12311 판결 "[2] 민법 제487조 후단의 '변제자가 과실 없이 채권자를 알 수 없는 경우'라 함은 객관적으로 채권자 또는 변제수령권자가 존재하고 있으나 채무자가 선량한 관리자의 주의를 다하여도 채권자가 누구인지 알 수 없는 경우를 말하므로, 채권이 양도되었다는 등의 사유로 제3채무자가 종전의 채권자와 새로운 채권자 중 누구에게 변제하여야 하는지 과실 없이 알 수 없는 경우 제3채무자로서는 민법 제487조 후단의 채권자 불확지를 원인으로 한 변제공탁사유가 생긴다고 할 것이고, 또한 종전의 채권자를 가압류채무자 또는 집행채무자로 한 다수의 채권가압류 또는 압류결정이 순차 내려짐으로써 그 채권이 종전 채권자에게 변제되어야 한다면 압류경합으로 인하여 구 민사소송법(2002. 1. 26. 법률 제6626호로 전문 개정되기 전의 것) 제581조 제1항 소정의 집행공탁의 사유가 생기는 경우에, 채무자는 민법 제487조 후단 및 구 민사소송법 제581조 제1항을 근거로 채권자 불확지를 원인으로 하는 변제공탁과 압류경합 등을 이유로 하는 집행공탁을 하는 이른바 혼합공탁을 할 수 있고, 이러한 공탁은 변제공탁에 관련된 새로운 채권자에 대하여는 변제공탁으로서의 효력이 있고 집행공탁에 관련된 압류채권자 등에 대하여는 집행공탁으로서의 효력이 있다고 할 것이나, 채권양도 등과 종전 채권자에

그러나 여기서 다루는 공탁은 변제대용으로서의 공탁, 즉 변제공탁에 한정한다.

(3) 변제공탁이 있으면 채무자는 채권자의 협력 없이 채무를 면한다(제487조). 제487조 이하의 규정은 채권의 소멸원인으로서의 변제공탁을 의미한다. 변제공탁의 실익은 채무자가 채권자의 협력 없이 채무를 면한다는 데 있다. 채무자가 자신의 채무를 면하려면 채무의 이행에 채권자의 수령 등 협력이 필요한 경우에 채무자가 변제의 제공을 하면 채무자는 채무불이행책임을 지지 않는다. 그러나 채무자가 변제제공을 하였다고 하여 채무를 면하지는 못한다. 채권자가 그 수령을 거절하거나 수령할 수 없는 경우, 채무자가 정당한 이유 없이 채권자를 알지 못하는 때에도 마찬가지이다. 그런데 이와 같은 상황에서 채무자로서는 여전히 불안한 지위에 놓이게 되므로 민법은 채무자 및 기타의 변제자가 목적물을 공탁함으로써 채무를 면할 수 있도록 하였는데 그것이 변제공탁제도이다.

대한 압류가 경합되었다고 하여 항상 채권이 누구에게 변제되어야 하는지 과실 없이 알 수 없는 경우에 해당하는 것은 아니고, 설령 그렇게 볼 사정이 있다고 하더라도 공탁은 공탁자가 자기의 책임과 판단하에 하는 것으로서, 채권양도 등과 압류가 경합된 경우에 공탁자는 나름대로 누구에게 변제를 하여야 할 것인지를 판단하여 그에 따라 변제공탁이나 집행공탁 또는 혼합공탁을 선택하여 할 수 있다. [3] 집행공탁의 경우에는 배당절차에서 배당이 완결되어야 피공탁자가 비로소 확정되고, 공탁 당시에는 피공탁자의 개념이 관념적으로만 존재할 뿐이므로, 공탁 당시에 피공탁자를 지정하지 아니하였더라도 공탁이 무효라고 볼 수 없으나, 변제공탁은 집행법원의 집행절차를 거치지 아니하고 피공탁자의 동일성에 관한 공탁공무원의 형식적 심사에 의하여 공탁금이 출급되므로 피공탁자가 반드시 지정되어야 하며, 또한 변제공탁이나 집행공탁은 공탁근거조문이나 공탁사유, 나아가 공탁사유신고의 유무에 있어서도 차이가 있으므로, 제3채무자가 채권양도 등과 압류경합 등을 이유로 공탁한 경우에 제3채무자가 변제공탁을 한 것인지, 집행공탁을 한 것인지, 아니면 혼합공탁을 한 것인지는 피공탁자의 지정 여부, 공탁의 근거조문, 공탁사유, 공탁사유신고 등을 종합적·합리적으로 고려하여 판단하는 수밖에 없다."; 대법원 2008. 1. 17. 선고 2006다56015 판결 "특정 채권에 대하여 채권양도의 통지가 있었으나 그 후 통지가 철회되는 등으로 채권이 적법하게 양도되었는지 여부에 관하여 의문이 있어 민법 제487조 후단의 채권자불확지를 원인으로 하는 변제공탁 사유가 생기고, 그 채권양도 통지 후에 그 채권에 대하여 채권가압류 또는 채권압류 결정이 내려짐으로써 민사집행법 제248조 제1항의 집행공탁의 사유가 생긴 경우에, 채무자는 민법 제487조 후단 및 민사집행법 제248조 제1항을 근거로 하여 채권자불확지를 원인으로 하는 변제공탁과 압류 등을 이유로 하는 집행공탁을 아울러 할 수 있고, 이러한 공탁은 변제공탁에 관련된 채권양수인에 대하여는 변제공탁으로서의 효력이 있고, 집행공탁에 관련된 압류채권자 등에 대하여는 집행공탁으로서의 효력이 있다."

2. 법적 성질

공탁의 법적 성질에 관하여 학설은 대립하고 있다. 즉 ① 공탁에 대하여 공탁자와 공탁소와의 사이에서 채권자(제3자)로 하여금 그 권리를 취득하게 하기 위하여 체결하는 제3자를 위한 임치계약이라고 본다(사법관계설).[523] ② 공탁에 대하여 공탁자의 공탁신청에 의한 공탁공무원의 수탁처분과 공탁물보관자(은행 또는 창고업자)의 공탁물수령에 의하여 성립하는 공법상의 임치관계로 본다(공법관계설).[524] ③ 공탁에는 공법적인 면과 사법적인 면이 모두 있으며, 전자를 규율하는 것이 공탁법이고 후자를 규율하는 것이 민법 제487조 이하의 규정이라고 본다(절충설·양면관계설).[525] 판례는 공법관계설의 입장인 것으로 보인다.[526] 생각건대 공탁에는 공법적 측면과 사법적 측면이 혼재하고 있다고 할 것이어서 양면관계설(절충설)이 타당하다고 본다.

Ⅱ. 공탁의 요건

1. 공탁원인의 존재

(1) 채권자가 변제를 받지 아니하거나 받을 수 없는 때(제487조 제1문)

채권자지체가 없는 때에라도 공탁할 수 있다. 즉 "채권자 변제를 받지 아니하거나 받을 수 없는 때에는 변제자는 채권자를 위하여 변제의 목적물을 공탁하여 그 채무를 면할 수 있다."(제487조 제1문)라고 하고 있고, "채권자가 이행을 받을 수 없거나 받지 아니한 때에는 이행의 제공 있는 때로부터 지체책임이 있다."(제400

523) 김기선, 341면.

524) 김주수, 495면; 김형배, 743면; 지원림, 986면.

525) 곽윤직, 271면; 김상용, 480면; 김학동, 382면; 송덕수, 468면; 오시영, 729면; 이은영, 736면.

526) 대법원 1972. 5. 15. 자 72마401 결정 "변제공탁은 공탁공무원의 수탁처분과 공탁물보관자의 공탁물수령으로 그 효력이 발생하여 채무소멸의 효과를 가져오는 것이고 채권자에 대한 공탁통지나 채권자의 수익의 의사표시가 있는 때에 공탁의 효력이 생기는 것이 아니다."; 대법원 1993. 7. 13. 선고 91다39429 판결 "일단 공탁공무원의 공탁금 출급인가처분이 있고 그에 따라 공탁금이 출급되었다면 설사 이를 출급받은 자가 진정한 출급청구권자가 아니라 하더라도 이로써 공탁법상의 공탁절차는 종료되었다 할 것이고, 따라서 원래의 진정한 공탁금 출급청구권자라 하더라도 공탁사무를 관장하는 국가를 상대로 하여 민사소송으로 그 공탁금의 지급을 구할 수는 없다."

조)라고 하여 똑 같은 표현을 사용하고 있다. 여기서 그것이 채권자지체가 있는 경우를 의미하는지가 문제이다. 그러나 공탁은 채권자에게 어떤 불이익을 주는 것이 아니기 때문에 해석상 제400조와 무관하게 변제자가 변제의 제공을 하였음에도 채권자가 이를 수령하지 않을 때에는 채권자의 귀책사유를 묻지 않고 공탁할 수 있고, 채권자가 미리 변제의 수령을 거절한 경우에는 제460조 단서가 정하는 구두제공을 할 필요 없이 공탁할 수 있으며, 채권자의 수령불능의 경우에도 공탁할 수 있다고 본다(통설). 판례도 채권자가 미리 수령거절의 의사표시를 한 경우와 수령을 거절할 것이 명백한 경우에도 공탁할 수 있다고 한다.[527] 그리하여 채권자가 그의 주소지에 없어서 변제하지 못하는 경우에는 그 부재가 비록 일시적인 것일지라도 공탁할 수 있다. 판례는 변제는 채무자로 하여금 종국적으로 채무를 면하게 하는 변제를 의미하므로 채권이 가압류된 경우에도 '채권자가 변제를 받을 수 없는 때'에 해당한다고 한다.[528] 여기서 채권자의 수령거절 또는 수령불

---

527) 대법원 1981. 9. 8. 선고 80다2851 판결 "채권자의 태도로 보아 채무자가 설사 채무의 이행제공을 하였더라도 그 수령을 거절하였을 것이 명백한 경우에는 채무자는 이행의 제공을 하지 않고 바로 변제공탁할 수 있다."; 대법원 1995. 6. 13. 선고 94누9085 판결 "기업자가 수용의 시기까지 관할 토지수용위원회가 재결한 보상금을 지급 또는 공탁하지 아니하였을 때는 당해 토지수용위원회의 재결은 그 효력을 상실하므로, 보상금을 수령할 자가 그 보상금의 수령을 거절하거나 거절할 것이 명백하다고 인정되는 경우 기업자는 현실제공을 하지 않고 바로 보상금을 공탁할 수 있다."; 대법원 1998. 10. 20. 선고 98다30537 판결 "토지수용법 제61조 제2항 제1호는 보상금을 받을 자가 그 수령을 거부하는 때에는 기업자는 수용의 시기까지 보상금을 공탁할 수 있다고 규정하고 있으므로, 보상금을 받을 자가 보상금의 수령을 거절할 것이 명백하다고 인정되는 경우에는 기업자는 보상금을 현실제공하지 아니하고 바로 보상금을 공탁할 수 있다."

528) 대법원 1994. 12. 13. 선고 93다951 판결 "가. 채권의 가압류는 제3채무자에 대하여 채무자에게 지급하는 것을 금지하는 데 그칠 뿐 채무 그 자체를 면하게 하는 것이 아니고, 가압류가 있다 하여도 그 채권의 이행기가 도래한 때에는 제3채무자는 그 지체책임을 면할 수 없다고 보아야 할 것이다. 나.'가'항의 경우 가압류에 불구하고 제3채무자가 채무자에게 변제를 한 때에는 나중에 채권자에게 이중으로 변제하여야 할 위험을 부담하게 되므로 제3채무자로서는 민법 제487조의 규정에 의하여 공탁을 함으로써 이중변제의 위험에서 벗어나고 이행지체의 책임도 면할 수 있다고 보아야 할 것이다. 왜냐하면 민법상의 변제공탁은 채무를 변제할 의사와 능력이 있는 채무자로 하여금 채권자의 사정으로 채무관계에서 벗어나지 못하는 경우를 대비할 수 있도록 마련된 제도로서 그 제487조 소정의 변제공탁의 요건인 "채권자가 변제를 받을 수 없는 때"의 변제라 함은 채무자로 하여금 종국적으로 채무를 면하게 하는 효과를 가져다 주는 변제를 의미하는 것이므로 채권이 가압류된 경우와 같이 형식적으로는 채권자가 변제를 받을 수 있다고 하더라도 채무자에게 여전히 이중변제의 위험부담이 남는 경우에는 마찬가지로 "채권자가 변제를 받을 수 없는 때"에 해당한다고 보아야 할 것이기 때문이다. 그리고 제3채무자가 이와 같이 채권의 가압류를

능이 채권자의 책임 있는 사유로 생겼는지의 여부는 상관없다.

(2) 변제자가 과실 없이 채권자를 알 수 없는 경우(제487조 제2문)

변제자가 과실 없이 채권자를 알 수 없는 경우라고 하는 것은 객관적으로 채권자 또는 변제수령권자가 존재하고 있으나 채무자가 선량한 관리자의 주의를 다하여도 채권자가 누구인지를 알 수 없는 경우를 말한다.[529] 판례는 다음과 같은

이유로 변제공탁을 한 때에는 그 가압류의 효력은 채무자의 공탁금출급청구권에 대하여 존속한다고 할 것이므로 그로 인하여 가압류 채권자에게 어떤 불이익이 있다고도 할 수 없다. 다. '가'항과 '나'항의 법리는 부당이득반환채권이 가압류된 후에 제3채무자가 악의로 되어 그 받은 이익에 덧붙여 반환하여야 할 이자지급책임을 면하기 위한 경우에도 마찬가지라 할 것이고, 또 채권자의 소재가 불명한 경우에도 채무자로서는 변제공탁을 하지 않는 한 그 이행지체의 책임 내지 부당이득에 대한 이자의 배상책임을 면할 수 없음은 물론이다."; 대법원 2010. 2. 25. 선고 2009다22778 판결 "이행보증계약에 기한 보증인의 보증금지급의무에 관하여 지급금지가처분결정이 있었다고 하더라도 그것으로써 보증인에게 그 지급을 거절할 수 있는 사유, 즉 지급거절의 권능이 발생한다고 할 수 없고, 보증금지급의무가 실제로 발생하여 그 이행기가 도래하면 보증인은 보증채권자에게 이를 이행하여야 하며, 이를 이행하지 아니하는 경우에는 지체책임 발생의 다른 요건이 갖추어지는 한 그 이행의 지체로 인한 손해배상 등 법적 책임을 져야 한다. 다만, 그는 보증금을 채권자의 수령불능을 이유로 변제공탁함으로써 자신의 보증금지급채무로부터 벗어날 수 있고, 그에 따라 위에서 본 바와 같은 지체책임도 면하게 된다."

529) 대법원 2000. 12. 22. 선고 2000다55904 판결 "[1] 민법 제487조 후단의 '변제자가 과실 없이 채권자를 알 수 없는 경우'라 함은 객관적으로 채권자 또는 변제수령권자가 존재하고 있으나 채무자가 선량한 관리자의 주의를 다하여도 채권자가 누구인지를 알 수 없는 경우를 말한다. [2] 채권양도금지특약에 반하여 채권양도가 이루어진 경우, 그 양수인이 양도금지특약이 있음을 알았거나 중대한 과실로 알지 못하였던 경우에는 채권양도는 효력이 없게 되고, 반대로 양수인이 중대한 과실 없이 양도금지특약의 존재를 알지 못하였다면 채권양도는 유효하게 되어 채무자로서는 양수인에게 양도금지특약을 가지고 그 채무이행을 거절할 수 없게 되어 양수인의 선의, 악의 등에 따라 양수채권의 채권자가 결정되는바, 이와 같이 양도금지의 특약이 붙은 채권이 양도된 경우에 양수인의 악의 또는 중과실에 관한 입증책임은 채무자가 부담하지만, 그러한 경우에도 채무자로서는 양수인의 선의 등의 여부를 알 수 없어 과연 채권이 적법하게 양도된 것인지에 관하여 의문이 제기될 여지가 충분히 있으므로 특별한 사정이 없는 한 민법 제487조 후단의 채권자 불확지를 원인으로 하여 변제공탁을 할 수 있다."; 대법원 2004. 11. 11. 선고 2004다37737 판결 "[1] 민법 제487조 후단의 '변제자가 과실 없이 채권자를 알 수 없는 경우'라 함은 객관적으로 채권자 또는 변제수령권자가 존재하고 있으나 채무자가 선량한 관리자의 주의를 다하여도 채권자가 누구인지를 알 수 없는 경우를 말한다. [2] 금융실명거래및비밀보장에관한법률하에서는 예금명의자를 예금주로 보는 것이 원칙이기는 하지만 예금의 출연자와 금융기관 사이에 예금명의인이 아닌 출연자에게 예금반환채권을 귀속시키기로 하는 명시적 약정이 있거나 또는 예금계약의 체결을 전후한 주관적·객관적 제반 사정을 종합하여 그와 같은 내용의 묵시적 약정이 있다고 인정되는 경우에는 출연자를

경우에 공탁할 수 있다고 한다. 즉 상속이 개시되었으나 공동상속인들이나 그 상속인들의 상속지분을 구체적으로 알기 어려운 때,[530] 채권양도가 있었으나 그 효

예금주로 하는 금융거래계약이 성립된 것으로 볼 수 있다. [3] 예금계약의 출연자와 예금명의자가 서로 다르고 양자 모두 예금채권에 관한 권리를 적극 주장하고 있는 경우로서 금융기관이 그 예금의 지급시는 물론 예금계약 성립시의 사정까지 모두 고려하여 선량한 관리자로서의 주의의무를 다하여도 어느 쪽이 진정한 예금주인지에 관하여 사실상 혹은 법률상 의문이 제기될 여지가 충분히 있다고 인정되는 때에는 채무자인 금융기관으로서는 민법 제487조 후단의 채권자 불확지를 원인으로 하여 변제공탁을 할 수 있다고 보아야 한다. [4] 예금계약을 체결한 금융기관이 과실 없이 예금주를 알 수 없다는 이유로 예금을 변제공탁함으로써 예금반환채무를 면하게 되었다고 한 사례."; 대법원 2008. 10. 23. 선고 2007다35596 판결 "주식회사가 유상증자 등의 사유로 신주인수권자에게 주권을 발행함에 있어 증권거래법 등 관계 법령에 따라 일정한 기간 동안 그 주권을 증권예탁결제원에 보호예수하는 경우, 보호예수의무자(주권의 발행회사)와 증권예탁결제원 사이에 체결된 보호예수계약은 민법상의 임치 내지 이와 유사한 계약으로서 증권예탁결제원은 그 보호예수계약에서 정한 기간이 지나면 특별한 사정이 없는 한 계약의 상대방인 보호예수의무자에게 그 주권을 반환할 의무가 있다. 그런데 위 보호예수계약에서 정한 기간이 지난 후 제3자가 보호예수된 주권에 대하여 소유권을 가지고 있다고 주장하면서 그 소유권에 기하여 증권예탁결제원에 주권의 인도를 청구하는 경우, 제3자가 주권의 소유권자이고 보호예수의무자인 주권의 발행회사가 증권예탁결제원으로부터 주권을 반환받더라도 다시 소유권자인 제3자에게 반환해야 할 의무가 있으면 증권예탁결제원으로서는 제3자에 대하여 주권의 인도를 거부할 수 없으나, 제3자가 소유권자가 아니거나 소유권자라고 하더라도 보호예수의무자가 제3자에 대한 관계에 있어서 그 주권을 점유할 권리가 있으면 증권예탁결제원으로서는 제3자에게 주권을 인도해서는 안 된다. 따라서 위와 같은 경우에 증권예탁결제원이 보호예수의무자와 제3자 중 누구에게 주권을 반환해야 하는지는 제3자가 소유권자인지 여부 및 제3자와 보호예수의무자의 관계에 따라 결정되는바, 증권예탁결제원이 선량한 관리자의 주의를 다하여도 보호예수의무자와 제3자 중 누구에게 주권을 반환해야 할 것인지를 알 수 없는 경우에는 '과실 없이 채권자를 알 수 없는 경우'에 해당하므로, 민법 제487조 후단의 채권자 불확지를 원인으로 하여 주권을 변제공탁할 수 있다."

530) 대법원 1991. 5. 28. 선고 91다3055 판결 "매매계약의 중도금 지급기일을 앞두고 사망한 매도인에게 상속인들이 여러 명이 있고 그 중에는 출가한 딸들도 있을 뿐 아니라 출가하였다가 자식만 남기고 사망한 딸도 있는 등 매수인으로서는 매도인의 공동상속인들이나 그 상속인들의 상속지분을 구체적으로 알기 어렵다면 중도금 지급기일에 사망한 매도인을 피공탁자로 하여 중도금의 변제공탁을 한 것은 민법 제487조 후단에 해당하여 유효하다."; 대법원 2014. 4. 24. 선고 2012다40592 판결 "채권자가 사망하고 과실 없이 그 상속인을 알 수 없는 경우 채무자는 민법 제487조 후문에 따라 변제공탁을 할 수 있고, 피공탁자인 상속인은 가족관계증명서, 제적등본 등 상속을 증명하는 서류를 첨부하여 공탁관에게 공탁물출급을 청구할 수 있다. 한편 공탁관은 공탁물출급청구서와 그 첨부서류만으로 공탁당사자의 공탁물지급청구가 공탁관계 법령에서 규정한 절차적, 실체적 요건을 갖추고 있는지 여부를 심사하여야 하는 형식적 심사권만을 가지고 있으므로(대법원 2011. 7. 14.자 2011마934 결정 참조), 공탁관이 가족관계증명서, 제적등본 등의 첨부서류만으로는 출급청구인이 진정한 상속인인지 여부를 심사할 수 없는 경우에는 공탁물출급청구를

력에 의문이 있거나 변제받을 자격이 있는지를 확정하기 어려운 때,[531] 예금계약의 출연자와 예금명의자가 서로 다르고 양자 모두 예금채권에 관한 권리를 주장하고 있는 경우로서 금융기관이 그 예금의 지급시는 물론 예금계약 성립시의 사정까지 모두 고려하여 선량한 관리자로서의 주의의무를 하다하여도 어느 쪽이 진정한 예금주인지에 관하여 사실상 혹은 법률상 의문이 제기될 여지가 충분히 있다고 인정되는 때,[532] 신탁계약에서 신탁재산을 수령할 권한이 있는 수익자인지

불수리할 수밖에 없다. 그러한 경우에는 공탁물출급청구권확인을 구하는 것이 출급청구인이 진정한 상속인이라는 실질적 권리관계를 확정하는 데 가장 유효, 적절한 수단이 되고, 정당한 공탁물수령권자는 그 법률상 지위의 불안이나 위험을 제거하기 위하여 공탁자를 상대방으로 하여 그 공탁물출급청구권의 확인을 구하는 소송을 제기할 이익이 있다고 할 것이다(대법원 2007. 2. 9. 선고 2006다68650, 68667 판결 참조)."

531) 대법원 2000. 12. 22. 선고 2000다55904 판결 "[1] 민법 제487조 후단의 '변제자가 과실 없이 채권자를 알 수 없는 경우'라 함은 객관적으로 채권자 또는 변제수령권자가 존재하고 있으나 채무자가 선량한 관리자의 주의를 다하여도 채권자가 누구인지를 알 수 없는 경우를 말한다. [2] 채권양도금지특약에 반하여 채권양도가 이루어진 경우, 그 양수인이 양도금지특약이 있음을 알았거나 중대한 과실로 알지 못하였던 경우에는 채권양도는 효력이 없게 되고, 반대로 양수인이 중대한 과실 없이 양도금지특약의 존재를 알지 못하였다면 채권양도는 유효하게 되어 채무자로서는 양수인에게 양도금지특약을 가지고 그 채무이행을 거절할 수 없게 되어 양수인의 선의, 악의 등에 따라 양수채권의 채권자가 결정되는바, 이와 같이 양도금지의 특약이 붙은 채권이 양도된 경우에 양수인의 악의 또는 중과실에 관한 입증책임은 채무자가 부담하지만, 그러한 경우에도 채무자로서는 양수인의 선의 등의 여부를 알 수 없어 과연 채권이 적법하게 양도된 것인지에 관하여 의문이 제기될 여지가 충분히 있으므로 특별한 사정이 없는 한 민법 제487조 후단의 채권자 불확지를 원인으로 하여 변제공탁을 할 수 있다."

532) 대법원 2004. 11. 11. 선고 2004다37737 판결 "예금계약의 출연자와 예금명의자가 서로 다르고 양자 모두 예금채권에 관한 권리를 적극 주장하고 있는 경우로서 금융기관이 그 예금의 지급시는 물론 예금계약 성립시의 사정까지 모두 고려하여 선량한 관리자로서의 주의의무를 다하여도 어느 쪽이 진정한 예금주인지에 관하여 사실상 혹은 법률상 의문이 제기될 여지가 충분히 있다고 인정되는 때에는 채무자인 금융기관으로서는 민법 제487조 후단의 채권자 불확지를 원인으로 하여 변제공탁을 할 수 있다고 보아야 한다."; 대법원 2008. 10. 23. 선고 2007다35596 판결 "[1] 주식회사가 유상증자 등의 사유로 신주인수권자에게 주권을 발행함에 있어 증권거래법 등 관계 법령에 따라 일정한 기간 동안 그 주권을 증권예탁결제원에 보호예수하는 경우, 보호예수의무자(주권의 발행회사)와 증권예탁결제원 사이에 체결된 보호예수계약은 민법상의 임치 내지 이와 유사한 계약으로서 증권예탁결제원은 그 보호예수계약에서 정한 기간이 지나면 특별한 사정이 없는 한 계약의 상대방인 보호예수의무자에게 그 주권을 반환할 의무가 있다. 그런데 위 보호예수계약에서 정한 기간이 지난 후 제3자가 보호예수된 주권에 대하여 소유권을 가지고 있다고 주장하면서 그 소유권에 기하여 증권예탁결제원에 주권의 인도를 청구하는 경우, 제3자가 주권의 소유권자이고 보호예수의무자인 주권의 발행회사가 증권예탁결제원으로부터 주권을 반환받더라도 다시 소유권자인 제3자에게 반환해야 할 의무가 있으면 증권예탁결제원으로

여부에 관하여 다툼이 있는 경우[533] 등이다.

2. 공탁의 당사자

(1) 공 탁 자

공탁자는 변제자이다. 따라서 공탁자는 채무자는 물론이고 제3자일 수도 있다.[534] 이 경우 공탁자는 지체 없이 채권자에게 공탁통지를 하여야 한다(제488조

서는 제3자에 대하여 주권의 인도를 거부할 수 없으나, 제3자가 소유권자가 아니거나 소유권자라고 하더라도 보호예수의무자가 제3자에 대한 관계에 있어서 그 주권을 점유할 권리가 있으면 증권예탁결제원으로서는 제3자에게 주권을 인도해서는 안 된다. 따라서 위와 같은 경우에 증권예탁결제원이 보호예수의무자와 제3자 중 누구에게 주권을 반환해야 하는지는 제3자가 소유권자인지 여부 및 제3자와 보호예수의무자의 관계에 따라 결정되는바, 증권예탁결제원이 선량한 관리자의 주의를 다하여도 보호예수의무자와 제3자 중 누구에게 주권을 반환해야 할 것인지를 알 수 없는 경우에는 '과실 없이 채권자를 알 수 없는 경우'에 해당하므로, 민법 제487조 후단의 채권자 불확지를 원인으로 하여 주권을 변제공탁할 수 있다. [2] 공탁은 공탁자가 자기의 책임과 판단하에 하는 것으로서 공탁자는 누구에게 변제하여야 할 것인지를 판단하여 그에 따라 변제공탁이나 집행공탁 또는 혼합공탁을 선택하여 할 수 있을 뿐만 아니라, 변제공탁을 함에 있어서도 민법 제487조 전단과 후단 중 어느 사유를 공탁원인사실로 할 것인지를 선택하여 할 수 있는바, 변제공탁이 민법 제487조 전단의 '수령불능을 원인으로 한 변제공탁'인지, 같은 조 후단의 '상대적 불확지 변제공탁'인지 아니면 두 가지 성격을 모두 가지고 있는지 여부는 공탁서의 '법령조항'란의 기재와 '공탁원인사실'란의 기재 등에 비추어 객관적으로 판단해야 한다."

533) 대법원 2014. 12. 24. 선고 2014다207245, 207252 판결 "위탁자와 수탁자 사이에 신탁계약이 해지 또는 종료되었을 때 수탁자가 최종 계산을 거쳐 수익자에게 신탁재산을 교부한 후 잔여재산이 있는 경우 이를 위탁자에게 반환하기로 약정하였다면, 수탁자는 그 절차에 따라 수익자에게 신탁재산을 교부하고 남은 재산이 있으면 이를 위탁자에게 반환하면 된다. 그러나 신탁재산을 수령할 권한이 있는 수익자인지에 관한 다툼이 있다면, 수탁자는 그 사람이 정당한 수익자인지 여부에 따라 신탁재산을 수익자 또는 위탁자 중 누구에게 지급하여야 하는지가 결정된다. 만일 수탁자가 선량한 관리자의 주의를 다하여도 수익자라고 주장하는 자와 위탁자 중 누구에게 신탁재산을 지급하여야 하는지 알 수 없다면 '과실 없이 채권자를 알 수 없는 경우'에 해당하므로, 수탁자는 민법 제487조 후단의 채권자 불확지를 원인으로 하여 신탁재산을 변제공탁할 수 있다."

534) 대법원 2015. 9. 10. 선고 2014다29971 판결 "공탁자가 공탁한 내용은 공탁의 기재에 의하여 형식적으로 결정되므로 수인의 공탁자가 공탁하면서 각자의 공탁금액을 나누어 기재하지 않고 공동으로 하나의 공탁금액을 기재한 경우에 공탁자들은 균등한 비율로 공탁한 것으로 보아야 하고, 공탁자들 내부의 실질적인 분담금액이 다르다고 하더라도 이는 공탁자들 내부 사이에 별도로 해결하여야 할 문제이다. 이러한 법리는 강제집행정지의 담보를 위하여 공동 명의로 공탁한 경우 담보취소에 따른 공탁금회수청구권의 귀속과 비율에 관하여도 마찬가지로 적용된다. 따라서 제3자가 다른 공동공탁자의 공탁금회수청구권에 대하여 압류 및 추심명령을 한 경우에 압류 및 추심명령은 공탁자 간 균등한

제3항).

(2) 공 탁 소

공탁은 채무이행지의 공탁소에 하여야 한다(제488조 제1항). 공탁소는 지방법원·지방법원 지원·시 법원·군 법원에 두며, 공탁사무는 지방법원장·지방법원 지원장이 그 소속 법원서기관 또는 법원사무관 중에서 지정하는 자가 처리한다(공탁법 제2조). 공탁물을 실제로 보관하는 자는 대법원장이 지정하는 은행 또는 창고업자이다(공탁법 제3조). 그리고 이들에 의하여 공탁소가 정하여지지 않는 때에는 법원은 변제자의 청구에 의하여 공탁소를 지정하고 공탁물 보관자를 선임하여야 한다(제488조 제2항).

(3) 채 권 자

채권자는 공탁에서 당사자는 아니다. 그러나 공탁은 피공탁자를 특정하여야 한다.[535] 피공탁자(공탁물수령자)는 채권자가 된다. 그리고 채권자의 대리인이나 청산인도 피공탁자로 될 수 있다.[536] 변제공탁의 경우 채권자(피공탁자)는 제3자를 위한 계약에서의 제3자이지만 법률규정상 그는 수익의 의사표시 없이(제539조 제2항 참조) 공탁소에 대하여 채권(공탁물 인도청구권)을 취득한다(통설).

비율에 의한 공탁금액의 한도 내에서 효력이 있고, 공동공탁자들 중 실제로 담보공탁금을 전액 출연한 공탁자가 있다 하더라도 이는 공동공탁자들 사이의 내부관계에서만 주장할 수 있는 사유에 불과하여 담보공탁금을 전액 출연한 공탁자는 압류채권자에 대하여 자금 부담의 실질관계를 이유로 대항할 수 없다." 참조.

535) 대법원 1997. 10. 16. 선고 96다11747 전원합의체 판결 "[다수의견] 공탁제도는 공탁공무원의 형식적 심사권, 공탁 사무의 기계적, 형식적인 처리를 전제로 하여 운영되는 것이어서 피공탁자가 특정되어야 함이 원칙이고, 또한 피공탁자가 특정되었다고 하려면 피공탁자의 동일성에 대하여 공탁공무원의 판단이 개입할 여지가 없고 그 공탁통지서의 송달에 지장이 없는 정도에 이르러야 한다."

536) 대법원 2012. 3. 15. 선고 2011다77849 판결 "매수인이 매도인을 대리하여 매매대금을 수령할 권한을 가진 자에게 잔대금의 수령을 최고하고 그 자를 공탁물수령자로 지정하여 한 변제공탁은 매도인에 대한 잔대금 지급의 효력이 있다."; 대법원 1992. 7. 28. 선고 91다13380 판결 "마을금고의 청산인을 공탁물수령자로 지정하여 마을금고에 대한 손해배상금을 변제공탁한 경우 청산인은 마을금고를 대표하여 채권을 추심할 권한이 있다 할 것이어서 그를 공탁물수령자로 지정하여서 한 위 변제공탁은 마을금고에 대하여 효력이 생긴다."

3. 공탁의 목적물

(1) 공탁의 대상은 변제의 목적물이다(제487조). 따라서 물건에 한하여 공탁할 수 있다. 이에는 유가증권·금전 기타의 동산이 목적물로 됨은 공탁법상 명백하다(공탁법 제3조 제1항). 그리고 부동산의 경우에도 공탁할 수 있다는 것이 통설이다.

(2) 변제의 목적물이 공탁에 적당하지 않거나 멸실 또는 훼손될 염려가 있거나 공탁에 과다한 비용을 요하는 경우에는 변제자는 법원의 허가를 얻어 그 물건을 경매하거나 시가로 방매(放賣)하여 대금을 공탁할 수 있다(제490조). 이렇게 변제의 목적물 자체를 공탁하기가 곤란한 경우, 예컨대 목적물이 채소·어류·가축 등처럼 보관하기 곤란한 경우에는 법원의 허가를 얻어 그 물건을 경매하거나 시가로 방매하여 그 대금을 공탁할 수 있다. 이를 자조매각금의 공탁이라고 한다.

4. 공탁의 내용

(1) 원 칙

공탁의 내용은 원칙적으로 원래의 채무의 내용대로 공탁을 하여야 한다. 왜냐하면 공탁은 채무의 이행지 및 수령자가 공탁소로 바뀐 것 이외에 채무의 내용에는 다른 변동사항이 없기 때문이다.

(2) 일부공탁

1) 일부공탁은 채무의 내용에 좇은 이행이 아니어서 변제공탁할 수 없음이 원칙이고 하였더라도 무효이다. 따라서 일부의 제공이 유효한 제공이라고 시인될 수 있는 특별한 사정이 있는 경우를 제외하고는 채권자가 이를 수령하지 않는 한 그에 상응하는 효력이 발생하지 않는다(통설). 판례도 같은 입장이다.[537] 채무자가

---

537) 대법원 1992. 7. 28. 선고 91다13380 판결 "채무의 일부변제공탁은 그 채무를 변제함에 있어서 일부의 제공이 유효한 제공이라고 시인할 수 있는 특별한 사정이 있는 경우를 제외하고는 채권자가 이를 수락하지 아니하는 한 유효한 변제공탁이라고 할 수 없다."; 대법원 1998. 10. 13. 선고 98다17046 판결 "변제공탁이 유효하려면 채무 전부에 대한 변제의 제공 및 채무 전액에 대한 공탁이 있어야 하고, 채무 전액이 아닌 일부에 대한 공탁은 그 부족액이 아주 근소하다는 등의 특별한 사정이 있는 경우를 제외하고는 채권자가 이를 수락하지 않는 한 그 공탁 부분에 관하여서도 채무소멸의 효과가 발생하지 않는바, 근저당권의 피담보채무에 관하여 전액이 아닌 일부에 대하여 공탁한 이상 그 피담보채무가

채무액의 일부만을 공탁하였으나 그 후 부족분을 추가로 공탁하였다면 그 때부터는 전 채무액에 대하여 유효한 공탁이 이루어진 것으로 볼 수 있다.[538] 그리고 만약 채권자가 공탁금을 채권의 일부에 충당한다는 유보의 의사표시를 하고 이를 수령한 때에는 그 공탁금은 채권의 일부의 변제에 충당된다.[539] 또한 공탁금액이 채무총액에 비하여 아주 근소하게 부족한 경우에는 그 공탁은 신의칙상 유효한 것이라고 하여야 한다.[540] 이 경우에 유효하게 되는 것은 공탁금액의 범위에 한하여서만이다.

(3) 조건부 공탁

1) 제491조는 "채무자가 채권자의 상대의무이행과 동시에 변제할 경우에는 채권자는 그 의무이행을 하지 아니하면 공탁물을 수령하지 못한다."고 함으로써 조

계속적인 금전거래에서 발생하는 다수의 채무의 집합체라고 하더라도 공탁금액에 상응하는 범위에서 채무소멸의 효과가 발생하는 것은 아니다."; 대법원 2008. 7. 10. 선고 2008다10051 판결 "채무자가 공탁원인이 있어서 공탁에 의하여 그 채무를 면하려면 채무액 전부를 공탁하여야 할 것이고, 일부의 공탁은 그 채무를 변제함에 있어서 일부의 제공이 유효한 제공이라고 시인될 수 있는 특별한 사정이 있는 경우를 제외하고는 채권자가 이를 수락하지 아니하는 한 그에 상응하는 효력을 발생할 수 없다고 할 것이다(대법원 1977. 9. 13. 선고 76다1866 판결 등 참조)."

538) 대법원 1991. 12. 27. 선고 91다35670 판결 "채무자가 채무액의 일부만을 변제공탁 하였으나 그 후 부족분을 추가로 공탁하였다면 그 때부터는 전 채무액에 대하여 유효한 공탁이 이루어진 것으로 볼 수 있는 것이고, 이 경우 채권자가 공탁물수령의 의사표시를 하기 전이라면 추가공탁을 하면서 제1차 공탁시에 지정된 공탁의 목적인 채무의 내용을 변경하는 것도 허용될 수 있다 할 것이다."

539) 대법원 1996. 7. 26. 선고 96다14616 판결 "변제공탁이 유효하려면 채무 전부에 대한 변제의 제공 및 채무전액에 대한 공탁이 있음을 요하고 채무 전액이 아닌 일부에 대한 공탁은 그 부분에 관하여서도 효력이 생기지 않으나, 채권자가 공탁금을 채권의 일부에 충당한다는 유보의 의사표시를 하고 이를 수령한 때에는 그 공탁금은 채권의 일부의 변제에 충당된다."; 대법원 2012. 3. 15. 선고 2011다83776 판결 "변제공탁이 유효하려면 채무 전부에 대한 변제의 제공 및 채무 전액에 대한 공탁이 있음을 요하고 채무 전액이 아닌 일부에 대한 공탁은 그 부분에 관하여서도 효력이 생기지 않으나, 채권자가 공탁금을 채권의 일부에 충당한다는 유보의 의사표시를 하고 이를 수령한 때에는 그 공탁금은 채권의 일부의 변제에 충당되고(대법원 1996. 7. 26. 선고 96다14616 판결 등 참조), 채무자가 1개 또는 수개의 채무의 비용 및 이자를 지급할 경우에 변제자가 그 전부를 소멸하게 하지 못한 급여를 한 때에는 비용, 이자, 원본의 순서로 변제에 충당하여야 한다(민법 제479조 제1항)."

540) 대법원 2002. 5. 10. 선고 2002다12871, 12888 판결 "채권자에 대한 변제자의 공탁금액이 채무의 총액에 비하여 아주 근소하게 부족한 경우에는 당해 변제공탁은 신의칙상 유효한 것이라고 보아야 한다."

건부 공탁을 인정하고 있다.

이렇게 채무자가 채권자에 대하여 선이행을 요구할 수 있거나 동시이행의 항변권을 가지는 때에는 채권자의 반대급부의 제공을 공탁물수령의 조건으로 할 수 있다.

2) 공탁이 채무의 내용에 좇은 것이라 할지라도, 채권자에게 반대급부 또는 기타의 조건의 이행의무가 없음에도 불구하고 채무자가 이를 조건으로 공탁한 때에는, 채권자가 이를 수락하지 않는 한 그 공탁은 효력이 없다.[541] 그러나 무효인 조건부 공탁이 있은 후 공탁자가 조건 표시의 정정청구를 하고 공탁공무원으로부터 위 정정청구의 인가결정이 있었다 하더라도 그 변제공탁은 인가결정시부터 반대급부조건이 없는 변제공탁으로서의 효력을 갖는 것으로서 그 효력이 당초의 변제공탁시로 소급하는 것은 아니다.[542] 채권자가 선이행의무를 부담하거나 채무자(공탁자)에게 동시이행의 항변권이 있는 경우에는, 채권자의 반대급부의 이행을 조건으로 하여 공탁할 수 있다.[543] 그러나 채무담보를 위하여 근저당권설정등기, 가등기 등이 경료되어 있는 경우 그 채무의 변제의무는 그 등기의 말소의무보다 선행되는 것이며, 채무의 변제와 그 등기말소절차의 이행을 교환적으로 구할 수 없으므로, 그 등기의 각 말소등기절차이행에 소요되는 일체의 서류를 교부할 것을 반대급부로 하여 한 변제공탁은 채무의 본지에 따른 것이라 할 수 없다.[544] 또한 건물명도와 동시이행관계에 있는 임차보증금의 변제공탁을 함에 있어서 건물을 명도하였다는 확인서를 첨부할 것을 반대급부조건으로 붙였다면 위 변제공탁은 명도의 선이행을 조건으로 한 것이라고 볼 수밖에 없으므로 변제의 효력이 없다고 보아야 할 것이다.[545]

---

541) 대법원 2002. 12. 6. 선고 2001다2846 판결 "변제공탁에 있어서 채권자에게 반대급부 기타 조건의 이행의무가 없음에도 불구하고 채무자가 이를 조건으로 공탁한 때에는 채권자가 이를 수락하지 않는 한 그 변제공탁은 무효이다."

542) 대법원 1986. 8. 19. 선고 85누280 판결.

543) 대법원 1992. 12. 24. 선고 92다38911 판결 "갑의 지상건물철거 및 대지인도의무와 을의 잔대금지급의무를 상환하여 이행하기로 약정하였는데 갑의 대지인도의무와 을의 잔대금지급의무가 동시에 이행되어야 할 것으로 판결이 확정된 경우 갑의 철거의무는 실체법상 존재하는 의무이어서 철거의무와 대지인도의무의 이행을 출급의 조건으로 삼은 변제공탁은 적법하다."

544) 대법원 1991. 4. 12. 선고 90다9872 판결.

545) 대법원 1991. 12. 10. 선고 91다27594 판결.

5. 공탁절차

공탁절차는 공탁사무처리규칙에 규정되어 있다. 이하에서 살펴본다.

(1) 공탁서의 제출

공탁하려는 자는 공탁서 2통(정본 및 부분)을 제출하여야 하고(동 규칙 제19조), 여기에는 채권자에게 송부할 공탁통지서를 첨부하여야 한다(동 규칙 제22조).

(2) 공탁물의 수령 및 공탁서 정본 교부

공탁공무원이 공탁을 수리할 것으로 인정한 때에는 공탁금납입서와 함께 공탁서의 정본을 공탁자에게 교부하고, 공탁물을 납일기일까지 지정된 공탁물보관자에게 납입하도록 한다(동 규칙 제26조 제1항). 그 때 공탁관은 주요사항을 전산등록하고 공탁물 보관자에게 그 내용을 전송하되, 다만 물품공탁의 경우에는 공탁물보관자에게 전송하는 대신 공탁자에게 공탁물품납입서 1통을 주어야 한다(동 규칙 제26조 제2항).

(3) 채권자에게 공탁통지서 발송

공탁물보관자가 공탁물을 납입 받은 때에는 공탁서에 공탁물을 납입 받았다는 뜻을 적어 공탁자에게 내어주고 그 납입사실을 공탁관에게 전송하여야 하는데, 물품을 납입 받은 경우에는 공탁물품 납입통지서를 보내야 한다(동 규칙 27조). 공탁관이 이 전송이나 공탁물품 납입통지서를 받은 때에는 공탁통지서를 피공탁자에게 발송하여야 한다(동 규칙 제29조).

민법 제488조 제3항은 "공탁자는 지체 없이 채권자에게 공탁통지를 하여야 한다."고 규정하고 있으나, 실무에서는 공탁관이 이를 대신하고 있다. 그리고 이 공탁통지는 공탁의 유효요건이 아니어서 공탁자가 공탁통지를 하지 않았어도 채무는 소멸한다.[546]

---

546) 대법원 1976. 3. 9. 선고 75다1200 판결 "채무자가 변제공탁을 하였을 경우에 공탁자가 채권자에게 공탁통지를 하는 것은 공탁의 유효요건이 아니므로 공탁통지를 하지 않았어도 채무는 소멸된다."

6. 공탁의 효과

(1) 채권의 소멸

1) 공탁에 의하여 변제가 있었던 것과 동일하게 채권은 소멸한다(제487조). 따라서 공탁공무원의 수탁처분과 공탁물보관자의 공탁물 수령과 동시에 공탁의 효력이 발생하며, 채권자에 대한 공탁통지나 채권자의 수익의 의사표시가 있은 때에 공탁의 효력이 생기는 것이 아니다.[547] 한편 공탁에 의해 채무가 소멸하므로 그 채무에 부수되는 저당권·보증채무·이자채무 등도 함께 소멸한다. 그리고 공탁 후 공탁물 출급청구권에 대하여 가압류 집행이 되더라도 그 변제의 효력에 영향을 미치지 않는다.[548]

2) 채권의 소멸시기

그런데 제487조에서 공탁이 있으면 변제가 있었던 것과 마찬가지로 채권이 소멸한다고 하면서, 공탁 후에도 일정시기까지는 공탁자에게 회수권이 있어서 그 동안은 공탁의 효력이 확정적이지 않다(제489조). 따라서 공탁자의 회수청구권이 존속하는 동안은 공탁의 효과는 불확정적이고, 여기서 공탁에 의한 채무소멸의 효과발생에 관하여 학설이 대립하고 있다. 즉 ①공탁의 성립과 동시에 채무는 소멸하지만, 공탁자가 공탁물을 회수하면 처음부터 공탁이 없었던 것으로 되어 채무도 소멸하지 않는 것으로 된다는 견해(해제조건설; 다수설)와 공탁자의 회수청구권이 존재하고 있는 동안은 채무가 소멸하였다고 할 수 없으므로 공탁물회수청구권이 소멸된 때에 비로소 공탁을 한 때로 소급하여 채무소멸의 효과가 생긴다는

---

547) 대법원 1972. 5. 15. 자 72마401 결정 "변제공탁은 공탁공무원의 수탁처분과 공탁물보관자의 공탁물수령으로 그 효력이 발생하여 채무소멸의 효과를 가져오는 것이고 채권자에 대한 공탁통지나 채권자의 수익의 의사표시가 있는 때에 공탁의 효력이 생기는 것이 아니다."; 대법원 1987. 4. 14. 선고 85다카2313 판결 "가. 민법 제476조, 제487조의 규정에 의하면 변제공탁이 유효한 이상 그 공탁을 한 때에 변제의 효력이 있고 또한 그 변제충당의 법률상 효과도 공탁을 한 때에 생긴다. 나. 채권자가 아무런 이의 없이 공탁금을 수령하였다면 이는 공탁의 취지에 의하여 수령한 것이 되어 그에 따른 법률효과가 발생하는 것이므로 채무자가 변제충당할 채무를 지정하여 공탁한 것을 채권자가 아무런 이의 없이 수령하였다면 그 공탁의 취지에 따라 변제충당된다."

548) 대법원 2011. 12. 13. 선고 2011다11580 판결 "변제공탁이 적법한 경우에는 채권자가 공탁물 출급청구를 하였는지와 관계없이 공탁을 한 때에 변제의 효력이 발생하고, 그 후 공탁물 출급청구권에 대하여 가압류 집행이 되더라도 변제의 효력에 영향을 미치지 아니한다."

견해(정지조건설; 소수설)가 있다. 판례는 해제조건설의 입장이다.[549] 생각건대 제487조 제1문과 제489조 제1항 제2문을 살펴볼 때 해제조건의 견해를 따르는 것이 타당한 것으로 판단된다.

(2) 채권자의 공탁물출급(인도)청구권

1) 공탁물출급청구권의 행사

채권자는 별도의 의사표시 없이 공탁소에 대하여 공탁물출급(인도)청구권을 취득한다. 즉 채권자는 수익의 의사표시 없이 공탁물출급청구권을 취득한다는 것은 앞에서 설명하였다.

2) 상대의무이행

채권자의 공탁물출급청구권은 본래의 급부청구권에 갈음하는 것이어서 본래의 급부청구권과 그 권리의 성질·범위가 같다. 따라서 본래의 급부청구권에 선이행 또는 동시이행의 항변권이 붙어 있는 경우에는 채권자는 반대급부를 하지 않으면 공탁물을 수령하지 못한다(제491조·공탁법 제10조).[550]

---

549) 대법원 1981. 2. 10. 선고 80다77 판결 "피공탁자가 공탁자에 대하여 가지고 있는 별도 채권의 채무명의에 기하여 공탁자의 공탁물 회수청구권을 압류 및 전부받아 그 집행으로 공탁물을 회수한 경우에는 공탁으로 인한 채권소멸의 효력은 소급하여 소멸된다."; 대법원 2014. 5. 29. 선고 2013다212295 판결 "변제공탁이 적법한 경우에는 채권자가 공탁물 출급청구를 하였는지 여부와는 관계없이 공탁을 한 때에 변제의 효력이 발생하나, 변제공탁자가 공탁물 회수권의 행사에 의하여 공탁물을 회수한 경우에는 공탁하지 아니한 것으로 보아 채권소멸의 효력은 소급하여 없어진다. 이와 같이 채권소멸의 효력을 소급적으로 소멸시키는 공탁물의 회수에는 공탁자에 의하여 이루어진 경우뿐만 아니라, 제3자가 공탁자에게 대하여 가지는 별도 채권의 집행권원으로써 공탁자의 공탁물 회수청구권에 대하여 압류 및 추심명령을 받아 그 집행으로 공탁물을 회수한 경우도 포함된다."

550) 대법원 2017. 5. 17. 선고 2016다270049 판결 "채무자가 과실 없이 채권자를 알 수 없는 경우에는 변제의 목적물을 공탁하면 채무를 면하고(민법 제487조 후단), 채권자는 공탁소에 대하여 공탁금출급청구권을 가지게 된다. 이때 피공탁자가 된 채권자가 가지는 공탁금 출급청구권은 채무자에 대한 본래의 채권을 갈음하는 권리이므로, 그 귀속 주체와 권리 범위는 본래의 채권이 성립한 법률관계에 따라 정해진다. 따라서 채무자가 누가 진정한 채권자인지를 알 수 없어 상대적 불확지의 변제공탁을 하여 피공탁자 중 1인이 다른 피공탁자들을 상대로 자기에게 공탁금출급청구권이 있다는 확인을 구한 경우에, 피공탁자들 사이에서 누가 진정한 채권자로서 공탁금출급청구권을 가지는지는 피공탁자들과 공탁자인 채무자 사이의 법률관계에서 누가 본래의 채권을 행사할 수 있는 진정한 채권자인지를 기준으로 판단하여야 한다."; 대법원 2006. 8. 25. 선고 2005다67476 판결 "변제공탁의 공탁물출급청구권자는 피공탁자 또는 그 승계인이고 피공탁자는 공탁서의 기재에 의하여 형식적으로 결정되므로, 실체법상의 채권자라고 하더라도 피공탁자로 지정되어 있지

3) 공탁물 출급의 효과

변제자가 공탁의 원인 없이 공탁을 하면 원래는 공탁으로서 무효이지만, 채권자가 아무런 이의 없이 이를 수령한 경우에는 그 공탁은 유효한 것으로 되고 원래의 채무는 소멸한다.[551]

채무자가 채무의 내용에 좇은 공탁을 하지 않았음에도 채권자가 아무런 이의 없이 이를 수령한 때에는 채무전액에 대한 공탁으로서의 효력이 생긴다.[552] 채권자가 공탁물을 수령하면 변제자는 그 공탁물에 대한 회수청구권을 상실하게 된다(제489조).

않으면 공탁물출급청구권을 행사할 수 없다. 따라서 피공탁자 아닌 제3자가 피공탁자를 상대로 하여 공탁물출급청구권 확인판결을 받았더라도 그 확인판결을 받은 제3자가 직접 공탁물출급청구를 할 수는 없고, 수인을 공탁금에 대하여 균등한 지분을 갖는 피공탁자로 하여 공탁한 경우 피공탁자 각자는 공탁서의 기재에 따른 지분에 해당하는 공탁금을 출급청구할 수 있을 뿐이며, 비록 피공탁자들 내부의 실질적인 지분비율이 공탁서상의 지분비율과 다르다고 하더라도 이는 피공탁자 내부 간에 별도로 해결해야 할 문제이다."; 대법원 2007. 5. 31. 선고 2007다3391 판결 "변제공탁의 공탁물출급청구권자는 피공탁자 또는 그 승계인이고 피공탁자는 공탁서의 기재에 의하여 형식적으로 결정되므로, 실체법상의 채권자라고 하더라도 피공탁자로 지정되어 있지 않으면 공탁물출급청구권을 행사할 수 없다. 따라서 피공탁자 아닌 제3자가 피공탁자를 상대로 하여 공탁물출급청구권 확인판결을 받았다 하더라도 그 확인판결을 받은 제3자가 직접 공탁물출급청구를 할 수는 없고, 동일한 금액 범위 내의 사해행위취소 및 가액배상을 구하는 소송을 제기한 수인의 취소채권자들 중 누구에게 가액배상금을 지급하여야 하는지 알 수 없다는 이유로 채권자들의 청구금액 중 판결 또는 화해권고결정 등에 의하여 가장 다액으로 확정된 금액 상당을 공탁금액으로 하고 그 취소채권자 전부를 피공탁자로 하여 상대적 불확지공탁을 한 경우, 피공탁자 각자는 공탁서의 기재에 따라 각자의 소송에서 확정된 판결 또는 화해권고결정 등에서 인정된 가액배상금의 비율에 따라 공탁금을 출급청구할 수 있을 뿐이다(대법원 2006. 8. 25. 선고 2005다67476 판결 참조)."

551) 대법원 1989. 11. 28. 선고 88다카34148 판결 "채무자가 변제공탁에 앞서 채권자에게 변제제공을 한 바 없다고 하여도 채권자가 그 공탁금을 수령한 이상 위와 같은 공탁요건의 흠결을 이유로 변제공탁의 효력을 다툴 수 없는 것이다."

552) 대법원 1992. 5. 12. 선고 91다44698 판결 "공탁자가 공탁원인으로 들고 있는 사유가 법률상 효력이 없는 것이어서 공탁이 부적법하다고 하더라도, 그 공탁서에서 공탁물을 수령할 자로 지정된 피공탁자가 그 공탁물을 수령하면서 아무런 이의도 유보하지 아니하였다면, 특별한 사정이 없는 한 공탁자가 주장한 공탁원인을 수락한 것으로 보아 공탁자가 공탁원인으로 주장한 대로 법률효과가 발생한다고 볼 것이다."; 대법원 1979. 11. 13. 선고 79다1336 판결 "공탁물 수령자로서 공탁통지서를 받은 자가 그 공탁금을 수령하였다면 그 공탁취지에 의하여 수령한 것이 되어 그에 대한 법률적 효과가 발생하는 것이고 그 후에 이에 저촉되는 의사표시를 하여도 아무런 법률효과가 발생하지 아니한다."

7. 공탁물 소유권의 이전

공탁물의 소유권이 채권자에게 이전하는 시기는 경우에 따라 각각 다르다.

(1) 공탁물이 금전 기타의 소비물인 경우

공탁물이 금전 기타의 소비물인 경우에는, 공탁에 의하여 공탁자와 공탁소 사이에 소비임치가 성립하므로(제702조 참조) 공탁물의 소유권은 일단 공탁소에 귀속하고, 채권자는 공탁소로부터 동종·동질·동량의 물건을 수령하는 때에 채권자가 그 소유권을 취득한다.

(2) 공탁물이 특정물인 경우

공탁물이 특정물인 경우에는 변제자가 공탁을 한 때에 소유권이전의 청약이 있는 것으로 보고 채권자가 이를 인도청구하면 승낙이 있는 것으로 보아 그 때 물권적 합의가 성립한 것으로 본다(통설). 따라서 공탁물이 동산인 경우에는 채권자가 그 동산을 인도받은 때, 부동산인 경우에는 소유권이전등기를 한 때 채권자가 소유권을 취득한다.

Ⅲ. 공탁물의 회수

1. 민법상의 회수청구권

(1) 의의 및 법적 성질

1) 의 의

공탁은 변제자(공탁자)를 위한 제도이므로 채권자나 제3자에게 불이익하지 않는 한 회수를 인정하는 것이 타당하기 때문에 민법은 채권자가 공탁을 승인하거나 공탁소에 대하여 공탁물을 받기를 통고하거나 공탁유효의 판결이 확정되기까지는 변제자는 공탁물의 회수를 인정한다(제489조).

2) 법적 성질

이 회수의 법적 성질에 대하여는 학설이 대립한다. 즉 공탁을 공법관계로 이해하는 견해로서 공탁물을 회수할 수 있는 변제자의 권리는 일종의 형성권으로 철회권이라고 한다.[553] 그리고 공탁자의 공탁물회수는 채권자에 대한 관계에서는 '제3자 약관의 취소'이고, 공탁소에 대한 관계에서는 '임치계약의 해지'로서의 성질을 가진다고 보는 견해[554]와, 단순히 임치계약의 해지라고 보는 견해[555]가 있다.

(2) 회수권행사의 효과

1) 공탁효과의 소급적 소멸

공탁자(변제자)가 공탁물을 회수한 경우에는 공탁하지 않은 것으로 본다(제489조 제1항 제2문).

2) 공탁물 회수 시기

공탁물의 회수 시기는 공탁물을 현실적으로 인도받은 때를 의미하는 것이 아니라 공탁소에 대하여 회수의 의사표시를 한 때를 의미한다(통설).

(3) 회수청구권의 제한

민법상 다음과 같은 경우에 회수청구권이 제한된다.

1) 공탁자가 회수권을 포기한 때

이 경우는 명문의 규정이 없으나 사적자치의 원칙상 공탁자의 공탁물회수청구권은 당연히 소멸한다.

2) 채권자가 변제자에 대한 의사표시로 공탁을 승인하거나 공탁소에 대하여 공탁물을 받기로 통고한 때(제489조 제1항 제1문)

3) 공탁유효의 판결이 확정된 때(제489조 제1항 제1문)

4) 공탁으로 질권 또는 저당권이 소멸한 때(제489조 제2항)

공탁으로 채권은 소멸하므로 그것을 담보하던 질권·저당권도 소멸한다. 그런데 그 후 공탁물을 회수하면 채권과 질권·저당은 부활하여야 할 것이나, 그렇게 되면 제3자에게 불측의 손해를 줄 염려가 있어 민법은 담보권(질권·저당권)이 소멸하면 회수할 수 없는 것으로 규정하고 있다.

---

553) 김형배, 754면.
554) 곽윤직, 276면.
555) 송덕수, 479면.

2. 공탁법상의 회수

공탁법 제9조 제2항은 민법 제489조 이외에 착오로 공탁한 때와, 공탁의 원인이 소멸한 때에도 공탁물의 회수를 인정하고 있다.

제5절 상 계

Ⅰ. 서 설

1. 의 의

상계란 채권자와 채무자가 서로 같은 종류의 채권·채무를 가지고 있는 경우에 채무자가 그 채권과 채무를 대등액에서 소멸케 하는 채무자의 일방적 의사표시(단독행위)를 말한다(제492조 제1항). 이 경우 채무자가 상계하기 위하여 행사하는 채무자의 채권을 자동채권이라고 하고, 상계당하는 채권자의 채권을 수동채권이라고 한다.

2. 기 능

상계는 다음의 기능이 있다. 즉 ① 당사자 쌍방의 채권·채무를 대등액에서 소멸시키므로 채권자·채무자가 동종의 채권·채무를 서로 현실적으로 청구하고 이행하는 번거로운 절차를 피할 수 있는 기능(간이결제기능)과, ② 상계를 하게 되면 비록 상대방이 무자력이 된 경우에도 상대방에 대한 자신의 채무를 면함으로써 사실상 우선변제를 받는 것과 같은 결과를 가져온다. 즉 자동채권의 회수를 위해 존재하는 수동채권은 자동채권의 담보기능을 하게 되는 기능(담보적 기능)이 있다.

3. 법적 성질

상계는 채무자의 일방적 의사표시에 의하여 채권소멸이라는 법률효과를 가져오는 채무자의 단독행위이다(통설). 그리고 그 의사표시는 상대방의 승낙이 필요하지 않은 일방적 의사표시이다. 그리고 상계는 채무자의 일방적 의사표시에 의하여 채권을 소멸시키는 하나의 독립한 채권소멸원인이 된다.

4. 상계계약

우리 민법은 상계를 채무자의 일방적 의사표시로 성립하는 단독행위로 규정하고 있지만(제493조), 사적 자치의 원칙상 당사자의 계약으로 상계에 관한 민법의 규정과 같은 내용 또는 다른 내용의 상계계약을 체결할 수도 있다. 그러한 계약이 상계계약이다.[556] 상계계약에서는 상계적상도 요건으로 하지 않기 때문에 상계가 금지된 고의의 불법행위로 인한 손해배상채권이나 압류금지채권의 경우(제496조 내지 제498조)에도 상계합의를 할 수 있고, 상계의 요건인 양 채권의 동종성도 요구되지 않으며 양 채권의 변제기의 도래 여부도 특별히 문제삼지 않는다(제492조 제1항). 또한 상계계약에서 조건이나 기한을 붙여도 상관없다(제493조 제1항). 상계계약은 당사자 사이의 채권들을 대등액에서 소멸시키는 것을 목적으로 하는 유상계약이다. 상법의 '상호계산'은 그 전형적인 예이다(상법 제72조 참조). 또한 은행법상의 당좌거래와 같은 어음교환거래제도도 전형적인 상계계약에 해당된다.

Ⅱ. 상계의 요건

1. 상계적상(相計適狀)

(1) 의 의

상계적상이란 쌍방의 채권이 상계하기에 적당한 상태, 즉 상계를 인정할 만한 일정한 요건을 갖춘 상태를 말한다(제492조 참조).

(2) 채권이 대립하고 있을 것

1) 유효한 상계가 성립하기 위해서는 자동채권과 수동채권이 존재하고 있어야

---

556) 대법원 2010. 9. 16. 선고 2008다97218 전원합의체 판결 "당사자 쌍방이 가지고 있는 같은 종류의 급부를 목적으로 하는 채권을 서로 대등액에서 소멸시키기로 하는 상계계약이 이루어진 경우, 상계계약의 효과로서 각 채권은 당사자들이 그 계약에서 정한 금액만큼 소멸한다. 이러한 법리는 기업개선작업절차에서 채무자인 기업과 채권자인 금융기관 사이에 채무자가 채권자에게 주식을 발행하여 주고 채권자의 신주인수대금채무와 채무자의 기존 채무를 같은 금액만큼 소멸시키기로 하는 내용의 상계계약 방식에 의하여 이른바 출자전환을 하는 경우에도 마찬가지로 적용되며, 이와 달리 주식의 시가를 평가하여 그 시가 평가액만큼만 기존의 채무가 변제되고 나머지 금액은 면제된 것으로 볼 것은 아니다."

한다(제492조 제1항).[557] 채무자(상계권자)가 채권자에 대하여 가지는 채권으로 채무자의 적극적 상계권 행사로 소멸하는 채무자의 채권을 자동채권(능동채권)이라고 하고, 채권자가 채무자에 대하여 가지고 있는 채권으로 채무자의 상계권 행사에 의하여 피동적으로 소멸하는 채권자의 채권을 수동채권(반대채권)이라고 함은 이미 앞에서 살펴보았다. 그런데 상계의 대상이 되는 이러한 채권은 상대방과 사이에서 직접 발생한 채권에 한정되지 않으며, 제3자로부터 양수 등을 원인으로 하여 취득한 채권도 포함된다.[558]

---

557) 대법원 2006. 7. 4. 선고 2006므751 판결 "[1] 이혼한 부부 사이에서 자(자)에 대한 양육비의 지급을 구할 권리는 당사자의 협의 또는 가정법원의 심판에 의하여 구체적인 청구권의 내용과 범위가 확정되기 전에는 '상대방에 대하여 양육비의 분담액을 구할 권리를 가진다' 라는 추상적인 청구권에 불과하고 당사자의 협의나 가정법원이 당해 양육비의 범위 등을 재량적·형성적으로 정하는 심판에 의하여 비로소 구체적인 액수만큼의 지급청구권이 발생한다고 보아야 하므로, 당사자의 협의 또는 가정법원의 심판에 의하여 구체적인 청구권의 내용과 범위가 확정되기 전에는 그 내용이 극히 불확정하여 상계할 수 없지만, 가정법원의 심판에 의하여 구체적인 청구권의 내용과 범위가 확정된 후의 양육비채권 중 이미 이행기에 도달한 후의 양육비채권은 완전한 재산권(손해배상청구권)으로서 친족법상의 신분으로부터 독립하여 처분이 가능하고, 권리자의 의사에 따라 포기, 양도 또는 상계의 자동채권으로 하는 것도 가능하다. [2] 이혼한 부부 사이에 자(자)의 양육자인 일방이 상대방에 대하여 가지는 양육비채권을 상대방의 양육자에 대한 위자료 및 재산분할청구권과 상계한다고 주장한 사안에서, 가정법원의 심판에 의하여 구체적으로 확정된 양육비채권 중 이미 이행기가 도달한 부분에 한하여 이를 자동채권으로 하는 상계가 허용된다고 한 사례."

558) 대법원 2003. 4. 11. 선고 2002다59481 판결 "일반적으로 당사자 사이에 상계적상이 있는 채권이 병존하고 있는 경우에는 이를 상계할 수 있는 것이 원칙이고, 이러한 상계의 대상이 되는 채권은 상대방과 사이에서 직접 발생한 채권에 한하는 것이 아니라, 제3자로부터 양수 등을 원인으로 하여 취득한 채권도 포함한다 할 것인바, 이러한 상계권자의 지위가 법률상 보호를 받는 것은, 원래 상계제도가 서로 대립하는 채권, 채무를 간이한 방법에 의하여 결제함으로써 양자의 채권채무관계를 원활하고 공평하게 처리함을 목적으로 하고 있고, 상계권을 행사하려고 하는 자에 대하여는 수동채권의 존재가 사실상 자동채권에 대한 담보로서의 기능을 하는 것이어서 그 담보적 기능에 대한 당사자의 합리적 기대가 법적으로 보호받을 만한 가치가 있음에 근거하는 것이므로 당사자가 상계의 대상이 되는 채권이나 채무를 취득하게 된 목적과 경위, 상계권을 행사함에 이른 구체적·개별적 사정에 비추어, 그것이 위와 같은 상계 제도의 목적이나 기능을 일탈하고, 법적으로 보호받을 만한 가치가 없는 경우에는, 그 상계권의 행사는 신의칙에 반하거나 상계에 관한 권리를 남용하는 것으로서 허용되지 않는다고 함이 상당하고, 상계권 행사를 제한하는 위와 같은 근거에 비추어 볼 때 일반적인 권리 남용의 경우에 요구되는 주관적 요건을 필요로 하는 것은 아니다."; 대법원 2007. 7. 13. 선고 2005다71710 판결 "구 회사정리법(2005. 3. 31. 법률 제7428호 채무자 회생 및 파산에 관한 법률 부칙 제2조로 폐지) 제89조의 규정에 의하면, 부인권이 행사된 경우 상대방이 그 부인의 대상이 되는 행위에 기하여 받은 이행을 원상회복으로 반환하거나 그 가액을 상환한 후에야 비로소 상대방의 채권이

부활하는 것인데, 부인권 행사에 기한 이행가액 상환청구에 대하여 상대방이 그 채무의 존재를 다투면서 이를 이행하지 않고 있는 경우 그 상대방의 채권은 아직 부활하지 않았으므로, 이와 같이 부활하지도 않은 채권을 자동채권으로 하는 상계는 그 상계적상을 흠결하여 부적법한 것이다."; 대법원 2008. 8. 21. 선고 2007다37752 판결 "파산자의 보증인이 파산선고 후 보증채무를 전부 이행함으로써 구상권을 취득한 경우, 그 구상권은 파산선고 당시 이미 장래의 구상권으로서 파산채권으로 존재하고 있었다고 보아야 하는 점, 파산절차에서는 장래의 청구권을 자동채권으로 한 상계가 허용되는 점, 정지조건부채권 또는 장래의 청구권을 가진 자가 그 채무를 변제하는 경우에는 후일 상계를 하기 위하여 그 채권액의 한도에서 변제액의 임치를 청구할 수 있는 점 등에 비추어, 그 구상권을 자동채권으로 하여 파산채무자에 대한 채무와 상계할 수 있다고 봄이 상당하다. 그런데 파산선고 후 파산채권자가 다른 채무자로부터 일부 변제를 받거나 다른 채무자에 대한 회사정리절차 내지 파산절차에 참가하여 변제 또는 배당을 받았다 하더라도 그에 의하여 채권자가 채권 전액에 대하여 만족을 얻은 것이 아닌 한 파산채권액에 감소를 가져오는 것은 아니어서, 채권자는 여전히 파산선고시의 채권 전액으로써 계속하여 파산절차에 참가할 수 있고, 채권의 일부에 대한 대위변제를 한 구상권자가 자신이 변제한 가액에 비례하여 채권자와 함께 파산채권자로서 권리를 행사할 수 있는 것은 아니다. 따라서 파산자의 보증인이 파산선고 후 채권자에게 그 보증채무의 일부를 변제하여 그 출재액을 한도로 파산자에 대하여 구상권을 취득하였다 하더라도 채권자가 파산선고시의 채권 전액을 파산채권으로 신고한 이상 보증인으로서는 파산자에 대하여 그 구상권을 파산채권으로 행사할 수 없어 이를 자동채권으로 하여 파산자에 대한 채무와 상계할 수도 없다."; 대법원 2010. 7. 29. 선고 2009다69692 판결 "채권자가 기존채무의 이행을 위하여 채무자로부터 교부받은 약속어음을 적법하게 지급제시하였으나 그 후 어음상 권리보전에 필요한 소멸시효 중단의 조치를 취하지 아니함으로써 어음상 권리에 관한 소멸시효가 완성된 경우 어음을 반환받은 채무자는 약속어음의 주채무자인 발행인, 소구의무자인 배서인 등에 대한 어음상 권리나 원인채무자(발행인 또는 배서인과 동일인일 수도 있고 어음상 의무자 아닌 제3자일 수도 있다)에 대한 자신의 원인채권을 행사하여 자기 채권의 만족을 얻을 수 있다면 아직 손해가 발생하였다고 하기 어렵다. 다만 채무자는 발행인이나 배서인 등 어음상 의무자가 각 소멸시효 완성 후 무자력이 되고 어음상 의무자 아닌 원인채무자도 현재 무자력이어서 채권자로부터 어음을 반환받더라도 어음상 권리와 자신의 원인채권 중 어느 것으로부터도 만족을 얻을 수 없게 된 때에야 비로소 자신의 채권에 관하여 만족을 얻지 못하는 손해를 입게 되었다고 할 것이다. 한편 이러한 손해는 어음상 의무자와 원인채무자의 자력 악화라는 특별한 사정으로 인한 손해로서 어음상 권리의 보전의무를 불이행한 어음소지인이 장차 어음상 의무자와 원인채무자가 무자력하게 될 것임을 알았거나 알 수 있었을 때에만 채무자는 그에 대하여 위 손해의 배상을 청구할 권리를 가지게 되어서, 이 손해배상채권으로써 상계할 수 있다."; 대법원 2010. 3. 25. 선고 2007다35152 판결 "가분적인 금전채권의 일부에 대한 전부명령이 확정되면 특별한 사정이 없는 한 전부명령이 제3채무자에 송달된 때에 소급하여 전부된 채권 부분과 전부되지 않은 채권 부분에 대하여 각기 독립한 분할채권이 성립하게 되므로, 그 채권에 대하여 압류채무자에 대한 반대채권으로 상계하고자 하는 제3채무자로서는 전부채권자 혹은 압류채무자 중 어느 누구도 상계의 상대방으로 지정하여 상계하거나 상계로 대항할 수 있고, 그러한 제3채무자의 상계 의사표시를 수령한 전부채권자는 압류채무자에 잔존한 채권 부분이 먼저 상계되어야 한다거나 각 분할채권액의 채권 총액에 대한 비율에 따라 상계되어야 한다는 이의를 할 수 없다."; 대법원 2011. 7. 28. 선고 2010다70018 판결 "집행력 있는

2) 자동채권은 원칙적으로 상계자 자신이 피상계자에 대하여 가지는 채권이어야 한다. 그러나 우리 민법은 자기의 채권이 없음에도 타인의 채권을 가지고 자동채권을 하여 상계를 할 수 있는 예외를 인정하고 있다. 즉 연대채무(제418조 제2항), 보증채무(제434조)의 경우에는 상계자 자신의 채권이 아니고 타인의 채권으로 상계할 수 있다.

3) 수동채권은 피상계자가 상계자에 대하여 가지는 채권이어야 한다. 피상계자가 제3자에 대하여가지는 채권과는 상계하지 못한다.[559]

판결 정본을 가진 채권자가 우선변제권을 주장하며 담보권에 기하여 배당요구를 한 경우 여기서 배당의 기초가 되는 것은 담보권이지 집행력 있는 판결 정본이 아니므로, 채무자로서는 담보권에 대한 배당에 이의한 후 제기한 배당이의의 소에서 담보권에 기한 우선변제권이 미치는 피담보채권의 존부 및 범위 등을 다투기 위하여 상계를 주장할 수 있고, 이 경우 채무자의 상계에 의하여 소멸하는 것은 피담보채권 자체이지 집행력 있는 판결 정본의 집행력이 아님이 명백하므로, 이러한 상계를 주장하기 위하여 집행력 있는 판결 정본의 집행력을 배제하기 위하여 필요한 청구이의의 소를 제기할 필요는 없다. 한편 상계의 의사표시가 있는 경우 각 채무가 상계할 수 있는 때에 소급하여 대등액에 관하여 소멸한 것으로 보게 되고, 여기서 각 채무가 상계할 수 있는 때란 양 채권이 모두 변제기가 도래한 경우와 수동채권의 변제기가 도래하지 아니하였다고 하더라도 기한의 이익을 포기할 수 있는 경우를 포함한다. 따라서 채권자의 배당요구 기초가 된 담보권의 피담보채권에 대하여 채무자가 상계를 한 경우에도 위와 같은 상계적상 시기에 소급적으로 대등액에 관하여 소멸하고, 이는 피담보채권에 관하여 채무자에게 채무의 이행을 명하는 확정판결이 있다고 하여 달라지지 아니한다."

559) 대법원 2011. 4. 28. 선고 2010다101394 판결 "[1] 상계는 당사자 쌍방이 서로 같은 종류를 목적으로 한 채무를 부담한 경우에 서로 같은 종류의 급부를 현실로 이행하는 대신 어느 일방 당사자의 의사표시로 그 대등액에 관하여 채권과 채무를 동시에 소멸시키는 것이고, 이러한 상계제도의 취지는 서로 대립하는 두 당사자 사이의 채권·채무를 간이한 방법으로 원활하고 공평하게 처리하려는 데 있으므로, 수동채권으로 될 수 있는 채권은 상대방이 상계자에 대하여 가지는 채권이어야 하고, 상대방이 제3자에 대하여 가지는 채권과는 상계할 수 없다고 보아야 한다. 그렇지 않고 만약 상대방이 제3자에 대하여 가지는 채권을 수동채권으로 하여 상계할 수 있다고 한다면, 이는 상계의 당사자가 아닌 상대방과 제3자 사이의 채권채무관계에서 상대방이 제3자에게서 채무의 본지에 따른 현실급부를 받을 이익을 침해하게 될 뿐 아니라, 상대방의 채권자들 사이에서 상계자만 독점적인 만족을 얻게 되는 불합리한 결과를 초래하게 되므로, 상계의 담보적 기능과 관련하여 법적으로 보호받을 수 있는 당사자의 합리적 기대가 이러한 경우에까지 미친다고 볼 수는 없다. [2] 유치권이 인정되는 아파트를 경락·취득한 자가 아파트 일부를 점유·사용하고 있는 유치권자에 대한 임료 상당의 부당이득금 반환채권을 자동채권으로 하고 유치권자의 종전 소유자에 대한 유익비상환채권을 수동채권으로 하여 상계의 의사표시를 한 사안에서, 상대방이 제3자에 대하여 가지는 채권을 수동채권으로 하여 상계할 수 없음에도, 그러한 상계가 허용됨을 전제로 위 상계의 의사표시로 부당이득금 반환채권과 유익비상환채권이 대등액의 범위 내에서 소멸하였다고 본 원심판결에 법리오해의 위법이 있다고

4) 제3자는 채무자를 위하여 제3자 변제, 즉 대신하여 변제할 수 있지만, 제3자는 자신이 채권자에 대하여 가지고 있는 채권을 가지고, 채무자가 채권자에 대하여 가지고 있는 채권을 상계할 수 없다(통설).

(3) 두 채권이 동종의 목적을 가질 것

상계를 할 수 있는 채권은 당사자 쌍방의 채권이 동종의 목적을 가진 채권이어야 한다(제492조). 따라서 종류채권이어야 하고 그것들이 같은 종류의 것이어야 한다. 보통 금전채권이 많이 이용된다. 같은 종류의 채권이기만 하면 되고 채권액이 동일할 필요는 없으며, 채권액이 확정되어 있을 필요도 없고, 양 채권의 이행지가 다르더라도 상계할 수 있다(제494조). 그리고 채권의 발생원인도 중요하지 않다.[560)]

(4) 두 채권이 변제기에 있을 것

쌍방의 채권이 모두 변제기에 있어야 한다(제492조 제1항 본문). 그러나 자동채권과 수동채권이 약간씩 다르다. 즉 자동채권의 경우 반드시 변제기에 있어야 한다. 그렇지 않으면 상대방은 이유 없이 기한의 이익을 상실하게 되어 부당하기

한 사례."

560) 대법원 1983. 10. 11. 선고 83다카542 판결 "가. 탈퇴한 동업자의 출자금반환청구에 있어서 그 탈퇴자가 공동영업사무집행중 동업체의 금원을 횡령하였다면 탈퇴자는 동업체에 이를 변상할 책임이 있다고 할 것이므로 동업체의 업무집행자는 위 손해배상채권을 자동채권으로 하여 탈퇴자의 출자금반환청구와 상계를 주장할 수 있다. 나. 동업체의 업무집행자인 피고와 소외인이 동업체에서 탈퇴한 원고에 대하여 출자금반환채무를 연대하여 부담하고 있는 이상, 피고는 소외인의 부담부분에 대하여 원고가 동업체 공동영업사무집행중 횡령한 금원에 대한 소외인의 반환채권으로써 상계를 주장할 수 있다."; 대법원 1994. 5. 13. 선고 94다9856 판결 "소송비용상환청구권은 소송에서 패소하였다는 사실을 요건으로 소송상 발생하는 실체적 권리이기는 하나 그 성질은 사법상의 청구권이며 상계의 수동채권으로 될 수 있다."; 대법원 2004. 4. 27. 선고 2003다37891 판결 "상계는 쌍방이 서로 상대방에 대하여 같은 종류의 급부를 목적으로 하는 채권을 가지고 자동채권의 변제기가 도래하였을 것을 그 요건으로 하는 것인데, 형벌의 일종인 벌금도 일정 금액으로 표시된 추상적 경제가치를 급부목적으로 하는 채권인 점에서는 다른 금전채권들과 본질적으로 다를 것이 없고, 다만 발생의 법적 근거가 공법관계라는 점에서만 차이가 있을 뿐이나 채권 발생의 법적 근거가 무엇인지는 급부의 동종성을 결정하는 데 영향이 없으며, 벌금형이 확정된 이상 벌금채권의 변제기는 도래한 것이므로 달리 이를 금하는 특별한 법률상 근거가 없는 이상 벌금채권은 적어도 상계의 자동채권이 되지 못할 아무런 이유가 없다."; 남기연, 독일민법상의 상계제도에 관한 검토, 재산법연구 33권 2호 참조.

때문이다. 반면에 수동채권의 경우에는 반드시 변제기에 있을 필요는 없다. 즉 수동채권은 채무자(상계권자)가 기한의 이익을 포기할 수 있으므로(제153조 제2항), 이행기 도래 전이라도 이를 포기하고 상계할 수 있다.[561]

(5) **채권의 성질상 상계를 허용하는 것일 것**(제492조 제1항 단서)

1) 여기서 채권의 성질상 상계가 허용되지 않는 것이란 쌍방이 현실의 이행을 하지 않으면 채권의 목적을 달성할 수 없는 것을 말한다.

2) '부작위채무'나 '하는 채무'가 그에 해당한다. 부작위채무의 예로서 서로 경업을 하지 않기로 하거나 또는 아파트의 위아래층이 상호 소음을 내지 않기로 하는 경우 등을 들 수 있다. 그리고 하는 채무의 예로서 상호 같은 종류의 노무를 제공하기로 하는 채무 등은 들 수 있다.

3) 자동채권에 항변권이 붙어 있는 경우에도 상계가 허용되지 않는다. 이 경우에 상계를 허용하면 상대방은 항변권 행사의 기회를 잃게 되기 때문이다.[562] 그러

561) 대법원 1979. 6. 12. 선고 79다662 판결 "국세징수법에 의한 채권압류에 있어 제3채무자는 그 압류명령이 송달되기 이전에 채무자에 대하여 상계적상에 있었던 반대채권을 가지고 있었다면 그 명령이 송달된 이후에도 상계로서 압류채권자에 대항할 수 있고, 이 경우에 채권압류통지 이전에 자동채권의 이행기가 도래한 이상 수동채권의 이행기가 도래하지 아니하였더라도 수동채권에 관한 기한의 이익을 포기하고 대등액에서 상계하므로써 압류채권자에 대항할 수 있다."; 대법원 2017. 3. 15. 선고 2015다252501 판결 "부동산 임대차에서 수수된 임대차보증금은 차임채무, 목적물의 멸실·훼손 등으로 인한 손해배상채무 등 임대차에 따른 임차인의 모든 채무를 담보하는 것이고, 특별한 사정이 없는 한, 임대인의 임대차보증금반환채무는 장래에 실현되거나 도래할 것이 확실한 임대차계약의 종료시점에 이행기에 도달한다. 그리고 임대인으로서는 임대차보증금 없이도 부동산 임대차계약을 유지할 수 있으므로, 임대차계약이 존속 중이라도 임대차보증금반환채무에 관한 기한의 이익을 포기하고 임차인의 임대차보증금반환채권을 수동채권으로 하여 상계할 수 있고, 임대차 존속 중에 그와 같은 상계의 의사표시를 한 경우에는 임대차보증금반환채무에 관한 기한의 이익을 포기한 것으로 볼 수 있다."

562) 대법원 2002. 8. 23. 선고 2002다25242 판결 "항변권이 붙어 있는 채권을 자동채권으로 하여 타의 채무와의 상계를 허용한다면 상계자 일방의 의사표시에 의하여 상대방의 항변권행사의 기회를 상실케 하는 결과가 되므로 이와 같은 상계는 그 성질상 허용될 수 없다."; 대법원 2004. 5. 28. 선고 2001다81245 판결 "항변권이 붙어 있는 채권을 자동채권으로 하여 다른 채무(수동채권)와의 상계를 허용한다면 상계자 일방의 의사표시에 의하여 상대방의 항변권 행사의 기회를 상실시키는 결과가 되므로 그러한 상계는 허용될 수 없고, 특히 수탁보증인이 주채무자에 대하여 가지는 민법 제442조의 사전구상권에는 민법 제443조의 담보제공청구권이 항변권으로 부착되어 있는 만큼 이를 자동채권으로 하는 상계는 허용될 수 없으며, 다만 민법 제443조는 임의규정으로서 주채무자가 사전에

나 수동채권에 항변권이 붙어 있는 경우에는 채무자가 이를 포기하고 상계하는 것은 무방하다.

(6) 상계가 금지된 채권이 아닐 것

상계가 금지되어 있는 경우에는 상계할 수 없다. 즉 당사자는 의사표시로써 상계금지를 약정할 수 있고(제492조 제2항), 또 채무자가 현실로 변제를 하여야 할 일정한 수동채권에 대해서는 법률로써 상계를 금지하고 있다(제496조 내지 제498조). 이하에서 이 두 경우 대하여 살펴본다.

1) 당사자의 의사표시에 의한 금지

당사자는 상계를 금지하는 특약을 맺어 상계를 금지할 수 있다(제492조 제2항 본문). 그러나 상계금지의 특약은 선의의 제3자에게 대항하지 못한다(제492조 제2항 단서). 상계금지의 특약은 묵시적으로도 이루어질 수 있다.

2) 법률에 의한 금지

법률은 수동채권에 일정한 사정이 있는 경우에는 상계자의 상대방이 현실의 변제를 받게 하기 위하여 상계를 금지한다.

① 고의의 불법행위로 인한 손해배상채권

㉠ 채무가 고의의 불법행위로 인한 것인 때에는 그 채무자는 상계로 채권자에게 대항하지 못한다(제496조)라고 하여 불법행위채권을 수동채권으로 하는 상계를 금지시키고 있다.[563] 이는 채권자가 채무자에 대한 채권을 회수하지 못한 경우 보복적 감정에 의해 상대방에게 불법행위를 저지르고, 이로 인하여 상대방이 취

담보제공청구권의 항변권을 포기한 경우에는 보증인은 사전구상권을 자동채권으로 하여 주채무자에 대한 채무와 상계할 수 있다."; 대법원 2019. 2. 14. 선고 2017다274703 판결 "항변권이 붙어 있는 채권을 자동채권으로 하여 다른 채무(수동채권)와의 상계를 허용한다면 상계자 일방의 의사표시에 의하여 상대방의 항변권 행사의 기회를 상실시키는 결과가 되므로 그러한 상계는 허용될 수 없고, 특히 수탁보증인이 주채무자에 대하여 가지는 민법 제442조의 사전구상권에는 민법 제443조의 담보제공청구권이 항변권으로 부착되어 있는 만큼 이를 자동채권으로 하는 상계는 원칙적으로 허용될 수 없다."

563) 대법원 1990. 12. 21. 선고 90다7586 판결 "기망에 의한 불법행위로 인한 손해배상채무는 고의의 불법행위로 인한 것이므로 민법 제496조의 규정에 따라 이를 수동채권으로 하여서는 상계할 수는 없는데도 불구하고, 원심이 위 채권이 상계로 소멸하였다고 판시함으로써 상계의 법리를 오해한 잘못을 저질렀다고 할 것이다."

득한 불법행위로 인한 손해배상채권을 자신의 기존 채권으로 상계케 하여 상대방의 손해배상청구를 불가능하게 만드는 것을 원천적으로 봉쇄하여 불법행위의 유발을 금지하고 불법행위 피해자에게 현실의 변제를 받게 하기 위한 조치이다.[564]

㉡ 상계가 금지되는 것은 고의로 인한 불법행위에만 적용된다. 따라서 과실에 의한 불법행위로 인한 손해배상채권은 자동채권으로 하여 상계할 수 있다.[565]

---

564) 대법원 2002. 1. 25. 선고 2001다52506 판결 "민법 제496조의 취지는, 고의의 불법행위에 의한 손해배상채권에 대하여 상계를 허용한다면 고의로 불법행위를 한 자까지도 상계권 행사로 현실적으로 손해배상을 지급할 필요가 없게 되어 보복적 불법행위를 유발하게 될 우려가 있고, 또 고의의 불법행위로 인한 피해자가 가해자의 상계권 행사로 인하여 현실의 변제를 받을 수 없는 결과가 됨은 사회적 정의관념에 맞지 아니하므로 고의에 의한 불법행위의 발생을 방지함과 아울러 고의의 불법행위로 인한 피해자에게 현실의 변제를 받게 하려는 데 있다 할 것인바, 법이 보장하는 상계권은 이처럼 그의 채무가 고의의 불법행위에 기인하는 채무자에게는 적용이 없는 것이고, 나아가 부당이득의 원인이 고의의 불법행위에 기인함으로써 불법행위로 인한 손해배상채권과 부당이득반환채권이 모두 성립하여 양채권이 경합하는 경우 피해자가 부당이득반환채권만을 청구하고 불법행위로 인한 손해배상채권을 청구하지 아니한 때에도, 그 청구의 실질적 이유, 즉 부당이득의 원인이 고의의 불법행위였다는 점은 불법행위로 인한 손해배상채권을 청구하는 경우와 다를 바 없다 할 것이어서, 고의의 불법행위에 의한 손해배상채권은 현실적으로 만족을 받아야 한다는 상계금지의 취지는 이러한 경우에도 타당하므로, 민법 제496조를 유추적용함이 상당하다."; 대법원 2017. 2. 15. 선고 2014다19776, 19783 판결 "민법 제496조는 "채무가 고의의 불법행위로 인한 것인 때에는 그 채무자는 상계로 채권자에게 대항하지 못한다."라고 정하고 있다. 고의의 불법행위로 인한 손해배상채권에 대하여 상계를 허용한다면 고의로 불법행위를 한 사람까지도 상계권 행사로 현실적으로 손해배상을 지급할 필요가 없게 되어 보복적 불법행위를 유발하게 될 우려가 있다. 또 고의의 불법행위로 인한 피해자가 가해자의 상계권 행사로 현실의 변제를 받을 수 없는 결과가 됨은 사회적 정의관념에 맞지 않는다. 따라서 고의에 의한 불법행위의 발생을 방지함과 아울러 고의의 불법행위로 인한 피해자에게 현실의 변제를 받게 하려는 데 이 규정의 취지가 있다. 이 규정은 고의의 불법행위로 인한 손해배상채권을 수동채권으로 한 상계에 관한 것이고 고의의 채무불이행으로 인한 손해배상채권에는 적용되지 않는다. 다만 고의에 의한 행위가 불법행위를 구성함과 동시에 채무불이행을 구성하여 불법행위로 인한 손해배상채권과 채무불이행으로 인한 손해배상채권이 경합하는 경우에는 이 규정을 유추적용할 필요가 있다. 이러한 경우에 고의의 채무불이행으로 인한 손해배상채권을 수동채권으로 한 상계를 허용하면 이로써 고의의 불법행위로 인한 손해배상채권까지 소멸하게 되어 고의의 불법행위에 의한 손해배상채권은 현실적으로 만족을 받아야 한다는 이 규정의 입법 취지가 몰각될 우려가 있기 때문이다. 따라서 이러한 예외적인 경우에는 민법 제496조를 유추적용하여 고의의 채무불이행으로 인한 손해배상채권을 수동채권으로 하는 상계를 한 경우에도 채무자가 상계로 채권자에게 대항할 수 없다고 보아야 한다."

565) 대법원 1991. 2. 8. 선고 90다카23387 판결 "은행이 정리회사의 관리인으로서 법원의 허가를 받지 아니하고 한 자기거래 행위로 회사에 손해를 가한 데 대하여 불법행위에 대한 고의가 없어서 과실에 의한 불법행위에 해당한다고 하여 위 불법행위로 인한 손해배상 청구권을 수동채권으로 하는 은행의 상계항변을 인용한 사례"; 대법원 1991. 5. 14.

또한 고의로 발생한 불법행위로 인한 손해배상채권에 대하여만 금지될 뿐 중과실로 인한 손해배상채권은 금지되지 않기 때문에 이를 수동채권으로 하여 상계할 수 있다고 한다.566)

㉢ 상계의 금지는 고의의 불법행위자에게만 적용되기 때문에 상대방(피해자)은 불법행위로 인하여 취득한 손해배상채권을 자동채권으로 하여 상계권을 주장할 수 있다.567)

㉣ 자동채권·수동채권 모두 고의의 불법행위채권인 경우에는 상계가 허용되지 않는고 본다.568)

② 압류금지채권

㉠ 채권이 압류하지 못할 것인 때에는 그 채무자는 상계로 채권자에게 대항

선고 91다513 판결 "피해자의 과실과 가해자의 과실이 경합하여 사고가 발생하였고 그 피해자의 과실이 상대방에 대한 주의의무위반으로 불법행위의 책임요건을 충족하는 것이라면 위 사고로 제3자가 입은 손해에 대하여 피해자 및 가해자는 각자 이를 배상할 책임이 있고 가해자가 그 손해를 배상하였을 때에는 각자의 과실비율에 따른 피해자의 부담부분에 대하여 피해자에게 구상권을 행사할 수 있으므로, 가해자는 이러한 구상권을 가지고 피해자의 가해자에 대한 손해배상청구권과 상계할 수 있다."

566) 대법원 1994. 8. 12. 선고 93다52808 판결 "민법 제496조가 고의의 불법행위로 인한 손해배상채권에 대한 상계를 금지하는 입법취지는 고의의 불법행위에 인한 손해배상채권에 대하여 상계를 허용한다면 고의로 불법행위를 한 자가 상계권행사로 현실적으로 손해배상을 지급할 필요가 없게 됨으로써 보복적 불법행위를 유발하게 될 우려가 있고, 고의의 불법행위로 인한 피해자가 가해자의 상계권행사로 인하여 현실의 변제를 받을 수 없는 결과가 됨은 사회적 정의관념에 맞지 아니하므로 고의에 의한 불법행위의 발생을 방지함과 아울러 고의의 불법행위로 인한 피해자에게 현실의 변제를 받게 하려는 데 있는바, 이 같은 입법취지나 적용결과에 비추어 볼 때 고의의 불법행위에 인한 손해배상채권에 대한 상계금지를 중과실의 불법행위에 인한 손해배상채권에까지 유추 또는 확장적용하여야 할 필요성이 있다고 할 수 없다."

567) 대법원 1983. 10. 11. 선고 83다카542 판결 "가. 탈퇴한 동업자의 출자금반환청구에 있어서 그 탈퇴자가 공동영업사무집행 중 동 업체의 금원을 횡령하였다면 탈퇴자는 동 업체에 이를 변상할 책임이 있다고 할 것이므로 동 업체의 업무집행자는 위 손해배상채권을 자동채권으로 하여 탈퇴자의 출자금반환청구와 상계를 주장할 수 있다. 나. 동 업체의 업무집행자인 피고와 소외인이 동 업체에서 탈퇴한 원고에 대하여 출자금반환채무를 연대하여 부담하고 있는 이상, 피고는 소외인의 부담부분에 대하여 원고가 동 업체 공동영업사무집행 중 횡령한 금원에 대한 소외인의 반환채권으로써 상계를 주장할 수 있다."

568) 대법원 1994. 2. 25. 선고 93다38444 판결 "고의의 불법행위로 인한 손해배상채권을 수동채권으로 하는 상계는 허용되지 않는 것이며, 이는 그 자동채권이 동시에 행하여진 싸움에서 서로 상해를 가한 경우와 같이 동일한 사안에서 발생한 고의의 불법행위로 인한 손해배상채권인 경우에도 마찬가지이다."

하지 못한다(제497조). 즉 압류금지채권을 수동채권으로 하여 상계하지 못한다. 이는 압류금지의 취지를 살려 상대방으로 하여금 현실의 변제를 받게 하려는 것이다. 압류금지채권을 수동채권으로 하는 상계만 금지되므로 그것을 자동채권으로 하여서는 상계할 수 있다.

㉡ 압류가 금지된 채권으로는 다음과 같다. 법령에 규정된 부양료 및 유족보조료·채무자가 구호사업이나 제3자의 도움으로 계속 받는 수입·병사의 급료 등은 전액, 급료·연금·봉급·상여금·퇴직금·퇴직연금 그밖에 이와 비슷한 성질을 가진 급여채권은 그 2분의 1에 해당하는 금액(민사집행법 제246조), 근로자의 재해보상청구권(근로기준법 제89조), 자동차손해배상보장법에 의한 피해자의 손해배상청구권 중 일정액(동법 제32조), 형사보상청구권(형사보상 및 명예회복에 관한 법률 제23조), 생명·신체의 침해로 인한 국가배상을 받을 권리(국가배상법 제4조) 등이 있다.

㉢ 압류채권자가 사용자인 경우에 근로기준법은 근로자에 대한 채권을 가지고 임금과 상계할 수 없고, 또 임금은 통화로 직접 근로자에게 그 전액을 지급하여야 한다고 규정하고 있다. 임금채권은 2분의 1로 제한되지만, 사용자가 자기의 전차금채권(前借金債權)으로서 근로자의 임금채권과 상계하는 것은 2분의 1이 아니라 전액 제한되기 때문에 상계를 전혀 할 수 없다.[569] 그리고 근로자가 받을

---

569) 대법원 1990. 5. 8. 선고 88다카26413 판결 "근로자가 받을 퇴직금은 임금의 성질을 가지는 것으로서 근로기준법 제36조에 의하여 사용자는 그 수령권자에게 직접 전액을 지급하여야 하는 것이므로 사용자가 자기 직원으로 근무하다가 사망한 근로자의 퇴직금에 대하여 사용자의 동인에 대한 대출금채권으로 상계충당할 수 없다."; 대법원 2010. 5. 20. 선고 2007다90760 전원합의체 판결 "[다수의견] 구 근로기준법(2005. 1. 27. 법률 제7379호로 개정되기 전의 것) 제42조 제1항 본문에 의하면 임금은 통화로 직접 근로자에게 그 전액을 지급하여야 하므로 사용자가 근로자에 대하여 가지는 채권으로써 근로자의 임금채권과 상계를 하지 못하는 것이 원칙이고, 이는 경제적·사회적 종속관계에 있는 근로자를 보호하기 위한 것인바, 근로자가 받을 퇴직금도 임금의 성질을 가지므로 역시 마찬가지이다. 다만 계산의 착오 등으로 임금을 초과 지급한 경우에, 근로자가 퇴직 후 그 재직 중 받지 못한 임금이나 퇴직금을 청구하거나, 근로자가 비록 재직 중에 임금을 청구하더라도 위 초과 지급한 시기와 상계권 행사의 시기가 임금의 정산, 조정의 실질을 잃지 않을 만큼 근접하여 있고 나아가 사용자가 상계의 금액과 방법을 미리 예고하는 등으로 근로자의 경제생활의 안정을 해할 염려가 없는 때에는, 사용자는 위 초과 지급한 임금의 반환청구권을 자동채권으로 하여 근로자의 임금채권이나 퇴직금채권과 상계할 수 있다. 그리고 이러한 법리는 사용자가 근로자에게 이미 퇴직금 명목의 금원을 지급하였으나 그것이 퇴직금 지급으로서의 효력이 없어 사용자가 같은 금원 상당의 부당이득반환채권을 갖게 된 경우에 이를 자동채권으로 하여 근로자의 퇴직금채권과 상계하는 때에도 적용된다. 한편 민사집행법 제246조 제1항 제5호는 근로자인 채무자의 생활보장이라는 공익적,

퇴직금도 임금의 성질을 가진 것이므로 그 지급에 관해서는 근로기준법 제36조에 따른 직접 전액지급의 원칙이 적용될 것이니 사용자는 근로자의 퇴직금채권에 대하여 그가 근로자에 대하여 가지고 있는 불법행위를 원인으로 하는 채권으로 상계할 수는 없다고 한다.[570)]

사회 정책적 이유에서 '퇴직금 그 밖에 이와 비슷한 성질을 가진 급여채권의 2분의 1에 해당하는 금액'을 압류금지채권으로 규정하고 있고, 민법 제497조는 압류금지채권의 채무자는 상계로 채권자에게 대항하지 못한다고 규정하고 있으므로, 사용자가 근로자에게 퇴직금 명목으로 지급한 금원 상당의 부당이득반환채권을 자동채권으로 하여 근로자의 퇴직금채권을 상계하는 것은 퇴직금채권의 2분의 1을 초과하는 부분에 해당하는 금액에 관하여만 허용된다고 봄이 상당하다. [대법관 양승태, 대법관 이홍훈, 대법관 양창수의 별개 및 반대의견] 임금이 초과 지급된 경우의 정산과 관련하여 예외적으로 상계가 허용되고 있는 주된 근거는 계산의 착오 등으로 발생하는 임금의 초과 지급인 데다가, 시기상, 절차상 일정한 제한을 가할 수 있어 근로자의 경제생활 안정을 해할 염려가 없다는 것이다. 그런데 퇴직금 지급으로서 효력을 인정할 수 없는 퇴직금 명목의 금전을 지급하여 그 금액 상당의 부당이득반환이 문제되는 때에는 계산의 착오 등으로 임금이나 퇴직금을 초과 지급한 경우에 해당한다고 볼 수 없을 뿐만 아니라, 그 수액이 정당하게 지급해야 할 퇴직금 수액에 근접할 정도로 다액인 경우가 많아, 근로자의 경제생활 안정이 위협받을 가능성이 많다. 또한 퇴직금 명목의 금전을 부당이득이라고 인정하는 것과 관련하여 당사자 사이에 다툼이 있을 수밖에 없는데, 이러한 경우에도 상계를 허용하여 사용자의 일방적 공제를 인정하게 되면 퇴직금 제도를 두고 있는 본래의 취지를 벗어나 근로자에게 부당하게 불리할 뿐만 아니라, 당초 임금의 지급과 관련하여 상계를 금지한 제도적 취지를 지나치게 형해화할 우려가 있다. 그렇다면 사용자가 근로자에게 이미 퇴직금 명목의 금전을 지급하였으나 그것이 퇴직금 지급으로서 효력이 없어 사용자가 같은 금액 상당의 부당이득반환채권을 가지게 된 경우에는 이를 자동채권으로 하여 근로자의 퇴직금채권과 상계할 수 없다고 해석함이 여러 면에서 보다 합리적이라고 할 것이다."

570) 대법원 1976. 9. 28. 선고 75다1768 판결 "근로자가 받을 퇴직금도 임금의 성질을 가진 것이므로 그 지급에 관하여서는 근로기준법 제36조에 따른 직접 전액지급의 원칙이 적용될 것이니 사용자는 근로자의 퇴직금채권에 대하여 그가 근로자에 대하여 가지고 있는 불법행위를 원인으로 하는 채권으로 상계할 수는 없다."; 대법원 1990. 5. 8. 선고 88다카26413 판결 "근로자가 받을 퇴직금은 임금의 성질을 가지는 것으로서 근로기준법 제36조에 의하여 사용자는 그 수령권자에게 직접 전액을 지급하여야 하는 것이므로 사용자가 자기 직원으로 근무하다가 사망한 근로자의 퇴직금에 대하여 사용자의 동인에 대한 대출금채권으로 상계충당할 수 없다."; 대법원 2011. 9. 8. 선고 2011다22061 판결 "근로기준법 제43조 제1항 본문에 의하면 임금은 통화로 직접 근로자에게 그 전액을 지급하여야 하므로 사용자가 근로자에 대하여 가지는 채권으로써 근로자의 임금채권과 상계를 하지 못하는 것이 원칙이고, 이는 경제적·사회적 종속관계에 있는 근로자를 보호하기 위한 것인바, 근로자가 받을 퇴직금도 임금의 성질을 가지므로 역시 마찬가지이다(대법원 1990. 5. 8. 선고 88다카26413 판결 등 참조). 다만 계산의 착오 등으로 임금을 초과 지급한 경우에, 근로자가 퇴직 후 그 재직 중 받지 못한 임금이나 퇴직금을 청구하거나, 근로자가 비록 재직 중에 임금을 청구하더라도 위 초과 지급한 시기와 상계권 행사의 시기가 임금의 정산, 조정의 실질을 잃지 않을 만큼 근접하여 있고 나아가 사용자가 상계의

③ 지급이 금지된 채권

㉠ 지급금지명령을 받은 채권이란 압류 또는 가압류를 당하여 지급이 금지된 채권을 말한다. 지급을 금지하는 명령을 받은 제3채무자는 그 후에 취득한 채권에 의한 상계로 그 명령을 신청한 채권자에게 대항하지 못한다(제498조)라고 하여 지급금지명령을 받은 이후에 발생한 채권으로 상계를 하지 못한다. 즉 채권자가 제3채무자에 대하여 가압류 또는 압류를 한 경우 제3채무자는 채무자에 대하여 가압류 또는 압류 이후에 발생한 채권을 가지고는 상계하지 못한다. 그러나 지급금지 전에 취득한 채권과는 상계할 수 있다.

㉡ 문제는 지급금지 전에 취득한 채권(자동채권)이 압류 또는 가압류 당시에 이행기가 도래하고 있어야 하는가이다. 판례는 압류 또는 가압류의 효력발생 당시에 제3채무자의 채무자에 대한 자동채권의 변제기가 아직 도래하지 않았더라도 압류채권자가 그 이행을 청구할 수 있는 때(피압류채권인 수동채권의 변제기가 도래한 때)에 자동채권의 변제기가 동시에 도래하거나 또는 그 전에 도래한 때에는, 제3채무자의 상계에 관한 기대는 보호되어야 하므로 상계가 허용되어야 하는 것이라고 한다.[571] 또 다른 판례는 「금전채권에 대한 가압류로부터 본압류로 전이하는

금액과 방법을 미리 예고하는 등으로 근로자의 경제생활의 안정을 해할 염려가 없는 때에는, 사용자는 위 초과 지급한 임금의 반환청구권을 자동채권으로 하여 근로자의 임금채권이나 퇴직금채권과 상계할 수 있다(대법원 1993. 12. 28. 선고 93다38529 판결, 대법원 2010. 5. 20. 선고 2007다90760 전원합의체 판결 등 참조)."

571) 대법원 1987. 7. 7. 선고 86다카2762 판결 "가압류 명령을 받은 제3채무자가 가압류채무자에 대한 반대채권을 가지고 있는 경우에 가압류채권자에게 상계로써 대항하기 위하여는 가압류의 효력발생 당시에 양채권이 상계적상에 있거나 반대채권이 압류당시 변제기에 달하지 아니한 경우에는 피압류채권인 수동채권의 변제기와 동시에 또는 그 보다 먼저 변제기에 도달하는 경우이어야 한다."; 대법원 1988. 2. 23. 선고 87다카472 판결 "채권가압류 명령을 얻은 후에 위 가압류를 본압류로 이전하는 채권압류 및 전부명령을 받은 자에 대하여 제3채무자가 가압류채무자에 대해 가지고 있던 반대채권에 의한 상계로써 대항할 수 있기 위하여는 그 압류의 효력발생 당시에 양채권이 상계적상에 있거나 반대채권이 그 가압류 효력발생 당시 변제기에 달하여 있지 않는 경우에는 그것이 피압류채권인 수동채권의 변제기와 동시에 또는 그보다 먼저 변제기에 도달하여야 한다."; 대법원 1989. 9. 12. 선고 88다카25120 판결 "채권가압류명령을 받은 제3채무자는 그 후에 취득한 채권에 의한 상계로 그 가압류채권자에게 대항하지 못하지만 수동채권이 가압류될 당시 자동채권과 수동채권이 상계적상에 있거나 자동채권의 변제기가 수동채권의 그것과 동시 또는 그보다 먼저 도래하는 경우에는 제3채무자는 자동채권에 의한 상계로 가압류채권자에게 대항할 수 있다."; 대법원 2003. 6. 27. 선고 2003다7623 판결 "기록에 의하면, 소외 1이 피고의 직원으로 근무하다가 공금횡령으로 직무가 정지된 직후인 1998. 4. 30.경 피고에게 자신의 급료 및 퇴직금채권(이하 '퇴직금 등 채권'이라 한다)과 피고의 자신에 대한 원심판

압류 및 추심명령이 있는 때에는 제3채무자는 채권이 가압류되기 전에 압류채무자에게 대항할 수 있는 사유로써 압류채권자에게 대항할 수 있으므로, 제3채무자의 압류채무자에 대한 자동채권이 수동채권인 피압류채권과 동시이행의 관계에

시의 대출원리금 등 채권(이하 '대출금 등 채권'이라 한다)을 서로 상계해 달라고 요청한 사실을 충분히 인정할 수 있다. 그리고 상계의사표시는 불요식행위로서 그 방식에 일정한 제한이 없고 묵시적인 의사표시로도 가능하다고 할 것인바, 원심이 적법하게 인정한 것처럼, 피고가소외 1의 상계요청을 받아들여 1998. 10. 13. 대출관련장부(을 2호증의 1, 2)에소외 1의 대출금 등 채무가 동일자로 변제된 것으로 처리·기재하였다면, 이는 피고의소외 1에 대한 대출금 등 채권 49,758,473원(자동채권)과소외 1의 피고에 대한 퇴직금 등 채권 중 44,991,183원(수동채권)을 대등액에서 상계한다는 상계의사표시에 해당한다고 할 것이다."; 대법원 2012. 2. 16. 선고 2011다45521 전원합의체 판결 "[다수의견] 민법 제498조는 "지급을 금지하는 명령을 받은 제3채무자는 그 후에 취득한 채권에 의한 상계로 그 명령을 신청한 채권자에게 대항하지 못한다"라고 규정하고 있다. 위 규정의 취지, 상계제도의 목적 및 기능, 채무자의 채권이 압류된 경우 관련 당사자들의 이익상황 등에 비추어 보면, 채권압류명령 또는 채권가압류명령(이하 채권압류명령의 경우만을 두고 논의하기로 한다)을 받은 제3채무자가 압류채무자에 대한 반대채권을 가지고 있는 경우에 상계로써 압류채권자에게 대항하기 위하여는, 압류의 효력 발생 당시에 대립하는 양 채권이 상계적상에 있거나, 그 당시 반대채권(자동채권)의 변제기가 도래하지 아니한 경우에는 그것이 피압류채권(수동채권)의 변제기와 동시에 또는 그보다 먼저 도래하여야 한다. [대법관 김능환, 대법관 안대희, 대법관 이인복의 반대의견] 지급을 금지하는 명령을 받을 당시에 반대채권과 피압류채권 모두의 이행기가 도래한 때에는 제3채무자가 당연히 반대채권으로써 상계할 수 있고, 반대채권과 피압류채권 모두 또는 그 중 어느 하나의 이행기가 아직 도래하지 아니하여 상계적상에 놓이지 아니하였더라도 그 이후 제3채무자가 피압류채권을 채무자에게 지급하지 아니하고 있는 동안에 반대채권과 피압류채권 모두의 이행기가 도래한 때에도 제3채무자는 반대채권으로써 상계할 수 있고, 이로써 지급을 금지하는 명령을 신청한 채권자에게 대항할 수 있다."; 대법원 2015. 1. 29. 선고 2012다108764 판결 "상계제도의 목적 및 기능, 채무자의 채권이 압류된 경우 관련 당사자들의 이익 상황 등에 비추어 보면, 민사집행법에 의하여 채권압류명령 또는 채권가압류명령(이하 채권압류명령의 경우만을 두고 논의하기로 한다)을 받은 제3채무자가 압류채무자에 대한 반대채권을 가지고 있는 경우에, 가압류의 효력 발생 당시에 대립하는 양 채권이 모두 변제기가 도래하였거나, 그 당시 반대채권(자동채권)의 변제기가 도래하지 아니한 때에는 그것이 피가압류채권(수동채권)의 변제기와 동시에 또는 그보다 먼저 도래하면, 상계로써 가압류채권자에게 대항할 수 있다."; 대법원 2019. 2. 14. 선고 2017다274703 판결 "채권압류명령을 받은 제3채무자가 압류채무자에 대한 반대채권을 가지고 있는 경우에 상계로써 압류채권자에게 대항하기 위하여는, 압류의 효력 발생 당시에 대립하는 양 채권이 상계적상에 있거나, 그 당시 반대채권(자동채권)의 변제기가 도래하지 아니한 경우에는 그것이 피압류채권(수동채권)의 변제기와 동시에 또는 그보다 먼저 도래하여야 한다. 이러한 법리는 채권압류명령을 받은 제3채무자이자 보증채무자인 사람이 압류 이후 보증채무를 변제함으로써 담보제공청구의 항변권을 소멸시킨 다음, 압류채무자에 대하여 압류 이전에 취득한 사전구상권으로 피압류채권과 상계하려는 경우에도 적용된다고 봄이 타당하다."

있는 경우에는, 그 가압류명령이 제3채무자에게 송달되어 가압류의 효력이 생긴 후에 자동채권이 발생하였다고 하더라도 제3채무자는 동시이행의 항변권을 주장할 수 있고, 따라서 그 상계로써 압류채권자에게 대항할 수 있다. 이 경우에 자동채권 발생의 기초가 되는 원인은 수동채권이 가압류되기 전에 이미 성립하여 존재하고 있었으므로, 그 자동채권은 민법 제498조 소정의 "지급을 금지하는 명령을 받은 제3채무자가 그 후에 취득한 채권"에 해당하지 아니한다.」라고 하고 있다.572)

2. 상계적상의 현존

(1) 의 의

상계적상은 원칙적으로 상계의 의사표시를 할 당시에 현존하고 있어야 한다. 따라서 어느 일방의 채권이 부존재 또는 무효인 경우에는 상계도 무효이며, 쌍방의 채권이 상계적상에 있었던 경우라 하더라도 아직 상계를 하지 않고 있는 동안에 일방의 채무가 변제, 계약의 해제 기타의 사유로 소멸하게 되면 상계는 무효이다.573)

---

572) 대법원 2001. 3. 27. 선고 2000다43819 판결; 대법원 2005. 11. 10. 선고 2004다37676 판결 "제3채무자의 압류채무자에 대한 자동채권이 수동채권인 피압류채권과 동시이행의 관계에 있는 경우에는, 비록 압류명령이 제3채무자에게 송달되어 압류의 효력이 생긴 후에 비로소 자동채권이 발생하였다고 하더라도 동시이행의 항변권을 주장할 수 있는 제3채무자로서는 그 채권에 의한 상계로써 압류채권자에게 대항할 수 있는 것으로서, 이 경우 자동채권이 발생한 기초가 되는 원인은 수동채권이 압류되기 전에 이미 성립하여 존재하고 있었던 것이므로 그 자동채권은 민법 제498조에 규정된 '지급을 금지하는 명령을 받은 제3채무자가 그 후에 취득한 채권'에 해당하지 않는다."; 대법원 2010. 3. 25. 선고 2007다35152 판결 "금전채권에 대한 압류 및 전부명령이 있는 때에는 압류된 채권은 동일성을 유지한 채로 압류채무자로부터 압류채권자에게 이전되고, 제3채무자는 채권이 압류되기 전에 압류채무자에게 대항할 수 있는 사유로써 압류채권자에게 대항할 수 있는 것이므로, 제3채무자의 압류채무자에 대한 자동채권이 수동채권인 피압류채권과 동시이행의 관계에 있는 경우에는, 압류명령이 제3채무자에게 송달되어 압류의 효력이 생긴 후에 자동채권이 발생하였다고 하더라도 제3채무자는 동시이행의 항변권을 주장할 수 있다. 이 경우에 자동채권이 발생한 기초가 되는 원인은 수동채권이 압류되기 전에 이미 성립하여 존재하고 있었던 것이므로, 그 자동채권은 민법 제498조의 '지급을 금지하는 명령을 받은 제3채무자가 그 후에 취득한 채권'에 해당하지 않는다고 봄이 상당하고, 제3채무자는 그 자동채권에 의한 상계로 압류채권자에게 대항할 수 있다."

573) 대법원 1979. 8. 28. 선고 79다1077 판결 "쌍방의 채무가 상계적상에 있었는데, 채무자가 그 수동채권에 관하여 상계 의사표시를 않고 그것이 변제 등의 사유로 소멸한 경우에는

(2) 예 외

1) 다만 "소멸시효가 완성된 채권이 그 완성 전에 상계할 수 있었던 것이면 그 채권자는 상계할 수 있다."(제495조)고 하여 채무자의 자동채권이 시효로 소멸한 경우에는 상계적상이 현존하지 않게 되었다고 하더라도 예외적으로 상계를 인정하고 있다.[574] 이는 당사자 쌍방의 채권이 상계적상에 있었던 경우에 당사자들은 채권·채무관계가 이미 정산되어 소멸하였다고 생각하는 것이 일반적이라는 점을 고려하여 당사자들의 신뢰를 보호하기 위한 것이다.

2) 채권자와 연대보증인 사이의 각 채권이 상계적상에 있었으나 상계하지 않은 상태에서 주채무자에 대한 채권이 후에 시효로 소멸하여 채무의 부종성 때문에 연대보증인에 대한 보증채무도 소멸하게 된 경우에, 채권자가 연대보증인에

이를 수동채권으로 하여 상계할 수 없다."

574) 대법원 2016. 11. 25. 선고 2016다211309 판결 "임대차보증금은 차임의 미지급, 목적물의 멸실이나 훼손 등 임대차 관계에서 발생할 수 있는 임차인의 모든 채무를 담보하는 것이므로, 차임의 지급이 연체되면 장차 임대차 관계가 종료되었을 때 임대차보증금으로 충당될 것으로 생각하는 것이 당사자의 일반적인 의사이다. 이는 차임채권의 변제기가 따로 정해져 있어 임대차 존속 중 소멸시효가 진행되고 있는데도 임대인이 임대차보증금에서 연체차임을 충당하여 공제하겠다는 의사표시를 하지 않고 있었던 경우에도 마찬가지이다. 더욱이 임대차보증금의 액수가 차임에 비해 상당히 큰 금액인 경우가 많은 우리 사회의 실정에 비추어 보면, 차임 지급채무가 상당기간 연체되고 있음에도, 임대인이 임대차계약을 해지하지 아니하고 임차인도 연체차임에 대한 담보가 충분하다는 것에 의지하여 임대차관계를 지속하는 경우에는, 임대인과 임차인 모두 차임채권이 소멸시효와 상관없이 임대차보증금에 의하여 담보되는 것으로 신뢰하고, 나아가 장차 임대차보증금에서 충당 공제되는 것을 용인하겠다는 묵시적 의사를 가지고 있는 것이 일반적이다. 한편 민법 제495조는 "소멸시효가 완성된 채권이 그 완성 전에 상계할 수 있었던 것이면 그 채권자는 상계할 수 있다."라고 규정하고 있다. 이는 당사자 쌍방의 채권이 상계적상에 있었던 경우에 당사자들은 채권·채무관계가 이미 정산되어 소멸하였다고 생각하는 것이 일반적이라는 점을 고려하여 당사자들의 신뢰를 보호하기 위한 것이다. 다만 이는 '자동채권의 소멸시효 완성 전에 양 채권이 상계적상에 이르렀을 것'을 요건으로 하는데, 임대인의 임대차보증금 반환채무는 임대차계약이 종료된 때에 비로소 이행기에 도달하므로, 임대차 존속 중 차임채권의 소멸시효가 완성된 경우에는 소멸시효 완성 전에 임대인이 임대차보증금 반환채무에 관한 기한의 이익을 실제로 포기하였다는 등의 특별한 사정이 없는 한 양 채권이 상계할 수 있는 상태에 있었다고 할 수 없다. 그러므로 그 이후에 임대인이 이미 소멸시효가 완성된 차임채권을 자동채권으로 삼아 임대차보증금 반환채무와 상계하는 것은 민법 제495조에 의하더라도 인정될 수 없지만, 임대차 존속 중 차임이 연체되고 있음에도 임대차보증금에서 연체차임을 충당하지 않고 있었던 임대인의 신뢰와 차임연체 상태에서 임대차관계를 지속해 온 임차인의 묵시적 의사를 감안하면 연체차임은 민법 제495조의 유추적용에 의하여 임대차보증금에서 공제할 수는 있다."

대한 채권을 가지고 상계적상시로 소급하여 연대보증인의 자신에 대한 채권과 상계할 수 있는지가 문제이다. 이러한 경우 보증채무의 부종성에 따라 주채무의 시효소멸로 보증채무도 소멸하였다고 보아야 한다. 따라서 그 상계를 인정하는 것은 연대보증인의 이익을 해치게 되어 가혹하므로 부정하는 것이 타당하다.

Ⅲ. 상계의 방법

1. 상계의 의사표시

(1) 일반채권의 경우

1) 상계는 채무자의 채권자에 대한 일방적 의사표시에 의하여 성립한다(형성권; 제439조 제1항 제1문).[575] 따라서 상계는 상계적상의 상태가 현존하는 것만으로 효력이 발생하는 것이 아니라 비로소 상계의 의사표시를 채무자가 상대방(채권자)에게 함으로써 효력이 생기는 것으로 하고 있다.

2) 상계의 의사표시는 자동채권과 수동채권의 동일성을 인식할 수 있을 정도로 특정하면 충분하다.

3) 상계의 의사표시는 재판 외에서뿐만 아니라 재판상으로도 할 수 있다. 재판상 상계의 의사표시는 실체법상의 효력과 절차법상의 효력을 발생시킨다.[576]

---

575) 대법원 2000. 9. 8. 선고 99다6524 판결 "당사자 쌍방의 채무가 서로 상계적상에 있다 하더라도, 별도의 의사표시 없이도 상계된 것으로 한다는 특약이 없는 한, 그 자체만으로 상계로 인한 채무 소멸의 효력이 생기는 것은 아니고 상계의 의사표시를 기다려 비로소 상계로 인한 채무 소멸의 효력이 생긴다."

576) 대법원 2007. 9. 28. 선고 2005다15598 전원합의체 판결 "생명보험계약의 약관에 보험계약자는 보험계약의 해약환급금의 범위 내에서 보험회사가 정한 방법에 따라 대출을 받을 수 있고, 이에 따라 대출이 된 경우에 보험계약자는 그 대출 원리금을 언제든지 상환할 수 있으며, 만약 상환하지 아니한 동안에 보험금이나 해약환급금의 지급사유가 발생한 때에는 위 대출 원리금을 공제하고 나머지 금액만을 지급한다는 취지로 규정되어 있다면, 그와 같은 약관에 따른 대출계약(이하 '보험약관대출계약'이라고 한다)은 약관상의 의무의 이행으로 행하여지는 것으로서 보험계약과 별개의 독립된 계약이 아니라 보험계약과 일체를 이루는 하나의 계약이라고 보아야 하고, 보험약관대출금의 경제적 실질은 보험회사가 장차 지급하여야 할 보험금이나 해약환급금을 미리 지급하는 선급금과 같은 성격이라고 보아야 한다. 따라서 위와 같은 약관에서 비록 '대출'이라는 용어를 사용하고 있더라도 이는 일반적인 대출과는 달리 소비대차로서의 법적 성격을 가지는 것은 아니라고 할 것이며, 보험금이나 해약환급금에서 대출 원리금을 공제하고 지급한다는 것은 보험금이나

(2) 증권채권의 경우

1) 약속어음과 같은 증권채권의 경우 채무자로서는 채권자가 누구인지를 모르는 경우가 많다. 증권채권은 불특정다수인에게 전전유통되는 유통증권이기 때문이다.

2) 어음채권을 자동채권으로 하여 상계하는 경우에 어음의 제시증권성(어음법 제38조) 및 상환증권성(어음법 제39조)에 따라 어음채권자가 어음채권을 자동채권으로 상계의 의사표시를 함에 어음의 교부가 없으면 상계의 효력이 생기지 않는다.[577]

2. 조건·기한부 상계 금지

(1) 상계의 의사표시에는 조건이나 기한을 붙이지 못한다(제493조 제1항 제2문). 상계는 단독행위(형성권)이어서 그에 조건을 붙이게 되면 상대방을 불안정한 지위에 놓이게 하기 때문이다.

(2) 또한 기한을 붙이는 것은 상계의 소급효 때문에 의미가 없기 때문이다(제493조 제2항).

해약환급금의 선급금의 성격을 가지는 위 대출 원리금을 제외한 나머지 금액만을 지급한다는 의미이므로 민법상의 상계와는 성격이 다르다고 할 것이다. 이와 달리 해약환급금 범위 내에서 대출을 받을 수 있도록 정한 단체보험약관에 따라 이루어진 보험약관대출금에 관하여 이를 해약환급금의 선급금으로 보지 아니하고 별도의 대여금으로 보는 전제하에, 그 해약환급금 반환채권과 보험약관대출금 채권은 보험회사의 상계의 의사표시에 의하여 그 상계적상의 시기에 상계되는 것이라는 취지로 판단한 대법원 1997. 4. 8. 선고 96다51127 판결 등은 이 판결의 견해에 배치되는 범위 내에서 이를 변경하기로 한다."

577) 대법원 1976. 4. 27. 선고 75다739 판결 "어떤 채무자가 어음채권을 자동채권으로 하여 상계를 주장하려면 어음의 교부가 있어야 하느냐에 관하여서는 법률에 명문규정이 없고 상계는 의사표시만으로 이뤄지는 법리라는 데서 문제없지 않지만 어음법은 어음채무자의 2중 지급의 위험을 막으려는 취지에서 어음을 상환증권으로 함으로써 어음채권자의 권리를 규정(어음법 39조, 77조)한 점으로 보아 어음채무자가 어음채권자에 대하여 부담하는 채무와 어음채권과를 상계하려면 위 조문을 준용하여 어음의 교부가 필요불가결하다고 해석하여야 된다고 하겠다. 상계의 경우에 어음채무가 소멸됨이 지급의 경우와 같아 2중 지급의 위험이 따름이 동일하기 때문이다. 그렇다면 위 법리로 미루어 어음채무자의 승낙이 없는 이상 어음채권자가 어음채권을 자동채권으로 상계의 의사표시를 함에 어음의 교부가 없으면 상계의 효력이 아니 생긴다고 할 것이다."

Ⅳ. 상계의 효과

1. 대등한 채권의 소멸

상계가 있으면 당사자 쌍방의 채권은 대등액에서 소멸한다(제492조 제1항 본문). 쌍방의 채권액에 차이가 있을 때에는 대등액을 공제한 잔액에 대한 채권은 여전히 존재한다.

2. 상계의 소급효

(1) 상계의 의사표시가 있으면 각 채무가 상계할 수 있는 때에 대등액에 관하여 소멸한 것으로 본다(제493조 제2항). 즉 상계의 의사표시에 대하여 상계적상이 있는 때로 소급효를 인정한다.

(2) 따라서 상계적상 이후에는 이자가 발생하지 않고 이행지체도 소멸한다.

(3) 상계의 효력이 상계적상시로 소급하기 때문에 자동채권과 수동채권의 이행기가 다를 경우 지연이자 등의 문제가 있을 수 있다. 이에 대하여는 자동채권의 변제기가 도래하였으나 수동채권의 변제기가 도래하지 않은 경우에는 자동채권의 변제기가 도래한 시점에서 상계적상이 발생하고 그 시점에서 채권이 대등액에서 소멸한다고 본다. 그리고 수동채권의 이행기가 자동채권의 이행기보다 먼저 도래한 경우에는 자동채권의 이행기에 상계적상이 생기지만, 수동채권에 대하여는 그 이행기부터 상계적상시까지 지연손해금이 붙으므로 이를 감안하여 상계로 소멸할 채권의 범위를 결정하여야 한다고 한다.[578)]

3. 이행지가 다른 채무의 상계

(1) 각 채무의 이행지가 다른 경우에도 상계할 수 있다(제494조 본문)라고 하여 자동채권과 수동채권이 서로 그 이행지를 달리 하여도 채무자는 일방적으로 상계할 수 있도록 하고 있다. 상계는 이행지 등의 장소적 문제는 상계의 요건인 동종

578) 대법원 1962. 8. 2. 선고 4294민상1305 판결 "수동채권의 변제기가 먼저 도래하여 거기에 약정의 지연손해금이 붙는 경우에 뒤에 자동채권의 변제기가 도래함으로써 상계적상에 이르기까지의 지연손해금을 제외하고 상계계산을 함은 위법이다."

성의 판단기준이 되지 않기 때문이다.

(2) 그러나 이행지가 다른 경우에 상계를 할 경우에 상계를 하는 당사자는 상대방에게 상계로 인한 손해를 배상하여야 한다(제494조 단서).

4. 상계와 변제충당

수동채권이 여러 개이고 자동채권이 그 전부를 소멸하기에 부족한 때에는 변제충당에 관한 규정에 따라 상계충당된다(제499조). 예컨대 원본 외에 지연손해금(이는 이자와 동일시 할 수 있음)이 있으면 지연손해금·원본의 순서로 자동채권과 대등액에서 소멸한다.[579] 그런데 제499조에 따라 상계에 준용되는 제476조 내지 제479조의 규정은 임의규정이므로 상계자와 상대방은 약정에 의하여 그 규정을 배제하고 자동채권을 어느 채무에 어떤 방법으로 충당할 것인가를 결정할 수 있다.[580]

579) 대법원 2013. 2. 28. 선고 2012다94155 판결 "상계의 의사표시가 있는 경우, 채무는 상계적상 시에 소급하여 대등액에서 소멸한 것으로 보게 되므로, 상계에 의한 양 채권의 차액 계산 또는 상계충당은 상계적상의 시점을 기준으로 하게 된다. 따라서 그 시점 이전에 수동채권의 변제기가 이미 도래하여 지체가 발생한 경우에는 상계적상 시점까지의 수동채권의 약정이자 및 지연손해금을 계산한 다음 자동채권으로 그 약정이자 및 지연손해금을 먼저 소각하고 잔액을 가지고 원본을 소각하여야 한다(대법원 2005. 7. 8. 선고 2005다8125 판결 등 참조). 한편 상계의 경우에도 민법 제499조에 의하여 민법 제476조, 제477조에 규정된 변제충당의 법리가 준용된다. 따라서 여러 개의 자동채권이 있고 수동채권의 원리금이 자동채권의 원리금 합계에 미치지 못하는 경우에는 우선 자동채권의 채권자가 상계의 대상이 되는 자동채권을 지정할 수 있고, 다음으로 자동채권의 채무자가 이를 지정할 수 있으며, 양 당사자가 모두 지정하지 아니한 때에는 법정변제충당의 방법으로 상계충당이 이루어지게 된다. 그런데 상계를 주장하면 그것이 받아들여지든 아니든 상계하자고 대항한 액수에 대하여 기판력이 생긴다(민사소송법 제216조 제2항). 따라서 여러 개의 자동채권이 있는 경우에 법원으로서는 그중 어느 자동채권에 대하여 어느 범위에서 상계의 기판력이 미치는지 판결 이유 자체로 당사자가 분명하게 알 수 있을 정도까지는 밝혀 주어야 한다. 그러므로 상계항변이 이유 있는 경우에는, 상계에 의하여 소멸되는 채권의 금액을 일일이 계산할 것까지는 없다고 하더라도, 최소한 상계충당이 지정충당에 의하게 되는지 법정충당에 의하게 되는지 여부를 밝히고, 지정충당이 되는 경우라면 어느 자동채권이 우선 충당되는지를 특정하여야 할 것이며, 자동채권으로 이자나 지연손해금채권이 함께 주장되는 경우에는 그 기산일이나 이율 등도 구체적으로 특정해 주어야 할 것이다(대법원 2011. 8. 25. 선고 2011다24814 판결 참조)."

580) 대법원 2015. 6. 11. 선고 2012다10386 판결 "[2] 변제충당에 관한 민법 제476조 내지 제479조의 규정은 임의규정이므로 변제자인 채무자와 변제수령자인 채권자는 약정에 의하여 이를 배제하고 제공된 급부를 어느 채무에 어떤 방법으로 충당할 것인가를 결정할

제6절 경 개(更改)

Ⅰ. 서 설

1. 의 의

(1) 경개란 구채무의 중요한 부분을 변경함으로써 구채무를 소멸시키는 것과 동시에 신채무를 성립시키는 것을 내용으로 하는 채권자와 채무자 사이의 계약을 말한다(제500조).

수 있고, 이는 민법 제499조에 의하여 위 규정이 준용되는 상계의 경우에도 마찬가지이다. [3] 변제충당지정은 상대방에 대한 의사표시로써 하여야 하는 것이기는 하나, 채권자와 채무자 사이에 미리 변제충당에 관한 약정이 있고, 약정내용이 변제가 채권자에 대한 모든 채무를 소멸시키기에 부족한 때에는 채권자가 적당하다고 인정하는 순서와 방법에 의하여 충당하기로 한 것이라면, 변제수령권자인 채권자가 약정에 터 잡아 스스로 적당하다고 인정하는 순서와 방법에 좇아 변제충당을 한 이상 변제자에 대한 의사표시와 관계없이 충당의 효력이 있다. 그리고 이러한 법리는 민법 제499조에 의하여 변제충당에 관한 규정이 준용되는 상계의 경우에도 마찬가지로 적용된다."; 대법원 2014. 6. 12. 선고 2013다95964 판결 "소송상 방어방법으로서의 상계항변은 통상 그 수동채권의 존재가 확정되는 것을 전제로 하여 행하여지는 일종의 예비적 항변으로서 소송상 상계의 의사표시에 의해 확정적으로 그 효과가 발생하는 것이 아니라 당해 소송에서 수동채권의 존재 등 상계에 관한 법원의 실질적 판단이 이루어지는 경우에 비로소 실체법상 상계의 효과가 발생한다(대법원 2013. 3. 28. 선고 2011다3329 판결 참조). 이러한 피고의 소송상 상계항변에 대하여 원고가 다시 피고의 자동채권을 소멸시키기 위하여 소송상 상계의 재항변을 하는 경우, 법원이 원고의 소송상 상계의 재항변과 무관한 사유로 피고의 소송상 상계항변을 배척하는 경우에는 소송상 상계의 재항변을 판단할 필요가 없고, 피고의 소송상 상계항변이 이유 있다고 판단하는 경우에는 원고의 청구채권인 수동채권과 피고의 자동채권이 상계적상 당시에 대등액에서 소멸한 것으로 보게 될 것이므로 원고가 소송상 상계의 재항변으로써 상계할 대상인 피고의 자동채권이 그 범위에서 존재하지 아니하는 것이 되어 이때에도 역시 원고의 소송상 상계의 재항변에 관하여 판단할 필요가 없게 된다. 또한, 원고가 소송물인 청구채권 외에 피고에 대하여 다른 채권을 가지고 있다면 소의 추가적 변경에 의하여 그 채권을 당해 소송에서 청구하거나 별소를 제기할 수 있는 것이다. 그렇다면 원고의 소송상 상계의 재항변은 일반적으로 이를 허용할 이익이 없다고 할 것이다. 따라서 피고의 소송상 상계항변에 대하여 원고가 소송상 상계의 재항변을 하는 것은 다른 특별한 사정이 없는 한 허용되지 않는다고 보는 것이 타당하다."

(2) 경개는 채권자와 채무자 사이의 합의에 의하여 성립하는 일종의 계약이다. 그런데 그 계약이 유상계약의 여부에 대하여는 학설이 다투어지고 있다. 유상계약이라고 하는 견해[581]와 언제나 유상계약은 아니라고 하는 견해[582]로 나누어지고 있다. 생각건대 원래의 '유상계약'의 의미를 살펴보면 계약의 양당사자가 대가적인 의미의 재산출연을 하는 것이다. 반면에 경개는 기존의 채무의 소멸과 동시에 새로운 채무의 발생을 가져오기만 하는 양당사자의 대가적인 의미의 재산출연은 없고 채무자만이 의무를 부담하는 방법으로 재산출연을 하므로 경개 자체는 무상계약이라고 하여야 한다. 또한 경개를 유상계약이라고 하는 견해는 동시에 유인계약이라고 한다. 그러나 이 또한 유인·무인의 의미에 대한 오해에서 비롯된 듯하다. 왜냐하면 경개계약은 구채무의 소멸과 신채무의 성립이 하나의 계약의 내용을 이루는 것이기 때문에 별개의 행위로 새로 생긴 채권을 대가로서 교부함으로써 구채권을 소멸케 하는 것이 아니기 때문이다. 즉 원래 유인·무인행위는 그 행위의 전제가 되는 별개의 출연의 원인이 있는 경우에 그 전제가 되는 별개의 출연원인의 부존재·무효 등에 다른 출연이 영향을 받는지의 여부에 의하여 구분된다. 따라서 경개를 유인계약이라고 하는 견해는 타당하지 않다.

(3) 경개는 대물변제와 다르다. 왜냐하면 대물변제는 본래의 급부와 다른 급부가 현실적으로 이행되는 반면 경개는 단순히 급부하여야 할 새로운 채무가 생기기 때문이다.

(4) 경개는 신채권을 성립시키고 구채권을 소멸시키는 처분행위(일종의 준물권행위)이다.[583]

(5) 경개를 통해 구채무가 소멸하는 점에서 채권의 소멸원인이 되고, 그 대신

---

581) 곽윤직, 285면; 김대정, 441면; 김상용, 506면; 오시영, 762면; 윤철홍, 491면.

582) 김형배, 779면; 송덕수, 499면.

583) 대법원 2003. 2. 11. 선고 2002다62333 판결 "경개계약은 신채권을 성립시키고 구채권을 소멸시키는 처분행위로서 신채권이 성립되면 그 효과는 완결되고 경개계약 자체의 이행의 문제는 발생할 여지가 없으므로 경개에 의하여 성립된 신채무의 불이행을 이유로 경개계약을 해제할 수는 없다."; 대법원 2003. 2. 11. 선고 2002다62333 판결 "경개계약은 신채권을 성립시키고 구채권을 소멸시키는 처분행위로서 신채권이 성립되면 그 효과는 완결되고 경개계약 자체의 이행의 문제는 발생할 여지가 없으므로 경개에 의하여 성립된 신채무의 불이행을 이유로 경개계약을 해제할 수는 없다."

신채무를 성립시키려는 당사자 사이의 의사적 합의에 의해 새로운 채무가 발생하는 계약이다. 그런데 경개의 경우 신채권이 성립하기는 하지만 구채권과 신채권 사이에는 동일성이 인정되지 않는다.

2. 경개의 사회적 작용

경개에 대하여 법사학적으로 살펴보면 로마법에서는 채권채무관계에서 인적 요소를 중시하여 채권이 동일성을 유지하면서 당사자가 변경되는 것을 허용하지 않아 채권양도·채무인수를 인정하지 않았기 때문에 경개제도는 채권양도 및 채무인수 대신에 중요한 기능을 담당하였다. 그 후 독일 민법은 로마법을 계수하는 과정에서 채권의 동일성을 유지하면서 채권양도·채무인수제도를 규정하고 경개제도를 두지 않았다. 그런데 우리 민법의 제정과정에서 채권양도와 채무인수를 인정하면서 경개도 함께 인정하여 계수하였다. 오늘날 현실에서는 채권양도와 채무인수가 널리 이용되고 있어 경개는 큰 의미가 없게 되었다.

3. 경개의 유형

경개의 유형으로는 급부의 변경에 의한 경개(제500조), 채무자의 변경에 의한 경개(제501조), 채권자의 변경에 의한 경개(제502조) 세 가지가 있다. 내용의 변경은 내용변경의 합의를 통해 그 목적을 달성할 수 있고, 채무자의 변경은 채무인수로써, 그리고 채권자의 변경은 채권양도의 방식을 통해서 이를 달성할 수 있다. 따라서 실제로는 경개가 많이 활용되고 있지 않다.[584)]

584) 대법원 1996. 7. 9. 선고 96다16612 판결 "기존의 채권이 제3자에게 이전된 경우 이를 채권의 양도로 볼 것인가 또는 경개로 볼 것인가는 일차적으로 당사자의 의사에 의하여 결정되고, 만약 당사자의 의사가 명백하지 아니할 때에는 특별한 사정이 없는 한 동일성을 상실함으로써 채권자가 담보를 잃고 채무자가 항변권을 잃게 되는 것과 같이 스스로 불이익을 초래하는 의사를 표시하였다고는 볼 수 없으므로 일반적으로 채권의 양도로 볼 것이다."

Ⅱ. 경개의 성립요건

1. 소멸할 구채무(채권)이 존재할 것

(1) 경개가 성립하려면 소멸할 구채무(채권)가 존재하여야 하며, 구채무가 없으면 경개는 무효로 되고 신채권도 성립하지 않는다(제500조 참조). 따라서 구채무는 유효하게 존재하여야 하므로 강행법규 위반 등의 사유로 구채무가 무효인 때에는 경개도 무효가 된다.

(2) 구채무의 발생 원인이 되는 법률행위에 취소원인이 있는 때에 당사자가 이의를 보류하지 아니하고 경개를 한 때에는 추인한 것으로 간주되어(제145조 제3호) 그 경개는 유효한 것으로 확정된다. 그러나 이의를 보류해서 경개를 한 때에는 그 후에 계약이 취소될 수 있고 그 취소가 있으면 경개도 무효로 된다. 다만 채권자의 변경에 의한 경개에는 채권양도에 관한 제451조 제1항이 준용되므로(제503조) 채권이 이미 소멸하였음에도 불구하고 이의를 유보하지 않고 경개를 한 경우에는 채권소멸의 항변권을 상실하게 되어 신채권은 유효하게 성립한다. 그 결과 신채권자의 신뢰를 보호받고 신채권은 유효하게 성립한다.

2. 신채무가 성립할 것

(1) 경개계약이 성립하게 되면 구채무가 소멸하는 대신 신채무가 유효하게 성립하여야 한다. 따라서 신채무가 성립하지 않으면 경개는 무효이고 구채무도 소멸하지 않는다.

(2) 제504조는 ① 신채무가 그 원인의 불법(사회질서 위반)으로 성립하지 않은 때, ② 신채무가 그 밖의 사유(급부의 불능 등)로 성립하지 않았고 당사자가 그 사유를 알지 못한 때, ③ 신채무가 취소된 때에는 구채무는 소멸하지 않는다.585)

585) 대법원 2007. 11. 15. 선고 2005다31316 판결 "[1] 경개계약은 구채무를 소멸시키고 신채무를 성립시키는 처분행위로서 구채무의 소멸은 신채무의 성립에 의존하므로, 경개로 인한 신채무가 원인의 불법 또는 당사자가 알지 못한 사유로 인하여 성립하지 아니하거나 취소된 때에는 구채무는 소멸하지 않는 것이며(민법 제504조), 특히 경개계약에 조건이 붙어 있는 이른바 조건부 경개의 경우에는 구채무의 소멸과 신채무의 성립 자체가 그 조건의 성취 여부에 걸려 있게 된다. [2] 이미 확정적으로 취득한 폐기물 소각처리시설

3. 채무의 중요부분의 변경 및 경개의사가 있을 것

(1) 채무의 중요부분에 대한 변경이 있어야 한다(제500조). 채무의 동일성을 결정하는 중요한 부분으로는 발생원인·채권자·채무자·채권의 목적 등이 있다.

(2) 채무의 중요부분의 변경이 있다고 하여 언제나 경개로 되지 않는다. 경개가 인정되려면 신·구채무 사이에 동일성이 없어야 한다. 그리고 이를 위해서는 당사자 사이에 신채무를 성립시키고 구채무를 소멸시키려는 의사(경개의사)의 합치가 있어야 한다.[586)]

관련 권리를 포기하는 대신 상대방이 수주할 수 있는지 여부가 분명하지 않은 매립장 복원공사를 장차 그 상대방으로부터 하도급받기로 하는 내용의 약정을 체결한 사안에서, 위 약정은 상대방이 위 복원공사를 수주하지 못할 것을 해제조건으로 한 경개계약이라고 해석함이 상당하므로, 상대방이 위 복원공사를 수주하지 못하는 것으로 확정되면 위 약정은 효력을 잃게 되어 신채무인 위 복원공사의 하도급 채무는 성립하지 아니하고 구채무인 소각처리시설 관련 채무도 소멸하지 아니한다고 한 사례."

586) 대법원 2003. 9. 26. 선고 2002다31803, 31810 판결 "준소비대차는 당사자 쌍방이 소비대차에 의하지 아니하고 금전 기타의 대체물을 지급할 의무가 있는 경우에 당사자가 그 목적물을 소비대차의 목적으로 할 것을 약정한 때에 성립하는 것으로서, 기존채무를 소멸케 하고 신채무를 성립시키는 계약인 점에 있어서는 경개와 동일하지만 경개에 있어서는 기존채무와 신채무 사이에 동일성이 없는 반면, 준소비대차에 있어서는 원칙적으로 동일성이 인정된다는 점에 차이가 있고, 기존채권, 채무의 당사자가 그 목적물을 소비대차의 목적으로 할 것을 약정한 경우 그 약정을 경개로 볼 것인가 또는 준소비대차로 볼 것인가는 일차적으로 당사자의 의사에 의하여 결정되고, 만약 당사자의 의사가 명백하지 않을 때에는 특별한 사정이 없는 한 동일성을 상실함으로써 채권자가 담보를 잃고 채무자가 항변권을 잃게 되는 것과 같이 스스로 불이익을 초래하는 의사를 표시하였다고는 볼 수 없으므로 일반적으로 준소비대차로 보아야 하지만, 신채무의 성질이 소비대차가 아니거나 기존채무와 동일성이 없는 경우에는 준소비대차로 볼 수 없다."; 대법원 2006. 12. 22. 선고 2004다37669 판결 "기존 채권·채무의 당사자가 그 목적물을 소비대차의 목적으로 할 것을 약정한 경우 그 약정을 갱개로 볼 것인가 또는 준소비대차로 볼 것인가는 일차적으로 당사자의 의사에 의하여 결정되고, 당사자의 의사가 명백하지 않을 때에는 의사해석의 문제로서, 기존 채무와 신 채무가 동일성을 상실함으로써 채권자가 담보를 잃고 채무자가 항변권을 잃게 되는 것과 같이 스스로 불이익을 초래하는 의사를 표시하였다고는 볼 수 없으므로 일반적으로 준소비대차로 보아야 하지만, 신 채무의 성질이 소비대차가 아니거나 기존 채무와 동일성이 없는 경우에는 준소비대차로 볼 수 없다."; 대법원 2016. 6. 9. 선고 2014다64752 판결 "경개나 준소비대차는 모두 기존채무를 소멸하게 하고 신채무를 성립시키는 계약인 점에 있어서는 동일하지만 경개의 경우에는 기존채무와 신채무 사이에 동일성이 없는 반면, 준소비대차의 경우에는 원칙적으로 동일성이 인정된다는 점에 차이가 있다. 기존 채권·채무의 당사자가 목적물을 소비대차의 목적으로 할 것을 약정한 경우 약정을 경개로 볼 것인가 준소비대차로 볼 것인가는 일차적으로 당사자의 의사에 따라 결정되고 만약 당사자의 의사가 명백하지 않을 때에는 의사해석의 문제이나,

Ⅲ. 경개계약의 당사자

1. 채무자 변경에 의한 경개

채무자의 변경으로 인한 경개는 채권자와 신채무자 간의 계약으로 할 수 있다(제501조 본문). 다만 이 경우 구채무자의 의사에 반하여서는 하지 못한다(제501조 단서). 이 경우의 경개는 채무인수와 유사하지만 종전 채무자에 대한 구채무가 완전히 소멸한다는 점에서 본래의 채무가 동일성을 유지하는 채무인수와는 다르다.

2. 채권자 변경에 의한 경개

채권자의 변경으로 인한 경개는 구채권자·채무자·신채권자 사이의 3면 계약에 의한다(통설). 채무자도 당사자가 되어야 한다는 점에서 채권양도와 다르다. 그러나 이 경개의 경우 구채권자의 채권자 등과 같은 선의의 제3자에게 불측의 손해를 줄 수 있기 때문에 지명채권 양도의 방법에 따라 확정일자 있는 증서로 하여야만 제3자에게 대항할 수 있도록 하고 있다(제451조·제502조). 그런데 채무자가 이의를 유보하지 아니하고 경개계약을 맺은 때에는 제451조 제1항의 규정이 준용되므로(제503조) 구채무의 부존재나 무효 등 구채권자에게 대항할 수 있는 사유가 있더라도 그것을 가지고 신채무자에게 대항할 수 없기 때문에 신채무는 성립하게 된다. 따라서 신채권자는 보호를 받게 된다.

특별한 사정이 없는 한 동일성을 상실함으로써 채권자가 담보를 잃고 채무자가 항변권을 잃게 되는 것과 같이 스스로 불이익을 초래하는 의사를 표시하였다고는 볼 수 없으므로 일반적으로 준소비대차로 보아야 한다."; 대법원 2004. 4. 27. 선고 2003다69119 판결 "기존의 물품대금 채무를 정산하면서 그 채무액을 감액하여 주고 이를 분할 변제할 수 있도록 그 변제방법과 변제기일을 새로이 약정한 것만으로는 경개계약이 체결되었다 할 수 없고, 기존의 물품대금 채권은 단지 금액이 감액되고 변제기만 연장된 채 그 동일성을 여전히 유지하고 있다고 한 사례"; 대법원 2019. 10. 23. 선고 2012다46170 전원합의체 판결 "민법 제500조의 경개는 기존채무의 중요부분을 변경하여 기존채무를 소멸시키고 이와 동일성이 없는 새로운 채무를 성립시키는 계약이다. 기존채무와 관련하여 새로운 약정을 체결한 경우 그러한 약정이 경개에 해당하는지 아니면 단순히 기존채무의 변제기나 변제방법 등을 변경한 것인지는 당사자의 의사에 의하여 결정되고, 만약 당사자의 의사가 명백하지 않을 때에는 의사해석의 문제로 귀착된다. 이러한 당사자의 의사를 해석할 때에는 새로운 약정이 이루어지게 된 동기와 경위, 당사자가 그 약정에 의하여 달성하려고 하는 목적과 진정한 의사 등을 종합적으로 고찰하여 사회정의와 형평의 이념에 맞도록 논리와 경험칙, 그리고 사회일반의 상식과 거래 통념에 따라 합리적으로 해석하여야 한다."

3. 채무의 목적변경 또는 발생원인의 변경에 의한 경개

이 경우의 경개는 원래의 채권자와 채무자가 그 계약당사자가 되어 계약자유의 원칙상 당사자의 합의로 언제든지 채무의 목적변경에 의한 경개를 할 수 있다. 그런데 이 경개의 경우는 단순히 채무의 동일성을 유지하면서 그 내용을 변경하는 것이 아니라, 구 채무를 소멸시키고 새로운 내용의 신채무를 성립시키는 것이다.

Ⅳ. 경개의 효과

1. 구채무의 소멸과 신채무의 성립

(1) 경개에 의하여 구채무는 소멸하고 신채무가 성립한다(제500조). 신·구 양채무는 동일성이 없어 구채무에 부수된 담보권·보증채무·위약금·항변권·기타의 종된 권리도 모두 함께 소멸한다.

(2) 그러나 경개의 당사자는 구채무의 담보를 그 목적의 한도에서 신채무의 담보로 할 수 있는 특약을 맺을 수 있다(제505조 본문). 그러나 그 담보가 제3자가 제공한 것일 때에는 그 제3자의 승낙을 얻어야 한다(제505조 단서).[587)]

(3) 그리고 채권자변경으로 인한 경개에 관한 채권양도에 관한 제451조의 규정을 준용하고 있으므로 채무자는 이의를 보류하고 경개계약을 맺을 수 있고, 이 때는 구채무에 대한 항변사유로 신채권자에게 대항할 수 있다(제503조 참조).

---

587) 대법원 2002. 10. 11. 선고 2001다7445 판결 "민법 제505조(신채무에의 담보이전)는 "경개의 당사자는 구 채무의 담보를 그 목적의 한도에서 신 채무의 담보로 할 수 있다. 그러나 제3자가 제공한 담보는 그 승낙을 얻어야 한다."고 규정하고 있는바, 이 규정은 경개에 의하여 구 채무가 소멸하기 때문에 이에 따르는 인적·물적 담보 또한, 부종성의 원리에 따라 당연히 함께 소멸하고, 당사자가 신 채무에 관하여 저당권 등을 설정하기로 합의하여도 구 채무에 관하여 존재하던 저당권 등은 어차피 소멸하여 그 순위의 보전이 불가능하나, 이러한 결과가 많은 경우 당사자의 의도에 반하는 것인 점을 고려하여 당사자의 편의를 위하여 부종성에 대한 예외를 인정한 것으로서, 경개계약의 경우 구 채무에 관한 저당권 등이 신 채무에 이전되기 위하여는 당사자 사이에 그러한 뜻의 특약이 이루어져야 하지만, 반드시 명시적인 것을 필요로 하지는 않고, 묵시적인 합의로도 가능하다."

2. 경개계약의 해제문제

(1) 경개는 일종의 계약으로서 구채무의 소멸과 동시에 신채무의 성립을 가져오는 것으로 이행의 문제를 남기지 않기 때문에 처분행위라 함은 이미 살펴보았다. 따라서 경개계약에 의하여 성립한 신채무에 관하여 채무자의 불이행 등을 이유로 신채무를 해제하고 구채무를 부활시킬 수 있는가, 즉 경개계약을 해제할 수 있는지가 문제이다.

(2) 경개계약은 신채무가 유효하게 성립하면 그 효과는 완결하고 신채무의 불이행은 경개계약의 불이행으로 볼 것은 아니므로 경개계약을 해제할 수는 없다고 한다(통설). 판례도 같은 입장이다.[588]

588) 대법원 2003. 2. 11. 선고 2002다62333 판결 "[1] 경개계약은 신채권을 성립시키고 구채권을 소멸시키는 처분행위로서 신채권이 성립되면 그 효과는 완결되고 경개계약 자체의 이행의 문제는 발생할 여지가 없으므로 경개에 의하여 성립된 신채무의 불이행을 이유로 경개계약을 해제할 수는 없다. [2] 계약자유의 원칙상 경개계약의 성립 후에 그 계약을 합의해제하여 구채권을 부활시키는 것은 적어도 당사자 사이에서는 가능하다."; 대법원 2010. 7. 29. 선고 2010다699 판결 "계약자유의 원칙상 경개계약의 성립 후에 그 계약을 명시적이든 묵시적이든 합의해제하여 구채무를 부활시키는 것은 적어도 당사자 사이에서는 가능하다. 또한, 다수 당사자 사이에서 경개계약이 체결된 경우 일부 당사자만이 경개계약을 합의해제하더라도 이를 무효라고 볼 수는 없고, 다만 그 효과가 경개계약을 해제하기로 합의한 당사자들에게만 미치는 것에 불과하다. 그런데 일부 당사자만이 경개계약을 합의해제하게 되면 그들 사이에서는 구채무가 부활하고 나머지 당사자들 사이에서는 경개계약에 따른 신채무가 여전히 효력을 가지게 됨으로써 당사자들 사이의 법률관계가 간명하게 규율되지 않는 경우가 발생할 수 있고, 경개계약을 합의해제하는 당사자들로서도 이러한 문제를 해결하는 것이 중요한 관심사가 될 터이므로 이에 관한 아무런 약정이나 논의 없이 그들 사이에서만 경개계약을 해제하기로 합의하는 것은 경험칙에 비추어 이례에 속하는 일이다."

제7절 면 제

Ⅰ. 의 의

(1) 면제란 채권자가 채무자에 대한 일방적 의사표시로 채무자에 대한 자신의 채권을 소멸시키는 단독행위를 말한다(제506조).[589)]

(2) 채무의 면제는 채권자의 단독행위이지만, 사적 자치의 원칙상 당사자 사이의 합의에 의하여 면제계약을 체결할 수도 있다. 면제계약은 제3자를 위한 계약에 의해서도 할 수 있다.

(3) 면제는 채권자의 단독행위로서 채권소멸의 효과가 발생한다. 따라서 면제는 준물권행위로서 처분행위이다. 면제는 단독행위이지만 상대방에게 이익이 되는 것이므로 조건을 붙일 수 있다.

Ⅱ. 면제의 요건

1. 처분권한 있는 자의 처분이 있을 것

면제는 채권의 처분행위이기 때문에 채권의 처분권한을 가지고 있는 자만이 할 수 있다. 따라서 채권의 추심을 위임받은 자가 면제를 하는 것은 무효이다. 채권이 압류되었거나 질권의 목적으로 되어 있는 경우에는 처분권한이 제한되므로 면제로써 압류채권자 또는 질권자에게 대항하지 못한다(제506조 본문).

589) 대법원 2007. 2. 15. 선고 2004다50426 전원합의체 판결 "채무의 면제는 반드시 명시적인 의사표시만에 의하여야 하는 것은 아니고 채권자의 어떠한 행위 내지 의사표시의 해석에 의하여 그것이 채무의 면제라고 볼 수 있는 경우에도 이를 인정하여야 할 것이기는 하나, 이와 같이 인정하기 위하여는 당해 권리관계의 내용에 따라 이에 관한 채권자의 행위 내지 의사표시의 해석을 엄격히 하여 그 적용 여부를 결정하여야 한다."

2. 면제의 의사표시가 있을 것

(1) 면제는 채권자가 채무자에 대하여 일방적인 의사표시로 한다(제507조 본문). 그 의사표시는 불요식행위로서 특별한 방식이 요구되지 않으므로 명시적이든 묵시적이든 이를 할 수 있다.[590)]

(2) 면제는 채권자의 단독행위이지만 채무자에게 유리한 것이므로 이에 조건 또는 기한을 붙이더라도 채무자에게 특히 불리하지 않는 한 허용된다.

(3) 면제는 장래의 채무에 대한 면제는 허용되지 않는다. 다만 기한부 채무나 조건부 채무의 경우에는 그 효력을 기한의 도래나 조건의 성취에 의존할 뿐 채무 자체는 성립하고 있는 것이므로 그 도래 또는 성취 전에도 이를 면제할 수 있다.

---

590) 대법원 1979. 7. 10. 선고 79다705 판결 "원고가 대지의 소유권을 취득한 후 그 지상 가건물 철거 청구소송을 할 때까지 피고의 위 대지점유를 묵인한 바 있고, 피고가 위 가건물을 철거하기로 법정화해할 당시 그때까지의 지료상당 손해배상 채무의 변제가 거론되었는데 원고가 위 법정화해 당시 그 청구원인에 지료상당의 손해를 포함시키지 아니하였다면, 이를 면제하기로 원·피고 간에 묵시적으로 약정되었다고 봄이 상당하다."; 대법원 1987. 3. 24. 선고 86다카1907, 1908 판결 "채권의 포기(또는 채무의 면제)는 반드시 명시적인 의사표시만에 의하여야 하는 것이 아니고 채권자의 어떠한 행위 내지 의사표시의 해석에 의하여 그것이 채권의 포기라고 볼 수 있는 경우에도 이를 인정하여야 할 것이기는 하나 이와 같이 인정하기 위하여는 당해 권리관계의 내용에 따라 이에 대한 채권자의 행위 내지 의사표시의 해석을 엄격히 하여 그 적용여부를 결정하여야 하는 것이며 상대방에 대한 반대채권이 있음에도 불구하고 자신의 채무이행을 약정하였다는 사실만으로는 반대채권을 포기한 것으로 볼 수는 없으므로 건물매도인이 매수인의 매매계약불이행으로 인한 손해배상채권에 충당할 수 있는 계약금을 매수인에게 반환하기로 약정한 사실만으로는 그 손해배상채권을 포기하였다고 단정할 수 없다."; 대법원 2006. 12. 21. 선고 2004다45400 판결 "채무의 면제는 반드시 명시적인 의사표시에 의하여야 하는 것은 아니고 채권자의 어떤 행위 내지 의사표시 해석에 의하여 채무의 면제가 있었다고 볼 수 있는 경우에도 인정될 수 있으며, 다만 채권자의 행위 내지 의사표시의 해석을 엄격하게 할 필요는 있겠으나(대법원 1987. 3. 24. 선고 86다카1907, 1908 판결 등 참조) 채무 면제의 사실을 인정하는 데 반드시 처분문서가 필요한 것은 아니다."; 대법원 2007. 2. 15. 선고 2004다50426 전원합의체 판결 "채무의 면제는 반드시 명시적인 의사표시만에 의하여야 하는 것은 아니고 채권자의 어떠한 행위 내지 의사표시의 해석에 의하여 그것이 채무의 면제라고 볼 수 있는 경우에도 이를 인정하여야 할 것이기는 하나, 이와 같이 인정하기 위하여는 당해 권리관계의 내용에 따라 이에 관한 채권자의 행위 내지 의사표시의 해석을 엄격히 하여 그 적용 여부를 결정하여야 한다."

Ⅲ. 면제의 효과

(1) 면제의 의하여 채권은 소멸한다. 일부면제도 유효하며, 이 때에는 그 면제된 범위에서 채권은 소멸된다. 그리고 면제에 의하여 채권이 전부 소멸한 때에는, 그 채권에 수반하는 담보물권·보증채무·위약금·항변권·기타의 종된 권리도 소멸한다.

(2) 채권자의 채무면제는 자유이다. 그러나 그 채권에 관하여 정당한 이익을 가지는 제3자에게는 면제를 가지고 대항하지 못한다(제506조 단서).

제8절 혼 동(混同)

Ⅰ. 혼동의 의의

혼동이란 채권과 채무가 동일한 주체에게 귀속하여 채권이 소멸하는 것을 말한다. 예컨대 채무자가 자기에 대한 채권을 양수하는 경우, 채권자가 채무자의 채무를 상속하는 경우, 또는 법인인 채권자와 채무자가 서로 합병하는 경우에는 혼동으로 채권이 소멸한다.

민법은 '채권과 채무가 동일한 주체에 귀속한 때에는 채권은 소멸한다.'(제507조 본문)고 하여 혼동이 있으면 채권은 원칙적으로 소멸하는 것으로 하고 있다. 그 이유는 자기가 자기에 대한 채권을 보유하고 자기에게 이행을 청구하는 것은 의미가 없기 때문이다. 이렇게 함으로써 권리의무관계를 간소화 할 수 있기 때문이다.[591] 혼동의 법률적 성질은 사건이다.

Ⅱ. 혼동의 효과

1. 채권의 원칙적 소멸

혼동이 생기면 채권이 소멸하므로 그에 종속하는 담보·보증 등의 종된 권리

591) 대법원 1995. 5. 12. 선고 93다48373 판결 "민법 제507조가 혼동을 채권의 소멸사유로 인정하고 있는 것은 채권과 채무가 동일한 주체에 귀속한 때에 채권과 채무의 존속을 인정하여서는 안 될 적극적인 이유가 있어서가 아니고 그러한 경우에 채권과 채무의 존속을 인정하는 것이 별다른 의미를 가지지 않기 때문에 채권·채무의 소멸을 인정함으로써 그 후의 권리의무 관계를 간소화하려는 데 그 목적이 있는 것이라고 여겨지므로, 채권과 채무가 동일한 주체에 귀속하게 되더라도 그 채권의 존속을 인정하여야 할 특별한 이유가 있는 때에는 그 채권은 혼동에 의하여 소멸되지 아니하고 그대로 존속한다고 봄이 상당함에 비추어, 채권과 채무가 동일인에게 귀속되는 경우라도 그 채권의 존재가 채권자 겸 채무자로 된 사람의 제3자에 대한 권리행사의 전제가 되는 관계로 채권의 존속을 인정하여야 할 정당한 이익이 있을 때에는 그 채권은 혼동에 의하여 소멸하는 것이 아니라고 봄이 상당하다."

및 그에 대응하는 채무도 소멸한다. 예컨대 주택에 대한 전세권자가 그 주택에 대한 소유권을 취득하여 전세권설정자의 지위를 승계하면 전세에 따른 채권·채무는 소멸한다.

2. 채권의 예외적 불소멸

(1) 채권이 제3자의 권리의 목적인 경우

채권과 채무가 동일인에게 귀속하였다 할지라도 제3자와의 이해관계가 대립될 수 있기 때문에 혼동이 있는 경우라도 채권의 존속을 인정하여야 할 정당한 이익이 있는 대에는 채권을 존속시켜야 한다(제507조 단서 참조).[592] 예컨대 채권이 압류되었거나 지상권 또는 전세권에 저당권이 설정된 때(제371조)에는 혼동이 있더라도 그 채권은 혼동으로 소멸하지 않게 된다.

(2) 한정승인 등의 경우

상속인이 한정승인을 한 경우에는 피상속인에 대한 상속인의 재산상 권리의무는 소멸하지 않는다(제1031조). 한정승인은 상속인의 재산과 피상속인의 재산을 분리하여 별개의 재산으로 인정하기 때문이다. 한편 법원으로부터 상속재산에 대한 재산분리명령이 내려진 경우에도 마찬가지이다(제1050조).[593]

---

592) 대법원 1995. 5. 12. 선고 93다48373 판결 "민법 제507조가 혼동을 채권의 소멸사유로 인정하고 있는 것은 채권과 채무가 동일한 주체에 귀속한 때에 채권과 채무의 존속을 인정하여서는 안 될 적극적인 이유가 있어서가 아니고 그러한 경우에 채권과 채무의 존속을 인정하는 것이 별다른 의미를 가지지 않기 때문에 채권·채무의 소멸을 인정함으로써 그 후의 권리의무 관계를 간소화하려는 데 그 목적이 있는 것이라고 여겨지므로, 채권과 채무가 동일한 주체에 귀속하게 되더라도 그 채권의 존속을 인정하여야 할 특별한 이유가 있는 때에는 그 채권은 혼동에 의하여 소멸되지 아니하고 그대로 존속한다고 봄이 상당함에 비추어, 채권과 채무가 동일인에게 귀속되는 경우라도 그 채권의 존재가 채권자 겸 채무자로 된 사람의 제3자에 대한 권리행사의 전제가 되는 관계로 채권의 존속을 인정하여야 할 정당한 이익이 있을 때에는 그 채권은 혼동에 의하여 소멸하는 것이 아니라고 봄이 상당하다."; 대법원 1995. 7. 14. 선고 94다36698 판결 "민법 제507조 본문에서 이른바 혼동에 의한 채권의 소멸을 인정하는 취지는 주로 채권·채무가 동일인에게 귀속되는 경우 권리의무 관계를 간소화하려는 것이므로, 채권과 채무가 동일한 주체에 귀속되더라도 그 채권의 존속을 인정하여야 할 특별한 이유가 있는 때에는 그 채권은 혼동에 의하여 소멸되지 아니한다고 해석함이 상당하다."

593) 대법원 1995. 5. 12. 선고 93다48373 판결 "자동차 운행 중 교통사고가 일어나 자동차의 운행자나 동승한 그의 친족이 사망하여 자동차손해배상보장법 제3조에 의한 손해배상채

권과 채무가 상속으로 동일인에게 귀속하게 되는 때에, 교통사고를 일으킨 차량의 운행자가 자동차 손해배상 책임보험에 가입하였다면, 가해자가 피해자의 상속인이 되는 등의 특별한 경우를 제외하고는 생존한 교통사고 피해자나 사망자의 상속인에게 책임보험에 의한 보험의 혜택을 부여하여 이들을 보호할 사회적 필요성이 있는 점은 다른 교통사고와 다를 바 없고, 다른 한편 원래 자동차 손해배상 책임보험의 보험자는 상속에 의한 채권, 채무의 혼동 그 자체와는 무관한 제3자일 뿐 아니라 이미 자신의 보상의무에 대한 대가인 보험료까지 받고 있는 처지여서 교통사고의 가해자와 피해자 사이에 상속에 의한 혼동이 생긴다는 우연한 사정에 의하여 자기의 보상책임을 면할 만한 합리적인 이유가 없으므로, 자동차 책임보험의 약관에 의하여 피해자가 보험회사에 대하여 직접 보험금의 지급청구를 할 수 있는 이른바 직접청구권이 수반되는 경우에는 그 직접청구권의 전제가 되는 자동차손해배상보장법 제3조에 의한 피해자의 운행자에 대한 손해배상청구권은 상속에 의한 혼동에 의하여 소멸되지 아니한다고 보아야 한다."; 대법원 2007. 2. 22. 선고 2004다59546 판결 "채권은 채권과 채무가 동일한 주체에 귀속한 때에 한하여 혼동으로 소멸하는 것이 원칙이고, 어느 특정의 물건에 관한 채권을 가지는 자가 그 물건의 소유자가 되었다는 사정만으로는 채권과 채무가 동일한 주체에 귀속한 경우에 해당한다고 할 수 없어 그 물건에 관한 채권이 혼동으로 소멸하는 것은 아닌바, 매매계약에 따른 소유권이전등기청구권 보전을 위하여 가등기가 경료된 경우 그 가등기권자가 가등기설정자에게 가지는 가등기에 기한 본등기청구권은 채권으로서 가등기권자가 가등기설정자를 상속하거나 그의 가등기에 기한 본등기절차 이행의 의무를 인수하지 아니하는 이상, 가등기권자가 가등기에 기한 본등기절차에 의하지 아니하고 가등기설정자로부터 별도의 소유권이전등기를 경료받았다고 하여 혼동의 법리에 의하여 가등기권자의 가등기에 기한 본등기청구권이 소멸하지는 않는다 할 것이다(대법원 1995. 12. 26. 선고 95다29888 판결 참조). 한편 그와 같이 가등기권자가 별도의 소유권이전등기를 경료받았다 하더라도, 가등기 경료 이후에 가등기된 목적물에 관하여 제3자 앞으로 처분제한의 등기가 되어 있거나 중간처분의 등기가 되어 있지 않고 가등기와 소유권이전등기의 등기원인도 실질상 동일하다면, 가등기의 원인이 된 가등기의무자의 소유권이전등기의무는 그 내용에 좇은 의무이행이 완료되었다 할 것이어서 가등기에 의하여 보전될 소유권이전등기청구권은 소멸되었다고 보아야 하므로, 가등기권자는 가등기의무자에 대하여 더 이상 그 가등기에 기한 본등기절차의 이행을 구할 수 없는 것이다(대법원 1988. 9. 27. 선고 87다카1637 판결, 2003. 6. 13. 선고 2002다68683 판결 등 참조)."; 대법원 2005. 1. 14. 선고 2003다38573, 38580 판결 "자배법 제9조 제1항에 의한 피해자의 보험자에 대한 직접청구권이 수반되는 경우에는 그 직접청구권의 전제가 되는 자배법 제3조에 의한 피해자의 운행자에 대한 손해배상청구권은 비록 위 손해배상청구권과 손해배상의무가 상속에 의하여 동일인에게 귀속되더라도 혼동에 의하여 소멸되지 않고 이러한 법리는 자배법 제3조에 의한 손해배상의무자가 피해자를 상속한 경우에도 동일하지만, 예외적으로 가해자가 피해자의 상속인이 되는 등 특별한 경우에 한하여 손해배상청구권과 손해배상의무가 혼동으로 소멸하고 그 결과 피해자의 보험자에 대한 직접청구권도 소멸한다 고 할 것이다(대법원 1995. 5. 12. 선고 93다48373 판결, 2003. 1. 10. 선고 2000다41653, 41660 판결 참조). 그런데 상속포기는 자기를 위하여 개시된 상속의 효력을 상속개시시로 소급하여 확정적으로 소멸시키는 제도로서(민법 제1019조 제1항, 제1042조 등) 피해자의 사망으로 상속이 개시되어 가해자가 피해자의 자신에 대한 손해배상청구권을 상속함으로써 위의 법리에 따라 그 손해배상청구권과 이를 전제로 하는 직접청구권이 소멸하였다고 할지라도 가해자가 적법하게 상속을 포기하면 그 소급효로 인하여 위 손해배상청구권과 직접청구권은 소급하여 소멸하지 않았던 것으로 되어

(3) 증권적 채권의 경우

유통성이 강하게 요구되는 무기명채권·지시채권·사채(社債) 등과 같은 증권화한 채권은 그 자체가 독립한 유가물로 거래되기 때문에 소멸하지 않는다(제509조, 어음법 제11조 제3항, 수표법 제14조 제3항 참조).

(4) 임대차의 경우

주택의 임차인이 제3자에 대한 대항력을 갖춘 후 임차주택의 소유권이 양도되어 그 양수인이 임대인의 지위를 승계하는 경우에는, 임대차보증금의 반환채무도 부동산의 소유권과 결합하여 일체로서 이전하는 것이므로 양도인의 임대인으로서의 지위나 보증금반환채무는 소멸하는 것이고,[594] 대항력을 갖춘 임차인이 양수인이 된 경우라고 하여 달리 볼 이유가 없으므로, 대항력을 갖춘 임차인이 당해 주택을 양수한 때에도 임대인의 보증금반환채무는 소멸하고 양수인인 임차인이 임대인의 자신에 대한 보증금반환채무를 인수하게 되어, 결국 임차인의 보증금반환채권은 혼동으로 인하여 소멸하게 되는 것이다.[595] 생각건대 이러한 경우에도 임차인이 당해 목적물을 양수하여 혼동이 발생하였다고 하더라도 언제나 임차권이 당연히 소멸한다고 볼 것은 아니다. 왜냐하면 임차인의 보증금반환채권이 제3자의 권리의 목적인지의 여부를 고려해야 할 경우도 있기 때문이다(제507조 단서 참조).

다른 상속인에게 귀속되고, 그 결과 위에서 본 '가해자가 피해자의 상속인이 되는 등 특별한 경우'에 해당하지 않게 되므로 위 손해배상청구권과 이를 전제로 하는 직접청구권은 소멸하지 않는다 고 할 것이다."

594) 대법원 1996. 2. 27. 선고 95다35616 판결 참조.

595) 대법원 1996. 11. 22. 선고 96다38216 판결; 대법원 2009. 5. 28. 선고 2009다15794 판결 "주택의 임차인이 제3자에 대한 대항력을 갖춘 후 임차주택의 소유권이 양도되어 그 양수인이 임대인의 지위를 승계하는 경우에는, 임대차보증금의 반환채무도 부동산의 소유권과 결합하여 일체로서 이전하는 것이므로 양도인의 임대인으로서의 지위나 보증금반환채무는 소멸하는 것이다(대법원 1996. 2. 27. 선고 95다35616 판결, 대법원 1996. 11. 22. 선고 96다38216 판결 등 참조)."

판 례 색 인

사 항 색 인

(ㅅ)

(ㅇ)

(ㅈ)

(ㅊ)

저 자 약 력

박 종 찬
parkjc29@gmail.com

건국대학교 법과대학(학사)
건국대학교 대학원(법학석사)
독일 Tübingen 대학교(법학박사)
부산외국어대학 부교수
미국 Illinois University, School of Law Visiting Professor
사법시험·행정고시·입법고시·변리사시험·감정평가사시험·지방행정직시험 위원
(현) 강원대학교 법학전문대학원 교수

〈주요저서 및 논문〉

- 주석민법 물권(4)(공저)
- 법학개론(공저)
- 남북한법제비교(공저)
- 여성과 법
- 물권법
- 불법행위법
- 로스쿨민법총칙(공저)
- 민법학강의 Ⅰ·Ⅱ·Ⅲ·Ⅶ·Ⅷ
- Hypotehkenrecht
- Liesingsvertrag
- 독일저당권에 관한 연구
- 독일토지채무에 관한 연구
- 부동산점유취득시효에 관한 연구

민법학강의 Ⅳ [채권총론] Bürgerliches Gesetzbuch Ⅳ [Allgemeines Schuldrecht]

저 자 박 종 찬
발행인 양 진 수
발행처 진 원 사

2020년 8월 12일 초판 인쇄
2020년 8월 28일 초판 발행

서울시 송파구 법원로 9길 26, C동 1107호 (문정동, H비즈니스파크)
전화 : 02) 916-1850 / 팩스 : 02) 916-3442
신고번호 제 2018 - 000026호
http://www.jinwonsa.co.kr
http://www.lawbookstore.co.kr
e-mail : hhansin@hanmail.net

저자와의
협의하에
인지생략

ISBN : 978-89-6346-575-3 93360

정가 24,000 원